ONASSIS ET LA CALLAS

DU MÊME AUTEUR

Une chance pour nous, École des Loisirs, 1991
Eleni, Robert Laffont, 1984

NICHOLAS GAGE

ONASSIS ET LA CALLAS

Une tragédie grecque
des Temps modernes

Traduit de l'américain par
Bella Arman et Catherine Vacherat

ROBERT LAFFONT

Titre original : GREEK FIRE : THE STORY OF MARIA CALLAS AND ARISTOTE ONASSIS

ISBN 2-221-09333-X
(édition originale : ISBN 0-375-40244-6 Borzoi Book/Alfred A. Knopf, New York)

À Jean,
pour les trente premières années

« C'était comme si un feu intérieur les dévorait tous les deux. »

Giovanni Battista Meneghini
à propos de la passion unissant
Maria Callas et Aristote Onassis

« Heureuses sont les natures ardentes qui se consument elles-mêmes, et gloire au sabre qui ronge son fourreau. »

Camille Saint-Saëns
à propos de la soprano Pauline Viardot

« Callas... une étoile au firmament qui s'éteignit trop tôt, mais quelles années ce furent ! »

Harold Schonberg,
critique musical au *New York Times*,
à la mort de Maria Callas

Arbre généalogique d'Onassis

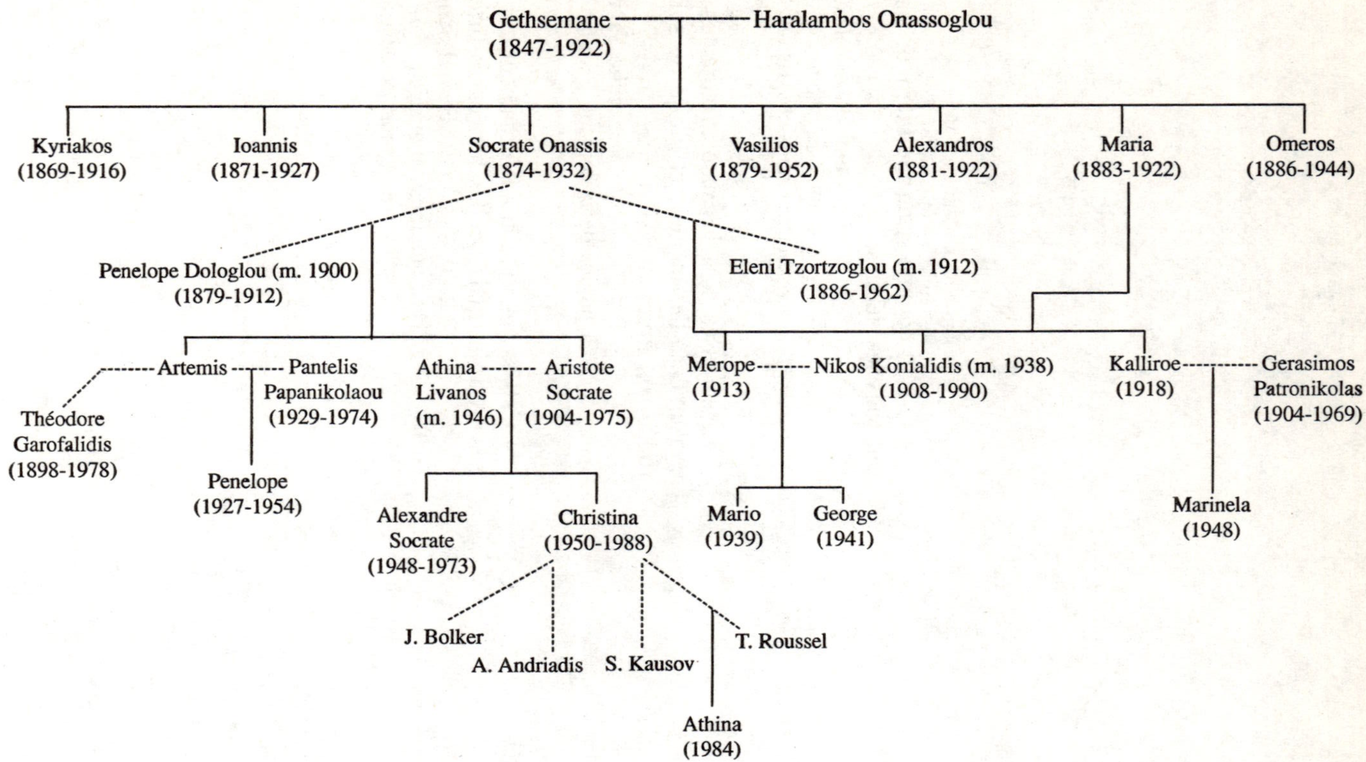

Avant-propos

Songez seulement au nombre exact de personnes qui connaissent la vérité sur la vie sentimentale de quelqu'un. Vous comprendrez combien il est difficile d'écrire une biographie.

Rebecca West, *The Art of Skepticism.*

« Toute biographie est une manière d'assassinat », disait l'un de mes professeurs d'université. Je n'avais aucune idée de la portée de cet aphorisme jusqu'à ce que j'entame mes recherches pour ce livre.

Maria Callas et Aristote Socrate Onassis resteront les deux figures grecques les plus célèbres du XXe siècle. C'est fou le nombre de personnes qui ont écrit sur eux. La bibliographie de la fin de cet ouvrage en témoigne. Comme si la plume avait démangé tous ceux qui les ont approchés.

Qui n'a fait d'Onassis le héros d'un livre ? L'un de ses secrétaires, sa masseuse, un steward auxiliaire, un de ses premiers amours et une demi-douzaine de journalistes estimables, autant de biographes patentés ou non. Tous brossent le portrait d'un armateur haut en couleur dont l'art d'innover en affaires avec l'argent des autres bouleversa les règles d'une corporation conservatrice et secrète. Tous décrivent par le menu son penchant pour les célébrités et les gadgets hors de prix, son train de vie international qui faisait les gros titres et fut à l'origine de termes comme la « jet-set ». Tous enfin s'accordent sur le fait qu'en épousant Jacqueline Kennedy en 1968 il décrocha la timbale. Ce mariage, qui lui valut d'ailleurs le sobriquet de « Daddy O », n'était à ses yeux que le dernier exploit d'une vie consacrée à accumuler les preuves de son ascension sociale.

De son côté, Maria Callas a inspiré un livre à sa sœur, à sa mère, à son ex-mari, à son assistant personnel, à un cousin, et même à la femme d'un ex-soupirant. Sans oublier la montagne de critiques, de commentaires et de discographies rédigés par des douzaines de musicologues – hommes de lettres, critiques et adorateurs vantant les mérites de la voix sans pareille et de la personnalité unique de la Divine. Ses talents de cantatrice et de comédienne ont si bien revigoré et métamorphosé son art que ses admirateurs parlent désormais de l'opéra *avant* et *après* la Callas. Michelle Krisel, directrice artistique de l'opéra de Washington, la désigne comme « l'interprète ayant changé les critères de référence permettant d'évaluer tous les autres chanteurs d'opéra ». Leonard Bernstein alla même plus loin en décernant à la Callas le titre de « plus grande artiste du monde ». Le réalisateur Luchino Visconti la considérait comme « la plus grande tragédienne depuis la Duse », et Noel Coward, après avoir assisté à l'un de ses concerts à Covent Garden, nota dans son journal : « Elle fait partie des rares grands artistes que j'aie rencontrés au cours de mon existence. » Ses admirateurs les plus fervents la vénéraient comme une déesse et beaucoup partageaient le sentiment du musicologue italien Attila Csampa [1], lequel écrivait : « Lors de ses dix années de règne incontesté, de 1949 et 1959, elle a dispensé aux âmes en peine de ce monde, désemparées par la guerre, plus de musique, d'art, d'humanité et de chaleur que quiconque au cours de ce siècle. »

Aujourd'hui, les admirateurs de la Callas et les spécialistes disputent toujours avec passion de la qualité de son chant et du déclin de sa voix, reviennent sur chacune de ses interprétations, comparent ses enregistrements et analysent chaque raté de la diva à la voix ravagée quand elle tentait d'atteindre un aigu.

La pléthore de matériel biographique consacré à ces deux personnages légendaires laisserait à penser que leurs moindres faits et gestes ont été établis de façon fiable et indiscutable. C'est du moins ce que je m'imaginais au début de mon travail.

Je n'ai rencontré Onassis qu'en deux occasions, une fois en public, une autre fois, plus tard, lors d'une interview pour le *Wall Street Journal*. Je n'ai jamais rencontré Maria Callas. En tant que journaliste américain né en Grèce, ayant à mon actif une demidouzaine d'ouvrages sur mon pays d'origine, j'avais le sentiment que la liaison de quinze ans entre Onassis et la Callas recelait une

1. Tous les titres des ouvrages cités sont référencés dans la notice bibliographique à la fin du livre, soit en anglais, soit en français si la traduction existe.

histoire qui restait à écrire. Seul quelqu'un qui comprenait vraiment leur univers pouvait s'en charger. Je parle couramment le grec, et alors que j'étais correspondant permanent du *New York Times* à Athènes, de 1977 jusqu'à la fin des années 80, j'ai été amené à fréquenter de nombreux amis et relations de Maria Callas et d'Aristote Onassis. J'ai travaillé pendant seize ans comme journaliste d'investigation pour le *Times*, le *Wall Street Journal*, le *Boston Herald Traveler* et l'agence Associated Press avant d'abandonner le métier de journaliste pour écrire mon livre *Eleni*, sur la vie et la mort de ma mère au cours de la guerre civile grecque. Pour rédiger ce livre sur la Callas et Onassis, j'ai entamé des recherches qui m'ont conduit en Angleterre, en France, en Italie, en Grèce et en Turquie. Chaque fois, j'ai tenu à vérifier la véracité de mes informations en respectant à la lettre la déontologie du journaliste d'investigation : chaque fait doit être confirmé par au moins deux sources indépendantes – deux personnes dont les avis convergent mais qui ignorent tout l'une de l'autre – ou par un document original.

Avant d'entreprendre mes propres recherches, j'ai toutefois lu scrupuleusement tous les documents parus sur Onassis et la Callas. Je ne lirai plus jamais une biographie avec la même confiance aveugle.

Il m'est rapidement apparu que presque tous les livres consacrés à Onassis ou à la Callas étaient truffés d'erreurs. Les inexactitudes abondent, de la date de leur naissance aux circonstances de leur mort, sans parler, surtout, de ce qui concerne leur relation. C'en est parfois drôle, souvent navrant. J'ai eu maintes fois l'occasion de constater qu'un détail journalistique erroné était repris d'un auteur à l'autre jusqu'à devenir une référence. Des méprises flagrantes sur leur vie, leur relation amoureuse et leur carrière passent désormais pour des faits avérés.

Soyons justes. L'exactitude absolue est une gageure dès lors qu'il s'agit de retracer l'histoire de personnages ayant autant enflammé l'imagination et nourri la légende. Les biographes de la Callas et d'Onassis pas plus que les journalistes ne sont entièrement responsables des inexactitudes et des histoires à dormir debout qui courent à leur sujet. Onassis comme la Callas n'ont pas facilité les choses. Tous deux aimaient broder sur leur existence et se confiaient volontiers à la presse.

Onassis était un conteur brillant dans les cinq langues qu'il pratiquait. Il souffrait d'insomnie et avait l'habitude de passer des nuits entières à régaler de ses récits toute oreille complaisante – passagers de son yacht, pêcheurs de petite taverne de port grec. Le journaliste Randolph Churchill, fils de Sir Winston Churchill, évoqua un jour, dans le *London Evening Standard*, le talent de conteur homérique d'Onassis : « C'est un orateur-né doté de sens poétique, capable d'accumuler une série d'adjectifs en ordre crescendo selon une suite présentant la perfection d'une phrase musicale. »

Dans les contes des mille et une nuits dédiés à sa propre personne, Onassis aimait à se présenter en termes héroïques – en gamin intrépide sorti victorieux de la tragédie de l'enfance qui avait su affronter la pauvreté et le danger physique, relever tous les défis pour devenir l'un des hommes les plus riches du monde. Il avait souvent recours à l'exagération épique et à ses licences, notamment lorsqu'il narrait les scènes d'atrocités commises par les Turcs, en 1922, à Smyrne, sa ville natale. C'est un fait que la famille Onassis avait été chassée de chez elle et avait énormément souffert lors du massacre des Grecs et des Arméniens en Anatolie. Un fait également que des milliers d'habitants de Smyrne s'étaient rassemblés dans le port de la ville à feu et à sang, dont bon nombre s'étaient jetés à l'eau pour rejoindre à la nage les navires étrangers ancrés au large. Mais le jeune Aristote Onassis ne fut jamais de ces malheureux qui, dans l'obscurité et sous les balles, risquaient la noyade au milieu des cadavres. Il n'empêche. C'est la version qu'il se plaisait souvent à donner de son passé.

Onassis modifiait également l'année de sa naissance au gré de sa fantaisie. Il s'en est suivi une confusion qui l'a poursuivi jusqu'à la tombe. L'année gravée sur la dalle de marbre de son caveau à Scorpios, 1906, ne correspond pas à celle portée sur nombre de papiers officiels signés de son nom, y compris son premier passeport : 1900. En fait, les deux dates sont fausses, et il n'est pas de livre ou d'article de presse qui donne sa véritable date de naissance, ce que j'ai déduit des investigations dont je parlerai plus loin.

Onassis travestissait la vérité pour paraître plus jeune, plus pauvre, plus exposé au danger et, au bout du compte, plus valeureux. Maria Callas avait des raisons qui n'appartenaient qu'à elle de réécrire sa vie. Elle avait tendance à se poser en victime lâchement exploitée et trompée par son entourage. Ses relations malheureuses avec sa mère, Evangelia, à qui Maria refusa d'adresser la parole les vingt-six dernières années de sa vie, semblent en être la cause. Maria était la fille cadette myope et trop potelée d'une arriviste froide et névrosée, le type même de la mère abusive veillant jalousement sur la carrière de sa progéniture. Evangelia que l'on appelait

« Litsa », avait décelé dans le talent musical précoce de sa dernière-née un moyen d'accéder à la richesse et à la reconnaissance sociale tout en s'émancipant d'un mari qu'elle méprisait. Maria pensait, à juste titre, qu'elle ne pouvait gagner l'affection de sa mère qu'en chantant.

Elle fut confrontée au même schéma toute son existence, que ce fût avec ses amants, les membres de sa famille ou ses collègues. Personne ne l'estimait pour elle-même, croyait-elle. Tous ne voyaient en la Callas que la diva – sa voix exceptionnelle et le profit qu'ils pouvaient en tirer. « Seuls mes chiens ne me trahiront jamais ! » s'écria-t-elle un jour de désespoir. Ce sentiment d'insécurité, proche de la paranoïa, la hantera toute sa vie et suscitera une dichotomie entre son moi et l'image de la cantatrice – entre l'enfant anxieuse, mal aimée, et la star majestueuse, capricieuse, arrogante. Il lui arrivait fréquemment d'exprimer son sentiment de double personnalité : « La Callas me tue », disait-elle.

Ce sentiment d'être exploitée n'était pas dénué de fondement. Mais la propension de Maria à réécrire sa vie la poussait parfois à se dépeindre devant ses amis comme la victime d'injustices imaginaires. Elle cherchait ainsi à camoufler ses faiblesses, ses erreurs, ses écarts de conduite, et à se gagner la sympathie d'autrui. Un seul exemple : elle fut, à cinq ans, renversée par une voiture un jour qu'elle traversait en courant une rue de Manhattan pour rejoindre sa mère et sa grande sœur Jackie. Au fil des années et des récits, la distance parcourue s'amplifia comme la gravité de ses blessures. Elle serait restée dans le coma plusieurs jours et aurait frôlé la mort pendant des semaines. Mais Jackie Callas conteste les faits. « Je me souviens que nous étions terrifiées, mais dès que nous sommes arrivées à l'hôpital St. Elizabeth, dans Fort Washington Avenue, on nous a assuré qu'elle n'avait qu'une vilaine bosse, qu'elle était sous le choc et que tout rentrerait dans l'ordre. »

Maria Callas comme Aristote Onassis ont si bien nourri leur propre légende que le biographe devrait posséder les triples qualités du détective, de l'archéologue et de Diogène pour faire la part de la vérité à propos de tout ce qui court à leur sujet.

Le chapitre de leur vie qui a le plus fait couler d'encre – et est le plus truffé d'erreurs – est le récit de leur croisière sur le *Christina*. Le yacht leva l'ancre le 22 juillet 1959 pour une croisière de trois semaines ; à bord, il y avait Aristote et Tina Onassis, Maria et son mari, Giovanni Battista Meneghini, ainsi que d'autres invités prestigieux tels que Sir Winston Churchill et son épouse, Lady Clementine. C'est au cours de cette odyssée que Maria et Aristote s'éprirent l'un de l'autre et que les autres passagers comme l'équipage assistèrent à la dissolution de deux mariages, celui des Meneghini et celui des Onassis. Le *Christina* accosta à Monte-Carlo le 13 août. La presse internationale eut vent des événements qui se déroulaient à bord et on abattit aussitôt des forêts entières pour couvrir le drame qui allait suivre.

Tous les reportages sur cette croisière sont faux, de la première à la dernière ligne. J'ai commencé à avoir des doutes quand j'ai lu et relu que les passagers avaient débarqué au mont Athos, au nord de la Grèce, où ils auraient rendu visite au patriarche grec qui aurait béni Onassis et la Callas, un geste dans lequel les observateurs virent un sacrement de leur union extraconjugale. Or tout Grec qui se respecte sait parfaitement qu'il était impossible de débarquer au mont Athos de la façon dont les biographes d'Onassis et de la Callas et le mari de celle-ci, Meneghini, l'ont rapporté. Le mont Athos est une enclave indépendante des monastères orthodoxes de plusieurs pays. Ni Maria ni les autres passagères n'auraient pu poser le pied sur la montagne sacrée car, comme Anthony Montague Browne, le secrétaire particulier de Churchill, le remarque sèchement dans ses Mémoires intitulés *Long Sunset* [1], « aucune créature femelle, pas même une abeille, n'était autorisée à pénétrer sur le territoire du mont Athos ». Il y a bien eu bénédiction, comme je l'ai appris, mais c'était à Istanbul où le patriarcat, l'équivalent du Vatican pour les orthodoxes grecs, est installé.

Comme j'allais le découvrir, même la liste des noms des passagers du *Christina* était incorrecte. Après avoir lu à plusieurs reprises que le magnat italien de l'industrie automobile, Umberto Agnelli, et son épouse, Antonella, étaient à bord (ou encore Gianni Agnelli et son épouse Marella, j'ai écrit à Umberto pour solliciter une interview. Il m'a répondu que je faisais erreur sur la personne et qu'il devait s'agir de son frère. J'ai obtenu un rendez-vous avec Gianni Agnelli et me suis envolé pour Turin où se trouve le siège de Fiat. Il m'a reçu aimablement et m'a parlé chaleureusement d'Onassis, mais a lui aussi démenti avoir participé à cette croisière décisive.

J'ai pris ensuite un vol pour Athènes pour rencontrer Kostas Anastasiades, capitaine du *Christina* de 1953 à 1975, date à laquelle la fille d'Onassis fit don du yacht à l'État grec à la mort de

1. *Un long coucher de soleil.*

son père. Il alla vérifier dans le journal de bord du yacht qu'il conserve chez lui, à Neo Psychiko, dans la banlieue d'Athènes. Aucun membre de la famille Agnelli ne faisait partie de la croisière en question, a-t-il confirmé.

Outre l'un ou l'autre des Agnelli systématiquement cité parmi les passagers (y compris par Meneghini, le mari malheureux de Maria qui, étant présent, aurait dû être mieux informé), on trouve immanquablement Lord Moran, le médecin de Churchill, et son épouse Lady Moran, dans la liste des invités. À Londres, j'ai interrogé Anthony Montague Browne et son ex-épouse Nonie, l'actuelle Lady Sargant, lesquels, parmi les passagers survivants, m'ont été d'une aide précieuse. Anthony Montague Browne a été l'assistant personnel de Churchill pendant treize ans et a accompagné le vieil homme d'État britannique au cours de ses huit croisières à bord du *Christina*. Nonie tenait chaque fois un journal de bord – en fait, de brèves notes sur les destinations et les activités du jour –, lequel constitue une source inestimable permettant de vérifier et de reconstituer les événements. Montague Browne a puisé dans les notes de son ex-épouse et ses propres souvenirs pour les ironiques et spirituelles remarques ayant trait à Onassis qu'il a consignées dans *Long Sunset*, où il retrace sa vie aux côtés de Churchill.

Ni Anthony Montague Browne ni son ex-épouse, qui avaient participé à tant de croisières sur le *Christina*, ne pouvaient jurer de la présence de Lord ou de Lady Moran au cours dudit périple. En revanche, il existe une autre passagère encore en vie, Celia Sandys la petite-fille de Sir Winston qui accompagnait alors sa mère, Diane Sandys. À cette époque, le ménage de Diane et de Duncan Sandys allait à vau-l'eau et Sir Winston avait pensé qu'une croisière sur le yacht luxueux d'Onassis contribuerait à atténuer le chagrin de sa fille. Si bon nombre de biographes d'Onassis et de la Callas mentionnent régulièrement des passagers fantômes tels que les Agnelli et les Moran, la plupart omettent le nom de Celia Sandys. Celia, alors âgée de seize ans, se souvient de ce voyage avec toute l'acuité de l'adolescente impressionnable qu'elle était. Elle a fourni des détails inédits sur ce qui s'est passé à bord. Elle est catégorique : le vieux docteur de Churchill ne faisait pas partie des invités.

Dans *Churchill : Taken from the Diaries of Lord Moran* [1], qu'il a publié en 1966, Houghton Mifflin confirme ce que m'a dit Celia Sandys. Lord Moran n'était pas du voyage en juillet 1959, mais

1. *Churchill : extraits du journal de Lord Moran.*

était en Angleterre (même s'il devait accompagner Churchill lors d'une autre longue croisière en mars 1960). Au moment où Lord Moran était censé se prélasser sur le pont du *Christina* avec les Onassis, la Callas et les Churchill, il déjeunait en fait chez lui, à Birch Grove, en compagnie du Premier ministre Harold Macmillan.

La prétendue présence des Agnelli et des Moran au cours de la croisière qui vit la naissance de l'idylle de Maria et Aristote n'est que l'une de ces innombrables erreurs qui parsèment la quasi-totalité des biographies. On est toutefois en droit d'attendre plus d'exactitude de la part de Giovanni Battista Meneghini, l'infortuné mari italien de Maria, qui était l'un des protagonistes de ce conte byzantin sur l'infidélité et l'amour perdu. Ce fut, après tout, le témoin oculaire au fil des jours de l'inclination croissante de son épouse pour leur hôte. Ce qui ne l'a pas empêché, dans son livre *Maria Callas, ma femme*, de perpétuer les erreurs les plus grossières. (Il va jusqu'à décrire Toby, l'animal de compagnie avec lequel Sir Winston partageait sa cabine de luxe, sous les traits d'un « petit chien ». En fait, Toby était une perruche verte qui devait causer beaucoup de chagrin à son propriétaire un an plus tard lorsqu'elle s'envola par la fenêtre de la suite que Churchill occupait à l'Hôtel de Paris de Monte-Carlo.)

Il est vrai que, contrairement à d'autres, le pauvre Meneghini avait des circonstances atténuantes quand il réécrivait l'histoire. Ne parlant que l'italien, il lui était difficile de communiquer avec les autres passagers, sans compter qu'il souffrait du mal de mer et s'isolait le plus clair de son temps dans la cabine qu'il occupait avec Maria. De plus en plus ignoré et humilié par sa femme, il tentait pitoyablement, rapportent Anthony Montague Browne et Lady Sargant, de « faire plus ample connaissance » avec ses voisines de table en maculant leurs robes du soir de la pointe de ses chaussures bicolores. Tina Onassis l'avait affublé avec dédain du sobriquet de « Méningite ». Non content de faire erreur sur le nom des escales du *Christina*, Meneghini évoque dans son livre une vie à bord digne d'un fantasme hollywoodien : « Les femmes, mais aussi les hommes, prenaient des bains de soleil complètement nus et flirtaient en plein jour, devant tout le monde. Pour dire les choses crûment, j'avais l'impression d'être au milieu d'une porcherie. » Le simple fait de suggérer que ce type de comportement ait pu être toléré en présence des Churchill indigna si bien Anthony Montague Browne qu'il intenta un procès en diffamation contre Meneghini et le gagna.

C'est grâce aux témoignages d'Anthony Montague Browne et de son ex-épouse, de Celia Sandys et du capitaine du *Christina*, Kostas Anastasiades, ainsi qu'à ceux de toutes les personnes qui m'ont fourni des détails et des souvenirs qui se corroborent les uns les autres, que je peux affirmer que ces pages donnent pour la première fois le compte-rendu exact et intégral, au jour le jour, du voyage à bord du *Christina* en juillet 1959, lorsque se noua l'idylle entre Maria Callas et Aristote Onassis.

Les deux protagonistes de cette histoire d'amour sont devenus encore plus célèbres, s'il est possible, après leur mort. Maria, en particulier, nous regarde toujours de ses grands yeux byzantins mélancoliques reproduits sur les timbres-poste grecs et les affiches américaines vantant les ordinateurs Apple (la dernière en date portant ce slogan plutôt osé grammaticalement « *Think different* [1] ». Les ventes de ses disques se sont envolées depuis sa mort, en 1977 : de 280 000 albums vendus cette année-là, les ventes ont grimpé à 750 000 CD en 1997, au vingtième anniversaire de sa disparition.

Comme toutes les icônes, Onassis et la Callas incarnent nos propres peurs et aspirations ; nous avons tant lu sur eux que nous croyons les connaître. Onassis se confond avec l'image populaire d'un Midas d'aujourd'hui. Son intelligence et son ambition, dit la légende, ont transformé tout ce qu'il touchait en or, jusqu'à ce que son existence et ses espoirs soient anéantis par une ironie du destin digne d'une tragédie d'Euripide : son fils unique est tombé du ciel et a péri comme Icare ; son ultime et royal mariage – avec la veuve vénérée des États-Unis – tourna au néant, union sans amour auquel il tenta désespérément d'échapper. Après sa propre disparition, l'enfant qui lui restait mourut à l'âge de trente-sept ans dans des circonstances mystérieuses, laissant sa fortune aux mains du géniteur de l'unique petit-fils de l'armateur, un play-boy français ignorant tout de la langue, des mœurs et de la religion de cette Grèce à laquelle Onassis était si profondément attaché.

On a fait également de Maria Callas une icône, l'archétype de la prima donna volcanique, encline aux annulations hystériques et aux terrifiantes colères, qui s'était jetée à corps perdu dans son art jusqu'à ce que le destin place sur sa route un homme capable de lui inspirer, pour la première fois, un véritable amour passion. Or cet amour, cette ferveur inébranlable, lui a fait dilapider son talent unique. Elle a fini par être répudiée par son insensible amant et ter-

1. « Pensez autrement ».

mina sa vie en recluse, accrochée à ses somnifères, jusqu'à ce que son corps abandonne la lutte. La Divine mourut à l'âge de cinquante-trois ans, la voix ravagée autant par l'excès que par la désuétude. En perdant plus de trente kilos à l'apogée de sa carrière, en se métamorphosant de soprano trop en chair et maladroite en sylphide au physique de déesse, elle a permis au nom de la Callas d'incarner un autre de nos archétypes culturels : celui du vilain petit canard qui se transforme en cygne.

Autant de clichés, bien entendu, véhiculés par des décennies de désinformation et d'inexactitudes. Nous nous forgeons les divinités et les icônes culturelles dont nous avons besoin. Bien que ces stéréotypes reposent sur un fond de vérité, la complexité et la vulnérabilité de ces deux personnages dépassaient largement ce que leur accordait la légende. L'image tragique de l'artiste détruite par un philistin volage et cruel ne rend pas justice à l'humanité de ces deux figures de talent. On aurait tort de les réduire à l'état de protagonistes d'un mélodrame à deux dimensions.

Leur amour n'avait pas grand-chose à voir avec la légende, ce feuilleton que « tout le monde connaît ». Leur relation fut orageuse. Certes. Mais elle a représenté, pour tous deux, l'engagement sentimental le plus profond et le plus durable de leur vie. Et la ferveur comme le dévouement n'ont pas été du seul côté de Maria, comme le voudrait la croyance populaire.

Et puis, il y a eu cet avortement, ce drame que « tout le monde connaît » ayant entaché l'idylle d'Onassis et de la Callas. Maria, qui aimait se poser en victime, parla à ses amis intimes d'un avortement auquel Onassis l'aurait contrainte en 1966 après avoir cruellement refusé de l'épouser. Cette grossesse interrompue donne le climat émotionnel de *Master Class*, la pièce de Terence McNally plusieurs fois récompensée.

Ce que Maria n'a jamais révélé à ses proches et que tous ses biographes ignoraient jusque-là, c'est que le 30 mars 1960 à huit heures, à Milan, huit mois après s'être donnée pour la première fois à Aristote Onassis au cours de cette fameuse croisière sur le *Christina*, elle avait donné naissance par césarienne à un petit garçon vivant. Le bébé prématuré n'allait pas bien et le médecin le fit conduire d'urgence dans une clinique mieux équipée. Au cours du trajet en ambulance, une infirmière baptisa l'enfant du nom d'un des oncles préférés d'Onassis. L'enfant mourut le jour même de sa naissance, mais on l'avait photographié avant de l'enterrer dans un cimetière de Milan. Maria devait aller s'agenouiller sur sa tombe pendant des mois après sa mort. Les années suivantes, à Paris, elle prendrait l'avion pour Milan en compagnie de sa fidèle femme de chambre, Bruna Lupoli, pour se recueillir sur la tombe de son fils. Treize ans après le décès de l'enfant, quand Alexandre Onassis qui portait lui aussi le nom d'un des oncles préférés de l'armateur, disparut à l'âge de trente-quatre ans dans le crash de son avion personnel, c'est un Aristote Onassis inconsolable qui s'envolera pour Paris et se jettera dans les bras de Maria. Ils mêleront leurs larmes lorsqu'il lui dira : « Mon garçon est parti. Je n'ai plus rien ! » et qu'elle lui répondra, en pleurant : « Si seulement notre fils avait vécu ! »

L'enfant de l'amour de Maria Callas et d'Aristote Onassis, né et mort le 30 mars 1960, n'est qu'une pièce du puzzle de leur tragique liaison, jusque-là ignorée du public.

1

Le dernier contrat

Ne dites jamais d'un homme qu'il fut heureux avant de savoir de quoi il est mort; il a pu avoir la fortune sans connaître le bonheur.

Solon, d'après Hérodote, *Histoire*, livre I.

6 février 1975. Aristote Socrate Onassis se prépare à son dernier voyage. Debout.

Son état se détériore rapidement. On informe Stelios Papadimitriou, avocat personnel du magnat et directeur général de son empire maritime, en le priant de se rendre immédiatement à la villa de son patron, à Glyfada, la banlieue huppée d'Athènes. Onassis souffre de myasthénie, une maladie neuromusculaire dégénérative, compliquée d'une vilaine grippe et d'une inflammation de la vésicule biliaire. Les médecins étrangers et les membres de la famille réunis à son chevet se chamaillent à propos du traitement.

Depuis l'accident d'avion qui a coûté la vie à son fils Alexandre deux ans plus tôt, Onassis a perdu le goût de vivre. Il néglige de prendre ses médicaments. Six semaines auparavant, le 25 décembre 1974, il a remis à chacun de ses employés de maison dix mille drachmes (près de trois cents dollars). Un cadeau de Noël d'une largesse inhabituelle. Tous y ont vu une manière d'adieu.

En deux mois, Onassis a perdu vingt kilos. Même les attentions de sa sœur Artémis, qui lui prépare des spécialités anatoliennes, ne parviennent pas à lui redonner de l'appétit. Sa fille Christina reste persuadée que les médecins qu'elle a fait venir de Paris et de New York peuvent le sauver. Mais en franchissant les marches du perron de la villa, en ce matin gris de février, Papadimitriou se doute que les nouvelles ne sont pas bonnes.

Il est accueilli par Panayiotis Konidiaris, le serviteur d'Onassis. Après être allé saluer les sœurs de l'armateur, visiblement inquiètes, dans le petit salon, Papadimitriou se précipite au deuxième étage, celui de la chambre à coucher. Sur le palier, il tombe sur la fille d'Onassis, vingt-quatre ans, recroquevillée, en sanglots. Elle lui explique qu'elle n'a pas réussi à persuader son père de se rendre à l'Hôpital américain de Neuilly en compagnie du chirurgien français Jean Caroli qui voudrait pratiquer l'ablation de la vésicule. (Le médecin américain, qui a fait le voyage de New York aux côtés de Jackie Kennedy Onassis, estime que l'épreuve d'une telle opération le tuerait.) Christina supplie Papadimitriou de convaincre son père de partir. Une voiture et un chauffeur patientent dehors, prêts à conduire Onassis à l'aéroport. L'armateur ne veut rien entendre.

Papadimitriou, fumeur invétéré, est pris d'une quinte de toux. Onassis l'entend à travers la porte. « *Irthe o Kephalas* [Voilà Tête de mule]. », plaisante-t-il d'une voix affectueuse. Papadimitriou pénètre dans la chambre et découvre son patron en piètre état, le visage émacié.

– Vous devriez suivre le conseil de Christina et vous rendre à l'Hôpital américain de Paris, suggère l'avocat.

– Vous voulez que je meure à Paris ? demande Onassis. De toute façon, je vais mourir. Ici ou à Paris, cela ne changera rien.

Papadimitriou proteste. Qu'est-ce qu'il raconte... il sera bientôt sur pied. Onassis, qui n'a pas perdu son sens des affaires, flaire l'occasion d'un dernier marchandage et s'anime.

– Bon. Disons que je pars pour Paris. Que me donnez-vous en échange ? demande-t-il à son assistant. Vous entendez les pleurs de ma fille ? Je veux que vous me donniez votre parole, sur mon lit de mort, que, si j'accepte d'aller à Paris, vous resterez aux côtés de Christina jusqu'au bout, quoi qu'elle fasse pour vous compliquer la tâche. Marché conclu ?

Papadimitriou acquiesce. Onassis lui demande d'appeler sa fille. Elle entre, en larmes. Onassis lui prend la main, puis celle de l'avocat :

– *Chryso mou* [mon trésor], Stelios veillera sur toi, quoi que tu fasses. Essaie de ne pas lui mener la vie trop dure.

Il pense probablement aux tentatives de suicide, engouements passionnels et autres coups de tête qui ont marqué la tumultueuse jeunesse de Christina.

Christina, la seule qui croie encore en la guérison de son père, hoche la tête, soulagée qu'il cède à ses suppliques.

Onassis se tourne vers Stelios Papadimitriou :

– Considérez désormais Christina comme votre sœur. Venez m'embrasser.

Les charognards de la presse se sont attroupés devant la villa. Papadimitriou et Christina aident l'invalide à descendre les escaliers vers une issue latérale où la voiture s'est avancée. Sa sœur Artémis lui a jeté un manteau sur les épaules pour le protéger de la froide humidité hivernale. Son épouse, Jacqueline Kennedy Onassis, l'attend sur la banquette arrière.

Onassis pouvait à peine marcher, se souvient Papadimitriou. Cependant, quand la porte s'ouvrit et qu'il aperçut la foule à l'extérieur, « il fit glisser le manteau d'un haussement d'épaules, se redressa et se dirigea vers la voiture avec la prestance d'un *palikari* [un guerrier]. Dans la voiture, il s'affaissa, soudain très faible. Mais, quand il fallut monter dans l'avion, il se débarrassa à nouveau du manteau et gravit seul la passerelle en refusant toute aide. »

Onassis regretta finalement le dernier marché qu'il avait conclu. « À l'hôpital, raconte Papadimitriou, alors même que les tubes qui lui reliaient la gorge aux machines l'empêchaient de parler, il fit passer un petit papier à Christina sur lequel il avait écrit en majuscules : "S'IL TE PLAÎT", puis, en minuscules, "laisse-moi mourir". Mais on ne l'a pas laissé expirer comme il l'entendait. Il lui fallut souffrir encore un certain temps. »

Papadimitriou était né et avait grandi à Alexandrie, en Égypte. C'est en 1954 qu'il avait fait la connaissance de l'homme avec lequel il devait entretenir des relations de travail orageuses mais empreintes d'un dévouement indéfectible. Stelios était alors l'un des deux seuls Grecs autorisés à exercer la profession d'avocat en Égypte. Il avait été mandé à Djedda, concurremment avec sept autres confrères, dans l'espoir d'un contrat lucratif avec un étranger du nom d'Onassis. À la suite de son entrevue avec le mystérieux Grec, on demanda à Papadimitriou de servir d'interprète lors des entretiens entre Onassis, le ministre égyptien du Commerce et le roi d'Arabie saoudite, qui se déroulaient en arabe et en grec. Puis Onassis décida de l'engager au terme d'une nuit bien arrosée, qui s'acheva aux premières lueurs de l'aube à l'aéroport de Djedda. L'avion d'Onassis était déjà annoncé que Papadimitriou ne savait toujours pas s'il avait décroché le job quand, selon lui, le magnat qui se dirigeait vers la piste d'envol se retourna pour lui dire : « Nous resterons ensemble jusqu'à ce que l'un de nous s'en aille autrement dit jusqu'à ce que l'un de nous meure. »

L'avocat trapu de soixante-huit ans, aujourd'hui président de l'Alexander S. Onassis Public Benefit Foundation, marque une pause. Il revoit son employeur, vingt et un ans plus tard cette fois, au moment de grimper dans un autre avion – le Learjet privé qui devait l'emmener à l'Hôpital américain de Neuilly. « C'est la dernière fois que je l'ai vu. »

Pour son dernier voyage, celui qui devait le conduire vers la mort, l'homme qui possédait une fortune colossale en pierres précieuses et en objets d'art inestimables choisit d'emporter un petit plaid de chez Hermès en cachemire rouge, qui lui avait été offert un mois plus tôt pour son anniversaire. Ce n'était pas un présent de son épouse Jackie, mais de la femme qu'il avait profondément aimée durant tant d'années, plus que toute autre au cours de sa vie : Maria Callas.

Arrivé à Paris en compagnie de son épouse et de sa fille, il exigea qu'on le conduisît à son appartement du 88, avenue Foch, sous prétexte qu'il avait des affaires à régler avant son hospitalisation du lendemain. Il s'y rendit dans une autre limousine que celle de Jackie et Christina et arriva trente minutes avant les deux femmes. Une meute de journalistes de la presse écrite et cinq équipes de télévision faisaient le siège de l'appartement. Onassis trouva une fois de plus l'énergie de fendre seul la foule, repoussant l'aide de son chauffeur. Sa silhouette décharnée s'offrit à un dernier mitraillage des flashes.

Une fois chez lui, Onassis s'allongea et composa un numéro parisien qu'il connaissait par cœur. La sonnerie retentit au 36, avenue Georges-Mandel, à quelques immeubles de là. Il s'agissait du domicile de Maria Callas, qui attendait son appel. Ce fut son majordome, Ferruccio Mezzadri, qui lui passa la communication : « Ils se sont entretenus en grec, puis, après avoir raccroché, elle nous a dit que le Signore allait être admis à l'Hôpital américain. Elle était bouleversée. »

Maria expliqua par la suite à ses amis qu'elle l'avait supplié de la laisser venir le voir, mais qu'Onassis avait répondu que « *e Hira* », la Veuve, était avec lui. Qu'il n'était pas dupe, qu'il savait bien que Jackie était impatiente d'être débarrassée de lui – la doléance habituelle. Dès que sa femme serait repartie pour New York, avait promis Aristo, il trouverait le moyen de faire venir Maria à l'hôpital. Ce ne serait pas facile d'échapper à la presse et à ses sœurs, soucieuses d'éviter le scandale, mais ils devaient essayer. Il avait besoin de lui parler, avait-il dit. Maria lui promit de rester chez elle dans l'attente de son coup de fil.

Après l'arrivée de Jackie et de Christina, Onassis s'endormit, puis demanda un comprimé de Pyridostigmine, un anticholinergique à libération lente qui lui donnerait le coup de fouet dont il avait besoin pour régler quelques dernières affaires dans la nuit. Il fit venir ses plus proches collaborateurs, qui furent admis l'un après l'autre dans sa chambre.

Le lendemain matin, on conduisit Onassis à l'Hôpital américain de Neuilly. Jackie et Christina occupèrent la presse devant l'entrée principale, ce qui permit à Onassis d'entrer par une porte latérale, entouré de ses collaborateurs. D'après l'un de ses jeunes assistants venu de New York, Nicholas Papanikolaou, il refusa d'un geste de la main le fauteuil roulant que l'un d'eux lui proposait : « Non, j'irai par mes propres moyens, déclara-t-il. Mais il faudra vous y mettre à quatre pour me sortir. »

Dans le même temps, au 36, avenue Georges-Mandel, Maria Callas attendait, assise près du téléphone.

2

Une rencontre à Venise

Tout vient du destin.
Zénon.

Certains prétendent que Maria Callas et Aristote Socrate Onassis se seraient rencontrés pour la première fois à la fin des années 30 dans les rues de Manhattan, quand celle qui signait ses devoirs Mary Anna Callas fréquentait l'école primaire 189 de Washington Heights, à l'angle de la 188e Rue et d'Amsterdam Avenue. « Onassis avait rencontré Maria à New York à la fin des années 30 – elle était la camarade de classe d'une de ses nièces », écrit l'un des biographes d'Onassis. Or, à cette époque, Onassis vivait en Europe et son unique nièce n'avait jamais mis les pieds aux États-Unis.

Maria quitta l'école à treize ans. Le 28 janvier 1937, à l'occasion de la cérémonie de fin d'études, elle avait interprété quelques titres de *H.M.S. Pinafore*, de Gilbert et Sullivan à la façon dont elle avait chanté d'autres airs populaires lors de fêtes scolaires antérieures, devant un parterre d'enseignants stupéfaits par la maturité de sa voix. À l'issue de sa prestation, Mary Anna, petite fille timide et empotée, accorda modestement des autographes sur les cahiers que lui tendaient ses camarades, assortis de l'inévitable aphorisme : « N'étant ni poète, ni célèbre / Je me contenterai, si vous le permettez, de signer de mon nom [1]. »

Un mois plus tard, Maria et sa mère Evangelia embarquaient pour la Grèce où elles devaient rejoindre Jackie, la fille aînée.

1. « *Being no poet, having no fame / Permit me just to sign my name.* »

Evangelia Kalogeropoulos (le nom de famille des parents de Maria lorsqu'ils avaient émigré aux États-Unis) était une femme ambitieuse aux rêves inassouvis. Elle avait décidé que sa fille deviendrait cantatrice. Elle comptait sur l'admiration et la générosité de la famille pour payer les cours de chant de sa fille prodige. Mais, l'aide de la parentèle tardant à se manifester, la mère et les deux filles se retrouvèrent sans ressources, piégées pour huit longues années dans les affres d'un pays occupé au cours de la Seconde Guerre mondiale, puis ravagé par la guerre civile qui suivit.

Dans les années 30, Onassis était un fringant armateur fraîchement enrichi qui partageait sa vie entre Londres et Buenos Aires et entretenait une liaison avec une Norvégienne plus âgée que lui, Ingeborg Dedichen. La guerre éclata et en 1940, comme tant d'autres armateurs grecs de Londres, Onassis décida de s'installer à New York. En admettant que le sémillant trentenaire ait visité New York en 1937 tout en ayant eu l'occasion d'assister à une fête scolaire de Washington Heights, il est fort peu probable que l'entreprenant play-boy ait remarqué ou se soit souvenu d'une grande gamine trop forte, boutonneuse et affublée de lunettes, dont le joli filet de voix lui permettait, certes, de se faire apprécier aux fêtes de l'école, mais pas de s'entourer d'amis ni d'échapper à la surveillance constante de sa mère.

Leur première rencontre effective eut lieu des années plus tard, dans le magnifique hôtel Danieli donnant sur les canaux de Venise, lors d'un bal qui dura toute la nuit. À cette époque, l'adolescente malheureuse exploitée par une mère névrosée s'était métamorphosée en la soprano mondialement célèbre qui avait littéralement réinventé l'opéra. Maria avait débuté sa carrière de cantatrice, en Grèce, à l'âge de quinze ans. Après la guerre, à vingt et un ans, elle était repartie aux États-Unis sans y trouver le moindre engagement. Deux années plus tard, en 1947, Maria n'avait plus un sou vaillant et dut emprunter afin d'honorer un contrat de deux cent quarante dollars pour quatre représentations à Vérone, en Italie. La jeune cantatrice y fit la connaissance d'un homme d'affaires rondouillard à la calvitie naissante, deux fois plus âgé qu'elle : Giovanni Battista Meneghini. Il se posa en ami avant de l'épouser et de diriger sa carrière jusqu'à ce qu'elle règne en déesse sur la Scala de Milan.

À Vérone, Meneghini et ses frères avaient fait fortune dans le bâtiment – « Quand j'ai rencontré ma femme, je... possédais douze entreprises » ; les mauvaises langues l'appelaient le « vendeur de briques ». Le jour de leur rencontre, le 29 juin 1947, Battista avait cinquante-trois ans – trente ans de plus que la débutante. Sa réputation d'amateur et de protecteur de jeunes talents était bien établie dans la ville. Sa vieille mère et ses frères appréciaient fort peu qu'il se commît avec « une femme de scène », ce qui ne l'empêcha pas de se dévouer entièrement à la carrière de Maria pratiquement dès le premier jour. Il lui consacra son temps, sa fortune et son énergie, et lui permit de prendre des cours de chant et de passer des auditions. C'est lui qui la persuada de rester en Italie, même après la rebuffade initiale de la Scala.

Meneghini écrivit dans ses Mémoires, *Maria Callas, ma femme*, qu'il fut présenté à la Callas alors qu'elle était attablée dans un restaurant au-dessous de chez lui : « Quand elle se leva de table, je fus pris de compassion. Elle avait des jambes informes, les chevilles de la taille des mollets. Elle se déplaçait avec maladresse et effort. » Quoi qu'il en fût, Meneghini insista pour faire visiter Venise à la nouvelle arrivée – ce qu'elle commença par refuser « pour raisons personnelles ». Leur amitié prit racine et il finit par apprendre que Maria avait hésité à accepter son invitation simplement parce qu'elle n'avait d'autre robe que celle qu'elle portait le jour de leur rencontre. Craignant qu'elle ne se méprît sur ses intentions, se souvient Meneghini, il lui avait finalement fait une offre : « Le Nouvel An est dans six mois. D'ici là, je prendrai tout en charge – hôtels, restaurants, garde-robe, tout. Vous vous consacrerez exclusivement au chant et étudierez avec les *maestri* que je choisirai pour vous. À la fin de l'année, nous évaluerons ensemble vos résultats. Si nous sommes tous deux satisfaits, nous conclurons un accord qui couvrira nos relations professionnelles futures. »

Au début, il y eut quelques déconvenues, à commencer par le rejet de la Scala. Mais la Callas fit des prodiges et Meneghini se consacra à temps plein à sa carrière. Dotée d'un timbre et d'une tessiture sans pareils, elle réhabilita des opéras qu'on avait oubliés depuis des décennies faute d'interprètes capables de leur rendre justice. En 1953, un autre miracle se produisit : Maria perdit brusquement plus de trente kilos. La virago se métamorphosa en une jeune femme élancée à l'exotique beauté qui, non contente de capter l'attention des amateurs d'opéra, s'attira la curiosité de la jet-society.

Maria avait toujours été timide et guère à l'aise en public. En la circonstance, son raseur de mari aux désolantes manières bourgeoises, qui de surcroît ne parlait que l'italien – avec un accent véronais à couper au couteau –, lui était de piètre secours. (Il s'était assoupi au cours d'un dîner donné à Londres en présence de la reine mère.) Mais, galvanisée par sa nouvelle silhouette de sylphide et toujours sous l'emprise des aspirations sociales de sa mère, Maria décida de faire son chemin dans le beau monde. À cette fin, elle courtisa Elsa Maxwell, alors la doyenne de la jet-set, et gagna son amitié passionnée.

Elsa Maxwell s'était hissée dans les hautes sphères de la société en jouant du piano dans les réceptions privées. C'était une entremetteuse hors pair. Née en 1883, elle se décrivait elle-même comme « une pianiste sans prétention de Keokuk, dans l'Iowa, petite et grassouillette, sans argent ni entregent, [qui] avait décidé de devenir célèbre et l'était devenue ». Elle avait su faire fructifier un modeste talent de musicienne et un immense don d'organisatrice de réceptions tape-à-l'œil avec l'argent des autres. Pour finir, elle avait décroché une rubrique mondaine dans un magazine, où elle fit une longue carrière de commère patentée. La Maxwell papillonnait dans tous les endroits à la mode : défilés haute couture, courses d'Ascot, ouverture de la saison d'opéra à New York, inauguration du festival de Venise ; entre-temps, elle prenait le thé avec les Windsor de passage à Paris et allait boire un verre avec les stars du grand écran au El Morocco de Manhattan ; elle avait aussi présenté Grace Kelly au prince Rainier ; elle était de toutes les festivités et aux premières loges des scandales de l'élite sociale.

Chaque année, en automne, elle donnait à Venise un bal qui figurait le clou du festival. Celui du 3 septembre 1957 rendait hommage à la Callas, et c'est ce soir-là qu'Elsa Maxwell, à soixante-quatorze printemps – « la femme la plus laide que j'aie jamais rencontrée », disait d'elle le mari de Maria –, présenta sa protégée à Aristote Onassis.

Cela faisait seulement un an que Maria avait gagné l'affection et la protection d'Elsa Maxwell grâce à un innocent stratagème à la redoutable efficacité. Le 29 octobre 1956, Maria faisait ses débuts au Metropolitan Opera de New York. Elle devait rester à l'affiche neuf semaines d'affilée. Sa prestation suscita maintes critiques et polémiques. Au fil des années, elle s'était forgé une réputation : ses célèbres colères comme ses annulations intempestives, sans compter les cachets exorbitants exigés par son mari, n'incitaient guère le directeur général du Met, Rudolph Bing, à l'engager. On finit tout de même par se mettre d'accord sur un contrat et la foule se rua aux guichets pour assister aux débuts new-yorkais de la Callas dans *Norma*, de Bellini. « On n'avait jamais vu autant d'Américains payer aussi cher pour écouter un opéra », rapportait le *New York Times*.

Quelques jours avant la représentation, le *Time magazine* publia un cinglant reportage dont Maria était la cible. On y lisait entre autres les racontars de sa mère sur l'ingratitude de sa fille au cœur de pierre. Le magazine allait jusqu'à reproduire la lettre infâme que Maria avait écrite à sa mère qui lui réclamait de l'argent : « Si tu es incapable de gagner assez pour vivre, saute par la fenêtre ou va te noyer. » Au lever de rideau, un soir d'octobre de canicule, le public new-yorkais était si hostile et la diva si effrayée que le directeur dut littéralement la pousser sur scène. À l'issue de sa prestation, elle avait conquis les sceptiques, qui manifestèrent leur enthousiasme par seize rappels.

« Sa voix présente des défaillances, s'empressent de remarquer les critiques les plus pointilleux, rapportait le *Time*. Mais, dans les registres bas et médium, son timbre a la pureté de la flûte et elle fait preuve d'une maîtrise toute de suavité et de précision; dans les aigus – même les plus extrêmes –, sa voix a la puissance du glaive et appartient déjà à la légende. »

Elsa Maxwell, quant à elle, succomba moins facilement au charme. Il faut dire qu'elle était l'admiratrice et l'amie fidèle de la rivale de Maria, la soprano Renata Tebaldi. « La grande Callas me laisse de glace », écrivait la chroniqueuse au lendemain de la première. Laissant les deux sopranos s'insulter en termes voilés par presse interposée, Elsa Maxwell continua de dénigrer sournoisement Maria dans sa chronique tout au long de sa prestation new-yorkaise, qui comprenait également des interprétations de *Tosca*, de Puccini, puis de *Lucie de Lammermoor*, de Donizetti. À la suite de *Lucie*, Maxwell glissa avec fiel : « J'avoue que la prestation de la Callas dans la scène de la folie m'a laissée de marbre. »

Piquée au vif par les critiques de la chroniqueuse, Maria décida d'aller braver le lion dans sa tanière. Quelques jours avant de s'envoler pour Milan, Maria et son mari se rendirent à un dîner dansant au bénéfice de l'American Hellenic Welfare Fund, organisé au Waldorf Astoria par le producteur grec Spyros Skouras. À la demande expresse de Maria, celui-ci accepta de présenter la soprano à Elsa Maxwell. La corpulente et rébarbative commère condescendit à se faire conduire auprès de la diva, qu'elle salua d'un glacial : « Madame Callas, je pensais être la dernière personne que vous auriez souhaité rencontrer. » Maria arbora son sourire le plus charmeur et répliqua, comme la chroniqueuse le rapporta dans son papier suivant : « Au contraire, vous êtes la première personne que je souhaitais rencontrer; indépendamment du jugement que vous portez sur ma voix, je respecte l'honnêteté de la femme que seul le souci de la vérité inspire. »

Elsa Maxwell fut frappée par Cupidon. La flèche de Maria l'avait atteinte en plein cœur : « Miss Callas s'est emparée chaleureusement de ma main et j'ai plongé mon regard dans ces yeux incroyables, brillants, magnifiques, au pouvoir hypnotique; j'ai compris que j'avais affaire à une personne extraordinaire. Nous enterrâmes la hache de guerre. À ma stupéfaction, elle ne manifestait aucune animosité à mon égard. » Dès cet instant, Elsa Maxwell s'enticha de Maria et se voua corps et âme à la diva. La Callas ne tarda pas à comprendre que la chroniqueuse vieillissante lui portait un intérêt plus que maternel et, tout en évitant de se retrouver en tête-à-tête avec elle, elle plongea avec délice dans le Nouveau Monde dont sa nouvelle alliée lui ouvrait si aisément les portes.

En janvier 1957, Maria revint à New York pour se rendre à un bal costumé au Waldorf Astoria. Maria, en Hatchepsout, portait une rivière d'émeraudes de trois millions de dollars (empruntée à Harry Winston) qui rehaussait son costume très élaboré de reine d'Égypte. Elsa Maxwell en Grande Catherine, portait une fraise en guipure amidonnée, donnant l'impression que la dame allait s'envoler au premier coup de vent, lequel soufflait fort ce jour-là. En avril, Maria chanta à la Scala de Milan dans *Anne Boleyn*, de Donizetti, et pulvérisa les records de rappels sous un tonnerre d'applaudissements vingt-quatre minutes durant. Elsa Maxwell était en extase. Une photo prise à l'aéroport de Milan montre Maria étreignant sa protectrice venue assister aux répétitions d'*Iphigénie en Tauride*, de Gluck.

Dès qu'*Iphigénie* fut retirée de l'affiche, Elsa Maxwell emmena la Callas à Paris où, en trois jours, les deux femmes eurent le temps de prendre le thé avec les Windsor, de participer à un cocktail aux côtés des Rothschild et de dîner chez Maxim's, sans oublier de faire le tour des champs de courses sous la conduite du prince Ali Khan dont Maxwell avait longtemps assuré bénévolement les relations publiques. Maria goûtait enfin au triomphe social. Ce fut enivrant... et exténuant.

Cette frénésie et son lourd programme de concerts eurent raison des forces de la diva, qui souffrait d'hypotension. Lorsqu'elle se rendit dans sa Grèce natale vers la fin du mois de juillet pour chanter au théâtre de l'Odéon, sous l'Acropole, elle fut l'objet d'une controverse. Elle avait proposé de se produire gratuitement, mais les directeurs du festival y virent une offense et répliquèrent qu'ils avaient les moyens de lui payer un cachet correct, ce sur quoi son mari exigea la même somme que celle qu'elle avait obtenue du Met à New York. Des opposants au régime grec de l'époque – la dictature des colonels – jugèrent le montant excessif. Épuisée, effrayée, Maria hésitait à se produire sur scène ; finalement, elle annula la représentation une heure avant le lever de rideau, ce qui indigna ses compatriotes. Cinq jours plus tard, le 5 août, elle chanta enfin dans le vénérable théâtre au pied de l'Acropole. Le succès fut immense, mais c'est au bord de l'évanouissement qu'elle regagna son domicile milanais. Elle décida toutefois de chanter avec la troupe de la Scala au festival d'Édimbourg qui s'ouvrait le 19 août, contre l'avis de son médecin.

Elsa Maxwell avait décidé de donner un bal à Venise en l'honneur de Maria juste après le dernier concert à Édimbourg. Bien que souffrante, la diva chanta quatre soirs *La Somnambule*, de Bellini, dans l'humidité glaciale de la cité écossaise. Le directeur de la Scala, Antonio Ghiringhelli, choisit au dernier moment de programmer une cinquième représentation. Il s'attendait à une colère de Maria, à un déluge de protestations, mais à ce qu'elle finisse par céder. À son effarement, Maria fit faux bond à celui qui voulait « sauver la Scala », et se contenta de s'envoler pour Venise et le bal de Maxwell. La presse britannique s'empara de l'affaire qu'elle publia à la une sous le titre « Nouvelle annulation de la Callas ». Elsa Maxwell tenta de faire l'éloge de la diva dans sa rubrique mais ne réussit qu'à envenimer la situation : « Avant tout, je veux rendre hommage à la merveilleuse amitié que la grande Maria Callas, l'unique, vient de me témoigner. La vie m'a comblée de cadeaux. De riches et importants personnages m'ont offert des présents magnifiques, mais jamais une star n'avait renoncé à une prestation pour ne pas manquer à la parole donnée à une amie. » Ce dithyrambe d'une journaliste éprise d'une diva ne réussit qu'à nuire un peu plus à la réputation de Maria en laissant entendre que la soprano avait annulé un engagement pour être auprès de Maxwell, alors qu'en fait elle n'avait jamais donné son accord pour une cinquième représentation.

À Venise, Maria parut au bal d'Elsa Maxwell en robe du soir composée d'un haut noir à fines bretelles et d'une ample jupe de satin à pois, la taille prise dans une large ceinture blanche. De longs gants noirs lui couvraient les bras. L'invitation précisant aux convives qu'elles devaient porter une coiffure originale, toutes avaient rivalisé d'imagination. Une comtesse arborait un ballon de papier à rayures ; la marquise de Cadava (à l'époque, première dame du Portugal), un campanile vénitien miniature. Elsa Maxwell ressemblait à une sorte de gnome médiéval que l'on aurait revêtu de dentelles avec étole de vison et barrette de doge résolument xve siècle. La princesse Forta Ruspoli était méconnaissable en chat persan blanc, ce qui lui valut de remporter le deuxième prix. La coiffe de plumes blanches de Tina Onassis se dressait telle une crête d'aigrette de soixante centimètres de haut, mais n'était pas assez spectaculaire pour lui valoir le premier prix, lequel échut à la baronne La Monaco qui, de l'avis d'Elsa Maxwell, arriva affublée en « jeune mariée vieillissante au grand nez, l'objet de curiosité le plus drôle et le plus réjouissant qu'il me soit advenu d'observer ».

Par comparaison, la tenue de Maria était d'une grande sobriété, mais, pour coller au thème de la soirée, elle enroula son collier de grosses larmes d'émeraude sur ses cheveux remontés (même si, en fin de soirée, une émeraude ayant été perdue et retrouvée, le collier revint sagement autour de son cou).

Vers cinq heures du matin, après un petit déjeuner de spaghettis, Elsa se mit au piano et Maria s'assit sans façons près d'elle sur le podium, les bras autour des genoux, en fredonnant l'air de « Stormy Weather ». La chroniqueuse nota dans sa rubrique mondaine : « Au risque de paraître immodeste, je dois avouer que ce dîner et le bal qui suivit furent les plus réussis de ma vie. Tout était nimbé de joie et de bonheur. On a vu deux princesses qui se détestaient s'échanger des sourires et une comtesse ne pouvant souffrir la présence de Merle Oberon rester jusqu'à cinq heures du matin. »

Dans son déluge d'autosatisfaction sur la magie de la réception qu'elle avait organisée et l'atmosphère d'amitié et de réconciliations qu'elle avait suscitée, Elsa Maxwell omit de signaler l'éclosion d'une amitié qui devait se révéler la plus notoire de toutes. C'est au cours de cette soirée du mardi 3 septembre 1957, à l'hôtel Danieli de Venise, que la chroniqueuse présenta l'un à l'autre ceux qu'elle appelait « les deux Grecs les plus célèbres du monde » : Aristote Onassis, cinquante-trois ans, et Maria Callas, trente-trois ans.

Leur affinité passa d'abord inaperçue. Onassis trouva un siège près de Maria et engagea la conversation ; quelques minutes plus tard, sa jeune femme de vingt-huit ans, Tina, les rejoignit dans sa tenue de plumes et de pierres précieuses.

On ignore ce qu'ils se racontèrent exactement, mais, si l'on en croit ce que chacun d'eux relata par la suite à ses amis, on peut imaginer la tournure de la conversation. Maria était connue pour dire exactement ce qu'elle pensait, sans tempérer ses propos de la moindre trace de tact ou d'humour. Après les présentations d'usage, Onassis s'adressa à elle en grec, d'un débit rapide et sans le moindre accent. Surprise, Maria le jaugea du regard et remarqua :

– Ah, je vois que vous n'êtes pas un *Tourkosporos*, comme on dit.

Onassis se hérissa sous l'insulte – le terme, qui signifie « engeance de Turc », désignait les réfugiés grecs d'Anatolie, ces malheureux qui avaient franchi la frontière en masse au lendemain des massacres commis en Turquie en 1922 et que les Grecs de souche considéraient avec condescendance. Farouche, Onassis dressa la liste de tous les Grecs célèbres, d'Homère à Hérodote qui, comme lui, étaient originaires d'Asie Mineure.

Maria l'assura qu'elle n'avait nullement l'intention de l'offenser, qu'elle était simplement surprise qu'il fût resté si grec, lui qui naviguait dans les sphères de la jet-society.

– On me prend comme je suis ou on passe son chemin, rétorqua-t-il. Pouvez-vous m'imaginer en *psefto-Anglos* [faux Anglais] vêtu d'un costume étriqué, comme certains armateurs grecs que je connais ?

Il redressa la tête, bomba le torse et pinça les lèvres pour imiter les manières affectées des prétendus aristocrates britanniques, allusion sans équivoque aux manières ostensiblement raffinées et au zézaiement de son rival, Stavros Niarchos. Maria s'esclaffa.

– Non, restez grec, lui dit-elle, tandis que les autres convives se demandaient ce que les deux compatriotes qui bavardaient dans leur langue trouvaient de si drôle.

Meneghini aurait eu du mal à écouter la conversation, lui qui ne parlait que l'italien. Tina Livanos Onassis était grecque à cent pour cent, mais elle était citoyenne britannique et avait été élevée à la façon d'une princesse américaine : elle avait fréquenté les meilleures écoles anglaises, celles de Montréal et de Greenwich, dans le Connecticut ; sa famille possédait des villas à Oyster Bay, dans Long Island, à Londres, sans oublier le Plaza Hotel de Manhattan. Elle déclara un jour à son amie Lady Caroline Townshend : « J'ai appris à parler en Angleterre, à penser à New York et à m'habiller à Paris. » Tina parlait un grec correct mâtiné de fort accent américain, mais elle était plus à l'aise en anglais ou en français.

Maria, en revanche, tout comme « Aristo » – c'est ainsi qu'elle se mit à l'appeler –, pouvait jurer avec l'aisance et l'imagination d'un marin grec quand elle s'enflammait. Dès leur première rencontre dans la grande salle de bal de l'hôtel Danieli, les deux célèbres Grecs découvrirent qu'ils partageaient bien plus que leur langue maternelle.

Par la suite, Maria déclara à Korinna Spanidou, la kinésithérapeute du couple qui devint son amie : « Même si nos chemins se séparent, il y aura toujours un respect mutuel entre nous. Nous avons les mêmes racines. Nous sommes grecs – nous sommes de la même race obstinée. Nous sommes partis de zéro et avons atteint les sommets grâce à notre seule volonté et à nos capacités. Nous ne sommes pas les reflets de la lumière des autres ; nous irradions celle qui nous est propre. »

L'échange avait été sympathique et personne ne nourrissait d'arrière-pensée quand Onassis offrit de mettre son bateau à moteur et deux membres d'équipage à la disposition de Maria pour le reste de son séjour à Venise. Au cours de cette « semaine Callas », comme dirait Elsa Maxwell par la suite, on vit partout Maria et son mari en compagnie du couple Onassis – à un bal donné par le comte Volpi, buvant un verre au Harry's Bar, dînant chez Florian, déambulant au Lido avec Henry Fonda, sirotant des cocktails sur le *Christina*.

Dans la même rubrique où elle vantait le succès de son bal fabuleux et les points forts de la « semaine Callas », Elsa Maxwell relatait comment elle-même et les Meneghini avaient été conviés à bord du *Christina* (qu'elle écrivait *Cristina*). Sa description d'Onassis est d'une naïveté inénarrable :

Je ne saurais vous dire à quel point j'ai apprécié Ari, comme nous l'appelons, lui qui est si beau, si profond. C'est un homme très intéressant, posé, heureux en compagnie de quelques amis et dénué de toute ambition sociale. Sa proposition de l'accompagner l'an prochain pour une croisière en Grèce, à Maria, son mari Battista et moi-même, m'a enchantée. Nous avons accepté immédiatement... C'est quelqu'un de très bien. Je crois qu'il me connaît mieux que quiconque. C'est agréable de se sentir comprise par un homme comme Onassis. Son épouse Tina qu'il traite comme son bébé, est la créature la plus gaie, la plus blonde et la plus mignonne au monde. « C'est ma baby doll, je l'adore », dit-il à son propos. Qu'est-ce qu'une jeune femme peut souhaiter de plus ?

En découvrant les photos de ces joyeux convives dans les tabloïds, les Britanniques enragèrent. Ils en voulurent à la Callas d'avoir quitté Édimbourg et son premier rôle dans *La Somnambule* pour aller fredonner « Stormy Weather » et siroter des cocktails Bellini à Venise en compagnie d'individus de la trempe d'Elsa Maxwell et d'Aristote Onassis. Mais, à l'époque, personne ne se doutait que les graines d'une histoire d'amour venaient d'être semées pour assombrir le destin de tous ceux qui se prélassaient au soleil de Venise sur le pont du *Christina*.

3

La règle du jeu

L'amour ne s'achète pas
Et l'affection n'a pas de prix.

Saint Jérôme, *Lettre 3.*

Aristote Socrate Onassis épousa Athina « Tina » Livanos, la plus jeune des filles du patriarche des armateurs grecs, Stavros Livanos, le 28 décembre 1946 à New York. Elle n'avait que dix-sept ans. Onassis en avait quarante-deux (et en avouait quarante). Le *New York Daily News* rendit compte de l'événement sous le titre « LA FILLE DU MAGNAT RENONCE À SON ENTRÉE DANS LE MONDE POUR SE MARIER. » L'article notait que l'épousée, « d'une beauté remarquable, avait prévu de faire ses débuts en décembre – une idée à laquelle elle a renoncé depuis la cérémonie d'hier ».

Le mariage fut célébré en la cathédrale grecque orthodoxe de la Sainte-Trinité dans la 74e Rue Est, en présence de l'archevêque Athênagoras, primat de l'Église grecque orthodoxe d'Amérique, officiant en personne. La réception se tint sur les terrasses du Plaza Hotel, l'une des nombreuses résidences des parents de la mariée. La sœur aînée de Tina, Eugenia, était demoiselle d'honneur. À ses côtés, à la table des mariés, un autre armateur grec en pleine ascension : Stavros Niarchos, rival d'Onassis, trente-sept ans, à l'allure très britannique dans son costume à la coupe impeccable.

Livanos s'était d'abord senti offensé quand Onassis lui avait demandé la main de la plus jeune de ses filles. La tradition grecque – à laquelle il ne souhaitait pas déroger – voulait qu'il mariât l'aînée en premier. Mais Onassis adorait tenter le diable. La blondeur pétulante de la cadette l'attirait plus que la pondération de la brune Eugenia. Quand il s'était déclaré pour la première fois, Livanos avait maugréé en rappelant la coutume. Onassis avait répliqué dans un éclat de rire : « Vos filles ne sont pas des bateaux, monsieur Livanos. Vous ne pouvez en disposer dans leur ordre d'arrivée. » Puis il avait ajouté ce qui serait le mot d'ordre de toute sa vie : « La seule règle, c'est qu'il n'y en a pas. »

Il s'ensuivit une année de cour flatteuse et empressée. (Onassis alla jusqu'à attacher une banderole où l'on pouvait lire T.I.L.Y – « Tina I Love You » – à l'arrière de son bateau lorsqu'il croisait à vive allure au large de la somptueuse résidence familiale de l'Oyster Bay.) Livanos dut endurer les supplications et les larmes d'une adolescente séduite et fascinée par la maturité dangereuse d'Onassis. Le père, de mauvaise grâce, finit par accorder sa bénédiction au mariage. La dot de sa fille fut un *Liberty ship* (cadeau moins somptueux qu'il n'y paraissait, le navire étant grevé d'une énorme hypothèque de quatre cent mille dollars) et un hôtel particulier situé au 16, Sutton Square, dans le quartier huppé de l'East Side de Manhattan qu'affectionnaient les armateurs grecs. Tina devait déclarer un peu plus tard : « Il n'est pas rare que les mariages grecs soient arrangés. La bienséance exigeait qu'il en fût de même dans mon cas. En effet. Mon mariage fut arrangé, mais par Éros, le dieu de l'Amour. »

Livanos retrouva une certaine sérénité l'année suivante quand Stavros Niarchos demanda la main de sa fille aînée; Eugenia. Onassis et Niarchos n'étaient peut-être pas les deux gendres de ses rêves – il les considérait tous deux comme des arrivistes en mal de publicité –, mais les deux alliances, il fallait le reconnaître, représentaient une excellente affaire. Elles permettaient d'associer trois des plus grandes flottes au monde, grecques ou pas.

En épousant Tina, Onassis s'introduisait dans le milieu très fermé de l'armement maritime grec traditionnel, qui, jusque-là, l'avait considéré avec suspicion, même si cela faisait quatorze ans qu'il avait acquis ses premiers bateaux.

Sa première incursion chez les armateurs grecs datait de 1932. Il avait appris que la Canadian National Steamship Company (la Compagnie nationale canadienne de bateaux à vapeur) était contrainte de vendre dix cargos. Il en avait acheté six à 30 000 dollars chacun, en gros à la valeur de la ferraille, et les fit fonctionner pendant la crise économique. Avec la reprise, il flaira la croissance de la demande de pétrole et fit construire de nouveaux pétroliers en Suède. Au début de la Seconde Guerre mondiale, Onassis disposait de la plus grande flotte de tankers. Mais la Suède, pays neutre, réquisitionna les deux tiers de ses bateaux pour toute la durée de la guerre. D'abord furieux, Onassis se rendit compte qu'il avait eu de la chance, ses bateaux n'étant pas susceptibles d'être des cibles de guerre. Les autres armateurs grecs virent leurs flottes décimées.

Après la guerre, les armateurs de vieille souche prirent prétexte qu'Onassis n'avait pas subi de pertes de guerre pour l'exclure de la distribution des quatre-vingt-dix-huit navires Liberty, des surplus que la commission maritime des États-Unis avait attribués à la Grèce. Les cargos de sept mille tonnes était offerts au prix imbattable de 125 000 dollars chacun, financés sur des prêts garantis par le gouvernement grec. Onassis fit un scandale et envoya une lettre incendiaire à l'Association des armateurs grecs.

« Je suis parti de zéro, n'étant le rejeton d'aucun armateur, écrivait-il. J'ai travaillé avec succès sans exploiter le nom, le drapeau ni la garantie financière du peuple grec, et j'en suis fier. » En revanche, il accusait les armateurs établis d'avoir fait d'énormes profits « au nom de toutes les femmes et tous les enfants grecs en haillons, sans avoir déboursé un centime » et d'avoir acquis de nouveaux bateaux sous pavillon étranger avec « l'argent de leurs compatriotes affamés ». « Vous devez tout – tout – à la nation, qui ne vous doit rien et qui pourtant vous a traités avec une scandaleuse générosité. » (Ce n'était pas seulement le fait d'avoir été écarté de la manne qui inspirait son indignation. Tout au long de sa vie Onassis montrerait un attachement sans faille à la Grèce et deviendrait le premier armateur à réaliser des investissements d'envergure dans le pays après la guerre.)

La charge d'Onassis ne semble pas avoir indisposé son beau-père, Stravros Livanos, qui lui-même avait reçu douze navires Liberty, ni Tina, qui se souciait comme d'une guigne de la controverse.

Onassis en vint à aimer cette enfant gâtée et plutôt frivole. Cela ne fait aucun doute. Il l'appelait « ma baby doll ». Jusqu'à leur divorce, au bout de treize ans de mariage, il se plaisait à répéter qu'il avait trois enfants : son fils, sa fille et Tina, qui jusqu'à sa mort, en 1974, à quarante-cinq ans, garda des allures d'adolescente, voire de petite fille. Mais, pour Aristote Onassis, l'union avec Tina représentait avant tout une affaire commerciale – une incursion victorieuse dans le monde fermé des armateurs qui l'avaient systématiquement méprisé et tenu à distance. Le jour de ses noces, avec la misogynie caractéristique du mâle grec, Onassis considéra son épouse de dix-sept ans comme l'argile avec laquelle il pourrait façonner la parfaite compagne d'un entrepreneur en plein essor.

À cet égard, Tina ne devait pas le décevoir. Enjouée, taille mannequin, au fait de la dernière mode et éduquée pour briller en société, elle tint sans effort son rôle d'hôtesse parfaite et d'épouse modèle. Elle aimait courir les boutiques et faire du ski, et suivait le tourbillon de la haute société, de Londres à Paris et de Rome à New York, au rythme des saisons. Sa vocation maternelle n'était sans doute pas aussi évidente que ses talents mondains, ce qui ne devait pas l'empêcher de donner bientôt à son cher et tendre, le 30 avril 1948, ce qui importait par-dessus tout à ce dernier : un fils et un héritier.

Contrairement à la tradition grecque exigeant qu'on donne au premier-né le prénom du père du géniteur, Onassis ne baptisa pas le garçon Socrate mais Alexandre du nom d'un ses oncles préférés, pendu par les Turcs en 1922. « Ce n'était pas un manque d'égard pour notre père, m'a expliqué Mérope, l'une des sœurs d'Aristote, puisqu'il lui a donné Socrate comme deuxième prénom. Il tenait à ce que le garçon eût les mêmes initiales que lui-même, A.S.O., qui formaient l'acronyme de la société holding qui coiffait toutes ses opérations. Ces lettres constituent également l'acronyme du mot grec qui signifie "l'as", la carte maîtresse, l'image qu'il se faisait de lui-même et qu'il voulait pour son fils. »

Onassis se forgeait toute une mythologie dynastique et tirait fierté d'avoir pour initiales les lettres grecques alpha et oméga et de les transmettre à son fils. Il citait souvent le passage XXII, 13, des Révélations : « Je suis l'Alpha et l'Oméga, le commencement et la fin, le premier et le dernier. » On trouve ces lettres entrelacées, symbole de Dieu, dans toutes les églises grecques orthodoxes, et l'un de ses amis d'enfance me confia que, lorsque Aristote était encore à Smyrne, les autres garçons le plaisantaient : « Ton père est si riche qu'il a mis tes initiales dans toutes les églises. » Alexandre Onassis allait effectivement être le premier et le dernier, mais pas à la façon dont son père l'avait envisagé.

Tina fut de nouveau enceinte en 1950. Elle n'avait que vingt et un ans. Certains biographes affirment qu'elle n'avait pas envie d'un deuxième enfant. Elle-même confierait à Reinaldo Herrera, son futur amant, que c'était Onassis qui n'en voulait pas pour préserver l'intégralité de sa fortune et la réserver tout entière à Alexandre, que ses deux parents adoraient. Selon Herrera, Tina lui aurait affirmé qu'Onassis l'avait frappée en apprenant sa grossesse. Mais son frère, George Livanos, n'en croit rien. « Ce n'est pas vrai qu'Onassis ne voulait pas d'autre enfant, m'a-t-il déclaré, faisant écho à ce que m'avait dit une amie de la famille, Onassis Lilika Papanikolaou. Il était très heureux quand Christina vint au monde. » Livanos a démenti également toute violence physique d'Onassis à l'encontre de sa sœur : « Non. Absolument pas. Psychiquement peut-être, mais physiquement, non. »

Au cours de la seconde grossesse de Tina, le couple vécut sur la Riviera française, mais Onassis prit des dispositions afin que sa femme retournât à New York pour accoucher, le 11 décembre 1950, d'une petite fille aux yeux noirs. Il voulait s'assurer que ses deux enfants, contrairement à lui-même, eussent des passeports américains. Seuls les citoyens américains bénéficiaient des clauses avantageuses attachées aux Liberty ships que le gouvernement des États-Unis mettaient en vente ; Onassis souhaitait pouvoir passer à ses enfants le contrôle de la compagnie qu'il avait mise sur pied avec des hommes de paille américains pour acheter à bon marché sept de ces navires.

Cette fois encore, Onassis ignora la tradition grecque en ne baptisant pas sa fille Pénélope, du prénom de sa propre mère. La raison en était, selon les proches, que la mère d'Onassis comme la plus âgée de ses nièces qui portait le même prénom étaient mortes jeunes après une vie malheureuse. Onassis, profondément superstitieux, refusait de donner à sa fille un prénom qui n'avait pas porté chance dans la famille. Il déclara par la suite à Greta Garbo qu'il avait choisi pour sa fille le prénom de Christina d'après le film de Garbo, *La Reine Christine*, qu'il avait vu à l'occasion d'un séjour en Suède pour passer commande de son premier nouveau navire. L'affaire s'était révélée très heureuse, avait-il dit, et il voulait doter sa fille d'un prénom qui lui portât chance. Lequel ne tint guère ses promesses, puisque Christina devait mourir brusquement à trente-sept ans, n'ayant vécu que quatre ans de plus que sa malheureuse grand-mère.

Tina, comme Ari, préférait son fils à sa fillette aux yeux tristes, laquelle avait hérité les sombres traits levantins de son père sans rien devoir à la beauté blonde maternelle. De toute façon, Tina n'avait pas l'intention de passer sa jeunesse à pouponner à la maison, et les enfants furent élevés par une armée de nurses, de précepteurs, de secrétaires et de serviteurs placés sous la coupe de la sœur aînée d'Ari, Artémis, qui avait reporté toute son affection maternelle sur son neveu et sa nièce après la mort de sa fille unique.

En 1953, à la recherche d'une base opérationnelle bénéficiant d'une situation stratégique et d'un environnement fiscal indulgent, Onassis acquit le contrôle de la Société des bains de mer et cercle des étrangers de Monaco (en abrégé SBM), qui avait la haute main sur pratiquement tout à Monte-Carlo, y compris le casino, l'Hôtel de Paris et les célèbres jardins. Sa mise initiale fut de trois millions de dollars – environ le prix de l'un de ses pétroliers. Le prince Rainier III ne broncha pas quand les journaux brocardèrent Onassis en parlant de « l'homme qui a acheté la banque à Monte-Carlo ». La principauté avait besoin d'argent frais et celui d'Onassis redonna vite du piquant à la cour de récréation de la jet-set internationale. L'armateur installa les bureaux de sa compagnie Olympic Maritime et ses quartiers personnels au vieux Sporting Club de l'avenue d'Ostende, et le prince Rainier prit l'habitude de dîner avec lui et de monter à bord de son yacht. Ils restèrent amis jusqu'à leur brouille, dix ans plus tard.

Le coup de maître de Monte-Carlo attira à Onassis la jalousie des autres armateurs grecs, ses concurrents de toujours, sans parler d'un âpre contentieux avec Stavros Niarchos, son beau-frère. Et que celui-ci aurait financé Onassis en vue d'une prise d'intérêt dans la SBM ; et qu'il ne s'agissait que du remboursement pour frais engagés par ailleurs, rétorquait celui-là. Finalement, un arbitrage intervint et Onassis régla l'affaire en versant 132 428 dollars à son beau-frère, lequel lui garda rancune. La rivalité déjà profonde entre les deux magnats monta d'un cran.

Les deux hommes avaient été très amis. Puis la rage de damer le pion à l'autre en affaires l'avait emporté et leur rivalité prit un tour très personnel à la suite du mariage d'Ari avec Tina. Au début, Onassis parlait de Niarchos en ces termes : « Pour ce qui est du business, nous sommes prêts à nous trancher mutuellement la gorge. Mais il nous arrive de nous asseoir à la même table et de nous conduire en gentlemen... du moins devant les dames. »

À quoi tenait une telle animosité ? Les thèses abondent. Tina, retorse, aurait attisé les flammes en soufflant à son mari parfois négligent que Niarchos lui faisait la cour. Ou pis. Ou encore : Onassis aurait dans un premier temps prétendu à la main d'Eugenia, qui l'aurait éconduit ; il aurait ensuite jeté son dévolu sur Tina. La journaliste mondaine Doris Lilly, qui défend cette version, ajoute dans son livre, *Those Fabulous Greeks (Ces Grecs de légende)* : « Les armateurs grecs présents [au mariage de Niarchos] murmuraient entre eux que l'absence d'Onassis tenait à la dot. En fait, c'était bien cela... Personne ne savait combien papa Livanos avait donné à Eugenia. Personne, excepté Onassis, qui n'avait guère apprécié que le montant dépassât largement ce que sa femme avait reçu. »

(Stavros Livanos était célèbre pour sa pingrerie, comme en témoigne cette anecdote que m'a relatée Reinaldo Herrera : « Un jour que Tina et moi déjeunions chez Maxim's, nous aperçûmes son père Stavros attablé en compagnie de Jean Paul Getty dont l'avarice était tout aussi notoire. “Regarde, me dit Tina. Ils ont engagé un bras de fer à qui ne prendra pas l'addition.” Chacun jouait la montre... Vers quatre heures de l'après-midi, Tina appela le serveur en le priant de mettre l'addition des deux lascars sur son compte, puis elle fit porter un billet à son père : “Papa, vous pouvez lever le camp, tous les deux. J'ai payé pour vous.” »)

Les vieilles familles grecques d'armateurs forment une fraternité secrète et orgueilleuse. Les fondateurs avaient débuté comme marins et capitaines, et joué un rôle majeur dans la guerre d'indépendance de 1821 qui libéra la Grèce de quatre cents ans d'occupation turque. Le clan veille jalousement sur ses traditions, pratique l'endogamie et fuit la publicité comme la peste.

Niarchos comme Onassis y étaient considérés comme des bleus, Niarchos occupant toutefois un rang légèrement supérieur à celui du réfugié inculte venu de Turquie. Stavros Niarchos était le fils de Grecs prospères qui possédaient un petit restaurant et faisaient commerce de glaces à Buffalo, dans l'État de New York, avant de retourner en Grèce quatre mois avant la naissance de l'enfant, le 3 juillet 1909. Stavros fit des études de droit à l'université d'Athènes, empocha ses diplômes et partit travailler dans la société de meunerie de son oncle. En 1935, en pleine dépression mondiale, le port du Pirée était encombré de navires désarmés. Stavros persuada ses oncles d'acheter certains de ces bateaux pour acheminer le grain en provenance d'Argentine et réduire ainsi les frais de transport de la société. Il lança sa propre compagnie d'armement dans l'année.

Le charme d'Onassis et son sens de l'humour étaient notoires. Niarchos, compassé et guindé, était à cheval sur les convenances. Il avait un défaut de prononciation qui le faisait zézayer, et sa conversation parsemée de « *old chap* » aurait paru affectée même chez un Britannique, ce qu'au demeurant il n'était pas.

Onassis comme Niarchos introduisirent des innovations lucratives dans l'armement maritime, à commencer par la construction de supertankers (Onassis) et la pratique des contrats d'affrètement à long terme avec les compagnies pétrolières, lesquels contrats servaient de garantie aux emprunts permettant d'acheter les tankers. Leurs fortunes grandirent. Leur rivalité mégalomaniaque aussi. Niarchos acheta le *Créole*, le plus grand navire de plaisance du monde. Onassis métamorphosa une frégate en « yacht le plus luxueux du monde » : le *Christina*. Niarchos rassembla une collection de tableaux inestimable qui comprenait un Greco. Onassis suivit le mouvement (même si *La Madone et l'Ange* accrochée en bonne place aux cimaises du yacht n'était qu'une copie, voire simplement une œuvre de l'école du Greco, comme Kostas Anastasiades, le capitaine du navire, l'apprit de la bouche même d'Onassis). Tous deux invitaient des célébrités comme Greta Garbo, Ali Khan, les Windsor ou Elsa Maxwell. Tous deux construisaient toujours plus de supertankers, de plus en plus performants ; tous deux investirent tant et plus dans la mère patrie. Niarchos emporta la concession qui lui permit de monter le premier chantier naval de Grèce ; Onassis acquit la compagnie aérienne nationale dont il fit la très prospère Olympic Airways.

Le duel atteignit son paroxysme au début 1954 quand Onassis réussit à négocier le plus gros contrat de toute l'histoire de l'armement maritime. Il eut recours à des intermédiaires ayant l'oreille de la famille royale d'Arabie saoudite pour signer un accord avec le gouvernement saoudien lui donnant la priorité dans l'acheminement de tout le pétrole produit au Moyen-Orient par l'Arabian American Oil Company (l'ARAMCO), soit quelque quarante-deux millions de tonnes par an. Les dirigeants de l'ARAMCO, ainsi que la plupart des pays européens possédant de gros intérêts au Moyen-Orient et autres possesseurs de flottes de tankers, y compris Niarchos, s'opposèrent immédiatement au projet. Ce dernier prit la tête de la coalition internationale visant à couler ce contrat, qu'il qualifiait de « crime politique et de monstruosité économique », et engagea un ex-agent du FBI, Robert Maheu, pour étayer la rumeur voulant qu'Onassis ait soudoyé de hauts fonctionnaires du gouvernement saoudien.

Maheu, qui devait par la suite devenir un collaborateur de Howard Hughes et participer aux projets d'assassinat de Fidel Castro par la CIA, fit appel à cette dernière pour recruter des équipes menant l'enquête à New York, à Athènes, à Rome et en Arabie saoudite. Tous les moyens furent bons : espionnage électronique et illégal de l'appartement d'Onassis au Pierre Hotel, à Manhattan, surveillance des moindres faits et gestes de l'armateur. Maheu finit par dégoter un ami grec d'Onassis qui accusait le magnat de s'être engagé à payer un million de dollars au frère du ministre des Finances saoudien, plus une prime pour chaque tonne de pétrole embarquée sur ses tankers. Mais ledit « ami » fut incapable de fournir le moindre document. Maheu tenta tout de même de faire passer l'histoire dans plusieurs journaux européens, lesquels refusèrent de la publier faute de preuve. Puis il approcha le quotidien athénien *Ethnos*, qui imprima l'accusation.

Dès lors qu'ils pouvaient citer leur source, d'autres journaux la reprirent. L'effet fut rapide. Le roi Saud rencontra les dirigeants de l'ARAMCO et remit en cause l'accord avec Onassis. La rupture du contrat coûta à Onassis plusieurs milliards de dollars de manque à gagner, ce qu'il ne pardonna jamais à Niarchos.

Désireux tous deux de posséder un empire immobilier, Onassis et Niarchos achetèrent des résidences à Manhattan, Saint-Moritz, Paris, Athènes, Londres, Long Island, et sur la Côte d'Azur. La joute n'en finissait jamais. Onassis louait le somptueux château de la Croë au cap d'Antibes, avec deux douzaines de serviteurs, plus de dix mille mètres carrés de terrain, des courts de tennis et un salon au toit rétractable pour bains de soleil in situ ? Niarchos jetait son dévolu sur le château de La Garoupe, tout près du premier, certes un brin moins somptueux. Mais il ne devait pas souffrir bien longtemps de la comparaison.

Tina se prélassait au soleil à l'Hôtel Éden, au cap d'Antibes, quand elle fut reconnue par une ancienne copine d'école, Jeanne-Marie Rhinelander. Elles renouèrent amitié, et Jeanne-Marie aida Tina à passer le temps, de nuit comme de jour, quand Ari était au loin, ce qui lui arrivait très souvent. Mais, un jour que Tina était passée sans crier gare au domicile de Jeanne-Marie pour se plaindre une fois de plus de l'absence d'Ari, elle eut la désagréable surprise de découvrir celui-ci dans les bras de son amie. Quelques mois plus tard, quand le château de la Croë fut mis en vente, au printemps 1954, Tina déclara à son mari qu'elle n'y vivrait jamais s'il l'achetait ; le cap d'Antibes, elle en avait par-dessus la tête. La famille Onassis déménagea. Stavros Niarchos acheta la propriété et y installa les siens.

Onassis fut parfaitement heureux d'emménager, à Monte-Carlo, dans un appartement luxueusement décoré au-dessus de ses bureaux. Il est vrai que la principauté était devenue la base de ses opérations commerciales. Tina avait également de quoi s'occuper, d'une des stations balnéaires de la jet-set à l'autre. On la photographiait souvent en compagnie de beaux garçons plus proches de son âge qu'Ari, lequel ne semblait pratiquement jamais séjourner sur le même continent que sa femme. Tina finit par y trouver son compte, elle qui goûtait fort peu la propension de son époux à confondre affaires et vie privée. « Je n'aime pas devoir dîner chaque soir avec vingt ou quatre-vingts personnes, expliqua-t-elle un jour à l'agent d'assurances de son mari. Cette vie me tue. »

« Ils ont été très heureux ensemble les cinq premières années de leur mariage, m'a affirmé Mérope, la demi-sœur d'Onassis. Puis les choses se sont gâtées. » Pourquoi ? « Onassis l'a trompée quasiment depuis le début, rapporte son avocat et collaborateur Stelios Papadimitriou, exprimant l'opinion générale des amis d'Onassis comme de ceux de Tina. Elle lui a rendu la monnaie de sa pièce quand elle s'en est aperçue. » Autre version : « La différence d'âge était trop grande et Tina n'était pas franche », explique Kalliroé Patronikolas, l'autre demi-sœur d'Ari.

Selon Peter Evans dont la biographie d'Onassis est l'une des plus exactes, un ami du couple était assis près de Tina lors d'un dîner quand, quelque peu éméchée, celle-ci lança à la cantonade : « Je pense que le fait que nous couchions encore ensemble a quelque chose de bestial. Je me sens souillée. » Ce à quoi Ari répliqua avec désinvolture : « Nous sommes tous souillés. Nous vivons dans une société souillée. »

Dans les dîners en ville, Onassis pouvait feindre l'indifférence devant les infidélités de son épouse. Mais en tant que Grec typique, jaloux de sa virilité, l'idée d'être trompé lui était insupportable. Au demeurant, personne n'y voyait rien à redire, dans cet univers de Grecs richissimes, à ce qu'il ait lui-même trahi sa femme dès le début, pour autant qu'il le faisait avec discrétion. (Eva Perón, la première dame d'Argentine, aurait été l'une de ses maîtresses au cours de ses six premiers mois de mariage. Ils s'étaient donné rendez-vous sur la Riviera italienne. Elle lui avait confectionné elle-même une omelette, ce qu'il honora d'un don de dix mille dollars pour ses œuvres de charité et qui lui inspira par la suite la remarque suivante : « C'est l'omelette la plus chère que j'aie jamais mangée. »)

En 1956, Tina, vingt-sept ans, rencontra Reinaldo Herrera, vingt-deux ans, au cours d'un bal chez les Rothschild à Paris. C'était le rejeton d'une riche famille vénézuélienne. Une idylle commençait. Reinaldito, comme elle l'appelait, était l'héritier d'une immense fortune foncière en Amérique du Sud et un skieur émérite (contrairement à Ari qui disait en plaisantant : « La plupart du temps, je skie sur le dos »).

Grand, mince, la dégaine presque enfantine, Reinaldo Herrera était pourvu d'atouts qu'on ne peut acheter mais dont on hérite : un charme cosmopolite, une aisance sensuelle et un pedigree qui remontait au XVIe siècle. Il était né au Venezuela, avait fréquenté une école huppée du Massachusetts, puis Harvard et Georgetown, sans que ses frasques lui aient permis de décrocher ses diplômes, comme il me l'avoua au cours d'une interview dans son hôtel particulier de Manhattan au début de 1999. « Je faisais des choses incroyables, comme ce jour où j'ai amené un cheval en classe. Puis j'ai obtenu un poste très bien rémunéré à la Standard Oil, mais dès que je suis entré en possession de ma fortune, à vingt et un ans, je leur ai envoyé ma démission. »

Reinaldo avait donc fait la connaissance de Tina à Paris, en 1956, lors d'une réception en l'honneur de Béatrice, la fille d'Alain Rothschild. « Tina était seule, raconte-t-il. Ari était, je crois, à Monte-Carlo. Elle m'a dit, je m'en souviens très bien : "Irez-vous demain à la réception d'Ali Khan ?... Pourquoi ne viendriez-vous pas me chercher ?" » À l'époque, rapporte Herrera, il était fiancé à une Française et Tina avait une liaison avec le play-boy et diplomate dominicain Porfirio Rubirosa. Après le refus de Tina d'abandonner Ari et d'épouser Rubirosa, celui-ci, toujours selon Herrera, épousa une autre héritière : Barbara Hutton.

La liaison de Tina et Reinaldo débuta après le mariage de Rubirosa avec Barbara Hutton. « C'était l'été 1956, raconte Reinaldo. J'étais venu à Monte-Carlo et elle m'avait convié à bord [du *Christina*]. Cela a commencé ainsi. Je résidais à l'Hermitage. Puis elle est partie pour l'une de ces croisières. J'ai rencontré Ari. Ari connaissait mon père. Il était vraiment charmant. Plus que charmant ! Il nous a invités sur le bateau pour de petites croisières. Garbo était là. Puis je suis parti pour Venise, où nous nous sommes donné rendez-vous. Tina devait s'arranger pour que le bateau accoste à Venise. Je séjournais dans la demeure de mon amie Marina Cicogna qui donnait sur le Grand Canal. Un beau matin, j'entendis un grand bruit sous ma fenêtre : le bateau était là. Quand on est amoureux, on se débrouille toujours, quitte à se donner rendez-vous sous le nez du pape. Je me suis installé à bord et nous sommes revenus à Monte-Carlo. Nous avions compris tacitement que nous n'allions plus nous quitter. C'était si flagrant que les gens nous invitaient en tant que couple. »

La famille de Reinaldo crut d'abord que l'aventure avec Tina n'était qu'une « passade ».

« Mais à la fin de 1957, poursuit Herrera, Tina et moi voulions nous marier. " Tu dois parler à ma famille ", me dit-elle. Nous nous sommes donc présentés à l'appartement de Stavros Niarchos, Sutton Place. Eugenia [sœur de Tina et épouse de Niarchos] était présente, ainsi que Mme Livanos. Je leur ai expliqué que j'étais amoureux de Tina et désirais l'épouser. À ma surprise, il n'y eut pas de chœur des lamentations à la grecque. Elles prirent la chose beaucoup mieux que je ne m'y attendais. Elles s'inquiétaient du sort des enfants, évidemment, mais savaient que nous nous aimions, ce qui était le cas... À la suite de cette entrevue à New York, Tina alla trouver Ari. " Je veux divorcer. Je veux épouser Reinaldo ". Il ne lui accorda aucune attention. " Tu peux faire ce que tu veux, mais je ne t'accorderai jamais le divorce. "

« À partir de cet instant, je fus suivi partout, continue Herrera. Je me rappelle un jour que je me trouvais à Dunhill, à New York. Tina venait de me donner une photo de nous deux dans un cadre de Fabergé en émail vert et doré. Je l'ai posé pour saluer Peter Duchin. Quand je me suis retourné pour le reprendre, il n'était plus là. J'ai pensé qu'on me l'avait volé, mais par la suite Ari a fait une scène à Tina en le lui montrant. »

La liaison de Tina et Herrera se poursuivit dans la semi-clandestinité, sous l'œil désapprobateur des deux branches de la famille. Tina consentit à contrecœur à sauver les apparences en se montrant une épouse aimable, comme on le lui avait appris depuis toujours. Même si elle se sentait plus la fibre anglaise et américaine que grecque, ses parents étaient tout de même des Grecs pur sang : son mariage comme son bien-être, elle le savait, dépendaient d'un système reposant sur l'argent et les bateaux – et la double vie des épouses. Elle continuerait donc d'être la charmante châtelaine régnant sur l'empire de son époux.

Voilà où en était la vie conjugale d'Onassis, une situation loin d'être idyllique, lorsque Elsa Maxwell présenta le couple à Maria Callas, tout en vantant auprès de ses lecteurs les mérites des tendres sentiments d'« Ari » pour sa « baby doll », feignant même de se demander : « Mais qu'est-ce qu'une fille pourrait demander de plus ? »

4

Au firmament

Par-devant l'excellence, les dieux immortels ont placé la peine ; longue est la route qui y mène, rude et escarpée.

Hésiode, *Les Travaux et les Jours.*

En ce jour de 1957 où ils furent présentés l'un à l'autre, la Callas comme Onassis semblaient au pinacle de leur vie professionnelle et personnelle. Elle était la diva la plus admirée des connaisseurs comme de ceux qui n'avaient jamais assisté à un opéra. Ses fans lui vouaient un véritable culte et faisaient la queue des jours entiers dans l'espoir d'acheter un billet. Sous la protection sans faille d'Elsa Maxwell, Maria était devenue la coqueluche de la jet-set tout en bénéficiant de l'absolu dévouement de son mari, qui consacrait le plus clair de son temps à veiller sur elle et à sa carrière.

Au cours des deux années qui suivraient sa rencontre avec Onassis, elle verrait se défaire tous les fils de son existence : sa carrière triomphale, l'idylle apparente de son mariage et son amitié avec Elsa Maxwell. Elle en sortirait moralement vulnérable et remettrait en cause tout ce qui lui avait paru essentiel les trente premières années de sa vie.

En septembre 1957, se conformant aux ordres de son médecin, Maria annula le concert qui devait ouvrir la saison à l'Opéra de San Francisco, mais promit d'honorer les engagements prévus pour octobre. Furieux, le directeur, Kurt Adler, annula toutes les représentations suivantes et l'assigna en justice.

En novembre, Maria participa à un concert gratuit pour l'inauguration de la Dallas Civic Opera Company, au Texas. Parmi les personnalités présentes, Mary Reed, une grande et magnifique brune aux cheveux ondulés coupés court. Elle avait été présentée à Maria par des amis communs et deviendrait sa confidente, au point que les intimes la surnommeraient « Maria Seconda ».

Mary Reed (aujourd'hui Mary Carter) avait dû faire au préalable une apparition à une réunion du très sélect Hesitation Club : elle arriva juste à temps pour entendre l'aria final de la scène de la tour d'*Anne Boleyn* que Maria interprétait, vêtue d'une fantastique robe de velours noir. « Il n'y avait pas grand monde au concert donné au State Fair Music Hall, m'a-t-elle raconté. Elsa Maxwell avait acheté un grand nombre de billets pour remplir la salle, mais la plupart des sièges restaient désespérément vides. Le plus drôle était que personne n'aurait voulu rater la soirée du Hesitation Club, l'un des plus huppés de la ville. »

Les deux Maria firent connaissance au cours du lunch organisé dans l'ancien aéroport de Dallas, Love Field, juste avant le départ de la Callas. « Son mari, Meneghini, l'accompagnait, se souvient Mary Carter. Il n'arrêtait pas de pérorer en italien, ce qui n'a pas empêché le courant de passer immédiatement entre nous. Tout se déroulait comme si nous nous étions connues dans une autre vie. »

« Je voyais Maria très souvent et, plus je la voyais, plus je l'aimais, me confia Mary Carter en 1998, lors de notre première rencontre dans son appartement de Manhattan. Elle était tout le contraire de son image : prévenante, sans prétention, la personne la plus fondamentalement honnête que j'aie jamais rencontrée. Elle avait son franc-parler : si la robe ou la coiffure que vous portiez ne vous allait pas, elle vous le disait carrément, mais sans méchanceté. Un jour que je portais une robe de chez Dior hors de prix, elle me dit tout à trac : “Mary, ne porte plus jamais cette robe. On dirait que tu es enceinte.” Elle avait raison, bien sûr. Elle était Sagittaire. Et les Sagittaire ne mâchent pas leurs mots. »

Elsa Maxwell arriva à l'aéroport juste au moment du décollage. Pendant le vol qui les ramenait à New York, la relation plutôt unilatérale entre la chroniqueuse mondaine de soixante-quatorze ans et la diva de trente-quatre vira au malentendu. Maria n'adressa plus la parole à Elsa de tout le voyage – l'incident attira l'attention de l'équipage et filtra immédiatement dans la presse. La rupture s'était produite deux mois après que Maxwell eut présenté Maria à Onassis à Venise et moins d'un an après qu'Elsa était tombée sous le charme de Maria, au bal hellène de New York.

Personne ne peut dire exactement ce qui provoqua la dispute, mais il y a de fortes chances pour que Maria ait repoussé les avances d'Elsa, ce que semble confirmer la « lettre d'adieu » poignante datée du 15 décembre 1957, soit peu après le vol de Dallas, que la Maxwell écrivit à Maria. Dans *Ma femme, Maria Callas*, Meneghini cite des extraits de cette lettre, mais sa version condensée omet plusieurs détails importants. Sans compter que, la lettre ayant été traduite de l'anglais en italien puis retraduite en anglais, on n'y retrouve ni le style théâtral et décousu de la Maxwell ni son vocabulaire. Elle avait rédigé frénétiquement, d'un seul trait, sur papier à en-tête du Waldorf-Astoria, un seul paragraphe de huit pages où elle séparait ses phrases de tirets en soulignant plusieurs fois certains mots.

Meneghini, qui gérait non seulement les affaires de sa femme mais également sa correspondance, écrirait que, peu de temps après le fameux vol, Elsa Maxwell lui avait envoyé un câble de New York : « Au cas où le magazine *Time* demanderait à Maria si notre amitié a pris fin à Dallas, comme ils me l'ont demandé, dites-lui de nier catégoriquement, comme je l'ai fait. » Maria reçut la lettre d'Elsa peu avant Noël : un fascinant florilège d'apitoiement sur soi, de fanfaronnades, de menaces déguisées et de récriminations de cœur éconduit. J'ai obtenu une copie intégrale de l'original :

Maria,

Alors que Noël arrive et que nous devrions penser à la « paix sur terre et aux bonnes résolutions » – je ne peux m'empêcher de t'écrire pour te remercier d'avoir été la victime innocente du plus grand amour jamais éprouvé par un être humain pour un autre – un jour peut-être nous comprendrons cet amour et nous nous en souviendrons avec regret ou avec joie ! – qui sait – il n'est plus – j'ai dû le tuer *– ou plutôt tu m'as aidée à le tuer – aussi magnifique qu'il fût – il ne t'a pas apporté le bonheur et au bout de quelques semaines merveilleuses il ne m'a apporté que souffrances. Ta place dans la vie (à mon sens) est sur scène – j'ignore aujourd'hui si je te reverrai un jour – mis à part sur scène où – parce que tu es géniale – tu peux incarner des rôles auxquels les simples mortels n'ont jamais osé s'attaquer. Tu as tué mon amour dans l'avion de Dallas – et c'est là que cette histoire a commencé quand le chef steward m'a dit en me désignant mon siège : « Votre amie Miss Callas sera près de vous » – « Mon amie Miss Callas » ne m'a pas dit un mot pendant cinq heures et j'ai compris où nous en étions – ... bien que je croie avoir* presque *effleuré ton cœur une fois ou deux – mais le seul fait d'avoir pu succomber à un tel état d'aliénation et de folie me rem-*

plit de révolte – je ne te blâme en aucune manière, sinon que tu aurais pu tout arrêter avant qu'il ne soit trop tard – Aujourd'hui tout est oublié, c'est le passé – quand nous nous rencontrerons, nous devrons nous montrer aimables et gentilles l'une envers l'autre sinon le monde s'interrogera – j'ai respecté ma promesse– j'ai pris fait et cause pour toi et continuerai de le faire – j'ai combattu tes ennemis (mais, Maria, tu en as tant qui n'ont qu'une idée en tête – nous séparer définitivement) mais aussi longtemps que tu seras pour moi ce miracle sur scène et que je pourrai t'écouter et te voir – aucun être humain ne parviendra à t'arracher de moi – cela devait être dit – Le soir même de mon arrivée à Dallas, Miss Miller m'a appelée et a confirmé ce que je redoutais – que les places de ton concert ne s'étaient vendues qu'à 50 % – aucun billet ne se vendait plus et tu risquais de chanter devant une salle à moitié vide – Elle m'a demandé d'un ton désespéré que puis-je faire ? La veille, j'avais parlé de la Callas, de la Callas à la radio – à la télévision – dans des interviews – ce qui m'était facile puisque je t'aimais – ce n'est pas difficile de parler de quelqu'un qu'on aime – c'est dur de ne pas le faire – ce soir-là rien ne bougeait, aussi ai-je proposé d'acheter pour deux mille dollars de billets – et de les distribuer aux amateurs d'opéra – étudiants – enseignants, collègues musiciens... – je ne m'attribue aucun mérite – je suis un agent indépendant et si je décide d'acheter des billets de concert de tel artiste, c'est mon affaire... Mais tu étais la seule qui ne devait rien savoir (et ce n'est vraiment rien) car avec ce goût pour la tragédie grecque qui commande tout ton être tu te serais insurgée contre tout ce que j'ai fait à Dallas – y compris le fait que j'ai acheté quelques billets pour remplir une immense salle antipathique – c'était mon devoir d'agir ainsi – et tu étais si merveilleuse ce soir-là – Je te raconte tout cela parce que quelqu'un d'autre pourrait le faire – Autre chose... je serai à Rome pour la première de Norma – ne crois pas que je viendrai uniquement pour te voir – ce n'est pas le cas – la duchesse de Windsor m'a invitée à les rejoindre et à rester chez eux du 27 décembre au 1er – ... j'irai à Rome le 2 voir Norma (oh, je te conseille d'être bonne – car je suis désormais dans un tel état de détachement qu'une amitié passée ou présente ne me fera pas perdre mon intégrité de critique – mais je sais que tu le seras –... jamais plus tu n'auras ton Elsa pour s'inquiéter à ton propos) – je ne te verrai probablement pas à Rome – tu seras occupée et moi aussi – je fais des projets pour la fin avril – si tu chantes Anne Boleyn – je viendrai à Milan – sinon je ne viendrai pas. Mais ta

Traviata *va les sidérer... Pratiquement tous les billets sont déjà vendus – j'ai accordé plusieurs interviews – dont une particulièrement réussie à* Cosmopolitan *à ton sujet – après que le rédacteur en chef m'a promis de publier* exactement *ce que j'avais écrit – Je* dis *et répète partout que nous ne nous sommes connues que quelques semaines ici et là – et que, mis à part ton mari, tu ne souhaites pas te lier d'amitié ou* d'aucune manière *à quiconque – C'est désormais assez clair – cela nous rend les choses plus faciles à toutes les deux – je t'envoie ainsi qu'à Battista mes meilleurs vœux pour Noël et la nouvelle année – je pense toujours à toi avec bienveillance et avec tendresse, Maria – porte-toi bien, continue de chanter si magnifiquement et que Dieu te bénisse*

Elsa.

Maria devait fêter la nouvelle année à l'opéra de Rome le 2 janvier 1958 et chanter dans *Norma*, de Bellini ou elle tenait le rôle-titre auquel Elsa Maxwell fait allusion dans sa lettre : « Je te conseille d'être bonne – car je suis désormais dans un tel état de détachement qu'une amitié passée ou présente ne me fera pas perdre mon intégrité de critique. » L'avant-veille, le soir de la Saint-Sylvestre, Maria avait chanté *Casta Diva* à la télévision italienne, puis avait veillé jusqu'à l'aube en buvant du champagne dans un night-club très sélect de Rome. Bon nombre de ses admirateurs rendent cet écart responsable de la défaillance de sa voix, qui devait la conduire à la disgrâce et à la sortie de scène la plus infamante de sa carrière.

À son réveil, le 1er janvier, Maria souffrait d'une extinction de voix ; elle demanda à être remplacée dans *Norma*. Le directeur artistique refusa – tous les billets avaient été vendus et le président italien comme tout ce qui comptait dans la bonne société romaine devaient assister à la première. Elle pouvait sûrement faire quelque chose pour retrouver sa voix, insista-t-il.

Elsa avait eu beau s'écrier que Maria ne la verrait sans doute pas à Rome, elle faisait partie des supporters au supplice qui, dans les coulisses, assistaient Maria, toute à ses pulvérisations de gorge, ses compresses chaudes sur la poitrine, ses médicaments et ses prières à l'icône de la Vierge Marie qui la suivait partout.

Au lever de rideau, Maria, désespérée, entra sur scène et força la voix, criant son rôle tout au long de l'acte I. Le rideau tomba sous les yeux ahuris du public qui hurlait : « Retourne à Milan ! » La diva s'effondra dans sa loge, entourée de son mari et de ses amis. Elle refusa de remonter sur scène pour l'acte II. On la supplia, quelqu'un lui suggéra même de déclamer ses vers, sans chanter. Elle devait faire quelque chose ! Le public commençait à siffler d'impatience et le président attendait dans la loge royale.

Finalement, au bout d'une heure interminable – le président et sa suite étaient partis –, Maria choisit la fuite. Refusant d'affronter la colère du public, elle s'éclipsa par un passage souterrain pour rejoindre l'hôtel du Quirinal. La foule lança des injures sous ses fenêtres jusqu'à une heure avancée de la nuit. (Elsa Maxwell harangua les mécontents et, comme à l'accoutumée, ne fit qu'envenimer les choses : « Vous, les Romains, êtes les dignes descendants de vos ancêtres barbares, les conspua-t-elle. Ne comprenez-vous pas que Mme Callas est malade ? Bien sûr qu'elle n'aurait pas dû traîner dans les bars avant un concert important. ») On fustigea Maria devant le Parlement italien et on lui interdit de se produire lors des autres concerts prévus par son contrat romain.

Meneghini intenta une action en justice contre l'opéra de Rome pour rupture de contrat. La Cour suprême italienne rendit son jugement quatorze ans plus tard : elle innocentait Maria et condamnait l'opéra de Rome à lui verser des dommages-intérêts. Maria avait gagné, mais trop tard pour sauver sa réputation. L'incident avait créé un précédent qui devait la poursuivre pendant toute sa carrière. Dès lors, en de multiples occasions, se sentant brimée et trahie, la Callas poursuivrait en justice directeurs, institutions, journalistes, chanteurs, managers, agents et collègues, uniquement pour obtenir des tribunaux une décision en sa faveur, qui, vu les délais, ne pouvait réhabiliter son image.

Maria s'enferma plusieurs jours dans sa chambre d'hôtel du Quirinal. Elle en sortit dans une tenue à la Joan Crawford : robe noire, manteau d'astrakan, outrageusement maquillée sous la voilette. Elle fendit la meute des journalistes et des photographes rassemblés dans le hall et quitta la ville.

La crise – le traumatisme primal de sa carrière, en quelque sorte – affecta moralement Maria durant le reste de son existence. C'était la première fois que le public à sa dévotion la rejetait. « Le public peut être si cruel, avouerait-elle des années plus tard à son assistante et amie, Nadia Stancioff. Il ne t'aime que grande. Il est sans pitié si tu n'es pas en forme et ne te pardonne jamais tes défaillances. » La leçon avait été rude.

Après sa débâcle romaine, Maria s'envola pour les États-Unis, où elle fit un triomphe à Chicago et au Metropolitan Opera de New York dans *La Traviata, Lucie* et *Tosca*. Malgré sa lettre d'adieu,

Elsa Maxwell la suivait partout, jouant les chaperons dans les night-clubs et les bals de charité. En fait, les deux femmes avaient trouvé un compromis après l'incident de Dallas. Elsa Maxwell, tout en rêvant d'une relation plus intime, restait le mentor et la fidèle compagne d'une des plus grandes stars mondiales, et Maria tolérait le dévouement d'Elsa en échange de ses papiers dithyrambiques et de son intronisation dans les cercles les plus fermés de la haute société, ce à quoi la chroniqueuse mondaine excellait.

Une autre amie prit l'avion à Dallas pour la rejoindre dans les deux grandes villes américaines : Mary Carter. « J'étais très mondaine à cette époque. Elle, non. Je l'intriguais et elle voulait tout savoir de la haute société, se souvient-elle. À New York, j'assistais parfois aux répétitions. Nous allions ensuite déjeuner. Devinez où ? à la cafétéria automatique ! La façon dont on préparait les plats, dans de petites boîtes et à des prix dérisoires, la fascinait. Elle adorait également aller faire des emplettes chez Woolworth [1] où elle achetait des bricoles : porte-crayons, peignes... Il lui arrivait de me parler de son mari, qu'elle respectait mais dont elle n'était pas éprise : “Tu sais, Maria II, nous devons accomplir notre devoir conjugal de temps en temps.” Elle parlerait d'Onassis en de tout autres termes. »

À son retour en Italie, elle était toujours sous le coup de l'insulte infligée à Rome. Elle avait été habituée à être traitée en déesse, surtout à Milan où elle et Battista possédaient une villa sur la via Buonarroti. « La Scala est mon théâtre préféré. J'y suis chez moi », aimait-elle à dire. Ses jeunes adorateurs milanais la suivaient partout, la suppliant de les laisser jouer les garçons de course. Après chaque concert, elle s'allongeait sur une méridienne dans sa loge pour recevoir leurs hommages. Puis un groupe d'admirateurs l'attendait sous le portique du théâtre pour l'escorter jusqu'aux arcades célèbres de la Galleria, à l'ombre de la cathédrale. Loin derrière, les bras chargés de fleurs, Battista se dandinait, notant les noms de ceux qui voulaient des photos dédicacées. À son arrivée chez Savini, le meilleur restaurant de Milan, Maria remerciait avec grâce et la foule l'applaudissait jusqu'à ce qu'elle eût disparu dans le restaurant.

L'écolière de Washington Heights lourdaude, myope et pas franchement populaire qu'avait été Mary Anna Kalogeropoulos jugeait exaltant, mais épuisant, d'être quotidiennement l'objet de cette

1. Chaîne de magasins, l'équivalent de nos Monoprix. (*N.d.T.*)

vénération quasi religieuse dans les rues de sa ville. Elle avouerait plus tard au critique musical de Dallas, John Ardoin, qui l'a bien connue : « C'est si fatigant d'être avec les gens ; on me vénère comme une déesse, donc je dois me comporter en déesse. » L'aveu, qui ne témoigne pas d'une modestie excessive, peut faire sourire. Mais il est révélateur d'un trait de caractère que peu de ses biographes ont remarqué : hors de la scène, Maria détestait être entourée d'admirateurs et de journalistes. Elle était d'une timidité dévorante, n'avait aucun aplomb et trouvait exténuant de jouer la Callas en public. « Vous comprenez, il y avait deux Maria – deux personnes qui cohabitaient dans le même corps, m'a expliqué Ardoin, Maria et la Callas. Dès qu'il était question de travail, elle parlait de la Callas à la troisième personne. Maria, je crois, était farouchement jalouse de la Callas. Maria était grosse, peu séduisante, mal aimée par sa mère, bourrée de complexes, alors que la Callas était mince, élégante, adulée. »

À la suite du scandale de Rome, certains de ses admirateurs les plus fanatiques devinrent ses pires détracteurs. Maria avait été engagée à la Scala pour chanter dans *Anne Boleyn* le 9 avril ; en mars, elle croisa Antonio Ghiringhelli, le directeur de l'opéra, en dehors de son bureau : il fit mine de ne pas la voir. Pour la première d'*Anne Boleyn*, des agents de police étaient en faction devant les portes du théâtre, d'autres dispersés parmi le public, prêts à intervenir au premier signe d'émeute. Maria fut brillante ce soir-là et obtint, selon Meneghini une « ovation délirante ». Rien n'y fit : Ghiringhelli maintint sa décision d'annuler la représentation du 12 avril, jour de la visite du président de la République italienne dans la ville, et programma un autre opéra avec d'autres interprètes. Toujours est-il que Maria fut chaque soir grandiose dans son rôle de reine tragique, mettant ses auditeurs au défi de la juger. Dans la scène III de l'opéra, quand deux gardes s'emparent d'Anne Boleyn pour la conduire à l'échafaud, la Callas provoqua le public directement en fixant le parterre et en s'écriant : « Des juges, pour Anne ! Des juges ! »

« À chaque représentation d'*Anne Boleyn* à Milan, écrit Meneghini [...] il se trouvait toujours un quidam qui tentait de la troubler en distrayant le public par des remarques vulgaires. Parmi les innombrables bouquets de fleurs jetés sur la scène, on comptait des radis, des tomates et autres légumes ; il y eut même, un soir, une vieille chaussure. » (Plusieurs témoins, dont le producteur de disques Walter Legge ont raconté qu'en de telles circonstances Maria, « jouant de sa célèbre myopie, humait chaque bouquet qu'elle ramassait ; elle jetait les légumes dans la fosse d'orchestre et tendait gracieusement les fleurs à ses partenaires ».)

Voilà comment Meneghini décrit l'escalade du harcèlement milanais : « Un soir que nous montions en voiture pour aller dîner, nous avons découvert les restes d'un cadavre de chien sur le siège de Maria. Un autre soir, très tard après la représentation de *Boleyn*, Maria voulut ouvrir la grille de notre jardin et poussa un cri terrible... Le portail était enduit d'excréments... Obscénités au téléphone toutes les heures, lettres anonymes insultantes tous les jours. Nous avons informé le chef de la police milanaise, mais sans effet. Nous avions acheté une villa à Sirmione à la fin de 1957. Nous nous y installâmes quand la situation devint invivable à Milan. »

Dans son refuge de Sirmione, au bord du lac, Maria s'appliqua à travailler sa voix pour la première de l'opéra de Bellini, *Le Pirate*, qui devait avoir lieu le 19 mai 1958 à la Scala. L'accueil toujours plus glacial de Ghiringhelli et du public acheva de la convaincre qu'elle devait quitter le prestigieux théâtre milanais. Elle décida que la représentation du 31 mai serait sa dernière apparition dans cet opéra où elle s'était sentie chez elle.

Le soir de la dernière, c'est le bras tendu vers la loge de Ghiringhelli qu'elle mima la scène de la folie, « Là, voyez l'échafaud fatal [ou loge de théâtre, l'italien *palco* a les deux sens]. » Elle continua de chanter en désignant d'un doigt menaçant le directeur jusqu'à ce qu'il se lève et quitte la loge. À la fin de la représentation, le public refusa de la laisser partir et lui offrit une ovation de presque une demi-heure. Ghiringhelli coupa court à ces adieux émouvants en ordonnant de baisser le lourd rideau coupe-feu. Maria était encore sur scène. Selon Meneghini « il envoya un pompier dire à Maria : "Sur ordre du théâtre, la scène doit être évacuée" ».

Maria confia plus tard au magazine *Life* : « Pour ma sauvegarde et ma dignité, je n'avais pas le choix, je devais quitter la Scala. » C'était couper les ponts, une forme de suicide professionnel. Maria avait jusque-là mis toute sa passion et son extraordinaire autodiscipline au service de son art, mais elle avait le sentiment d'avoir été trahie par son public. Peu à peu, elle se préparait à rechercher amour et reconnaissance ailleurs.

Les Milanais lui avaient réservé leur hostilité. Londres l'accueillerait avec ferveur et dévotion, en ce 10 juin 1958, quand elle fit son entrée sur la scène de l'Opéra royal pour un gala. Elle éclipsa toutes les autres stars au moment de chanter la scène de la folie dans *Les*

Puritains, de Bellini. Huit jours plus tard, elle devait chanter à la BBC pour un concert retransmis à la télévision. La critique fut enthousiaste. Mais quelques jours plus tard, à l'occasion de la diffusion en direct de sa prestation dans *La Traviata*, on ne se priva pas de relever les défaillances de sa voix. Cela allait empirer l'année suivante et lui rendre la vie impossible : sa voix se mettait à chanceler dangereusement dans le registre supérieur.

Ce n'était pas la première fois que Maria n'arrivait pas à maîtriser sa voix dans les aigus. À ses débuts, des critiques avaient relevé des dérapages dans le registre supérieur, mais elle réussissait presque toujours à forcer sa voix au prix d'efforts surhumains. Désormais, après des années de représentations éreintantes, malgré son talent et sa volonté, elle ne parvenait plus à contrôler ses cordes vocales.

La raison de la détérioration progressive de la voix de la Callas est au cœur d'une polémique sans fin. Certains l'imputent à sa perte de poids brutale, d'autres rejettent la responsabilité sur Aristote Onassis, dont les charmes l'auraient distraite et empêchée de s'entraîner pendant des heures, comme elle le faisait chaque jour depuis qu'elle était enfant. Ces facteurs ont peut-être joué un rôle, mais la voix de Maria avait commencé à vaciller dans les aigus avant sa rencontre avec Onassis, et elle le savait.

Le critique John Ardoin, qui a consacré une bonne partie de sa vie professionnelle à analyser les prestations et les enregistrements de Maria, a écrit plusieurs ouvrages savants sur sa carrière. Voilà sa thèse : « Dès le départ, sa voix souffrait de faiblesses physiologiques impossibles à surmonter. Elle les masquait, les intégrait à son chant et y parvenait au prix d'une volonté incroyable, par un travail acharné. Elle avait, par exemple, beaucoup de mal à tenir une note au-dessus du contre-ut. Le si et le si bémol ne lui posaient aucun problème, mais, au-delà, cela lui était très difficile – physiologiquement, il lui manquait quelque chose. Elle le savait et avait conscience qu'au fil des années il lui serait de plus en plus difficile de soutenir sa réputation. »

La mezzo-soprano Giulietta Simionato, collègue et amie indéfectible de la Callas, m'a parlé à Milan de la voix et de la carrière de la diva. À un moment donné, elle s'est effondrée en larmes. Maria lui avait un jour demandé avec une franchise poignante pourquoi elle ne parvenait pas à contrôler le vibrato de sa voix. « J'ai déjà posé la question à la Hidalgo comme à d'autres, lui avait dit la Callas. Pourquoi le naturel et le bémol chevrotent-ils toujours ? » (La soprano espagnole Elvira de Hidalgo avait été le professeur le plus influent de Maria. Bloquée à Athènes lors de l'éclatement de la Seconde Guerre mondiale, elle avait été la première à détecter les dons de Maria, qui n'avait que quinze ans, et l'avait prise sous son aile.)

Giulietta Simionato avait répondu à Maria qu'elle n'avait pas préservé sa voix dans sa jeunesse.

– « Tu as chanté de grands opéras comme *Cavalleria* et *Tosca*, mais tu aurais dû chanter, pas hurler, lui ai-je dit.

« Or la pauvre fille, inexpérimentée, avait tendance à hurler. On pouvait voir qu'elle avait malmené son diaphragme, car, à un certain moment, elle était incapable de retenir sa respiration. Le diaphragme est un muscle qui fonctionne comme un élastique. En forçant le muscle, elle l'avait irrémédiablement endommagé. Il avait perdu toute élasticité. Du coup cette note, la "naturelle" et le "bémol", chevrotait car le diaphragme était incapable de la tenir. Une fois l'élasticité perdue, il n'y a plus rien à faire. Le repos, le travail, tout ça ne sert à rien.

– « Tu as chanté trop d'opéras et trop fort, lui ai-je dit, et ce n'est pas tout : tu l'as fait trop jeune !

– « Mais je n'avais pas le choix ! Ma mère me disait de le faire et j'obéissais. »

Maria se reposa tout l'été de 1958 dans sa villa de Sirmione, puis partit pour deux semaines à Londres réaliser un enregistrement. Elle devait ensuite s'envoler pour une tournée en Amérique du Nord : Birmingham, Atlanta, Montréal, Toronto, Cleveland, Detroit, Washington DC, San Francisco, Los Angeles et Saint Louis. Elle interrompit sa tournée pour donner deux représentations de *La Traviata* au State Fair Music Hall de Dallas les 31 octobre et 2 novembre. Maria attendait des nouvelles du Metropolitan Opera de New York pour la saison suivante.

Le directeur du Met, Rudolph Bing, lui envoya un télégramme de félicitations au lendemain de la première de *La Traviata* à Dallas. La production de Franco Zeffirelli avait enthousiasmé quatre mille Texans, dont Mary Reed Carter. Après *La Traviata*, Maria commença les répétitions de *Médée* à Dallas. Le directeur était Alexis Minotis, grand acteur et metteur en scène du Théâtre national grec qui avait tenu des rôles mineurs dans des films hollywoodiens, notamment celui du majordome dans *Les Enchaînés*, alors qu'il était en exil aux États-Unis pendant la Seconde Guerre mondiale.

Minotis aimait raconter combien il avait été étonné, à un moment crucial de la répétition, de voir Maria tomber à genoux et marteler le sol avec ferveur.

– Que faites-vous ? lui avait-il demandé.

– Cela ne vous plaît pas ? avait-elle rétorqué.

– C'est exactement ce que j'allais vous demander de faire, car c'est ainsi que les Grecs de l'Antiquité invoquaient les dieux. Comment le saviez-vous ?

– Je l'ignorais, j'ai agi ainsi parce que je sentais que c'était ce qu'il fallait faire à ce moment.

John Ardoin, qui m'a rapporté l'anecdote, ajoutait : « Elle jouait d'instinct et, comme toujours, son instinct avait raison. Minotis m'a affirmé que la réponse de Maria l'avait fait frissonner. »

Tous ceux qui ont travaillé avec la Callas, amis ou adversaires, reconnaissent qu'elle se dévouait avec fanatisme à son art. « Je suis une artiste et une femme de passion, déclarait-elle à un journaliste britannique. Je crois à l'autodiscipline et à la maîtrise de soi. Si on veut vivre en harmonie avec soi-même, il faut travailler. Travailler très dur. Je ne suis pas d'accord avec Descartes quand il écrit : "Je pense, donc je suis." Ma devise, c'est "je travaille, donc je suis". » Dorle et Dario Soria qui ont produit les disques de Maria pendant vingt-cinq ans, l'ont bien connue. « Ce n'était pas toujours facile de travailler avec elle, a écrit Dorle, mais... personne ne peut la critiquer en tant qu'artiste : c'était la plus professionnelle, la plus consciencieuse et la plus travailleuse que j'aie jamais rencontrée. Sa moralité musicale était irréprochable. "Je ne suis jamais satisfaite, disait Maria en parlant d'elle-même. Je suis personnellement incapable de me réjouir quand je réussis quelque chose, car je m'exagère toujours ce que j'aurais pu faire en mieux." »

La Callas était capable d'apprendre un rôle en un temps record, et l'étendue de son registre était incroyable. En règle générale, les sopranos choisissent les opéras qui conviennent à leur tessiture, mais Maria était connue pour tout chanter, y compris les opéras longtemps négligés parce que réputés trop difficiles.

Elle en avait fait la preuve dès ses débuts à Venise, en 1949. Elle chantait Brunehilde dans *La Walkyrie* et une autre soprano Elvira dans *Les Puritains*. Cette dernière tomba malade. Tullio Serafin, le célèbre directeur du théâtre vénitien de La Fenice, donna la partition d'un des airs d'Elvira à déchiffrer à Maria, puis lui déclara tout de go : « Dans une semaine, vous chanterez dans *Les Puritains*. Je ferai en sorte que vous ayez le temps d'étudier. » Elle ignorait tout de la partition et l'opéra de Bellini était on ne peut plus différent de celui de Wagner, mais Maria s'exécuta et le fit brillamment. Un miracle. La prouesse la rendit célèbre en Italie. Aucune soprano, depuis un siècle, n'avait été capable de s'approprier un tel éventail de rôles. Franco Zeffirelli déclarerait, après la mort de la diva : « Ce qu'elle a fait à Venise était proprement incroyable. Il faut être amateur d'opéra pour prendre la mesure de son exploit ce soir-là. C'était comme si on avait demandé à Birgit Nilsson, réputée pour sa voix wagnérienne, de remplacer au pied levé Beverly Sills, une des plus grandes coloratures de notre époque. »

L'art de Maria était également le ciment de son mariage avec Meneghini ; son talent les avait unis et représentait l'âme de leur vie conjugale. Le couple ne sortait guère et avait peu d'amis. La Callas confia un jour au *Time Magazine* son rituel nocturne favori : prendre un bain, s'asperger d'eau de Cologne, enfiler une chemise de nuit en soie et se glisser dans les draps pour étudier des rôles d'opéra jusque tard dans la nuit, pendant que son mari ronflait à ses côtés : « Mes plus belles heures sont au lit, mon meilleur travail aussi, mon chien lové contre moi et mon mari endormi à mes côtés. »

« Ils menaient une vie spartiate faite d'autodiscipline rigoureuse et de dur labeur, écrit John Dizikes dans *Opera in America*. Pendant dix ans, son ambition, sa force de volonté, sa passion pour le dépassement de soi se sont focalisées sur son art. Rien n'interférait. »

Ceux qui ont travaillé avec Maria considéraient son talent comme un don du ciel, un phénomène inexplicable. Zeffirelli fit remarquer un jour : « Pour moi, Maria tient toujours du miracle, elle peut passer du néant au tout, de la terre à l'enfer. » De jeunes cantatrices comme Montserrat Caballé voyaient en la Callas l'artiste qui a bouleversé leur art : « Elle a ouvert une porte à tous les chanteurs du monde, mais celle-ci s'est refermée. Derrière cette porte dormait de la grande musique, ainsi que de grandes idées d'interprétation. Elle nous a donné la chance, à nous, ses émules, de faire des choses difficilement envisageables avant elle. »

Aux yeux de Maria, cependant, ce « don de Dieu », comme disait la Hidalgo, était à la fois une malédiction et une bénédiction, une souffrance immense et l'objet d'une abnégation quasi religieuse. La découverte par sa mère de son don musical avait sonné le glas du bonheur : « Les enfants prodiges sont toujours privés d'enfance. Je ne me rappelle aucun jouet... aucune poupée ni aucun jeu favori – je ne me souviens que des partitions que je chantais, chantais encore et toujours, jusqu'à l'ennui... et surtout de la douloureuse sensation de panique qui me submergeait quand, au milieu d'un passage difficile, j'avais l'impression que j'allais suffoquer. J'étais terrorisée à l'idée de ne plus pouvoir sortir une note de ma gorge sèche et aride... Il devrait y avoir une loi pour interdire de traiter les enfants ainsi. Cela les rend vieux avant l'âge. C'est injuste de priver les enfants de leur enfance. J'avais le sentiment qu'on ne m'aimait que lorsque je chantais. »

C'est en Grèce que Maria découvrirait pour la première fois la joie de se consacrer à son art quand, adolescente, elle ferait la connaissance de son premier grand professeur, la Hidalgo « Comme ma passion dans la vie, peut-être la seule, était la musique, je fus rapidement fascinée par les élèves de la Hidalgo, pas seulement les sopranos, mais également les mezzos et les ténors... J'avais pris l'habitude d'aller au conservatoire dès dix heures du matin pour n'en ressortir que le soir, avec le dernier élève. »

Maria était persuadée de tenir de Dieu son don exceptionnel et elle se consacrait à la musique avec la ferveur d'une religieuse. Elle déclarait, en 1970 : « J'ai eu le privilège de connaître une destinée extraordinaire. Je suis une créature du destin. Il s'est emparé de moi, il a tracé ma voie. Je ne m'appartiens pas mais suis le témoin extérieur de ma propre vie. » Ledit destin allait souvent de pair avec la solitude et la frustration, tant son entourage, y compris son mari, ne semblait s'intéresser qu'à sa voix et à sa carrière. Dans une lettre à Battista, elle le morigène gentiment : « Je vois bien que tu es amoureux de l'artiste la Callas. Tu oublies mon âme. Prends ta lettre, par exemple. Elle était merveilleuse, adorable, mais j'aurais aimé un peu plus de Battista et de Maria et moins de Meneghini et de Callas. Voyons si je trouverai mon Battista dans la prochaine. » Personne n'avait jamais aimé Maria indépendamment de sa voix, et, tout en ferraillant au service de son art, une part d'elle-même restait insatisfaite.

À Dallas, la Callas travailla *Médée* avec un acharnement masochiste, selon son partenaire Jon Vickers qui chantait Jason. Après avoir sué sang et eau jusqu'à deux heures du matin pour la générale, elle reçut le jour même un télégramme de Rudolph Bing, le directeur du Metropolitan Opera de New York, l'informant qu'elle n'était pas retenue pour la saison de New York, motif : elle n'avait pas approuvé en temps et en heure la programmation des répétitions. Toute la presse en faisait ses choux gras : « LE MET LICENCIE LA CALLAS ». Maria passa la journée à répondre aux questions des journalistes par téléphone, réglant au passage ses comptes avec Rudolph Bing, qui imposait des répétitions à un rythme infernal. De son côté, Bing se laissait aller à des piques sarcastiques : « Tout le monde sait qu'elle ne lésine pas sur ses talents de comédienne dans la négociation de ses contrats. »

Le soir même, après avoir été une *Médée* mémorable, autant stimulée par la colère que par le talent, elle se rendit à la soirée de Mary Carter et fut accueillie par une cohorte de journalistes de télévision armés de caméras. D'après « Maria II », la diva était d'excellente humeur : « Elle a passé une soirée merveilleuse. Elle a dansé jusqu'à l'aube. »

Maria acheva sa tournée de concerts en Amérique, émaillée de dîners extravagants, dont un à New York chez Elsa Maxwell. Lorsqu'elle rentra à Milan pour fêter son trente-cinquième anniversaire, le 3 décembre 1958, son agenda était vide, à l'exception d'un unique concert à Paris, le 19 décembre, à l'occasion d'un gala et d'un concert de charité au profit de la Légion d'honneur. Une brochette impressionnante de célébrités y était attendue : le duc et la duchesse de Windsor, les Rothschild, l'Agha Khan, Brigitte Bardot, Charlie Chaplin ainsi que M. et Mme Aristote Onassis.

De l'avis des invités, ce fut la plus belle réception parisienne depuis la guerre. Battista Meneghini, qui s'attribuait l'organisation de la soirée, fut vexé que les lauriers revinssent à d'autres. « Comme il s'agissait d'un récital de charité, il fallait collecter la plus grosse somme possible, raconte-t-il dans le chapitre de son livre intitulé "Comment Onassis m'a volé Maria." Maria avait été engagée pour cinq millions de francs [1], le cachet le plus élevé de l'histoire de l'opéra [approximativement dix mille dollars, un cachet phénoménal en 1958]. À la fin du concert, mon épouse remit généreusement l'intégralité de son cachet à un membre de la Légion d'honneur. » Meneghini jubilait lorsqu'il fit les comptes de la soirée : les deux mille cent trente places de l'Opéra de Paris s'étaient vendues comme des petits pains, à trente-cinq mille francs chacune. Les loges étaient parties pour plus de trois cent mille francs. Jusqu'au programme (un bon kilo de papier) qui coûtait deux mille francs. Le récital avait été suivi d'un souper servi dans le foyer du théâtre pour quatre cent cinquante invités, qui n'avaient pas hésité à débourser quinze mille francs chacun. Les magazines français titrèrent : « La plus grandiose réception du monde : édition 1958. »

Meneghini se persuada que c'étaient le battage autour de l'événement comme sa splendeur qui avaient incité Onassis à faire la cour à

1. En anciens francs, bien sûr, comme les sommes qui suivent (donc à diviser par cent pour avoir une idée en nouveaux francs, tout en sachant que trente mille anciens francs (c'est-à-dire trois cents « francs lourds » depuis la réforme monétaire de 1958 qui institua le nouveau franc) représentaient à l'époque beaucoup plus que nos trois cents francs actuels ! (*N.d.T.*)

Maria. « Lui, avec tout son argent, n'avait jamais soulevé autant d'intérêt ni attiré autant l'attention sur lui, y compris de la part des grands noms de la politique. Je crois que c'est la considération dont bénéficiait Maria qui lui a fait germer dans la tête son projet diabolique : "Si je m'empare de cette femme, j'impressionnerai tout le monde." »

En réalité, Onassis avait sans doute déjà décidé de courtiser Maria longtemps avant le gala de la Légion d'honneur. Le matin même, un énorme bouquet de roses rouges avait été livré dans la chambre d'hôtel de Maria ; la carte lui souhaitait bonne chance en grec et était signée *Aristote Onassis*. Elle ne l'avait pas revu depuis le bal d'Elsa Maxwell à Venise. Elle reçut un deuxième bouquet au cours de l'après-midi, puis un autre le soir, juste avant de quitter son hôtel pour se rendre à l'Opéra. Cette fois, la carte rédigée en grec ne portait aucune signature. « Quel homme romantique ! » – tel fut le commentaire de Maria à son mari.

Mme Biki Bouyeure, modiste et amie fidèle de la Callas, se souvient de son costume de scène à l'Opéra de Paris : une robe de satin champagne et une longue traîne bordée de zibeline. Elle se rappelle aussi avec amusement la parcimonie légendaire de Maria : « Elle était splendide dans cette robe ! Elle devait ensuite la gâcher. Elle n'a pu s'empêcher d'en prélever la garniture de zibeline. "Elle a été abîmée dans le train, disait-elle, j'en ferai quelque chose." Évidemment, la robe a fini oubliée dans une penderie. Mais nous en convenions tous : elle était si belle dans cette robe ! » Elle arborait également plus d'un million de dollars en boucles d'oreilles et collier de diamants prêtés par Van Cleef & Arpels.

Maria interpréta un programme varié comprenant des airs de *Norma*, du *Troubadour*, du *Barbier de Séville*, et le deuxième acte en entier de *Tosca*. Sa prestation fut diffusée en direct à la télévision dans neuf pays. Une bonne partie de l'Europe s'émerveillerait de sa voix ce soir-là. Le récital se termina sous des ovations frénétiques et, au cours du dîner qui suivit, Aristote Onassis fut l'un des premiers à la féliciter.

Si la Callas s'était alors rendu compte qu'Onassis ne s'intéressait pas seulement à sa voix, elle s'était bien gardée de donner le change. Le 21 avril 1959, jour de son dixième anniversaire de mariage avec Meneghini, elle se saisit de l'occasion pour redire à la presse que celui-ci était le centre de sa vie. Le couple fêta l'événement chez Maxim's. « Pour chanter, j'ai besoin de sa présence, déclara Maria au moment de couper le gâteau aux amandes. Si je suis la voix, il en est l'âme. » Cela faisait dix ans que Maria jurait ses grands dieux qu'elle ferait tout pour Meneghini « Je donnerais ma vie pour lui, sans hésitation et avec joie, avait-elle affirmé plusieurs années après leur union. Si Battista me l'avait demandé, j'aurais abandonné ma carrière sans regret, car, dans la vie d'une femme, l'amour compte plus que le succès. » La plupart de ses amis, toutefois, pensaient que ce dithyrambe conjugal à la gloire de ce gros homme balourd bien plus âgé qu'elle, aussi dénué d'humour qu'il était âpre en affaires, tenait plutôt de la méthode Coué.

Un mois plus tard environ, à la fin du printemps, Maria et Onassis se retrouvèrent une nouvelle fois face à face. La rencontre eut lieu à Venise, lors du bal donné par la fille de Toscanini, la comtesse Wally Toscanini Castelbarco, en l'honneur de la Callas, bien que l'amitié des deux femmes ait eu ses hauts et ses bas.

Aristote Onassis et Tina proposèrent à Maria et Battista de se joindre à eux pour une croisière le long des côtes grecque et turque à bord du *Christina.* À noter cette fois qu'ils s'étaient abstenus de mentionner le nom d'Elsa Maxwell. Peut-être Onassis savait-il que la relation entre les deux femmes n'était pas au beau fixe. Maria répondit qu'elle serait très prise pendant tout l'été, mais promit de réfléchir. Aux yeux de Tina, vraisemblablement, la cantatrice n'était jamais qu'une nouvelle vedette s'ajoutant à la collection des hôtes illustres de son mari, à la suite de Greta Garbo et Margot Fonteyn. Et puis la Callas n'était jamais loin de son mari adoré.

Fin mai, Onassis téléphona de Monte-Carlo et passa le combiné à Tina qu'il chargea de renouveler l'invitation. « Puis Onassis continua la conversation et se fit insistant, dirait Meneghini par la suite. Maria lui expliqua qu'elle partait pour Londres honorer un engagement important à Covent Garden, dans *Médée*, de Cherubini et qu'elle n'avait pas la tête à une croisière. “Je viendrai à Londres m'enquérir de votre réponse”, avait répliqué Onassis. »

La prestation imminente de la Callas en Médée était devenue l'événement culturel à ne pas manquer en Angleterre. Trois jours avant l'ouverture des guichets, une queue d'une longueur sans précédent pour un opéra commença à se former devant Covent Garden. Tous les billets furent vendus en trois heures. À l'approche de l'avant-première, les places à deux livres partaient à quatre-vingt-dix-huit au marché noir et les loges à dix livres s'arrachaient à cent.

Onassis ne se contenta pas de venir à Londres pour la première. Il resta sagement assis pendant toute la représentation, du jamais vu chez l'armateur qui préférait de loin danser et briser des assiettes sur de la musique populaire grecque qu'écouter trois heures d'affilée du bel canto. Le couple Onassis organisa même une réception en l'honneur de Maria à l'issue de sa prestation ; « Monsieur et Madame Aristote Onassis seraient heureux de vous compter parmi leurs hôtes au souper qui se tiendra au Dorchester à 23 heures 15, le vendredi 17 juin », pouvait-on lire sur les invitations imprimées pour plus de deux cents personnes. Onassis se procura trente-trois billets au marché noir par le biais d'une annonce dans le *Times* et se présenta tôt au bar du théâtre pour distribuer les précieux billets et des coupes de champagne à ses invités, parmi lesquels Lady Churchill et Randolph Churchill (mais pas Sir Winston, qui ne goûtait guère l'opéra) ; la duchesse de Kent et sa fille, la princesse Alexandra ; le cousin de la reine, Lord Harewood ; les acteurs Douglas Fairbanks Jr. et Gary Cooper, sans oublier le photographe Cecil Beaton.

Parmi le public, aux côtés de son épouse, Onassis. Fasciné. Il ne quittait pas des yeux la femme évoluant sur scène. Maria figurait une Médée aussi ravagée et dangereuse que celle imaginée par Euripide. Voici la description qu'en fit un critique londonien : « De sa première apparition hiératique entre deux piliers colossaux, drapée dans un long manteau ne révélant que la haine impressionnante de ses yeux lourdement maquillés de noir, à la dernière, quand s'écroule le temple où elle a assassiné ses enfants, la montrant dans un char grouillant de serpents, la dépouille de ses enfants à ses pieds, la Callas imprime un puissant mouvement de tension ascendante à son interprétation. Le type de spectacle qui vous comble, ne vous faisant plus jurer que par l'opéra. »

La vision de la folle prêtresse devant le cadavre de ses enfants aurait émoussé le désir d'un homme moins résolu. L'emballement d'Onassis pour Maria en fut exacerbé. Elle avait ressuscité l'opéra de Cherubini inspiré de la tragédie grecque. Euripide n'aurait pu imaginer meilleure interprète de la magicienne folle de jalousie. Comme Médée, elle rayonnait d'une telle force qu'il était impossible de détourner les yeux. Telle une panthère en furie, sa longue silhouette féline arpentait la scène. Folle de douleur, elle jugeait que l'infanticide était le seul châtiment susceptible de la venger de la trahison de Jason. Même Onassis, qui pourtant n'était pas amateur d'opéra, était hypnotisé par Médée et projetait déjà d'en savoir plus sur la femme qui l'incarnait.

Pour le souper, Onassis avait vu les choses en grand : la salle de bal de l'hôtel Dorchester croulait sous un océan de bouquets de roses et de bouteilles de champagne rosé. À l'apparition de la diva, en manteau de zibeline et parure d'émeraudes, Onassis s'inclina en un profond baisemain, puis s'ingénia à la séduire. Sa danse préférée ? Le tango, répondit-elle. Il alla tout de go glisser un billet de cinquante livres dans la main du chef de l'orchestre hongrois, quelque peu déconcerté, afin qu'on ne joue que des tangos toute la soirée. La Callas lui rendit la politesse en priant le chanteur du groupe d'interpréter « I'm just Wild about Ari » (« Je suis folle d'Ari »).

Mary Carter était venue du Texas pour assister au concert. « C'était une assemblée très brillante. À l'arrivée de Gary Cooper, si beau dans son costume et avec sa cravate blanche, je me suis sentie défaillir. Je ne parvenais pas à le quitter des yeux ! Elsa Maxwell était là, bien sûr, ainsi que Douglas Fairbanks Jr. et bien d'autres. Onassis était très aimable avec tout le monde, comme son épouse Tina. Au moment où Maria et Meneghini prirent congé, escortés par un Onassis ayant passé son bras autour des épaules de Maria, j'ai eu une prémonition. »

Maria, plaidant l'épuisement, s'était éclipsée vers trois heures du matin ; un photographe éternisa l'instant en prenant le fameux cliché du futur célèbre trio : Onassis (lunettes noires et smoking) et Meneghini, la main de l'un sur celle de l'autre, entourent Maria qui domine les deux hommes de sa haute taille, l'air surpris, prisonnière des bras de son mari et de son hôte comme si elle jouait à « Sauvez-moi, le pont de Londres va s'effondrer ! ».

Selon certains biographes d'Onassis, c'est à Londres que Maria et Onassis seraient devenus intimes. « Maria et Ari devinrent amants... à l'occasion de plusieurs rendez-vous secrets lors de son engagement à Londres », écrit Peter Evans qui se réfère à des « rencontres amoureuses clandestines dans un cottage assez chic de Londres ».

J'ai appelé Evans pour lui demander quelles étaient ses sources. Il m'a cité les noms de deux assistants d'Onassis, Costa Gratsos et Johnny Meyer (tous deux décédés aujourd'hui), qui disaient l'avoir appris de la bouche d'Onassis. Si c'est bien le cas, Onassis devait sans doute fanfaronner, comme il en avait l'habitude dès qu'il était question de ses prouesses sexuelles (c'est ainsi qu'il a souvent confié à la presse avoir, à soixante-quatre ans, honoré cinq fois de suite Jacqueline Kennedy Onassis lors de leur lune de miel).

Ceux qui ont bien connu Maria soutiennent en revanche qu'elle n'a pas eu de relation sexuelle avec Onassis avant la croisière du *Christina*. D'après Mary Carter, « Maria m'a dit que c'est au cours de la croisière qu'elle a couché pour la première fois avec

Onassis. Je n'ai aucune raison de ne pas la croire. Elle était toujours très franche avec moi ».

À la fin de son engagement à Londres, Maria hésitait encore à accepter l'invitation des Onassis. Elle s'envola avec Meneghini pour le festival des Pays-Bas. Son agenda prévoyait des concerts à Amsterdam et à Bruxelles les 11 et 14 juillet. La veille du concert d'Amsterdam, d'après la biographe de la Callas, Arianna Stassinopoulos, Maria demanda au directeur du festival, Peter Diamand, de s'entretenir avec lui en privé, « sans Battista ». Le lendemain de la représentation, dans les jardins d'un parc proche de Liège, elle pria le directeur de ne pas lui verser son cachet sur le compte joint qu'elle détenait avec Meneghini. « Gardez l'argent jusqu'à ce que je vous fasse signe. Il y aura des bouleversements dans ma vie dans les mois à venir... Vous en entendrez tant et plus... Je vous en prie, restez mon ami. »

On se dit logiquement que Maria s'était déjà mis en tête de quitter son mari pour Onassis, mais bon nombre de ses amis réfutent cette allégation ; selon eux, l'entretien avec Diamand faisait suite à une querelle avec Battista sur la manière dont il gérait son argent.

« Elle avait des problèmes avec Meneghini avant même qu'Onassis ne soit entré dans sa vie, se souvient Mary Carter. Avant la croisière, elle lui avait signifié qu'elle voulait ralentir le rythme, et elle lui annonça au cours de la croisière son intention d'arrêter la scène. Elle était moralement épuisée et avait besoin de se reposer, disait-elle. Elle était très sensible aux critiques qui stigmatisaient son vibrato excessif dans les aigus. Mais Meneghini prétendit qu'elle ne pouvait pas se permettre d'arrêter, car l'argent qu'elle avait gagné s'était envolé ; il s'en était servi pour financer sa carrière, pour se rembourser et rembourser l'argent emprunté à des amis afin de régler leurs dépenses à l'époque où elle ne gagnait pas grand-chose. Maria était furieuse, évidemment, et avant de partir sur le *Christina* elle avait pris des mesures pour s'assurer que ses cachets seraient versés sur un compte à son nom exclusif. »

Giovanna Lomazzi, une Milanaise de dix ans de moins que Maria dont le père était proche de Meneghini, m'a confirmé que Maria ne se faisait plus d'illusions sur les compétences de gestionnaire de son mari. Dans les années 50, Giovanna avait souvent accompagné le couple dans ses déplacements. Elle s'était alors liée d'amitié avec Maria. « Quand nous sommes allés à New

York, en 1956, rapporte-t-elle, leur mariage commençait à battre de l'aile. Il était nettement plus âgé qu'elle et se fatiguait vite. Maria, désormais mince et élégante, voulait sortir et jouir un peu de son succès. En outre, il lui posait des problèmes en tant que manager. Il ne parlait aucune langue étrangère et apostrophait tout le monde en italien. Elle était déçue. "Si tu es incapable d'être mon manager, arrête", lui avait-elle dit. Il aurait fait un excellent mari imprésario pour une bonne chanteuse, mais n'avait pas l'envergure pour gérer la carrière de la star internationale qu'était devenue Maria. »

La Callas elle-même semble attester que les premières failles de son mariage tenaient à des problèmes financiers et non à l'émoussement des sentiments. Dans une interview publiée dans un quotidien de Londres le 8 novembre 1964, soit cinq ans après son divorce, elle déclarait : « L'on m'a fustigée pour avoir quitté mon mari. Mais je ne l'ai pas quitté – la rupture est venue du fait que je refusais qu'il continue à gérer mes affaires. Battista lui-même disait que notre vie commune ne rimait plus à rien s'il n'avait un contrôle total sur moi – c'est, je crois, tout ce qu'il voulait. »

S'il est hautement improbable que Maria ait eu l'intention de quitter son mari pour Onassis en ce 11 juillet 1957 à Amsterdam, la colère et la déception qu'elle ressentait à l'égard de celui qui avait été son mentor et son compagnon pendant tant d'années la rendaient certainement plus réceptive aux attentions de l'armateur et à son empressement à l'inviter sur le *Christina.*

Maria et Battista quittèrent la Belgique pour regagner leur domicile de Sirmione le 15 juillet. Dès le lendemain, vers onze heures, d'après Meneghini, leur gouvernante Emma leur annonçait que M. Onassis souhaitait parler à Madame. « "Nous ne sommes là pour personne", répondit ma femme. "Dites-lui que nous sommes à Milan", ajoutai-je. » Une demi-heure plus tard, selon Meneghini, la sonnerie du téléphone retentissait une seconde fois – Onassis, qui avait tenté de les joindre à Milan, avait appris qu'ils n'y étaient pas. Il insistait pour parler à Mme Callas, qui refusait de prendre l'appel. Elle s'était dérobée jusqu'à ce que, dans l'après-midi, elle priât son mari de prendre la communication. L'armateur s'était adressé à celui-ci en italien, en l'appelant Titta, le surnom que lui donnait Maria, et en ayant recours au tutoiement : « Je tiens à ce que tu viennes sur le *Christina.* On va bien s'amuser, allons, persuade ta femme. » Onassis avait ensuite passé le combiné à Tina en la chargeant de convaincre Maria de se joindre à eux. Maria avait accepté de mauvaise grâce, toujours selon son mari qui l'aurait rassurée : « Cette invitation arrive à point nommé. Le médecin a recommandé l'air marin... Si cela ne te plaît pas, nous rentrerons à la maison à la première escale. »

Telle est la version des faits relatée par Meneghini. Il en existe une autre, selon laquelle Maria aurait pris la décision d'accepter l'invitation d'Onassis, sans consulter son mari, dès le 11 juillet à Amsterdam. C'est Elsa Maxwell, présente à Amsterdam, qui en est la source. A-t-elle écrit la vérité ou voulait-elle seulement semer la zizanie entre Maria et son mari ? Quoi qu'il en fût, après avoir précisé que la Callas et Meneghini venaient d'embarquer à bord du yacht d'Onassis, elle écrirait, dans sa chronique du 22 juillet : « À propos de la Callas et de cette croisière, j'aimerais vous raconter une petite anecdote qui m'a beaucoup amusée. Maria, qui a fait la connaissance des Onassis par mon intermédiaire il y a deux ans à Venise, a appelé Mme Onassis d'Amsterdam, où elle avait un engagement, pour lui demander quelles tenues elle devait emporter pour la croisière. Mais c'est “Ari” qu'elle eut au bout du fil. Bien entendu, il fut incapable de lui venir en aide et, comme tout homme l'aurait fait, lui conseilla d'apporter ce que vous voulez – des pull-overs et de quoi vous baigner. J'imagine la mine déconfite de Maria, laquelle voulait paraître à son avantage ! »

Dans le même papier, la Maxwell se fait prophétique : « Cette croisière marquera un tournant dans sa vie. Jusqu'à présent, Mme Callas a été épargnée par les manigances des gens à la mode. Mais elle apprendra vite. »

Maria n'ayant qu'une semaine devant elle pour tout préparer, Meneghini raconte qu'elle appela son amie et styliste particulière, Mme Biki Bouyeure, pour la persuader de lui confectionner une garde-robe adaptée en un temps record. (La petite-fille de Puccini dirigeait un atelier de couture ; elle supervisait les croquis, et Alain Reynaud, son gendre et associé, était le couturier attitré de Maria, laquelle s'en remettait totalement à lui. Lorsque nous nous sommes rencontrés dans son palais de Milan, quelque temps avant sa disparition, en 1998, Mme Bouyeure m'a expliqué à quel point Reynaud avait joué un rôle de premier plan dans la métamorphose de Maria de vilain petit canard en cygne, lui apprenant à s'habiller, à marcher et à choisir les accessoires adéquats, suite à sa perte de poids spectaculaire.)

Mme Biki Bouyeure et son atelier firent des prodiges, en temps voulu. Mais Maria n'était pas très sûre de sa garde-robe. Voilà comment Meneghini relate leur départ de Sirmione pour Milan, deux jours avant de lever l'ancre : « Au moment de monter en voiture, j'ai dit à Emma [sa gouvernante] : “Préparez la maison. Nous pouvons rentrer dans une semaine ou demain. Cela dépendra des personnes qui seront à bord.” Maria partit à Milan faire des emplettes absurdes. Je crois qu'elle avait peur de paraître déplacée au milieu des autres invités. Elle a dépensé des millions de lires en costumes de bain, ensembles et lingerie. Je trouvais tout cela un peu excessif, mais n'ai rien dit. Je ne l'avais jamais vue si inquiète. »

Le 21 juillet, écrit Meneghini, ils quittèrent Milan et s'envolèrent pour Nice, où un taxi les conduisit à Monte-Carlo, jusqu'au royaume personnel d'Onassis. (Il était encore l'actionnaire majoritaire de la Société des bains de mer et toujours en bons termes avec le prince Rainier et la princesse Grace.) Le rocher sur lequel est perchée la cité de la Belle Époque, avec ses édifices à arcades, tout de stuc, marbre et dorures, ressemblait à un théâtre. Les fenêtres, frontons et balcons des palaces ainsi que le célèbre casino, véritable pièce montée croulant sous les statues de nymphes et de déesses, dominaient la Méditerranée. En cet été de 1959, le *Christina*, blanc, racé, éclipsait tous les autres bateaux amarrés dans le port. Il avait mouillé dans le bassin d'honneur situé à gauche de l'entrée – le seul ponton qui, à cette époque, pouvait accueillir un bateau aussi grand. Le soir, les guirlandes suspendues aux mâts brillaient comme des rivières de diamants.

Venus d'Angleterre et d'Europe, les invités de marque s'étaient donné rendez-vous à Monte-Carlo. Le *Christina* n'avait pas encore levé l'ancre que la croisière fascinait déjà le monde.

Winston Churchill, quatre-vingt-cinq ans, était le point de mire; il s'était retiré de la politique depuis des années, mais on le vénérait toujours pour l'aversion qu'il vouait tant au fascisme qu'au communisme. Pourtant, c'est l'autre invitée d'honneur – la grande soprano – et son hôte qui allaient très vite capter l'attention du monde quand le *Christina* appareillerait vers l'ex-Empire byzantin dont la célèbre flotte avait bombardé les vaisseaux ennemis de son « feu grégeois [1] » – une mixture incendiaire de composition mystérieuse qui embrasait et détruisait tout ce qu'elle touchait.

1. Feu « grec », en ancien français. En fait, mélange de soufre, de poix, de salpêtre dont les Byzantins gardaient la composition secrète. En anglais, « Greek fire ». (*N.d.T.*)

5

Lever d'ancre

Quand tu partiras pour Ithaque,
Souhaite que la route soit longue,
Riche d'aventures et d'enseignements.

Constantin Cavafy, « Ithaque ».

À leur arrivée à Monte-Carlo, le mardi 21 juillet 1959, Maria Callas et son mari louèrent une suite à l'Hermitage dont un passage souterrain permet d'accéder à l'Hôtel de Paris, encore plus fastueux. À l'époque où ils gagnaient et perdaient des fortunes au casino de Monte-Carlo, les flambeurs des familles royales et les cheiks arabes séjournaient avec leurs épouses à l'Hôtel de Paris, de l'autre côté du parc, et installaient leurs maîtresses à l'Hermitage. La galerie reliant les deux établissements donne sur une grande piscine intérieure commune flanquée de bains turcs. Entre deux plongeons, les hôtes peuvent, sans autre vêtement que le peignoir de bain fourni par l'hôtel, faire quelques pas sur la terrasse pour y siroter un apéritif et admirer la vue magnifique sur le port. (C'est dans cette piscine que Christina Onassis ferait la connaissance de Joseph Bolker, un agent immobilier de Los Angeles ; leur mariage mettrait son père en fureur et la conduirait elle-même à une tentative de suicide.)

Le matin de l'installation à l'Hermitage de la Callas et Meneghini accompagnés de leurs innombrables malles et valises, l'on remit à Maria une lettre quelque peu alarmante d'Elsa Maxwell, laquelle avait pris ses quartiers à deux pas, à l'Hôtel de Paris. Comme Meneghini le mentionne sans trop d'élégance dans ses Mémoires : « La pipelette savait déjà tout et se mêlait de ce qui ne la regardait pas en dispensant ses conseils faussement attendris d'oiseau de mauvais augure. » Maxwell était jalouse et ne décolérait pas. C'était clair. Elle qui avait présenté Maria à Onassis deux ans auparavant, elle qu'Onassis avait initialement invitée à bord du *Christina*, ne faisait pas partie, cette fois, des heureux élus. De quoi avoir envie de prendre sa revanche.

Voici les extraits de sa lettre cités par Meneghini :

Chère Maria, juste un mot pour vous souhaiter, à toi et Battista, une belle croisière à bord de ce yacht magnifique, aux côtés d'Ari, ce merveilleux « maître de maison », si intelligent, et du grand homme qui a sauvé le monde en 1940 (certes, quelque peu décati aujourd'hui). En somme, à bord du Christina, *tu prends la place de Garbo, qui se faisait trop vieille. Bonne chance ! Garbo ne Garbo ne m'a jamais fait vibrer, mais toi, je t'ai aimée. À toi désormais de jouir de chaque instant de l'existence.* Prends *tout (c'est un art délicat).* Donne *tout ce qui est en ton pouvoir (c'est moins difficile, mais essentiel) : c'est la seule façon de trouver le bonheur véritable dans cette jungle. Je ne souhaite même plus te revoir. On dira – on le dit déjà – que tu t'es servie de moi. Je démens. Catégoriquement. Le peu que j'ai fait, ce fut les yeux grands ouverts, de tout mon cœur et de toute mon âme. Tu es déjà l'une des grandes et tu deviendras encore plus grande... (P.-S. : Hier, Ari et Tina m'ont invitée à dîner en votre compagnie. Je n'ai pas pu refuser.)*

Ce jour-là, la Callas et Meneghini déjeunèrent en compagnie d'une vieille connaissance, Mérope, la demi-sœur d'Onassis ; elle avait une résidence à Monte-Carlo où son mari, Nikos Konialides, dirigeait l'empire maritime d'Onassis. Mérope Onassis Konialides est l'une des deux filles que le père d'Onassis, Socrate, avait eues de sa seconde femme, Eleni qu'il avait épousée en 1912. Mérope avait convolé en 1938 avec son cousin germain, Nikos Konialides – fils de la tante des frère et demi-sœur, Aristote et Mérope –, après avoir obtenu une dispense spéciale de l'Église grecque orthodoxe. Nikos avait suivi son cousin Onassis à Buenos Aires pour l'assister dans la gestion de ses affaires, toujours plus florissantes. Ayant fait fortune, le même Nikos fit un voyage en Grèce pour chercher épouse : son regard tomba sur la fille de Socrate Aristote Onassis, frère de sa défunte mère.

Au cours de l'interview qu'elle m'a accordée à la terrasse d'un restaurant grec, à l'ombre de l'Acropole, Mérope, alerte et minuscule octogénaire aux yeux brillants, m'a relaté comment elle avait fait la connaissance de Maria Callas dix ans avant ce déjeuner de Monte-Carlo.

« Nous étions bien en vue dans la communauté grecque de Buenos Aires, rapporte-t-elle. En 1949, le consul de Grèce me demanda d'organiser une réception en l'honneur d'une cantatrice grecque de passage à B.A. avec une troupe d'opéra italienne. Je ne me souviens à son propos que de deux détails : elle était si corpulente qu'elle pouvait à peine passer la porte et avait les jambes couvertes de longs poils noirs bien épais. Elle venait d'épouser un Italien, et, à cette époque, les Italiennes ne s'épilaient pas. Elle portait déjà le nom de Maria Callas, évidemment. Quand je l'ai revue en 1959, si mince et élégante, j'eus peine à croire qu'il s'agissait de la même femme. »

Ce même soir, Maria et Battista dînèrent donc à l'Hôtel de Paris en compagnie d'Ari et Tina Onassis ainsi que d'Elsa Maxwell. L'atmosphère était tendue, pénible. Meneghini avait du mal à suivre la conversation en anglais et en français et, bien sûr, ne pouvait saisir les répliques à double sens que la jalousie inspirait à la chroniqueuse mondaine. Mais il comprenait que celle-ci n'était pas animée des meilleures intentions. Il écrirait plus tard à propos de la « sorcière de Hollywood » : « C'est elle qui a introduit ma femme dans un certain cercle de gens riches et retors, sans idéaux et mêlés à des affaires douteuses... L'évolution de Maria, qui l'amena à me quitter en 1959, débuta sans doute après qu'elle fut présentée à cette sorcière dont le pouvoir de fascination était doublé d'une redoutable intelligence. »

Pour être intelligente, la Maxwell l'était, indéniablement. Et ce soir-là, autour de cette table, elle était sans doute la seule à subodorer ce qu'il adviendrait au cours de la croisière. Elle émit quelques insinuations osées en promenant son regard de Tina à Ari et d'Ari à Maria. Elsa Maxwell s'était souvent vantée d'être vierge, dans ses Mémoires comme auprès de ses intimes. Peter Evans, le biographe d'Onassis, prétend que sa frustration a suscité cette curiosité obsessionnelle pour les frasques de ses amis et connaissances et son goût pour les commérages. Qui sait, en la circonstance, si elle n'espérait pas provoquer quelque algarade ?

Au cours du dîner sous les voûtes dorées de la salle Empire, Elsa fit remarquer, mine de rien, à Tina qu'elle avait de la chance d'avoir pour mari un homme si riche et si brillant. « Ces hommes-là sont puissants, avait-elle ajouté ; leur pouvoir les rend excitants et dangereux. Mais, attention, ils ne peuvent s'empêcher de musarder.

Il faut les surveiller de près. » Tina comprit très bien l'allusion. Elle avait parfaitement conscience de la fascination de la vieille femme pour Maria et de son ressentiment d'avoir été exclue de la croisière. À la fin de la soirée, Tina embrassa la joue ridée d'Elsa : « Vous savez, ma chère, il n'y a pas vraiment de différence dans le fait d'être mariée à un homme raisonnablement riche ou à un homme richissime... Si seulement vous pouviez comprendre cela, vous feriez preuve de plus de jugeote. »

Difficile de savoir ce que Tina entendait exactement par cette déclaration sibylline. La remarque traduisait peut-être son sentiment de n'être pas aussi heureuse en ménage avec ce mari à la fortune époustouflante qu'elle l'aurait été avec un homme à l'aisance plus discrète, ainsi que son peu d'empressement à surveiller la conduite de son époux, comme le lui conseillait la Maxwell.

Le lendemain, 22 juillet, vers les deux heures de l'après-midi, Onassis conduisait Sir Winston Churchill à bord du *Christina*. L'équipage descendit les bagages du grand homme dans sa luxueuse cabine, tandis que Sir Winston et les autres invités s'installaient sur le pont arrière à l'ombre d'une marquise verte. Sir Winston insista pour garder la cage de sa perruche Toby auprès de lui. Tina et Ari veillaient à ce que leur hôte fût à son aise, pendant qu'une armée de reporters scrutait la scène du rivage. Pas de Maria ni de Meneghini en vue. On apprit par la suite que la cantatrice goûtait les joies de la baignade sur la plage de Monte-Carlo.

Une heure après l'arrivée de Sir Winston, la Callas fit enfin son apparition sur la passerelle. Onassis l'escortait, son mari suivait. Elle portait des sandales plates, un corsage blousant de couleur beige agrémenté d'un col châle fait au crochet et une jupe ample. Au cours des présentations, elle se pencha avec déférence vers Churchill, toujours assis. Sa nervosité était visible. Le lendemain, un quotidien, *L'Espoir de Nice et du Sud Est*, rendit compte avec drôlerie de la rencontre – une anecdote peut-être apocryphe dans la mesure où les reporters étaient trop loin pour entendre ce qui se disait :

La cantatrice, habillée de beige, s'est approchée de Churchill. Le « vieux lion » était-il fatigué ? Le retard de la diva l'avait-il contrarié ? Toujours est-il qu'il ne s'est pas levé pour prendre la main de Maria Callas qui s'inclinait devant lui. Toby, sur son perchoir, observait la scène... C'est elle qui prit la parole au vu du mutisme de la cantatrice : « Kiss [1] ! » *On vit alors Churchill et la Callas se regarder et éclater de rire... La glace était rompue.*

Les photos montrent que la cage de la perruche se trouvait bien en cet instant aux côtés de Sir Winston, mais Anthony Montague Browne insiste sur le fait que cette injonction ne faisait pas partie du répertoire linguistique de l'oiseau : « Il ne connaissait qu'une seule formule : *Toby, Toby, my name is Toby.* »

Plus tard, les invités d'Onassis descendirent la passerelle en tenue de soirée pour aller dîner à la belle étoile sur la terrasse de l'Hôtel de Paris. Écrevisses et cigares étaient au menu, rapporte *Paris-Match*. Une photographie montre Maria, arborant une robe de dentelle noire rehaussée de perles, en intense conversation avec Onassis, à sa droite. À sa gauche, un homme à qui elle tourne le dos devise avec le reste de la tablée : Stavros Niarchos, rival d'Onassis. Il peut sembler étrange que le beau-frère méprisé ait été invité au dîner d'inauguration du voyage. Mais Onassis ne pouvait sans doute s'empêcher de parader devant des invités aussi illustres que Churchill et la Callas.

Onassis avait fait la connaissance de l'ex-Premier ministre en 1956. Randolph, le fils de celui-ci, était journaliste et avait remercié l'armateur pour l'interview qu'il lui avait accordée en l'emmenant dîner à la Pausa, à dix kilomètres de Monte-Carlo. Il s'agissait de la villa bourrée d'œuvres d'art de l'agent littéraire de Sir Winston, Emery Reves, et de son épouse, Wendy. Churchill y séjournait en tant qu'invité du couple. La nervosité d'Onassis, la veille de la rencontre avec le grand homme, n'avait rien à envier à celle dont Maria ferait preuve trois ans plus tard. Il avait appelé Anthony Montague Browne, le secrétaire personnel de Churchill, pour le voir « d'urgence ». L'urgence en question consistait à savoir ce qu'il devait dire ou ne pas dire au vieil homme politique. Browne se rappelle lui avoir conseillé de raconter tout ce qu'il lui plairait – « Après tout, c'était [Onassis] un homme d'esprit aux idées originales » – à condition d'éviter de parler de Chypres, sujet brûlant du jour, où les soldats britanniques qui l'occupaient se faisaient attaquer par les Grecs réclamant désespérément l'*enosis* – l'union avec la Grèce continentale.

La conversation fut conviviale jusqu'à ce que Churchill se tournât vers Onassis pour lui lancer tout à trac : « Monsieur Onassis,

1. « Embrasse ! »

que pensez-vous de la conduite monstrueuse de votre pays sur la question chypriote ? » Tout le monde fit silence en attente de la réponse d'Ari. Selon Montague Browne, l'armateur sortit de sa poche une lettre affranchie d'un timbre grec portant la carte de Chypre et quelques mots en caractères cyrilliques. Churchill demanda ce que le timbre-poste avait à voir avec le sujet. « C'est une citation de vous à l'époque où vous étiez sous-secrétaire aux Colonies, Sir Winston », répliqua Onassis. (Il s'agissait du premier poste ministériel de Sir Winston qu'il avait occupé de 1905 à 1908.) « Et alors ? grogna le vieil homme. – Vous disiez que Chypre devrait appartenir à la Grèce », répondit Ari.

Churchill, dont le tempérament colérique était célèbre, explosa ; après quoi, Onassis repartit tout déconfit, convaincu qu'il s'était aliéné toute chance de devenir l'ami de l'homme qu'il idolâtrait. Or le soir même, au moment de se coucher, Churchill parla d'Onassis en ces termes : « C'est un homme de valeur. J'aimerais le revoir. »

Churchill fut bientôt invité à passer une journée à bord du *Christina* où devait se produire l'ensemble de l'orchestre de l'Hôtel de Paris, auquel Onassis avait recours à l'occasion. L'armateur détenait encore une part majoritaire dans l'hôtel et veillait toujours à ce qu'on installât Sir Winston dans la meilleure suite lorsqu'il était de passage. Cette première excursion fut suivie de nouvelles croisières à bord, huit en tout, de 1958 à 1963, auxquelles Churchill accepta de participer. Il était toujours accompagné d'Anthony Montague Browne et de son épouse Noel, que l'on appelait Nonie.

Le voyage de juillet 1959 à bord du *Christina* était le troisième de Sir Winston. Il était alors accompagné de sa femme, Lady Clementine, de sa fille, Diane Sandys (séparée de son mari, le ministre de la Défense britannique, Duncan Sandys) et de leur petite-fille, Celia, âgée de seize ans. Étaient également présents son garde du corps, Edmund Murray (un détective de Scotland Yard), son infirmière et, comme d'habitude, les Montague Browne. Ce couple – séduisant, jeune, aussi à l'aise en français qu'en anglais – plaisait beaucoup à Tina et Ari, qui le trouvaient facile à vivre, prêt à l'aventure et somme toute plus plaisant que certains de leurs hôtes plus âgés.

Les enfants Onassis, Alexandre, onze ans, et Christina, huit ans, étaient logés dans la cabine la plus proche de la poupe et du carré de l'équipage. Ils disposaient également de leur propre salle de jeux, où ils prenaient leurs repas, décorée des magnifiques fresques de l'artiste autrichien Ludwig Bemelmans dépeignant les aventures de Madeline à Paris. (Bemelmans était devenu l'ami d'Ari pendant la guerre, lors de leur rencontre au sein de la colonie cinématographique de Hollywood; Onassis se rendait alors souvent sur la côte ouest.) Cela dit, Alexandre Onassis et Christina Onassis s'estimaient désormais trop grands pour les chaises et tables miniatures de la cabine des enfants et préféraient le plus souvent prendre leurs repas avec l'équipage.

Miss Kathleen Lehane, gouvernante anglaise plutôt sévère d'une cinquantaine d'années, fut chargée de s'occuper de Christina pendant la croisière; Alexandre, quant à lui, monta à bord avec un « tuteur » grec du nom de Kostas Koutsouvelis, d'un tout autre genre. Ce bel homme de trente ans avait la réputation d'être un homme à femmes. Si l'on en croit le capitaine Kostas Anastasiades, Onassis s'inquiétait de l'indifférence de son rejeton de onze ans envers le beau sexe, et s'était acquis les services de Koutsouvelis dans l'espoir de voir les talents de ce bourreau des cœurs déteindre sur le garçon. « Il avait une peur bleue qu'Alexandre devînt homosexuel, m'a affirmé le capitaine Kostas. Il n'y avait pas de quoi. Alexandre a fini par se révéler grand amateur de femmes, mais pas à la façon vorace de son père. »

En fin de soirée, en ce mercredi 22 juillet 1959, tous les invités étaient remontés à bord et le personnel navigant, composé de quarante-deux personnes, était en place. Selon le capitaine Kostas, celui-ci comprenait, outre l'équipage proprement dit, deux chefs cuisiniers – un Français et un Grec –, une femme engagée pour le seul nettoyage à sec, une armée de couturières, valets, masseurs, stewards, barmen, bonnes, mécaniciens et experts en communications. Onassis insistait toujours pour que les membres du personnel pussent s'exprimer en au moins une autre langue que le grec et fussent également bons danseurs au cas où une invitée non accompagnée (disons Greta Garbo ou Ava Gardner) aurait besoin d'un partenaire.

À la dernière minute, Meneghini voulut s'excuser et décliner l'invitation, sa vieille mère âgée étant gravement malade en Italie. Pas de problème, l'assura Onassis. Il pourrait prendre de ses nouvelles quand il le voudrait : « Le *Christina* dispose de quarante-deux radio-téléphones. » Ari aimait se vanter auprès de ses hôtes de pouvoir joindre n'importe quel point du globe en quelques minutes, et de mettre à leur disposition, en cas de nécessité urgente, un hydravion à deux moteurs Piaggio sur le pont supérieur, l'automobile Fiat blanche dans la cale, quatre Chris-Craft, une vedette hors-bord hydrofoil, deux hors-bord plus petits, et différents bateaux de sauvetage, kayaks et autres engins de sports nautiques. Le turbulent Alexandre qui, à onze ans, avait la passion de tout ce qui possédait un moteur, appréciait hautement cette panoplie. L'été précédent, il avait détruit le premier des nombreux hors-bord qui ne devaient pas lui résister, en le poussant à une vitesse de quarante-cinq nœuds, « juste pour voir ».

Le *Christina* pouvait également s'enorgueillir d'un hôpital complètement équipé avec salle d'opération, appareil à rayons X et générateur de secours ; d'une installation d'air conditionné ; d'une piscine chauffée dont la mosaïque reproduisait celle du palais de Cnossos et qui représentait les acrobaties d'athlètes crétois sur l'échine d'un taureau. Des fontaines illuminées de lampes de couleurs faisaient danser les jets d'eau au bord de la piscine, dont un système hydraulique pouvait surélever le fond en le transformant en plancher de bal. « L'un des amusements d'Ari consistait à le faire descendre subrepticement... au cours du bal, au milieu des éclaboussements des jets d'eau illuminés », rapporte Montague Browne.

Le célèbre yacht d'Onassis, la pierre de touche de sa réputation de richard décadent, était loin d'être le vaisseau le plus rapide et le plus stable de la Riviera. En 1953, Onassis avait acheté aux surplus de guerre une frégate canadienne du nom de *Stormont*. Il avait dépensé plus de quatre millions de dollars pour la vider et la transformer en navire de plaisance aux chantiers de Kiel, en Allemagne, sous la direction de Caesar Pinnau, le professeur d'architecture allemand qui avait dessiné le repaire montagnard de Hitler près de Berchtesgaden. On avait mis en garde Onassis contre le fait que le troisième pont, l'hydravion et la grue alourdiraient la partie supérieure du *Christina* et rendraient le pilotage du bateau dangereux en cas de tempête. Sa vitesse maximale était de dix-huit nœuds, mais « nous approchions rarement cette vitesse, rapporte le capitaine Kostas, à cause des vibrations. Nous ne dépassions pas les quatorze nœuds quand il y avait des invités à bord ». On avait ajouté des stabilisateurs à l'équipement du yacht pour garantir sa tenue en mer en cas de forte houle.

Le *Christina* fit son premier voyage en juin 1954. L'élégante frégate, refaite à neuf, toute de blanc virginal agrémenté du jaune vif de la cheminée, déplaçait ses trois mille tonnes et cent mètres de long. Une longue marquise verte protégeait l'aire de repos du pont arrière autour de la mosaïque du fond de la piscine pouvant se transformer en piste de danse. Les invités s'y retrouvaient dans la journée et y déjeunaient ou dînaient sans façon quand le temps le permettait.

Le roi d'Égypte Farouk, qui s'y connaissait en matière de luxe extravagant, parlait de l'intérieur du yacht comme du « dernier cri de la magnificence ». Onassis avait personnellement veillé à chaque détail. Sa propre suite de quatre pièces sur le pont supérieur prolongeait le thème du palais de Cnossos. La salle de bains, en marbre de Sienne, reproduisait les bains de Minos de l'ancienne Crète, auxquels on avait ajouté une baignoire encastrée dont la mosaïque figurait un motif de poisson volant. Les robinets en forme de dauphin installés dans toutes les salles de bains du navire crachaient une eau douce chaude ou froide. Des glaces sans tain assuraient l'intimité des douches et des toilettes tout en permettant à l'occupant d'apercevoir quiconque entrait dans les parages.

La chambre de Tina et d'Ari, dotée d'un grand lit royal et de tapisseries d'un vert « écume de mer », était agrémentée de miroirs biseautés vénitiens sertis dans des cadres d'ivoire sculptés de coquillages. Le mobilier laqué, également vénitien, était peint de motifs floraux. De précieuses icônes byzantines enluminaient les murs. Une porte secrète située dans le salon qui jouxtait la salle de bains donnait sur la salle des radios et des cartes, de sorte qu'Onassis pouvait échapper aux visiteurs importuns en disparaissant de sa suite, ou s'esquiver en pleine nuit pour passer ses appels téléphoniques internationaux, comme il avait l'habitude de le faire.

Le bureau d'Ari était situé de l'autre côté de la fameuse chambre. Il y détenait ses trésors les plus précieux, dont son Greco favori, *La Madone et l'Ange*. La sereine image de la Madone était bizarrement flanquée d'armes de parade, dont une solide paire de sabres en or – cadeau du roi Saud – et de pistolets de duel turcs suspendus au mur recouvert de panneaux de teck, au-dessus d'un bureau Louis XIV.

Au niveau du pont situé sous la suite d'Onassis, les invités qui, par temps froid, délaissaient la piscine trouvaient refuge dans la grande salle de jeux aux cloisons de chêne. Elle était tapissée de livres en différentes langues aux reliures de cuir doré – essentiellement des livres d'histoire et de mythologie grecques, des ouvrages consacrés à la peinture et des romans policiers, sans oublier, bien sûr, les œuvres complètes de Sir Winston Churchill, toutes dédicacées personnellement à son ami Aristote. (Onassis était fasciné par l'histoire, qui lui semblait personnifiée par Sir Winston, et s'y connaissait en mythologie comme en peinture, mais goûtait moins la littérature et la poésie.) Le clou de la salle était une cheminée en lapis-lazuli ; elle était encadrée de deux lions de bronze cloisonnés provenant d'un temple de la dynastie chinoise Yuan ; Onassis aimait se servir de leur gueule ouverte comme cendrier. Les tapis étaient les plus beaux produits de sa Smyrne natale. Un grand piano trônait dans un coin. C'est dans cette pièce douillette entourée de livres, à l'atmosphère élégante de club de gentlemen, qu'Onassis et Maria Callas bavardaient tard dans la nuit en contemplant le feu.

Juste à côté, le bar, où la fantaisie décorative d'Onassis atteignait des sommets. Si la chambre à coucher faisait penser au roi Minos, le bar assimilait l'armateur à l'aventurier des mers entre tous, Ulysse, le héros grec mythique. Les tonneaux de rhum de la Barbade et les coffres de marins évoquaient le butin d'un pirate. De grandes cartes du monde et des harpons de baleiniers étaient accrochés aux murs, et le bar circulaire était lui-même enveloppé de lourds filets. Sous la table de verre, un diorama présentait des vaisseaux miniatures que l'on déplaçait à l'aide d'aimants sur une mer peinte en bleu. Ils illustraient le développement de la marine à voiles depuis l'Antiquité jusqu'aux temps modernes, en débutant par un minuscule vaisseau, très ancien, portant un pavillon sur lequel on lisait « JONAS – LE PREMIER ARMATEUR ».

Des fanons de baleine courant le long du bar servaient de repose-pieds et de rampe permettant aux invités de ne pas glisser de leur tabouret en cas de gros temps ou simplement d'un taux d'alcoolémie trop élevé. Quand j'ai visité le *Christina*, en juin 1999, sur les chantiers de Salamis, l'île faisant face au Pirée, où il était restauré par son propriétaire actuel, j'ai remarqué que les poignées accolées au bar étaient sculptées et décorées de scènes illustrant les aventures d'Ulysse. Mais la touche Onassis se révélait de façon flagrante dans les coussins des tabourets : ils étaient recouverts des prépuces des baleines tuées par sa flottille de baleinières. Ils fournissaient à Ari l'occasion de placer son bon mot favori : « Madame, vous êtes assise sur le plus grand pénis que le monde connaisse. »

Le même pont comprenait l'hôpital, tout à l'avant, et les cabines des invités – neuf en tout. Les parois de la plupart étaient vert pâle, de la couleur de la mer, avec des salles de bains de marbre doré ou strié de rose et de gris. Chaque cabine avait reçu le nom d'une île grecque, que l'on reconnaissait à la plaque ovale blanc et or accrochée à la porte présentant le profil de l'île avec son nom en grec et en anglais. À l'entrée du hall, les deux plus petites cabines,

« Andros » et « Lesbos », se faisaient face. « Andros » était celle du capitaine, située de manière à ce qu'il pût rapidement monter sur le pont en cas de besoin. « Lesbos » celle des enfants, quand on ne l'avait pas réservée à un invité supplémentaire.

Au cours de la croisière de juillet 1959, l'on avait mis à la disposition de Churchill les quatre cabines situées à bâbord, dans le prolongement de celle du capitaine. Sir Winston et sa perruche disposaient de la spacieuse et élégante cabine dénommée « Chio », pourvue d'un lit double ; « Crète » servait de salon à Sir Winston et Lady Clementine, laquelle dormait dans la suivante, « Santorini ». La dernière, plus petite, du nom de « Corfou », était occupée par le valet et garde du corps de Sir Winston, Edmund Murray, qui l'aidait à s'habiller. (Sir Winston n'était pas encore sénile, contrairement aux insinuations sarcastiques d'Elsa Maxwell, mais il avait un problème d'incontinence. Onassis avait fermement rappelé qu'il n'était pas question de faire allusion à cette défaillance, et il payait un salaire extravagant à une blanchisseuse chargée de changer et laver les sous-vêtements de Sir Winston plusieurs fois par jour.)

À tribord, on avait attribué à Maria Callas et son mari Battista la première suite d'honneur, « Ithaki », celle qu'avait occupée Greta Garbo et qui recevrait, plus tard, Jacqueline Kennedy. À côté des Meneghini, « Mykonos », pourvue de deux lits d'une personne pour Diane Sandys et sa fille. Plus loin, juste à côté de l'hôpital, « Rhodes », réservée aux Montague Browne.

Une extravagante cage d'escalier en spirale à rampe de bronze et aux balustres d'onyx reliait les trois niveaux des salles communes du navire. Tout en bas, la salle à manger ovale qui pouvait recevoir jusqu'à vingt hôtes lors d'un dîner officiel. Le peintre français Marcel Vertes l'avait décorée de scènes représentant Tina et les enfants s'ébattant selon les quatre saisons – sur des patins en hiver, à califourchon sur des ânes en automne, torse nu au soleil d'été, dans une gondole vénitienne couverte de fleurs au printemps. Au même niveau, un hall de réception pouvait accueillir deux cents invités plus un orchestre. Tout à côté, la salle de cinéma. Partout, le thème de la navigation : des dizaines de maquettes de bateaux, dont d'antiques navires à voiles sculptés dans l'os par les marins français faits prisonniers au cours des guerres napoléoniennes.

Onassis aimait répéter que le *Christina* était sa résidence préférée. Il y veillait si jalousement qu'un simple bouton de cuivre pas assez astiqué le mettait en fureur. Tina fit un jour remarquer que le *Christina* « ne se contentait pas d'être un fabuleux gadget. C'était la passion d'Ari. Il s'en préoccupait comme la plus vétilleuse des ménagères ».

(On comprend que certains visiteurs aient trouvé que le décorateur en avait fait *un peu trop*. C'était en particulier le cas de Jacqueline Kennedy Onassis, dont les talents de décoratrice étaient célèbres et qui entendait bien réaménager le bateau à son goût. Ari devait lui signifier qu'il n'était pas question qu'elle touchât à quoi que ce fût sur le *Christina*, son sanctuaire flottant. Elle obtint de lui, à l'usure, de lui laisser remplacer la tapisserie de certaines banquettes ; en fait, il ne concéda que des garnitures amovibles, qu'on enlevait dès qu'elle quittait le navire.)

Tard dans la soirée du 22 juillet 1959, après que les passagers bercés par les vins fins et une légère houle se furent endormis, le capitaine Anastasiades nota dans le journal de bord la date et l'heure du départ : 23 juillet 1959, 0 h 08. Il donna le signal au premier-maître du navire. Le *Christina* largua les amarres et se glissa dans le port. Onassis rejoignit son poste favori à la proue et regarda disparaître les lumières de Monte-Carlo.

Aristote Onassis racontait souvent à ses amis comment le jeune réfugié sans un sou qu'il était en 1923 avait contemplé au large les mille feux de Monte-Carlo se reflétant dans la mer alors qu'il voyageait en troisième classe dans l'entrepont du *Tomaso di Savoya* pour se rendre de Naples en Argentine, où l'attendait une nouvelle vie. Il s'était alors promis de visiter ce pays en de meilleures circonstances. Désormais, Onassis, que la presse avait surnommé (au grand dam du prince Rainier) le « roi de Monte-Carlo », avait réalisé le vœu de sa jeunesse, et bien au-delà. Le *Christina* sortait du port pour gagner le large, et c'était la lumière irradiant des tourelles, tours et fenêtres cintrées du Casino et de l'Hôtel de Paris qui illuminait cette fois son propre royaume.

Il était l'hôte de Winston Churchill, l'homme d'État le plus vénéré au monde, et de Maria Callas, la plus grande prima donna de l'histoire de l'opéra. Onassis avait prié Churchill de choisir lui-même l'itinéraire du périple, ce à quoi le vieil homme avait répondu qu'il aurait grand plaisir à visiter les différentes patries des invités à bord. Ils avaient donc prévu de s'arrêter à Chio, l'île rocailleuse proche de la Turquie où le père de Tina Onassis, Stavros Livanos, avait fait ses débuts comme garçon de cabine et possédait désormais une luxueuse villa en bord de mer. Ils feraient escale à Smyrne, en Turquie, où Onassis était né, avait grandi et avait vu anéantir toute la communauté grecque. Ari prenait plaisir à anticiper leurs haltes sur les sites historiques de la Grèce antique continentale, là où Maria Callas avait affronté les affres de la guerre et livré les premiers combats de sa carrière. Elle avait quitté la Grèce en parfaite inconnue. Il y ramenait l'une des plus grandes célébrités de la planète.

Onassis avait personnellement veillé au moindre détail de la croisière : projections de films, musique à bord, artistes et notabilités invités à chaque escale, tout devait contribuer au plus grand agrément de ses hôtes. Sept heures après avoir quitté le port de Monte-Carlo, le *Christina* atteignait sa première destination, Portofino, en Italie, Onassis parcourait le pont, un cigare d'une main et un verre de scotch à portée de l'autre, pendant que ses compagnons dormaient. Il n'avait jamais sommeillé plus de quelques heures par nuit. Tout en jouissant de la beauté des étoiles se réfléchissant dans les eaux et du souffle de la brise sur son visage, il se laissait gagner par les projets et l'excitation.

Un journaliste parlerait plus tard de cette croisière comme du « voyage des damnés » et Meneghini, dans ses Mémoires, évoquerait l'embarquement avec une égale emphase : « Ainsi commença la tragique aventure. » Pour Onassis, tout débutait sous les meilleurs auspices.

6

Là-haut sur la colline

Que nombreux soient les matins d'été
Où tu entreras – avec quel délice,
Avec quelle joie ! – dans des ports inconnus.

Constantin Cavafy, « Ithaque ».

La Riviera di Levante à l'est de Gênes. Portofino est accroupi au pied d'une montagne qui domine l'étroite bande de terre plongeant dans le saphir de la mer ligurienne. La région est un paradis écologique tapissé des couleurs brûlées des fleurs sauvages et du maquis méditerranéen. L'érosion a dessiné des strates dans la roche : toute une polychromie de rouges, d'ocres, de roses, de jaunes et de bruns. Dans les villes, les maisons aux vives couleurs, comme les églises et les monastères, s'accordent à merveille aux tons de la terre : abricot, pêche, craie, vert lumineux. Il fut un temps où Portofino était un paisible village de pêcheurs niché au pied de la montagne, dont les innombrables escaliers ignoraient tout de la circulation automobile. Puis, suite au passage de Guy de Maupassant qui, en 1889, vint en ces lieux jeter l'ancre de son bateau *Bel-Ami*, Portofino deviendra le rendez-vous de tous les yachts de la jet-set.

Ce matin du 23 juillet 1959, au moment où les passagers du *Christina* prenaient leur petit déjeuner dans leur cabine, le petit port grouillait de bateaux de plaisance. Le premier à être servi – avant même que le yacht eût pénétré dans les eaux portuaires – fut Sir Winston, selon un rite bien établi lors de ses deux précédentes croisières sur le *Christina*, un an auparavant. Son valet de chambre vint le réveiller à neuf heures tapantes avec un jus d'orange et un pot de café. Peu après, un deuxième plateau arriva pourvu de céréales. Il précédait la troisième et dernière tablette, chargée d'un whisky.

Après le petit déjeuner, Sir Winston avait coutume de passer la matinée à lire au lit des ouvrages prélevés dans la bibliothèque des Onassis. Le grand homme attendait l'heure du déjeuner pour s'habiller.

Maria se réveilla plus tôt qu'à l'accoutumée afin d'avoir le temps de se préparer en vue d'une excursion à terre. Malgré tout le mal qu'elle s'était donné pour disposer d'une garde-robe adaptée, son jugement n'était pas infaillible. Le premier matin, quand elle se montra sur le pont vêtue de son « pyjama de croisière » à grosses fleurs, des roses à cent feuilles, elle s'était sentie un tantinet ridicule aux côtés de Tina, qui avait opté pour une tenue très sobre, pantalon corsaire et T-shirt clair; Nonie Montague Browne était elle-même simplement vêtue d'une ample robe bain de soleil de coton agrémentée d'une ceinture.

Avant de perdre du poids, Maria s'accoutrait plutôt négligemment et commettait souvent des impairs désastreux. Depuis qu'elle était devenue mince, elle avait fait des efforts énormes pour apprendre à s'habiller avec goût. Mme Biki Bouyeure, la première créatrice de mode de Milan, et son gendre et associé, Alain Reynaud, l'avaient initiée. La première fois que Maria et son mari étaient entrés dans sa boutique milanaise, raconte Mme Biki, Maria pesait plus de cent kilos. La situation était embarrassante. Meneghini horrifié par les prix, s'était écrié, avec son accent véronais à couper au couteau : « Maria, partons, ce n'est pas pour nous ! Ce n'est pas notre style ! », Mme Biki, jaugeant cette cliente plantureuse attifée d'une robe informe, plantée dans ses chaussures plates et arborant des boucles d'oreilles en plastique, glissa à l'oreille du directeur de la boutique : « Une paysanne endimanchée. » Ce jour-là, Maria quitta la boutique, non sans avoir lancé, théâtrale : « Je reviendrai. » Un an plus tard, soulagée de plus de trente kilos, la diva poussa la porte à nouveau. La créatrice de mode ne la reconnut pas : « Elle avait cet éclat que donne la conscience de la beauté intérieure. La révélation de sa beauté lui importait autant, sinon plus, que son succès d'artiste. »

Mme Biki confia Maria à son gendre, Alain Reynaud, un Français qui avait travaillé pour le couturier Jacques Fath. Il devint le Pygmalion de Maria, lui apprit à marcher sur des hauts talons, à mettre en valeur ses atouts – ses yeux, son cou gracile et sa taille fine – et à camoufler ses défauts – hanches trop larges, jambes et chevilles lourdes dont aucun régime ne pouvait venir à bout. (Ses jambes surtout la mettaient au supplice. Au lendemain d'une des premières représentations d'*Aïda*, un critique avait écrit insidieusement : « Il était impossible de faire la différence entre les pattes des éléphants sur la scène et les jambes d'Aïda chantée par Maria Callas. » Maria n'oublierait jamais combien elle avait pleuré en lisant ces mots.) Quand elle partait en tournée, Reynaud lui remettait la liste des chaussures, bijoux et accessoires qu'elle devait assortir à chaque tenue; lorsqu'elle vivait à Paris, ils se téléphonaient pendant des heures pour se mettre d'accord sur le style de ses vêtements.

Maria devint obsédée par ses toilettes. Un article de 1956 du *Times* énumère le contenu de ses placards : « 25 manteaux de fourrure, 40 tailleurs, 150 paires de chaussures, 300 chapeaux et 200 robes. » « Maria avait des yeux magnifiques, me dit Mme Biki lorsque je l'interviewais chez elle, à Milan, ce qui poussa Alain Reynaud à lui dire : "Vous devriez porter des voilettes pour faire paraître vos yeux plus magnifiques encore, plus mystérieux." C'était le genre de petits secrets qu'il lui enseignait. Je suis certaine que s'il ne l'avait rassurée sur sa beauté, s'il ne lui avait appris à être élégante, elle ne serait pas devenue la Callas. »

La perte de poids soudaine de Maria Callas en 1953-1954, à trente ans, est légendaire. Certains de ceux qui ne l'ont jamais entendue chanter savent que la soprano, affligée d'obésité, s'était métamorphosée en une gravure de mode presque du jour au lendemain.

À l'aube de sa célébrité, Maria, en actrice consommée, décida de maigrir afin d'être plus crédible dans les rôles de femmes fragiles de son répertoire. Elle dirait par la suite : « La femme de théâtre que j'étais et que je suis sentait qu'elle devait avoir un menton et un décolleté très minces et très marqués. » C'était une artiste, une perfectionniste, et elle savait qu'en dépit de ses talents de tragédienne, ses cent dix kilos lui permettaient difficilement d'être convaincante dans le rôle de la frêle Mme Butterfly ou de la tuberculeuse Violetta.

Elle avait tout essayé pour perdre du poids, sans succès. Au Mexique, avec Giulietta Simionato, elle avait consulté un spécialiste de chirurgie plastique en espérant qu'on pourrait redonner un certain galbe à ses jambes enflées, mais il lui avait expliqué que ce n'était pas possible. Dans sa salle de bains royale, à Milan, elle avait enduré un nombre incalculable de traitements à la cire chaude et de massages électriques. Accompagnée de Meneghini, elle avait consulté tout ce que l'Europe comptait de médecins réputés, quémandant des médicaments pour maigrir. Mais « aucun spécialiste ne voulait faire des expériences sur une cantatrice aussi célèbre », écrit-il dans ses Mémoires.

En désespoir de cause, Maria testa tous les régimes amaigrissants; elle ne mangeait que des salades et de la viande presque crue, et multipliait les massages avec une seule obsession : ressembler à son idole, la spectrale Audrey Hepburn. Rien à faire. Puis, au début de l'année 1953, le miracle eut lieu, son mari notant scrupuleusement le nombre de kilos perdus à chaque rôle. Entre décembre 1952 – elle jouait alors *La Gioconda* et pesait quatre-vingt-quinze kilos – et avril 1954, elle perdit trente kilos. Elle ne faisait plus que soixante-cinq kilos dans *Don Carlos*, à la Scala. Finalement, elle atteignit la taille mannequin : cinquante-trois kilos pour un mètre soixante-quinze. Enfin, la Callas pouvait incarner une Médée décharnée ou interpréter une Amina fantomatique crédible dans *La Somnambule*. Lors d'une représentation à la Scala, en juin 1954, où elle tenait le rôle de la reine Alceste, trois acteurs la soulevèrent très haut au-dessus de leur tête dans la scène du temple à la fin du second acte. Selon le chef d'orchestre, Carlo Maria Giulini « elle était devenue une autre femme devant qui s'ouvrait un nouvel univers expressif ». Elle s'était métamorphosée sous les yeux ébahis de ses fans et tout le monde voulait connaître son secret.

Comme de juste, Maria passa sa vie à donner des versions contradictoires de sa transfiguration; généralement, elle mettait en avant un régime draconien et une discipline de fer. Mais l'histoire qu'elle raconta à ses amis, confirmée par Meneghini dans ses Mémoires, est pour le moins étrange : tout aurait commencé avec un ver solitaire. Maria affirmait qu'elle avait avalé le parasite accidentellement, à l'époque où elle se nourrissait de salades et de viande presque crue. Elle expliqua toutefois à une Nadia Stancioff horrifiée qu'elle l'avait fait *deux fois*, en ajoutant : « Ne fais pas cette tête, c'est une bête parfaitement inoffensive et propre. Dans mon cas, au lieu de me faire perdre du poids, cela m'a fait grossir. Dès que je m'en suis débarrassée, j'ai commencé à maigrir. Ce qui est arrivé ensuite à mon corps relève du miracle. » (Comme le souligne Nadia, cette version laissait les médecins sceptiques.)

Meneghini raconte comment un jour, en prenant son bain, Maria, ahurie, découvrit un ver pointant le nez hors de son corps. Elle piqua une crise de nerfs et lui téléphona à la Scala, où il assistait à une représentation, en demandant de la rappeler d'urgence. Il s'exécuta et elle répondit, sibylline : « Battista, reviens immédiatement, je l'ai tué ! » Il rentra en toute hâte au Grand Hôtel où le couple occupait une suite, taraudé par une sourde appréhension : « Dans un accès de rage, elle était capable de commettre l'irréparable », écrirait-il, se rappelant un incident au Brésil quand un garçon d'étage avait « essayé de lui toucher les seins » et que Maria l'avait flanqué à la porte avec une telle violence qu'il avait fallu l'hospitaliser. Apprenant de quoi il retournait, Meneghini appela le médecin personnel de la Callas, qui lui prescrivit des vermifuges. « Toujours est-il, poursuit-il, qu'elle perdit trois kilos en une semaine. Avec le médecin, nous sommes parvenus à la conclusion que le changement était dû à l'expulsion du ver solitaire. Si, chez la majorité des gens, le ver provoque une perte de poids, chez Maria, il avait eu l'effet opposé. Après qu'elle en fut débarrassée, les kilos s'envolèrent. »

Les intimes de Maria de l'époque, toutefois, contestent la version de Meneghini et prétendent que Maria avait avalé le ver solitaire exprès. Guilietta Simionato m'a rapporté une confidence de Maria : « Je sais ce qui s'est passé, parce qu'elle me l'a dit. "Écoute, on raconte des tas de choses à ce sujet, mais c'est vrai que j'ai avalé un ver solitaire. Je l'ai ingéré délibérément et c'est ainsi que j'ai perdu trente kilos." »

Quelle que soit la vérité, l'amaigrissement spectaculaire de Maria passionna l'Italie. La presse spéculait sur son régime. Le directeur d'une fabrique de pâtes et ami du beau-frère de Meneghini, le docteur Giovanni Cazzarolli, convainquit celui-ci de témoigner par écrit qu'il avait personnellement traité Maria et qu'elle avait maigri en mangeant des « pâtes Pantanella » dont le brave docteur vantait les vertus en tant que « pâtes physiologiques faisant partie de l'alimentation diététique de l'industrie agro-alimentaire romaine ». La Callas ne tergiversa pas et entama une procédure contre le médecin et le fabricant de pâtes.

Au moment de l'incident, le président de ladite usine était un prince, qui plus est juriste et neveu du pape Pie XII. Quand les Meneghini furent reçus en audience par le pape en 1954, Maria et le souverain pontife se plongèrent dans une discussion animée, après qu'il lui eut suggéré de chanter Wagner en allemand plutôt qu'en italien, ce qu'elle désapprouvait. Par la suite, il fit remettre une lettre à Meneghini par l'intermédiaire de l'usine de pâtes, dans laquelle il était écrit : « Notre neveu est président de cette entreprise et... nous vous serions reconnaissants si vous parveniez rapidement à un arrangement afin que le pape puisse s'éteindre en paix. » Ignorant la requête papale, la Callas maintint sa plainte, même après le décès du souverain pontife, en 1958. Dès que Maria avait le sentiment qu'on l'exploitait ou qu'on la trahissait – et la firme italienne s'était servie de son image à des fins publicitaires –, elle portait le litige devant les tribunaux. Personne ne pouvait l'en dissuader, quelle que fût sa position sociale. Une fois encore, elle gagna, mais le jugement tomba en juillet 1959, alors qu'elle était sur le *Christina*. Elle n'apprit la nouvelle qu'après son retour à Milan, quand, comme l'écrit Meneghini, « cela n'avait plus d'importance. Maria était totalement absorbée par autre chose ».

Sur le pont du *Christina*, le 23 juillet 1959, tandis que les invités des Onassis s'extasiaient devant le spectacle de Portofino, Maria priait intérieurement pour que sa tenue fleurie passât inaperçue. Tina proposa à ces dames d'aller faire du shopping. Toutes acceptèrent avec empressement, à l'exception de Lady Churchill.

Sur le port, elles eurent la désagréable surprise de découvrir une meute de journalistes et de photographes. Nul n'était censé connaître leur itinéraire à l'avance. Tina, loin de se laisser démonter, conduisit ses compagnes de boutique en boutique, Maria admirant au passage les châles tissés et brodés à la main. Quand, au mécontentement du groupe, les photographes leur emboîtèrent le pas, Maria continua de converser aimablement avec son hôtesse, paraissant minuscule à ses côtés. Elles rencontrèrent Antonella Agnelli, l'épouse du PDG de Fiat, Umberto Agnelli, dont le yacht avait jeté l'ancre à Portofino. Puis les jeunes femmes redescendirent vers le port et, en chemin, Maria croisa la comtesse Consuelo Crespi, une mondaine milanaise que l'industriel italien Giorgio Vavaro avait invitée sur son yacht, le *Taitu*. Un mois plus tard, à Milan, la comtesse Crespi fut parmi les premières à répandre la rumeur d'une séparation entre Maria et Battista, alors que personne dans l'entourage de Maria n'y croyait. « Après la croisière, Maria se montrait si distante à l'égard de Battista. Quelque chose s'était passé, c'était évident », m'expliqua-t-elle lors de l'interview qu'elle m'accorda par téléphone de New York.

Un déjeuner léger avait été dressé à l'intention du groupe sur des tables disposées autour de la piscine, sous le dais vert. Ensuite, Maria descendit dans sa cabine pour montrer ses emplettes à Meneghini et se reposer. En fin d'après-midi, les passagers se réunirent dans la salle de jeux pour boire un verre avant le dîner.

Au début de la croisière, s'accordent à dire Nonie et Anthony Montague Browne, les démonstrations d'affection de Maria et de son mari amusaient les autres passagers. « On aurait dit de vrais tourtereaux. C'était mignon, ils roucoulaient, s'échangeaient des bisous, étaient radieux. Elle n'allait nulle part sans lui. Elle expliquait à Anthony que Meneghini l'avait aidée dans la vie, qu'il l'avait découverte, elle et sa voix ravissante, et qu'elle ne serait arrivée à rien sans son dévouement. C'était plutôt charmant, vraiment », se souvient Nonie. Ce n'était pas le comportement auquel on se serait attendu de la part d'une femme se querellant avec son mari pour des histoires d'argent, mais les manifestations de tendresse de Maria étaient peut-être destinées à convaincre les autres, et elle-même, de son attachement à Battista.

Pour Meneghini, la croisière débuta sous les meilleurs auspices le long de la Riviera italienne. Pas l'ombre d'un nuage présageant le naufrage du mariage. « Même sur le yacht d'Onassis, tout le monde pouvait se rendre compte que nous étions épris l'un de l'autre, écrirait-il, dans ses Mémoires, de sa prose ampoulée. Notre réserve et notre romantisme les faisaient sourire. Ils disaient que, grâce à nous, c'était une croisière d'amour. Maria voulait que nous soyons toujours élégants, quelle que fût l'heure. Nous décidions ensemble de nos tenues... Comparant notre style de vie à celui des millionnaires, Maria disait : “Ils ont ce qu'ils ont, certes, mais moi je t'ai, toi, pour toujours...” Elle ne voyait que moi et se comportait comme une jeune fille en voyage de noces... Telle était notre relation avant le 7 août. Je n'ai perçu aucun signe annonciateur de la tragédie avant cette date. »

Peu après l'apéritif, deux hommes très distingués vinrent saluer Sir Winston sur le *Christina* – Alphonse XIII d'Espagne, renversé par Francisco Franco lors du putsch de 1939, et le séduisant Juan Carlos, son petit-fils, choisi par le dictateur pour rétablir la monarchie et lui succéder à sa mort. En 1947, Franco avait fait revenir en Espagne Juan Carlos, alors âgé de neuf ans, pour superviser son éducation. Il l'envoya dans diverses écoles militaires du pays. Le jeune prince de vingt et un ans fut présenté aux invités du *Christina* : il claqua des talons et s'inclina pour baiser la main des dames. Personne n'imaginait que ce grand jeune homme poli serait l'un des célibataires les plus convoités du monde et qu'il épouserait une princesse grecque.

Après le départ des Espagnols, Onassis conduisit l'assemblée dans la salle à manger, celle des fresques de Vertes représentant la famille Onassis célébrant les quatre saisons. C'était lui qui décidait chaque soir du plan de table, plaçant Lady Churchill à sa droite, bien sûr, et Maria à sa gauche. Celle-ci était ravie d'avoir à ses côtés Sir Winston, qu'elle s'évertuait à séduire tout au long du repas, allant jusqu'à lui donner la becquée, inconsciente de l'effet que produisait son comportement sur les autres invités. « Maria voulait à tout prix être assise à côté de mon grand-père », se souvient Celia, la petite-fille de Sir Winston. « Je ne crois pas que le courant passait entre elle et les autres. Nous la détestions. Nous étions tous plus ou moins révoltés de la voir lui donner la becquée ; lui était enchanté. Il aimait les femmes glamour. À chaque dîner, elle trouvait le moyen d'exaspérer les autres. »

Nonie m'a raconté qu'elle était souvent placée entre Meneghini et, heureusement, Sir Winston : « En général, j'étais assise à la gauche de celui-ci. Il s'entretenait courtoisement avec la personne qui était à sa droite, puis, les politesses faites, nous pouvions bavarder agréablement. Diane Sandys ne m'aimait pas, je crois, car elle pensait que j'étais plus proche de son père qu'elle ne l'était elle-même. C'était faux, mais elle était un peu tendue avec lui. »

Diane Churchill Sandys, qui avait trente-quatre ans en 1959, était fragile. Elle vivait séparée de son mari, Duncan, qui divorcerait d'elle un an plus tard, et avait souffert d'une maladie mentale pendant dix ans. Sir Winston et Lady Clementine avaient cru que la croisière sur le *Christina* lui ferait oublier ses malheurs et lui permettrait de se détendre en compagnie de sa fille, alors âgée de seize ans. Au début de la croisière, elle paraissait avoir repris le contrôle d'elle-même, mais elle se montrait réservée, y compris envers ses parents. Onassis veillait à la faire participer à la conversation pendant le dîner.

Après le dîner, les invités montèrent sur le pont pour admirer la vue magnifique sur Portofino. Le port ressemblait au décor d'un opéra de Giuseppe Verdi : l'éclairage des terrasses de café se reflétait sur les pavés de la grand-place. Onassis proposa une virée dans un night-club qu'il connaissait dans les collines. Les Churchill déclinèrent l'invitation ; Celia Sandys, à seize ans, eut pour la première fois de sa vie le droit de se joindre aux adultes.

Onassis connaissait au moins une *boîte*, ou une taverne, dans chaque port d'Europe et du Proche-Orient. Son arrivée provoquait immanquablement une émeute, comparable à celle que connaissent les vedettes internationales du cinéma et du sport. À peine était-il assis que c'était un défilé ininterrompu de femmes qui lui susurraient à l'oreille – qui pour l'inviter chez elle, qui pour le réprimander de ne pas l'avoir appelée, qui pour égrener les noms d'amis communs. Difficile de comprendre ce qui pouvait susciter un tel engouement chez cet homme courtaud et basané, affublé d'un nez trop long, portant des lunettes noires et des vêtements trop amples (ce qui fit dire un jour à quelqu'un qu'il « paraissait plus grand lorsqu'il se tenait debout sur sa fortune »).

Nadia Stancioff décrit sa première impression d'Onassis : « Il était tout le contraire du "bel homme", mais son magnétisme et son sourire enveloppant auraient rabattu le caquet à bien des vedettes de cinéma... Même en compagnie familière, il donnait l'impression que sa force venait du fait qu'il s'était hissé au sommet sans s'être jamais soumis aux règles et aux conventions. Ses manières frustes et son égocentrisme avaient quelque chose de fascinant. »

Maria Callas révéla ce qui l'avait attirée chez Onassis à Stelio Galatopoulos, un critique musical et auteur qui l'interviewa à la fin de sa vie : « À Monte-Carlo, au départ de la croisière, j'ai été subjuguée par son charme, et par-dessus tout par sa forte personnalité et la manière dont il savait capter l'attention des gens. Non seulement il était plein d'entrain, mais il était source de vie. Avant même d'avoir la chance de discuter avec lui en tête à tête... je me sentais détendue. J'avais trouvé un ami, le style d'ami que je n'avais jamais eu et dont j'avais si grand besoin à cette époque. »

Le premier soir, dans le night-club sombre et bruyant, Onassis jouissait de la cour qui l'entourait, tandis que les invités succombaient à son charme et à son hospitalité. Celia Sandys n'avait, quant à elle, qu'une hâte, retourner au bateau. « Il faisait vraiment très sombre et nous étions là depuis une éternité », se souvient Celia avec qui je me suis entretenu dans les abris souterrains d'où son grand-père avait lancé un ultimatum à Hitler au nom de l'Angleterre pendant la Seconde Guerre mondiale (elle se préparait à prendre la parole dans ce haut lieu historique transformé en musée).

« Il faisait si sombre ! C'était certainement un night-club sympa, mais je m'ennuyais à mourir. Lorsque, enfin, tout le monde s'est levé pour partir, j'ai songé, Dieu merci. Un homme s'est alors approché de moi pour m'inviter à danser. "Oh, c'est très aimable, je vous remercie, mais nous sommes sur le point de partir", lui ai-je dit. À cet instant, j'ai senti quatre mains, dont celles de ma mère, me *propulser* littéralement sur la piste de danse. N'ayant aucune idée de l'identité de l'homme en question, je trouvais bizarre qu'on m'ait poussée dans les bras d'un inconnu. "Qui êtes-vous ? lui ai-je demandé. – Vous ne vous souvenez pas de moi ? Nous avons été présentés sur le yacht." Le prince Juan Carlos ! J'étais très embarrassée. Quelqu'un aurait pu me prévenir ! Le lendemain, nous avons mis le cap sur Capri. »

Le *Christina* quitta Portofino à deux heures du matin, direction l'archipel toscan, et jeta l'ancre, le vendredi 24 juillet au matin, au large de l'île d'Elbe. Meneghini, incommodé par le roulis du bateau, n'était pas d'humeur à rejoindre ses compagnons de voyage pour admirer l'île où Victor Hugo avait passé son enfance, et Napoléon son exil en 1814.

La soirée se déroula en mer et, après le dîner, l'on projeta un film dans la salle de spectacle du yacht. Lorsqu'il emmenait Churchill en croisière, Onassis ne manquait jamais de demander à Montague Browne la liste des films préférés du vieux lion : « Un de ses secrétaires préparait la liste, qui comprenait invariablement un western, un film d'espionnage et un film militaire. Un de ses favoris était *Lady Hamilton* [avec Vivien Leigh et Laurence Olivier]. Tant qu'il y avait de l'action, que le film était simple et que les bons triomphaient à la fin, il était content : "C'est excellent – bravo ! bravo !" »

Le film du soir était un des rituels qui rythmaient agréablement la vie à bord, organisée autour de Sir Winston. Churchill se présentait sur le pont vers midi, y passait le reste de la journée à somnoler dans son fauteuil ou à contempler la mer aux côtés d'Onassis. Souvent, ils disputaient une partie de bésigue pour se distraire. Peu avant l'heure de l'apéritif, Churchill redescendait dans sa cabine pour enfiler son smoking.

L'apéritif était servi autour de la piscine, sur le pont, mais le dîner l'était dans la salle à manger quand Churchill ou d'autres sommités étaient à bord. Le personnel était en uniforme, veste blanche et pantalon sombre. Les officiers revêtaient une tenue blanche en été et bleue en hiver, m'a raconté le capitaine Kostas.

Au dîner, Sir Winston, dont l'éloquence était légendaire, régalait les convives de ses récits. Il revivait pour eux ses exploits pendant la guerre avec force détails, discutait de problèmes historiques, citait tels philosophes et déclamait de longs poèmes sans jamais se tromper. Sa mémoire était infaillible. Pour Nonie, Sir Winston était loin d'être « gâteux » pendant cette croisière, contrairement à ce qui a été dit. « Il était sourd et se fatiguait de tant parler, mais, si on lui posait une question, il réfléchissait et sa réponse était pertinente, parfois amusante, souvent d'une grande profondeur. Je me souviens qu'Anthony lui a demandé un jour : "Que pensez-vous vraiment de Lawrence d'Arabie ?" Il a réfléchi un instant avant de répondre : "Un personnage remarquable et conscient de l'être." Il avait près de quatre-vingt-dix ans. »

Après le déjeuner ou le dîner, Onassis s'installait volontiers aux côtés de Churchill. Les deux hommes s'entretenaient d'histoire ou de philosophie. Ils étaient capables de finir chacun une bouteille de dom pérignon au cours du repas du soir, mais pour rien au monde Churchill n'aurait renoncé ensuite à son cognac et à son cigare. « [Onassis] était un homme intéressant, se souvient Anthony Montague Browne. Il [Churchill] le bombardait de questions. C'était un passionné d'histoire – comme Churchill. Il aimait parler. Détail curieux, Ari appréciait les historiens mais détestait les poètes. "Les poètes sont des séducteurs", disait-il souvent. » Un jour qu'Onassis dénigrait une fois de plus les poètes, rapporte Anthony dans ses Mémoires, « en fouillant dans mes souvenirs, j'ai retrouvé une phrase d'Aristote que je citai de mémoire au dîner, devant son homonyme moderne. Elle disait approximativement ceci : "La poésie est plus profonde et essentielle que l'histoire ou la philosophie." Aristote bis afficha une indignation incrédule. On câbla à l'université d'Athènes. Juste était la citation, grande sa consternation ».

La sollicitude d'Onassis envers Churchill était sincère, tous les passagers survivants en témoignent. Il ne le considérait pas en tant que faire-valoir, comme certains le pensaient au début. Avant qu'« Old Naval Party [1] » (nom de code de Churchill pendant la Seconde Guerre mondiale) ne se retirât pour la nuit, Onassis et le capitaine Kostas Anastasiades, en cas de forte houle, descendaient dans sa cabine et s'asseyaient sur son lit. Ils transmettaient des ordres par téléphone à la passerelle de commandement pour ajuster la vitesse des moteurs, de façon que le vieil homme souffrît le moins possible des vibrations.

« Il se souciait vraiment de lui [de Churchill], m'a confirmé Nonie Montague Browne ; il l'aimait sincèrement. C'était très touchant. Au départ, je pensais qu'il voulait l'épingler dans sa collection, comme Greta Garbo et les autres. Je me trompais. Ma première impression était fausse. Je dois avouer qu'à cette époque Onassis passait son temps dans les night-clubs. Nous n'avions pas

1. « La vieille escouade de la navale ».

grand-chose à nous dire. Puis j'ai appris à le connaître et il est devenu un véritable ami.

« [À propos de Maria], je ne crois pas que Sir Winston ait jamais vraiment compris qui elle était, avait-elle ajouté. Il avait dû entendre parler de Maria Callas, mais ne savait pas grand-chose à son sujet. Il aimait le music-hall. Elle n'a jamais chanté pour lui [au cours de la croisière]. Il appréciait la musique mais n'avait pas idée de ce que la diva représentait. Il y avait là Ari, Tina et cette femme singulière... et aussi sa fille aînée, un peu triste – son mariage brisé, tout ça... –, sans compter la fille de celle-ci, une charmante gosse d'une quinzaine d'années. À se demander comment tout ce petit monde pouvait s'entendre ! »

Si Onassis observait en permanence une attitude révérencieuse envers Churchill, l'intérêt qu'il portait à son autre invitée de marque s'exprimait de façon plus discrète. Ce soir-là, un nouveau rituel fut instauré. Après que leurs époux respectifs se furent retirés, Maria et Onassis se mirent à bavarder. L'un comme l'autre étaient insomniaques, du moins la nuit. Maria dormait ensuite jusqu'à midi, Onassis se contentant de quelques heures de sommeil par jour. (Il s'en était vanté, un jour, auprès d'une échotière rencontrée dans un night-club vers quatre heures du matin : « Je peux rester trois jours d'affilée sans dormir. Je dors tout au plus trois ou quatre heures par nuit. Si je reste debout pendant trois jours, je peux dormir ensuite vingt-quatre heures d'une traite. »)

Dans un premier temps, ces longues conversations en tête à tête, en général en grec, n'avaient rien de très personnel, comme le confierait Maria à des proches. Ils évoquaient leur vie passée et discutaient des difficultés financières de Maria. En Grèce, pendant la guerre, elle avait souffert de pauvreté au point de faire les poubelles pour se nourrir. Depuis, elle appréhendait de se retrouver démunie pour ses vieux jours. Elle se plaignit à Onassis de la manière dont son mari gérait ses affaires. Ne lui avait-il pas annoncé qu'il lui était impossible de quitter la scène, car ils n'avaient pas un sou vaillant ? Un programme de concerts exténuant, une santé délicate, sa voix qui la lâchait et l'inconstance du public, tout cela lui pesait. Mais elle pouvait difficilement s'offrir le luxe d'arrêter le rythme infernal auquel elle s'était soumise ces vingt dernières années.

Poussé par son sens de l'honneur *(philotimo)* ou conscient du pouvoir de séduction de sa paternelle bienveillance, Onassis proposa à Maria de se charger de ses affaires. Il gérait déjà les patrimoines de sa nombreuse famille et serait honoré de conseiller une femme comme elle. Aristo (ainsi qu'elle en vint à l'appeler) lui confia que lui-même et le prince Rainier déploraient depuis toujours l'absence d'une troupe d'opéra à Monte-Carlo. Il en monterait une pour la Callas; elle serait libre de chanter ce qu'elle voudrait, quand elle le voudrait. Ces paroles résonnaient aux oreilles de Maria comme l'accomplissement de son vœu le plus cher : les mises en scène, productions et répétitions telles que les concevaient de vieilles institutions comme le Met de New York l'avaient toujours irritée. Mais avoir sa propre troupe ! Elle pourrait contrôler les moindres détails de la production, y compris le casting.

La conversation se prolongeait ainsi jusque tard dans la nuit, près des jets d'eau colorés de la piscine. Leurs propos étaient innocents, et Onassis veillait à ce qu'une tierce personne fût présente pour préserver les apparences. Churchill était un parangon de vertu et aurait sévèrement condamné tout écart de conduite à bord. Lady Clementine était d'une pruderie notoire. L'instauration de ce rituel nocturne s'accompagna de nouvelles obligations. En général, elles incombaient à Anthony et à Nonie Montague Browne, tous deux d'un naturel accommodant.

« Maria et Ari s'asseyaient simplement pour bavarder et boire un verre, mais tenaient impérativement à ce qu'une autre personne fût présente, m'a expliqué Nonie. Il me disait : “Reste, Nonie, va te baigner.” Alors je prenais un bain de minuit. C'était mon tour. Anthony prenait le relais le lendemain. Nous devions demeurer debout, pour sauver les apparences. Ne vous inquiétez pas, le champagne ne manquait pas. Cela ne me gênait pas du tout. Il m'arrivait d'inscrire quelques lignes dans mon journal. Si j'écrivais : “Ai dansé et regardé les étoiles jusqu'à deux heures et demie”, cela voulait dire qu'ils avaient bavardé jusqu'à deux heures et demie et qu'entre-temps j'avais nagé, dansé et fait honneur au champagne. La corvée est mince quand on n'est pas obligé de se lever tôt. J'ai passé de très bons moments. Je n'étais pas de quart tous les soirs, évidemment. Et puis, à l'occasion d'une merveilleuse croisière, c'était la moindre des choses que de rendre ce petit service à Ari. Je l'aimais bien, vraiment. Il laissait aller sa main dans l'eau en contemplant les étoiles. Il avait un côté très sentimental, philosophe. Un homme adorable. »

Anthony Montague Browne, que j'ai rencontré au Claridge, séparément de son ex-épouse, m'a confirmé le récit de Nonie à un détail près. Selon lui, les premières soirées à *deux* débutèrent un peu plus tard en cours de croisière : « Ils veillaient très tard, sans se tenir la main ni quoi que ce soit, et grignotaient ce qu'il appelait des *saletés grecques* [1]. C'était un oiseau de nuit. Un noctambule dans l'âme. Quand il était à terre, il partait se promener à pied en pleine nuit, pour des kilomètres. À bord, nous nous relayions pour lui tenir compagnie. Ce n'était pas une corvée, mais un plaisir. »

Leur fonction de chaperons y était peut-être pour quelque chose. Toujours est-il qu'Anthony et Nonie furent les premiers à noter un changement progressif et inexorable dans l'attitude de Maria à l'égard de Battista. En apparence, Battista ne se doutait de rien. « Maria lui disait : "Oh, tu vas te coucher, Battista ? Ne mets pas l'air conditionné, tu sais que cela m'abîme la voix." Et, hop, il partait en trottinant comme un brave toutou. C'était assez pitoyable », se souvient Nonie. Anthony nota dans ses Mémoires la « justification plutôt plaisante » de Maria au bain de vapeur qu'elle imposait à Meneghini : « Les sopranos détestent les autres sopranos ; mais elles détestent encore plus l'air conditionné. »

Au matin du samedi 25 juillet, le *Christina* fit son entrée dans la baie de Naples. À peine le yacht avait-il jeté l'ancre à dix heures quarante dans la marina Piccola, au large de Capri, que Meneghini déclara à sa femme qu'il s'ennuyait, qu'il voulait débarquer et rentrer à Sirmione. Maria, consternée, refusa. Abandonner si tôt la croisière ? Mais ce serait discourtois, insultant envers leurs hôtes, souligna-t-elle. En outre, elle s'y plaisait beaucoup.

Onassis organisa une visite en bateau de la grotta azzurra. La grotte bleue, déjà connue des Romains, est le site touristique le plus célèbre de l'île. Les visiteurs paient aujourd'hui une fortune pour monter sur un minuscule bateau qui leur fait franchir l'entrée d'un mètre vingt de hauteur et admirer la fameuse grotte, dont le niveau est progressivement descendu à quinze mètres au-dessous de la mer. La réfraction des rayons du soleil dans l'eau, due à la dénivellation, baigne la grotte d'un halo bleuté, et la lumière réfléchie par le fond de sable blanc donne un éclat argenté aux objets immergés. Nonie se souvient avec amusement qu'à l'instant où Clementine Churchill pénétra dans la grotte, un badaud s'était exclamé, en anglais : « *Now, granny, keep your head down !* » (« Attention, mamie, baissez la tête ! ») Majestueuse, peu habituée à de telles familiarités, Lady Churchill s'était raidie sous l'affront.

Anthony Montague Browne n'eut pas l'occasion de visiter la grotte bleue. Souffrant d'une violente rage de dent, il s'était mis en

1. En français dans le texte.

quête de l'unique dentiste de l'île. Celui-ci l'avait installé sur une chaise de cuisine et soigné avec une roulette à pédale. L'abandonnant à sa torture, les autres passagers, à l'exception des Churchill, allèrent faire un tour dans Capri. Les mêmes photographes qui les avaient importunés à Portofino étaient sur leurs traces, mitraillant Maria et Tina qui discutaient de la qualité d'un châle de tricot sur un étal en plein air.

Les passagers britanniques du *Christina* commençaient à suspecter Maria d'être de mèche avec la presse. Celia m'a donné sa version des faits : « La première chose qui nous a sauté aux yeux, c'est qu'il s'agissait toujours du même groupe de reporters. C'était évident, elle leur avait téléphoné et dit de venir. Tout le monde lui en voulait. La tension montait. Pas tant pour sa relation avec Ari, à supposer que quelqu'un ait remarqué quoi que ce soit, mais pour ses airs de prima donna. Tous les autres passagers considéraient que la vedette de la croisière était mon grand-père. Mais elle a gâché nos vacances avec ce groupe de paparazzi, comme on les appelle aujourd'hui. Ils la suivaient partout. »

En fait, il est plus vraisemblable que ce soit Onassis lui-même qui ait averti la presse des escales du *Christina*. Churchill avait posé le pied sur le yacht une première fois en 1956, juste après avoir fait la connaissance d'Onassis, qui l'avait invité à venir passer la journée hors de Monte-Carlo. Le vieil homme, accompagné d'Emery et de Wendy Reves, chez qui il résidait sur la Côte d'Azur, avait accepté à la condition expresse que la presse ne fût pas informée. Mais, quand ils arrivèrent à l'échelle de coupée et qu'Ari s'avança pour les accueillir, une nuée de journalistes et de photographes surgis de nulle part immortalisa l'amitié toute neuve de l'armateur à la réputation contestable avec l'un des plus grands hommes d'État britannique. (Les Reves étaient furieux. Churchill passa outre dès qu'il aperçut les bouteilles de dom pérignon et le caviar.) Onassis aimait se servir des journalistes pour enregistrer ses exploits, alors que Maria les méprisait. Elle pouvait devenir hystérique quand ils l'assaillaient. (Un jour qu'à New York ils l'avaient importunée plus que de coutume, elle avait poussé de la voix, comme seule une cantatrice professionnelle peut le faire, pour signifier son mécontentement avec un fort accent new-yorkais : « Lâchez-moi, voulez-vous ? » « Elle avait d'affreuses intonations américaines, me dit Nonie. En italien et en grec, elle était très agréable à entendre. Mais, en anglais, elle ne pouvait se départir d'une sorte d'accent du Bronx. »

Bien que Maria ne fût pour rien dans les assauts de la presse italienne, les passagers la battirent froid et s'empressèrent de la rendre responsable du harcèlement des paparazzi, comme des autres problèmes rencontrés en cours de croisière. Son total manque d'humour n'y était pas étranger. La plupart des passagers étaient déjà partis en croisière ensemble et partageaient un goût typiquement anglo-saxon pour les canulars. La Callas, qui n'avait jamais mis les pieds dans un pensionnat ou dans un camp de vacances, était hermétique à ce bizutage bon enfant qui mettait du piquant dans la vie à bord. (Nonie et Tina, par exemple, décidèrent un jour de mettre tous les lits en portefeuille ; « Maria ne goûta pas la plaisanterie », se rappelle Nonie.)

Ce style de frivolité était parfaitement incompatible avec le sens que Maria avait de sa propre importance – surtout en tant que « Callas » –, ce qui, faute de la rendre populaire, permettait qu'on s'amusât à ses dépens. Dans ses Mémoires, Anthony Montague Browne note que Maria « semblait singer en permanence le stéréotype de la prima donna ». Il se remémore la réflexion qu'elle avait faite au début de la croisière : « Je suis heureuse de voyager avec Winston Churchill, il me soulage du fardeau de ma popularité. »

À l'heure où l'ombre s'étendait sur Capri, la plupart des passagers étaient retournés à bord en attendant l'heure de l'apéritif. Anthony Montague Browne, après la séance de torture chez le dentiste, s'était servi une boisson corsée pour se calmer et avait décidé de se changer les idées en piquant une tête dans les eaux étales de la marina Piccola. « Je nageais dans la mer chaude et soyeuse, se souvient-il. L'anesthésique, l'alcool et la mer faisaient leur effet. C'était réconfortant. Je plongeais dans une douce somnolence en regardant le coucher du soleil. Le *Christina* semblait si loin, de plus en plus loin. L'eau paisible recelait un fort courant m'entraînant vers le sud. En somme, ma prochaine escale serait la Sicile ou l'Afrique du Nord. Heureusement, le *Christina* était équipé d'un système de localisation performant. Sur le pont, l'officier m'avait à l'œil. Dix minutes plus tard, un canot venait me repêcher. » Montague Browne fut sauvé grâce à la vigilance du capitaine Kostas Anastasiades et de son équipage. Ce ne serait pas la seule fois qu'un passager échapperait de peu à la noyade au cours du périple.

Le soir, Gracie Fields et son mari yougoslave, Boris, qui tenaient un restaurant à Capri, furent reçus à bord. Entre les deux guerres, Gracie avait été la star d'un music-hall du Lancashire et avait eu son heure de gloire en Angleterre. Ses refrains étaient exactement le genre de musique populaire un brin grivoise dont Sir Winston Churchill raffolait. À en croire Celia Sandys, « la venue de Gracie Fields contrariait Maria ».

Après le dîner, Gracie poussa la chansonnette tout spécialement pour Churchill, avec cette « voix rauque du nord du pays qui lui avait conquis la célébrité et le cœur du public », pour reprendre l'expression d'Anthony Montague Browne. Sur l'air de « Volare », que toutes les radios du monde occidental passaient cet été-là, elle improvisa une chanson de son cru qui débutait par « *We love you, Sir Winston, We love you, we doooooo* ». Tout le monde pensait que le vieil homme aurait apprécié dans la mesure où Gracie interprétait toutes les rengaines qui avaient enchanté les soldats aux jours sombres de la guerre. Mais, d'après Montague, Churchill aurait grommelé : « Pour l'amour du Ciel ! Combien de temps cela va-t-il encore durer ? » Nonie se souvient elle aussi de ce spectacle lamentable : « Nos orteils s'impatientaient. Mais il aimait la voir, il connaissait toutes ses chansons. »

Pendant la croisière, Maria ne chanta jamais seule, selon Anthony et Nonie Montague Browne. Meneghini, mais il n'est pas le seul, prétend que Churchill lui aurait demandé de chanter et qu'elle aurait refusé sèchement. Tous les autres passagers que j'ai pu interroger nient la version de Battista. En revanche, ils se rappellent que Sir Winston Churchill, Onassis, Maria et d'autres se groupaient autour du piano pour chanter à pleins poumons de vieilles chansons populaires comme « Daisy, Daisy, give me your answer do [1] ».

Après cet intermède musical et le départ de Gracie Fields et de son mari, l'assemblée alla se coucher, à l'exception d'Aristote et de Maria. Ils s'installèrent sur la poupe pour siroter un cognac. Au matin, à cinq heures, le capitaine leva les amarres et mit le cap sur l'extrémité de la botte italienne.

Le dimanche 2 juillet se passa en mer. Le *Christina* se dérouta pour longer la côte de l'île la plus septentrionale des Éoliennes, sur les traces d'Ulysse de retour pour Ithaque. Le Stromboli est un des volcans les plus actifs d'Europe. Quand il se réveille, toujours sans prévenir, la lave dévale la *sciara del fuoco*, la piste de feu, sur le versant nord-ouest du volcan. Les habitants des villages, situés à l'est et au sud, n'ont rien à craindre.

---

1. « Daisy, Daisy, donne-moi ta réponse. »

Le *Christina* fit le tour du volcan fumant. Onassis invita les passagers à le rejoindre. Seul Meneghini, souffrant du mal de mer, refusa de sortir de sa cabine. Onassis leur raconta les vieilles légendes du volcan. « Il voulait une éruption au crépuscule, m'expliquerait Anthony Montague Browne. Le volcan, d'ordinaire si actif, restait coi. "Allons, montre-nous ton visage" hurla-t-il. Puis il actionna la sirène du bateau et le volcan s'anima. Il entra en éruption sous les yeux d'un Ari ahuri, lui qui avait défié la montagne par manière de plaisanterie. La lave se mit à dévaler la pente, rouge et incandescente, comme si elle descendait les degrés d'un escalier. "Je n'aime pas ça", dit Ari. Il y voyait un mauvais présage. »

Comme son hôte et la plupart des Grecs, Maria était très superstitieuse. Elle se signa rapidement pour conjurer le diable.

Le soleil disparut à l'horizon. La piste de feu éclairait seule les ténèbres. Onassis ordonna au capitaine de mettre cap au sud. Une nouvelle journée en mer les attendait. Avant de pénétrer les eaux territoriales de la Grèce, en mer Ionienne, ils devaient franchir le détroit de Messine dont les marins de l'Antiquité évitaient les forts courants et les écueils. Ulysse, le héros d'Onassis, s'était retrouvé piégé entre deux monstres terribles : Scylla, dont les six têtes effrayantes étaient dotées d'une triple rangée de dents redoutables, et Charybde, le tourbillon qui faisait sombrer les navires passant entre la Sicile et l'Italie continentale.

7

Delphes

Tu ne rencontreras pas les Lestrygons,
Les Cyclopes ou Poséidon déchaîné
Si tu ne les portes pas en toi,
Si ton âme ne les dresse pas devant toi.

Constantin Cavafy « Ithaque ».

Les conversations nocturnes entre Onassis et la Callas se prolongèrent encore lorsqu'ils mirent le cap sur la Grèce, leur patrie culturelle et spirituelle, même si ni l'un ni l'autre n'y étaient nés. Tout en contemplant le sillage phosphorescent du *Christina* appareillant vers la mer Ionienne, Maria n'était pas très sûre de l'accueil que lui réserveraient ses compatriotes ni de ses propres sentiments en ces lieux où elle avait séjourné entre treize et vingt et un ans. Cela avait été les années les plus dures de son existence. Qui sait si Athènes ne ferait pas remonter à la surface de pénibles souvenirs ?

Maria fit part à Aristo des émotions contradictoires de l'année de ses treize ans quand elle et sa mère avaient quitté New York à bord du paquebot *Saturnia* en laissant son père derrière elles. Quelques mois auparavant, on avait expédié Jackie, sa ravissante sœur de dix-neuf ans, chez sa grand-mère, avec la mission de séduire le reste de la famille. Maria était restée à Manhattan avec sa mère en attendant de passer son certificat de fin d'études [1], en janvier 1937.

Evangelia « Litsa » Dimitriadis Kalogeropoulos était une femme aigrie et pleine d'amertume avant même la naissance de Maria. Elle avait le sentiment d'avoir dérogé à son rang en acceptant d'épouser en 1916 George Kalogeropoulos, de la ville de Méligala, dans le

1. L'équivalent de notre brevet élémentaire. (*N.d.T.*)

Péloponnèse. « Mon père était général et mon grand-oncle médecin du roi, se plaindrait-elle auprès de ses amis, puis de ses enfants. Et j'ai épousé un pharmacien. » En 1917, le couple eut une fille, Yacinthy (Jacinthe), que l'on rebaptisa Jackie en Amérique. Trois ans plus tard naquit un garçon, blond aux yeux bleus comme sa mère, que l'on appela Vassili. Il occupa rapidement le centre de l'existence maternelle, comme il se devait dans toute famille grecque n'ayant qu'un seul fils. En 1923, Vassili mourut d'une méningite. Il avait trois ans. Pour Evangelia, le monde s'écroula. George Kalogeropoulos vendit peu après sa maison et sa boutique sans demander l'avis de sa femme et annonça à la famille que l'on partait pour l'Amérique. Dès qu'Evangelia se rendit compte qu'elle était de nouveau enceinte – ce serait un autre fils, elle en était sûre –, elle s'opposa au départ. La pharmacie de George, la seule des treize cantons environnants, leur avait apporté prestige, domestiques, et la plus belle demeure de leur petite ville. Allaient-ils tout sacrifier pour s'exiler dans un pays dont ni l'un ni l'autre ne parlaient la langue ? Les larmes d'Evangelia ne réussirent pas à dissuader son mari d'émigrer. La malheureuse famille débarqua dans le port de New York le 2 août 1923.

Quatre mois plus tard, le 2 décembre, Evangelia donna naissance à une petite fille de près de cinq kilos, aussi noiraude que son père, à l'hôpital Flower, sur la Cinquième Avenue. Litsa fut si déçue de ne pas avoir donné le jour à un deuxième garçon qu'elle refusa de prendre l'enfant dans ses bras pendant quatre jours. Elle s'abstint également de lui donner un nom jusqu'à ce que son mari propose Cecilia, mais elle s'obstina pour Sophia. Au bout du compte, le certificat de naissance de la petite fille portait Sophia Cecilia ; on y ajouterait « Anna Maria » lors du baptême, trois ans plus tard. (Maria ne connaissait pas la date exacte de sa naissance jusqu'à ce qu'elle se soit procuré ce certificat assez tard au cours de sa vie adulte. Le document mentionne non pas le nom de « Callas », ou « Kalogeropoulos », mais « Kalos », l'abréviation du nom de famille que son père avait adoptée peu après son arrivée à New York, avant de se décider pour « Callas ». « Le jour de sa naissance, le 4 décembre 1923, il y eut une tempête de neige comme je n'en avais jamais vu auparavant », écrit Evangelia à la seconde phrase de son livre *Ma fille Maria Callas*. La date est fausse. Et il ne neigeait pas ce jour-là.)

Manhattan ne devait apporter aucune embellie dans la vie d'Evangelia. Elle souffrait de sautes d'humeur et d'hystérie. Le krach boursier de 1929 et la crise qui s'ensuivit contraignirent son mari à vendre la pharmacie familiale dans ce quartier qu'on appelait *Hell's Kitchen* (la cuisine de l'enfer). Elle s'enflamma une fois de plus à l'idée de sa mésalliance. Juste avant la vente, à l'issue d'une algarade avec George, elle avala le contenu de fioles de poison qu'elle avait trouvées dans l'arrière-boutique. Son mari la transporta d'urgence à l'hôpital, où on lui fit subir un lavage d'estomac. On la laissa d'abord retourner chez elle, mais le docteur Léonidas Lantzounis, le parrain de Maria, affirmerait plus tard à un ami de celle-ci qu'Evangelia fut un temps internée dans un hôpital psychiatrique : « Elle perdit l'esprit après la perte de la pharmacie. C'était une femme ambitieuse et névrosée qui n'avait jamais eu d'amis. Elle passa un mois à Bellevue. »

George Kalogeropoulos était bel homme, et plein de charme sans grand sens pratique. Il ne partageait pas la passion de sa femme pour l'opéra, le théâtre et les arts en général, mais appréciait la musique populaire grecque. À la maison, on se querellait constamment sur ce qu'il convenait d'écouter sur le grand poste de radio familial. Evangelia entendit un jour chanter Maria, qui n'avait que cinq ans, sur un air de la radio. Ce fut une révélation. La fillette myope et grassouillette avait une voix extraordinaire. Evangelia était persuadée que « Mary », comme on l'appelait, avait hérité les merveilleux dons musicaux de son oncle, le colonel Petros Dimitriadis, qui, au cours de la guerre des Balkans de 1912-1913, s'était acquis le surnom de « Commandant chantant ».

Evangelia acheta un piano mécanique dont le cylindre à musique jouait des morceaux quand on actionnait les pédales et se mit à tanner George pour qu'il paie des leçons de chant à sa fille. En catimini, et sous des noms d'emprunt, elle fit participer l'enfant à des concours à la radio comme ceux de « L'heure de l'amateur du Major Bowes ». Rétrospectivement, Maria n'était pas très sûre des concours auxquels elle avait participé, mais se rappelait avoir remporté un deuxième prix – une montre – dans un concours amateur présidé par Jack Benny. Des années plus tard, au souvenir de la façon dont sa mère la traitait, elle affirmerait : « C'est injuste de priver les enfants de leur enfance ! J'avais le sentiment de n'être aimée que lorsque je chantais ».

Maria jouait dans des comédies musicales scolaires et quand elle s'entraînait à la maison, dirait sa mère, les passants se rassemblaient sous la fenêtre ouverte de leur appartement de Washington Heights et applaudissaient. Evangelia encourageait également Jackie à devenir pianiste. Elle se mit bientôt à chérir le projet d'emmener ses deux filles en Grèce poursuivre une carrière musicale. Son mariage, qu'elle avait toujours regretté, s'effritait. George Kalogeropoulos, désormais représentant en produits pharmaceutiques, trouvait son bonheur dans de multiples liaisons extraconjugales, entre autres avec une vieille amie de la famille, Alexandra Papajohn. Evangelia décida de rentrer en Grèce avec ses deux filles dès que Maria aurait terminé ses études primaires, laissant définitivement derrière elle son mari et leur existence de petits-bourgeois américains. Elle engagerait des professeurs pour Maria et l'inscrirait au Conservatoire national de musique. Litsa comptait, sans doute avec un brin de naïveté, sur la générosité de la famille grecque pour financer la carrière de sa fille. Ses relations conjugales s'étaient alors tellement détériorées qu'au moment où elle annonça à son mari qu'elle le quittait celui-ci, du moins selon sa fille Jackie, « s'agenouilla, fit le signe de la croix et s'écria : “Mon Dieu, enfin, tu as eu pitié de moi !” »

En décembre 1936, Jackie, qui venait d'achever ses études secondaires, fut envoyée en éclaireur en Grèce. Litsa devait suivre avec Maria dès que cette dernière aurait passé son brevet, fin janvier. Elles embarquèrent sur le *Saturnia* en mars 1937 ; Litsa ne tarda guère à attirer l'attention du capitaine sur les talents vocaux de sa fille ; celui-ci pria Maria de se produire lors d'une réception des officiers et de quelques passagers de première classe. La gauche adolescente de treize ans se métamorphosa lors d'une interprétation inspirée de la habanera dans *Carmen*, en s'accompagnant elle-même au piano. Délestée de ses verres épais, elle s'était emparée, à la fin du morceau, d'un œillet rouge dans un vase à proximité et l'avait lancé avec coquetterie au capitaine. C'était un avant-goût de la magie et de la grâce dont elle ferait preuve au cours de toute sa carrière de cantatrice ; sa faculté d'identification au personnage qu'elle incarnait introduirait sur les scènes d'opéra un niveau de jeu dramatique inégalé jusque-là.

Evangelia ne se doutait pas des difficultés qui les attendaient en Grèce. Après avoir offert provisoirement vivre et couvert, la famille, y compris la mère de Litsa, mit les points sur les i. Il n'était pas question de financer les prétentions sociales et musicales de ces jeunes parentes américaines qui parlaient à peine le grec. Pis, Evangelia découvrit qu'à treize ans Maria était trop jeune pour s'inscrire au Conservatoire d'Athènes, le meilleur de Grèce, et dut se replier sur celui qui venait au second rang, le Conservatoire national. Elle prétendit cette fois que Maria avait seize ans, ce qui ne souleva aucun soupçon étant donné la haute taille et la silhouette imposante de la jeune fille.

Maria décrocha une bourse en septembre 1937. Elle eut pour professeur Maria Trivella (qui lui enseignait également le français) et fit sa première apparition sur scène en avril 1939, quatre mois après son quinzième anniversaire : elle interprétait Santuzza dans *Cavalleria rusticana*, de Mascagni, et emporta le premier prix de chant lyrique du conservatoire. En décembre 1939, Maria obtint une place au Conservatoire d'Athènes, plus prestigieux, après une audition devant la célèbre soprano espagnole Elvira de Hidalgo, qui se retrouvait confinée en Grèce suite à la guerre civile qui déchirait sa patrie. La diva espagnole avait obtenu un poste au conservatoire comme à l'Opéra national de Grèce.

La rencontre d'Elvira de Hidalgo avec Maria appartient désormais à la légende de la Callas. Elvira, qui avait fait partie du Metropolitan Opera et chanté des premiers rôles aux côtés de Caruso, avait jeté un œil sur la malheureuse enfant – grosse, boutonneuse, timide, se rongeant nerveusement les ongles, les yeux rivés sur ses sandales usées – et l'avait jugée dénuée de toute présence. « L'idée même que cette fille voulait devenir cantatrice était risible », se souvenait la Hidalgo. Puis Maria avait ouvert la bouche d'où sortit « Océan ! Toi, monstre puissant ! » de l'*Oberon*, de Weber. La Hidalgo avait fermé les yeux, submergée par les « violentes cascades de notes, pleines de drame et d'émotion ». Elle comprit immédiatement ce que Maria pouvait devenir. Dès cet instant, Elvira de Hidalgo devint le professeur de Maria, son mentor et sa seconde mère. (La cantatrice espagnole serait l'une des rares personnes à ne jamais se brouiller avec la Callas ; sa photographie trônait dans l'appartement de Maria à la mort de celle-ci.) « Je dois toute ma préparation, comme ma formation artistique, théâtrale et musicale, à cette illustre artiste espagnole », écrirait la Callas par la suite.

Lorsque le conservatoire refusa une bourse à Maria, la Hidalgo la prit comme élève particulière à titre gracieux. Commença dès lors une période d'apprentissage intensif, de dix heures du matin à huit heures du soir : non contente de prendre ses propres leçons, Maria assistait à celles de tous les autres élèves. Elle étudiait les partitions d'opéra dans l'autobus, à l'aller comme au retour. Elle ne vivait que de musique et n'était guère pressée de retrouver, le soir, cette mère affamée de reconnaissance sociale et sa sœur de vingt-deux ans à la blondeur si courtisée.

Entre-temps, Jackie avait décroché un très beau parti en la personne de Miltos Embiricos, fils d'une riche famille d'armateurs grecs. Le couple se fiança au cours de l'été 1939. Miltos installa les trois femmes dans un appartement spacieux au dernier étage du 61 de la rue Patission, et c'est grâce à sa protection qu'elles échappèrent à la famine au cours des pires années de la guerre. Evangelia était ravie de voir sa belle aînée dans les bras d'un rejeton si prestigieux ; la famille de Miltos l'était moins, considérant Jackie comme indigne de leur fils. Ce fut finalement leur réprobation qui l'emporta : Miltos ne se résolut jamais à épouser Jackie, même si celle-ci resta auprès de lui pendant vingt-huit ans et se dévoua jusqu'à la mort de son compagnon, défiguré par un cancer de la mâchoire à évolution lente.

Le 28 octobre 1940, toujours célébré en Grèce, le Premier ministre, Ioannis Metaxas, opposa sa fameuse et retentissante réplique à Mussolini qui exigeait qu'on autorisât son armée à entrer en Grèce : « Non. » Les troupes italiennes envahirent la frontière nord du pays et se heurtèrent à des forces grecques bien inférieures en nombre, qui réussirent néanmoins à les repousser jusqu'au cœur de l'Albanie. On fêtait encore cette victoire inespérée quatre mois plus tard lorsque Maria fit ses débuts professionnels au Théâtre lyrique national dans le rôle de Béatrice de l'opérette *Boccaccio*. Elle aurait pu rêver d'un rôle plus élégant, mais elle fut bien accueillie et goûta pour la première fois à l'ivresse des ovations montant de l'autre côté des feux de la rampe.

Au printemps 1941, les troupes allemandes prirent le relais de l'armée italienne humiliée et, le 27 avril, elles entraient dans Athènes en hissant le swastika sur la colline sacrée de l'Acropole. Maria continua à se rendre chaque matin chez Elvira de Hidalgo, au milieu des forces d'occupation. Après une journée entière consacrée à ses arias, ses trilles et ses gammes, elle rentrait chez elle sans se soucier du couvre-feu de six heures du soir décrété par les nazis. Quelques mois plus tard, quand les Allemands, sûrs de leur pouvoir, relâchèrent leur surveillance et repoussèrent le couvre-feu à minuit, Maria apprit que la Hidalgo lui avait trouvé une place à l'Opéra d'Athènes. Le succès de cette fille de dix-sept ans suscita la jalousie des autres sopranos de la troupe, qui raillèrent sans pitié la dureté de sa voix dans les aigus comme son manque de maîtrise dans le même registre. Elles auraient bientôt pis à ne pas pardonner à Maria : sa popularité croissante parmi les troupes d'occupation.

Comme tout le monde à Athènes, la famille Callas passait le plus clair de son temps à la recherche de vivres inexistants. L'occupation des ports grecs et le blocus des Alliés avaient tari les importations, et les Athéniens devaient aller dans la montagne pour se procurer de quoi manger au marché noir – soit une journée de marche puisqu'il n'y avait pas d'essence. Maria se souviendrait de l'hiver 1941 : « J'ai mangé des tomates et des choux bouillis tout l'été. Il fallait faire des kilomètres à pied dans la campagne et supplier les gens de nous donner quelque chose à manger. »

Certes, il faut tenir compte de la propension de Maria à en rajouter sur ses propres misères. Cela dit, pratiquement tout le monde à Athènes eut faim en cette période – la famine contribua à plus de la moitié des trente mille morts. Les familles ne signalaient pas leurs défunts et jetaient les cadavres par-dessus les murs des cimetières pour ne pas avoir à restituer leurs cartes de rationnement. La mère de Maria, quant à elle, en vint à ses propres extrémités : elle invita sans discrimination chez elle officiers italiens et allemands, et encouragea sa fille à chanter pour eux, ce qui évidemment n'apporta pas seulement argent et nourriture à la famille, mais lui attira la profonde hostilité des autres Grecs, y compris des voisins de la rue Patission et des collègues de Maria de la troupe de l'Opéra.

C'est à cette époque que la mère de Maria eut une aventure avec un officier italien. Il faut reconnaître qu'elle n'était pas de parti pris : des officiers de toutes nationalités étaient chez elle les bienvenus. À l'automne 1941, elle accepta d'abriter deux officiers britanniques qui s'étaient échappés de prison et couraient le risque d'être abattus. Un ami grec, sachant que la famille parlait couramment l'anglais, la pria de cacher les deux hommes jusqu'à ce qu'il fût possible de les faire sortir d'Athènes. Six semaines plus tard, les deux Britanniques étaient évacués. Le lendemain, des soldats italiens, sur dénonciation, forçaient la porte de l'appartement à la recherche de traces du passage des deux hommes. Ils auraient découvert les effets accusateurs des évadés si Maria ne s'était mise immédiatement au piano pour chanter un air de *Tosca*. Nos Italiens amateurs d'opéra tombèrent à ses pieds, sous le charme, oubliant ce qu'ils étaient venus chercher. Ils réapparurent le lendemain soir pour en entendre plus, porteurs d'une précieuse cargaison de pain, de saucisson et de macaronis.

Maria continuait de chanter pour l'ennemi. En 1942, *Tosca* lui donna l'occasion de percer, à dix-huit ans, en interprétant le rôle-titre à l'Opéra d'Athènes – une première fois, le 27 août, en grec, le mois suivant en italien. Le succès rendit la jeune soprano célèbre dans la Grèce déchirée par la guerre, tout spécialement pour son interprétation de *Tosca* qu'elle reprit l'été 1943. Les soldats italiens formaient une bonne partie de son public, et le commandant de l'armée d'occupation emmena Maria et cinq de ses collègues de l'Opéra d'Athènes en tournée à Salonique pour se produire devant l'armée italienne. Au printemps 1944, elle interpréta le rôle principal de *Tiefland*, d'Eugen d'Albert. La représentation avait été donnée pour apaiser les soldats allemands qui se plaignaient d'entendre trop d'opéras italiens ; la prestation de Maria lui valut, le 22 avril 1944, sa première ovation d'un public debout.

Le 6 juin, les Alliés débarquaient en Normandie. La guerre allait se terminer, c'était clair. Les Allemands évacuèrent Athènes en octobre. Commença une période d'euphorie qui vit la population étique et décharnée danser dans les rues. « Pendant trois jours et trois nuits, écrirait un observateur, des gens affamés et malades, crachant le sang, ont parcouru les rues sans dormir, soutenus par le délire collectif et la joie de la liberté recouvrée. » La jubilation devait être éphémère. Maria chantait désormais pour ses compatriotes, mais la tension se mit à monter entre les groupes de la résistance communiste et les forces armées grecques de retour du Proche-Orient. La guerre civile éclata en novembre, à grande échelle, et allait faire dans le pays plus de victimes que la guerre mondiale dont on venait de sortir. (Dans la seule ville de Méligala, la ville natale du père de Maria, huit cent seize civils furent systématiquement exécutés par les forces communistes et bon nombre de cadavres jetés dans les puits.)

Le 3 décembre 1944, le lendemain du vingt et unième anniversaire de Maria, les communistes tentèrent un coup d'État. Au paroxysme de la bataille, les forces militaires communistes de l'ELAS cernèrent les troupes nationalistes accrochées à quelques poches près du centre d'Athènes. Au cours de la nuit arriva la police secrète communiste qui se mit à exterminer les milliers d'ennemis réels ou imaginaires du parti. Au cours de ce terrible massacre de décembre, Athènes presque tout entière tomba aux mains de la guérilla communiste, à l'exception de deux îlots nationalistes, l'un autour de la place de la Constitution incluant l'Hôtel de Grande-Bretagne et l'ambassade britannique, l'autre autour du quartier général de la police juste au-dessous de l'Acropole.

Jackie Callas était alors barricadée dans un hôtel près de la place de la Constitution en compagnie de son fiancé, Miltos Embiricos, tandis que Maria et sa mère se trouvaient chez elles, dans la zone tenue par les communistes. La mère et la fille n'avaient d'autres vivres qu'un sac de haricots secs. La rue retentissait de la cacophonie des bombes, des mitrailleuses et des cris des mourants. Les deux femmes voulurent entrouvrir la porte de l'immeuble pour risquer un coup d'œil : le cadavre d'un soldat la bloquait. Une nuit qu'elles avaient par inadvertance laissé leur ombre se projeter sur un store, la fenêtre vola en éclats sous le tir d'une mitrailleuse ; le franc-tireur manqua les deux femmes mais abattit trois canaris qu'elles avaient ramenés de New York.

Au bout de vingt jours, quelqu'un frappa à la porte, Maria et sa mère ouvrirent à un petit garçon qui disait être envoyé pour les conduire hors du secteur communiste et les mettre en sûreté à l'ambassade de Grande-Bretagne, place de la Constitution. Elles refusèrent de le suivre, soupçonnant un piège. Il revint le lendemain avec la lettre d'un officier britannique. Les deux femmes décidèrent de prendre le risque de mourir sous les balles. Jackie Callas prétend que c'étaient elle et son fiancé qui avaient envoyé le garçon pour mener Maria et Evangelia en lieu sûr. Maria a toujours maintenu que le geste revenait à l'ambassade britannique qui s'inquiétait de sa sécurité, vu qu'elle y avait travaillé comme employée à la suite de la fermeture de l'Opéra d'Athènes. « Ma tâche consistait à trier les messages secrets, écrirait-elle par la suite. J'ai continué ainsi [à aller au travail à pied à six heures et demie du matin] jusqu'à l'hiver, mais je souffre encore aujourd'hui des rigueurs de cette époque qui m'ont laissé en triste héritage des problèmes de foie et une tension qui ne dépasse pas 9 quand je suis en forme... [Après que le siège eut commencé] les Britanniques m'ont conseillé de ne pas quitter le quartier général ; si l'on avait découvert la mission délicate que je remplissais pour eux – trier leurs messages secrets –, j'aurais inévitablement passé de sales moments aux mains des communistes. Mais ma maison était située dans une zone contrôlée par les rouges et je ne voulais pas laisser ma mère toute seule. »

La veille de Noël 1944, Maria et sa mère quittèrent leur maison sans autre bagage que les habits qu'elles portaient et se réfugièrent à l'ambassade britannique, où elles rejoignirent Jackie et Miltos. Le lendemain, les Athéniens furent ragaillardis par la visite-surprise de Winston Churchill, flanqué de son ministre des Affaires étrangères, Anthony Eden. Il était venu promettre l'aide britannique aux troupes gouvernementales encerclées et négocier avec les commandants communistes. Les Athéniens, pleins d'espoir, s'étaient joyeusement agglutinés devant l'Hôtel de Grande-Bretagne. Maria entendit le tapage de l'endroit où la famille avait installé ses quartiers et se précipita place de la Constitution juste à temps pour voir le grand homme entrer dans sa voiture. Il fit son fameux « V » de la victoire, auquel la foule athénienne en délire répondit par une ovation. C'était le premier signe encourageant de cet hiver désespérant.

L'intervention de Churchill marqua le tournant de la guerre civile et, au bout du compte, les communistes furent défaits. L'arrivée des soldats et des tanks britanniques au port du Pirée puis dans Athènes permit de négocier une trêve le 13 janvier 1945. Un semblant de paix revint sur la capitale. Maria, sa mère et sa sœur purent regagner leur appartement de la rue Patission, mais leur existence, comme celle de tous les Grecs, fut à jamais marquée par ces mois de disette et de violences intestines.

De retour à l'Opéra d'Athènes, Maria constata que l'établissement était désormais aux mains de la gauche. On signifia à la plus jeune et plus célèbre soprano de Grèce que son contrat ne serait pas renouvelé étant donné qu'elle « s'était produite trop activement dans les derniers mois de l'occupation ». Les motifs réels tenaient sans doute à l'envie et à la crainte que suscitait son talent. En tout état de cause, sa carrière en Grèce était terminée.

Au cours de la brève période séparant la fin de l'occupation des forces de l'Axe et le début de la guerre civile grecque, Maria avait reçu une lettre de son père – la première depuis six ans – à laquelle étaient joints cent dollars. Elle décida, sans consulter ni sa mère ni sa sœur, de retourner en Amérique. Là, elle en était certaine, lui seraient offertes les possibilités de mener la carrière professionnelle qu'elle méritait. Elle donna quelques récitals privés afin d'arrondir le modeste pactole. Juste avant de partir, elle enjoignit aux deux autres femmes de ne pas venir lui faire leurs adieux au port du Pirée. (Son ressentiment à leur égard s'était alors tellement accru qu'elle ne craignait pas de leur faire front ; le fossé irait grandissant jusqu'à la rupture complète.) Le 14 septembre 1945, la Callas s'embarquait pour l'Amérique à bord d'un navire britannique, le *Stockholm*, avec pour tout viatique ses espoirs et une haute opinion de son propre talent.

Le *Christina* cinglait vers la Grèce. Maria faisait le récit à Onassis de ses misères athéniennes pendant la guerre. Parmi les terribles souvenirs de ces années, aucun n'est sans doute plus bouleversant que les calculs maternels tablant sur les talents de chanteuse de Maria pour préserver la famille. Maria a sans doute raconté à Aristo ce qu'elle confierait également par la suite à son amie de toujours, la soprano Giulietta Simionato.

Toujours pimpante, mince et séduisante à quatre-vingt-six ans, lorsqu'elle m'accorda un entretien à l'automne 1998, Mme Simionato m'a révélé ce que Maria lui avait confié longtemps après la guerre : sa mère l'aurait envoyée se prostituer aux soldats ennemis. « C'est à Rome qu'elle m'a avoué – et je pense qu'elle était sincère, car elle a toujours été franche avec moi – qu'elle ne s'était pas laissé toucher par les hommes auprès de qui sa mère l'expédiait. Elle m'a rapporté son histoire en pleurant – que ces types lui donnaient de l'argent sans la prendre. Vous comprenez ? Sans la prendre ! Et qu'elle ramenait l'argent à la maison et que sa mère croyait qu'elle s'était donnée pour ça – sa mère qui a failli la conduire à la prostitution ! » Giulietta Simionato soupira et secoua la tête, d'un air accablé. « Le sujet est si délicat que c'est la première fois que j'ose l'aborder, vingt ans après sa mort. »

La mère pousse la jeune fille dans les bras des hommes. Celle-ci réussit par son chant à les charmer au point qu'ils la paient sans la déflorer... Le thème est digne d'un livret d'opéra. Maria avait tendance à exagérer les faits, mais l'histoire est peut-être vraie, comme le croyait Mme Simionato. Jackie, pour sa part, dément que sa mère ait jamais exercé une telle pression manipulatrice sur Maria.

Quoi qu'il en fût, Onassis a été profondément ému par ce que Maria lui a raconté au cours de ces premières soirées de croisière. Lui aussi, dans sa jeunesse, avait traversé un terrible cataclysme, à Smyrne, et il pouvait très bien imaginer les moindres détails des épreuves qu'elle avait endurées. Plus tard, quand leur idylle aurait associé leurs noms, il dirait à la presse, en parlant de la Callas : « Plus que son talent artistique, plus même que son succès en tant que grande cantatrice, ce qui m'a toujours impressionné fut l'histoire de ses premières années d'adolescente pauvre devant naviguer sur des mers difficiles et inhospitalières. »

En revanche, Maria n'a sans doute pas dévoilé à Onassis les détails intimes de ses premières amours. La jeune Maria Kalogeropoulos, nettement moins séduisante que sa sœur et aussi obnubilée par sa vocation qu'une nonne, était néanmoins parvenue à nouer des relations amoureuses avec de nombreux admirateurs. « Maria eut très tôt plusieurs relations et amitiés intimes, entre autres avec deux hommes riches mais plus âgés qu'elle (un schéma qui se reproduirait tout au long de sa vie), l'un d'eux étant un médecin du voisinage qui pourrait avoir été son premier amant », affirme Nicolas Petsalis-Diomidis, qui a écrit un récit détaillé des années de formation de Maria à Athènes.

Petsalis explique dans son livre que ces « amitiés intimes » n'impliquaient pas nécessairement des relations sexuelles, mais « il semble presque acquis qu'un certain soldat italien ou certains soldats ont contribué à la déniaiser. Et l'on peut en dire autant, à peu près à la même époque..., de son voisin, le docteur Ilias Papatestas ».

Le docteur Papatestas, spécialiste des poumons, disposait d'un cabinet – avec salle d'attente, salle d'examen, bureau et chambre – au rez-de-chaussée du 61 de la rue Patission où Maria occupait le dernier étage avec sa mère et Jackie. Cette dernière m'a rapporté que le docteur Papatestas, qui avait trente-six ans lorsqu'il fit la connaissance d'une Callas de dix-neuf ans, fut le « premier amant » de Maria, opinion partagée par une demi-douzaine d'amis et de voisins de la cantatrice interviewés par Petsalis.

En 1957, douze ans après son départ pour l'Amérique où elle avait retrouvé son père mais pas d'emploi de cantatrice, Maria revint en Grèce pour un concert au théâtre Hérode Atticus [1] (l'Odéon), au pied de l'Acropole. L'annulation de la représentation à la dernière minute (Maria avait des ennuis de santé) déclencha un énorme scandale au moment où la polémique faisait rage, en Grèce, au sujet de ses cachets et de sa réputation. Au bout du compte, elle chanta à Athènes une semaine plus tard, ce qui n'empêcha pas, selon Petsalis, « toute une série de messages anonymes obscènes, insultants et incroyablement blessants qui ravivèrent le souvenir des pires moments de son existence en Grèce ».

On comprend la vive appréhension de Maria en 1959, alors que le *Christina* voguait vers Athènes par la mer Ionienne. Mais, cette fois, elle arrivait sur le bateau de plaisance d'Aristote Onassis, en l'illustre compagnie de Sir Winston Churchill que beaucoup de Grecs considéraient comme le sauveur de leur pays.

Le lundi 27 juillet, deuxième jour passé entièrement en mer, le *Christina* traversa le détroit de Messine. Même en évitant les récifs de Scylla et les tourbillons de Charybde, le passage se révéla quelque peu difficile. Meneghini, misérablement confiné dans sa cabine, souffrait sans désemparer des caprices des courants.

---

1. Hérode Atticus (101-177 apr. J.-C.), chargé de l'éducation de Marc Aurèle, fut le mécène qui consacra sa richesse à décorer les monuments d'Athènes, en particulier le théâtre de l'Odéon, sous l'Acropole.

Ce soir-là, au dîner, raconte Anthony Montague Browne, Sir Winston, très en verve, relata la façon dont, en 1914, le croiseur allemand *Goeben* avait, dans ces mêmes eaux, fait faux bond aux navires britanniques pour poursuivre sa route jusqu'à Constantinople, où son arrivée raviva l'envie défaillante des Turcs de combattre les Alliés. Onassis suivait avec passion les souvenirs éloquents de Churchill, comme si l'un des livres en maroquin de la bibliothèque avait pris vie d'un seul coup. Rien n'enchantait plus Ari que d'apprendre l'histoire de la bouche de ceux qui l'avaient faite.

En cours de croisière, Maria lui fit remarquer qu'il vouait à Churchill un véritable culte. Il lui donna cette « merveilleuse réponse » *(sic)*, qu'elle répéterait plus tard à ses amis : « Nous ne devons pas oublier que c'est lui, l'homme du siècle, qui a sauvé le monde en 1940. Où serions-nous aujourd'hui sans cet homme ? Et dans quel état ! » Une opinion dont elle n'avait guère besoin d'être convaincue. Maria, quant à elle, profita du dîner pour expliquer à Sir Winston tout ce qu'avait signifié pour elle, sa famille et tous les Grecs affamés et démoralisés de le voir arriver à Athènes en ce terrible jour de la Noël 1944. Tout en évoquant les détails des souffrances que sa famille avait subies, l'émotion la gagna. Les larmes aux yeux, elle posa la main sur celle de l'homme d'État grisonnant, au plus grand embarras des autres convives.

Sans éveiller les passagers, le *Christina* toucha une première fois la terre grecque à une heure et demie du matin, le mardi 28 juillet, à Katakolo, petit port sur le saillant occidental du Péloponnèse, pour prendre à bord la sœur d'Onassis, Artémis, et son mari, le docteur Théodore Garofalidis. Cette région était l'un des lieux de chasse et de vacances favoris de Théodore. Le couple avait participé aux deux croisières précédentes de Sir Winston. Les Garofalidis étaient devenus de vieux amis des Churchill et des Montague Browne. De haute taille, débonnaire et accommodant, Garofalidis exerçait la chirurgie orthopédique. Séduisant et bon danseur, il faisait un malheur auprès des dames, même s'il ne parlait que le grec et le français. Grand amateur d'opéra, il admirait beaucoup Maria. (Selon Marinela Patronikola, la nièce d'Onassis, c'était le parrain de Maria, Léonidas Lantzounis, collègue et ami de Théodore, qui lui avait présenté la cantatrice lors de sa première prestation au théâtre de l'Odéon, en 1957. Son épouse, Artémis, était d'un bois bien différent. Maria eut plus de mal à gagner la sympathie de ce petit bout de femme au fort tempérament, arborant constamment bijoux et tenue couture.)

Artémis n'avait pas eu la vie facile. Jeune femme, elle avait épousé, à Smyrne, un officier de marine grec, enseignant dans le civil. Ils eurent une fille, Popi (diminutif de Pénélope, le prénom de sa grand-mère). Elle avait fait à Anthony Montague Browne un récit dramatique de son accouchement. « Artémis avait été affreusement brûlée par l'explosion d'une lampe de paraffine, écrit-il dans ses Mémoires, et ne pouvait jamais se mettre en maillot de bain ni porter de décolleté. Elle était enceinte au moment de l'accident. À l'hôpital, elle avait entendu son mari, qui la croyait inconsciente, dire aux médecins que la vie de sa femme passait après celle du bébé. En réalité, les deux survécurent, mais le bébé vint au monde avec un sérieux handicap mental. Artémis finit par divorcer et eut la chance d'épouser un très attachant et honorable chirurgien orthopédiste, Théodore Garofalides *[sic]*... qui participa à presque toutes nos croisières pour veiller sur la santé de WSC [Winston Spencer Churchill]. »

J'ai appris qu'Artémis – comme son frère – avait réécrit sa propre histoire pour se montrer sous un meilleur jour. Selon sa nièce, Marinela Patronikola, dont la mère, Kalliroé, était présente au moment de l'accident, celui-ci était survenu en 1930. Artémis avait invité à déjeuner chez elle, à Kifissia, ses deux demi-sœurs, Kalliroé et Mérope. Elle faisait griller des côtelettes « quand, voyant que le charbon brûlait mal, elle avait jeté de l'alcool dessus, ce qui provoqua une explosion brûlant gravement Artémis et sa fillette de trois ans. Ce fut bien plus tard que celle-ci donna des signes de schizophrénie. Popi se suicida entre vingt-quatre et vingt-cinq ans [en fait, vingt-sept] lors d'un séjour dans une clinique suisse ».

« Artémis était très intelligente, très douce et très déterminée. Bref, une adorable vipère, une vraie *smyrnaiki*, comme nous disons ici, poursuivit Marinela, faisant allusion à la sagacité et à la duplicité propres aux gens de Smyrne. Elle avait fait la connaissance de Théodore Garofalidis dans la clinique où elle se remettait de ses brûlures aux deux jambes. Il suivit ensuite son état dans un service hospitalier et lui accorda tous les soins nécessaires. Il lui fallut en passer par de multiples opérations de chirurgie plastique pour masquer les brûlures. Elle tomba amoureuse de Théodore et demanda le divorce pour l'épouser. Cela eut le don de mettre son père hors de lui, mais elle ne changea pas d'avis. » (Elle attendit toutefois la mort de son père en 1932 pour épouser Théodore.) L'histoire romancée d'Artémis sur le cruel mari ne songeant qu'à sauver le bébé à naître était une variation imaginative sur le thème de la réalité, pouvant toutefois justifier la demande de divorce. Dans la Grèce de ces années-là, le divorce constituait un tel scandale que le premier mari d'Artémis avait refusé de lui laisser la garde de la petite fille. Popi ne devait pas revoir sa mère pendant dix ans – de trois à treize ans – jusqu'à ce que son père, rappelé dans l'armée grecque au début de la Seconde Guerre mondiale, et faute d'autre foyer, fût bien obligé de la lui expédier.

Quatre heures après l'embarquement d'Artémis et de Théodore, le *Christina* reprit la mer en direction du nord, puis vira vers l'est dans le golfe de Corinthe, entre la « main » du Péloponnèse et la partie continentale de la Grèce. Dans l'après-midi, à quatre heures moins cinq, le yacht mouilla à Itéa qui, depuis l'Antiquité, sert de port au sanctuaire de Delphes, le site le plus sacré de la Grèce pré-chrétienne. Le petit port de la baie d'Itéa se situe à la lisière séparant les flots bleu-vert de la mer Ionienne des vagues cendrées de la Plaine sacrée, une étendue continue d'oliviers se jetant contre la montagne du mont Parnasse, dont les flancs recèlent les ruines de Delphes. Lorsque le coucher de soleil rougit les falaises et empourprent les terrasses de vignobles et les ravins, les colonnes de marbre projettent sur la colline les doigts de leurs ombres sous le tournoiement des aigles, très haut dans le ciel.

Le débarquement de la troupe d'Onassis donna un air de fête au petit port endormi. On fit descendre à l'aide des treuils du *Christina* les Jeeps spécialement conçues que le président de la Fiat, Agnelli, avait offertes à son ami Onassis ; Churchill, aidé de son garde du corps, traversa la passerelle qu'on avait précautionneusement suspendue par des cordes pour qu'elle reste de niveau avec le pont du navire. Après être lentement descendu sur le quai, Churchill, en tenue de marin, salua la foule, qui lui fit une ovation, comme si les habitants d'Itéa acclamaient, quinze ans après, les forces britanniques revenues sauver le pays une fois de plus.

Ari ne se sentait plus de fierté devant l'accueil fait à son invité d'honneur. Conduisant lui-même la Jeep découverte, Sir Winston à ses côtés, Tina et Diane Sandys sur le siège arrière, il prit la tête de la caravane du *Christina* pour cette première excursion en terre grecque. Meneghini était du groupe qui avait débarqué, trouvant sans doute ainsi un répit à son mal de mer, ce qui ne l'empêcha pas d'avoir une nouvelle raison de se plaindre : « Il faisait extrêmement chaud et ces excursions étaient, pour moi, sacrément exténuantes. » Ayant peut-être retenu la leçon de sa maladroite première apparition sur le pont en tenue voyante aux grosses roses imprimées, Maria avait adopté pour l'occasion des sandales et une robe chemisier de couleur sombre, presque triste, dotée de manches longues et d'une ceinture de près de quinze centimètres de large. Un bandeau blanc retenait ses cheveux relevés. Pas de chance : Tina arborait cette fois une robe bain de soleil à carreaux à l'audacieux décolleté façon soutien-gorge. Décourageant !

La petite théorie de véhicules serpenta à travers la Plaine sacrée, puis gravit la route en zigzag menant à ce sanctuaire que les Grecs de l'Antiquité considéraient comme le centre du monde. (Gaia, la Terre mère, était censée avoir envoyé deux aigles des deux bouts de la terre se rencontrer en cet endroit.) Huit siècles avant Jésus-Christ, dit la légende, sur les pentes raides du mont Parnasse, un berger sentit un souffle d'air froid sortant d'une crevasse qui le fit entrer dans une transe divine au cours de laquelle il s'exprima en un jargon mystérieux. Depuis cette époque, et jusqu'au IVe siècle après Jésus-Christ, Delphes fut le siège d'un oracle divin. Autour de l'an 1000 avant Jésus-Christ, le site devint un lieu sacré dédié à Apollon. La prêtresse, ou *pythie*, assise sur un haut siège perché au-dessus de ladite crevasse dont elle recevait la brise divine, entrait dans une transe extatique pour répondre aux questions des pèlerins qui voulaient connaître l'avenir.

Onassis et Churchill se cantonnèrent à la route principale au-dessous des ruines et prirent un verre à la terrasse de l'hôtel Vouzas, d'où l'on jouissait d'une vue vertigineuse. Le reste de la troupe gravit le raidillon. Nos pèlerins furent conduits par un guide le long de la voie sacrée jusqu'au sanctuaire d'Apollon, avec ses temples en ruine, ses trésors et les fondations de ses monuments. Une fois sur le podium et le péristyle du temple, où siégeait jadis l'oracle, ils se perchèrent sur des morceaux de colonnes brisées pour écouter comment Apollon avait tué le python en ce site dont il fit un lieu de culte à sa propre gloire. On leur expliqua comment la prêtresse – une femme dont l'âge, la cinquantaine passée, était le garant de sa chasteté – procédait elle-même à ses ablutions purificatrices et mâchait des feuilles de laurier toxiques avant de prendre place et de recevoir ses visions magiques. Sur les photographies de l'excursion, on peut voir le groupe, *sans* Onassis et Churchill, assis sur les vieilles pierres situées sous les minces colonnes de marbre, fasciné par l'histoire de l'oracle. Lady Churchill, chaussée de confortables chaussures à semelles de crêpe et parée d'un double collier de perles, est rayonnante. Meneghini fronce les sourcils.

Quand je lui ai demandé pourquoi ils avaient tous ce regard d'expectative, Nonie sourit. « Nous attendions l'oracle. » La prêtresse, ce jour-là, ne dispensa aucun conseil aux pèlerins du *Christina*. Certains d'entre eux auraient sans doute été bien inspirés de s'imprégner de la plus célèbre des maximes grecques, inscrite sur le temple d'Apollon : CONNAIS-TOI TOI-MÊME.

De retour à bord, la plupart des passagers prirent quelque repos après cette excursion épuisante. Les plus dynamiques firent un plongeon dans les eaux tranquilles de la baie. Kostas Koutsouvelis, le beau et jeune « tuteur » d'Alexandre, proposa des leçons de ski nautique. Nonie Montague Browne et Celia Sandys, quelque peu amoureuse du jeune homme, acceptèrent d'être ses élèves. « Je ne parvins guère à attirer son attention, m'avoua Celia quarante ans plus tard. J'avais jusque-là mené une existence très protégée et étais parfaitement immature. » Maria, en maillot de bain noir très seyant, était allongée sur une chaise longue, écoutant avec attention Onassis, en costume de bain également, qui devisait dans son grec au débit rapide. Tina, qui ne manquait jamais l'occasion de faire admirer la ligne parfaite de son corps, s'offrait aux regards non loin de là, en bikini.

Meneghini, toujours nauséeux, contemplait le spectacle de la petite compagnie d'un œil torve. Dans ses souvenirs, il se laisse aller à ses fantasmes : « Pour la plupart de ces gens, la vie à bord était légère et insouciante. Leur manière de se comporter était très différente de celle à laquelle Maria et moi-même étions habitués. Nous avions l'impression d'être au milieu de gens un peu farfelus. Bon nombre de couples se séparèrent et d'autres se formèrent. » C'est l'un des passages de *Ma vie avec Maria* (avec le récit des bains de soleil « entièrement nus ») qui poussa Montague Browne à intenter un procès en diffamation contre Meneghini, qu'il gagna (après la mort de l'auteur). Il n'était évidemment pas question de nudité à bord. Quant aux couples qui « se séparèrent » et aux « autres [qui] se formèrent », difficile de savoir de qui il pouvait être question, mis à part Onassis et Maria. Comme Nonie me le fit remarquer en riant : « Avec qui aurais-je bien pu flirter sur ce bateau ? » En vérité, même Onassis et Tina, de naturel plutôt folâtre, se gardaient du moindre écart de peur que leurs aînés ne le prissent mal, en particulier Lady Churchill, très collet monté.

Le lendemain matin, 29 juillet, le *Christina* s'engagea dans l'étroit chenal dénommé canal de Corinthe, pour se diriger sur

Athènes. On devait donner à bord un dîner officiel le soir même. Le Premier ministre grec, Constantin Caramanlis, et son épouse, Amalia, ainsi que l'ambassadeur britannique de Grèce, Sir Roger Alan, et son épouse, étaient invités à dîner en compagnie de Sir Winston. On était en Grèce, et il fallait s'attendre, pis qu'ailleurs, à la foule des journalistes et des paparazzi. On mit sur pied un plan qui consistait à éviter Athènes, à descendre vers le sud et à embarquer les illustres invités près de la petite ville d'Anavisos, à une cinquantaine de kilomètres au sud-est d'Athènes. On espérait que le yacht pourrait dès lors se diriger sans encombre vers le golfe Saronique pour un paisible dîner quelque part au large de la pointe du cap Sounion, à l'extrémité sud de l'Attique.

Dès que les hôtes furent en sûreté à bord, le *Christina* se glissa sans bruit dans la baie et jeta l'ancre en vue des falaises du cap Sounion couronné par un temple.

Avec Delphes, Sounion est l'un des lieux les plus renommés de Grèce, connu depuis l'Antiquité pour son site remarquable et sa beauté austère. Au ve siècle avant Jésus-Christ fut bâti au sommet de ce promontoire rocheux un temple à Poséidon dont il reste douze colonnes doriques. Le temple sert encore de balise aux navires. Les marins grecs se sont toujours tournés vers lui en lui dédiant des prières afin de mener à bien leurs longs voyages.

Le dîner débuta sur le pont par des rafraîchissements et les présentations. Puis l'on escorta les invités le long de l'escalier en spirale à rampe d'onyx jusqu'à la longue table parée de sa verrerie en cristal de Baccarat, ses couverts d'or et de vermeil et ses porcelaines de Sèvres, sans oublier les bouquets de roses fraîches dont la couleur s'accordait au décor. Tout était disposé de façon à pouvoir bénéficier de la vue spectaculaire.

Le Premier ministre grec était de souche paysanne, de la région de Sérès, en Macédoine. Grand, bel homme, l'air grave avec ses sourcils broussailleux, il faisait penser à Charles de Gaulle. Il allait d'ailleurs occuper dans l'histoire de son pays une place similaire à celle de De Gaulle en France, quand Caramanlis, après la chute de la junte en 1974, eut ramené la Grèce à la démocratie avant de la faire entrer dans l'Union européenne. Caramanlis était accompagné ce soir-là de son épouse Amalia, aussi belle que bien née. Elle aussi avait assisté à la représentation controversée de Maria au théâtre de l'Odéon en 1957, puis, un peu plus tard, avait dîné en sa compagnie à Paris où elle l'avait entendue chanter. Amalia vouait beaucoup d'admiration et d'amitié à la diva.

Lors de mon interview de l'ex-première dame de Grèce à l'automne 1997, dans sa résidence athénienne, elle me fit remarquer que Maria manquait d'assurance dès qu'elle n'était plus sur scène, du moins jusqu'à son amour pour Onassis. « Je me souviens d'un dîner chez Louis Aragon en l'honneur de Rostropovitch. Je bavardais avec la princesse Irène de Grèce. Rostropovitch était légèrement éméché et inondait Maria d'une pluie de compliments. Quand il lui déclara combien il la trouvait belle, elle répliqua : "Allons donc, vous ne m'avez même pas vue dans *Norma* et *La Traviata* !" Elle avait le sentiment de n'être belle que sur scène ! Et le *kerasi stin tourta* [la cerise sur le gâteau] fut qu'après le dîner il se saisit d'une rose dans un vase et tomba à ses genoux pour la lui offrir d'un geste grandiloquent. Maria ne sut que faire. La divine ignorait comment recevoir une rose de la main d'un homme ! Jusqu'à Onassis. Il lui a permis de se sentir femme, pour la première fois. »

L'ex-Mme Caramanlis hochait la tête à ce souvenir. « Ce soir-là, en 1959, quand nous sommes montés à bord du yacht d'Onassis, c'était Churchill la véritable star. Maria, quant à elle, était simplement là. Toujours la même. La métamorphose ne s'accomplit que lorsqu'elle fut libre d'être avec lui. Après – après avoir rencontré Onassis –, elle devint éblouissante. Elle acquit la prestance d'une femme aimée. Pour elle, en dehors de son art, un seul être existait : Onassis. »

L'ambassadeur britannique, Sir Roger Alan, et son épouse étaient les autres invités d'honneur de cette soirée. Diane, la fille de Churchill, assise à côté de Sir Roger, avait de toute évidence fait un peu trop honneur à l'excellent château-lafite 1953, quand Onassis se vanta de ce que son magnifique cristal de Baccarat était si fin et délicat qu'il en était flexible et se déformait légèrement sous la pression de la main. Diane se risqua à vérifier l'affirmation; son verre éclata, éclaboussant de vin rouge la veste blanche de l'ambassadeur interloqué. Chacun retenait son souffle. Onassis remédia rapidement à la consternation générale en faisant porter immédiatement la veste tachée au nettoyage à sec du bord. Lady Clementine insista pour que Sir Roger portât son étole de fourrure pour se protéger de la fraîcheur de l'air conditionné. Et Onassis remarqua : « C'est étrange. C'est la première fois que cela arrive. » Puis il pressa son propre verre, d'eau, jusqu'à le briser. La gaffe de Diane fut rapidement oubliée.

Le reste du dîner se déroula sans accroc malgré les origines diverses des invités et leurs différences linguistiques. Inspiré par la vue, Sir Winston cita Lord Byron qui, comme tant d'autres voyageurs du XIXe siècle, s'était rendu jusqu'au temple de Poséidon sur le Sounion et avait gravé son nom sur l'une des colonnes de marbre. Churchill, de cette voix tonitruante qui le caractérisait, se mit à déclamer les célèbres vers de *Don Juan* dans lesquels Byron se lamente sur le sort des Grecs sous le joug des Turcs et proclame la détermination des philhellènes à briser un jour leurs chaînes :

Qu'on me laisse sur les marches de marbre du Sounion,
Où, les vagues et moi exceptés, il n'est personne
Pour entendre le bruit de nos murmures;
C'est là, après mon chant du cygne, que je mourrai.
Jamais je ne ferai mien un pays d'esclaves –
Rejette cette coupe de vin de Samos [1]

Même le froid Caramanlis, si réservé, fut ému par la déclamation. Le Premier ministre, comme tous les Grecs, révérait Byron, mort des fièvres à Missolonghi au cours de la guerre pour l'indépendance de la Grèce.

Maria et Onassis éprouvèrent également une vive émotion en entendant le plus grand homme d'État encore vivant citer les mots avec lesquels le philhellène le plus aimé rendait hommage à leur pays, sur le lieu même qui les avait inspirés. C'était un instant parfait, dans un cadre parfait.

On reconduisit par bateau, au clair de lune, les illustres invités vers les quais d'Anavisos (Sir Roger pouvant de nouveau porter sa veste d'un blanc immaculé). Ceux qui restaient à bord convinrent que leur première soirée en Grèce avait été à la hauteur de leurs attentes.

À la suite du départ des personnalités aux environs de minuit, le capitaine Kostas reprit la mer, à une heure douze du matin exactement, pour remonter la côte. Il fit une halte une heure et quarante minutes plus tard pour permettre à Théodore Garofalidis de débarquer dans la ville de Glyfada, où il possédait une villa mitoyenne de

1. *Place me on Suniun's marbled steep,*
Where nothing, save the waves and I,
May hear our mutual murmurs sweep;
There, swan-like, let me sing and die.
A land of slaves shall ne'er be mine –
Dash down yon cup of Samian wine!

celle d'Onassis. Sa femme, Artémis, était restée à bord pour le reste de la croisière. Le docteur, très occupé, devait la rejoindre à Rhodes par la voie des airs.

Ari et Maria s'attardèrent sur le pont, fascinés par la vue et les reflets scintillants du clair de lune, tandis que les lumières de la côte de Saronique glissaient au loin. Suivant le protocole tacite qui s'était instauré, Onassis demanda à Nonie de rester prendre un verre avec eux. Celia Sandys voulut également s'attarder sur le pont avec sans doute l'espoir d'y rencontrer Kostas Koutsouvelis qui, la veille, l'avait patiemment dorlotée pour sa première leçon de ski nautique. Mais la mère de Celia insista pour que sa fille se retire avec elle : la journée du lendemain devait être fort chargée. Une Celia toute penaude la suivit dans leur cabine où Lady Clementine les attendait pour échanger leurs impressions sur la soirée.

Compatissant à la déconvenue de la jeune fille, Nonie fit remarquer qu'il était dommage qu'il n'y eût personne de son âge à bord, ce qui inspira à Onassis l'une de ses anecdotes les plus éculées. Lors de ses débuts dans l'armement maritime, il avait été lui-même invité chez un riche associé en Suède, où il était venu passer commande de ses deux premiers pétroliers. Après le déjeuner, l'hôtesse le pria de bien vouloir l'excuser, car elle devait conduire sa fille de quatorze ans chez le gynécologue. Devant la surprise d'Onassis qu'une fille aussi jeune eût besoin de ce type de consultation, la mère le rassura : « Oh, elle n'a pas de problème. Je l'amène simplement pour qu'il lui enlève l'hymen afin qu'elle n'ait aucune difficulté quand elle aura des rapports. »

Ari avoua qu'il avait d'abord été choqué par la façon dont cette femme abordait la sexualité de sa fille, puis qu'à la réflexion il s'était dit que c'était faire preuve de sagesse. « Dans beaucoup de pays, y compris en Grèce, il y a trop de crimes d'honneur commis au nom de ce petit lambeau de peau, avait-il conclu. Alors je dis "Bravo la Suède !". »

Nonie gratifia l'histoire d'un mince sourire et se leva pour prendre une nouvelle coupe de champagne. Maria, quant à elle, s'adressa à Onassis en grec à son habituelle manière très directe (elle devait relater la conversation à des amis) : que les hommes grecs posent à l'ouverture d'esprit quand ils s'adressent aux Européens, mais qu'ils sont anatoliens jusqu'au bout des ongles, surtout quand il s'agit des femmes de leur famille. (« En Grèce, ne vous fiez jamais aux apparences, affirmerait-elle par la suite à John Ardoin. C'est un pays qui fleure l'Europe, mais, croyez-moi, c'est l'Orient, totalement. L'homme y est le pacha. » Elle mit Onassis au défi : dirait-il à sa fille, quand elle serait adolescente, qu'il ne voyait pas d'inconvénient à ce qu'elle fasse l'amour avant le mariage ? Serait-il capable d'accueillir d'un simple haussement d'épaules une aventure sexuelle de son épouse, comme le font tant d'Européens ?

« Pour ce qui est de ma fille, vous avez raison, répondit-il. Mais pas en ce qui concerne ma femme. »

Puis il lui fit part (ce qu'elle rapporterait par la suite) de la liaison de Tina avec le jeune Reinaldo Herrera et de sa décision de ne pas lui accorder le divorce à cause des enfants. Sept mois après la croisière, quand les journaux du monde entier accuseraient la diva d'avoir brisé le mariage des Onassis, la Callas protesterait avec véhémence auprès d'un reporter de *France-Soir* : « Ce n'est pas à cause de moi que Tina Onassis a demandé le divorce. Elle y pensait depuis deux ans. Elle voulait épouser M. X. Non, je ne vous dirai pas son nom. Je suis une dame. Mais il n'est pas de "femme du monde" qui ne le sache pas. Demandez-leur ! »

Le temple de Poséidon s'estompait dans le velours de l'ombre vespérale... Onassis expliquait à Maria qu'il avait tenté de se raisonner au sujet de l'aventure de Tina : c'est vrai, il lui avait été souvent infidèle depuis leur mariage ; mais la seule idée de sa jeune épouse, la mère de Christina et d'Alexandre, dans les bras d'un autre homme lui faisait mal. « Je dois donc admettre, j'imagine, que vous dites vrai sur les Grecs. Je peux faire preuve d'ouverture d'esprit en paroles. Mais, au fond, je ne suis jamais qu'un *romios* », dit-il, utilisant le terme que les Grecs s'attribuent quand ils ont conscience de leur misogynie. Maria poursuivit qu'elle aimait bien Tina qui avait été charmante à son égard au cours de cette croisière, mais qu'elle ne pouvait comprendre sa conduite : « Je me demande comment une femme grecque peut prétendre aimer un homme et coucher avec un autre. »

Après avoir déposé Théodore Garofalidis à Glyfada, le capitaine mit le cap au sud-ouest, au large des îles Hydra et Spetsai, vers le golfe d'Argolide. Dans l'après-midi du 30 juillet, à quatorze heures trente-deux, les hôtes d'Onassis accostèrent au port de Nauplie. Cette ville pittoresque aux rues sinueuses et aux maisons de stuc aux couleurs pastel, éphémère capitale de la Grèce au lendemain de la guerre d'indépendance, est dominée, d'un côté, par un fort vénitien plutôt sinistre, de l'autre par une petite prison juchée sur un îlot rocheux de la baie. Onassis avait organisé une excursion à Épidaure, à l'intérieur des terres, site d'un ancien sanctuaire dédié à Asclépios [1], le dieu de la Médecine. Le trajet depuis Nauplie leur fit traverser l'un des paysages les plus verdoyants de la Grèce, jusqu'aux portes d'Épidaure d'où ils continuèrent à pied à travers les pins pour aller visiter le musée et le sanctuaire. Épidaure, sorte de Lourdes de l'époque préchrétienne, attirait les malades et les invalides de tout le monde antique, qui y firent bâtir des temples où ils apportaient des offrandes dans l'espoir d'une guérison. On avait même prévu un bâtiment circulaire, la tholos, qui comprenait un labyrinthe où les fous recevaient une sorte de traitement de choc : les malheureux devaient descendre une rampe en spirale traversant l'obscurité au milieu des sifflements de centaines de serpents, une épreuve censée dissiper les mauvais esprits qui avaient investi leur âme.

La perle d'Épidaure est le théâtre antique, si bien préservé qu'on y joue encore des tragédies classiques chaque été. La perfection de son acoustique permet à une personne assise sur le plus haut gradin d'entendre distinctement le bruit d'une allumette qu'on frotte au centre de la scène. À l'intérieur du théâtre, le groupe découvrit, à sa grande surprise, que les Grecs avaient érigé sur la vénérable scène un grand V de fleurs, en hommage à Sir Winston. Mais la Callas – on est une diva ou on ne l'est pas – avait différemment interprété la chose. Montague Browne s'est amusé à relater l'incident : « Maria s'exclama : "Des fleurs pour moi ! Comme c'est gentil ! Mais pourquoi un V, Anthony ?" J'ai répondu que c'était certainement le M de Maria qu'ils n'avaient pas eu le temps de terminer. "Ah, les pauvres, quelle histoire !" » La Callas avait marché un instant, puis s'était rendu compte que Montague la taquinait. « Le sourire de Maria s'évanouit au profit de cette sorte de regard qu'elle avait dans Médée », ajoutait-il.

Un an plus tard, Maria Callas remporterait son plus grand triomphe en terre grecque sur la scène de ce même théâtre d'Épidaure : les trente mille spectateurs se souviendraient de ces deux représentations légendaires de *Norma*. Mais, en juillet 1959, la star était Sir Winston, comme elle l'avait constaté, mortifiée.

Les photographies du jour montrent Onassis aidant Maria à gravir les degrés de l'antique théâtre en la tenant par la main, tous les deux souriants. Simple geste de sollicitude, sans doute, de la part d'un hôte attentionné pour son invitée, qui témoignait toutefois de l'intimité qui s'installait entre eux. Les autres l'avaient-ils remarqué ? Ils gardèrent en tout cas leurs réflexions pour eux.

1. Fils d'Apollon et de la nymphe Coronis, adopté par les Romains sous le nom d'Esculape.

8

Un dîner pour deux

Attarde-toi dans les comptoirs phéniciens
Et fais de beaux achats :
Nacres et coraux, ambres et ébènes,
Parfums voluptueux de toutes les sortes.

Constantin Cavafy, « Ithaque ».

Le *Christina* s'apprêtait à appareiller pour l'île Santorin, dans les Cyclades. Maria venait de poster une lettre adressée à sa femme de chambre, Bruna Lupoli. Bruna était entrée au service de Maria au lendemain de son mariage avec Battista Meneghini. Elle n'avait que deux ans de plus que sa maîtresse et était devenue sa meilleure amie et sa confidente. Des années plus tard, submergée par un profond sentiment d'abandon, Maria confesserait à John Ardoin : « Si je ne peux compter sur mon mari et ma mère, vers qui puis-je me tourner ? Quand je rentre à Paris, savez-vous qui prend soin de moi et sera toujours là pour moi ? Ma femme de chambre, Bruna. Elle m'adore. Elle me tient lieu de nurse, de sœur et de mère. »

Maria avait pris l'habitude de demander conseil à Bruna à propos de tout – y compris de ses engagements et de l'état de sa voix avant chaque concert. Or, dans la lettre qu'elle lui envoya du Pirée le 29 juillet 1959, rien ne laisse entendre qu'il y avait des tensions à bord ; Maria se contente de plaisanter : « Un petit bonjour à bord de cette coquille de noix... Ici, je me repose vraiment – pas de téléphone, etc. De l'air pur, du soleil et la mer. » Bruna, qui avait calé ses congés sur les dates de la croisière, se reposait dans son village natal de Travagola Pedavena, au nord de Venise. « J'envisage de rentrer à peu près en même temps que toi, poursuivait Maria. Pas avant, je crois. Même si je suis mieux à la maison, ce serait dommage de renoncer à une si belle croisière. Les autres resteront jusqu'au 13 août. Je ne pense pas pouvoir rester aussi longtemps... Je prévois de rentrer autour du 5 – je verrai. Quoi qu'il en soit, prends tous tes congés. Profites-en et rentre fraîche et dispose pour affronter nos hauts et nos bas, qui, au fond, nous conviennent bien. » Maria resta toutefois jusqu'à la fin de la croisière, soit le 13 août, et vécut à bord plus de « hauts et de bas » qu'elle ne l'imaginait.

Le *Christina* quitta Nauplie peu après minuit, le 31 juillet. Les passagers dormaient, épuisés à la suite de l'excursion à Épidaure et de la leçon de ski nautique. Nonie Montague Browne était fière d'être devenue un as de la glisse aquatique après une chute mémorable qui l'avait mise nez à nez avec une « énorme méduse pourvue de tentacules ». (« J'ai crié : Vite, vite ! et on m'a sortie de l'eau. Je peux vous assurer que je ne suis plus jamais tombée. ») Certes. Mais ses ébats aquatiques lui valurent une angine avec fièvre carabinée.

Le *Christina* passa au large de plusieurs îles dans la nuit et la matinée pour jeter l'ancre, le 31 juillet à 13 heures, dans la baie de Santorin, dont les plages de sable noir sont dominées par des falaises de lave de même couleur mais également rouge ou blanche. L'île de Santorin (que les Grecs appellent Théra) est la plus méridionale des Cyclades. C'est un volcan, comme le Stromboli. Ce serait également le site de l'Atlantide, l'île légendaire dont la civilisation aurait été engloutie en un jour et une nuit. En 1450 avant Jésus-Christ, le centre de Santorin fut rayé de la carte par une éruption dont l'onde de choc provoqua un raz-de-marée qui balaya la civilisation minoenne, dont il ne reste que l'île actuelle en forme de croissant – le pourtour de l'ancien site. Érigées en haut des falaises volcaniques, les villes de l'île sont parmi les plus pittoresques de Grèce, mais s'y rendre n'est pas une mince affaire. Les visiteurs doivent emprunter à dos d'âne des sentiers à flanc de montagne, ou emprunter un funiculaire qui les conduit jusqu'à Phira, la capitale.

La mer était un peu agitée l'après-midi de ce vendredi 31 juillet. Laissant Nonie soigner son angine, son aventurier de mari et quelques casse-cou décidèrent de se rendre à Phira à dos d'âne. Sur le sentier zigzaguant le long des pentes abruptes, que les animaux de bât connaissaient par cœur pour l'emprunter plusieurs fois par jour, Anthony Montague Browne se délecta du folklore local. Santorin serait la seule île où les ânes bénéficient d'un traitement de faveur, les insulaires redoutant d'être réincarnés en ânes en pénitence de leurs péchés. Une autre coutume veut que l'on n'ouvre jamais la porte à un visiteur qui ne frappe qu'une fois : ce pourrait être un vampire. Il faut cogner trois coups, ce dont les vampires sont incapables (ce qui restait à voir, soulignait malicieusement Anthony Montague Browne, dans la mesure où un trio de vampires astucieux aurait pu comploter de frapper à tour de rôle chacun une fois à la même porte).

En haut de la falaise, dans la jolie capitale cramponnée au rocher, les intrépides passagers du *Christina* firent halte à la première taverne pour boire un ouzo et admirer le panorama. À leurs pieds, le *Christina*, jouet minuscule, se balançait dans la baie de saphir. Au moment de régler l'addition, le tavernier refusa l'argent d'Onassis et de ses amis. Rien à faire. Trois ans auparavant, en 1956, Santorin avait été dévasté par un tremblement de terre. Onassis, ayant appris que tous les puits s'étaient effondrés, avait fait remplir la piscine de son yacht d'eau douce, puis avait mis le cap sur l'île muni de « tuyaux et de pompes mobiles, en plus des propres installations du bateau pouvant fournir trente tonnes d'eau par jour », raconte Anthony Montague Browne. Les insulaires vouaient une profonde reconnaissance à leur bon Samaritain.

Le *Christina* sortit de la baie à vingt et une heures vingt. Ce serait la nuit de l'incident décisif qui devait exacerber l'animosité générale à l'encontre de Maria et attirer l'attention sur sa relation avec Onassis. Celia Sandys et Nonie Montague Browne m'ont toutes les deux parlé du fameux dîner, mais ni l'une ni l'autre n'ont été en mesure de m'en donner la date exacte.

Le scandale (même si l'incident était loin d'approcher les fantasmes d'un Meneghini) éclata au moment où les passagers réunis dans la salle à manger pour le dîner constatèrent l'absence d'Ari et de Maria.

« Oh, ils ont déjà dîné. Maria avait commandé un repas grec, juste pour eux », répondit Tina aux interrogations de ses invités.

On fit mine de rien. Mais, dans la soirée, Celia surprit une conversation entre sa mère et Lady Churchill dans leur cabine. Elles s'indignaient à voix basse du comportement éhonté de Maria : « Ma grand-mère n'aurait jamais évoqué l'incident devant moi, mais elle en a certainement parlé avec ma mère... Les adultes s'en étaient rendu compte [de leur liaison] avant moi. Un vrai drame... Tina était là, et le pauvre mari – Meneghini. Tout le monde commentait l'affaire. On était désolés pour Tina, si jolie, si charmante, elle qui se démenait pour que tout se passe à merveille, comme un rêve. Elle tenait son rôle d'hôtesse à la perfection. Une hôtesse parfaite, vraiment ! Les langues allaient bon train. »

Pauvre Callas. Dès lors, les invités la battirent froid. Perplexe, elle se résolut à interroger Nonie. Maria était très à l'aise avec la jeune Mme Montague Browne si affable. Il leur était maintes fois arrivé de « papoter », comme disait Nonie : « Elle était très accessible et l'on pouvait bavarder amicalement et sans façons. Maria m'expliquait comment elle s'épilait les jambes le matin, ce genre de truc. Rien sur sa vie amoureuse. Sauf que je voyais bien qu'elle laissait complètement tomber Meneghini. » Les deux femmes parlaient chiffons et maquillage (Maria se maquillait outrageusement, comme au théâtre). « Elle me demandait de brosser ses longs cheveux bruns et, en échange, me vernissait les orteils, se souvient Nonie. Cela me plaisait. Auparavant, ce devait être Battista qui se chargeait de ces petites attentions, mais j'imagine qu'il faisait grève. » (Celia me fit pour sa part une remarque révélatrice de l'attitude générale envers Maria, surtout dans les rangs britanniques : « Je l'ai observée pendant trois semaines, et ce qui m'a choquée... ce que j'ai jugé répugnant... c'est que, pendant tout ce temps, elle ne s'est jamais lavé les cheveux. Elle avait une hygiène déplorable. » Nonie, pour avoir régulièrement brossé les cheveux de Maria, dit au contraire qu'elle « les lavait souvent... Le soir, après la baignade, elle portait une perruque. Je lui enviais cette jolie perruque qui lui permettait de paraître toujours impeccable au dîner, moi qui avais l'air d'un poussin mouillé ».

Maria interrogea donc son amie sur la froideur de ses compagnons de voyage à son égard. Nonie tenta de rester en dehors de cela.

« J'avais résolu de ne pas m'en mêler. Il y avait une sorte de compétition entre Maria et Tina, une joute à la grecque. Je ne sais pourquoi, je me retrouvais toujours au milieu, comme une dinde. J'ai tout de même dit à Maria :

« – Il paraît que tu as organisé un dîner grec, hier soir ?

« – Moi ? Mais c'est Tina !

« Bien sûr, c'était Tina qui avait tout manigancé ! J'ai décidé de ne rien ajouter, je ne voulais pas mettre les pieds dans le plat. Tina avait refait Maria. Il n'y a jamais eu de guerre ouverte entre elles, juste des piques. Pas à cause d'Ari, je ne crois pas. C'était une sorte de surenchère. Elles se provoquaient mutuellement. »

Il y a peu de chances que Tina ait comploté cet indiscret dîner à *deux* pour salir la réputation de Maria aux yeux des autres passagers. Il est plus probable que l'hôtesse, agacée par la manière dont la Callas monopolisait l'attention de son mari et se mettait en avant, se fût saisie de l'occasion pour la faire passer pour une Mme Sans-Gêne. Le scénario a dû se dérouler comme l'imagine Nonie : Ari et Maria étaient installés à la proue du bateau, tout à leur bavardage, comme d'habitude. Sur ces entrefaites surgit Tina à l'instant précis où son mari déclare : « J'ai faim et le dîner ne sera servi que dans quelques heures. J'ai envie de manger grec ce soir. » Maria fait chorus : « Moi aussi, j'aime la cuisine grecque. Nous mangeons toujours français. » Tina, excédée, aurait alors glissé perfidement : « Je vais demander au chef de vous préparer un bon repas grec qui vous sera servi ici. » Quand les Churchill et les autres passagers pénétrèrent dans la salle à manger et s'enquirent des deux absents, Tina attribua naturellement le rôle de la méchante à Maria.

À la suite de l'incident, tout le monde à bord, sauf peut-être Sir Winston Churchill, prit conscience que quelque chose se tramait entre Ari et Maria. Si Tina n'avait jamais trouvé à redire aux aventures de son mari, pas plus d'ailleurs que celui-ci ne lui reprochait les siennes, elle entendait bien, aussi longtemps qu'elle serait l'hôtesse et la maîtresse à bord, rester la femme la plus admirée pour sa beauté et sa convivialité. Pas question que le dernier trophée de la collection de son mari lui fît de l'ombre.

Nonie est également d'avis que Tina cherchait moins à récupérer son mari qu'à empêcher Maria de prendre sa propre place sous les projecteurs. « Je pense que Tina n'était plus vraiment jalouse, dit-elle. D'ailleurs, je crois qu'il la chérissait plus qu'elle ne le lui rendait. Elle lui avait donné des enfants et ses centres d'intérêt étaient désormais ailleurs. Il était souvent en voyage d'affaires. Je ne sais rien des amants de Tina, mais il y eut une sorte de surenchère dans leurs mariages ultérieurs. Ari lui donnait tout ce qu'elle voulait. Elle dilapidait des fortunes en toilettes, était très dépensière. De son côté, Ari n'était pas d'une fidélité à toute épreuve. »

Attirer l'attention d'Artémis sur la relation entre son mari et la Callas faisait certainement partie de la stratégie de Tina. Elle savait qu'en cas de compétition entre elle et Maria, Artémis serait sa plus puissante alliée, car elle avait plus d'ascendant que quiconque sur Onassis.

De deux ans plus âgée, Artémis était la seule vraie sœur d'Onassis. Leur mère, Pénélope, était morte d'une opération des reins en 1912. Les deux enfants n'avaient jamais accepté le remariage de leur père et avaient reporté leur affection sur leur vieille grand-mère. Ils grandirent, eurent deux jeunes demi-sœurs, et Artémis endossa progressivement le rôle de mère du petit Aristote. Toute sa vie, Artémis asticoterait et taquinerait Aristo comme personne. Elle l'adorait et il le lui rendait bien. La nièce d'Artémis, Marinela Patronikola, me l'a confirmé : « Elle était capable de dire, y compris devant son mari, qu'elle aimait son frère plus que tout, plus que personne. »

En théorie, il aurait dû y avoir une affinité fondamentale entre Maria et Artémis. Elles n'étaient pas issues du même milieu social que celui des autres passagers du *Christina*, à l'exception d'Ari, évidemment. Socrate Onassis avait été un négociant prospère de Smyrne, mais ses deux enfants pensaient et s'exprimaient comme des petits-bourgeois grecs, souvent crûment. Maria également. Artémis avait tout de la parvenue. Elle portait ses diamants jour et nuit. Selon un secrétaire d'Onassis, Artémis aimait, dans son boudoir de Glyfada, au milieu des tableaux de maître, contempler la panoplie de pierres précieuses que sa femme de chambre étalait chaque matin sur son immense couvre-lit de satin rose. En réalité, Artémis n'était guère différente de la mère de la Callas : ambitieuse, elle ne pensait qu'à faire étalage de sa fortune et de son raffinement, tout en ne pouvant se défaire du langage, des manières et des préjugés de la petite bourgeoisie grecque. C'était sans doute précisément pourquoi les efforts déployés par Maria pour la séduire étaient condamnés d'avance – non contente de renier ses origines, Artémis aurait voulu pour son frère le dessus du panier.

L'absence remarquée d'Ari et de Maria au dîner restait le principal sujet de conversation lors de l'arrivée du *Christina*, à Rhodes, au matin du samedi 1er août. Il accosta à neuf heures vingt dans le petit port de Mandraki. Jadis, un gigantesque bronze d'Hélios (le dieu du Soleil), le Colosse de Rhodes, annonçait l'entrée de la rade. L'œuvre faisait partie des sept merveilles du monde jusqu'à ce qu'un tremblement de terre la jetât à terre en 224 avant Jésus-Christ. En 1306, les croisés de l'ordre des Hospitaliers de Saint-Jean-de-Jérusalem investirent Rhodes, qu'ils gouvernèrent pendant deux siècles. Aujourd'hui, Rhodes évoque plus une cité médiévale gothique qu'une ville grecque. Elle était si bien fortifiée que les Chevaliers purent tenir en échec une armée de soixante-dix mille Turcs jusqu'en 1522, quand il leur fallut capituler devant les deux cent mille hommes de Süleyman le Magnifique au bout de six mois de siège. Les fortifications érigées par les Chevaliers de Rhodes sont toujours là, intactes, avec leurs rues et leurs cloîtres à arcades, leurs sols de mosaïque, leurs statues et canons archaïques.

On avait prévu de passer deux jours sur la grande île où, l'année précédente, le beau-frère d'Onassis, Gérasimos Patronikolas, avait ouvert le Miramar, un hôtel de luxe. Il avait organisé avec son épouse Kallircé, la plus jeune des deux demi-sœurs d'Onassis, une réception et un dîner dansant en l'honneur de Sir Winston Churchill tout en espérant attirer l'attention internationale sur le nouveau palace.

Quand Gérasimos Patronikolas vint chercher les passagers du *Christina*, Nonie, terrassée par son angine, était clouée au lit. Le mari d'Artémis, Théodore, qui devait la rejoindre par avion, monta à bord avec Patronikolas, lui-même pneumologue. Un médecin généraliste de l'île les accompagnait. À son réveil, Nonie, qui n'en demandait pas tant, découvrit trois médecins grecs penchés à son chevet, dont l'un tenait impérativement à lui examiner la gorge à l'aide d'une lampe alimentée par de vieilles batteries accrochées à sa ceinture. L'examen du trio médical se conclut par des conciliabules en grec qui, très vite, dégénérèrent en une violente querelle. Voyant que les deux beaux-frères allaient en venir aux mains, le mari de Nonie, quelque peu inquiet, s'enquit de ce qui n'allait pas. Théodore l'informa, en français : « Je lui ai simplement dit [à Gérasimos] qu'il était peut-être bon hôtelier, mais qu'en matière médicale il ferait mieux de rester aussi silencieux qu'un oursin. »

Abandonnant Nonie aux potions innommables qui lui avaient été prescrites, le groupe suivit Gérasimos Patronikolas au Miramar. Cette fois, la cohorte des paparazzi ne surprit personne. Alexandre Onassis, onze ans, avait échappé à la cohue et s'était précipité au kiosque à journaux pour feuilleter des magazines. Un de ses copains, âgé de quinze ans et également en vacances à Rhodes, lui fit remarquer combien ce devait être pénible pour son père d'être constamment harcelé par la presse. Alexandre rétorqua avec humeur : « Il adore ça. Il est incapable d'être clair le matin s'il n'a pas reçu ses quatre flashes en pleine figure. »

À l'hôtel Miramar, les invités, qui disposaient chacun d'une suite, purent se reposer, nager et se changer avant le dîner dansant. Des photos montrent Tina en bikini à carreaux et bonnet de bain à plumes, jambes pendantes au bord de la piscine en plein air de l'hôtel. Elle discute avec une Celia Sandys souriante (en sage costume de bain une pièce). Non loin de là, sa fille de huit ans, Christina, joue avec sa cousine de douze ans, Marinela Patronikola.

On servit le dîner à la belle étoile, dans le lourd parfum des jasmins étoilés et des rosiers sarmenteux. Maria, parée de boucles d'oreilles de diamants et vêtue d'une courte robe sombre à paillettes, arborait un sourire rêveur en dansant dans les bras d'un Patronikolas de la même taille qu'elle, en smoking blanc.

Rien en cette chaude soirée d'août 1959 ne laissait présager que les différents couples légitimes évoluant sur la piste de danse, à l'exception des Churchill et des Garofalidis, allaient éclater. La joyeuse troupe regagna le yacht bien après minuit. Nonie, écrasée de sommeil, fut incapable de jouer les chaperons cette nuit-là.

Le lendemain, 2 août, Onassis avait organisé une excursion. Le groupe devait d'abord se rendre dans la célèbre vallée des Papillons (peuplée surtout de lépidoptères de Jersey), pour une promenade en forêt. Ils franchiraient passerelles et chutes d'eau. En été, les nuées d'insectes assaillent les feuilles et les troncs des arbres qui produisent l'*ambar orientalis* liquide. Ils s'envolent dès qu'on les dérange, et l'air se charge alors de nuées d'or rouge. De là, le groupe devait gagner la ville de Lindos, véritable palimpseste de l'histoire grecque. Ils grimpèrent à dos d'âne au plus haut sommet de l'île où se dresse une acropole blanche parmi les mieux restaurées de Grèce. Celle-ci domine un village pittoresque aux maisons de pierres blanches, ruelles tortueuses et courettes pavées de mosaïque de galets blancs et noirs. Au pied de la falaise, une crique de sable blanc agrémentée de petits restaurants à poissons. C'est ici que l'apôtre Paul avait débarqué pour évangéliser un peuple qui vénérait Athéna Lindia.

À la fin de la seconde journée, le groupe regagna le *Christina*. Onassis, en slip de bain, faisait le pitre, à la plus grande joie des enfants regroupés autour de la piscine. Ses clowneries ravissaient son auditoire – Christina et Alexandre Onassis, nièces, neveux et amis en visite –, puis « Ari fit un saut de la mort à l'endroit le moins profond, se souvient Anthony Montague Browne. Sa tête heurta le fond de la piscine avec un bruit terrifiant. On le vit remonter à la surface, à demi inconscient. Théodore Garofalidis, des membres de l'équipage et moi-même avons plongé pour le sortir de l'eau. Il avait perdu connaissance quelques minutes. Revenu à lui, il refusa avec colère de passer des radios mais accepta que Théodore lui examine la tête et la nuque. Apparemment, il était indemne ».

Anthony Montague Browne a une théorie : ce choc à la tête aurait exacerbé l'engouement d'Ari pour Maria. « Dès lors, le comportement d'Ari changea de façon spectaculaire. Lui, si pondéré, devint agressif, sauf envers ses invités. Il se mit à boire plus que de coutume et se cantonnait parfois dans un silence préoccupé. Surtout, il commença à s'intéresser ostensiblement à Maria Callas. »

Qu'Anthony Montague Browne ait tort ou raison, l'incident fit la une dans la presse européenne. Ce soir-là, le dîner fut « bien arrosé », pour reprendre son expression. Le vin coula à flots. Ari buvait en silence, le regard fixé sur Maria, dont le mari se rongeait les sangs.

Le maire de Rhodes avait été convié à dîner. Quand il apprit qu'Anthony Montague Browne n'avait pas vu les vieilles fortifications des chevaliers de Rhodes, il insista pour l'emmener à terre dans une petite virée nocturne. Il était plus de minuit quand les deux hommes, légèrement éméchés, disparurent dans les ténèbres. « Très vite, sa voiture s'est ensablée. Nous avons continué à pied à travers les lauriers-roses, perdant parfois de vue les remparts, raconte Anthony. La corne du *Christina*, annonçant le départ, se fit entendre au loin. Nous avons échangé un regard consterné et hâté le pas, dérapant dans le sable et transpirant dans nos smokings. À un moment donné, une meute de chiens errants patibulaires nous a suivis... J'aime bien les chiens, somme toute plus que les gens, mais ce n'était pas le style de chiens avec lesquels vous pouviez discuter gentiment. Finalement, nous sommes tombés sur une Jeep de la police et je suis remonté à bord du *Christina* au moment où il appareillait. »

Nonie était malade, Ari soignait son mal de tête et Anthony n'en pouvait plus d'avoir couru après le *Christina*. La frégate s'éloigna de Rhodes le 3 août à deux heures cinquante-cinq du matin. Le capitaine était pressé, car les passagers avaient rendez-vous le lendemain sur l'île de Chio avec les parents de Tina Onassis, qui les attendaient dans leur vénérable maison de famille. Or la route était longue.

Chio, située à moins d'une quinzaine de kilomètres des côtes turques, a connu plusieurs occupations successives et a produit, avec Inoussès, l'îlot rocheux tout proche, la plupart des grandes dynasties d'armateurs grecs dont les clans des Lemos, Carras, Chandris, Fafalios, Pateras et surtout la famille Livanos. Ces familles, célèbres pour se marier entre elles, réputées patriotes, conservatrices et hostiles à toute publicité, descendent de capitaines misérables qui ont combattu les Turcs pendant des siècles. (Le célèbre tableau de Delacroix, *Les Massacres de Scio*, comme le poème de Victor Hugo, « L'enfant de Scio », évoquent le massacre par les Turcs de trente mille insurgés de l'île. Les crânes des victimes sont exposés dans la crypte d'un de ses monastères.)

Stavros Livanos, à la fois beau-père d'Onassis et de son rival Niarchos, portait le prénom de son grand-père, né et mort à Chio. Le premier Stavros Livanos était un simple marin de Méditerranée orientale dans les années 1800. Il avait survécu à la guerre d'indépendance et avait appris la mer à son fils George, mais n'avait jamais réalisé son rêve de devenir armateur. George y parvint. Le grand-père de Tina fut l'un des premiers habitants de Chio à posséder un paquebot. Il engendra quatre garçons. Stavros, né en 1891, était le troisième. Celui-ci, comme son père, passa sa jeunesse en mer; débutant comme matelot, il fut à dix-neuf ans le plus jeune ingénieur en chef de Grèce puis, à trente et un ans, le plus jeune capitaine.

« J'aimais beaucoup le père de Tina, m'a confié Montague Browne lorsque je le rencontrai au Claridge de Londres au cours de l'été 1998. C'était un vrai marin. Il avait un brevet de commandant et un autre d'ingénieur. Tina disait : “C'est toute la différence entre mon père et Ari. Les bateaux d'Ari sont beaux et blancs à l'extérieur, mais, à l'intérieur, c'est de la m...” Mais ce n'était pas le cas. Les bateaux d'Ari étaient également parfaitement entretenus. »

Après avoir obtenu son brevet de capitaine de marine marchande, Stavros fut envoyé à Londres pour y établir un bureau au début de la Première Guerre mondiale. Très vite, sa diligence et son flair pour les retournements économiques propulsèrent la famille Livanos sur le devant de la scène des armateurs grecs établis à Londres. Chargé notamment de développer la petite flotte paternelle, Stavros insista pour payer comptant plutôt qu'à crédit. Bien lui en prit : l'effondrement des chantiers navals au cours des années 20 ruina bon nombre d'armateurs endettés. L'empire des Livanos en sortit consolidé.

Il avait un sens aigu des affaires, doublé d'une avarice quasi pathologique. Livanos était célèbre pour parcourir des kilomètres à pied dans Londres afin d'économiser une course en taxi. Un jour, à un marin grec qui se plaignait de son maigre salaire, une livre par mois, Livanos répliqua : « Dans mille mois, cela fera mille livres. Si tu économises ton argent, pense à tout ce que tu pourras faire avec mille livres ! »

En 1924, Stavros, alors âgé de trente-trois ans, retourna dans son île natale pour y prendre épouse. Il choisit Arietta Zafirakis, la fille de quinze ans d'un négociant grec prospère. Il emmena son épouse en Angleterre où elle lui donna trois enfants : Eugenia en 1926, Tina en 1929 et George en 1934. Leur mariage fut durable, heureux, et les enfants, surtout les filles, reçurent une éducation stricte. Ils allaient à l'église tous les dimanches et fréquentèrent les meilleures écoles d'Angleterre, du Canada et des États-Unis.

Tous les armateurs grecs vivaient à l'étranger, gérant leurs empires de New York, de Londres ou de Paris. Chaque année en août, ils rentraient au bercail, avec leur nombreuse famille, dans les villas de leurs ancêtres. La plage de Chio est jalonnée de ces villas de style turc, ceintes de murs de pierres sèches abritant de vastes jardins plantés d'orangers, de citronniers et de kumquats. Les kumquats sont une spécialité de l'île, avec le mastic, la matière résineuse des lentisques. (Les femmes des sérails turcs aimaient mâcher du mastic, et les Grecs sont toujours friands de cette pâte blanche collante.) La villa la plus imposante était celle des Livanos, Bella Vista.

Stavros Livanos fuyait toute publicité et considérait Onassis comme un parvenu. Mais l'arrivée du yacht avec Sir Winston Churchill à bord changeait la donne. Émoustillé, le patriarche des armateurs grecs avait préparé avec frénésie l'accueil du grand homme d'État et des autres passagers du *Christina*. Il avait fait venir son majordome et son chef de sa résidence parisienne et personnellement supervisé les plantations des jardins, tenant absolument à ce que tous les rosiers fussent en fleur le jour J. Il fit également construire un appontement devant sa villa afin que le petit canot transportant Sir Winston Churchill pût y accoster. Tous les voisins des Livanos, rentrés de l'étranger pour les traditionnelles vacances en famille, attendaient chez eux d'être conviés à venir saluer le grand homme. Stavros Livanos détestait lire son nom dans la presse, mais frétillait d'aise à l'idée de parader aux côtés des illustres amis de sa fille et de son gendre, au nez et à la barbe de ses rivaux.

Lorsque les passagers du *Christina* s'agglutinèrent à la proue pour vivre en direct l'entrée du bateau dans le port de Chio, le lundi 3 août, les cloches de toutes les églises de l'île sonnèrent à l'unisson dans un chœur de bienvenue à Sir Winston Churchill – une fois de plus, d'après Anthony Montague Browne, Maria se méprit et attribua l'hommage à sa propre personne, « ce qui au demeurant n'avait aucune importance, WSC, je crois, n'en ayant pas eu vent », commentait-il avec ironie. Livanos rejoignit le yacht dans son

Chris-Craft, rapporte le capitaine Kostas. Il embrassa sa fille, fut présenté aux invités, qu'il escorta jusqu'à l'embarcadère flambant neuf, puis leur fit franchir la grille en fer forgé de son domaine.

Après le dîner, les parents de Tina burent du champagne et dansèrent sur le pont du *Christina.* Radieuse dans sa robe sans bretelles, Tina présidait les festivités avec la grâce dont elle ne se départait jamais en de telles occasions. Lors d'un instant d'intimité avec son père, elle dut toutefois se plaindre du nouveau béguin de son mari et lui parler du comportement insupportable de Maria durant la croisière, car, à la fin de la soirée, on vit Livanos en conversation animée avec son gendre et prendre congé sans se donner la peine de saluer la diva.

À trois heures vingt-cinq, le 4 août, le *Christina* largua les amarres pour gagner la côte turque toute proche. La prochaine escale était Smyrne, en Turquie, où Aristote avait vu le jour et grandi ; où plusieurs membres de sa famille avaient été torturés et pendus lors des atrocités commises par les Turcs en 1922.

9

Smyrne : réminiscences

Ithaque t'a donné ce beau voyage.
Sans elle, tu n'aurais pas pris la route.
Elle n'a plus rien à te donner.

Constantin Cavafy, « Ithaque ».

À l'automne 1922, les soldats turcs mirent le feu aux quartiers arméniens et grecs de Smyrne, massacrant les civils à l'arme blanche pour épargner les munitions. Attendant, comme chaque fois en pareille occasion, le salut de la mer, les survivants se réfugièrent sur le port. Mis à part l'extermination des Juifs d'Europe par les nazis, deux décennies plus tard, ce devait être le pire génocide dont l'Histoire ait conservé le souvenir.

Une flotte de guerre internationale, anglaise, américaine, italienne et française, que les grandes puissances avaient à l'origine expédiée pour prêter main-forte à l'armée grecque mais qui, par la suite, reçut l'ordre d'observer la neutralité, mouillait dans le port. Elle ne voulut ou ne put rien faire pour les deux cent mille malheureux qui avaient trouvé refuge sur les quais. Ces derniers restèrent là pendant des jours, entassés les uns sur les autres. Ils appelaient parfois au secours, désespérément, mais se cantonnaient le plus souvent dans un silence terrorisé. La typhoïde se mit à les décimer, sans aucun moyen de se débarrasser des cadavres.

De temps à autre, l'un d'eux tentait de gagner à la nage l'un des vaisseaux tout proches et de grimper à bord en s'aidant des chaînes et des cordages. Il était alors systématiquement repoussé. Sur les bateaux américains, on avait donné l'ordre à l'orchestre de l'équipage de jouer le plus fort possible afin de couvrir les cris des nageurs qui demandaient de l'aide. Les Anglais déversaient de l'eau bouillante sur ceux qui approchaient de leurs navires. Les officiers invités à dîner sur d'autres navires ou en ville arrivaient souvent en retard, ces journées-là : les hélices des canots à moteur se prenaient dans les cadavres qui encombraient le port.

Parmi les correspondants étrangers couvrant les événements de Smyrne se trouvait un jeune reporter, un certain Ernest Hemingway, qui travaillait pour le *Toronto Daily Star*. Il intégrerait par la suite ses impressions sur ce qu'il avait vu à Smyrne dans son œuvre romanesque. Mais voici la description qu'il en donna dans une de ses premières dépêches, « Sur les quais de Smyrne » :

Le plus étrange, me dit-il, c'était de les entendre crier chaque nuit à minuit. Pourquoi à cette heure-là ? Je n'en sais rien. Nous mouillions dans le port, ils étaient rassemblés sur la jetée et à minuit ils se mettaient à crier. Nous avions pris l'habitude de braquer les projecteurs sur eux pour les calmer. Ça marchait à tous les coups... Le pire, ajouta-t-il, c'étaient les femmes dont le bébé venait de mourir. Impossible de les convaincre d'abandonner le corps. Il leur arrivait de le garder six jours d'affilée... Le port. Comment l'oublier ? C'est fou le nombre de jolies choses qui y flottaient. J'en rêvais la nuit. C'était la première fois de ma vie que je faisais de tels rêves. On se souciait moins des femmes qui accouchaient que de celles avec leur bébé mort. Les accouchements se passaient bien. Curieux qu'il n'y ait pas eu plus de mortes en couches... Elles ne pensaient qu'à une chose, sortir de là. Les Grecs [les soldats qui se repliaient devant les Turcs] *étaient de braves types, eux aussi. Au moment de leur évacuation, ils ne purent emmener avec eux les animaux de transport. Ils leur brisèrent donc les pattes de devant et les jetèrent à l'eau. Toutes ces mules à qui l'on brisait les pattes avant de les pousser dans les hauts-fonds ! Charmante occupation. Oui, ma parole, une occupation vraiment charmante.*

L'armée turque, lancée à la poursuite des soldats grecs qui, d'ailleurs, avaient réussi à reprendre la mer, entra dans Smyrne le 9 septembre 1922. L'armée grecque, forte de l'appui des grandes puissances, avait occupé la ville trois ans plus tôt, puis s'était enfoncée à l'intérieur du pays dans le but de récupérer les terres prises par les Turcs cinq cents ans auparavant. La population civile était désormais abandonnée à elle-même à espérer que les Turcs ne lui feraient pas payer les fautes de ses dirigeants.

En 1922, les sept cent mille habitants de ce port très actif de la côte sud-ouest de la Turquie comprenaient quatre cent mille Grecs, cinquante mille Arméniens et seulement deux cent mille Turcs, plus une mosaïque de Français, Italiens, Anglais, Allemands et Juifs séfarades. Six jours après l'entrée de l'armée turque, on comptait cent vingt mille morts chez les non-Turcs.

Socrate Haralambos Onassis, l'un des plus riches négociants de la ville, était arrivé en 1892 d'un village de l'intérieur de l'Asie Mineure, Moutalassaki, non loin de la Cappadoce. Il avait fait fortune dans l'import-export, se spécialisant dans le coton, le tabac et le trafic légal de l'opium. Sa première femme, Pénélope Dologlou, était morte en 1912 des suites d'une opération des reins ; remarié la même année à Eleni Tzortzoglou, il avait fait venir sa mère, Gethsémane, de son village natal pour l'aider à élever ses deux enfants, Artémis et Aristote. En 1913, Eleni donna à Socrate une deuxième fille, Mérope, puis une troisième cinq ans plus tard, Kalliroé. Il était alors trésorier de la Bourse de Smyrne et président de l'Association des exportateurs de tabac, selon des documents que j'ai découverts en 1997 dans la ville, que l'on appelle désormais Izmir.

Le clan Onassis (connu à Moutalassaki sous le nom d'Onassoglou) vivait en Turquie depuis tant de générations que Gethsémane, pour être pure Grecque et chrétienne orthodoxe fervente pratiquante, ne parlait que le turc. Elle avait appris elle-même à lire et à écrire (ce qui était interdit aux femmes de sa génération) afin de pouvoir étudier sa drôle de Bible écrite en turc mais en caractères grecs. Chaque année, à Pâques, elle tenait à faire le had, le pèlerinage à Jérusalem, ce qui lui permettait d'ajouter le terme honorifique de *hadji* à son nom. Aristote et ses sœurs l'appelaient Hadji-néné (*néné* signifiant « grand-mère » en turc).

La famille Onassis vivait sur les pentes escarpées au sud du port, dans un quartier cosmopolite dénommé Karatas, relié par ferry au centre de Smyrne, guère éloigné. Socrate bénéficiait de liens solides avec la communauté turque. C'était également un grand ami du consul américain, George Horton, qui l'avait prévenu que les Turcs ne manqueraient pas de se venger sur les Grecs de la ville de l'incursion militaire grecque en territoire turc. Selon Mérope leur père prit l'avertissement au sérieux et, à titre de précaution, envoya deux navires chargés de tabac, coton et conserves à des sociétés anglaises dont il était le fournisseur, afin que les bénéfices fussent gardés en dépôt dans sa banque britannique.

Dès que les deux frères de Socrate, Vasilis et Alexandre, apprirent la défaite de l'armée grecque, le 26 août 1922, à Afyon-

Karahissar, plus de trois cents kilomètres à l'est de Smyrne, ils s'empressèrent de quitter la ville pour la province. Le cadet, Omeros, avait déjà fui à Athènes. Tous trois étaient membres d'un mouvement séparatiste cherchant à créer une enclave grecque autonome en Turquie. Tous les membres de la famille risquaient gros, même si Socrate avait lui-même soigneusement évité tout engagement politique et fait l'impossible pour protéger ses proches. Il dépensa une fortune pour assurer le passage de ses trois filles et d'Eleni sur l'un des premiers bateaux de réfugiés en partance pour l'île grecque de Mytilène (Lesbos). « Lui-même et ma grand-mère restèrent avec deux de mes oncles et mon frère, expliquait Mérope. On pensait que les Turcs ne feraient pas de mal aux vieilles femmes, et que seuls les jeunes femmes et les hommes en âge de combattre étaient en danger. »

Une fois les femmes expédiées au loin, lestées de souverains d'or soigneusement cousus dans leurs vêtements superposés, Socrate, accompagné d'Aristote, se rendit à son bureau du quartier des affaires pour y brûler tous les papiers pouvant les compromettre comme partisans des organisations grecques nationalistes. On était le vendredi 8 septembre. À l'institution grecque réputée, Evangheliki Scholi, où étudiait le garçon, on avait depuis longtemps contraint les élèves à abandonner la casquette anglaise pour le fez turc de couleur rouge et à porter le brassard marqué de l'étoile et du croissant. Socrate choisit de garder son fils auprès de lui pour l'aider à protéger son commerce. De toute manière, le jeune homme paraissait trop jeune pour être mobilisé.

Le samedi 9 septembre 1922, le 4e de cavalerie turc, cimeterre au clair, occupa la ville de Smyrne sans coup férir. Le dimanche fut calme, les non-Turcs restant confinés chez eux en attendant de voir ce qui arriverait. Tout commença le lundi 11 septembre.

On parqua les hommes sur les places du centre-ville en les forçant à s'agenouiller. Puis on leur trancha la gorge. Les femmes furent violées, tuées et leurs corps mutilés. Un prêtre de l'église où Socrate et Eleni s'était mariés fut crucifié, des fers à cheval cloués aux mains et aux pieds.

Le métropolite grec Chrysostome fut littéralement mis en pièces par un commando de musulmans, lesquels lui arrachèrent les yeux et lui coupèrent nez, mains et oreilles avec un rasoir. Trois jours auparavant, il s'était présenté au consulat américain pour demander à son ami George Horton si l'on pouvait faire quelque chose pour protéger son peuple. L'air « infiniment triste », il avait refusé l'offre de monter à bord d'un des bateaux américains sous la protection des marines. « Dans le bureau du consul, l'ombre de sa mort prochaine se reflétait sur son visage », dirait Horton par la suite.

Le mercredi 13 septembre, les soldats turcs répandirent du kérosène et y mirent le feu afin de faire disparaître les preuves de leurs atrocités. Ils avaient attendu que le vent tourne afin que les flammes pussent gagner les districts arméniens et grecs et épargner les quartiers turcs. Un policier grec, Sergeant Tchorbadjis, fit part à l'historienne et romancière Marjorie Housepian de ce dont il avait été témoin en aidant les pompiers qui s'efforçaient vainement d'éteindre l'incendie. « J'ai vu des cadavres dans toutes les maisons où je suis entré. Dans l'une d'elles, une trace de sang m'a conduit à un placard. Je l'ai ouvert par curiosité – et mes cheveux se sont dressés. S'y trouvait le corps entièrement nu d'une jeune fille aux seins coupés... J'ai vu sur une route un homme de quarante-cinq ou cinquante ans. Les Turcs lui avaient crevé les yeux, coupé le nez, et l'avaient abandonné dans la rue. Il implorait en turc : "N'y a-t-il pas un chrétien par ici pour m'abattre d'une balle et m'éviter de brûler dans l'incendie ?" »

Craignant pour la vie de sa mère, Socrate confia Gethsémane aux bons soins d'une famille voisine qui avait déniché une place sur un caïque turc devant les faire passer sur une île grecque voisine. On emmena la vieille femme en larmes, en dépit de ses protestations. Elle ne voulait pas abandonner un fils et ce petit-fils qu'elle adorait. Elle recommanda mille fois à Aristote de ne pas oublier d'allumer les cierges de l'autel familial (que toute famille grecque entretient dans l'encoignure est de son salon) et de remettre sa destinée aux mains de Jésus-Christ. Elle aussi emportait une grosse somme en souverains britanniques noués dans un mouchoir caché sous son ample jupe noire.

Socrate put constater de son balcon que tout le quartier commerçant, y compris ses propres entrepôts, était en flammes. La ville brûla toute la nuit, laissant voir la lueur infernale de son ciel à plus de deux cents kilomètres à la ronde. La silhouette sombre des minarets et des dômes des églises se découpait sur un rideau de feu. Les explosions des caches de munitions firent entendre leur lointain grondement de tonnerre jusqu'à l'aube. Le lendemain, un lieutenant turc se présenta à la maison et demanda le négociant en tabac dénommé Socrate Onassis.

Aristote assistait à la scène. L'officier, s'exprimant d'abord poliment, monta vite le ton en accusant le négociant d'entretenir des relations avec les ennemis de l'État. On emmena Socrate enchaîné dans une prison du district turc proche du *cunak* – la préfecture – confiant la garde de la maison à son seul fils.

Peu après, le garçon apprit que son oncle préféré, Alexandre, avait été pendu en public à Kasaba, à soixante kilomètres de Smyrne, et que deux autres de ses oncles, Yannis et Vasilis, étaient détenus dans les *sevkiats*, les camps de concentration de l'intérieur du pays. Les trois oncles avaient vécu dans des villes commerçantes à l'est de Smyrne, où ils étaient chargés d'acquérir les marchandises que Socrate expédiait en Europe. Les deux survivants, condamnés aux travaux forcés, vivraient un véritable calvaire pendant deux ans, puis seraient finalement relâchés et regagneraient la Grèce. Un cinquième oncle, Kyriakos, dont aucune biographie d'Onassis n'a jamais fait mention, avait été tué par une balle perdue au cours d'une manifestation de rue à Athènes en 1916.

Aristote, abasourdi et livré à lui-même, erra dans la ville pour découvrir que leurs entrepôts de Daragaz Point étaient réduits en cendres, mais que les bureaux de Grand Vizier Hane étaient intacts, sous la garde de soldats turcs. Partout, des cadavres mutilés. Une grappe de têtes de femmes liées par les cheveux comme autant de noix de coco flottait sur la rivière.

Dans les jours qui suivirent, un général turc s'attribua la villa d'Onassis, et le jeune lieutenant qui lui servait d'aide de camp enjoignit à Aristote de quitter les lieux. Tous les chrétiens de sexe masculin de dix-sept à cinquante ans allaient être déportés dans des camps de travail de l'intérieur afin de les empêcher de rejoindre les rebelles, expliqua-t-il à l'adolescent.

C'est en ces instants critiques que le jeune Aristo fit preuve de cette présence d'esprit qui lui servirait si bien toute sa vie. Non content de persuader le lieutenant qu'il n'avait pas plus de seize ans, il obtint la permission de rester dans la demeure familiale pour faire office de majordome. Il allait s'employer à entretenir le chauffage et la plomberie, dégoter les disques les plus récents pour le phonographe et les meilleurs cigares. (« Quand vous leur facilitez la vie, c'est quasiment infaillible : les gens vous adorent », expliquerait Onassis à Maria en lui racontant l'histoire.) En échange, les Turcs lui laissèrent sa chambre. (Au moins l'un des biographes d'Onassis, Peter Evans, affirme que les services rendus au jeune lieutenant furent également d'ordre sexuel, ce qui reste à prouver et ce qu'Onassis, dont la farouche aversion pour les homosexuels deviendrait notoire, aurait certainement démenti.)

La tâche la plus délicate d'Aristote consistait à dénicher de l'alcool de contrebande pour la table du général. Heureusement, quelques jours après avoir été chargé de cette mission, le jeune homme fit la connaissance du vice-consul américain en Turquie, James Loder Park, un ami de son oncle Alexandre. Park était également en quête désespérée de spiritueux – en l'occurrence destinés à la consommation des officiers des navires américains mouillant dans le port. Aristote avait beau eu faire appel à ses relations familiales, la tournée en ville, flanqué d'un officier turc, n'avait guère été probante. Tout changea quand il approcha les mêmes en compagnie du vice-consul américain : les bouteilles de gin et de whisky, et même un tonneau de raki, firent miraculeusement leur apparition.

L'adolescent se procura bientôt suffisamment d'alcool pour complaire aux Américains comme aux Turcs. Ces derniers le récompensèrent d'un laissez-passer lui permettant de circuler librement dans toute la ville ; les premiers le gratifièrent d'une carte d'identité lui donnant accès, au centre de Smyrne, à la zone militaire de quelques kilomètres carrés dépendant du consulat américain partiellement détruit par le feu. C'est à ces sauf-conduits que la famille d'Onassis doit sa survie.

L'Aristote de seize ans qui parcourait la ville à la recherche de bonnes affaires en avait en réalité dix-huit. Sa véritable date de naissance reste un mystère, au demeurant soigneusement entretenu par le magnat lui-même tout au long de sa vie. (À sa mort, en 1975, la notice nécrologique du *New York Times* ne donna pas son âge mais lui attribua vingt-neuf ou trente-trois ans de plus que son épouse, Jacqueline Kennedy Onassis, « selon la date de naissance qu'il lui plaisait de communiquer en différentes occasions ».)

Le passeport argentin d'Onassis, délivré en 1927, comme la plupart des documents officiels signés de sa main, y compris les documents militaires de la Seconde Guerre mondiale et les certificats de naissance de ses enfants, le font naître le 21 septembre 1900. Il a toutefois toujours prétendu être né le 20 janvier 1906, mais qu'il lui avait fallu indiquer une date antérieure lorsque, en 1923, il avait débarqué en Argentine pour faire fortune. Ses dix-sept ans ne lui permettant pas de travailler, expliquait-il, il s'était vieilli de quelques années, dont il ne put se défaire par la suite.

En vue d'établir la date exacte, j'ai interrogé ses plus proches parents encore en vie. Sa demi-sœur Mérope, bonne fille, a également mentionné 1906. Mais lorsque, par la suite, je me suis enquis du nombre d'années qui la séparaient de la plus âgée de ses sœurs, Artémis, elle m'a livré le chiffre de douze. Mérope reconnaissait être née en 1913, ce qui ferait 1901 pour Artémis, contrairement à la date de 1904 avancée par celle-ci. Il s'agissait peut-être d'un erreur délibérée visant à corroborer les affirmations de son frère, puisqu'on savait qu'il avait deux ans de moins qu'Artémis. Mais, à supposer que Mérope ait eu raison sur la date de naissance d'Artémis, celle d'Onassis devrait être 1903 ou début 1904.

Tous les documents pouvant confirmer mes soupçons ont été détruits dans l'incendie de Smyrne ; je me suis donc mis en quête de la date de naissance de plusieurs camarades de classe d'Onassis. D'après Onassis lui-même, Yianni Voulgarides, qu'il appelait Yanko, dans la même classe que lui à Evangheliki Scholi, était l'un de ses meilleurs amis. Voulgarides est mort en 1995, mais j'ai retrouvé son fils, qui m'a assuré que son père avait quatre-vingt-douze ans au moment de sa disparition, autrement dit qu'il était né en 1903. Un autre camarade de classe d'Onassis, Nikos Ekmekzoglou, mort en 1981, était, selon sa famille, né en 1904.

J'ai pu retrouver facilement un troisième condisciple toujours en vie, George Katramopoulos, dans la mesure où il s'agit du père d'une célèbre journaliste grecque très respectée, Eleni Bistika. C'est grâce à elle que j'ai pu l'interviewer dans la bijouterie qu'il dirige toujours dans le centre d'Athènes. Frêle et presque aveugle, il m'a dit avoir connu Onassis lors de son passage en cours élémentaire à l'école Aroni. Tous deux étaient dans les mêmes classes les quatre années suivantes pour finalement entrer ensemble à Evangheliki Scholi. « J'étais dans la filière classique, qui durait six ans, et Onassis dans la filière commerce, qui durait cinq ans, se souvient-il. Je n'avais plus qu'une année à faire lors de la grande catastrophe de 1922. »

Katramopoulos m'a dit être né le 15 août 1904, tout en ajoutant : « Onassis avait juste quelques mois de plus que moi, en tout cas moins d'un an ». Onassis célébrant son anniversaire le 20 janvier, il était donc né en 1904.

En 1927, en Argentine, Onassis avait jugé opportun de s'ajouter deux hivers. Mais cinq ans plus tôt, à Smyrne, il avait compris que l'âge adulte revenait à « une sentence de mort virtuelle », selon sa propre formule. Espérant sauver tout ce qui pouvait l'être de la fortune de son père, voire même obtenir la liberté du vieil homme, il s'était rajeuni de deux ans, ce que son visage imberbe et sa petite taille ne démentaient pas.

Son laissez-passer turc lui donnait libre accès à la prison où son père était détenu. Il transmettait les lettres des prisonniers grecs, arméniens et étrangers accusés de crimes politiques à leur famille, et réciproquement. C'est ainsi qu'il apprit qu'on emmenait chaque nuit des groupes de dix ou vingt détenus pour les pendre sommairement à la suite d'une parodie de jugement.

Socrate chargea son fils de contacter ses amis turcs de la ville, en particulier un certain Sadiq Topal, qui lui devait de l'argent, pour solliciter leur aide. Le jeune homme eut bientôt recueilli trois cents signatures de Turcs au bas d'une pétition demandant la clémence du gouverneur en faveur de son père. Socrate fut finalement transféré hors du quartier des condamnés à mort. On lui ôta les fers. Il avait la vie sauve, mais il restait en prison.

Socrate détenait dans les bureaux de la famille de Grand Vizier Hane des titres et des bijoux que Sadiq Topal pouvait gager pour emprunter. Quand Aristo, accompagné du négociant turc, fut autorisé à pénétrer dans le bâtiment détruit par le feu, il découvrit deux des coffres de son père intacts, recelant toujours des milliers de livres turques. James Park, à qui il parla de l'aubaine, lui conseilla d'emporter l'argent et de quitter la Turquie. Le vice-consul prit ses dispositions pour que le jeune homme fût admis à bord du destroyer U. S. *Edsall* qui devait lever l'ancre le lendemain matin, 15 octobre.

Ce soir-là, Aristote rendit une dernière visite à son père. Au milieu des deux douzaines de prisonniers qui peuplaient la cellule, il réussit à glisser cinq cents livres turques dans la chemise de Socrate en l'embrassant. Le vieil Onassis était épuisé par la dysenterie. L'argent lui permettrait au moins d'obtenir une amélioration de l'ordinaire, voire d'être mieux traité par les geôliers. Aristo promit à son père de retrouver ses sœurs, sa belle-mère et sa grand-mère dès qu'il serait hors de Turquie. Les amis turcs de Socrate s'arrangeraient pour le faire libérer.

On intercepta Aristo à la sortie de la prison. On l'avait vu transmettre l'argent à son père, et il était convoqué dans le bureau du commandant. Il était terrorisé, détenant sur lui le reste de l'argent, retenu par des bandages à même la peau, ainsi que plusieurs lettres de prisonniers cachées dans ses vêtements. Au beau milieu de l'interrogatoire, le commandant fut appelé pour une réunion urgente. Il confia le jeune homme à deux gardes jusqu'à son retour.

Les fréquents allers et retours d'Aristo et son laissez-passer l'avaient rendu familier aux gardiens, qui ne prêtèrent guère attention à lui au cours de leurs rondes. Il se glissa subrepticement hors de la pièce et s'approcha de la sortie. Il fit un signe de la main au portier, comme il l'avait fait si souvent, et, une fois hors de vue, parcourut comme une flèche les cinq kilomètres qui le séparaient du sanctuaire de la zone militaire américaine.

Il y retrouva James Park, qui accepta d'héberger le fugitif dans son bureau de l'hôtel Majestic pour la nuit. Les policiers turcs débarquèrent le soir même à la recherche d'un jeune Grec qui, disaient-ils, avait commis un vol et violé une jeune Arménienne. On l'avait vu entrer dans la zone américaine. Aristo, que James Park avait caché dans son bureau à cylindre, put entendre son ami déclarer qu'il n'avait aucune idée du lieu où le voleur pouvait bien se trouver. Après le départ de la police, Park procura à Aristo un uniforme de marin américain et le conduisit lui-même au port jusqu'à ce qu'il fût en sûreté à bord de l'*Edsall*. Le navire appareilla le lendemain et, dans les heures qui suivirent, Ari fut débarqué dans l'île de Mytilène (Lesbos), le camp de transit le plus proche pour les milliers de sans-abri fuyant l'Anatolie. Il y retrouva enfin ses sœurs et sa belle-mère, mais apprit la disparition de sa grand-mère, l'être qui lui était le plus cher.

Les événements de Smyrne avaient été véritablement atroces. Mais la version qu'en donnait Onassis au fil des années, et encore le 4 août 1959 à Maria Callas, les rendait chaque fois plus terribles. Aristo avait assisté au dépeçage du métropolite Chrysostome. Ce n'était pas un mais trois de ses oncles qu'on avait pendus en public. « Je les ai vu pendre », raconta-t-il à un journaliste du *New York Herald Tribune* en 1954 (alors que les pendaisons avaient eu lieu à plus de soixante kilomètres de Smyrne). Sa tante Maria, l'unique sœur de Socrate, et son mari, Chrysostomos Konialides, avaient péri avec leur petite fille dans une église de Thyatira incendiée par les Turcs, affirma-t-il à un autre. Il est vrai que Chrysostomos Konialides, capturé par les Turcs, fut par la suite mis à mort. Il est également vrai que cinq cents Grecs, que les Turcs empêchèrent de sortir, moururent dans l'église en feu de Thyatira. Mais la tante d'Onassis n'était pas parmi eux. Selon Mérope : « Maria était morte en accouchant de son cinquième enfant avant les événements d'Anatolie. » La petite fille de Maria, Antiopi, âgée de six ans, avait disparu au cours des atrocités. Son frère, Nikos Konialides, la retrouva bien des années plus tard. Elle s'était mariée à un Turc et refusait de revenir au sein de sa famille grecque.

Onassis avait vécu à Smyrne les années les plus heureuses et les plus traumatisantes de son existence. C'était son propre passé qu'il voyait resurgir au moment où le *Christina* entrait dans le port crasseux, bruyant et surpeuplé : les charrettes, les ânes, les chameaux, les cris des *hamals* déchargeant les cargaisons sur le quai ; son ancien quartier s'étageant le long de la colline ; les étroites rues en terrasses de Karatas dont certaines se réduisent à un escalier de pierre, avec leurs marchands ambulants tirant leurs petites voitures sous les balcons aux grilles ouvragées d'où les femmes musulmanes, derrière leur voile, peuvent contempler le spectacle de la rue tout en se préservant des regards indiscrets. « Une profonde émotion s'emparait de lui chaque fois qu'il retournait à Smyrne », m'a affirmé le capitaine du *Christina*.

Onassis tint à emmener tous les passagers dans cette visite nostalgique. Son lycée, en 1959 (comme aujourd'hui), était toujours celui qu'il avait connu lorsqu'il en était l'élève le plus indiscipliné. Ses vastes bâtiments néoclassiques de couleur crème, agrémentés de colonnes ioniennes, se dressent au milieu d'un campus entouré de murs, ombragé par de vénérables palmiers et des sapins égayés de bougainvilliers. Les élèves arborent toujours l'uniforme bleu marine et la vareuse blanche qu'Aristo portait quand l'école s'appelait Evangheliki Scholi. Seulement, on dispense désormais les cours en turc plutôt qu'en anglais ou en grec. L'entrée principale est aujourd'hui dominée par un buste géant de Kemal Atatürk, l'homme qui a ordonné le sac de Smyrne en 1922, l'air mauvais sur son socle de granite gris. Derrière lui, gravée dans le marbre gris, cette inscription de trente centimètres de haut : QUEL HONNEUR DE POUVOIR DIRE : « JE SUIS TURC ».

Aristote guidait ses invités à travers le campus ombragé et se vantait des succès qu'il y avait obtenus. Il avait failli être sélectionné dans l'équipe olympique de water-polo et était sorti dans les tout premiers de sa promotion. « J'étais censé ensuite partir étudier l'architecture à Oxford. J'avais déjà acheté mes effets pour l'Angleterre quand commença le massacre. » Onassis, certes, excellait dans les sports nautiques. Mais ses condisciples n'ont pas souvenir de ses prétendus succès scolaires, c'est le moins qu'on puisse dire.

Après avoir fait des siennes dans toutes les écoles qu'il avait fréquentées, il n'était entré à Evangheliki Scholi, un établissement fondé en 1733 sous patronage britannique, que parce que son père était intervenu auprès de son ami, Michael Avramides, un professeur de l'établissement. Celui-ci devait regretter d'avoir intercédé en faveur du galopin. Il écrirait par la suite : « Le fils était aussi infernal que le père était charmant... Tout jeune déjà, vous pouviez voir qu'il était de ces gens qui se détruisent ou réussissent brillamment. » Le jeune Aristo se distingua rapidement par ses canulars et son absentéisme. De mèche avec un autre lascar, il brancha un jour toutes les sonneries de l'école de façon qu'elles se déclenchent en actionnant un seul des fils. Il utilisait l'argent destiné à gratifier les professeurs pour acheter cigarettes et boissons à ses camarades. Il préférait se bagarrer ou nager dans le port que se morfondre en classe, et s'offrait sans payer des balades à bord des ferries sillonnant les eaux de Smyrne. Son jeu favori consistait à s'accrocher à la poupe pour se hisser à bord, à la grande consternation des dames turques voilées à qui la partie arrière était réservée. « En cinquième année, à Evangheliki, il pinça la jeune femme qui nous enseignait l'anglais. On lui administra les verges, mais il s'en moquait », se rappelle son condisciple, George Katramopoulos.

Les sports nautiques, voile, aviron, water-polo et nage, étaient le seul domaine où il s'appliquât avec une certaine constance. La plus grande déconvenue de sa jeunesse, deux mois avant la catastrophe de septembre 1922, fut de ne pas réussir à remporter le titre de « *Victor Ludorum* » (champion des jeux) pour lequel il s'était préparé toute l'année, s'exerçant à l'aviron chaque matin afin d'améliorer sa résistance. Ses mentors étaient ses deux oncles préférés. Omeros, l'un des quatre juges de l'épreuve, lui servait d'entraîneur sportif, tandis qu'Alexandre, le guide de son adolescence, le familiarisa à la compagnie des femmes. (Son père, plutôt distant, était totalement absorbé par ses affaires ; Aristote trouva des substituts paternels chez ces deux oncles, dont il pleurerait la disparition précoce toute sa vie.)

Le jeune Onassis, quoi qu'il en ait dit, n'a jamais obtenu de diplôme d'Evangheliki. Les archives ayant été détruites lors du désastre, un groupe de condisciples se retrouva à Athènes pour établir une liste des lauréats d'Evangheliki, afin de pouvoir postuler à l'entrée à l'université. Ses amis firent inscrire le nom d'« Aristote Onassis » au bas de la liste, lequel fut rayé rageusement par leur ancien directeur.

Onassis conduisit ses hôtes au pied de l'escalier de pierre qui menait à son vieux quartier de Karatas. Ils grimpèrent jusqu'à la villa où il avait vécu avant que les Turcs ne s'en emparent. La grille de fer forgé, la véranda et sa mosaïque de cailloux ronds, les fenêtres munies de barreaux avec vue sur les quais, tout était en place, bien qu'un peu détérioré. Les pierres, les marches, les arbres, la vigne vierge faisaient remonter tant de souvenirs... L'émotion fut si forte qu'Onassis dut faire une halte, se remémorait Maria.

Aristo se rappelait peut-être la première fois où lui et sa sœur Artémis étaient revenus en ces lieux, en 1955. C'est au cours de l'été 1988 que Mérope m'a décrit la visite telle qu'Artémis la lui avait rapportée : « Ils ont frappé à la porte. Une femme leur a ouvert et les a fait entrer. Dans le living-room, Artémis s'est dirigée vers le piano, au milieu de la pièce, l'a caressé affectueusement et a éclaté en sanglots. “C'est le piano sur lequel j'ai pratiqué”, expliqua-t-elle en grec à Aristo. La femme qui habitait la maison les a regardés avec surprise et leur a demandé – elle aussi dans un grec parfait : “Êtes-vous grecs ? Je suis une Grecque musulmane de Crète. Nous sommes venus ici à la suite de l'échange de populations et ils nous ont attribué cette maison.” »

Sur le seuil dont la grille portait encore les initiales de son père, Onassis contemplait la vue familière des quais. Il avait le sentiment d'avoir de nouveau dix ans, confia-t-il à sa sœur, comme s'il jouait sur les marches conduisant au port tandis que les adultes de la famille, à l'ombre de la treille, contemplaient le paisible coucher de soleil.

Socrate et ses compères fumaient leur narguilé. Les femmes, glissant silencieusement dans leurs babouches, leur apportaient café turc, eau fraîche, fruits confits au sirop, sans oublier les coupes d'ouzo aux reflets d'opale. Le phonographe diffusait dans l'air du soir la mélodie plaintive et pénétrante d'une chanson turque *halk*. Pour peu que le *kefi* du moment ou l'anis fortement alcoolisé les inspirât, les hommes se levaient et effectuaient quelques-uns des pas lents et hypnotiques de la danse de l'aigle, le *zembebkiko*, gage de leur adresse et de leur force. Avec ces images lui revenaient les parfums de safran, de miel, de feu de bois et de fromage de chèvre, de citronnier et de jasmin, sans oublier l'arôme des boulettes de viande à la tomate que Hadji-néné confectionnait spécialement pour son petit-fils. C'était cela, les madeleines d'Onassis : ces pavés ronds sur le seuil de la maison vidée de son enfance. Il aurait été vain de tenter d'évoquer ce foisonnement de réminiscences devant ses hôtes. Ni les Britanniques ni sa propre femme, élevée en Angleterre et en Amérique, n'avaient jamais goûté à la cuisine, à la musique et aux bruyantes fêtes de famille qui avaient façonné sa jeunesse. Seule Maria, qui avait vécu dans l'Athènes d'avant-guerre avec ses faubourgs surpeuplés de réfugiés d'Anatolie, pouvait comprendre la nostalgie qui se dégageait du chant plaintif du rébétiko ou la joie qui gonflait la poitrine d'Aristo à l'évocation des mets riches en épices, raisins secs et pignons.

Le groupe parvint finalement au cimetière grec orthodoxe de l'archange Saint-Michel où la mère d'Onassis, Pénélope, est enterrée au milieu d'un bosquet de cyprès, symbole de la résurrection (le cimetière grec de Smyrne a été rasé depuis et remplacé par un stade). Onassis, devant la modeste pierre tombale, ne tarissait pas sur la beauté de sa mère, ses grands yeux noirs, sa chevelure auburn, sa douceur et sa sérénité. L'ennui est qu'Aristote ne pouvait guère se souvenir du visage de sa mère. Il n'avait d'elle qu'une vieille photographie sépia sur laquelle une jeune femme, l'air irrité, regarde l'objectif, engoncée dans un col de dentelle montant, la chevelure ramassée à la manière des jeunes filles de Gibson. Son fils avait fait peindre un portrait d'après cette photo et l'avait accroché au-dessus de son bureau du *Christina*, mais il devait ensuite apprendre par des relations de la génération précédente qu'il n'était pas très ressemblant. Il fit un jour cette remarque à Churchill : « Vous m'avez dit, Sir Winston, que votre père est mort alors que vous étiez très jeune. S'il avait vécu aussi longtemps que vous, vous n'auriez peut-être pas eu à lutter autant. Votre vie aurait été plus facile et vous n'auriez probablement pas fait ce que vous avez fait... Ma mère est morte quand j'avais six ans. Si elle avait vécu, je n'aurais peut-être pas travaillé aussi dur. »

Près du port, au retour, Onassis montra aux Montague Browne l'endroit exact d'où, la nuit la plus terrible de la catastrophe, il avait plongé, puis nagé en esquivant les balles et les cadavres jusqu'au bateau américain qui devait le recueillir. Il ne fit pas mention du canot à moteur du vice-consul qui l'avait transporté, en uniforme de marin américain, jusqu'au navire de guerre.

Le *Christina* appareilla de Smyrne à midi cinquante-cinq. Le pèlerinage n'avait duré que quatre heures mais avait ravivé plus de cinquante ans de souvenirs. Les passagers se rassemblèrent sur le pont arrière pour le déjeuner ; Onassis poursuivit le récit de sa jeunesse. Il en était à son adolescence. Après le repas, hors de portée des oreilles des enfants, il régala Maria et les autres convives de ses premières aventures amoureuses. Il n'avait que douze ans la première fois qu'il entreprit de perdre son pucelage en compagnie d'une jolie lavandière de la maison : sa belle-mère était survenue, mettant fin aux ébats qui se déroulaient sur une pile de linge sale du sous-sol. L'acte ne fut pas consommé, mais la lavandière fut renvoyée. Aristo eut plus de chance avec une charmante préceptrice française que son père avait engagée pour les vacances d'été. La jeune femme l'avait reçu chez elle par une journée de canicule, vêtue, si l'on peut dire, d'un déshabillé quasi transparent « laissant voir son opulente poitrine », expliquait Onassis.

Oubliant immédiatement tous ses verbes français irréguliers, il bégaya en grec : « Mademoiselle, votre tenue est indécente. Vous m'excitez malgré moi. Si vous continuez à vous habiller de cette façon, rien ne pourra m'empêcher de vous violer ! » Sa franchise ne l'avait pas prise au dépourvu, se rappelait-il. « Elle éclata de rire. Je la renversai sur un sofa et lui montrai sans plus d'hésitation mon admiration. Ce fut ma première maîtresse. »

Les jeunes filles de bonne famille ne se laissaient pas approcher avec la même désinvolture. Aristo développa des sentiments plus éthérés pour une jeune Juive espagnole du quartier de Karatas. Il avait baptisé la jeune beauté aux yeux noirs Luna-e-Kinze, expliqua-t-il à Maria, parce qu'elle n'avait que quinze ans. Aristo fit à Luna une cour en bonne et due forme et rassembla ses amis sous sa fenêtre pour des sérénades et des *cantadas* italiennes. Il lança même un défi à un rival, un riche Arménien du nom de Spartalis, prêt à se battre pour le cœur de la fille. Mais la belle Luna-e-Kinze se révéla intraitable. De toute façon, ses parents finirent par l'emmener en Amérique du Sud.

Aristo ne se morfondit pas longtemps et se consola à Demir Yolu, le quartier chaud de Smyrne. En 1921, il emmena une douzaine de ses camarades de classe un peu intimidés faire le tour du quartier, après avoir dûment obtenu la permission du professeur de sauter les cours de la matinée sous prétexte d'assister au service religieux du jour de la Sainte-Barbara. Un charme d'adolescent à peine sorti de l'enfance, mais bronzé et costaud (bien que de petite taille), et surtout la prospérité paternelle et l'accès à ce qu'il y avait de meilleur en tabac et spiritueux lui valaient un franc succès auprès de ces dames.

Le bordel favori d'Aristo à Smyrne, confia-t-il à Maria (en grec, de peur que ses hôtes britanniques ne l'entendissent), était celui de Fahrie. Les fragrances poudrées des courtisanes, leur parfum musqué et la douceur de leurs jambes gainées de soie lui inspireraient des désirs romanesques pour le reste de sa vie. Il ferait également son profit de la sagesse et de l'expérience des prostituées de Smyrne. « D'une manière ou d'une autre, chéri, toutes les femmes le font pour l'argent », l'avertit une vieille putain turque. Il en déduisit qu'argent et sexe sont indissociables, inexorablement, quel que soit le milieu.

Aveux, souvenirs, secrets partagés et regards complices emplissaient les longues conversations nocturnes à bord du *Christina*. Pourtant, mis à part quelques furtifs serrements de mains quand les autres regardaient ailleurs, Onassis et Maria avaient soigneusement évité tout contact physique. Sur le yacht, il était tout simplement impossible de se ménager quelques instants de véritable intimité. En tout cas, Onassis s'en tenait à la convention qui avait transformé les malheureux Montague Browne en chaperons et en gardiens de la bienséance. Autant de précautions qui exacerbaient le désir mutuel. Onassis n'avait pas simplement recours à l'évocation de ses frasques de jeunesse en guise de grossière tentative de séduction. Il lui fallait combler sa frustration.

Maria écoutait ces récits de conquêtes, les yeux brillants. Elle n'avait jamais entendu un homme parler aussi franchement, et la façon dont Aristo envisageait les choses de l'amour la fascinait. Toute son expérience en la matière avait été jusque-là négative. Sa mère, qui méprisait son père, avait tourné à l'hystérie et même tenté de se suicider quand les appétits de son mari l'avaient incité aux aventures extraconjugales. À Athènes, Litsa ne considérait l'amour que comme un moyen d'obtenir nourriture, argent et faveurs de la part des officiers ennemis et avait peut-être encouragé ses filles à suivre son exemple. Une fois mariée, Maria apprit, comme elle l'avouait à ses amies, qu'« une femme doit parfois remplir ses devoirs conjugaux » pour s'assurer la protection de son mari et être heureuse. Personne, jusqu'à Onassis, ne lui avait laissé penser qu'on pouvait prendre un plaisir fou à faire l'amour, que c'était naturel et roboratif, tant pour l'homme que pour la femme. C'était là un concept nouveau et libérateur pour une femme élevée dans l'idée de sacrifier au déplaisant devoir du sexe. Les histoires crues des aventures de jeunesse d'Onassis l'excitaient profondément.

Meneghini, bien sûr, ne pouvait saisir exactement ce qu'Onassis racontait mais voyait à l'évidence où il voulait en venir. Lorsque, des années plus tard, il donnerait sa version de la visite de Smyrne, il décrirait Onassis pilotant personnellement Maria et lui-même dans la ville comme le Virgile de Dante à travers le diabolique quartier interdit.

« Près du port, nous nous rendîmes dans différents bouges bien connus d'Onassis, note-t-il dans *Maria Callas, ma femme*. À cinq heures du matin, je réussis à le persuader de retourner au yacht. Il était tellement ivre qu'il ne pouvait tenir debout. » Le journal de bord, pourtant, montre que le *Christina* ne resta à Smyrne que quatre heures, de neuf heures deux du matin à midi cinquante-cinq, au moment où il leva l'ancre pour Istanbul. Les souvenirs passionnels de Battista de la visite aux bordels de Smyrne, que plusieurs biographes ont repris sans ciller, sont une pure fiction.

Cet après-midi-là, durant la sieste, la fêlure entre Maria et son mari s'approfondit à cause d'une nouvelle querelle au sujet de sa carrière. La Callas a raconté l'épisode à différents proches, dont Mary Carter, Vasso Devetzi, son amie parisienne, et Stelio Galatopoulos.

Histoire peut-être de contrebalancer l'ascendant grandissant d'Onassis sur Maria, Meneghini tenta de reprendre la situation en main en signifiant à sa femme les différents engagements qu'il avait conclus pour le reste de l'année. Alors qu'il se vantait auprès d'elle des cachets records qu'il comptait réclamer, la Callas, de fait, le licencia de son poste d'imprésario tout en lui déroulant la liste de ses incompétences : son agressivité maladroite à l'encontre des théâtres les plus prestigieux, sa méconnaissance des langues, ses manières rebutantes et ses exigences exorbitantes. Elle lui annonça que, dorénavant, elle dirigerait elle-même sa carrière.

Le ton monta et Maria, à la fois écœurée et craignant qu'on n'ait pu les entendre, sortit en trombe de la cabine. Sur le pont, à la proue du bateau, près de la piscine, elle trouva Onassis appuyé au bastingage, contemplant la silhouette massive de la côte dans le crépuscule. D'après le capitaine Kostas, c'était l'un de ses postes favoris. « Il venait rarement sur la passerelle mais aimait s'installer à la proue pour regarder disparaître à l'horizon le port que nous venions de quitter. »

Maria prit place à ses côtés. Après quelques instants de silence, Onassis lui expliqua que la terre au loin était l'île de Mytilène, qu'il avait rejointe en 1922 après avoir quitté Smyrne en feu. C'est là qu'il avait fouillé tous les camps de réfugiés à la recherche de sa famille.

Tout en devisant, Maria prit conscience qu'ils avaient quelque chose d'autre en commun. Galatopoulos se souviendrait l'avoir entendue dire : « Il avait obtenu de la vie tout ce qu'il croyait désirer – c'était un travailleur acharné doté d'une énergie étonnante –, mais il avait le sentiment qu'une chose essentielle lui échappait. Je l'écoutais, et ce qu'il disait faisait écho à ma propre vie. J'ai regagné ma cabine aux premières lueurs de l'aube. »

En route pour Istanbul, le *Christina* devait passer les Dardanelles. C'était dans ces détroits, durant la Première Guerre mondiale, que Churchill avait connu l'un des moments les plus pénibles de toute sa carrière. En tant que commandant des forces alliées, il avait proposé de forcer les Dardanelles afin de s'emparer de la péninsule de Gallipoli et de Constantinople (aujourd'hui Istanbul). L'une des flottes alliées força le passage en détruisant les fortifications à l'entrée des détroits, mais dut faire demi-tour le 18 mars 1915, plusieurs navires ayant heurté des mines. L'engagement se termina en désastre : les Alliés se retirèrent, et quarante-trois mille soldats britanniques furent tués, faits prisonniers ou portés disparus.

Selon Willi Frischauer, un biographe d'Onassis, Sir Winston avait exprimé en début de croisière le vœu de visiter les tombes de ceux qui étaient tombés à Gallipoli. Le gouvernement turc s'était dit prêt à l'accueillir chaleureusement. Mais l'ensemble des passagers, en particulier Onassis, Lady Clementine et Anthony Montague Browne, pensait que l'émotion serait trop forte pour le vieil homme. Ils l'incitèrent à renoncer à son projet, et Onassis donna instruction au capitaine de passer les Dardanelles aux premières heures du matin quand Churchill était encore profondément endormi. Cela n'empêcha pas l'ex-Premier lord de l'Amirauté de revenir lugubrement sur la tragédie au cours du repas du soir, « sur le ton méditatif de l'historien », pour reprendre l'expression de Montague Browne.

Le lendemain, longeant les côtes turques au milieu des élégantes *gulets* de bois, des énormes cargos et tankers battant pavillon entre la mer Égée et la mer Noire, les passagers du *Christina* eurent tout loisir d'échanger leurs impressions sur ce qui s'était passé et pouvait advenir à bord. Meneghini écrirait par la suite qu'aucun indice ne lui permettait de soupçonner la gestation de la liaison de sa femme et d'Onassis jusqu'à leur arrivée à Istanbul, mais cela semble hautement improbable. Tous les autres (à l'exception peut-être de Churchill) étaient conscients de l'intimité qui s'était établie entre la diva et leur hôte.

Le pied marin lui faisant toujours défaut, et de plus en plus ignoré de son épouse, Meneghini multiplia les gaffes en cherchant à faire « plus ample connaissance » avec certains membres de la gent féminine à bord : ses excès de sollicitude salirent plus d'une robe sous la table. Nonie Montague Browne était sa victime de prédilection. « Ce pauvre Meneghini ne savait que faire. Sa Maria, qu'il adorait, lui échappait, me confia-t-elle au début 1999. Sa déconvenue et sa tristesse ne faisaient que croître, et c'est moi qui en faisais les frais. À table, il était toujours assis à côté de moi et ne cessait d'abîmer mes escarpins en une pitoyable tentative pour se prouver qu'il pouvait encore plaire aux femmes. »

Ce 4 septembre au soir, alors que le *Christina* traversait les funestes Dardanelles et pénétrait en mer de Marmara, tout le monde se retira en prévision de l'escale à Istanbul, la cité légendaire. Maria et Aristo restèrent fort tard sur le pont. Ils gardaient le silence la plupart du temps et regardaient, ici et là, les lumières apparaissant sur la terre ferme. Meneghini boudait dans sa cabine, en dessous, dans le vain espoir qu'Istanbul fût une escale moins désagréable que Smyrne. En fait, c'est dans l'ancienne capitale de l'Empire byzantin que Maria et Onassis consommeraient leur aventure. Le jour de leur arrivée dans la ville mythique serait celui où « le destin changea sa vie », écrirait Meneghini dans ses Mémoires.

10

À la croisée des chemins

Un vieil homme n'est que misérable loque,
Un haillon sur une canne, à moins
Que l'âme ne chante en frappant dans ses mains,
Chante toujours plus fort
Pour chaque lambeau de sa défroque mortelle.
Point n'est besoin d'apprendre à chanter,
Il suffit d'étudier les monuments de sa propre magnificence ;
C'est ainsi que j'ai vogué sur les océans et suis arrivé
Dans la sainte ville de Byzance.

W.B. Yeats, *Sailing to Byzantium.*

Le *Christina* parvint en vue d'Istanbul, et les passagers purent admirer un spectacle féerique, digne des *robaïates* [1] d'Umar Khayyam. Telle une forêt de cyprès, les minarets pointent vers le ciel et dominent la ville aux cinq cents mosquées. Au crépuscule du matin et à la brune, le soleil embrase les immenses dômes de la basilique Sainte-Sophie, de la mosquée bleue, de la mosquée de Süleyman et des autres édifices sacrés. Les monuments brillant de mille feux ont la rutilance des fabuleux joyaux de la résidence impériale Topkapi Sarayi.

Constantinople, la seule métropole au monde construite à la charnière de deux continents, fut pendant des siècles la capitale de l'Orient chrétien. Tombée sous le joug des Ottomans en 1423, elle avait perpétué l'art et la sagesse des civilisations grecque et romaine à travers l'âge des ténèbres. En 1923, Constantinople prit

1. Quatrains sceptiques et quelque peu blasphématoires du savant et poète persan (1050-1123), disciple d'Avicenne.

officiellement le nom d'Istanbul, altération du grec *eis tin poli*, « vers la ville ».

Le *Christina* entra dans la mer de Marmara le mercredi 5 août et mouilla dans le port de Büyük, la plus grande île de l'archipel des Princes, à douze miles au sud-est d'Istanbul, à midi. C'est dans ces îles que les princes byzantins étaient envoyés en exil. Au XIXe siècle, des Turcs prospères y firent bâtir d'élégantes résidences d'été. L'archipel est un havre de parcs et de jardins que sillonnent les voitures à cheval. Les édifices pittoresques et les traditionnels *yakli* de bois, dont les balcons en bois ouvragé surplombent la mer, sont un enchantement.

Le quotidien turc *Hurriyet* rapportait : « À peine le luxueux yacht avait-il jeté l'ancre en face de Büyük que des nuées de bateaux à rames et à moteur remplis d'insulaires et de journalistes approchèrent du *Christina*, pour le seul plaisir d'admirer le célèbre yacht et les célébrités à bord... Le fils du milliardaire Onassis, quant à lui, à bord de sa vedette, mettait les gaz autour de l'île. »

Tandis qu'Alexandre jouait les casse-cou sous les regards amusés des journalistes, un canot à moteur était allé chercher les dignitaires qu'Onassis avait invités à déjeuner : le Premier ministre turc, Adnan Menderes, son ministre des Affaires étrangères, Fatin Rustu Zorlu, et leurs épouses, ainsi que l'ambassadeur britannique, Sir Bernard Burrows, et Lady Burrows.

On était en pleine crise chypriote. Onassis avait organisé ce déjeuner dans l'espoir d'un rapprochement diplomatique dont il serait le maître d'œuvre. Les passagers grecs, quant à eux, éprouvaient une telle animosité envers Menderes, que l'affaire était loin d'être gagnée.

Les relations entre l'Angleterre, la Turquie et la Grèce étaient extrêmement tendues depuis les premiers heurts violents entre les Turcs et les Grecs de Chypre – Onassis avait eu l'audace d'aborder ce sujet ultrasensible avec Sir Winston Churchill la première fois qu'il l'avait rencontré, en 1957. Dans la nuit du 6 septembre 1955, à Istanbul, l'importante communauté grecque établie depuis cent quatre générations avait été victime d'un véritable pogrome. En une nuit, plus de quatre mille boutiques grecques furent saccagées et pillées, vingt-huit civils grecs assassinés, dont un moine. Quarante et une églises, dont deux églises romaines catholiques, furent incendiées. Cinquante-deux écoles grecques furent dévastées : il ne restait rien des fournitures, manuels et équipements scolaires. Les dégâts causés aux maisons, églises, écoles et commerces grecs furent estimés à un montant de cents cinquante à trois cents millions de dollars de l'époque (deux à quatre milliards actuels).

La cible principale du sac était le patriarcat œcuménique, le siège de l'Église orthodoxe d'Orient installé dans un faubourg d'Istanbul, le Phanar (« maison de la lumière »). Les émeutiers profanèrent deux cimetières grecs, disséminant les restes des patriarches après avoir ouvert les tombes. Le lendemain, selon un journaliste britannique, le quartier grec ressemblait « aux quartiers de Londres bombardés pendant la Seconde Guerre mondiale ». Plus de trente mille Grecs fuirent ce qui est regardé comme le plus terrible pogrome commis en Europe depuis la nuit de Cristal, en novembre 1938, quand les nazis s'en étaient pris aux Juifs. (Lasse de ces persécutions récurrentes, la communauté grecque chuta de plus de cent mille à moins de trois mille personnes.)

Les passagers grecs avaient encore en mémoire les atrocités commises quatre années plus tôt quand Onassis leur annonça qu'il avait convié le Premier ministre turc, considéré comme le responsable des émeutes, à la table de Sir Winston Churchill. Offusquée, Maria s'exclama : « Comment pouvez-vous inviter cet homme qui a du sang grec sur les mains ? » Il agissait dans l'intérêt de son ami, le patriarche Athênagoras, qu'ils devaient rencontrer le lendemain, lui répondit Onassis. D'après le capitaine Kostas Anastasiades, Onassis voulait ainsi montrer au Premier ministre que des personnalités puissantes, dont Sir Winston Churchill, s'inquiétaient du sort d'Athênagoras et de l'avenir du patriarcat.

Ces explications rassérénèrent Maria, Artémis et les autres Grecs, qui se seraient fait une joie de jeter Menderes par-dessus bord. Au déjeuner, ils se montrèrent courtois envers les invités turcs et leurs épouses. Puis l'assemblée se rendit sur le pont, près de la piscine, pour la photo officielle. « Pendant la séance de pose, le Premier ministre turc livra à la célèbre soprano Maria Callas quelques informations sur Istanbul », écrivit *Hurriyet*.

Les adieux furent cordiaux, et c'est un Menderes radieux qui fut reconduit à terre. Il salua Sir Winston Churchill et Onassis, et embarqua en compagnie de l'ambassadeur britannique. Il ignorait en cet instant que son heure de gloire – en fait, sa vie – arrivait à son terme. Huit mois plus tard, l'armée turque s'emparerait du gouvernement, l'accuserait d'abus de pouvoir et l'exécuterait par pendaison.

Le *Christina* reprit la mer, cette fois en direction du détroit du Bosphore, pour une traversée grandiose au cœur d'Istanbul. Le yacht passa la Corne d'Or, un bras de rivière où les bateaux de plaisance sont à l'ancre. La ville aux sept collines s'offrit aux yeux éblouis des passagers. Les bateaux qui croisent au nord du Bosphore longent la rive européenne dans une succession de palais et d'hôtels particuliers de marbre blanc où les sultans vivaient au milieu de leurs harems, volières et zoos exotiques. La façade blanche du palais Dolmabahce s'étire sur plus de cinq mètres le long du littoral. Il abrite l'immense salle de réception aux cinquante-six colonnes, éclairée par un lustre de cristal de quatre tonnes et demie. À dix-sept heures, le *Christina* jeta l'ancre au large de la marina de Dolmabahce de façon que Sir Winston Churchill et les autres passagers pussent aller à terre et visiter la cité antique.

La presse turque publia la photo de la Jeep Fiat transportée à terre sur un canot, tandis que Sir Winston, coiffé de sa casquette de commandant de marine, descend l'échelle de coupée en offrant à la foule son salut de la victoire. Onassis s'installa au volant, le grand homme assis à ses côtés, pour un tour d'Istanbul avec arrêts à Dolmabahce, au palais Topkapi et à la mosquée du sultan Ahmet. Ensuite, Churchill et la Fiat seraient solennellement hissés à bord.

Le lendemain matin, à Istanbul, les passagers s'habillèrent à la hâte. Le patriarche Athênagoras, chef spirituel des cent cinquante millions de fidèles de l'Église orthodoxe, devait leur accorder une audience et sa bénédiction. Cela équivalait à être reçu par le pape au Vatican, même si le patriarche n'exerçait plus son office que sur un minuscule territoire, les Turcs ayant mis la main sur l'essentiel de son immense domaine. Le saint homme devait ensuite venir à bord du *Christina* pour un déjeuner en son honneur.

Pour les non-Grecs, Onassis avait prévu une excursion dans la ville, dont une visite de la mosquée bleue et du palais Topkapi. Ils seraient ensuite conduits en bateau sur l'autre rive du Bosphore pour un déjeuner au consulat britannique et retourneraient sur le yacht juste à temps pour saluer le patriarche avant son départ.

« À dix heures, Mme Churchill, Lady Sandys et sa fille ont quitté le yacht pour la marina sur un premier Chris-Craft, écrivit *Hurriyet*. Tandis que Mme Churchill visitait le palais Topkapi et autres lieux historiques, Lady Sandys et sa fille se rendirent au consulat britannique. » Une heure plus tard, selon la presse, un autre Chris-Craft quittait le yacht. Aristote Onassis et Maria Callas étaient seuls à bord. Ils avaient eu l'intention de se rendre à la marina de Dolmabahce, mais, lorsqu'ils virent la foule amassée sur le quai, ils renoncèrent. Ils mirent le cap sur la tour de Léandre, que les Turcs appellent Kiz Kukesi. La tour se dresse à l'entrée du Bosphore, sur un îlot à quelque deux cents mètres de la côte. (Les auteurs européens ont célébré l'endroit où Léandre se noya en tentant de rejoindre sa maîtresse, Héro. En fait, il tenta la traversée plus au sud, au niveau de l'Hellespont.)

Onassis, aux commandes du petit bateau, fit admirer à la Callas le site romantique. Le couple, sans doute submergé de désir réciproque, s'était débrouillé pour échapper quelques instants aux regards soupçonneux de Meneghini. L'interlude fut de courte durée, et ils remontèrent à bord. Peu après, selon la presse turque, plusieurs Chris-Craft transportèrent à terre tous les Grecs qui devaient être reçus en audience par le patriarche. Parmi eux, il y avait la Callas, Meneghini, Tina et Ari.

Onassis s'était donné beaucoup de mal pour orchestrer l'emploi du temps de la journée. Il voulait être certain que les Grecs orthodoxes comme la Callas vivraient un moment inoubliable et que les non-Grecs s'amuseraient sans être obligés d'endurer des discours et des rites assommants pour qui avait d'autres traditions religieuses.

Tandis que les Britanniques partaient jouer les touristes (à l'exception de Sir Winston Churchill resté à bord), Maria enfilait sa robe la plus simple et dissimulait sa chevelure sous un foulard pour se rendre au Saint-Siège du monde orthodoxe et rencontrer le patriarche. Meneghini, qui entendait bien ne pas la quitter des yeux, insista pour suivre le groupe au patriarcat, quitte à ne pas comprendre un traître mot de ce qui se dirait.

En 313 après Jésus-Christ, l'empereur romain Constantin avait eu la vision d'une croix dans le ciel qui l'avait convaincu de se convertir au christianisme. Onze ans plus tard, il décida de déplacer la capitale de l'Empire romain dans une cité grecque sur le Bosphore, Byzance. Là, aux portes de l'Europe et de l'Asie, il édifia la « nouvelle Rome », qu'il baptisa Constantinople. Le monde chrétien fut divisé en cinq sièges épiscopaux, placés chacun sous l'autorité d'un patriarche, le pape à Rome ayant la dignité de primat.

Après 787, cependant, un schisme commença à se dessiner entre Rome et les patriarcats de l'Orient. Le schisme d'Orient – symbolisé par l'aigle à deux têtes de Byzance, représenté dans la plupart des églises orthodoxes – remonte à 1054, quand le pape excommunia le patriarche de Constantinople et celui-ci, en retour, le pape de Rome. Les chrétiens orthodoxes considèrent aujourd'hui le patriarche de Constantinople comme le « *primus inter pares* », sans pour autant qu'il soit doté de l'infaillibilité spirituelle que les catholiques romains prêtent au pape. En outre, il n'est pas le chef administratif des Églises orthodoxes de pays tels que la Russie ou la Grèce, autocéphales.

La religion régit la vie de tous les Grecs, par tradition ou par culture, qu'ils soient pratiquants rigoureux ou occasionnels. Ils célèbrent plus volontiers la fête de leur saint que leur anniversaire. Ils allument des bougies et accrochent des ex-voto au-dessus des icônes pour demander à leur saint d'intercéder en leur faveur au moindre problème, enfant souffrant ou objet égaré. Quand un Grec monte une affaire ou emménage, un prêtre vient bénir le lieu et chasser le malin en aspergeant de l'eau bénite. Onassis et la Callas avaient grandi dans la tradition orthodoxe et restèrent très croyants jusqu'à la fin de leur vie. Maria priait et se signait – de droite à gauche, à la manière orthodoxe – avant chaque représentation; quand Onassis inaugura les bureaux de la compagnie Olympic Airways, à New York, en 1966, l'archevêque Iakovos, le chef de l'Église orthodoxe grecque aux États-Unis, vint bénir l'immeuble sur la Cinquième Avenue – lequel abrite aujourd'hui le showroom de Versace.

En 1949, Battista Meneghini et Maria Callas, qui avaient décidé de se marier en Italie, eurent les pires difficultés pour obtenir la permission de l'Église : Maria n'était pas catholique et la famille de Meneghini s'opposait à leur union. Le 21 avril 1948, alors que Maria s'apprêtait à partir en tournée en Amérique du Sud, Meneghini finit par trouver un vicaire véronais qui se chargea de réunir les documents nécessaires et un prêtre acceptant de les unir – pas à l'autel, mais dans la sacristie transformée en débarras. La cérémonie fut expédiée en présence de deux témoins. « Au milieu de chaises cassées, de statues sans tête, de palliums poussiéreux, de canopes et de bannières centenaires, nous devînmes mari et femme », écrirait Battista dans ses Mémoires.

Maria allait régulièrement prier avec son mari dans les églises catholiques italiennes, mais jamais elle ne renonça aux rites orthodoxes qui avaient bercé son enfance. « L'autre soir, je suis entrée dans une église orthodoxe avec un journaliste grec et une autre femme afin d'allumer un cierge pour nous et pour *Norma*, écrivitelle d'Argentine à son époux quelque temps après leur mariage. Tu vois, j'ai plus d'affinités avec notre Église qu'avec la tienne. C'est étrange, mais c'est ainsi. Peut-être parce que j'y suis habituée, ou peut-être parce que l'Église orthodoxe est plus chaleureuse, plus festive. » Meneghini confirme : « Bien que mariée à un catholique, elle restait orthodoxe et très attachée à son Église... Fidèle à son culte, Maria n'éprouvait guère de sympathie pour le pape de Rome. »

Maria priait la Vierge Marie, bien sûr. D'après Meneghini, elle ne se séparait jamais d'un petit triptyque en bois de Cignaroli représentant la sainte Famille, qu'il lui avait offert en 1947. Un jour, juste avant un concert à Vienne, elle piqua une crise de nerfs parce qu'elle avait oublié le précieux tableau. Elle ne pouvait chanter sans lui. Toujours d'après Meneghini, « il fallut prier par téléphone une amie de Rome de bien vouloir se rendre à notre domicile, puis de prendre un vol pour Vienne, munie du précieux talisman ».

Plusieurs amis de la Callas ont insisté sur le fait qu'elle avait une vision extrêmement personnelle et égocentrique de sa relation avec Dieu. Selon Nadia Stancioff, « Elle m'a dit un jour : "Dieu a été bon avec moi, Nadia. Mais je ne Lui dois pas tout. Non, je suis arrivée au sommet à la force du poignet. Lui m'a donné la réussite au-delà de mes espérances." » John Ardoin, à qui Maria se confiait souvent, m'a dit à peu près la même chose : « Elle voyait tout en fonction d'elle-même. S'il se mettait à pleuvoir, elle disait : "Pourquoi pleut-il ? J'avais prévu de faire du shopping. Pourquoi Dieu me fait-il cela ?" »

Comme beaucoup de Grecs, Maria se signait chaque fois qu'elle passait devant une église ou qu'elle avait besoin d'un petit coup de pouce d'en haut. Chaque 15 août, jour de l'Assomption, ses amies l'appelaient et lui offraient un cadeau. Elle priait tous les jours. Meneghini rapporte qu'au tout début de la croisière, « le soir, nous nous agenouillions ensemble dans notre cabine devant le petit tableau de la Madone dont Maria ne se séparait jamais. Ce fut un rituel, jusqu'au 7 août ».

La visite au vénérable Athênagoras au Saint-Siège de la chrétienté orthodoxe représentera pour Maria l'un des événements les plus solennels et les plus émouvants de son existence. L'idée d'établir une comparaison avec l'audience que lui avait accordée le pape à Rome, en compagnie de Meneghini, ne l'effleura même pas. Elle avait alors reçu la bénédiction du souverain pontife avec une certaine désinvolture. Onassis connaissait désormais la profondeur des sentiments religieux de Maria et avait conscience de ce que signifiait pour elle la rencontre avec le patriarche.

Athênagoras mesurait un bon mètre quatre-vingt-cinq et sa barbe blanche lui tombait jusqu'à la taille. Il avait lui-même marié Aristote et Tina en 1946. Né en 1886 à Vasilikon, un village de l'Épire, au nord-ouest de la Grèce, il avait rapidement gravi les échelons de la hiérarchie cléricale. Il avait été évêque de Corfou avant d'être intronisé archevêque de l'Amérique du Nord et du Sud en 1932. Il avait réussi à mettre fin aux dissensions politiques entre les républicains et les royalistes qui avaient longtemps déchiré l'Église grecque aux États-Unis et réconcilié les communautés grécoaméricaines. Athênagoras était un pacificateur-né, si bien que le président Truman avait intercédé en sa faveur auprès des autorités turques, qui lui avaient accordé la nationalité turque. À la suite de l'intervention de Churchill, Athênagoras fut nommé patriarche d'Istanbul en 1949, un poste qu'il conserva jusqu'à sa mort, en 1972.

Les croyants du *Christina* – dont Aristote et Tina Onassis, Artémis et Théodore Garofalidis, Maria Callas et Battista Meneghini, sans oublier le capitaine du navire, Kostas Anastasiades – pénétrèrent dans l'enceinte du patriarcat à midi. Après avoir, comme c'était la coutume, allumé un cierge à l'église Saint-Georges (Onassis laissa un billet de cent dollars pour le sien), ils furent introduits dans la salle d'audience aux effluves d'encens et aux lambris recouverts de magnifiques icônes. Là trônait l'imposante silhouette d'Athênagoras, soixante-treize ans, tout de noir vêtu, de sa mitre cylindrique (le *kalimmafki*) aux pans de la toge dont il était drapé, ce qui mettait en valeur la blancheur de ses cheveux et de sa longue barbe. On aurait dit l'icône, parmi toutes les autres, d'un saint Nicolas byzantin.

Le patriarche demanda à Onassis et à la Callas de s'avancer, posa ses mains sur leurs têtes et les bénit. Dans un grec sonore, il fit l'éloge « de la plus grande cantatrice du monde et du marin le plus célèbre des temps modernes, l'Ulysse de notre époque ». Il les remercia pour ce qu'ils avaient apporté au prestige de la Grèce, puis leur consacra plusieurs prières.

Ne comprenant pas un traître mot de grec, Meneghini, au dernier rang du groupe, ne put que constater l'effet des paroles du prélat sur Maria et s'agita en proférant à voix haute : « Mais elle est déjà mariée ! » Quelqu'un réussit à le faire taire en chuchotant, en guise de vain réconfort, qu'il s'agissait, somme toute, d'une simple bénédiction.

Les appréhensions de Meneghini devant ce qui ressemblait à une cérémonie de mariage, certes un peu étrange, avaient sans doute de quoi faire sourire le reste de l'assistance, mais elles étaient toutefois profondément révélatrices. Dès lors qu'Athênagoras les avait bénis tous deux, en tant que couple, Maria se sentit libre de suivre les élans de son cœur. Ses scrupules moraux et religieux l'avaient jusque-là tourmentée. Désormais, sa résolution était prise. Et Meneghini, qui, depuis onze ans, n'avait d'yeux que pour elle, l'avait compris. « La cérémonie avait profondément troublé Maria. Je le voyais à son regard, lumineux et farouche », écrirait-il.

Maria expliqua plus tard à ses amis, dont Vasso Devetzi, que la visite au patriarcat avait été le catalyseur de sa décision de quitter son mari pour Onassis. La bénédiction du patriarche, lui semblait-il, avait instantanément scellé son destin à celui d'Onassis. Transformée, elle mourait d'envie de le dire à Aristo, trop préoccupé pour l'écouter ou remarquer le changement. Il prit congé du patriarche, après l'avoir assuré que tous les passagers du *Christina* guettaient avec impatience la venue de Sa Sainteté.

Athênagoras était attendu à treize heures. Tout devait être parfait pour le chef spirituel de l'Église, Onassis y avait veillé personnellement : cuisine grecque raffinée, service impeccable, et un bateau propre comme un sou neuf. Le magnat avait décrété que le yacht descendrait lentement le Bosphore avant de revenir à son point d'ancrage. Avant l'arrivée du patriarche, Anthony Montague Browne surprit son hôte plongé dans une vive discussion avec le capitaine Kostas. Y avait-il un problème ? « Les marins pensent qu'un prêtre à bord porte malheur, lui expliqua Onassis. J'étais en train de lui dire : “Cet homme vaut cent prêtres et l'eau file à huit nœuds, alors soyez extrêmement prudents.” »

À l'arrivée du patriarche, avec sa soutane noire et son impressionnante croix de pierres précieuses suspendue à une longue chaîne en or battant sa barbe blanche, tous les non-Grecs, à l'exception de Sir Winston Churchill, s'étaient égaillés dans la nature. Sir Winston, confortablement installé dans un fauteuil sur le pont, fut quelque peu interloqué à la vision de Sa Sainteté et de son cortège de prélats parés de robes et cliquetants de bijoux. Athênagoras se dirigea vers lui, posa ses mains sur ses épaules, s'inclina et commença à psalmodier en grec, invoquant la bénédiction de Dieu sur le grand homme d'État.

Si l'on en croit le biographe d'Onassis, Willi Frischauer, Churchill étouffait sous la robe et la barbe, et donnait des signes d'agitation. « Churchill avait le nez sur la lourde croix et la chaîne qui se balançaient au cou du patriarche dont la barbe lui chatouillait le crâne. C'était embarrassant et Onassis... dut intervenir rapidement. Il fallait à tout prix éviter un incident entre son éminent ami et l'ecclésiastique suprême de l'Église orthodoxe grecque. Se glissant près de Churchill, il lui murmura à l'oreille : “Tout va bien, Sir Winston. Le patriarche prie pour vous !” La colère de Churchill s'évanouit dans un large sourire. Le déjeuner qui suivit fut pour le moins animé. »

En fait, trop animé au goût d'Onassis, terrifié à l'idée d'offenser l'un de ses deux illustres convives. À un moment, Artémis, qui avait quelque peu forcé sur la boisson, dit quelque chose qui fit grimacer Onassis et Théodore, son mari. Ils prièrent en silence pour qu'elle se taise avant de causer un scandale. On échangea des signes de la main, des coups d'œil éloquents, quelques mots furent soufflés et, comme par miracle, un membre de l'équipage surgit. Il murmura à l'oreille d'Artémis qu'un appel urgent l'attendait dans sa cabine.

Plus tard, Théodore Garofalidis, qui avait tout manigancé avec Onassis, narra l'incident à Nonie Montague Browne, mais se garda de révéler le contenu des propos d'Artémis. La sœur aînée d'Onassis était très croyante. Avait-elle risqué une remarque véhémente sur les récentes persécutions perpétrées par les Turcs contre les Grecs à Istanbul, qui lui rappelaient les atrocités subies par sa famille à Smyrne ? Avait-elle commis une indiscrétion devant le prélat au sujet de l'idylle qui se nouait sur le *Christina*, dans l'idée que sa haute autorité morale s'en indignerait ? Quoi qu'Artémis ait pu dire, c'était suffisamment grave pour que son frère jugeât bon de la savoir enfermée dans sa cabine pour le reste de la visite.

Apparemment inconscient, ou peut-être reconnaissant de la disparition soudaine d'Artémis, le patriarche passa un agréable moment sur le *Christina*. Nonie se souvient que les Britanniques furent de retour à temps pour être présentés à Athênagoras et baiser sa bague ; après quoi, il « fit une sortie élégante ». Onassis escorta le prélat jusqu'à la marina de Dolmabahce et, dans un dernier geste diplomatique, annonça à la foule des reporters qu'il « offrirait une croisière aux dirigeants turcs et grecs s'ils établissaient la démocratie à Chypre ».

Onassis dut pousser un énorme soupir de soulagement lorsqu'il fit libérer sa sœur. Il avait passé la journée à anticiper les problèmes logistiques et évité la catastrophe. Mais la journée n'était pas terminée. Maria, qui n'avait pas prononcé un mot de tout le déjeuner, déclara à Aristo qu'elle voulait lui parler en privé.

Ce soir-là, ce fut la fête. On but et dansa beaucoup sur le *Christina*. Meneghini boudait dans sa cabine. Maria accorda pratiquement toutes les danses de la soirée à son hôte. D'après ce que Meneghini raconterait un mois plus tard à des journalistes italiens (à cette époque, il donnait des conférences de presse quasi quotidiennes sur la trahison de sa femme et d'Onassis), ce fut cette nuit-là précisément que Maria devint la maîtresse d'Onassis et que lui-même apprit son malheur. « Le soir du 6 août, Maria m'a dit qu'elle voulait me quitter » (*Gente*, 25 septembre 1959). Les propos de Meneghini variaient d'un jour à l'autre : « C'est le 8 août que Maria Callas déclara sans détour à son mari que tout était terminé entre eux et que son destin était d'aimer un autre homme, Aristote Onassis » (*Oggi*, 24 septembre ; l'article citait Meneghini, ainsi que les notes prises durant la croisière qu'il avait montrées au journaliste). Dans ses Mémoires, il écrirait que sa vie avait basculé le 7 août.

Par la suite, Maria confia à des amis intimes que c'était à la suite de cette dernière soirée à Istanbul qu'elle était devenue la maîtresse d'Onassis. Deux mois après la croisière, à Dallas, c'est en adolescente énamourée qu'elle viendrait s'épancher auprès de Mary Carter : « Elle ressemblait à une gamine follement amoureuse, me rapporta Mme Carter lors de son interview, début 1999, à Cuernavaca, au Mexique. Maria disait qu'elle ne voulait qu'une chose : "être sa femme". Elle était prête à arrêter la scène, à passer le reste de sa vie auprès d'Onassis, rien de plus. Selon elle, c'était un amant extraordinaire, doué et très imaginatif. La première fois qu'ils avaient fait l'amour, elle avait éprouvé le premier orgasme de sa vie. »

Il n'y aurait pas eu de première fois si Maria ne s'était convaincue que tel était son destin. « Au début de la croisière, Onassis a commencé à flirter avec elle et lui a dit qu'il la voulait, me raconta Mme Carter. Mais, lui avait-elle répondu, elle ne pouvait rien envisager avec lui tant qu'elle ne serait pas déterminée à rompre avec Battista et que, de son côté, il ne serait pas décidé à quitter Tina. Il a affirmé qu'il était prêt, que Tina serait soulagée de divorcer, car elle connaissait quelqu'un d'autre. Maria a réfléchi, puis a pris sa décision. »

Avant ce jour où Maria se persuada que Dieu bénissait son union avec Onassis, elle affichait un traditionalisme rigide, prônant la fidélité conjugale. Elle s'érigeait en censeur envers quiconque prenait son mariage à la légère. Mary Carter fréquentait un acteur,

Laurence Harvey, à l'époque où elle fit la connaissance de Maria, en 1957. Un soir qu'elle devait dîner avec Maria au Forum des Douze Césars, à New York, elle fit son entrée, pendue au bras de Harvey. « La Callas s'est tournée vers lui : “Que faites-vous ici ?” Vexé, il s'est levé pour partir. Quelque temps après, j'ai demandé à Maria de l'inviter à la soirée donnée par Onassis en son honneur au Dorchester de Londres. J'ai eu droit à une fin de non-recevoir. “Tu ne dois pas voir cet homme. Il est marié et toi aussi. Vous feriez bien de vous en souvenir.” »

Meneghini, quant à lui, écrit que Maria, traumatisée par le mariage malheureux de ses parents qui s'était soldé par une séparation, « avait une conception rigide et puritaine du mariage. Elle ne pouvait admettre que deux personnes mariées soient infidèles... Ingrid Bergman était une amie de ma femme. Un jour, nous sommes tombés sur Ingrid, qui venait de se séparer de Roberto Rossellini... Mon épouse en a fait reproche à Ingrid et l'a avertie que, désormais, elles ne pouvaient plus êtres amies ».

Le 6 août 1959, Maria, confortée, donc, par la bénédiction du patriarche, annonça à Onassis qu'elle était prête à quitter son mari. « C'est Maria qui a pris la décision, pas Onassis, poursuit Mary Carter. “Je suis allée le voir”, m'a-t-elle dit. » Nadia Stancioff fait, elle aussi, le rapprochement entre la visite au patriarcat et la décision de Maria : « Elle a confié à un ami que c'est le lendemain de la bénédiction qu'ils étaient devenus amants. »

Anthony Montague Browne, son ex-épouse et le capitaine Kostas estiment pour leur part qu'il était impossible que Maria et Onassis aient eu leur première relation sexuelle sur le *Christina*. Cela dit, si l'on se réfère aux confidences du couple auprès de proches, c'est bien cette nuit-là que leur vie a basculé. Le *Christina* avait quitté Istanbul le 6 août à six heures trente, comme le confirment le carnet de bord du yacht et des documents turcs. Il ne fait guère de doute que c'est dans la nuit ou aux premières lueurs du 7 août que Maria et Onassis ont cédé à une passion qui s'était avivée au fil des jours. Maria s'est toujours montrée discrète sur l'endroit exact du passage à l'acte, mais Onassis avait fait preuve de moins de réticences. Il révéla sa liaison et le lieu de leurs premiers ébats à des amis trois jours plus tard, au cours d'un dîner organisé par sa sœur dans sa villa de bord de mer, à Glyfada, près d'Athènes.

La nuit où ils partirent d'Istanbul, Meneghini, encore sous le choc des derniers événements, alla se morfondre dans sa cabine – Maria lui avait-elle demandé de se retirer ? Il notait dans son journal, d'après son ami et collaborateur, Renzo Allegri : « Maria danse tout le temps avec Onassis. Elle se laisse aller comme jamais. J'en suis presque heureux. Maria est encore une jeune femme, s'amuser lui fera du bien. »

Maria regagna sa cabine le 7 août à six heures et demie du matin, le feu aux joues, nerveuse, pour affronter un Meneghini dans tous ses états. Tout avait basculé cette nuit-là, mais il ne l'aurait appris que « quelques jours plus tard » ? D'autres rapportent que Maria aurait coupé court à son interrogatoire en disant : « C'est fini. J'aime Ari. »

Aucun passager survivant parmi tous ceux que j'ai pu interroger n'a entendu d'altercation filtrant de la cabine du couple. La scène entre Maria et son mari, au lever du soleil sur la mer Égée, s'est déroulée sans témoin. Mais, connaissant la franchise brutale de Maria et sa détermination après qu'elle eut décidé de convoler avec Onassis, elle a sans doute parlé sans détour à l'homme qui partageait son existence et sa carrière depuis onze ans. La culpabilité, les récriminations et les doutes viendraient vite. Mais, dans l'euphorie de la découverte du plaisir charnel, les choses lui apparaissaient simples, claires, et justes. Meneghini raconterait plus tard qu'Onassis et sa femme donnaient l'impression qu'un « feu intérieur les dévorait ».

Tous ceux qui ont bien connu Maria s'accordent sur un point : elle a rencontré l'homme dont elle devait tomber éperdument amoureuse à un moment de sa vie où les contraintes professionnelles et les défaillances de sa voix commençaient à lui peser, sans compter que son irritation au sujet de l'incompétence de son mari à gérer sa carrière avait atteint un point critique. Jusque-là, Maria avait mis toute son énergie et sa passion au service de son art. Subitement, son existence lui apparut trop dure, trop ingrate. Dès lors, elle était prête à reporter ses élans dans l'amour physique. Les attentions d'un amant passionné valaient bien les applaudissements d'un public sans visage.

Pendant les onze années de son mariage, Maria avait aimé Battista d'un amour sincère. Tout le monde en convient. Mais elle l'avait aimé comme un mentor, une figure paternelle. Elle n'avait jamais connu l'enivrement du plaisir sexuel, irrationnel, qu'elle éprouverait auprès d'Onassis. Nadia Stancioff, son amie et assistante, écrirait : « Psychologiquement, je crois qu'elle n'avait plus besoin d'un père. Il lui fallait, d'urgence, un mari-amant qui la comblât pleinement sexuellement, un rôle que Titta [le surnom donné à Battista par Maria] ne pouvait plus assumer. Son affection déclina lentement, mais elle était de plus en plus irritée par la possessivité professionnelle de Titta et sa manie de considérer la carrière de Maria comme une machine à sous... Quand elle eut compris [qu'il dilapidait son argent], elle a explosé comme une soupape... Elle voyait désormais son "Santo Benedetto" dépourvu de l'auréole dont elle l'avait paré : une petite gargouille bedonnante, plutôt vulgaire. »

Face aux campagnes de dénigrement et à ses propres remords intérieurs, elle défendrait son amour pour Onassis auprès de ses amis en expliquant que c'était écrit : « Je ne suis pas une briseuse de ménage, et lui non plus. Tina l'aurait quitté de toute façon. Cela devait arriver, je devais suivre mon destin. »

Selon le prince de Grèce qui fut l'ami de Maria quand elle vivait à Paris, « c'était ce sens du destin, cette hellénitude que Maria et Aristote partageaient. Elle était profondément grecque ».

Le prince et Maria, quand ils discutaient de fatalité, reprenaient une croyance solidement ancrée chez les Grecs depuis l'Antiquité. Un thème qu'on trouve dans *Le Banquet*, de Platon : chacun n'est que la partie d'un tout, et passe sa vie entière à chercher son complément.

Dans le célèbre dialogue, les plus grands érudits de l'Athènes antique débattent de la nature de l'amour au cours d'un banquet se tenant en 416 avant Jésus-Christ. Le dramaturge Aristophane prend la parole et explique l'origine atavique de notre besoin de rechercher notre moitié : « Quand donc l'amoureux des garçons ou tout autre homme rencontre l'être qui est précisément la moitié de lui-même, une émotion extraordinaire les saisit, effet de l'amitié, de l'affinité, de l'amour, et ils refusent d'être, si l'on peut dire, détachés l'un de l'autre, ne fût-ce qu'un moment. Et ces êtres qui passent leur vie l'un avec l'autre sont des gens qui ne sauraient même pas dire ce qu'ils attendent l'un de l'autre [1]. »

Ceux qui ont vu Aristote et Maria ensemble ne pouvaient s'empêcher de citer la pensée d'Aristophane, pour qui il y aurait à travers le monde une seule personne capable de compléter et de satisfaire chacun de nous. Ils étaient si semblables que, surtout pour les Grecs, il était évident qu'ils étaient les deux fractions complémentaires d'une même personne. « Maria et Aristo étaient comme des jumeaux inséparables, affirmait Korinna Spanidou, la kinési-

1. Platon, *Le Banquet*, Paris, Gallimard, coll. « Tel », p. 122. Texte établi et traduit par Paul Vicaire, avec le concours de Jean Laborderie.

thérapeute qui devait bien connaître le couple par la suite. Ils étaient tous les deux grecs, bien sûr, mais plus que cela : ils étaient les deux moitiés d'une même personne. » (Onassis avait encouragé Korinna à puiser dans la bibliothèque du *Christina*, et elle se souvient qu'ils discutaient ensuite de ses lectures. Ils avaient notamment eu une longue discussion au sujet du *Banquet* et du concept de Platon.)

Artémis, qui assista à la naissance de leur idylle, voyait dans ces ressemblances un danger, non une bénédiction. Elle déclarerait à Kiki Féroudi Moutsatsos, un secrétaire d'Onassis, que Maria était une perfectionniste qui arrêterait de chanter dès qu'elle ne se sentirait plus capable de rester au sommet de son art. Pour Artémis, Aristo « avait détourné toute la passion qu'elle avait mise dans sa voix et avait offert un autre exutoire à son énergie et à son ardeur : lui ». Mais, ajoutait-elle, « elle ne le rendra jamais heureux, ils se ressemblent trop. Ce sont tous deux des chefs. Comment pourraient-ils vivre ensemble sans s'entre-tuer ? ».

Dans la nuit du 7 août, le yacht dépassa les îles septentrionales des Sporades. Il traversa des paysages dont la beauté à couper le souffle cachait de dangereux bancs de sable. « Nous avons dîné et regardé les étoiles jusqu'à deux heures et demie ! » notait Nonie dans son journal. Le point d'exclamation signalait qu'une fois de plus elle avait dû jouer les chaperons, mais suggère également que « regarder les étoiles » était devenu un doux euphémisme en ce qui concernait Aristo et Maria. À ce moment-là, tout le monde sur le yacht, y compris le mari trompé, était au courant de leurs sentiments. La comédie de la discrétion et des convenances jouée par les amants ne rimait plus à rien.

11

La fin du voyage

Le début et la fin de toute entreprise humaine se font dans le désordre,
La construction d'une maison, l'écriture d'un roman, la démolition d'un pont,
Et, plus que tout, la fin d'un voyage.

John Galsworthy, *Par-delà la rivière.*

Le *Christina* laissa derrière lui le Patriarcat – que les chrétiens orthodoxes considèrent comme le lieu le plus sacré de Turquie – et mit cap à l'ouest. Il fut bientôt en vue du mont Athos, le site le plus vénéré de la Grèce continentale, au nord de la mer Égée.

La Montagne sainte de la Grèce est située sur la plus orientale des trois pointes de la péninsule Chalcidique. C'est un énorme rocher s'avançant dans la mer Égée, sauvage, dépourvu de route, qu'un mince ruban de terre de moins de deux kilomètres de large relie au continent. Officiellement, le mont Athos n'appartient pas à la Grèce. C'est une république monastique indépendante constituée de communautés religieuses grecques, russes, bulgares, serbes et roumaines. Depuis plus de mille ans, la presqu'île n'a été occupée que par des moines et des ermites fuyant la vie laïque pour une vie de méditations et de prières. Ils furent jadis plus de vingt mille. Aujourd'hui, la vingtaine de monastères et d'ermitages creusés dans les grottes n'en abritent plus que quinze cents. Les moines ne mangent jamais de viande et passent un minimum de huit heures par jour en prière. Ils observent le calendrier julien, retardant de treize jours sur le calendrier grégorien en vigueur dans le reste du monde occidental, et un curieux découpage de la journée égrenant des heures de longueur variable afin que minuit corresponde toujours au coucher du soleil. La fameuse interdiction d'accès « aux femmes, animaux femelles, enfants, eunuques et à toute personne au visage glabre » s'applique toujours, à une exception près : le port de la barbe n'est plus exigé.

Le 7 août, le *Christina* fit le tour de la Montagne sainte. L'œil rivé à leurs jumelles, les passagers constatèrent avec amusement que les moines les examinaient pareillement à la longue-vue.

Le petit périple achevé, le *Christina* fit route toute la nuit vers l'île de Mykonos et son satellite Délos, de l'archipel des Cyclades. D'après le journal de bord, le yacht arriva à Délos, le samedi 8 août, à neuf heures cinquante-cinq du matin. Le mont Athos est un bastion chrétien dédié à l'ascétisme et à la prière. Délos, lieu de naissance mythique d'Apollon et d'Artémis, pratiquait dans l'Antiquité un culte plus hédoniste. L'île, aujourd'hui inhabitée, si ce n'est par quelques gardiens, était jadis l'un des sites sacrés des Grecs de l'Ionie. Son oracle rivalisait d'importance avec celui de Delphes. À l'époque hellénistique, Délos était couverte de temples magnifiques et de villas construites par les riches marchands de la région. Les pèlerins de l'époque ont laissé derrière eux de magnifiques offrandes au culte d'Apollon et d'Artémis, dont il reste, entre autres statues, une rangée de lions archaïques; cinq d'entre eux veillaient encore sur le sanctuaire lors de la visite des passagers du *Christina*.

Parmi les statues toujours debout, à l'entrée du sanctuaire de Dionysos, un singulier phallus érigé en 300 avant Jésus-Christ. Il aurait sans doute été délicat de commenter le chef-d'œuvre devant les Churchill si, en cette journée de canicule, les visiteurs n'avaient préféré l'ombre chétive du pavillon des touristes. Anthony Montague Browne fut le seul à parcourir l'enceinte sacrée sous un soleil de feu et à contempler rêveusement l'immense pénis pointé vers les cieux.

Trois heures plus tard, le *Christina* reprenait sa route vers Mykonos, l'une des îles grecques qu'affectionnent particulièrement les visiteurs étrangers. Célèbre à l'époque pour ses plages de nudistes et sa vie nocturne, la capitale de l'île arbore des maisons blanchies à la chaux comme autant de morceaux de sucre en train de fondre et des ruelles dont l'étroitesse permet à peine le passage des ânes, véritable piège conçu pour déjouer l'invasion des pirates. Après le déjeuner, les voyageurs firent le tour du pittoresque port, site favori des étudiants des Beaux-Arts que l'on voit croquer les tavernes en plein air et la rangée des moulins à vent montant la garde au sommet des collines. Ils admirèrent les mascottes de l'île, ces pélicans qui vous regardent de haut tout en quémandant poissons et reliefs. En août, même les oiseaux s'effraient de la cohue de la jeunesse dorée de Grèce, de France et autres pays européens qui s'est donné rendez-vous à Mykonos.

À peine quatre heures plus tard, à dix-sept heures quarante-cinq, ils reprenaient la mer pour l'île de Tinos, lieu de pèlerinage de tous les Grecs qui viennent vénérer une célèbre icône de la Vierge Marie censée guérir les malades et les infirmes. Les pèlerins affluent en masse à Panayia Evanghélistria (Notre-Dame-de-la-Bonne-Nouvelle) où ils laissent en offrande toutes ces statuettes d'or et d'argent dont l'imposante église est emplie afin que la Vierge intercède en leur faveur. Nombre d'entre eux accomplissent sur les genoux le trajet du port jusqu'à l'église en signe de dévotion. Deux fois l'an, à la fête de l'Annonciation (le 25 mars) et de l'Assomption (le 15 août), on promène l'illustre icône en procession autour de l'église au milieu des milliers de fidèles prosternés.

Selon le capitaine Kostas, ce fut Maria qui persuada Onassis de conduire le *Christina* à Tinos afin de rendre un bref hommage à sa sainte patronne. Ils ne restèrent sur l'île qu'une heure quinze, juste assez pour allumer un cierge et demander l'intercession de la Vierge Marie. Une semaine plus tard, pour la fête de l'Assomption, il aurait été difficile de mettre un pied sur le port. Sur toute l'île, les préparatifs allaient déjà bon train.

Le *Christina* quitta Tinos à vingt heures dix, et Onassis reporta toute son attention sur Churchill, craignant sans doute de l'avoir quelque peu négligé en passant tant de temps avec la Callas. Durant le cocktail, on le vit même s'asseoir près du vieillard en lui faisant goûter du caviar à la petite cuiller.

La tension avait grandi entre Tina, Maria, Meneghini et Artémis. C'était palpable pour tout le monde. Onassis eut bien du mal à préserver les Churchill de ce climat électrique. « Il faisait de gros efforts, se souvient Celia Sandys. Tout ce qu'il voulait, c'est que mon grand-père fût content, Maria heureuse, et que Tina ne fît pas de drame. Mes grands-parents n'auront eu aucune idée de ce qui se passait. »

La sollicitude d'Onassis pour ses hôtes était bien connue. « Ari était un être fondamentalement sensible, chaleureux et bon, rapporte Nonie. Je ne parle pas de l'homme d'affaires, je parle du compagnon de voyage. J'ai fait huit croisières avec lui et j'en suis venue à l'apprécier chaque fois un peu plus. Sa conversation était pleine de charme et d'intérêt. Toujours affable avec ses employés.

Du moins en présence de tiers. Un comportement totalement différent de celui de Niarchos. Il avait des tas de petites attentions. Il comprenait que nous n'étions pas tous immensément riches. »

Au cours d'une précédente croisière au Maroc, en 1958, un marchand monté à bord réussit à vendre certains de ses cafetans anciens, de véritables pièces de collection, à tous les invités, excepté les Montague Browne qui avaient reculé devant le prix. Ce soir-là, au dîner, la plupart des femmes avaient revêtu leur nouvelle parure. « Ah, j'y pense, nous avons une robe de trop, dit Onassis d'un ton léger. Nonie, pensez-vous qu'elle vous irait ? »

« Voilà comment Ari essayait de mettre tout le monde à l'aise, comme cette fois où il avait brisé son propre verre pour tirer Diane Sandys d'embarras, concluait Nonie. Il était ainsi, gentil et plein de tact. »

Mais, cette fois, Onassis devrait faire appel à tout son tact et à toute son habileté diplomatique pour ramener les passagers du *Christina* à Monte-Carlo sans que l'équipage et les journalistes à l'affût à chaque escale eussent vent de quelque éclat conjugal.

Le *Christina* cinglait vers Le Pirée, le port d'Athènes. Aristo tenta de distraire ses invités, dont il sentait les changements d'humeur, en racontant comment il y était arrivé la première fois, en 1922, jeune réfugié fuyant les atrocités de Smyrne. Comme pour Maria, Athènes et ses environs lui évoquaient des souvenirs pénibles. Le port bruyant et embouteillé par les pétroliers et les navires de plaisance approchait. Il termina le récit qu'il avait commencé à Smyrne.

Dès que l'*Edsall* eut déposé le jeune Aristo – en uniforme de marin américain et les restes de la fortune familiale collés à même la peau – sur l'île de Mytilène, il fut assailli par d'autres Grecs d'Anatolic sans nouvelles des parents et amis restés à Smyrne. La typhoïde et la dysenterie faisaient beaucoup de morts parmi la foule des réfugiés. Certains d'entre eux, trouvant sur place peu de nourriture mais du vin en abondance, s'en prenaient à leurs compatriotes. Ils volaient tout ce qu'ils dénichaient dans les paniers, baluchons et hardes de quelque valeur que les malheureuses victimes avaient pu sauver du cataclysme.

Aristote erra d'un camp de réfugiés à l'autre à la recherche de ses sœurs et de sa belle-mère. Il interrogeait tous ceux qu'il rencontrait, scrutait les messages cloués aux arbres, les noms gribouillés sur les murs et les portes. Enfin, dans un camp situé au pied de la colline d'Olympus, il retrouva sa famille – ses sœurs, tantes, cousins : au total dix-sept femmes et enfants. Seul homme de tout le groupe, à dix-huit ans, il s'improvisa chef de famille. Il leur restait un peu d'argent et il décida de les faire passer à Athènes aussitôt que possible. Dans le même temps, il se mit à fouiller l'île en compagnie de sa sœur Artémis dans l'espoir de découvrir leur grand-mère Gethsémane. La vieille femme avait quitté Smyrne après les sœurs d'Aristote ; son fils Socrate avait dû la tirer de force de la maison qu'elle refusait d'abandonner et la remettre aux bons soins de voisins qui avaient promis de lui procurer un passage pour la Grèce. À partir de là, sa trace se perdait. Aristote interrogea une multitude de personnes, offrit une récompense pour la moindre information. En vain.

Un mois plus tard, à la tête de son clan de dix-sept femmes et enfants, il échappait au sordide du camp de réfugiés et embarquait pour Le Pirée sur un cargo libyen. Les nouveaux arrivés n'étaient pas au bout de leurs peines. Le mépris voire l'hostilité attendaient le million et demi d'Anatoliens qui, comme eux, se déversaient sur une Grèce de cinq millions d'habitants.

Il apprit le sort de sa grand-mère de la bouche de son oncle Omeros, parti quelques mois avant la catastrophe, qu'il parvint à retrouver à Athènes. Selon ce que me rapporterait Mérope, Hadji-néné et les voisins à qui elle avait été confiée s'étaient retrouvés entassés sur un bateau censé les conduire en Grèce. Ils se rendirent vite compte que ce n'était nullement l'intention du capitaine turc. Les passagers s'étaient mutinés et l'avaient forcé, sous la menace d'un revolver, de les débarquer sur l'île de Samos. Gethsémane réussit à prendre place sur un bateau qui faisait voiles vers Athènes, mais, selon des témoins de la scène, deux Grecs qui l'observaient fouillant dans son tablier pour payer son ticket comprirent qu'elle y cachait des pièces d'or. Ils bousculèrent la vieille femme et la jetèrent à terre. Gethsémane, indomptable, se défendit, mais fut victime d'une crise cardiaque et mourut sur le pont du navire. Elle avait soixante-quinze ans.

Gethsémane n'aura pas gagné la Grèce de son vivant. Ses descendants l'enterrèrent au cimetière Anastasios du Pirée. Aristote se rendait souvent sur sa tombe où il lui adressait ses prières en turc puisqu'elle n'avait jamais appris le grec. C'était elle qui l'avait élevé après la mort de sa mère, et il avait ressenti la même solitude et le même désarroi à la nouvelle de ce nouveau décès. (La vieille femme lui a laissé son empreinte. « Ma sœur se plaint souvent que nous n'avons pas eu la chance de faire des études étant jeunes, raconta-t-il à ses invités du *Christina*. "De quoi te plains-tu ? lui dis-je chaque fois. Nous sommes diplômés de l'école de grand-mère Gethsémane, qui valait bien dix universités." »)

À Athènes, la nombreuse famille s'installa d'abord dans l'un des immeubles de rapport de la zone du port, puis déménagea bien vite dans une vaste demeure du riche quartier Castella sur les hauteurs qui surplombent Le Pirée. L'oncle Omeros les rejoignit. S'amorça dès lors un bras de fer entre le jeune homme et l'oncle, pour savoir qui serait le chef de la famille en l'absence de Socrate emprisonné à Smyrne. Aristo avait pour atout d'être le gardien du trésor de guerre familial, l'argent rapporté de Turquie. Il décida de rejoindre Constantinople, où son père disposait de relations influentes, de faire jouer le réseau et de tenter d'acheter par la corruption la liberté de Socrate. L'oncle désapprouva le projet, estimant que Socrate était un homme de ressources ayant de nombreux amis turcs et qu'il trouverait bien lui-même un moyen de s'extraire de prison. Faisant fi de ses protestations, Aristote embarqua sur l'*Abbazia*, un paquebot égyptien sous pavillon britannique en route pour Istanbul.

Sur l'*Abbazia*, Aristo fut fasciné par la salle de restaurant des premières classes où de jolies femmes en robe du soir et parées de bijoux dansaient dans les bras d'hommes en smoking au son d'un orchestre jouant les derniers succès de Broadway. Le jeune réfugié n'oublierait jamais cette révélation du luxe et de l'élégance. Il avait été repoussé sans ménagement par un steward de cette section du navire à laquelle il n'était pas censé avoir accès, mais en avait vu assez, affirmerait-il plus tard à des amis, pour savoir que c'était le style d'existence qu'il se jurait de mener un jour.

Histoire de faciliter ses démarches à Istanbul, Onassis adopta la stratégie dc s'habiller avec recherche, de louer une chambre dans le plus riche quartier de la ville et d'une manière générale de mener grande vie. En trois semaines, il avait dépensé vingt mille dollars en pots-de-vin, une petite fortune à l'époque. Il fit également forte impression sur les jeunes femmes qui travaillaient comme entraîneuses dans les bars et cafés autour de Cumhuriyet Caddessi.

À son retour à Athènes, il avait dépensé la plus grande partie des livres turques qu'il avait emportées sur lui en quittant Smyrne. Socrate fut bientôt libéré et arriva à Athènes peu de temps après Aristo. Celui-ci était persuadé d'avoir obtenu la liberté de son père, mais Socrate comme Omeros considérèrent que le garçon avait dilapidé sans nécessité les économies de la famille. Selon Mérope, la véritable raison de la libération de Socrate n'avait en effet rien à voir avec les largesses consenties par Aristo à Istanbul. En fait, explique-t-elle, « un marchand juif ami [de Socrate], battu par les Turcs pour lui faire avouer le nom des membres des organisations patriotiques grecques, avait livré celui de Socrate et de deux de ses frères. Mais, lorsque Socrate fut traîné devant les juges, l'homme se rétracta et reconnut qu'il avait dénoncé à tort les trois hommes sous la contrainte ».

Ce négociant juif n'était autre que Bohar Bénadava, celui-là même qui avait employé Socrate lors de ses deux premières années à Smyrne. Toujours d'après Mérope, ce sont les rétractations de son ancien patron, plutôt que les négociations du fils, qui conduisirent à sa libération. Quoi qu'il en fût, Aristo fut bouleversé du peu de cas fait par son père de ses efforts. Leurs relations se détériorèrent. « La tension monta encore quand notre père ordonna à Aristo d'aller à Oxford pour y étudier l'architecture. Mon frère n'avait jamais été très porté sur les études. Il préféra s'enfuir en Argentine, où le rejoignit notre cousin, Nikos Konialides, que je devais plus tard épouser. »

Onassis fit le récit de la brouille avec son père à ses invités, visiblement toujours aussi affecté par l'ingratitude de Socrate : « Vous savez comment va la vie, les gens oublient vite, dit-il. Ils peuvent avoir vu la mort de près, dès qu'ils sont tirés d'affaire, ils recommencent à récriminer et à se plaindre. Je lui avais sauvé la vie, et lui comptait ses sous. »

Cette rupture laisserait Onassis meurtri pour le restant de ses jours, même après que Socrate, le contentieux oublié, eut accepté de participer financièrement au lancement des affaires de son fils. (Socrate souffrait d'angine de poitrine et ne se remit jamais des conditions de son emprisonnement. Il mourut d'une crise cardiaque en 1932, à cinquante-huit ans, et fut enterré près de sa mère dans le caveau de famille au cimetière Anastasios.)

La situation économique de la Grèce, déjà difficile, devint encore plus critique avec l'afflux des réfugiés. Selon l'un de ses anciens condisciples de Smyrne, Aristote passa les premiers mois de son exil à Athènes à rechercher un moyen de fuir le pays. Il envisageait d'émigrer aux États-Unis, mais apprit bientôt que les quotas compromettaient irrémédiablement ses chances de s'installer là-bas. Il pensa alors à Buenos Aires, où il avait de lointains parents. Malgré l'opposition formelle de son père qui craignait que le départ de son fils n'ajoutât aux traumatismes récents de la famille, Aristo réussit à obtenir un permis Nansen – un visa spécial pour les réfugiés désireux de s'établir définitivement dans un pays ayant besoin d'immigrés – pour l'Argentine. Avec deux cent cinquante dollars en poche, il embarqua sur un ferry du Pirée qui le conduisit à Brindisi, en Italie, première étape du voyage. Le 27 août 1923, il monta à bord du *Tomaso di Savoya*, qui emmenait vers le Nouveau Monde un millier d'immigrants entassés sur l'entrepont ou dans la cale. Fidèle à lui-même, Onassis eut bientôt soudoyé un matelot pour le laisser dormir sur le pont dans une sorte de cage ronde destinée aux cordages de la poupe, une couche nettement plus confortable que celle de l'entrepont.

On approchait du Pirée. Maria écoutait Aristo et avait le sentiment d'entendre sa propre histoire. Comme Onassis, elle avait quitté ce port pour le Nouveau Monde, meurtrie, ayant rompu avec sa mère, mais déterminée à réussir par ses propres moyens, sans l'aide de quiconque. Le navire sur lequel elle s'était embarquée avait largué les amarres vingt-deux ans après celui d'Aristote, mais, à bord, tous deux brûlaient de la même colère et de la même ambition pour, en 1959, connaître un succès qui dépassait largement leurs rêves de jeunesse les plus fous. « Nous sommes tous deux partis de zéro et arrivés au sommet grâce à notre seule volonté et nos seules capacités », résumerait-elle par la suite.

Les passagers du *Christina* étaient impatients de retrouver la terre ferme : Théodore et Artémis donnaient ce soir-là un dîner dansant dans leur villa du bord de mer de Glyfada, dans la banlieue chic d'Athènes. La soirée promettait d'être le clou du voyage. Le yacht s'approcha le plus près possible du rivage et jeta l'ancre le matin du dimanche 9 août à dix heures dix-sept.

Les mots *philoxenia* et *philotimo* expriment deux traits fondamentaux du caractère grec. *Philoxenia*, l'hospitalité, signifie littéralement « amour des étrangers ». Un Grec, riche ou pauvre, entrera en compétition avec ses voisins pour proposer l'hospitalité à quiconque se présente, même s'il doit tuer le seul agneau de la famille pour le repas. *Philotimo* indique la fierté, le sens de l'honneur, l'amour-propre, en liaison étroite avec les devoirs de l'hospitalité. À bord, l'hôte était Onassis : son amour-propre était en jeu; il lui fallait faire des heureux. Le *Christina* mouillant en vue d'Athènes près de la villa des Garofalidis, les philotimo et philoxenia de Théodore prenaient le relais et lui accordaient quelque répit.

Théodore Garofalidis était la coqueluche de tous les autres passagers. « C'était un compagnon délicieux, se souvient Nonie. Lui et moi adorions papoter. C'était la personne avec qui je parlais le plus. Ari disait : "Je ne sais ce qu'il y a entre Théodore et Nonie, mais ils s'entendent comme larrons en foire." Il y avait une sorte de *tendresse* entre nous. » Montague Browne, quant à lui, se souvient que la grande passion de Théodore était la chasse – il allait chasser dans le nord de la Grèce plusieurs fois par an. À bord du *Christina*, ils passaient tous deux des heures à tirer des pigeons d'argile. « Ari me dit un jour, en présence de Garofalidis – en français, Théodore ne parlait pas anglais. "*Voyez Théodore. À part de la médecine* [sic] *et la chasse, c'est un enfant*". »

Théodore vint lui-même accueillir les arrivants à leur descente du canot. Au volant de sa voiture climatisée, il leur fit visiter Athènes et prit la peine d'escorter ceux qui désiraient voir l'Acropole et les restes du Parthénon, au sommet de la célèbre colline au cœur de la ville. Puis il les ramena à sa villa de Glyfada, voisine de celle d'Onassis, où ils passèrent l'après-midi à nager dans les eaux turquoise de la baie, paresser au soleil sur la plage de sable blanc ou faire du ski nautique avec Kostas Koutsouvelis, le précepteur d'Alexandre. Théodore mit un point d'honneur à ce que le dîner dansant dans le jardin de sa villa, sous les arbres et les guirlandes de lanternes japonaises, fût la plus agréable et la plus joyeuse des nombreuses festivités de toute la croisière.

Parmi les nouveaux invités (pour lesquels on avait prévu un déjeuner à bord du yacht le lendemain), le magnat du cinéma Spyros Skouras, un Gréco-Américain fils d'un berger de Corfou. Skouras, président de la 20th Century-Fox, ne parlait aucune langue correctement et admettait bien volontiers qu'aucun Grec ne pouvait comprendre son grec et aucun Anglais son anglais. Il était également célèbre pour son vocabulaire restreint utilisé mal à propos. Dans *Long Sunset,* Anthony Montague Browne raconte l'anecdote suivante :

Nous étions tous deux appuyés sur le bastingage à contempler les dauphins, quand Skouras me confia :

– J'ai une idée de film formidable. Ce sera sur les Benzédriniens.

J'essayais de comprendre. Puis je hasardais :

– Vous voulez parler de la drogue-génération ?
– Je ne sais s'ils se droguaient ou non. Je parle des Benzédriniens de l'Empire de Constantinople.
La lumière se fit dans mon esprit.
– Oh, vous voulez dire les Byzantins ?
– Benzédriniens, Byzantins, ça fera de toute façon un film sensationnel.

Ce fut dans les jardins de Glyfada que Skouras suggéra à Maria Callas d'envisager une carrière cinématographique. C'est du moins ce qu'elle affirma à son mari pour expliquer qu'elle avait besoin de rester tard sur le *Christina* en compagnie d'Onassis. Dans ses Mémoires, Meneghini affirme qu'il a quitté la fête pour retourner sur le yacht à quatre heures du matin, mais que Maria était trop excitée pour envisager d'aller dormir.

Ettalia Maria Papanikolaou, veuve d'un conseiller financier de l'ex-roi de Grèce, était également de la partie. J'ai rencontré Lilika, comme on la surnommait, en 1999 à Politéa, un faubourg d'Athènes. Elle avait fait la connaissance d'Onassis en 1936, à l'époque où il était consul de Grèce à Buenos Aires. Elle avait alors treize ans, et le bateau de son père, sur lequel elle naviguait, y avait fait relâche. Elle se rappelle avoir été fort impressionnée par le jeune consul qui lui avait acheté « des biscuits, du chocolat et une bouteille d'eau de Cologne avec des miroirs sur la bouteille ». Son père était un ami de Stavros Livanos et elle devint elle-même une grande amie de Tina Onassis après le mariage de celle-ci avec Aristote. Lilika se souvient que, lors de la réception chez les Garofalidis, Tina arriva la première et lui confia qu'Ari et Maria avaient une liaison. Puis les deux nouveaux amants firent ensemble leur entrée.

« Que vous dire sur cette horrible soirée ? Mon Dieu, quelle nuit ! fit Lilika en demandant à sa fille de lui verser un verre de champagne avant de poursuivre. Il y avait Maria Callas. Et ce pauvre Meneghini, vraiment pas de chance, le pauvre [*kakomiris*] !

« Tina commence par me dire : “Tu sais ce qui s'est passé ? Cette putain s'est jetée à sa tête et Aristo s'est laissé piéger. Tu vas voir.” Puis Aristo descend dans le jardin. “Venez vous asseoir près de moi, Lilika.” Il y avait Maria Callas, et *po ! po ! po !* qu'est-ce qu'ils racontaient ! J'ai honte de vous le répéter. Lui, il disait : “Dis-lui, Maria, dis-lui ce que je t'ai fait dans le *varka* [le petit bateau]. Dis-lui comment je te l'ai fait.”

« Je me suis levée, continue Mme Papanikolaou. “Ne parlez pas comme ça en ma présence.” Il m'a pris les mains : “Asseyez-vous, Lilika.” Il parlait en grec, évidemment, pour que les autres ne puissent pas comprendre.

« Il était devenu fou. Vous connaissez cette maladie qui touche les hommes : *andropsoenia,* perte de la virilité. Quand un homme sent que sa virilité s'en va, il essaie de faire de l'esbroufe. Un homme, un vrai, qui veut s'amuser, il prend une maîtresse, *sans en faire tout un plat*. Mais l'homme qui la ramène devant sa femme, ses sœurs, ses amis, ce n'est pas un homme véritable. »

La conduite déplacée d'Onassis au cours de la réception ne semble pas correspondre à son observation rigoureuse de l'étiquette et des convenances durant la croisière, ce dont témoignent les Montague Browne comme le capitaine Kostas. Il avait bu et, au milieu de ses amis grecs bons vivants, délivré de ses obligations d'hôte, il peut avoir voulu montrer à sa femme, qui avait elle-même un amant deux fois plus jeune que son mari, que son nouvel amour effaçait les défaillances sexuelles qu'il avait connues avec elle (et qu'elle ne s'était pas privée de raconter à Reinaldo Herrera). Si c'était là son intention, cela expliquerait qu'Onassis fût prêt à décrire avec la franchise la plus crue les détails de son rendez-vous avec Maria dans le canot, voire de s'en vanter – en particulier auprès d'une amie intime de sa femme.

Les fanfaronnades d'Onassis, que rapporte Lilika Papanikolaou, suggèrent que lui et Maria avaient trouvé l'intimité qui leur avait si longtemps manqué à bord du yacht dans un des canots remisés sur le pont supérieur du *Christina,* aux côtés de l'hydravion Piaggio. Un examen des plans du *Christina,* montrant les canots de sauvetage et les petits voiliers pour la plaisance, laisse à penser qu'ils pouvaient avoir choisi la vedette à bâbord, juste devant l'avion. De plus de huit mètres de long, pourvue d'une cabine close, elle les protégeait parfaitement des regards importuns. Elle était située vers la poupe sur le même pont que la salle à manger, le salon et les cuisines, un pont au-dessous de la suite d'Onassis et un au-dessus des cabines des invités.

Après le dîner, affirme Lilika, elle eut une conversation à cœur ouvert avec Tina Onassis.

« – Que dois-je faire ? m'a-t-elle demandé.

« – Va dans ta chambre et dors dans ton lit, lui ai-je répondu. »

Tous les passagers remontèrent sur le yacht qui devait quitter Glyfada à cinq heures quarante ce matin-là. Meneghini écrit dans ses Mémoires :

Onassis et Maria voulurent continuer la fête sur le yacht. « Je vais au lit », ai-je dit. J'étais plus mort que vif et m'endormis immédiatement. En me réveillant à neuf heures et demie, je me suis rendu compte que Maria n'était pas là. Inquiet, je l'ai cherchée sur tout le yacht. Je suis tombé sur Onassis tout sourire et en pleine forme. Il m'a affirmé qu'il avait eu le temps de dormir et de se raser. Un horrible soupçon me traversa l'esprit. Si Onassis avait dormi, où Maria pouvait-elle bien être allée ? Je me sentis défaillir. Je suis retourné à ma cabine où elle se trouvait depuis quelques minutes. « Tu m'as fait une grosse frayeur », lui ai-je fait remarquer. Elle n'avait pas entendu, ou c'était tout comme. Elle était dans les nuages, préoccupée. Elle se mit à s'extasier sur la beauté de la nuit et la magie de l'aube sur la mer. Puis, soudain, sur un ton de dérision agressive, elle s'est lancée dans une tirade pleine de hargne en me demandant de cesser de la suivre comme son ombre. « Tu te conduis comme un geôlier, m'a-t-elle reproché. Tu ne me laisses jamais seule. Tu me contrôles en tout. On dirait un garde-chiourme, plein de haine, qui cherche à m'écraser depuis des années. J'étouffe. » Puis elle s'est mise à critiquer mon allure, mes façons de faire. « Tu n'aimes pas l'aventure, tu ne parles pas de langues étrangères, tu es toujours mal peigné, tu es incapable de t'habiller avec élégance. »

De fait, Meneghini la suivait partout et cela lui portait sur les nerfs. Selon Mary Carter, Maria lui aurait confié peu après la croisière qu'« à la suite de leur engouement mutuel, Onassis et elle-même, naturellement, cherchaient à s'isoler mais avaient constamment Meneghini dans les jambes. Voulaient-ils visiter tel site ? Meneghini insistait pour venir. Piquaient-ils une tête pour quelques brasses dans la mer ? Il la suivait sur un dinghy. Maria était exaspérée. "Il ne me lâchait pas, se plaignait-elle auprès de moi" [à Dallas]. "Enfin, Maria, lui fis-je remarquer, c'est tout de même ton mari et tu étais la seule à qui il pouvait parler." Mais elle considérait cette façon de l'empêcher de s'isoler avec Onassis comme un manque de respect. Tina, elle, savait ne pas s'imposer, disait-elle. D'une certaine manière, elle appréciait Tina – une fille charmante, sympathique, pas très intelligente, mais vraiment gentille ».

La confrontation conjugale du petit matin avait donné l'occasion à Maria de déverser son trop-plein d'animosité. Dès lors, elle ne fit plus aucun effort à l'égard de Battista Meneghini. Elle ne revint même plus dormir dans la cabine, juste pour se changer et prendre son bain du matin, affirme-t-il.

Ce même matin, lundi 10 août, le *Christina* passait le canal de Corinthe pour mouiller dans la baie, comme au début du voyage. La plupart des passagers se livrèrent aux joies de la natation ou du ski nautique dans les eaux tranquilles et protégées avant de prendre leur déjeuner sur le pont supérieur.

Anthony Montague Browne, quant à lui, emprunta le Piaggio pour un aller et retour à Athènes où il avait à faire. Il avait un brevet de pilote et avait combattu dans la Royal Air Force en Birmanie au cours de la Seconde Guerre mondiale. Voyant Anthony se préparer pour le décollage, Alexandre, le fils de onze ans d'Onassis, le harcela de questions sur ses exploits de pilote de chasse. Le jeune garçon était depuis toujours émerveillé par les avions, les hors-bord, les voitures de course – tout ce qui était pourvu d'un moteur – et attendait avec impatience le jour où il pourrait obtenir à son tour sa licence de vol.

Les Montague Browne comme bien d'autres amis d'Onassis gardent un affectueux souvenir d'Alexandre qui, en grandissant, devint un jeune homme sensible, prévenant et généreux. Mais, à l'époque, c'était un enfant gâté, bruyant et capricieux. Il réussit à indisposer la plupart des invités de la croisière, y compris Maria Callas qui devint bientôt sa bête noire. « Alexandre était plutôt fatigant, se souvient Montague Browne. Un jour, je l'ai poussé dans la piscine. Puis j'ai retiré l'échelle pour qu'il ne puisse en sortir. Ce n'était pas très profond et il a préféré ne rien dire à son père de peur de s'attirer des ennuis. Il était fasciné par les avions et voulait tout savoir : un avion de chasse, ça ressemble à quoi ? Avant la mission, on fait quoi ? Est-ce qu'on a peur ? Et ainsi de suite. Il rêvait de pouvoir voler mais était affligé d'une mauvaise vue, comme son père. »

Christina, huit ans à l'époque, était très différente. Sensible et timide, elle était en quelque sorte subjuguée par Miss Lehane, sa redoutable nurse anglaise. « C'était une gosse adorable, très gentille, se rappelle Nonie. “Oh, Miss Lehane, puis-je faire ceci ? Puis-je faire cela ?” demandait-elle constamment à sa gouvernante – une blonde filasse au nez crochu qui faisait un peu penser à une poule. Elle ne voulait certainement pas être désagréable ou méchante, mais obligeait Christina à laisser la lumière allumée pour qu'elle-même pût lire : “Christina, tu éteindras plus tard”, des choses de ce genre. Mais Christina savait prendre sa revanche. Ce fut le cas lorsque nous nous sommes rendus à Mykonos. La mer était plutôt mauvaise, le petit canot s'agitait de plus en plus fort et Christina de s'écrier : “Oh, Miss Lehane, je n'ai jamais vu ça. Nous n'allons pas nous en sortir, je ne crois pas.” Et Miss Lehane de s'accrocher à ses basques en s'efforçant de ne pas vomir. »

Anthony lui aussi en garde un souvenir émouvant. « Dès que nous arrivions quelque part, elle demandait (en anglais) : “Papa, peux-tu me donner vingt dollars ? – Pour quoi faire ? – Je veux acheter quelque chose.” Il lui donnait les vingt dollars et elle achetait de menus cadeaux pour Tina et lui. À pleurer ! C'était vraiment une enfant attachante. »

Les Montague Browne se souviennent qu'Ari adorait jouer et faire le pitre avec ses enfants. Il les laissait le pousser à l'eau, les complimentait sur leurs vêtements, les couvrait de baisers à la manière très démonstrative des pères grecs. « Il était franchement adorable avec ses enfants, insiste Nonie. Pas d'erreur, c'était un très bon père qui les aimait tous les deux. Il les prenait souvent à bord avec nous. »

La Française Geneviève Roy fut la préceptrice d'Alexandre et de Christina avant d'épouser, en 1958, le commandant de la frégate, Kostas Anastasiades, et de s'installer à Athènes pour élever leurs propres enfants. Dans son souvenir, Onassis et surtout Tina montraient une préférence scandaleuse pour Alexandre. « Tina adorait Alexandre mais n'était guère gentille avec Christina. Elle appelait son fils “mon ange” ou encore “visage d'ange” mais critiquait ouvertement le physique de la petite fille. Alexandre l'avait bien compris. Il enfermait sa sœur dans sa chambre quand il y avait des visiteurs en lui disant qu'elle était trop laide pour qu'on la voie. Tina achetait des cadeaux à Alexandre mais rien pour Christina. Il m'est arrivé de lui acheter quelque chose avec mon propre argent. Tina m'a alors expliqué : “Ne faites pas cela. Christina doit s'y habituer. Au bout du compte, c'est à lui qu'ira quatre-vingts pour cent de notre fortune.” Elle considérait la fillette comme quantité négligeable. Je revois encore le jour où Christina rapporta de l'école une médaille ou une récompense qu'elle voulut montrer à Tina. Sa mère dormait. Il ne fallait pas la déranger. »

Le 10 août, le yacht quitta la baie de Corinthe pour trois jours de traversée par la mer Ionienne, remontant ensuite la côte ouest de l'Italie jusqu'à Monte-Carlo. L'atmosphère à bord était beaucoup plus fraîche qu'au début de la croisière. Plus de réceptions fastueuses, plus de visites de sites historiques. Une fois sortis de la baie, la mer se fit mauvaise. Le malheureux Meneghini boudait dans sa cabine, tout à son mal de mer, plus atroce que jamais, et à sa déconvenue.

Le roulis confina également les Churchill dans leur cabine. Les seuls passagers ne semblant pas se soucier du tangage étaient Maria et Aristo qui passaient une bonne partie de la nuit sur le pont ou, quand le temps était franchement exécrable, dans la bibliothèque que l'on appelait le salon de jeux. Ils y bavardaient interminablement près de la cheminée de lapis-lazuli. Souvent, selon Anthony Montague Browne habituellement dans les parages, une petite faim les poussait dans la cuisine aux premières heures du matin.

La seconde nuit de la traversée, sur la route de Monte-Carlo, Tina, se réveillant seule dans son lit, monta faire un tour sur le bateau. Meneghini affirme dans ses Mémoires qu'elle finit par le rejoindre dans sa cabine. Elle lui aurait alors confié : « Nous sommes tous deux dans une mauvaise passe. Votre Maria est dans les bras de mon mari, en bas dans le salon. On n'y peut plus rien désormais. Il vous l'a enlevée. J'en suis désolée pour vous. En ce qui me concerne, j'avais déjà décidé de le quitter. Ce sera pour moi l'occasion d'entamer une procédure de divorce... Pauvre Battista ! Mais aussi pauvre Maria ! Elle va vite comprendre de quel homme il s'agit. »

Toujours selon Meneghini, il était en « piteux état » après le départ de Tina. Maria apparut à la cabine à six heures dix du matin et refusa de répondre à ses questions. Le lendemain, elle ne lui adressa pas la parole de la journée et rentra de nouveau à cinq heures du matin. « Elle me dit qu'en dépit des bourrasques la mer était splendide. Rien de plus. Je priais pour que cette maudite croisière prît bientôt fin. J'étais persuadé, tout au fond de moi, qu'une fois de retour chez nous tout reviendrait à la normale. »

Comme toujours, le récit de Meneghini doit être pris avec un certain recul, vu sa propension à déformer la réalité et à s'apitoyer sur lui-même. Mais certains détails sont révélateurs, comme la confidence de Tina sur sa recherche d'une occasion pour quitter Onassis ; ou la remarque extasiée de Maria, à cinq heures du matin, le dernier jour de croisière, sur « la mer splendide » en dépit du mauvais temps. Des tiers ont d'ailleurs confirmé que Tina se serait levée au cours de la nuit pour découvrir Maria et Aristote dans le salon et qu'elle serait partie informer Meneghini. Selon Peter Evans, elle aurait relaté l'épisode à un amant en disant de Meneghini : « Je pouvais lire sur son visage qu'il n'était plus en état de réagir. »

Tina avait sans doute surpris Onassis et la Callas dans les bras l'un de l'autre – tout au plus en train de s'embrasser – un soir que la mer était assez mauvaise pour que les amants s'imaginent que les autres étaient endormis dans leur cabine. Plutôt que les affronter, Tina préféra rapporter les faits à Meneghini, espérant déclencher le même scandale que celui du repas grec à deux. Le plan échoua devant la répugnance de Meneghini à s'en prendre à son hôte. Si Ari et Maria avaient voulu faire l'amour, ils auraient pu retourner au canot, mais il n'est pas vraisemblable qu'ils aient pris à nouveau un tel risque les derniers jours de croisière.

Le jeudi 13 août, après avoir affronté une mer agitée, le *Christina* entrait dans le port de Monte-Carlo et accostait à onze heures dix du matin. Comme d'habitude, une foule de photographes se pressaient sur les embarcations qu'ils avaient louées pour mitrailler les passagers regroupés sur le pont. Les photos de cet instant sont intéressantes. Sur l'une, il apparaît évident que les tout jeunes ou les très vieux n'ont aucune idée des intrigues en cours : Sir Winston, en costume trois pièces et chapeau blanc à large bord, et le jeune Alexandre, en maillot de bain, sont tous deux effondrés, à moitié endormis sur leurs chaises d'osier. Sur une autre, les principaux protagonistes sont semblables à eux-mêmes : Meneghini, costume cravate, a l'œil mauvais, comme d'habitude ; Maria, dans une robe chemisier de coton blanc à manches courtes sanglée d'une large ceinture de cuir, est calme et décontractée ; Tina, en débardeur et short, arbore sa coutumière désinvolture ; Onassis, en manches courtes, manie distraitement le téléphone. Tous bavardent courtoisement, mais un certain ennui et la lassitude se lisent sur leurs visages, ce qui peut sembler normal pour deux couples se connaissant depuis peu et venant de passer trois semaines en mer ensemble. On ne trouve qu'une photo de visages vraiment épanouis. Maria et Onassis, tous deux portant des lunettes de soleil, se tiennent l'un près de l'autre au point de presque se toucher. Onassis parle au téléphone et Maria sourit à ce qu'il dit. Une autre encore la montre descendant la passerelle, Onassis juste derrière elle ; Meneghini n'est pas sur la photo. « Le 13 août..., écrit-il dans ses Mémoires, nous arrivâmes à Monte-Carlo. Deux heures plus tard, nous étions à l'aéroport de Nice. À cinq heures de l'après-midi, nous étions de retour à Milan. Entre nous, durant tout ce trajet, un silence glacial. »

La plupart des invités, y compris les Churchill, quittèrent le *Christina* sans avoir conscience d'avoir assisté à un événement capital. « Je suis parti très vite à la fin de la croisière, m'a expliqué Montague Browne. J'avais un rhume des foins impossible et devais aller une quinzaine de jours en Suisse, dans la montagne, pour récupérer. Nonie a pris aussitôt l'avion pour Londres. » Churchill se rendit à Cap-d'Ail, tout proche, invité par Lord Beaverbrook dans sa villa Caponcia. Celia Sandys ne remarqua même pas que les Meneghini furent les premiers à s'en aller. À seize ans, elle avait d'autres chats à fouetter. Elle se tenait aux côtés de Kostas Koutsouvelis, à l'entrée du port. « J'avais fini par prendre mon courage à deux mains et lui parler, raconte-t-elle. Il m'initiait au ski nautique. Il aurait pu m'apprendre autre chose, mais j'étais si gauche en la matière que je suis certaine de l'avoir découragé. »

Aristote et Tina s'en tenaient, en public, à leurs rapports cordiaux. Pour tous les observateurs, le couple semblait intact. Celui des Meneghini, en revanche, portait les stigmates du voyage. « J'étais absolument certaine que Maria avait décidé de laisser tomber son mari. Absolument, totalement », m'a assuré Nonie.

Cela dit, aucun des seconds rôles du drame ne soupçonnait qu'en quelques jours l'idylle de Maria Callas et Aristote Onassis allait devenir l'objet de l'attention internationale. Le monde entier, fasciné par l'effritement public de deux couples légendaires, suivrait heure par heure chacune de leurs paroles et leurs moindres faits et gestes.

12

Pas de quatre

Les plus grands malheurs sont ceux
que nous nous infligeons.

Sophocle, *Œdipe roi.*

Selon certains des biographes les plus réputés d'Onassis et de la Callas, la croisière fatidique de 1959 se serait achevée à Venise. D'autres, à juste titre, en fixent le terme au 13 août à Monte-Carlo, mais font erreur en affirmant que le *Christina* aurait poursuivi sa route pour le festival de Venise avec pour seuls passagers une Tina éplorée et ses deux enfants attendant vainement qu'Onassis les rejoignît à chaque escale.

Les événements suivirent un cours passablement différent en ces semaines tumultueuses de la fin août et début septembre, quand la presse internationale eut vent de la liaison entre la Callas et Onassis. Je tiens la vérité de deux invités qui ont embarqué sur le *Christina* à Monte-Carlo. L'un d'eux était le jeune amant de vingt-cinq ans de Tina, Reinaldo Herrera.

Les vingt-cinq jours précédant ce mardi 8 septembre où Maria annonça publiquement sa rupture avec Meneghini, les quatre protagonistes – Ari et Maria, Tina et Battista – exécutèrent un *pas de quatre* fort compliqué. Onassis faisait des ricochets entre Monte-Carlo, Milan et Venise aux commandes de son Piaggio ; Maria vivait en recluse à Milan quand elle ne voyageait pas avec Aristo ; Battista faisait chaque jour la navette entre sa maison de campagne de Sirmione sur le lac de Garde, le domicile de sa mère près de Zevio, l'étude de son avocat à Turin et la villa que le couple possédait à Milan.

Au début de sa liaison avec Maria, Onassis pensait qu'il pourrait filer le parfait amour avec sa nouvelle maîtresse, tout en gardant son épouse légitime et ses enfants auprès de lui. Maria, quant à elle, n'avait qu'une obsession : se débarrasser de Meneghini et mettre un terme à sa carrière de cantatrice pour vivre le reste de ses jours auprès d'Aristo.

À force de persuasion, les parents de Tina avaient obtenu de leur fille qu'elle maintînt les apparences de ce mariage dont elle était si lasse. Mais le scandale de la liaison de son mari avec Maria avait pris de telles proportions que même son père ne pouvait plus exiger qu'elle restât auprès d'Ari. De son côté, l'époux bafoué, Meneghini, s'ingéniait à accélérer la débâcle en ranimant l'incendie dès qu'il menaçait de s'éteindre.

Il aurait fallu se munir d'un atlas et d'un indicateur horaire pour suivre le fil des confrontations, tentatives d'étouffer l'affaire, ruses, conférences de presse, rendez-vous chez les avoués, algarades et récriminations dans lesquels Ari, Maria et Meneghini s'engluaient, tels des rats dans un labyrinthe. À cet égard, le journal de Meneghini est une mine de renseignements de première main : il y consigne au quotidien les faits qui se sont enchaînés à compter du 13 août. Ce jour-là, le couple avait regagné sa villa milanaise, via Buonarroti. Maria avait fait part à Battista de son intention de rester à Milan tandis qu'il irait s'installer à Sirmione, dans leur maison de campagne. Il devait prendre la route le lendemain vers neuf heures. Le matin, Battista alla saluer Maria. « Elle me demanda à brûle-pourpoint : “Que ferais-tu si je ne voulais plus vivre avec toi ?” Je sentis le sang refluer de mon cerveau. Tout se mit à tournoyer autour de moi. Je parvins à émettre un petit rire et lui dis : “Oh, je me retirerais dans une de ces gorges du mont Athos, avec les moines...” Je commençais à prendre la mesure de la tragédie qui m'engloutissait. »

Meneghini quitta la maison, fit un crochet par Zevio pour rendre visite à sa mère souffrante, puis reprit le chemin de Sirmione. Il notait qu'il avait été surpris et déçu que Maria ne le contactât pas ce soir-là.

Entre-temps, Onassis avait quitté Monte-Carlo pour Milan. Son pilote, Angelo Pirotti, était aux commandes du Piaggio. Aristo avait laissé Tina et les enfants sur le yacht à l'ancre dans le port de Monte-Carlo, en prétextant une affaire urgente à régler. En fait, il projetait d'aller dîner à Milan en compagnie de Maria à l'insu des paparazzi.

Le lendemain était un 15 août. La fête de l'Assomption (un des principaux jours fériés d'Italie et de Grèce où l'on célèbre la « dormition » de la Vierge Marie – son dernier sommeil avant d'être enlevée par les anges) marque le début du *Ferragosto* – la traditionnelle transhumance routière pour quinze jours de vacances. C'était un samedi, également jour de la fête de Maria. Meneghini l'appela de Sirmione à huit heures du matin. « Elle évoqua une nouvelle fois son désir d'être seule à Milan. "Je me repose mieux, m'expliqua-t-elle. Pour les nouvelles, utilisons le téléphone. "»

Puis, en l'espace de quatre heures, la Callas changea d'avis. D'évidence, elle avait eu une conversation sérieuse avec Onassis et, comme chaque fois qu'elle avait pris une décision, n'avait pu tarder à s'expliquer. « Maria a téléphoné à midi et quart pour me demander de la rejoindre immédiatement à Milan, écrit Meneghini. "Directement, sans perdre une minute, avait-elle ajouté avec emphase. J'ai décidé d'aborder certains sujets avec toi et de tout te dire. Cela ne peut plus attendre. Viens, ta Maria t'attend." »

Le « ta Maria » fit son effet. Meneghini se précipita à Milan. Maria lui avait préparé un déjeuner auquel il fit honneur « pour l'apaiser », ce qui lui valut cette remarque acerbe : « Tu ne changeras jamais, rien ne peut te faire perdre le sommeil ou l'appétit. » Puis Maria ferma la porte afin que les domestiques ne pussent entendre. « Elle alla droit au but. "Tout est terminé entre nous. J'ai décidé de rester avec Onassis", me dit-elle d'un ton glacial. »

Sidéré, Meneghini fut incapable de répliquer quoi que ce fût. « Maria poursuivit, d'une voix presque douce : "Ari et moi sommes les jouets du destin. Nous ne pouvons nous y opposer. Nous n'avons rien fait de mal. Nous nous sommes comportés correctement et n'avons pas franchi les limites de l'honnêteté. Mais il ne peut plus vivre sans moi et je ne puis vivre sans lui. Il est ici, à Milan." »

La première confrontation entre les deux rivaux se déroula à la villa à dix heures du soir. Rapidement, il apparut qu'Onassis menait la danse, de l'aveu même de Meneghini. Il essayait de se montrer aimable envers Battista en lui volant sa femme avec le plus d'élégance possible. Onassis arriva « vêtu de manière étrange, pour ne pas être reconnu ». Meneghini prétend avoir ouvert le feu, intimant au couple adultère de prendre conscience du « péché commis, des vies ruinées »... « J'avais le sentiment de m'adresser à deux tourtereaux de vingt ans. Onassis tenta de me réconforter, m'expliquant que lui aussi avait vécu une expérience similaire. [Sans doute une référence à ses propres confrontations avec les amants de Tina.] “Ce sont les choses de la vie”, me lança-t-il. J’avais envie de le tuer. »

Manifestement, toutefois, Meneghini n’offrit qu’une résistance passive. Il se retira à trois heures du matin. Maria resta en bas une heure de plus avec Onassis. « Quand elle vint se coucher, je fis semblant de dormir. Elle se glissa doucement dans les draps, à sa place habituelle, puis s’endormit. Je tremblais comme une feuille. Peut-être avais-je la fièvre. À six heures, je me suis levé sans la réveiller et ai quitté la maison. Je pleurais en fermant la porte. » C’est un Meneghini de soixante-quatre ans anéanti qui se rendit chez sa mère, toujours alitée, éludant les questions de la vieille dame sur l’absence de Maria. Il reprit la route pour Sirmione.

Le lendemain, lundi 17 août, Maria appela son mari pour lui annoncer sa visite. Il désirait revoir Onassis, lui dit-il, regrettant sans doute sa pusillanimité de la veille. Maria le rappela dans l’après-midi. Elle viendrait le soir même en compagnie d’Onassis, qui devrait repartir ensuite aussitôt « pour affaires ».

« À huit heures du soir, une grosse limousine franchit le portail de ma villa, rapporte Meneghini. Maria en descendit, suivie d’Onassis, de Bruna (notre bonne de Milan) et des deux caniches, Toy et Tea. Le chauffeur resta dans la voiture. Onassis, euphorique, salua tout le monde chaleureusement et bruyamment. Son haleine empestait l’alcool.

« Maria avait sans doute bu, elle aussi, continue Meneghini. Elle se comportait de manière étrange. Je ne l’avais jamais vue ainsi. Nous avons dîné à neuf heures. Elle faisait l’enfant, jouait à la petite fille stupide. » Peut-être était-elle tout simplement fière de montrer sa ravissante maison à son amant. « Mais Onassis n’était pas franchement enthousiaste, ajoute Meneghini. “Vous avez du culot de confiner une femme comme Maria au bord de cette flaque d’eau”, m’a-t-il asséné. »

Vers vingt-trois heures, les hostilités débutèrent sérieusement. « Je n’étais plus passif ni soumis, comme je l’avais été deux jours plus tôt, affirme Meneghini. Je me mis à railler Onassis et à défendre mon territoire pied à pied... Il m’accusa de cruauté et de leur refuser le bonheur. Brusquement, je perdis patience et tombai sur lui à bras raccourcis. Je l’agonis d’injures et le traitai de tous les noms d’oiseaux qu’il méritait. »

L'explosion de colère n'eut pas l'effet escompté. « Je n'abandonnerai jamais Maria, aurait dit Onassis à Meneghini. Je l'éloignerai de quiconque s'interposera, quitte à envoyer tout, tout le monde, contrats et bienséance au diable. » Les deux hommes hurlaient. C'est alors qu'Onassis, toujours selon Meneghini, aurait lâché : « Combien de millions voulez-vous pour Maria ? Cinq ? Dix ? »

Bref, Onassis voulait lui acheter sa femme, prétend Meneghini. Plus probablement, le magnat lui signifiait-il qu'il savait que Maria avait avant tout une valeur financière à ses yeux et qu'il était prêt à compenser la perte qu'elle représentait.

« Il était trois heures du matin, poursuit Meneghini. J'annonçai mon intention d'aller me coucher. “Serrons-nous la main”, proposa Onassis. “Je ne serre pas la main d'une ordure telle que vous, lui ai-je rétorqué. Vous m'avez invité sur votre maudit yacht et m'avez poignardé dans le dos. Je vous maudis, jamais plus vous ne connaîtrez la paix”. »

La malédiction de Meneghini, si tant est qu'il l'ait réellement prononcée, déstabilisa à coup sûr Onassis et surtout Maria, tous deux très superstitieux. Après avoir craché son venin, Battista monta se coucher. Seul. « Je m'allongeai tout habillé sur le lit. À quatre heures, elle entra dans la chambre sur la pointe des pieds pour prendre quelque vêtement. Je supposai qu'elle allait revenir, mais, à cinq heures, elle n'était toujours pas remontée. Je me suis levé, puis suis descendu. La maison était vide, si l'on excepte le caniche Tea qui dormait dans son panier. La limousine d'Onassis n'était plus dans le chemin. Je suis allé jeter un coup d'œil dans la chambre de Bruna : le lit n'était pas défait. »

Deux heures s'écoulèrent. Le mardi 18 août, à sept heures du matin, Maria téléphona à Meneghini de Milan pour lui demander de lui « envoyer Ferruccio, notre majordome, avec son passeport et la *Madonnina*, le petit tableau que je lui avais offert le jour de notre rencontre et qui ne nous avait pas quittés en douze ans de combats, de déconvenues, de larmes mais aussi de bonheur ». C'est peut-être son passeport que Maria avait cherché dans la chambre au petit matin, à supposer qu'elle ait envisagé de prendre l'avion avec Onassis. En tout cas, elle l'avait raccompagné à Milan, d'où il s'était rendu à l'aéroport de Vérone pour rejoindre la Riviera et le *Christina* à Monte-Carlo.

Maria ne prit qu'un des deux caniches, Toy, et laissa Tea à Battista. Ils se partagèrent les deux chiens, les deux enfants qu'ils n'avaient jamais eus. Elle emmena également Bruna Lupoli. Il semblerait que la loyauté de la bonne, très proche du couple, ait été dans un premier temps l'objet d'une dispute. Le matin, Meneghini remit à Ferruccio, muni des effets de Maria, une lettre manuscrite adressée à Bruna, que j'ai pu retrouver :

Ma chère Bruna,

Tu sais tout, absolument tout ! Cette réalité incroyable, folle ! Et toi, qui es la seule à pouvoir toucher l'âme de la signora, de ma signora qui est aussi la tienne, reste près d'elle en ton cœur et dis-lui un mot, un seul :

Je te supplie, les mains jointes, de rester, et prie Dieu pour qu'il te bénisse.

Au revoir, Bruna, je te fais confiance.

Ton S. Battista Meneghini,

Sirmione, mardi 18 août 1959.

Ce ne serait qu'une des nombreuses suppliques demeurées sans réponse, car, à compter de ce jour, Bruna ne quitta plus jamais Maria.

À la date du jeudi 20 août, Meneghini consigne dans son journal : « Maria a téléphoné à deux heures du matin pour me demander comment j'allais. Elle m'a rappelé à dix heures, presque tendre. » Quel revirement inattendu ! En fait, Onassis avait informé Maria qu'il avait rendez-vous sur le yacht avec Tina et quelques amis de sa femme, ajoutant qu'il ne pourrait la voir pendant quelque temps. Dans ces conditions, il n'est pas inconcevable que Maria, soudain seule à Milan, ait eu envie de savoir comment son mari se débrouillait sans elle. Ce retour d'affection fut de courte durée. Onassis revint à Milan à l'improviste, et Meneghini tenta en vain de contacter sa femme le vendredi. Ferruccio l'informa que Maria était « sortie avec des amis ».

Maria avait quitté la ville. Le samedi 22 août, Meneghini prit sa voiture pour se rendre à Turin où il devait rencontrer son avocat. « Sur le chemin du retour, j'ai dû m'arrêter à Milan, car ma Mercedes avait des problèmes mécaniques, note-t-il ingénument. Je suis arrivé via Buonarroti à dix-neuf heures. Maria n'était pas à la maison. Elle était partie avec des amis la veille, mais avait laissé son adresse : hôtel Hermitage, Monte-Carlo... *Stempe Sera* signalait que Maria Callas avait été vue dans une voiture dans les rues de Cuneo [dans le nord-ouest de l'Italie], se dirigeant vers Monaco, à quelque quatre cents kilomètres de Milan. Aristote Onassis était avec elle. »

Meneghini passa le week-end dans sa villa milanaise, d'où il assaillit Maria de coups de fil. Le dimanche, la ligne resta muette. Il s'en plaignit auprès de la compagnie de téléphone, qui lui apprit que la ligne « avait été coupée suite " à la demande de résiliation du contrat " ». Il prit le train pour Sirmione à huit heures. Là, dans son bureau, il écrivit : « Je me sens si terriblement triste sans Maria. »

Le lundi suivant, Maria était de retour à Milan. Dès le mardi, elle informa Meneghini par téléphone qu'elle voulait garder la maison de ville et ses bijoux. Il lui répondit d'une voix mal assurée : « Nous devons en discuter. » Elle le pria également de rester à Sirmione. Suivant probablement les conseils d'Onassis, qui avait passé le week-end à craindre des fuites à destination de la presse et du même coup des problèmes avec Tina, elle enjoignit Meneghini de « ne pas parler de notre rupture à quiconque. "Le nom de l'autre personne ne doit être mentionné sous aucun prétexte. Ari et moi serons montrés du doigt, les perdants de l'histoire. Tout le monde nous condamnera." »

Le lendemain, toujours sous l'influence d'Onassis, Maria téléphona à nouveau à Meneghini et lui demanda de lui envoyer Emma, sa gouvernante, « avec des vêtements, de la lingerie et des robes du soir »... « Elle insista également pour que je lui fasse parvenir toutes les lettres d'Elsa Maxwell... Elle implora tous ses saints patrons de lui venir en aide, "car [ce sont ses propres mots] j'ai besoin de paix". »

Meneghini entreprit de sermonner Maria sur les liens sacrés du mariage et d'invoquer les foudres de l'Église. Elle avait commis un péché innommable, ruiné sa vie... Lui avait eu une vie bien remplie, avait-elle rétorqué, il était temps qu'il se range. Elle avait toute sa vie devant elle et voulait en profiter. Elle était restée douze ans auprès de lui. Cela suffisait désormais.

Le lendemain, mardi 27, « pas de coup de fil », rapporte Meneghini. Il ignorait que Maria et Ari avaient quitté Milan pour passer le week-end sur la Côte d'Azur. Le vendredi, il se rendit à Turin, chez son avocat. Il était furieux de la manière dont Maria le traitait : « J'ai émis l'idée de poursuivre ma femme et Onassis en justice. Il m'a rappelé que Maria était citoyenne américaine et ne pouvait être inculpée. » (Dans l'Italie de ces années-là, l'adultère était considéré comme un délit passible d'emprisonnement.)

L'affaire urgente exigeant la présence d'Onassis à Monte-Carlo était un dîner sur le *Christina* en l'honneur du prince Rainier et de la princesse Grace de Monaco prévu pour le vendredi 28 août. Parmi les convives (selon la presse) : les amis que Tina avait invités à bord pour l'accompagner à Venise, Greta Garbo, en « simple robe d'après-midi, les yeux dissimulés derrière ses éternelles lunettes noires... Le maharaja de Baroda constellé de bijoux de prix, le prince Aldobrandini et le comte et la comtesse Bernadotte ». Les journalistes agglutinés sur le quai eurent la surprise de voir arriver la princesse Grace de Monaco pâle et souffrante, le bras en écharpe – dans un carré de soie aux armes royales. Elle s'était fait piquer par une guêpe dans la journée et souffrait d'une allergie.

Le dîner devait être le coup d'envoi de la croisière à Venise. Dès le départ du couple princier, le capitaine Kostas devait lever l'ancre vers Venise pour quatre jours avec escale à Capri – avec, dans les rôles-titres, Ari (l'hôte) et Tina (l'hôtesse).

Les passagers de la première croisière étaient de styles plutôt disparates. Le groupe réuni par Tina était un modèle d'homogénéité. Tous étaient de riches aristocrates, sophistiqués, glamour, de dix à trente ans de moins qu'Ari (Tina avait trente ans et son amant, Reinaldo Herrera, vingt-cinq, au bas mot deux fois moins qu'Ari) : le comte italien Francesco Aldobrandini et son épouse, Anne-Marie ; l'Espagnol Jaime Camflorida (futur comte Cosa Lombillo) ; Peggy Scott Duff, femme du monde new-yorkaise, et Lady Stella Ednam, dite Baby, récemment divorcée du duc anglais et futur Lord Dudley.

Se jouait à bord une subtile comédie de faux-semblants. Chacun arborait un ou une partenaire officiel(le) tout en fréquentant quelqu'un d'autre. Comme disait Reinaldo : « Nous entretenions tous une double relation : j'étais censé être avec Peggy, mais je sortais avec Tina. Peggy s'affichait avec moi, mais Francesco lui faisait la cour. Jaime était avec Lady Ednam. »

Onassis était parfaitement au fait de l'imbroglio romanesque sévissant à bord du *Christina*, y compris de la liaison de son épouse avec le jeune Reinaldo : « Ari ne m'en a jamais tenu rigueur, m'expliquerait celui-ci. Simplement, il ne voulait pas perdre Tina. » (Artémis était également présente et Ari pouvait compter sur sa sœur pour le tenir au courant de la tournure des événements.)

J'ai rencontré Peggy Scott Duff, aujourd'hui Mme Hans Curtis, dans son appartement de Manhattan en 1999. Elle m'a montré un album des photos prises il y a quarante ans sur le *Christina*. Autant de jeunes gens aussi sveltes et séduisants que Tina, près de la piscine, dignes de poser pour *Vogue* : Peggy elle-même, longs cheveux blonds et moue provocante ; Reinaldo, chemise ouverte ou torse nu, les pectoraux avantageux, une chaîne en or et des breloques religieuses autour du cou. (Le même Reinaldo Herrera, aujourd'hui marié à la styliste Carolina Herrera, porte toujours ces amulettes, parmi lesquelles un présent de Tina représentant l'enfant Jésus et l'agneau.)

Au soir du vendredi 28 août, cette petite élite, augmentée de Greta Garbo, son amant George Schlee et le maharaja de Baroda, ferait partie de la vingtaine de convives dînant en compagnie du prince Rainier et de la princesse Grace sur le pont arrière du *Christina* dont on verrait les guirlandes lumineuses osciller doucement dans le port de Monte-Carlo.

Ari avait installé Maria à l'Hermitage, dans une suite avec vue sur le port... et le *Christina.* De retour à bord, il présidait la table, en smoking blanc. Le dom pérignon coulait avec la même facilité que les propos échangés en français, anglais et italien. La princesse Grace ne s'amusait pas. Son bras enflé la faisait souffrir et son humeur ne s'éclaircit guère lorsque Peggy Scott Duff la gratifia d'un : « Auriez-vous oublié de nourrir votre chien ? » « Grace a quitté le *Christina* à minuit en compagnie de Rainier, escortée par Onassis jusqu'au quai d'embarquement, notait le *Corriere della Sera.* Ce départ prématuré a surpris, car les soirées à bord du luxueux yacht se prolongent généralement jusqu'à trois ou quatre heures du matin. » Ari raccompagna ses invités d'honneur jusqu'à leur limousine avec chauffeur arborant le drapeau monégasque, prête à reprendre la route en lacet conduisant au palace princier situé au sommet du rocher.

Le journaliste précisait qu'Onassis avait pris grand « soin de dissimuler les noms des invités à bord... lesquels ont dansé jusqu'au petit matin après le départ de Grace et de Rainier. Seuls quelques-uns sont ensuite redescendus à terre. Onassis, semble-t-il, excédé par le battage fait autour de la soirée, les fit reconduire par différents petits canots afin qu'il soit impossible aux chercheurs de scoop de reconstituer la liste complète des invités ».

Nul doute qu'Onassis voulait éviter à tout prix qu'on n'ébruitât la présence sur le yacht du jeune homme, que la presse italienne avait déjà baptisé « le béguin » de Tina. En 1999, Herrera m'a raconté le dénouement inattendu du fameux dîner. Il était plus de deux heures du matin quand Ari déposa un dernier invité sur le quai. Accoudés au bastingage, Herrera et Tina aperçurent Ari se diriger vers son bateau lorsque, un pied sur le quai et l'autre sur l'échelle de coupée, il leva les yeux. Au moment où la passerelle s'ébranlait pour le départ, il sauta sur le quai et fit un signe d'adieu en criant qu'il les rejoindrait plus tard, peut-être à Capri, ayant des affaires à régler. Tina, près de Reinaldo, fut prise au dépourvu.

Il est facile d'imaginer ce qui traversa l'esprit d'Onassis sur le point de partir pour Venise, en apercevant ses hôtes. Son épouse était escortée de son amant de vingt-cinq ans. Quelques autres couples de jeunes aristocrates, des enfants gâtés, passeraient la croisière à badiner entre eux. Toute une jeunesse à l'insouciance héréditaire habituée à papillonner d'un endroit à l'autre, au gré des saisons. Il n'était pas des leurs.

Pour Maria, Aristo était un homme jeune, plein de vitalité et sexuellement attirant (surtout par rapport à Meneghini). Pour Tina, il appartenait à une autre génération. « Mettez-vous à la place de Tina, me dirait Herrera. Il était plus âgé que sa mère ! Tina voulait non pas tant s'amuser, mais profiter de sa jeunesse, ce dont elle avait toujours été privée. Elle était vierge quand elle l'a épousé. Ari avait bien essayé de la déniaiser [avant leur mariage], ce qui, dans un premier temps, lui avait paru tout drôle, comme si un vieil oncle lui avait fait des avances. Ensuite, elle s'était sentie très flattée et l'avait vraiment aimé et admiré. »

Herrera insistait sur l'admiration et l'affection que Tina porterait à Ari toute sa vie. Il me fit toutefois comprendre qu'à l'époque de sa propre liaison avec Tina l'âge d'Ari était devenu un handicap : « Tina m'a expliqué qu'il avait des problèmes sexuels et qu'il avait du mal à la satisfaire. Je ne sais si c'était uniquement avec elle ou avec les femmes en général, en tout cas, il avait des problèmes. »

Lilika Papanikoloaou, la vieille amie de la famille Onassis à qui Ari dévoilerait en premier sa liaison avec Maria, évoque également les pannes sexuelles de l'armateur. « Je vais vous révéler une chose que je tiens de plusieurs membres de sa famille, m'a-t-elle confié. Le père d'Onassis avait commencé de souffrir d'impuissance à l'âge de cinquante ans, et Onassis a connu le même problème au même âge. »

Si Onassis souffrait effectivement d'un handicap physiologique, sa relation avec Maria n'en fut pas affectée. D'après ce que celle-ci raconterait à des amis, c'était un amant expérimenté, patient et infatigable. Au début de leur idylle, la Callas, femme célèbre et artiste adulée entre toutes, n'aspirait qu'à une chose : se consacrer entièrement à lui, ce qui avait cessé d'intéresser Tina depuis longtemps.

Un pied sur la passerelle, l'autre sur le quai, il décida sur un coup de tête de rester au port et d'abandonner le *Christina* à Tina et ses invités. Il préférait jouer l'amant fougueux à terre plutôt que le mari trompé en mer. Le bateau mit le cap sur Capri pour rejoindre ensuite Venise, le samedi 29 août, à deux heures vingt-cinq du matin.

Maria filait le parfait amour avec Onassis à l'hôtel Hermitage de Monte-Carlo. Meneghini avait rendez-vous avec son avocat, à Turin. Puis il regagna par la route leur domicile milanais, pour apprendre de la bouche de Bruna que Madame était à Nice : « J'ai remarqué que Maria était partie sans emporter le petit tableau de la Madone dont elle ne se séparait jamais. Comment est-ce possible ? "Le tableau a perdu tout intérêt pour Maria", me répondit Bruna. »

L'exaspération de Meneghini monta à son comble ce week-end-là. Lors d'un dîner à Sirmione, une des convives lui rapporta la rumeur, qu'elle tenait d'une réception chez Consuelo Crespi à Milan, selon laquelle lui et Maria étaient séparés. Furibond, il sauta dans sa voiture en pleine nuit et fila jusqu'à Milan. Maria n'y était pas. Déçu, amer, Meneghini confiait à son journal intime : « Au moindre caprice de Maria, à l'opéra, la presse accourait. Aujourd'hui, cela fait près d'un mois qu'elle se pavane partout au bras d'Onassis, un mois qu'elle a abandonné son mari, et pas un journaliste n'est au courant. » Il savait pertinemment que Maria, et, plus encore, Onassis étaient terrifiés à l'idée d'un scandale dans la presse. Il tenait sa vengeance.

Meneghini passa la journée du lundi 31 août à ruminer dans sa maison milanaise. Il eut l'idée de téléphoner au cardiologue de Maria : « Il m'a informé que lors de sa dernière visite, qui datait de quatre jours, son cœur allait bien. "Il est revenu à la normale, m'a-t-il dit. Sa tension, d'habitude si faible, est remontée à onze. Nous devrions remercier le Seigneur pour le bien que cette croisière a fait à votre femme." » Meneghini n'éprouvait aucune gratitude. Sur la route de Sirmione, il décida de ne plus souffrir en silence.

Le lendemain, un mardi, il entendit dire que Maria devait déjeuner à Milan avec l'imprésario Sander Gorlinsky. Il fila immédiatement en ville, fermement résolu à s'inviter, pour apprendre sur place que Maria était encore à Nice. On attendait le retour de la Callas le lendemain vers midi, lui apprit Bruna. Il passa la nuit à leur domicile milanais, en dépit des objurgations de la servante lui conseillant vivement de quitter les lieux avant le retour de Maria.

Prêt à tout pour voir sa femme, Meneghini se rendit à l'aéroport de Malpensa, bien décidé à l'intercepter. « Je supposais qu'elle arriverait à bord du petit bimoteur d'Onassis. » Il gara la Mercedes près de la rampe de sortie, plombée par le soleil. « Je n'ai pas quitté la piste d'atterrissage des yeux. Dès que j'apercevais un petit avion, mon cœur battait la chamade. » Il était descendu de voiture pour prendre l'air quand il tomba sur un ami, étonné de sa présence en ces lieux. « Je suis venu chercher Maria », expliqua-t-il. Perplexe, l'ami lui dit avoir vu Maria sortir par une autre porte quelques minutes auparavant. Vaincu, Meneghini retourna à Sirmione. Il avait informé Bruna qu'il serait de retour à Milan le lendemain. Entre-temps, Ari avait atterri, déposé Maria, lui avait fait ses adieux et s'était envolé pour Venise où le *Christina* avait jeté l'ancre à dix heures quarante. On était le mercredi 2 septembre.

Les invités de Tina avaient lu les journaux lors de l'escale à Capri. Ils étaient au courant de l'escapade d'Onassis et de Maria. À en croire Herrera, Tina ne s'en formalisait pas outre mesure : « La tension est montée d'un cran deux jours avant que nous ayons atteint Venise. Il y eut des câbles et des coups de fil. Tina était agacée, non par jalousie, mais parce qu'elle craignait les retombées du scandale sur les enfants et la famille. Elle passait son temps au téléphone avec son père. Mais, une fois à Venise, nous fûmes de toutes les réceptions et tous les bals. »

Les journalistes qui couvraient le festival de Venise rapportaient que, le jour de l'arrivée du *Christina*, « Tina, accompagnée d'Elsa Maxwell, a rejoint ses amis huppés sur la plage à la mode du Lido pour prendre le café ». Ce que les reporters (et probablement Maxwell) ignoraient, c'est que lesdits amis se dorant au soleil, dont Reinaldo, chemise blanche à col ouvert, et pantalon beige, tout sourire aux côtés de Tina, étaient venus avec elle sur le *Christina.* On attendait Onassis à tout instant – en fait, on l'avait attendu à chaque escale –, et il fallait faire croire à la presse qu'Herrera était un ami de Tina parmi d'autres, rencontré par hasard. Il aurait été périlleux d'expliquer à une chroniqueuse mondaine aussi fouineuse qu'Elsa Maxwell, surtout dans le climat moralisateur des années 50, que Tina avait prévu de faire la croisière en compagnie de son mari et de son jeune amant latin. Il importait d'autant plus qu'Herrera restât en dehors du scandale que la presse avait eu vent de la liaison d'Ari et de Maria. Mais peine perdue. « À Venise, raconte Reinaldo, Elsa confia à Tina qu'Ari était amoureux de Maria et que celle-ci était folle de lui. Tina comprit que la rumeur nous avait atteints. »

Le Piaggio d'Onassis se posa sur l'aérodrome du Lido à seize heures vingt-six. Quatre jours plus tard, le *Sunday Pictorial* de

Londres tenait ses lecteurs en haleine avec la chronique heure par heure des événements de la semaine : « Quatre-vingt-dix minutes après avoir quitté Mme Callas, il lui faisait transmettre un message urgent à Milan. Il a rejoint son yacht mais a rappelé Mme Callas le lendemain matin à dix heures et quart. Trente-cinq minutes plus tard [le jeudi 3 septembre], il prenait l'avion pour Milan. À peine atterri, il sautait dans un taxi pour la villa de Mme Callas. »

Malgré sa promesse de rattraper la croisière à la prochaine escale, Ari était arrivé à Venise après le *Christina*, pour repartir sans crier gare dès le lendemain matin. Son épouse dut se rendre seule à la réception de clôture du festival que donnait la comtesse Volpi di Misurata dans son palais du Grand Canal. Un journal faisait remarquer que Tina était venue sans cavalier, tout en ajoutant qu'elle était ravissante et paraissait sereine. Le même article mentionnait que son « béguin » supposé, Reynaldo [sic] Herrera, avait été vu en sa compagnie à Venise.

Que s'était-il passé lors de la brève rencontre entre Tina et Ari le mercredi soir ? Je connais ne serait-ce que la teneur, de la bouche d'Herrera, des propos que lui avait tenus Onassis à bord du *Christina*. Ari tenait à garder Tina comme épouse officielle, quitte à parrainer son bonheur avec son amant. « Reinaldo, n'épousez pas Tina, lui aurait-il dit. J'ai une propriété en France. Vous et Tina pouvez y résider à votre convenance ; nous passerons les étés ensemble. » J'ignore la réaction de Tina à cette proposition extraordinairement courtoise qui permettait à chacun d'avoir sa part du gâteau, mais le départ inopiné d'Ari pour Milan le lendemain matin n'était certes pas inscrit à son agenda mondain.

À Milan, les paparazzi se délectaient du scandale. Ils étaient aux premières loges. Le jeudi matin, écrit Meneghini dans ses Mémoires, juste après le coup de fil d'Ari annonçant à Maria son retour, Bruna l'informait que sa maîtresse ne se sentait pas bien et qu'elle lui demandait de différer sa venue (à Milan) de quelques jours afin qu'elle pût se reposer. Ce même jeudi 3 septembre, on aperçut Ari et Maria dînant au restaurant milanais le Rendez-vous des jardins de la porte Venezia. Des violons leur jouaient la sérénade. Ils furent ensuite pris en photo en train de danser au Montemerlo, une boîte de nuit populaire, où ils restèrent jusqu'à trois heures dix du matin. « M. Onassis a insisté pour avoir une table dans un coin peu éclairé, avait déclaré le propriétaire aux journalistes. Il a laissé un pourboire de trente livres. » Un autre cliché les montre au bras l'un de l'autre à l'entrée de l'hôtel Principe e

Savoia, où Onassis avait réservé une suite. Maria tient un bouquet de roses rouges.

D'après le *Sunday Pictorial*, c'est ce même jeudi qu'Alexandre Onassis, onze ans, attendit son père en vain pendant deux heures à l'aéroport de Venise.

Le vendredi, tous les Italiens, à moins d'être analphabètes, étaient au courant des péripéties de la nuit d'Ari et de Maria. Meneghini fut sans doute le dernier informé, étant parti de chez lui à cinq heures du matin pour se rendre à Turin où il avait rendez-vous avec son avocat. Il fit un arrêt à Milan pour s'enquérir par téléphone de l'état de santé de son épouse. « Elle va mieux », lui répondit Bruna. Il s'emporta contre son avocat et le congédia, sans doute parce que ce dernier s'opposait à ce que son client, sous l'empire de la colère, dénonçât publiquement sa femme. Sur la route du retour vers Sirmione, en début de soirée, Battista eut une surprise désagréable : « Au poste de péage de l'autoroute, je suis tombé sur un article en première page d'un journal de l'après-midi. Il était question d'un rendez-vous de la Callas et d'Onassis... Bon sang ! » Hors de lui, il appela Bruna et explosa : « Veillez à ce que ma chambre et mon bureau soient toujours prêts et rangés. J'ai l'intention de venir chez moi quand il me plaira. »

Ce même après-midi, selon la presse, Ari et Maria déjeunèrent à Milan, puis se retirèrent dans la villa de Maria, où ils furent rejoints par un avocat. « Mme Callas a ensuite assisté au départ d'Aristote à l'aéroport. Elle avait les larmes aux yeux », rapporte le *Sunday Pictorial.*

À Venise, les journalistes faisaient le siège du *Christina* ; à Milan, celui de la villa de Maria. Tina conseilla à ses invités de quitter le bateau avant d'être rattrapés par les ragots. « Peggy et moi sommes partis, m'a rapporté Herrera, car quelqu'un avait laissé filtrer que j'avais un flirt avec Tina et que j'étais à bord. » Le lendemain matin, après s'être fait remettre leurs passeports par Mme Rosaserra, la *gouvernante* [1] du yacht, tous deux empruntèrent la vedette pour gagner l'hôtel Bauer Grünwald, où ils s'installèrent « dans le hall, le visage plongé dans un journal, afin de ne pas être reconnus ». « Les journalistes étaient à l'affût de tous les proches des Onassis. Nous nous sommes littéralement cachés derrière les colonnes du Lido. »

1. En français dans le texte.

Le lendemain, ils louèrent une voiture avec chauffeur, qui les conduisit au Grand Hôtel de Rome, après une halte à Florence. Ils n'avaient pratiquement pas d'argent sur eux. « Lorenzo, le concierge du Grand Hôtel, se rappelle Herrera, un homme merveilleux, nous a rassurés : "Pas de problème, Votre Excellence." Il a tout payé : nourriture, vêtements. J'ai même donné une fête à ses frais ! »

Reinaldo se souvient de son escapade comme d'une farce digne d'un film muet. « La presse en faisait ses gros titres : "Où se cache le jeune Herrera ?" On me cherchait partout. » Il appela l'éditeur britannique, Lord Beaverbrook, qui lui conseilla de donner une interview, « mais veillez à rester terne et ennuyeux ».

« J'ai donc convoqué une conférence de presse dans la suite royale. J'ai déclaré être en vacances pour quelques jours avant de repartir pour mes affaires. Je veillai à ce que Peggy demeurât bien dans le champ des journalistes et ai répondu aux questions portant sur Tina. "Nous sommes amis. Insinuer qu'il y a quelque chose entre nous est ridicule. Je connais M. Onassis au même titre que Mme Onassis." »

« Nous sommes restés dix jours à Rome ; mon père était furieux. Il m'a appelé. "Reste en dehors de tout ça. Va à Paris et rentre à Caracas." Nous sommes partis pour Paris après avoir payé le chauffeur – mon père m'avait envoyé de l'argent. »

Peggy Curtis a confirmé sa version des faits.

Quant à Maria, elle n'avait aucune chance d'échapper à la presse lancée à ses trousses, car elle devait répéter *La Gioconda* du 2 au 10 septembre avant un enregistrement à la Scala de Milan pour EMI. Le premier jour des répétitions, Peter Diamand, alors directeur du festival des Pays-Bas et futur directeur du festival d'Édimbourg, l'escortait. « Il fallait que quelqu'un la protégeât physiquement de la presse et des photographes, expliquerait-il. Toutes les personnes qui l'accompagnaient étaient soumises à la même question. "Comment avez-vous fait la connaissance de Mme Callas... ?" "Je suis son coiffeur égyptien", ai-je lancé à un journaliste italien, qui s'est empressé de consigner dans son papier tous les détails dont je l'avais abreuvé : la douceur de soie de ses cheveux dans *Violetta*, ses mèches hirsutes dans *Médée*. »

Tout en honorant consciencieusement l'engagement pris par Meneghini, Maria connut un bref répit. Aristo avait fait atterrir son Piaggio à Turin, pour éviter la meute des reporters qui l'attendaient à Milan. Les amoureux passèrent le week-end dans « un joli nid du

Piémont ». Le lundi, ils se présentèrent à l'aéroport, et Maria arriva à Milan à temps pour l'enregistrement.

Le grand moment du festival de Venise, le bal masqué d'Elsa Maxwell à l'hôtel Danieli, devait avoir lieu ce lundi 7 septembre. Deux ans auparavant, Elsa avait présenté Onassis à Maria au cours de sa réception annuelle et avait écrit dans sa rubrique : « Je dois avouer que ce dîner et le bal qui suivit furent les plus réussis de ma vie. » Elle aurait moins l'occasion de se réjouir lors du bal de 1959. Son amie Tina, qui avait promis à tout le monde que son mari serait là et se retrouvait sans cavalier, était d'humeur moins festive. Elle souriait toutefois courageusement, resplendissante dans une robe blanche plissée qu'égayait une broche de diamants à la pointe du profond décolleté. Un savant drapé sculptait son corps délié de déesse grecque. Elle avait remonté très haut ses cheveux blonds et portait dans un filet à provisions ce qui ressemblait à une grosse anguille à l'œil torve. (Elsa Maxwell avait décrété que, cette année-là, tous les invités devaient arborer quelque chose de « très laid ». La plupart s'étaient affublés de masques grotesques et Elsa elle-même d'un énorme faux nez.)

La presse épiait Tina. Littéralement. Une photo la surprend en train de danser dans les bras du comte Brando Brandolini. Au dire des journalistes, elle opposait un silence digne au harcèlement des questions. Elle finit néanmoins par ne plus supporter qu'on s'obstinât à lui demander où se trouvait son mari. Elle partit tôt, et seule, se réfugier dans le sanctuaire du yacht. Le lendemain matin, Tina reçut la visite de courtoisie d'Elsa Maxwell, venue prodiguer ses conseils à une amie en situation délicate.

Tous les protagonistes du scandale s'étant esquivés, les journalistes se rabattirent sur Meneghini, resté à Sirmione. Ils ne furent pas déçus. Il les accabla quotidiennement de déclarations emphatiques dignes d'un livret d'opéra. « Maria, c'est Médée... Onassis a ses milliards et veut voir briller le nom d'une grande tragédienne sur ses supertankers », déclara-t-il à un reporter italien. « Cet Onassis est fou. C'est un psychopathe, comme Hitler... Il croit pouvoir tout acheter avec de l'argent », confia-t-il à un autre. Et Onassis aurait reconnu en sa présence vouloir épouser la Callas... Cette verbosité était à des années-lumière du mutisme observé par l'autre partie délaissée. À Venise, Tina se contentait de marmonner entre ses dents : « Vous devez comprendre que je n'ai pas envie de parler de tout cela. »

Onassis était encore à Milan avec Maria, où il tentait de contenir le flot des accusations de Meneghini et de sauver son mariage du naufrage. Le mardi 8 septembre, Maria fit une déclaration officielle dans un bar proche de la Scala. Elle reconnaissait avoir mis un terme à sa vie conjugale mais démentait qu'Onassis y fût pour quelque chose : « Je confirme que la rupture avec mon mari est totale et définitive. C'était dans l'air depuis un certain temps, et la croisière sur le *Christina* est une simple coïncidence... Je suis désormais mon propre manager. Je vous demande de faire preuve de compréhension en cette situation personnelle qui m'est pénible... Le signor Onassis et moi sommes liés par une profonde amitié qui remonte à quelque temps. Nous entretenons également des relations d'affaires. J'ai reçu une offre de l'opéra de Monte-Carlo et il est également question d'un projet de film. » Elle maintint qu'il n'y avait « pas de relation sentimentale » entre elle et Onassis, ajoutant : « Ce n'est jamais qu'un ami qui me soutient dans un moment difficile ».

Les journaux rapportaient que Meneghini avait fait le trajet de Vérone à Milan le 8 septembre, mais qu'il n'avait pas rencontré son épouse. « Elle est ici pour achever un enregistrement, signalait l'agence Associated Press. Il a fait le déplacement de leur résidence d'été près de Vérone pour assister à une réunion entre ses avocats et celui de sa femme. Certains journalistes auraient entendu des éclats de voix en provenance de la chambre verrouillée d'un hôtel à la mode où se déroulait la rencontre qui se prolongea pendant quatre heures. »

Le même jour, Onassis rédigea deux communiqués qui devaient faire le tour du monde, l'un à Milan, où il fit face à la presse dans le salon doré de l'hôtel Principe e Savoia... « Il ajusta ses verres fumés, adressa un sourire aimable aux journalistes et déclara : "Je suis un marin et c'est le genre de chose qui peut arriver à un marin." » Plus tard dans la journée, il s'envola pour Venise, non sans avoir qualifié les rumeurs de « contes à dormir debout... d'inventions ridicules. »

Lorsque, à Venise, Onassis monta à bord du *Christina*, ce fut pour apprendre, furieux, le départ de Tina. Celle-ci, à bout de patience, avait pris les deux enfants et s'était éclipsée dès qu'elle avait entendu les moteurs du Piaggio. Le capitaine Kostas Anastasiades garde un vif souvenir de la scène, ayant été la cible de la colère du patron : « Les deux enfants, Christina et Alexandre, étaient partis se baigner au Lido, chacun sur un Chris-Craft différent. Dès qu'elle avait aperçu le Piaggio, Tina m'avait demandé son passeport, que je lui ai remis. Que pouvais-je faire ? Elle m'a dit d'appeler le Chris-Craft et de faire conduire les enfants à la gare. Puis elle a pris un autre Chris-Craft pour se rendre à la gare de son côté. Quand Onassis est arrivé, il n'y avait plus de Chris-Craft rapide disponible. Il a dû en prendre un plus lent. Il était hors de lui, car il savait qu'il aurait été capable de rattraper Tina et les enfants s'il avait seulement disposé d'un engin rapide. Il s'en est pris à moi, m'accusant d'avoir manœuvré pour qu'il ne puisse pas les rejoindre à temps. »

Au dire d'Herrera, Tina, sur le chemin de la gare, aurait fait un crochet chez Brando Brandolini. (Le frère de Tina, George Livanos, m'a cependant précisé que Tina s'était envolée de Venise pour Paris à bord d'un avion privé de Gianni Agnelli, lui-même frère de Christina Brandolini, l'épouse de Brando.) Dès qu'Onassis eut compris que Tina lui avait fait faux bond, il s'était précipité sur le pont du *Christina* pour harceler au téléphone son beau-père Stavros Livanos qui résidait à Paris, chez qui, subodorait-il, sa femme s'était réfugiée avec les enfants.

Le soir, bien plus tard, des journalistes repérèrent Onassis au Harry's Bar, à Venise. Ce n'était pas précisément le lieu où on pouvait échapper à leur vigilance. Après quelques verres, Onassis devint expansif et leur servit une déclaration qui ferait florès : « Mes amis disent de moi que je suis un marin. Les marins, d'ordinaire, ne s'entichent pas de sopranos. Mais je serais franchement flatté qu'une femme d'une telle classe tombe amoureuse de moi. »

Le trait fit mouche et déclencha une avalanche de spéculations. Elsa Maxwell ne laissa pas passer l'occasion. Dans sa chronique du 11 septembre, elle prétendait avoir évoqué « hier soir », devant Onassis, certaines rumeurs. Elle se défendait d'avoir abordé les problèmes qu'il rencontrait avec son épouse (en fait, elle ne s'était pas gênée) et ajoutait : « J'espère que toute cette affaire connaîtra une conclusion heureuse pour tous les protagonistes. C'est une histoire fort déplaisante. » La Callas et Onassis allaient-ils se marier ? Elle y alla de son pronostic : « Je crois que non. »

L'intrigue avait pris de telles proportions que quelqu'un se devait de distribuer les rôles. Emboîtant le pas à Meneghini qui avait assimilé Maria à Médée, le *Time Magazine* du 21 septembre se chargea de la distribution : Maria était la soprano, Meneghini la basse, Elsa Maxwell le baryton, la mère de Maria la contralto, Onassis le ténor et Tina la mezzo-soprano. Rappelant que Meneghini, « après des années de silence, multiplie désormais les morceaux de bravoure », le *Time* cite un de ses éclats : « J'étais en train de parfaire un petit chef-d'œuvre. Puis je suis tombé amoureux de mon chef-d'œuvre et l'ai épousé. J'ai créé la Callas et, en retour, elle me poignarde dans le dos. »

Onassis, après avoir noyé son chagrin et s'être laissé aller aux confidences au Harry's Bar, avait ordonné à son pilote, exténué, de reprendre le Piaggio pour Milan le lendemain 9 septembre. Il voulait retrouver Maria, sans doute pour élaborer une stratégie en fonction du départ précipité de Tina. Il s'envola ensuite pour Paris. (« Le Piaggio n'a jamais autant volé depuis qu'il l'a acheté », aurait grommelé Pirotti, le pilote.) À l'essaim de journalistes français qui l'interrogeaient sur la nature de ses relations avec Maria, il expliqua : « De l'amitié. Trop simple, sans doute. Personne ne veut me croire. J'éprouve seulement de l'affection pour Maria. C'est une amie d'enfance de ma sœur. Cela fait vingt ans que je la connais et je ne l'ai jamais entendue chanter. » (Contrevérité flagrante, puisqu'il faisait partie du public venu l'écouter dans *Médée* à Londres, le soir de la fête qu'il avait donnée à l'hôtel Dorchester.) Après quoi, il se précipita chez son beau-père, avenue Foch, pour plaider sa cause auprès de Stavros Livanos et supplier Tina de revenir.

De son côté, Tina ne voulait qu'une seule chose – sa liberté – et pouvait enfin compter sur le soutien de son père. Le patriarche grec collet monté avait conseillé la patience quand le mariage de sa fille avait viré à la comédie – après tout, des enfants et l'union de deux immenses fortunes grecques étaient en jeu. Mais, là, il devait admettre que sa fille avait raison. Onassis et la Callas faisaient la une de tous les journaux de la planète. Il pouvait difficilement exiger de sa fille qu'elle endure une telle humiliation publique. Il comprit également que c'était l'occasion ou jamais de rompre un mariage bancal sans ternir la réputation de sa fille ni jeter le déshonneur sur la famille.

Onassis avait espéré garder sa femme tout en vivant sa nouvelle passion. Quelle naïveté, même de la part d'un homme doté de son extraordinaire force de persuasion ! C'est un être déconfit et abattu qui regagna le *Christina* le 10 septembre. Il rumina, téléphona à Maria, puis reprit du poil de la bête. Il avait retrouvé son optimisme naturel. Tina voulait divorcer ? Elle refusait de jouer la comédie des apparences ? Très bien. Il était prêt à lui montrer qu'il n'en avait cure.

Le vendredi 11 septembre au matin, Pirotti, à bout de forces, emmena Onassis à l'aéroport de Brescia, près de Milan, pour prendre Maria qui venait de terminer les enregistrements d'EMI. Elle portait des lunettes noires et une robe chemisier de couleur sombre dont le col était agrémenté d'un nœud marin. Onassis, en bras de chemise, l'aida à monter dans l'avion. Bruna et Toy faisaient partie du voyage, comme d'habitude. (Meneghini, toujours en verve, avait lâché aux journalistes : « Vous verrez. Si tout casse et que nous devions partager le caniche, Maria prendra la tête et il ne me restera que la queue. ») Les amants rejoignirent le *Christina* à Venise, à la consternation de l'équipage qui s'attendait à voir revenir le patron flanqué de son épouse et des enfants. Tina était populaire auprès du personnel, car elle faisait preuve de sollicitude et ne manquait jamais de s'enquérir de la famille et de la santé de chacun. « Nous fûmes surpris de voir Maria monter à bord, me confia le capitaine Kostas. Ce n'était pas gai. On installa la Callas dans sa cabine habituelle, l'Ithaque. Elle paraissait comblée. »

D'après le capitaine, il n'y avait d'autre passager à bord qu'Artémis, la sœur d'Onassis. Au crépuscule, le yacht s'apprêta à lever l'ancre pour la Grèce. Onassis monta sur le pont. En un geste plein de panache et de défi, il actionna lui-même la sirène du bateau : plusieurs hurlements triomphants. C'était sa manière de clamer au monde que sa maîtresse et lui quittaient l'Italie pour rentrer au pays. Ils ne se cacheraient plus au nom de la bienséance

Un ingénieur du *Christina*, Démétrios Démétriadès donnerait aux journalistes une interprétation légèrement différente : « J'ignore si vous pouvez imaginer ce que signifie pour nous le fait d'être grecs ; les héros des vieilles légendes de l'Antiquité sont parfois bien réels. On connaissait la signification des coups de sirène, sur le yacht. Ils disaient à l'Italie que Maria Callas, la femme grecque qui était devenue des leurs en épousant Meneghini, retournait auprès de son peuple. Le monde avait désormais les yeux braqués sur le *Christina*. »

13

En public

Il est si facile de médire,
mais si difficile de sortir indemne de la rumeur.

Hésiode, *Les Travaux et les Jours.*

Les cloches et les sirènes du départ pour la Grèce de nos Ulysse et Médée des temps modernes ne pouvaient qu'entretenir la fascination internationale pour leur roman d'amour. Onassis ne faisait pas mystère de ses liens avec Maria – du moins au début de cette croisière. « Au cours de la traversée du détroit de Messine, raconte le capitaine du *Christina*, nous croisâmes quelques ferry-boats pleins à craquer. Onassis et la Callas étaient montés sur le pont supérieur et tout le monde leur faisait des signes en leur criant : “Bonne chance !” »

Onassis et Maria affichaient leur relation, mais les autres acteurs de cet opéra-bouffe soignaient également leur rôle. Le lendemain même du départ du *Christina* de Venise, Meneghini, depuis Sirmione, donnait une des plus longues de ses intarissables conférences de presse. Il confia ses griefs par téléphone à United Press International : l'amour d'Onassis et Maria était puéril... lui-même avait consacré sa vie entière à Maria... Onassis ne s'intéressait pas à sa carrière artistique. Puis, trois jours plus tard : « Je l'aime encore », et d'annoncer aux journalistes qu'il allait se battre jusqu'au bout contre toute action en divorce que son épouse Maria Callas, ou l'agent d'Onassis, entamerait devant les tribunaux, où que ce soit dans le monde.

Tina, à Paris, refusa de parler à la presse, mais fit lire une déclaration par sa secrétaire : « Je ne vois aucun inconvénient à ce que mon mari et Maria voyagent ensemble. Ce sont de vieux amis. J'aurais aimé les accompagner, mais je dois inscrire les enfants à l'école. »

Après avoir consulté longuement ses parents, sa sœur, Eugenia, et son beau-frère Stravros Niarchos, elle s'attacha les services de Sol Rosenblatt, l'un des avocats américains les plus réputés en matière de divorce. Puis elle lança quelques ballons d'essai par la plume de l'échotier Cholly Knickerbocker (le pseudonyme d'Igor Cassini), qui donnait les dernières nouvelles du front dans sa chronique du *New York Journal American.*

Le papier de « Knickerbocker » du 15 septembre, au lendemain de l'arrivée des deux amants à Glyfada, ne témoigne guère, en effet, d'un point de vue très objectif :

En Europe les « amours » de la Callas et Onassis restent le grand sujet de conversation... Quand on lui a demandé s'il allait épouser la Callas ou s'il était amoureux d'elle, [Onassis] a répondu : « Voilà un scoop – mais seulement quand je déciderai de vous le communiquer ». « Et votre femme, vous l'aimez ? lui a demandé un journaliste. – C'est ma femme », telle fut l'énigmatique et sèche réponse.

Quant à l'épouse – la charmante petite Christina Livanos Onassis [le chroniqueur se trompait constamment sur le prénom d'Athina] –, je l'ai rencontrée à Paris après son discret départ de Venise pour échapper à la meute bruyante des journalistes... Tina a gardé un silence digne durant toute l'affaire qui, pour elle, a dû certainement être bien déplaisante.

La Callas est une femme ambitieuse. Meneghini fut son premier tremplin vers le succès. Onassis pourrait être le couronnement de sa carrière, donc Meneghini doit disparaître de la scène. Mais... Onassis ne mord pas si facilement à l'hameçon... je ne crois pas un instant qu'il ait l'intention de l'épouser... Il se moque complètement de ce que les gens disent ou pensent de lui. C'est pourquoi il est parti en croisière en Grèce avec la Callas, en dépit du scandale. Il a informé sa femme que la cantatrice l'accompagnait – c'est la vie, a-t-il expliqué, lui rappelant qu'il avait fermé les yeux l'été dernier quand tout le monde parlait des « amours » de celle-ci avec un jeune et beau Vénézuélien.

Mais Ari n'a jamais dit qu'il voulait le divorce. Tina non plus... La Callas, bien sûr, s'y emploie de toutes ses forces. C'est elle qui orchestre tout ce battage. Onassis aura du mal à s'en débarrasser.

Mais je fais le pari, comme tous leurs amis, qu'Ari et Tina Onassis resteront ensemble – et que Maria Callas en sera réduite à chanter en solo.

Cette chronique contient quelques fines observations sur le couple mais également beaucoup de fausses informations, selon lesquelles, par exemple, Maria aurait recherché la publicité et Tina n'aurait pas voulu du divorce. La source vient à l'évidence de Tina qui entend attirer l'attention publique sur sa propre situation et provoquer une réaction de son mari. Ce fut pratiquement au moment où Onassis et Maria arrivaient en Grèce que Sol Rosenblatt prit l'avion pour Paris afin de consulter sa cliente et ses parents. Puis il rentra à New York en passant par Londres, en compagnie de Tina. Quelques jours plus tard, les enfants rejoignaient leur mère.

La lune de miel de Maria et Ari n'était pas l'unique objet du voyage à Athènes à bord du *Christina*. Onassis avait une réunion de travail avec les directeurs de l'Olympic Airways, son entreprise de prestige préférée. (Il avait racheté, en 1956, une petite compagnie aérienne grecque déficitaire, TAE, pour deux millions de dollars, devenant le seul entrepreneur privé au monde à posséder une compagnie nationale – et l'avait vite rebaptisée.) Onassis eut recours à la marine nationale grecque pour tenter d'échapper aux journalistes et à leurs questions. On envoya des marins dégager la jetée des badauds une demi-heure avant l'arrivée du *Christina*. Quand la vedette du yacht accosta, Théodore Garofalidis annonça à voix haute à un officier de marine que « Mme Callas avait quitté le navire à Brindisi ». Piètre dissuasion pour les membres du quatrième pouvoir qui pouvaient l'apercevoir sur le pont supérieur. La vedette conduisit les membres du conseil d'administration de l'Olympic Airways sur le navire pour leur réunion avec le président.

Peu après, le *Christina* jetait l'ancre à Glyfada près des deux villas mitoyennes d'Onassis et de sa sœur Artémis. Un membre de l'équipage fut dépêché pour acheter toute la presse étrangère afin que les deux amants pussent lire ce qui avait été écrit à leur sujet durant le voyage. Finalement, après quelques jours de suspense, Onassis et Maria descendirent à terre et se rendirent dans un night-club des environs d'Athènes.

Le 17 septembre, Onassis loua un avion pour que Maria (accompagnée de Bruna Lupoli) pût donner un récital arrangé de longue date par Meneghini à Bilbao, en Espagne. Selon le capitaine

Kostas, « Onassis lui avait affrété un appareil d'Olympic Airways pourvu d'un lit afin de lui permettre de se reposer avant la représentation ».

Mais Maria, toute à ses amours, ne voyait désormais que les contraintes de sa carrière de cantatrice. Elle avait hâte d'en finir avec les représentations. Elle se produisit à Bilbao comme une sorte de robot et reçut un accueil passablement froid. Puis, sur le chemin du retour, à l'aéroport d'Athènes, elle commit l'impair de déclarer aux journalistes qu'il était « stupide d'avoir pris un engagement aussi secondaire » que celui de Bilbao. Inutile de dire que ce dédain ne passa pas très bien en Espagne.

« À la grande déception du public espagnol, écrivait le magazine *Time*, elle a à peine réussi à s'élever au-dessus de l'ut supérieur du registre normal, ce qui a amené un critique à écrire : "Le public de Bilbao a montré ses bonnes manières en n'exprimant pas plus de répugnance". Puis ce fut le retour auprès de son marin, qui a connu lui aussi une sorte de crise. »

Les journalistes new-yorkais se lancèrent sur la piste de la mère de Maria, laquelle ne demandait qu'à faire chorus. Comme Meneghini, elle adorait étaler ses relations avec sa fille auprès de la presse, et lui décocher une flèche empoisonnée par médias interposés dès que l'occasion se présentait. Evangelia Kalogeropoulos fut facile à retrouver. Elle était vendeuse dans la joaillerie de Manhattan de Mme Joli Gabor, la mère de Zsa Zsa. (Elles s'étaient rencontrées sur un plateau de télévision réunissant des mères de filles célèbres, et Mme Gabor, émue par les pleurs de misère d'Evangelia, l'embaucha immédiatement.) Interrogée sur le scandale, Litsa manifesta envers son malheureux gendre une affection qu'on ne lui connaissait pas jusque-là. « Meneghini a été un père et une mère pour Maria. Mais elle n'a plus besoin de lui désormais. Maria ne sera jamais heureuse. Je le ressens au fond de mon âme. Les femmes comme Maria ne peuvent jamais connaître le véritable amour... » « J'ai été la première victime de Maria, glissa-t-elle à un autre journaliste. Aujourd'hui, c'est le tour de Meneghini, Onassis sera la troisième. Maria ne veut épouser Onassis que pour satisfaire son insondable ambition. »

Evangelia goûtait sans doute au plat froid de la vengeance. Cela faisait si longtemps qu'elle tentait d'attirer l'attention de sa fille en se plaignant à la presse, en lui écrivant des lettres où elle mendiait de l'argent, en demandant à des proches de lui ménager une entrevue. Elle était allée jusqu'à vendre des poupées revêtues des différents costumes de scène portés par Maria. Mais, en dépit des efforts d'Evangelia et des tentatives de la famille pour aboutir à une réconciliation, Maria s'était obstinée à refuser tout contact avec sa mère. Leur brouille ultime remontait à juin 1950, au Mexique.

La rupture s'était produite lors d'une tournée triomphale de Maria à Mexico. Arrivant d'Italie, elle avait fait escale à New York afin de voir ses parents. Elle apprit que sa mère était hospitalisée pour une infection oculaire. Sur un coup de cœur, elle convia Evangelia à la rejoindre dès qu'elle serait en état de voyager; aussitôt la mère recouvra miraculeusement la santé. Désormais riche et célèbre, entourée d'admirateurs, Maria espérait sans doute impressionner sa mère qui avait toujours mesuré son amour comme ses louanges envers sa benjamine. À Mexico, Evangelia se vit fêtée en tant que mère de la diva. Le rêve de toute sa vie. Sa chambre d'hôtel ne désemplissait pas de fleurs. On l'invitait aux cocktails d'ambassade, aux réceptions diplomatiques, aux premières.

Maria la combla de somptueux cadeaux et lui réserva la quasi-totalité des cachets de la tournée. Au bout du compte, peu pressée de retrouver les débris de sa vie conjugale à New York, Eugenia décida de rester après le départ de sa fille. Ce fut aux derniers jours de la visite qu'une querelle sépara les deux femmes à jamais.

Que n'a-t-on invoqué pour expliquer la rupture entre la mère et la fille! Après avoir interrogé amis et parents de Maria, je suis arrivé à la conclusion que la faute maternelle inexpiable était somme toute bien banale, du moins depuis l'histoire de Caïn et d'Abel.

L'amie de la Callas, la mezzo-soprano Giulietta Simionato, qui accompagnait Maria dans sa tournée mexicaine, m'a fourni le premier indice. La Callas portant deux bagues de diamant, Evangelia lui aurait demandé : « Pourquoi ne m'en donnes-tu pas une pour Jackie ? »

« Ces deux bagues étaient les premiers diamants offerts par Battista à Maria, m'a précisé Mme Simionato au cours de l'interview qu'elle m'a accordée à Milan. Je me souviens, avait-elle ajouté, qu'ils brillaient comme deux étoiles quand elle avait interprété *I Puritani* à Catane. J'étais allée avec elle les acheter chez Farone, la bijouterie de Milan. Je pourrais même vous en préciser le prix. » Lorsque Evangelia suggéra à Maria de faire don d'une des pierres à sa sœur, la diva avait répliqué aigrement : « Non. Ma sœur n'a qu'à travailler comme moi et rencontrer un homme comme Battista. Elle pourra alors se payer des bijoux. C'est Battista qui m'a offert ces bagues. Je les garde ! » Mme Simionato en avait été estomaquée : « Elles en vinrent presque aux coups. J'ai dû leur dire que je devais partir me reposer. »

En 1999, Jackie Callas m'a confirmé l'incident et m'en a rapporté un autre qui, pour Maria, fit déborder le vase. Toujours en quête de l'amour et de l'approbation de sa mère, la Callas prit le temps entre deux spectacles d'aller faire les boutiques avec Evangelia. Elle lui acheta un manteau de vison pour ses soirées mondaines hivernales à Mexico et à New York. Mais Evangelia n'avait toujours pas compris la leçon. « Elles eurent une seconde altercation quand ma mère aperçut une jolie cape de vison dans le magasin et demanda à Maria de me l'acheter. Maria sauta au plafond. »

Ces algarades calamiteuses ne furent pas les seuls points de friction de la tournée. Evangelia parlait de divorcer, et Maria essayait désespérément de l'en dissuader. Elle en voulait toujours à sa mère de l'avoir éloignée de son père en retournant en Grèce en 1937. De son côté, Evangelia s'est plainte que, durant son séjour au Mexique, Maria la considérait comme sa blanchisseuse, juste bonne à laver ses sous-vêtements (tout noircis à cause du maquillage qu'elle devait porter dans *Aïda*). Des années plus tard, Evangelia continuerait de se demander pourquoi Maria refusait de la voir ou de lui parler. Il est évident qu'après avoir échoué dans son ultime tentative pour gagner la première place dans le cœur de sa mère Maria avait définitivement fermé la porte.

Leurs relations empirèrent à la suite du voyage au Mexique. Il y eut un venimeux échange de lettres. Evangelia réclamait de l'argent, Maria lui conseillait de trouver du travail ou, à défaut, d'« aller se jeter à l'eau », une pique dont un reportage du *Time* consacré à la diva fit des gorges chaudes. Evangelia se vengea en la maudissant : « Je t'ai embrassée bien des fois, mon enfant, lui écrivait-elle dans une lettre (en grec) que je me suis procurée. Mais que je t'embrasse une fois encore, et mes bras se transformeront en une lourde chaîne que tu porteras à jamais autour du cou. Tu verras alors ce qu'il adviendra de ton chant et de ton bonheur. »

Les vingt-cinq années suivantes, Evangelia persisterait à étaler et à exploiter ses différends avec sa fille. Le parrain de Maria et sa sœur tenteraient sans relâche de convaincre la cantatrice de se réconcilier, ou, du moins, de reprendre des relations avec sa mère. Maria aurait sans doute moult occasions de tempérer la superstition grecque selon laquelle il n'est rien de pis qu'une malédiction maternelle, mais, fidèle à son tempérament, elle s'obstinerait dans son refus jusqu'à son dernier souffle.

La presse suivait la mère et le mari de Maria à la trace dans l'espoir de recueillir quelque anecdote juteuse. Tina Onassis, quant à elle, gardait le silence et peaufinait sa stratégie. Elle était arrivée à New York en déclarant qu'elle allait y inscrire ses enfants à l'école. (En fait, elle finirait par se décider pour un lycée parisien.) On la vit dîner avec son avocat, son frère George Livanos et « des amis brésiliens » au restaurant du Pavillon Henri Soulé. En ces jours d'extrême tension, elle bénéficierait du soutien moral de Reinaldo Herrera, qui se devait de rester très discret. Il lui fallait éviter de compromettre la position de Tina qui s'apprêtait à jouer le rôle de la partie lésée dans le procès en divorce. « Les avocats nous avaient demandé de ne pas nous voir à New York », se rappelle-t-il. Ils se débrouillèrent toutefois pour se rejoindre à Puerto Rico, elle par avion privé de New York, lui arrivant de Caracas.

Aristo ayant réglé ses affaires en Grèce, il revint déposer Maria par bateau à Monte-Carlo, d'où elle s'envola directement pour Londres. Elle devait y donner un récital au Royal Festival Hall le 23 septembre. Les critiques furent bien meilleures qu'elles ne l'avaient été en Espagne : « Une des plus extraordinaires soirées musicales de Londres ! » s'extasia un critique. Mais Maria savait que sa voix commençait à la trahir, et les remous provoqués par « le scandale » ne l'incitaient guère à se concentrer.

Les déclarations mélodramatiques de son mari à la presse l'avaient mise hors d'elle. « Attention, Battista : un jour ou l'autre, je vais venir à Sirmione avec un revolver et te tuerai », lui écrivit-elle de Londres, rapporte Meneghini dans ses Mémoires, qui lui répondit à l'avenant : « "Très bien, hurlai-je, je t'attends avec une mitraillette !..." Ce fut la rupture finale, violente et irréparable, conclut-il tristement. Il semblait impossible de croire que, quelques semaines auparavant, nous nous aimions encore si fort. » Ce serait la dernière fois de leur vie qu'ils s'adresseraient la parole.

Oubliant ses rodomontades des semaines précédentes qui lui faisaient jurer de regagner Maria en dépit des millions d'Onassis, Meneghini rédigea une demande légale de séparation le 28 septembre à Brescia. (« En Italie, la loi n'autorise pas le divorce mais seulement la séparation, laquelle, même quand elle est accordée, ne permet à aucune des parties de se remarier dans le pays », soulignait le *New York Times*.) La déclaration ne fait pas mention du nom d'Onassis mais accuse Maria de conduite « incompatible avec la décence élémentaire ». Meneghini déclarait : « À la suite d'une croisière à laquelle nous avons tous deux participé en compagnie de personnes parmi les plus éminentes de notre époque, l'attitude de la signora Callas a soudainement changé de façon totalement imprévisible. » Son épouse, jusque-là « fidèle et reconnaissante », disait-il, s'était mise à fréquenter les night-clubs en compagnie d'un homme qu'elle « présentait comme son amant ». L'audience fut finalement fixée au 14 novembre.

Un petit article de presse, daté du 11 octobre, révélait : « La star d'opéra Maria Callas est aujourd'hui de retour dans la villa où son mari logeait encore lundi dernier. Mme Callas réside dans cette villa depuis la rupture de son mariage le mois dernier. Lorsque son mari s'y était installé alors qu'elle était sortie faire des achats, elle avait annoncé ne pas vouloir y retourner tant qu'il y serait présent. Il a quitté les lieux hier soir. » Meneghini avait de toute évidence tenté d'occuper la villa de Milan par droit de jouissance, mais Maria s'y était solidement retranchée.

Repliée dans son bunker milanais, Maria paraissait éviter la plupart de ses relations. Son amie Helen Rochas affirmerait par la suite : « Elle souffrait d'un complexe, de n'être que la seconde – la maîtresse, pas l'épouse. Elle avait besoin de la dignité du statut conjugal. » Il semble qu'à l'origine de sa nouvelle réserve il y eût effectivement une part de honte. Nicola Rescigno, un des chefs d'orchestre favoris de la diva, que j'ai rencontré dans sa maison de Rignona, aux environs de Rome, observait que « Maria était, personnellement, quelqu'un de plutôt simple et très conformiste ». Quand elle lui apprit sa décision de quitter son mari, son grand souci était la réaction de la mère de Rescigno, laquelle vivait dans le quartier de Queens, à New York, et témoignait un intérêt quasi maternel pour Maria. « Je vous en prie, dites-lui de ne pas penser trop de mal de moi », avait-elle demandé à Rescigno.

Maria n'était pas la seule à se faire des reproches. La soprano Giulietta Simionato, sa collègue et amie de longue date, m'a avoué qu'elle avait été parmi les nombreux Milanais à morigéner Maria pour avoir trompé Meneghini. « "Tu t'es bien mal conduite envers Battista", lui ai-je dit, car je pouvais me permettre de la réprimander. Elle acceptait tout de ma part. "Comment as-tu pu tomber amoureuse d'Onassis, alors que tu étais si éprise de Battista ?" » Bien entendu, l'attaque directe fit réagir la Callas. Et de se justifier : « Je croyais que j'étais amoureuse, mais maintenant je comprends qu'avec Battista ce n'était pas de l'amour. C'était de la gratitude ! Je ne savais pas ce qu'est l'amour avant de rencontrer Onassis ! »

Elsa Maxwell, jadis une inconditionnelle de la Callas, prit le parti de Tina contre Maria chaque fois qu'elle évoqua l'affaire.

Quelques années plus tard, en 1963, elle publia *The Celebrity Circus (Le Cirque des célébrités)*, un recueil d'anecdotes insignifiantes sur ses amis les plus illustres. Elle y parle longuement de Maria : « Ma musicienne d'entre toutes les musiciennes, ma diva des divas, une femme qui, ces dernières années, a eu une profonde influence sur ma vie, une artiste qui m'a donné de grandes joies et autant de déceptions. » Son admiration fait vite place à la plainte nostalgique : « Elle a le port d'une déesse mais peut entrer dans des colères d'enfant gâtée et stupide. Elle a tout du génie, et de la sorcière... Notre amitié s'est refroidie quand j'ai découvert son incapacité à rester fidèle en amitié, à faire confiance, à être authentique et sincère. » Le moralisme des années 50 conforte le coup de grâce de la Maxwell : « Depuis août 1959, depuis cette fatale croisière où Meneghini et Maria furent invités par Tina à bord du *Christina*, il m'est impossible de la défendre ou d'expliquer sa conduite. »

En dépit de cette semonce, Maxwell ne peut réprimer l'ambivalence de ses sentiments et sait prendre la défense de l'ex-bien-aimée : « Quand elle et Meneghini se sont séparés, elle a découvert que ce n'était pas lui qui avait payé les bijoux qu'il lui avait offerts. Elle se rendit compte également que, de toute sa vie conjugale, elle n'avait appris à signer un chèque et n'avait jamais eu plus de quelques francs en poche. Elle ne voyait personne, n'allait nulle part. Il l'a toujours considérée comme une enfant... Je ne peux dire ce qui attend cette femme extraordinaire. Mais je sais une chose : j'ai écrit qu'elle avait dépoussiéré l'opéra. Je n'aurais pu mieux dire. » Le passage le plus significatif de *Celebrity Circus*, ce livre quelque peu schizophrène, en est sans doute la dédicace : « À M.C., avec mon immense admiration, mon affection et mon amour ».

Trop affectée par l'opprobre publique, Maria n'osait pas faire face à ses amis milanais. Elle trouva refuge sur le *Christina*, auprès d'Onassis, où elle passait le plus clair de son temps entre deux représentations. Puis elle découvrit qu'elle pouvait parler franchement de ses affaires de cœur avec ses amis américains. C'était le cas avec Mary Carter, qu'elle vit aux États-Unis lors d'une tournée qui la conduisit de Kansas City, le 28 octobre, à Dallas où elle donna successivement deux représentations de *Lucia di Lammermoor*, les 6 et 8 novembre, puis de *Médée*, les 19 et 21 du même mois.

Maria atterrit à l'aéroport Idlewild de New York le 27 octobre au matin. En se dirigeant vers la limousine qui devait la conduire à l'aéroport de La Guardia afin de prendre un avion pour Kansas

City, elle ne put éviter les journalistes et la grêle de questions sur sa liaison avec Onassis. Sous les flashes des caméras, Maria perdit son sang-froid et abandonna son rôle de diva, célèbre pour son « qu'on me laisse donc en paix » à la manière de Garbo, pour celui de la New-Yorkaise acculée et furieuse hurlant sur un ton qui n'avait rien de mélodieux : « Virez-moi tous ces fils où je m'emmêle les pieds ! Et fichez-moi le camp, non mais ! » À son arrivée au théâtre, Maria était tendue, pas prête à entrer en scène. Elle déclara à son ami Larry Kelly, de la Dallas Civic Opera Company, qui s'était déplacé à Kansas City : « Je ne suis venue que pour vous. » Il y eut une alerte à la bombe au Midland Theater, et il fallut pour un moment faire évacuer le public, parmi lequel l'ex-président Harry Truman. Finalement, la prestation de Maria recueillit d'impétueux applaudissements. Puis elle partit pour Dallas en compagnie de Mary Carter, venue par avion du Texas.

À Dallas, Maria put parler tout à son aise d'Onassis et de ses talents d'amant avec sa vieille amie. « Maria Seconda », ayant elle-même une vie sentimentale fort compliquée, était nettement moins bégueule que le milieu italien de la Callas. « Maria était en extase, m'a expliqué Mary Carter. Elle voulait abandonner sa carrière, tout laisser tomber pour être avec lui. » La Callas lui décrivait par le menu les attentions d'Onassis. « Il prenait toujours le temps de la satisfaire. Elle n'avait jamais connu cela auparavant. Elle était aux anges ! Elle était follement amoureuse d'Onassis, au point de considérer désormais la scène comme une corvée. Elle ne désirait qu'une chose, “être à lui”. Elle avait la fraîcheur d'une jeune fille. »

La tournée de Dallas fut empoisonnée par une série de contretemps qui amenèrent Maria, déjà passablement tendue, au bord de la crise de nerfs. Selon Mary Carter, la responsabilité en incombait au manque de moyens financiers de la compagnie. « Pour *Lucia*, la compagnie n'avait pas payé le costumier italien, qui n'avait donc rien envoyé. J'ai appelé Stanley Marcus et c'est Neiman qui a confectionné le costume du rôle. Elle était tellement contrariée, qu'elle manqua le *mi* bémol dans la scène de la folie. Après le spectacle, elle revint à sa loge en marmonnant : “J'avais la note. Qu'est-ce qui a bien pu se passer ?” Une fois dans sa loge, elle l'émit et la tint fermement une bonne demi-douzaine de fois pour prouver aux autres et à elle-même que c'était juste un accident. » (À la seconde représentation de *Lucia*, elle fit tout simplement l'impasse sur tous les *mi* bémol.)

« Ma carrière s'est jouée ce soir. C'est la fin », avait-elle dit à son amie Giovanna Lomazzi. Celle-ci, qui, avec Bruna, avait accompagné Maria aux États-Unis, partageait sa suite d'hôtel durant son séjour à Dallas. Je l'ai interviewée à Rome en 1999. « Après cette représentation, aux environs de trois heures du matin, je l'ai entendue sangloter. J'ai tenté de la réconforter, de la rassurer, mais elle ne pouvait s'arrêter. Je ne savais que faire. Elle a continué de pleurer jusqu'au matin. Pour elle, chanter représentait une épreuve de force. Or elle savait qu'elle n'était plus en mesure de la gagner. »

Maria dut annuler sa prestation dans *Le Barbier de Séville* et rentra en Italie pour assister, le 14 novembre, à l'audience de conciliation avec Battista. La présence de la Callas et de Meneghini attira devant le tribunal de Brescia une foule de curieux venus assister au dernier acte du drame. Elle était accompagnée d'une amie italienne, Carla Nani Mocenigo, qui devait rapporter la terreur grandissante de Maria à l'idée d'avoir à affronter une foule qui venait d'applaudir Meneghini à son arrivée au tribunal.

Cherchant désespérément à reculer cet instant, Maria voulut s'arrêter à une pharmacie dans une petite rue sous prétexte de s'acheter une lime à ongles. La vendeuse, subjuguée par l'irruption de la Callas, lui fit don de quelques échantillons de parfum. Ce cadeau lui fit tellement plaisir qu'elle examinait encore les petits flacons en montant les marches du palais de justice sous les regards hostiles de la foule des journalistes et des badauds. Cette façon de s'abstraire d'une réalité déplaisante était bien dans son caractère. « Vu la gravité du moment », Carla lui demanda d'arrêter de jouer avec les parfums. Maria mit les échantillons dans son sac et ôta ses lunettes. (La Callas était très myope et utilisait souvent cette technique pour faire passer son trac ; sans ses lunettes, elle ne pouvait voir ni le public ni le chef d'orchestre.) « Maintenant, ça va, dit-elle à son amie. Meneghini ne sera plus qu'une tache floue. »

L'audience dura six heures. La séparation légale fut prononcée, et il échut à Maria la maison de Milan, la plus grande partie de ses bijoux et les droits sur ses disques ; Meneghini obtint Sirmione et les autres biens immobiliers du couple. Les tableaux et le reste des valeurs devaient être divisés à égalité.

Afin de remplir ses engagements, Maria repartit pour Dallas (elle devait y chanter *Médée* le 19 novembre). Dans l'avion, elle eut la surprise de découvrir que le siège à côté d'elle avait été réservé pour un immense bouquet de roses rouges envoyées par Onassis. C'était le type même d'extravagance romanesque qui la ravissait toujours.

Onze jours plus tard, le 25 novembre, Tina Onassis se décidait enfin à avancer ses pions. Elle entama une procédure de divorce devant la Cour suprême de l'État de New York au motif d'adultère (le seul motif admissible à l'époque dans cet État). Elle demandait la garde d'Alexandre, qui avait alors onze ans, et de Christina, qui en avait neuf. Dans la soirée, elle convoqua une conférence de presse à son domicile de Sutton Square, où son avocat lut aux journalistes une déclaration qu'elle écouta en pleurs.

Cela fait près de treize ans que M. Onassis et moi-même nous sommes mariés dans la ville de New York. Il est devenu l'un des hommes les plus riches du monde, mais son immense fortune ne m'a pas apporté le bonheur avec lui, pas plus, comme tout le monde le sait, qu'elle ne lui a apporté le bonheur avec moi. À la suite de notre séparation cet été à Venise, j'avais espéré que M. Onassis aimait assez nos enfants et respectait suffisamment notre vie privée pour accepter de me rencontrer – ou, du moins, que nos avocats se rencontrent – afin que nous réglions nos problèmes. Cela n'a pas été le cas.

M. Onassis sait fort bien que je ne demande rien de sa fortune et que je me soucie seulement du bien-être de nos enfants.

Je regrette profondément que M. Onassis ne me laisse d'autre choix que d'entamer une procédure de divorce dans cet État.

Pour ma part, je souhaite bonne chance à M. Onassis et espère qu'à l'issue de cette procédure, il continuera de jouir de la forme de vie qui apparemment lui sied, mais à laquelle je n'ai jamais réellement pris part. Je n'ai rien de plus à dire et je désire qu'on me laissera en paix avec mes enfants.

Ari et Christina étaient à bord du *Christina*, à l'ancre à Monte-Carlo, quand la déclaration de Tina – où elle se posait en femme martyre et mère modèle – parut dans les journaux new-yorkais. « Ce truc a été écrit par les avocats pour faire pleurer dans les chaumières », railla Costa Gratsos, le chargé de pouvoir d'Ari aux États-Unis, en lui lisant le texte au téléphone.

Tina avait beau jurer ses grands dieux que la fortune de son mari ne l'intéressait pas, Onassis affirmerait plus tard au journaliste Willi Frischauer que les exigences de Sol Rosenblatt en faveur de sa cliente étaient exorbitantes. Toujours selon Frischauer, Tina put garder ses bijoux, estimés à quatre millions de dollars, et la maison de Sutton Place avec tout ce qu'elle contenait.

Mais, ce qui fit l'effet d'une bombe dans la demande de divorce de Tina, c'était le nom de « l'autre femme ». Elle accusait son mari d'avoir pratiqué l'adultère « sur terre comme sur mer, aux États-Unis, en France, à Monte-Carlo, en Grèce et en Turquie », avec une certaine « Mme J.R. ». On apprendrait rapidement qu'il s'agissait de son ancienne compagne de classe, Jeanne-Marie Rhinelander, celle-là même qu'elle avait présentée à Ari au château de la Croë sur la Côte d'Azur, pour la surprendre au lit avec son époux lors d'une visite inopinée à la résidence de ladite amie près de Grasse. Pourquoi livrer ce nom ? Affaire de stratégie. Si Tina avait désigné Maria, Ari aurait promptement entamé une contre-procédure en invoquant la liaison de longue date de Tina avec Herrera. Il lui fallait choisir quelqu'un avec qui Ari avait couché *avant* sa propre infidélité.

« C'est Sol Rosenblatt qui lui a conseillé de ne pas citer Maria, mais une liaison d'Onassis antérieure à celle de Tina, m'a expliqué Reinaldo Herrera. Onassis s'obstinait à refuser le divorce. Jusqu'à ce que Tina l'eût avisé qu'elle détenait une clé du coffre de Panamá qui renfermait toutes les actions au porteur de sa société. S'il voulait récupérer la clé, il lui fallait coopérer. Et il finit par s'incliner. Tout cela, bien sûr, à l'instigation de Sol Rosenblatt qui était un as en matière de divorce. Je sais d'ailleurs ce qu'il en a coûté à Tina en honoraires : un million de dollars, ce qui représentait une somme coquette en 1959. »

Ari réagit rapidement à la déclaration de Tina. Il installa Maria dans une suite de l'Hermitage et publia un communiqué : « J'apprends à l'instant que ma femme a entamé une procédure de divorce. Cela ne me surprend pas, la situation ayant évolué rapidement. Mais je n'en avais pas été averti. Je suis évidemment disposé à accéder à sa volonté ainsi qu'à trouver les arrangements qui conviennent. » Puis il se rendit à Grasse pour s'entretenir avec Jeanne-Marie Rhinelander, dont l'instabilité affective et les problèmes de drogue étaient connus. Il craignait des réactions intempestives et des propos susceptibles d'envenimer la situation. L'habileté diplomatique et le charme d'Ari semblent avoir finalement prévalu. Elle annula une plainte pour calomnie et publia un communiqué remarquable de pondération : « Je suis une vieille amie de M. et Mme Onassis. Je m'étonne que Mme Onassis se serve d'une amitié de longue date, bien connue de tous, ici comme aux États-Unis, pour obtenir sa liberté... Je répète que je connais bien M. Onassis et que je reste son amie indéfectible. »

Le jour de la publication de la déclaration de Tina, Onassis dînait à Monte-Carlo en compagnie du prince Rainier et de la princesse Grace. On nota l'absence de Maria Callas. Elle avait fait preuve de tact et s'était retirée à Milan, dans sa maison de la via Buonarroti, pendant qu'Ari tempêtait et geignait auprès de son entourage tout en bombardant Tina d'appels à la réconciliation.

Onassis traînait son cafard dans Monte-Carlo, se souviennent ses amis. Selon Spyros Skouras, « il sanglotait comme un enfant » dans sa suite du Claridge après avoir passé une heure au téléphone à supplier Tina de renoncer au divorce. Il avouerait lui-même par la suite à Stelios Papadimitriou avoir hurlé son chagrin et sa frustration à l'extrémité du port de Monte-Carlo, là où les vagues battent les rochers.

Il est remarquable qu'il se soit longtemps imaginé pouvoir garder et la femme et la maîtresse. Ari et Tina n'avaient guère été heureux ensemble et, les dernières années, ne partageaient pratiquement plus rien, ni vie ni centres d'intérêt. Mais Onassis considérait Tina comme sa propriété, son « troisième enfant », comme il disait à ses amis. Et puis c'était la mère de Christina et d'Alexandre. Peu de temps auparavant, à Venise, des journalistes lui avaient demandé si sa croisière avec Maria signifiait la rupture avec son épouse. « Je ne veux pas y penser, avait-il répliqué nerveusement. Nous avons été mariés treize ans. Ce serait de la folie, de la part d'un père, de vouloir séparer ses enfants de leur mère. » Ari enrôla un nombre impressionnant de comparses dans sa bataille pour la réconciliation. Tout le monde intervint pour essayer d'amadouer Tina, de la princesse Grace à Elsa Maxwell en passant par Lady Churchill. Mais la « troisième enfant » d'Onassis avait aperçu la lumière de la liberté au bout du tunnel et demeura insensible aux exhortations bien intentionnées de ses amis.

L'ironie de l'histoire veut que, bien des mois plus tard, à la prononciation du divorce, Tina ne profita pas de l'occasion pour se marier avec Reinaldo. Sa liberté ne l'avait conduite qu'à une séparation douce-amère avec son amant.

Herrera m'a expliqué que son père, très à cheval sur les convenances, l'avait prié de s'éloigner de Tina et de rester chez eux, à Caracas, durant la procédure de divorce. « À cette époque, on tenait compte de l'avis de ses parents. Aussi ai-je promis. Tina l'a très mal pris : “Pourquoi m'abandonnes-tu ? Pourquoi ne restes-tu pas avec moi ?” Mais je m'étais engagé auprès de mon père. Je n'ai donc pas bougé de Caracas pendant près de six mois. »

Le divorce prononcé, Herrera partit immédiatement à New York pour rejoindre Tina.

« Mais nous avions un gros problème avec Alexandre. Ari n'arrêtait pas de téléphoner pendant des heures au garçon, lequel était devenu incontrôlable. Un jour, en rentrant à Sutton Place, nous avons trouvé tous les carreaux des fenêtres en miettes. Alexandre les avait cassés systématiquement parce qu'elle était avec moi.

« Mon père n'appréciait guère la situation, lui non plus. Nous avons donc résolu de nous éviter pendant quelques semaines. Je suis retourné au Venezuela et mon père m'a appris par la suite que Tina fréquentait quelqu'un d'autre. Je suis finalement revenu à New York où nous nous sommes donné rendez-vous au restaurant de Carlton House, un endroit tranquille où nous ne risquions guère de tomber sur des personnes de connaissance.

« Nous avons décidé de rompre, du moins pour un temps. Nous sommes convenus de ne plus nous voir pendant trois ans. Nous pleurions tous les deux. »

Ce fut un triste Noël pour tous les acteurs de ce jeu de chaises musicales conjugales. Onassis se morfondait à Monte-Carlo, gémissait, plaidait pour une réconciliation. À Sirmione, Meneghini gardait comme autant de reliques tous les effets de Maria dans l'état où elle les avait abandonnés – ses poudres, crèmes et parfums sur le guéridon de leur chambre à coucher, sa veste verte pendue à un bouton de porte. Il ne toucherait à rien jusqu'à la fin de sa vie dans l'espoir pathétique du retour de Maria.

De son côté, celle-ci fêtait discrètement son trente-sixième anniversaire à Milan. Quelques jours plus tard, sa grande rivale, la soprano Renata Tebaldi, ouvrait la saison de la Scala avec *Tosca* à la suite d'une éclipse de cinq ans. Elle fut accueillie par un tonnerre d'applaudissements et un déluge de fleurs. Les Milanais amateurs d'opéra, qui pendant si longtemps n'avaient eu d'yeux que pour la Callas, se laissaient désormais ensorceler par la Tebaldi. Maria déclina l'invitation à la première sans la moindre trace de regret ou d'envie : « Renata Tebaldi est de retour. L'événement est d'importance. Il ne convient pas de détourner l'attention du public de la Scala par une interférence quelconque. J'ai tourné plusieurs pages de ma vie cette année. Je désire sincèrement que ce chapitre-là soit clos lui aussi. »

Maria se souciait peu de chanter à la Scala ou ailleurs. C'était très loin de ses préoccupations. Elle restait tranquillement calfeutrée dans sa villa de la via Buonarroti, en la seule compagnie de

Bruna et de son caniche Toy. Elle n'était pas du style à avoir des regrets. Pas plus pour Meneghini, lorsqu'elle avait décidé de le quitter pour l'homme que le destin, pensait-elle, lui envoyait, que pour sa carrière à laquelle, jadis, elle avait tout sacrifié.

Onassis eut beau insister pour qu'elle continue de chanter afin de ne pas se faire oublier du public, rien ne put la convaincre. Sa dernière interprétation de *Médée* à Dallas n'avait été suivie d'aucun engagement. Elle ne chanterait plus en public jusqu'en août 1960 : un silence de neuf mois. Elle célébrait l'année la plus tumultueuse d'une existence déjà passablement orageuse et s'apprêtait non seulement à clore un chapitre, mais à en ouvrir un autre. Elle était enceinte de cinq mois de l'enfant d'Aristote Onassis.

14

Le fils secret

Si nous cessons de pleurer,
Nous risquons d'oublier.
Plutarque, *Lettre de consolation à sa femme.*

Pratiquement la totalité des livres, articles et adaptations théâtrales portant sur la liaison de Maria Callas et Aristote Onassis, présentent l'avortement que Maria aurait subi, en 1966, sous la pression supposée de son amant, alors qu'elle avait toujours rêvé d'avoir un enfant, comme un événement hautement caractéristique. Un argument idéal pour la version romancée de leur liaison, étayant l'image populaire d'un Onassis en brute égoïste, faisant aussi peu de cas de l'art de Maria que de ses sentiments, et d'une Callas amoureuse ayant tout sacrifié à l'homme qui l'a abandonnée dès qu'elle ne lui était plus utile. Le seul problème, avec cette histoire, c'est qu'elle est fausse.

La fable de l'avortement apparaît pour la première fois dans une biographie d'Arianna Stassinopoulos publiée en Angleterre en 1980, trois ans après la mort de la diva, sous le titre *Maria Callas par-delà la légende*. « Maintenant, à quarante-trois ans, elle se retrouvait enceinte », écrit Arianna Stassinopolous situant l'événement en 1966-1967.

Ses instincts, tout ce qui en elle désirait la vie, voulaient un enfant. Pas Onassis. C'était déjà assez pénible de voir l'homme qu'elle adorait rejeter l'enfant au lieu de célébrer le fruit de leur amour, mais il alla plus loin : si elle gardait l'enfant, ce serait la fin de leur relation. Le doute, la peur et la confusion la sub-

mergèrent. Elle prit une décision qui allait à l'encontre de sa nature et de la vie qu'elle portait en elle pour sauver une relation de plus en plus ténue et irréelle. Elle perdait, avec cet enfant, le plus grand espoir de son existence à un moment où il lui fallait une nouvelle source d'énergie et d'intérêt... Sa décision de céder à la volonté d'Onassis marquait un tournant décisif. Son second grand rêve virait lentement au cauchemar. Désormais, leurs querelles se succéderaient, ponctuées de quelques répits : elles ne cessèrent jamais vraiment.

La plupart des ouvrages ultérieurs sur la Callas ont repris la même trame, certains allant jusqu'à préciser que la fausse couche eut lieu sur le *Christina* pendant l'été 1966. L'affaire de l'avortement constitue également l'épisode le plus bouleversant de la pièce *Master Class*, de Terence McNally, que l'on a jouée dans pratiquement toutes les grandes villes du monde. À l'acte II, dans un monologue déchirant, Maria fait part de ce qu'il lui en a coûté de souffrances de se plier à la volonté d'Ari :

J'ai une grande nouvelle, Ari, une grande, merveilleuse nouvelle. Je vais l'avoir, ton enfant. Non, notre *enfant, notre fils. Je ne te ferai pas l'insulte de te donner une fille. Nous l'appellerons Odysseus, le plus grand héros grec, comme toi, et parce qu'il a parcouru le monde dans tous les sens, comme moi, avant de rentrer à la maison pour aimer.*

Non, je n'ai pas besoin de ton enfant pour me sentir une femme. Je suis une femme. Je n'ai besoin de rien. Certains diraient même que je n'ai pas besoin de toi. Je veux un enfant ? ton enfant. Je t'aime. Là, je l'ai dit.

Ne me demande pas ça. Pourquoi tu me demandes ça ? Qu'est-ce que ça veut dire ? Tu as changé d'avis ? Je ne suis plus très jeune ? C'est peut-être ma dernière chance. J'abandonnerai tout, même ma carrière, tout ce pour quoi j'ai travaillé, mais pas ça.

Alors, ne m'épouse pas. Je ne le ferai pas. Tu ne peux pas me forcer.

Ne me quitte pas ! Toute ma vie, j'ai été seule !

Ô enfant que jamais je ne verrai, jamais je ne connaîtrai, ne soignerai, à qui je ne dirai jamais combien je l'aime, pardonne-moi.

C'est fait, Ari.

Soyons justes. Arianna Stassinopoulos, Terence McNally et les autres n'ont pas inventé de toutes pièces ce mélodrame. Après le mariage d'Onassis et de Jacqueline Kennedy, c'est Maria elle-même qui raconterait à bon nombre de proches qu'il l'avait forcée à avorter deux ans auparavant. Arianna Stassinopoulos cite ses sources et donne les noms de trois amis de Maria – Edith Gorlinsky, Anastasia Gratsos et Nadia Stancioff. Nadia a rapporté les paroles de Maria dans *Maria Callas Remembered*, publié en 1987 : « "J'ai d'abord cru qu'il n'était pas sérieux, m'a-t-elle dit au cours de l'été 1970, alors que nous faisions route pour Tragonissi en quittant Athènes. *Je ne veux pas d'enfant de toi ! s'est-il exclamé. Que ferais-je d'un autre enfant ? J'en ai déjà deux...* J'étais au supplice. Tu sais, Nadia, que je suis contre l'avortement. Il m'a fallu quatre mois pour me décider. Imagine combien ma vie serait comblée si je lui avais tenu tête et si j'avais gardé cet enfant." » Même Mary Carter, l'un des témoins les plus fiables de la vie de Maria, qui m'a longuement parlé de ses vingt ans d'amitié avec la Divine, reprend les détails que Maria lui a confiés sur un avortement pratiqué à bord du *Christina*, en 1966, par un médecin que le capitaine Kostas Anastasiades aurait fait venir.

Maria avait sans doute de bonnes raisons de raconter cette histoire tordue à ses amis et de se plaindre de la cruauté d'Onassis après qu'il l'eut laissé tomber pour Jacqueline Kennedy. Mais rien ne prouve, après trois années d'enquêtes, de recherches et d'interviews sur les différents continents, que ledit avortement ait réellement eu lieu. En revanche, j'ai la preuve, irréfutable (dont des documents retrouvés dans les papiers personnels de la Callas) que Maria a bel et bien été enceinte d'Onassis, non pas en 1966 mais au tout début de leur relation, en 1959, et qu'elle a donné le jour à un garçon, décédé de mort naturelle quelques heures après sa naissance, le 30 mars 1960 à Milan.

Meneghini fut si outré à la lecture des récits de la prétendue grossesse de Maria et de son interruption imposée par Onassis qu'il envoya un télégramme au *London Times* en 1980. Il vilipendait Arianna Stassinopoulos, contestait les faits et certifiait que sa femme était stérile. « Mon télégramme a été publié mais est passé inaperçu », se plaignit-il auprès de Stelio Galatopoulos, un critique d'opéra et ami de Maria. Dans une biographie, *Maria Callas : Sacred Monster*, Galatopoulos écrit : « Au printemps de 1977, à l'occasion d'une de nos rencontres, la Callas a parlé des enfants : "J'aurais été la plus heureuse des femmes si j'avais eu des enfants et une famille heureuse – c'est certainement ce qu'il y a de plus beau dans la vie." »

Galatopoulos ajoute qu'après la mort de Maria et avant la publication du livre de Stassinopoulos, il a demandé à Meneghini pourquoi le couple n'avait jamais eu d'enfants.

Meneghini, incapable de refouler ses larmes, m'a dit : « Au tout début de notre mariage, nous rêvions d'avoir un enfant. N'importe quel homme aurait été heureux et fier d'avoir des enfants d'une femme aussi merveilleuse ! » Ensuite, il m'a tendu un certificat médical daté de 1957 [établi par le gynécologue Carlo Palmieri], qui diagnostiquait une malformation de l'utérus. Il n'existait aucun traitement, à part une opération, encore au stade expérimental et très risquée, qui aurait pu lui donner de faux espoirs et abîmer gravement sa santé et sa voix. Maria s'y opposa. Le gynécologue avait également diagnostiqué les signes d'une ménopause précoce et lui avait prescrit une série d'injections destinées à repousser l'échéance d'un an.

Après avoir lu le récit de ce prétendu avortement, Meneghini refusa de croire que Maria, ménopausée avant l'âge de trente-cinq ans (un an avant leur séparation), ait attendu un enfant à quarante-trois ans et qu'elle ne l'ait pas gardé. À son avis, même Onassis (qui n'avait pas les faveurs de Meneghini) n'aurait jamais agi de la sorte – aucun homme n'aurait eu cette réaction devant un tel miracle ; l'information, un tissu de mensonges, avait été publiée uniquement pour satisfaire un goût du sensationnel à des fins lucratives.

Galatopoulos est un des rares biographes de la Callas à conclure que les récits de l'avortement sont pure fiction. « En réalité, l'enfant aurait constitué sa meilleure arme pour garder Onassis, assène-t-il. Il en a épousé une autre, mais Maria et Onassis sont restés liés par une profonde amitié jusqu'à la mort d'Ari. Nous parlons d'une femme qui savait ce qu'elle voulait et qui avait des valeurs morales et religieuses profondément ancrées. » L'argument est convaincant.

La plupart des lettres de Maria confirment sa volonté d'avoir un enfant dès son mariage avec Meneghini en 1949, puis sa déception amère de ne pas voir son vœu accompli. Dans une lettre datée du 20 décembre 1949, elle écrit : « Je dois te le dire – toujours pas de bébé ! J'ai eu mes règles le 18, comme prévu, assorties d'une migraine que je ne souhaiterais pas à nos pires ennemis. Nous devons être patients... », puis dans une autre, datée du 6 juin 1950 :

« Cher Battista, je dois te faire un aveu. Je désire tellement avoir un enfant de toi. Je crois qu'un enfant ferait du bien à ma voix et à ma vilaine peau. Qu'en penses-tu ? »

En réalité, l'utérus de Maria était « basculé » – ce que Meneghini appelait une « malformation ». La conception d'un enfant est dans ce cas difficile, mais pas impossible. L'autre raison, plus plausible, de leur difficulté à avoir un enfant tenait à Meneghini. Jamais il ne fit un enfant à aucune femme, et Maria déclara à son amie Giovanna Lomazzi à Milan, alors qu'ils étaient encore mariés, qu'elle « aurait voulu un enfant mais que Battista était trop vieux et qu'il ne pouvait pas engendrer ».

Peu importe. Meneghini fait allusion au gynécologue de Maria, Carlo Palmieri, qui lui aurait prescrit « une série d'injections destinées à repousser l'échéance d'un an » et que ces injections ont commencé en 1957. Ce fait est essentiel.

Il s'agissait certainement d'injections d'œstrogènes – un traitement que l'on administrait également aux femmes souffrant de stérilité. Le professeur Gianbattista Candiani, un gynécologue réputé de Milan qui exerçait à cette époque, affirme qu'à la fin des années 50 on prescrivait du Prémarin aux femmes qui souffraient d'insuffisance ovarienne. Ce traitement œstrogénique permet de rétablir la régularité du cycle menstruel. On en prescrivait également, combiné à une autre hormone, aux femmes qui voulaient un enfant. D'après le professeur, si la stérilité était due à l'incapacité de l'utérus à garder l'œuf, des injections de Prémarin auraient suffi à provoquer une grossesse.

Si l'on admet que Maria a été traitée pendant au moins une année, peut-être deux, à compter de mai 1957, elle pouvait fort bien être hyper-fertile lorsqu'elle devint la maîtresse d'Onassis en août 1959. Elle aurait pu tomber enceinte dès son premier rapport sexuel avec un homme qui, contrairement à son mari, était assurément capable d'engendrer.

Maria fut effectivement enceinte d'Onassis au début du mois d'août 1959. Elle sauta de joie en l'apprenant – Aristote quant à lui, fut plus réservé. La Callas et Onassis étaient encore mariés chacun de leur côté.

Si l'on en juge d'après la réaction d'Onassis à la nouvelle de la seconde grossesse de Tina et de son intention avouée de n'avoir qu'un seul héritier, on imagine aisément qu'il ait pu demander à Maria d'avorter. Quoi qu'il lui ait dit, Maria refusa fermement cette éventualité. Elle avait toujours voulu un enfant, comme le rappelle justement Galatopoulos. Les proches de Maria, de Battista à ses amis intimes sans oublier sa sœur Jackie, n'en démordent pas : si elle fut jamais enceinte, rien ni personne – pas même la colère de son amant – n'aurait pu l'obliger à avorter. Ainsi que me l'a confié Jackie Callas Stathopoulos, « Maria désirait si fort avoir un enfant que personne, pas même Onassis, n'aurait pu l'empêcher de le garder ».

Quels que fussent les différends soulevés à l'annonce de cette grossesse inespérée, les proches de Maria affirment que le couple fit des projets en prévision de l'arrivée du bébé. Onassis et la Callas se mirent en quête d'une maison en Suisse, où Maria s'installerait et l'élèverait. Entre eux, ils en parlaient comme du « projet suisse ».

Quelques jours avant Noël 1959, Maria avait décliné l'invitation de la Scala en l'honneur du retour triomphal de Renata Tebaldi sur scène, déclarant : « J'ai refermé plusieurs chapitres cette année. » Elle était alors enceinte de presque cinq mois. Elle ne fit aucune apparition en public au cours des mois qui suivirent, avec une exception notable : elle accorda une interview à *France-Soir* qui parut dans l'édition du 13 février 1960 sous le titre : LA CALLAS M'A DIT : JE N'AI PLUS ENVIE DE CHANTER... JE VOUDRAIS UN ENFANT.

L'interview, conduite par Marylse Schaeffer, est fascinante quand on pense que Maria était enceinte de sept mois. Dans son article, la journaliste raconte comment elle avait surpris Maria à l'Opéra de Paris, où elle tentait visiblement de passer inaperçue, « si pâle dans son petit ensemble noir, un tantinet démodé, légèrement maquillée, les cheveux coupés court ». Mme Schaeffer avoua sa stupeur de découvrir une Maria banale, ressemblant à n'importe quelle touriste américaine. « La preuve, personne ne l'a reconnue. » Elle sollicita une interview et la *diva incognita* accepta de la recevoir le lendemain dans ses appartements du Ritz.

Maria fut ponctuelle, ce qui ne manqua pas d'étonner la journaliste, mais précisa d'entrée de jeu : « J'ai horreur des journalistes, je vous accorde quinze minutes. » Très vite, Mme Schaeffer nota « un besoin soudain de se confier (elle m'a parlé pendant une heure et quarante minutes...) ».

Tout en écoutant Maria s'épancher sans retenue – « Oui, Onassis et moi avons été très proches. Mais ce n'est pas ce qui a poussé Tina à demander le divorce, elle y songeait depuis deux ans » –, la journaliste remarqua que les mains de la soprano, que l'on disait si belles et si fines, étaient « enflées aux jointures des doigts ». Cela, ajouté à la robe ample de « faille raide », aurait pu suggérer qu'elle

© AP / Wide World Photos

Mars 1968, Maria Callas et Aristote Onassis sur le pont du *Christina* à Nassau (Bahamas). Leur liaison a déjà près de dix ans mais c'est encore l'image de l'amour triomphant. Bientôt, Jackie Kennedy va faire son apparition... Dans une lettre adressée alors à sa femme de chambre, Bruna, la Callas s'extasie sur cette croisière : « Plein de choses merveilleuses ! ».

Photo : avec l'aimable autorisation de Jackie Callas-Stathopoulos

La famille Callas (abréviation américaine de Kalogéropoulos) à New York à la fin des années vingt : Evangelia, la mère ; Maria (née le 2 décembre 1923) ; sa sœur aînée Jackie et son père George.

© 1993 Gran Teatro La Fenice

La métamorphose eut lieu en 1953-1954. Maria avait trente ans.
La Traviata de cent dix kilos devint en quelques mois une gravure de mode de cinquante-trois kilos pour un mètre soixante-quinze. Maria aurait délibérément avalé un ver solitaire…
La Diva pouvait désormais incarner de façon crédible la frêle Madame Butterfly, la tuberculeuse Violetta ou l'inquiétante Médée.

Photo : avec l'aimable autorisation de Marilena Patronikola

Daddy O : Onassis porte sur le genou gauche son fils Alexander, sa fille Christina sur les épaules et sa nièce préférée, Marilena Patronikola, sur le genou droit.

© AP / Wide World Photos

3 septembre 1957. Maria Callas (trente-deux ans) au bal annuel de la doyenne de la jet-set, Elsa Maxwell, à l'hôtel Danieli à Venise. C'est ce soir-là que la chroniqueuse mondaine, qui s'était entichée de la Callas, présenta sa protégée à Onassis (cinquante-deux ans) : « Les deux Grecs les plus célèbres de la planète », écrira-t-elle. Vers cinq heures du matin, Elsa se mit au piano et Maria s'assit sans façons près d'elle sur le podium, les bras autour des genoux, en fredonnant l'air de *Stormy Weather*.

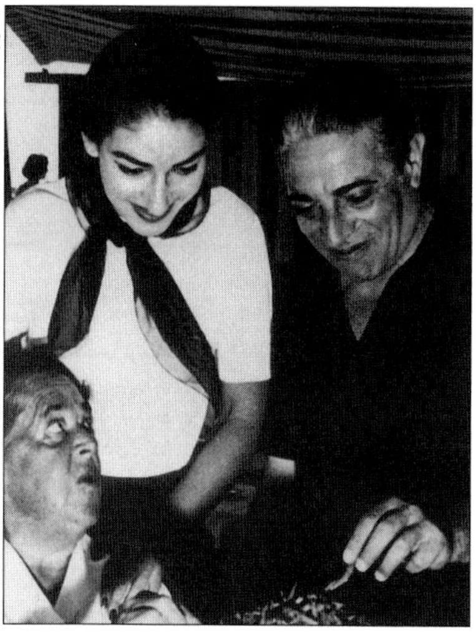

En 1958, Onassis et la Callas se retrouvent à Venise lors de « la semaine Callas », comme le dira Elsa Maxwell. En fait, la première semaine d'une amitié qui tournera vite à l'idylle.

Londres, 18 juin 1959, trois heures du matin, à l'issue de la présentation de *Médée* à Covent Garden. Onassis avait donné une réception au Dorchester en l'honneur de la Callas. Un photographe immortalisa ce touchant tableau : Onassis, son futur amant (lunettes noires et smoking) et Battista Meneghini, son mari, aident Maria à enfiler son manteau de fourrure. Elle domine les deux hommes de sa haute taille…

22 juillet 1959. Dîner sur la terrasse de l'Hôtel de Paris de Monte-Carlo. Maria est en grande conversation avec Onassis tandis que, leur faisant face, Tina, l'épouse de l'armateur, s'entretient avec Winston Churchill.

Photo : avec l'aimable autorisation de John Papanikolaou

Le *Christina*, le yacht le plus luxueux du monde. En 1953, Onassis avait acheté aux surplus de guerre une frégate canadienne qu'il avait fait transformer en navire de plaisance. Le *Christina* fit son premier voyage en juin 1954. L'élégante frégate, refaite à neuf, déplaçait ses trois mille tonnes et cent mètres de long.

Le bar du *Christina*. Sa décoration assimilait l'armateur à Ulysse, les tonneaux de rhum de la Barbade et les coffres de marin évoquaient le butin d'un pirate. De grandes cartes du monde et des harpons de baleinier étaient accrochés aux murs.

Rencontre au sommet sur le *Christina* le 22 juillet 1959 : Onassis présente la Callas à Churchill au début de la « croisière fatale » qui va les rapprocher…

© Keystone / Corbis Sygma

23 juillet 1959. Lors d'une première escale, Maria, en « pyjama de croisière » très fleuri, fait du shopping à Portofino en compagnie de Tina Onassis.

Le 29 juillet 1959, lors d'un dîner à bord, quelque part au large de la pointe du cap Sounion à l'extrémité sud de l'Attique, Onassis, Theodore Garofalibis (le mari d'Artemis, sœur d'Onassis), la Callas, Meneghini et Nonie Montague, tous d'excellente humeur.

Durant une autre escale, Onassis, tenant Maria par la main, l'aide à gravir les degrés de l'antique théâtre d'Épidaure. Tous deux ont le sourire. C'est sur cette même scène que, un an plus tard, la Callas remportera son plus grand triomphe en terre grecque en interprétant *Norma* devant trente mille spectateurs.

Le 5 août 1959, les invités de la croisière visitent Sainte-Sophie à Istanbul. Le lendemain, le patriarche Athênagoras posera les mains sur les têtes d'Ari et de Maria et bénira « la plus grande cantatrice du monde et le marin le plus célèbre ».
« Mais elle est déjà mariée ! » s'écrie alors Meneghini. Cette bénédiction bouleversera Maria, qui se sent désormais libre de suivre les élans de son cœur.

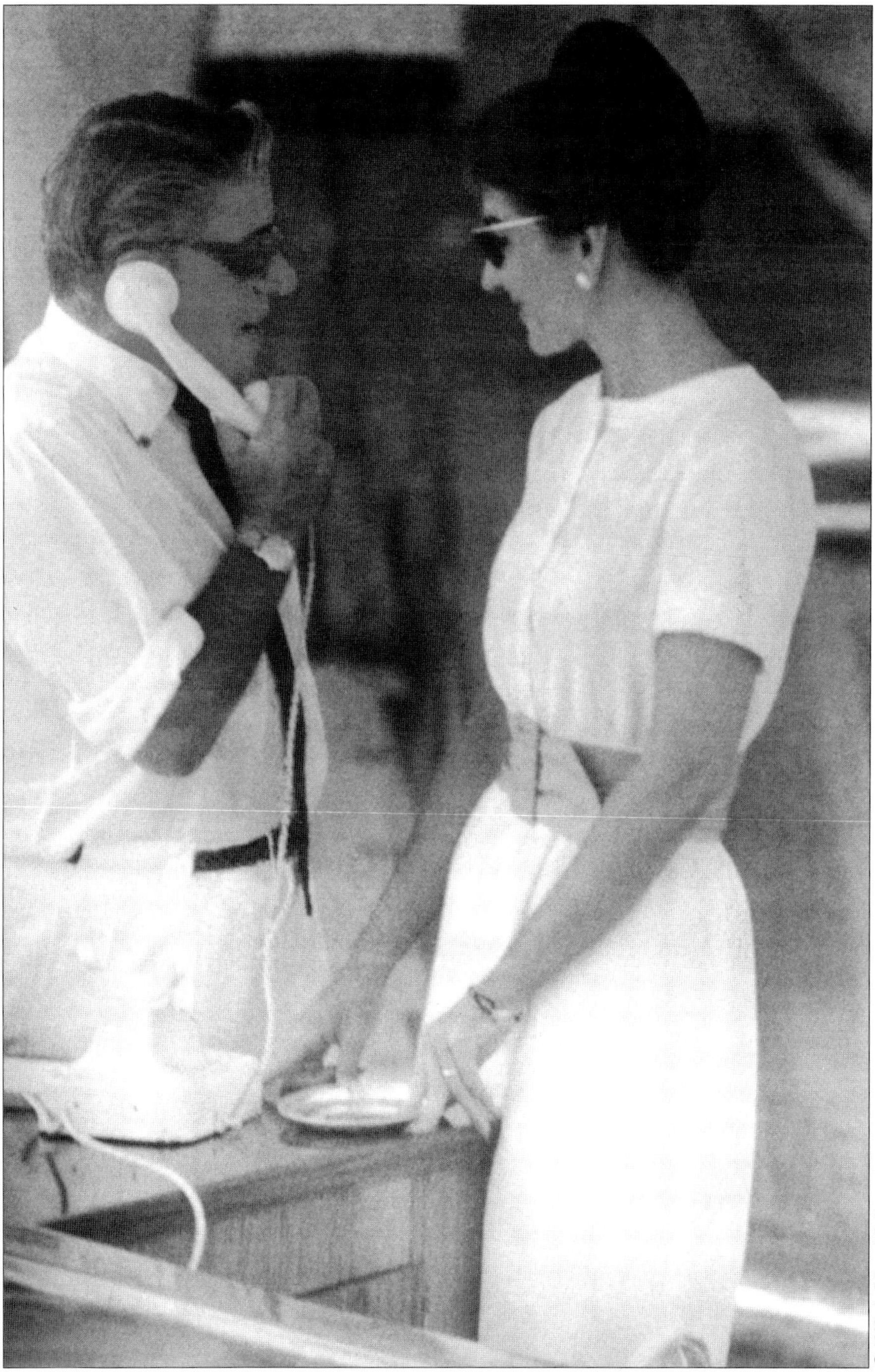

13 août 1959. La fabuleuse croisière a pris fin. De retour à Monte-Carlo, Maria regarde Ari en souriant. Une version grecque des *Amants terribles* va commencer.

© Dalmas

Février 1960 à Paris. Maria porte le secret de sa grossesse : « Je veux vivre…, avoir un bébé ; j'ai trente-six ans…, vous comprenez ? »

Paris, 22 mai 1964. La Callas joue *Norma*. « Le soir de la première, Maria était très douce avec les enfants acteurs. Très tendre. Comme une mère. Mon Dieu, quel dommage qu'elle n'ait jamais eu d'enfant ! » écrira son metteur en scène, Franco Zefirelli.

COMUNE DI MILANO

UFFICIO DELLO STATO CIVILE

PROMEMORIA - **ATTO DI NASCITA**

di Lengrini Omero

nato il 30 MAR. 1960

N. 615 Registro 8 Parte 1 Serie A

(Vedi avvertenze a tergo)

AVVERTENZA

Da conservare e presentare quando occorra richiedere copie o certificati

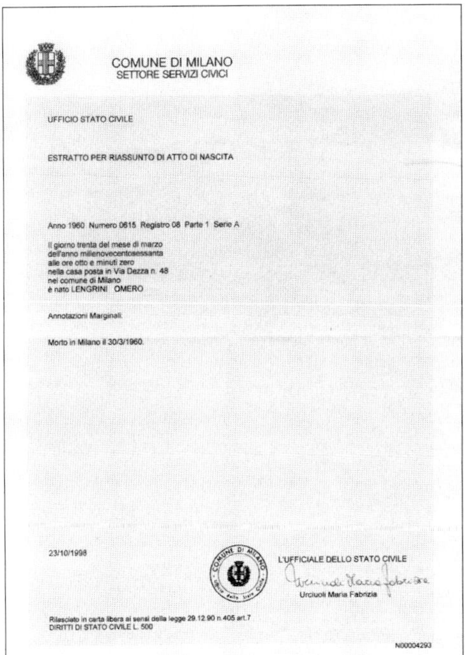

COMUNE DI MILANO
SETTORE SERVIZI CIVICI

UFFICIO STATO CIVILE

ESTRATTO PER RIASSUNTO DI ATTO DI NASCITA

Anno 1960 Numero 0615 Registro 08 Parte 1 Serie A

Il giorno trenta del mese di marzo
dell'anno millenovecentosessanta
alle ore otto e minuti zero
nella casa posta in Via Dezza n. 48
nel comune di Milano
è nato LENGRINI OMERO

Annotazioni Marginali:

Morto in Milano il 30/3/1960.

23/10/1998

L'UFFICIALE DELLO STATO CIVILE
Urciuoli Maria Fabrizia

Rilasciato in carta libera ai sensi della legge 29.12.90 n.405 art.7
DIRITTI DI STATO CIVILE L. 500

N00004293

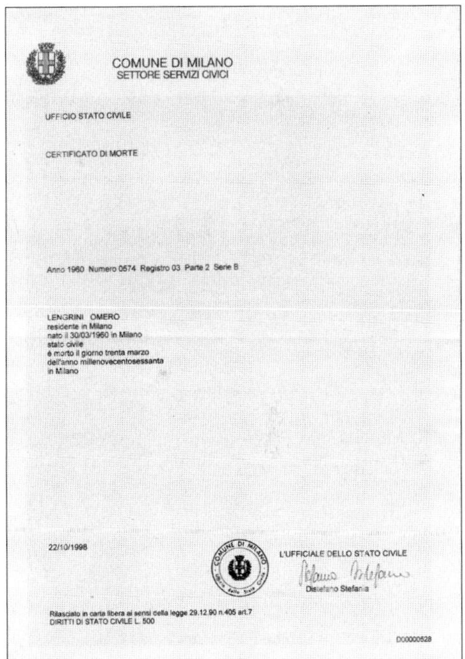

COMUNE DI MILANO
SETTORE SERVIZI CIVICI

UFFICIO STATO CIVILE

CERTIFICATO DI MORTE

Anno 1960 Numero 0574 Registro 03 Parte 2 Serie B

LENGRINI OMERO
residente in Milano
nato il 30/03/1960 in Milano
stato civile
è morto il giorno trenta marzo
dell'anno millenovecentosessanta
in Milano

22/10/1998

L'UFFICIALE DELLO STATO CIVILE
Distefano Stefania

Rilasciato in carta libera ai sensi della legge 29.12.90 n.405 art.7
DIRITTI DI STATO CIVILE L. 500

D00000528

Le bébé du secret, né le 30 mars 1960 à Milan, est mort le même jour d'une insuffisance respiratoire. Ci-dessus, des documents officiels attestant de la courte vie d'Omero Lengrini. Il devait son prénom à l'un des oncles d'Aristote, Omeros (Homère) Onassis. Son patronyme, Lengrini, était peut-être le pseudonyme sous lequel Maria s'était fait enregistrer à la clinique.

Reproduction des certificats : avec l'aimable autorisation du bureau d'état civil, Milan

En octobre 1963, après que Jackie Kennedy eut perdu un nouveau-né, Onassis invita le couple présidentiel à une croisière à bord du *Christina*. J.F. Kennedy se fit remplacer par F.D. Roosevelt Jr *(à droite)*, et Onassis demanda à Maria de rester chez elle… Ce fut le début d'une nouvelle aventure.

20 octobre 1968. Réception à bord du *Christina* pour les noces de Jackie Kennedy et d'Aristote Onassis. Malgré les instructions d'Ari, le prêtre orthodoxe présidant à la cérémonie, avec sa barbe noire, ressemblait fort à Raspoutine.

Ivre d'orgueil, il voulait la femme la plus célèbre du monde. Elle était éblouie par son faste et son opulence. Mais, sur l'île de Skorpios, propriété d'Onassis, ce fut un mariage sans amour.

Après le mariage, Maria fait bonne figure et arbore un sourire radieux. À son entrée chez Maxim's, lors de la célébration du 75e anniversaire du restaurant, elle est éblouissante dans sa robe imprimée et sa parure de diamants. Aux journalistes : « Onassis m'avait tout dit… Mme Kennedy a raison de donner un grand-père à ses enfants… et puis Onassis est beau comme Crésus. » De la grande Callas !

Le 16 septembre 1968 à New York, plus glamour que jamais, au Metropolitan Opera où Renata Tebaldi interprète *Adrienne Lecouvreur*, la Callas, éclipsant sa rivale, sourit aux applaudissements de la foule qui la supplie de revenir sur scène. Elle arbore les énormes émeraudes et diamants prêtés par le joaillier Harry Winston. Un an plus tard, Onassis achètera les célèbres boucles d'oreilles pour les offrir à Jackie Kennedy.

Photo : avec l'aimable autorisation de Korinna Spanidou

« Exposition de maillots » à bord du *Christina*. La Callas pose avec sa jeune kinésithérapeute, Korinna Spanidou, enlevée par Onassis à une clinique réputée d'Athènes pour s'occuper en permanence du couple.

Photo : avec l'aimable autorisation de E. Bouyeure

Le créateur Alain Reynaud – qui conseillait Maria sur le choix de ses toilettes – et la Callas à Paris. Cette photo permet de découvrir la fidèle femme de chambre de la Diva, Bruna, qui porte ici la traîne de sa robe.

© Sipa Press

Juillet 1969, en Cappadoce, la Callas pendant le tournage de la version filmée de *Médée*, réalisée par Pier Paolo Pasolini qui dira à son propos : « La seule femme que j'aie jamais aimée. »

L'alpha et l'oméga : Aristote et Alexander Onassis, peu de temps avant la mort de l'héritier, le 22 janvier 1973, dans le crash du *Piaggio*, l'avion amphibie du *Christina*.

Onassis et sa fille Christina après les funérailles d'Alexander. Quelques jours plus tard, à Paris, il tombera en larmes dans les bras de Maria : « Mon garçon est parti. Je n'ai plus rien. » Et elle : « Si seulement notre fils avait vécu ! »

Maria avec son dernier amant, le ténor Giuseppe Di Stefano. Il la convainquit de remonter sur scène et ils décidèrent de partir ensemble en tournée mondiale fin 1973, début 1974.

Février 1975. Onassis (soixante et onze ans), très malade, qui entreprend son dernier voyage pour Paris, traverse sans aide ni protection la foule des journalistes. Il emportera à l'hôpital le dernier cadeau d'anniversaire de la Callas, un plaid de cachemire rouge de chez Hermès.

18 mars 1975. Funérailles d'Onassis dans son île de Skorpios. Se tenant par la main, ses sœurs s'étaient regroupées pour repousser Jackie Onassis et son fils John-John, de quatorze ans, en fin de cortège.

La Callas, repliée sur elle-même après la mort d'Onassis, jette un regard circonspect sur le monde derrière les portes-fenêtres de son appartement parisien, scrutant « son » châtaignier et le petit parc.

Une des dernières photos de la Callas, surprise dans une rue parisienne par un journaliste.

Les funérailles de la Callas – elle avait cinquante-trois ans – eurent lieu le mardi 20 septembre 1977 en l'église grecque orthodoxe Saint-Étienne à Paris. Se mêlant aux amis et à la famille, les reporters finirent par pousser le cercueil de côté afin de photographier à leur sortie la princesse Grace et sa fille Caroline.

Dispersion des cendres de la Callas du haut d'un destroyer de la marine grecque dans la mer Égée le 3 juin 1979. Sa sœur, Jackie Callas, écrira plus tard : « Nous avons tous reçu de la cendre sur le visage et dans la bouche. La plus grande Diva du siècle était consommée par ceux qui avaient voulu se concilier son âme. »

© Popperfoto / Cosmos

La Callas dans toute sa splendeur. C'était au temps où elle triomphait à la Scala de Milan, devant un parterre de célébrités. Un de ses plus beaux portraits, celui d'une femme à la fois amoureuse et comblée.

avait quelque chose à cacher, mais la journaliste n'écrivit rien en ce sens.

Maria continue : « On m'a surnommée la tigresse. Bien sûr, je ris, je porte la tête haute... je suis très fière... » Puis, « au bord des larmes », elle évoque son désir de quitter la scène et sa solitude :

« Je n'ai pas dit oui, ni à l'Opéra de Paris pour Médée, *ni à la Scala, ni à Covent Garden. Je n'ai plus envie de chanter. Je veux vivre comme n'importe quelle femme... » Son regard s'assombrit, noir, terrible... Elle ajoute : « Peut-être cela vous amusera-t-il d'apprendre que j'ai eu envie d'avoir un enfant un jour, que je le désirais, que je l'ai demandé à mon mari... Meneghini (elle mit tout son dédain dans ces syllabes) m'a répondu. "Cela te ferait perdre une année." Il ne pensait qu'à ma carrière. Plus que moi... Mais, aujourd'hui, je refuse de chanter. La vente de mes disques me permet de me reposer un certain temps. Ensuite, je verrai... »*

À voix basse, elle murmure : « Je veux vivre... avoir un bébé ; j'ai trente-six ans, je n'ai personne dans ma vie et je ne sais même pas si je suis capable de donner le jour à un enfant... Vous comprenez ? Est-ce que vous pouvez comprendre cela ? Voilà une belle histoire à raconter : la Callas voudrait un enfant... »

Elle me regarde, comme pour s'assurer que je peux la comprendre ; elle oublie tout, l'heure qui passe, la bonne, Bruna, qui arrange le vison, le Ritz qui s'agite autour de nous. J'ai vécu un extraordinaire spectacle d'une heure et quarante minutes.

Rétrospectivement, il est évident que Maria a vu dans cette interview, accordée sur un coup de tête, un moyen de transmettre un message à son public : elle justifie sa décision de tout arrêter pour avoir un enfant. Dans le même temps, elle était rongée par l'angoisse et l'inquiétude, consciente qu'elle était en train de perdre Onassis que son divorce rendait si malheureux, juste au moment où elle avait si cruellement besoin de lui.

Il existe une photo de Maria prise à cette époque à Paris, l'une des plus poignantes de la diva. Elle est recroquevillée au fond d'une voiture avec chauffeur, emmitouflée dans un manteau de fourrure, les cheveux coupés mi-long, à la demande d'Onassis. Elle a le teint blême, l'air mélancolique, abattu ; elle semble si seule sur la banquette arrière de la grosse limousine.

Peu de temps après l'interview, Maria rentra à Milan, accompagnée de Bruna et de son caniche Toy. Le jour de l'accouchement approchait. Elle ne pouvait guère compter sur le soutien moral d'Onassis, qui avait prévu de partir en croisière le 8 mars avec Sir Winston Churchill et Lady Clementine. Le *Christina* quitterait Gibraltar, dépasserait Tanger puis Las Palmas avant de traverser l'océan Atlantique pour gagner la Barbade et les îles Vierges.

Pour ne rien arranger, sa mère, privée de ressources, vivotait dans une chambre d'hôtel à sept dollars la semaine, dans un quartier minable de New York, et venait de publier *Ma fille Maria Callas*. Dans ce livre, elle insiste à longueur de page sur l'ingratitude et la cruauté de Maria. Aux journalistes qu'elle reçut dans sa chambre délabrée, Evangelia expliqua que les colères et les difficultés caractérielles de sa fille étaient dues à une blessure à la tête causée lors d'un accident de voiture quand elle avait cinq ans. Elle saisit également l'occasion qui lui était offerte de lancer un appel. Maintenant qu'elle était séparée du père de Maria, elle cherchait un riche mari.

Le livre en forme de règlement de comptes blessa profondément Maria, très vulnérable à cette époque, comme me l'a confirmé Vicky Anthopoulou. La nièce de la pianiste grecque Vasso Devetzi était étudiante à Paris de 1980 à 1987 ; elle habitait chez sa tante, qui lui parlait tous les jours de la Callas : « Maria répétait souvent qu'elle n'avait pas lu le livre de sa mère, pour éviter d'en discuter. En fait, après l'avoir lu, elle était restée cloîtrée des jours dans sa chambre, refusant de parler à qui que ce fût... Au moment où son vœu le plus cher allait se réaliser, l'homme qu'elle aimait, le père de son enfant, l'abandonnait pour partir en croisière avec des amis. Et sa propre mère n'était pas à ses côtés pour la soutenir ; au contraire, elle la traînait dans la boue, avec malveillance. »

Comme chaque fois que sa mère la critiquait par presse interposée, Maria écrivit à son parrain, le docteur Léonidas Lantzounis. Établi à New York, il lui servait d'intermédiaire quand sa mère dépassait les bornes. Maria lui demanda de régler le problème, et écrivit ces mots, dont le sens échappa au docteur : « Je ne veux plus chanter. Je veux juste vivre, comme une femme normale, avoir des enfants, une maison, un chien. » Voilà quel était l'objectif de Maria à son huitième mois de grossesse.

Tandis que sa mère l'invectivait dans les journaux, Onassis croisait au large, toujours plus loin, sur le *Christina*. Il y avait là les Churchill, les Montague Browne, le vieux médecin de Churchill, Lord Moran et son épouse, ainsi que Théodore et Artémis Garofalidis. Maria dans un hémisphère, Aristo dans l'autre. Cependant, il l'appelait quotidiennement. La croisière devait s'achever le 3 avril.

Mais Maria vivait dans une telle solitude qu'elle en vint à redouter son retour.

Elle avait peur du regard qu'il poserait sur son corps bouffi, au neuvième mois de sa grossesse. Elle se sentait laide et empotée, se rêvait mince, portant leur bébé dans ses bras pour l'accueillir. Aristo avait beau l'avoir dûment avertie... aucun enfant, jamais, ne contesterait la primauté d'Alexandre – l'alpha et l'oméga dans le cœur de son père –, elle désirait ardemment un garçon. Maria avait la conviction qu'une fois qu'Onassis aurait vu leur fils il l'aimerait autant qu'elle l'aimait déjà. Elle se mit dès lors en tête de placer son amant devant le fait accompli. Elle supplia le docteur Palmieri (décédé en 1992, à l'âge de quatre-vingt-dix ans) de la délivrer par césarienne avant le terme, dès que cela serait possible. Il semble que le gynécologue ait cédé.

Tôt dans la matinée du mercredi 30 mars, la Callas fut admise à la clinique Dezza, au 48 de la rue éponyme. Bruna l'accompagnait. Après l'anesthésie, Palmieri pratiqua une incision horizontale, au-dessous du nombril. C'était un garçon. Malheureusement, on découvrit très vite que le bébé souffrait d'une insuffisance respiratoire. La clinique n'étant pas équipée pour faire face à ce genre de problème, on appela une ambulance qui transporta le bébé dans un établissement mieux pourvu. En route, une infirmière comprit que l'enfant était en train de mourir. Elle le baptisa « en l'air ». Elle lui donna le nom que Maria lui avait dit avoir choisi si c'était un garçon : Omero Lengrini.

Si le mystère du nom de famille reste entier – peut-être était-ce le pseudonyme sous lequel Maria avait été enregistrée à la clinique –, la signification d'Omero, un prénom peu courant en Italie, est claire. Omero – Homère, en français – était le prénom de l'oncle d'Onassis, celui qui avait entraîné l'adolescent en vue des championnats de natation à Smyrne. Le même Omero qui lui avait transmis l'amour de la mer. L'oncle était mort d'une attaque à Athènes en 1944. Selon toute vraisemblance, Maria et Onassis avaient choisi ensemble ce prénom pour leur fils. Aristote avait auparavant donné le nom de son oncle préféré au fils qu'il avait eu avec Tina : Alexandre

À son réveil, Maria apprit que son fils n'avait pas survécu. Ses poumons, lui expliqua le docteur Palmieri, n'étaient pas assez développés. Bruna, assise à côté de sa maîtresse, lui essuyait ses larmes. Cet enfant qu'elle avait désiré toute sa vie était mort, petit cadavre rigide, et elle ne l'avait même pas vu.

Maria était à la maternité lorsque Onassis téléphona du *Christina.* Il avait appelé chez elle, via Buonarroti, et appris où elle se trouvait. Il demanda à Bruna, d'une voix qui trahissait son inquiétude, ce qui se passait. Maria était-elle malade ? Y avait-il des problèmes avec la grossesse ?

Sans lui répondre, Bruna tendit le combiné à Maria, puis se rassit et écouta. Maria annonça à son amant que leur fils Omero était né, puis était mort. Sa vie entière avait duré l'espace de deux heures. Alexandre Onassis resterait l'alpha et l'oméga.

Municipalité de Milan
État civil
Bureau des statistiques démographiques
« Extrait d'acte de naissance »
Année 1960 numéro 0615 registre 08 section 1 série A
Le trentième jour du mois de mars
De l'an mil neuf cent soixante
À huit heures et zéro minute
Dans la maison sise au numéro 48 de la via Dezza
De la municipalité de Milan
Est né Lengrini, Omero
Remarque : décédé à Milan le 30-03-60.

Un tampon sur le « mémento du certificat de naissance », qui renvoie au document, précise : *Enfant né vivant et décédé avant la déclaration de naissance.*

La minuscule dépouille d'Omero fut enterrée dans un cimetière de Milan, sous une petite pierre tombale. Avant l'inhumation, le bébé fut photographié. C'est un cliché étrange, mat, en noir et blanc, de sept centimètres et demi sur dix environ, aux bords cannelés – étrange parce que flou, malgré le cachet du photographe professionnel apposé au dos. En dépit de sa piètre qualité, le portrait est sans aucun doute celui d'un bébé mort – les lèvres entrouvertes, les yeux clos, les joues creuses – enveloppé dans une couverture blanche. L'étoffe est drapée autour de la tête comme une capuche. Le corps repose dans une sorte de boîte bordée de blanc. Le tampon précise : « Ottica Zeta, Buonarroti 5, 481-846 Milan ». C'est le nom d'une boutique qui se trouve à quelques mètres de la villa de Maria, au numéro 40 de la même rue.

Le secret de cette tragédie ne fut jamais éventé. Maria n'en a parlé qu'à trois personnes : ses deux serviteurs d'une loyauté sans faille, Bruna Lupoli et Ferruccio Mezzadri, et la pianiste grecque Vasso Devetzi, qui fut la meilleure amie de Maria les dernières années de sa vie, à Paris.

Après la disparition de Maria en septembre 1977, Vasso Devetzi, s'érigea spontanément en gardienne des documents personnels de Maria. En 1986, à l'approche du dixième anniversaire de la mort de la diva, Vasso estima de son devoir de livrer ses souvenirs de Maria dans un livre qui, dit-elle à un ami écrivain, serait « l'unique témoignage authentique ». Ce serait « le livre des souvenirs ». L'ami se souvient l'avoir entendue déclarer qu'elle « voulait écrire sur sa grande amie, la grande diva, la Divine comme elle l'appelait... ériger une digue contre les mensonges et les mythes sans fin qui ont couru, considérablement grossis bien sûr, sur la légende de son amie... Elle voulait la sauver, raconter les quelques détails qu'elle connaissait à son sujet, pour qu'elle-même pût quitter ce monde en paix ».

Vasso avait besoin d'une aide extérieure pour rédiger ses souvenirs. Elle demanda à son ami Vassilis Vassilikos, journaliste grec et auteur de *Z*, le thriller politique qui a inspiré le film du même nom, de passer chez elle, à Passy. Elle lui raconterait la véritable histoire de Maria Callas. (Je cite dans le paragraphe précédent ses souvenirs sur ce que lui a dit Vasso, que j'ai traduits du grec.) Vassilikos accepta. Il arriva avec sa compagne, qui aspirait à devenir cantatrice. Vasso offrit d'aider la jeune femme dans sa carrière. En échange, Vassilikos écouterait ses souvenirs et écrirait un livre sur Maria.

Chaque matin durant trois semaines environ, d'après Vassilikos, Vasso Devetzi puisa dans les « archives de la grande diva ». Elle en sortit des piles de lettres, contrats, interviews, photographies, et même des enregistrements de ses conversations téléphoniques. Mais jamais elle ne l'autorisa à prendre des notes, à se servir d'un magnétophone ni même à toucher et à lire les documents lui-même. Après quelque temps, Vassilikos, succombant à la frustration – et à une « crise sentimentale » avec sa belle, qui l'avait fait plonger dans l'alcool –, rentra en Grèce, après que Devetzi lui eut arraché cette promesse : « Tu ne diras pas un mot de cette histoire, tu n'écriras rien... »

Un an plus tard, après la disparition de Vasso Devetzi, Vassilikos rompit son serment. Il écrivit une nouvelle en grec, inspirée de sa vie à Paris. Les protagonistes ont des noms fictifs (Vasso est rebaptisée « Zoé » et Maria est simplement désignée comme « la diva »).

Le récit fut publié dans un recueil de nouvelles et d'essais, *L'Éviction (To Sfrato).* La partie consacrée à Maria est intitulée « Chronique d'un testament qui ne fut pas écrit », accompagnée du sous-titre « De la diva ». Deux lignes seulement sur la naissance du fils de la diva et du capitaine d'industrie. L'auteur situe l'accouchement l'année de leur rencontre, précise que l'enfant est mort deux heures plus tard après avoir été baptisé, « en l'air », Angelo.

Vasso Devetzi s'est éteinte en septembre 1987, emportant dans la tombe la majeure partie du testament non écrit de Maria. Les documents de ses archives concernant la Callas ont disparu.

J'ai finalement eu entre les mains quelques documents relatifs à la courte vie du petit Omero, dont la photographie floue de sa dépouille et des copies d'autres documents officiels, certificats de naissance et de décès. Les événements auxquels ils se rapportent ont été confirmés par deux personnes encore en vie, Bruna et Ferruccio, qui ont veillé sur Maria jusqu'à son dernier soupir.

Bruna Lupoli est retournée en Italie. Elle vit dans une petite maison à Travagola Pedavena, où elle a vu le jour en 1921. Sa fidélité envers son ancienne maîtresse est indéfectible. Elle a toujours refusé de parler à qui que ce fût de Maria – journalistes, experts, amis ou simples admirateurs. Pourtant, en 1999, elle a pour la première fois accepté de faire la lumière sur certains points. J'ai dû lui soumettre mes questions par le biais d'un intermédiaire, qui avait été un proche de Vasso Devetzi après la disparition de Maria. À cette époque, Bruna et Ferruccio allaient souvent rendre visite à Vasso, chez elle à Passy, pour parler de leur chère maîtresse. (Chaque 16 septembre, jour anniversaire de la mort de Maria, Vasso faisait célébrer une messe de souvenir et Bruna venait tout exprès d'Italie. Après l'office, ils allaient prier sur sa tombe au cimetière du Père-Lachaise, puis regagnaient l'appartement de Vasso, où ils évoquaient la mémoire de l'amie défunte.) L'intermédiaire présenta mes questions écrites à Bruna au cours de maints entretiens téléphoniques. Elle ne répondait qu'à quelques questions chaque fois, car le sujet était trop douloureux. L'histoire d'Omero que je relate plus haut s'appuie sur ses souvenirs et est étayée par la photo et les extraits des actes de naissance et de décès retrouvés dans les papiers de Maria.

Bruna a partagé tous les secrets de la vie de Maria, depuis le jour où elle était entrée au service des Meneghini, en 1954, jusqu'à la mort de la diva, dont elle recueillit le dernier soupir dans son appartement parisien, au 36, avenue Georges-Mandel. La Callas avait d'ailleurs résumé la place de Bruna dans sa vie lors d'une interview enregistrée par John Ardoin :

Si je ne peux pas compter sur mon mari ou ma mère, vers qui puis-je me tourner ? Quand je rentre à Paris, savez-vous qui prend soin de moi et qui, je le sais, sera toujours là pour moi ? Ma bonne, Bruna. Elle m'adore, elle est une nounou, une sœur et une mère pour moi. Elle n'a que deux ans de plus que moi. Quand j'étais à la clinique, elle a refusé qu'une infirmière me touche, elle était gênée à l'idée que je sois humiliée, qu'une infirmière fasse ma toilette. Pensez qu'il existe une personne comme elle aujourd'hui... C'est rare. Elle n'aurait pas dû être là. C'est ma mère ou ma sœur qui aurait dû être à mes côtés... Les personnes qui étaient les plus proches de moi sont celles qui m'ont le plus blessée...

Au bout de neuf ans, je n'ai ni enfant, ni famille, ni ami ! C'est très peu, vous savez. Et on se dit ; pourquoi, mon Dieu ? Pourquoi en est-il ainsi ?

En ce qui concerne le prétendu avortement de Maria, Bruna a été formelle : « Madame n'a jamais avorté, ni en 1966 ni en 1967, jamais. Elle n'a jamais été enceinte, sauf la fois où l'accouchement a été provoqué au huitième mois, et le bébé a vécu une journée. Elle avait une cicatrice au niveau du bas-ventre, à cause de la césarienne. » (Korinna Spanidou, la kinésithérapeute engagée sur le *Christina* pendant l'été 1964, a confirmé l'existence de cette cicatrice : « Je ne lui en ai pas demandé la raison, car je ne voulais pas être indiscrète, au cas où il se serait agi d'une opération gynécologique. »)

« Quand il l'a appelée à la clinique et qu'il a appris que le garçon était mort, M. Onassis était très triste, poursuit Bruna. Ils étaient sur le point d'acheter une maison en Suisse, pour s'y installer avec le bébé. Jamais je ne les ai entendus parler d'un avortement. Elle n'a jamais été enceinte avant ni après. J'en suis certaine. »

En 1960, Maria a manifestement parlé de sa grossesse à Giuseppe Di Stefano, le célèbre ténor qui fut son amant vers la fin de sa vie. Lorsque je l'ai rencontré en mai 1998, dans sa maison près du lac de Côme, il m'a avoué : « Je n'ai jamais cru à son histoire. » Il avait l'habitude d'entendre Maria s'ériger en victime. Moqueur, il imita les jérémiades de Maria : « Personne n'a remarqué que j'étais enceinte ! » Dans un éclat de rire, il ajouta : « Comment pouvais-je croire qu'elle avait été enceinte à l'insu de tous ? »

Ferruccio Mezzadri manifesta moins de désinvolture. Entré au service de Maria en octobre 1957, à l'âge de vingt-deux ans, il fut son majordome jusqu'à sa mort, vingt ans plus tard. Comme Bruna, il avait quitté Meneghini pour suivre Maria à Paris après la séparation du couple. Comme Bruna, Ferruccio avait toujours refusé de parler de son ancienne patronne. Il a toutefois accepté de me recevoir chez lui, à Villa Nova, près de Bussetto, dans le nord de l'Italie, le 10 mars 1999. À soixante-trois ans, Ferruccio, de quinze ans le cadet de Bruna, a gardé un visage poupin. Comme elle, il ne s'est jamais marié et s'est dévoué à Maria, jusqu'au bout.

Il m'a aimablement reçu dans sa maison de deux étages, construite sur le lopin de terre où il est né. Ferruccio m'a servi un café grec, comme Maria lui avait appris à le faire. Les murs sont entièrement recouverts de portraits et de photos de la Callas. Tout évoque sa vie – une paire de lunettes, des stylos, des peignes, protégés derrière des vitrines telles des reliques sacrées.

Ferruccio repoussa avec indignation l'idée d'un avortement tel qu'il est présenté dans *Master Class* : « Cela n'est jamais arrivé. Madame n'aurait jamais fait une chose pareille pour qui que ce soit. J'ai entendu parler de la pièce. Elle a été jouée ici, mais tout est faux. »

Je l'ai alors interrogé sur le bébé né et mort le 30 mars 1960, actes de naissance et de décès à l'appui. Ferruccio a blêmi. Il a encaissé le choc, puis m'a demandé : « Qui vous en a parlé ? »

Je lui ai alors montré une reproduction de la photo du bébé et ai précisé qu'il s'appelait Omero, comme l'oncle d'Onassis. Ferruccio n'a pas nié l'authenticité des documents, se contentant d'un « je suis désolé, je n'ai pas envie d'en parler ».

Maria se rétablissait après son opération à la clinique Dezza. Pendant ce temps, Onassis achevait sa croisière à Puerto Rico. Peu après le départ des Churchill pour Londres, à bord d'un jet d'Olympic Airways spécialement aménagé d'un lit, on l'aperçut dînant à Paris en compagnie de Tina. D'aucuns virent dans ce tête-à-tête une nouvelle tentative de réconciliation – Lady Churchill, en particulier, espérait que Tina et Ari resteraient ensemble –, mais il s'agissait plus probablement d'une manœuvre d'Ari pour convaincre Tina de réviser les termes de l'action en divorce et de ne pas entamer la procédure sur la base d'un adultère commis avec Jeanne-Marie Rhinelander. La manœuvre semble avoir atteint son but : en juin, Tina se rendit discrètement en Alabama pour obtenir un divorce « rapide » pour cruauté mentale. Approximativement à la même période, Ari et Maria allèrent ensemble visiter le château du Jonchet, en Eure-et-Loir, qu'ils envisageaient d'acheter.

Si Onassis était secrètement soulagé de la mort de son fils le jour de sa naissance, jamais il ne l'admit devant Maria. Il la rejoignit après la croisière, et se montra plus tendre et attentionné que jamais. Le printemps de l'année 1960 marqua le début de ce qu'elle décrirait plus tard comme la période la plus heureuse de leur relation.

En perdant son fils, Maria avait également perdu ce qui aurait pu être sa meilleure arme pour garder Onassis auprès d'elle. Elle le savait. Des années plus tard, se souvenant de ces neuf années pendant lesquelles Onassis avait tergiversé pour ne pas l'épouser, avant de décider subitement de se marier avec Jacqueline Kennedy, Maria, amère, aurait dit : « J'aurais dû insister pour qu'il m'épouse en 1960. Il l'aurait fait. »

La mort du petit Omero devait hanter Maria toute sa vie. « Madame se rendait sur la tombe de son fils chaque fois qu'elle était à Milan, raconta Bruna à mon intermédiaire. Il lui arrivait aussi de faire le voyage tout spécialement de Paris. Je l'accompagnais. Le soir, au moment de s'assoupir, elle se mettait à parler du bébé : "Si seulement j'avais mon fils. Si seulement il était avec moi." (Bruna a refusé de me donner le nom du cimetière où le bébé est enterré, « de toute manière, la tombe n'est plus là après toutes ces années ».)

Consuelo « Vivi » Crespi, une mondaine amie d'Onassis, m'a rapporté un incident qui a eu lieu sur le *Christina* au début des années 1960 : « Onassis avait organisé un dîner en l'honneur de Sukarno [le président indonésien] sur le yacht. Sukarno a dit à Maria : "Madame Callas, vous êtes si belle, si séduisante, si talentueuse, vous devez être une élue de Dieu." Elle s'est tournée alors vers Onassis et a dit d'une voix suffisamment forte pour que ce dernier l'entende : "Oui, mais je veux un enfant de l'homme que j'aime."

Maria et Ari passèrent l'été 1960 sur le *Christina*, ancré dans le port de Monte-Carlo. Ils descendaient à terre presque tous les soirs pour aller dîner et danser au night-club le Moana. Ils sillonnèrent la France à la recherche du château de leurs rêves et Maria était persuadée qu'il lui passerait bientôt la bague au doigt. Elle était très amoureuse et croyait toujours que Dieu veillait sur elle. Elle s'imaginait déjà dans sa maison, avec un enfant et un chien. À trente-six ans, son rêve s'accomplissait.

Nicola Rescigno, un des chefs d'orchestre préférés et ami de Maria, que j'ai rencontré chez lui à Rignona, en Italie, se souvient de sa gaieté et de son espoir : « Elle adorait danser. Un jour, je l'ai invitée pour une danse et elle m'a répondu : “Non, Nicola, tu es trop petit. Aucun de nous ne sera à son avantage.” Pendant qu'elle dansait avec Onassis, je lui ai dit : “Maria, il est plus petit que moi.” Elle a rétorqué : “Mais lui, je l'aime.” Elle l'aimait sincèrement, pas par intérêt. Elle voulait un fils de lui. Elle m'a dit que c'était ce qu'elle souhaitait le plus au monde. Elle me l'a avoué au tout début de leur relation, après qu'elle eut quitté son mari. Dommage que son vœu ne se soit jamais réalisé. »

La tragédie d'Omero soulève une question embarrassante : si Maria a réellement donné le jour au fils qu'elle désirait tant en 1960, pourquoi n'en a-t-elle jamais soufflé mot à quiconque, à part ses serviteurs et Vasso Devetzi (et plus tard à son amant, Di Stefano) ? Et pourquoi inventa-t-elle cette histoire d'avortement qu'Onassis l'aurait forcée à pratiquer en 1966 ou 1967, lequel n'a jamais eu lieu ?

La réponse tient probablement à l'état d'esprit de Maria à l'époque où elle colporta cette histoire. Vicky Anthopoulou, s'appuyant sur les souvenirs de sa tante, interprète ainsi l'attitude de Maria : « La tragédie qu'elle avait payée si cher était trop cruelle, trop intime, pour qu'elle la partage avec d'autres. Elle voulait la porter en elle comme un secret, en attendant que la douleur s'estompe, si c'était possible. Elle ne voulait pas que cela devienne le sujet de conversations insouciantes. L'avortement était un expédient qui lui convenait mieux et était plus acceptable pour ceux qui l'écoutaient. Il contenait une part de vérité, puisqu'il lui permettait de parler de sa douleur de ne pas avoir d'enfant, tout en satisfaisant son besoin de s'épancher. Il lui donnait, en outre, l'occasion de prouver qu'elle était capable d'enfanter et de couper court aux allégations de Meneghini, qui prétendait qu'elle était stérile et qu'elle souffrait de problèmes gynécologiques. Cette histoire était enfin un moyen de s'attaquer à Onassis à un moment de sa vie où il l'avait blessée – elle en avait besoin. »

Maria s'est présentée en victime toute sa vie. Les insultes de sa mère, la cupidité d'un mari intéressé, la trahison de ses collègues – elle amplifiait tout ce qu'on lui faisait endurer, le moindre signe de trahison de son entourage.

Après qu'Onassis l'eut quittée pour Jacqueline Kennedy en 1968, Maria, furieuse, trouva plus réconfortant d'affabuler sur un avortement qu'il l'aurait obligée à subir sur le *Christina* en 1966 ou 1967. (Le capitaine Kostas est formel : « Jamais il n'aurait pu être pratiqué sur le *Christina*. C'était moi qui gardais les clés de l'infirmerie du yacht, qui était toujours verrouillée. Personne n'aurait pu y entrer sans m'en demander les clés. Si un avortement ou une autre opération chirurgicale avait été pratiquée à bord, je l'aurais su. »)

La Callas a mentionné son avortement ou sa grossesse à ses amis, dont Maria Carter et Anastasie Gratsos, justement en 1968, alors qu'elle en voulait à Onassis d'avoir épousé Jacqueline Kennedy. C'est révélateur. Le fait que ses papiers personnels ne contiennent aucune information sur ce prétendu avortement de 1966 et qu'elle en ait parlé deux ans après sa rupture avec Onassis semble attester qu'elle l'a inventé de toutes pièces. Par dépit, et parce qu'elle était en proie à un conflit intérieur : c'est elle qui avait décidé de provoquer la naissance prématurée de son bébé en 1960 et, à ce titre, n'était-elle pas en partie responsable de la mort accidentelle de l'enfant ?

« Alors qu'elle arrivait au terme de sa grossesse, ajoute Mme Vicky Anthopoulou, l'absence d'Onassis (que Maria assimilait à de l'indifférence et à un abandon), la publication du livre de sa mère (qui réveillait en elle la relation traumatisante et difficile qu'elle entretenait avec sa mère), tout cela se bousculait dans l'esprit de Maria. D'un côté, tout en elle crie son besoin d'avoir cet enfant ; de l'autre, elle ressent au plus profond d'elle-même une peur inexplicable. Plus le terme approche, plus l'angoisse monte. Elle ne comprend pas pourquoi elle est si nerveuse, si anxieuse. Elle ne peut plus attendre. Elle veut avoir tout de suite ce qu'elle a redouté ne jamais avoir... Évidemment, personne ne saura ce qu'elle a ressenti dans ces moments intimes. Ce qui est sûr, c'est qu'une fois de plus, Maria a dû affronter seule ses peurs et ses angoisses à un moment capital de sa vie. »

De la même manière qu'elle a raconté son avortement à ses amis et à Stassinopoulos, il était plus facile pour la Callas d'inventer un scénario dans lequel Onassis tenait le rôle du méchant, coupable de la mort du bébé, que d'admettre qu'elle ait eu une part de responsabilité dans la tragédie : la naissance et la mort de son fils, enterré dans un cimetière milanais en présence de seulement quatre personnes – elle-même, Bruna, Ferruccio et Onassis. Quatre personnes qui le pleurent et connaissent son nom.

15

Les bonnes années

En ce triste monde d'ici-bas,
les uns ne voient rien de plus beau qu'un régiment de cavalerie,
Les autres un bataillon de fantassins,
D'autres encore une flotte de guerre.
Pour moi, c'est la vue de l'être aimé.

Sapho, *Fragments.*

La naissance et la mort de leur fils semblaient avoir renforcé l'intimité d'Ari et de Maria. Une fois que Tina eut officialisé sa rupture avec Onassis en obtenant le divorce en Alabama, le 25 juin 1960, Maria pensait qu'Aristo se remarierait avec elle dès que, de son côté, elle se serait libérée de Meneghini. À l'époque, la loi italienne ne reconnaissait pas le divorce (ils s'étaient mariés en Italie). « Maria, par le biais d'une de nos relations, tenterait de me convaincre d'accepter [le divorce par consentement mutuel], ce que je refusais... m'attirant ainsi toujours plus de mépris de sa part », écrirait Battista par la suite. Toujours est-il qu'au moment où Onassis et la Callas batifolaient comme de jeunes mariés au Maona, leur night-club favori à Monte-Carlo, celle-ci déclarerait aux journalistes qu'ils envisageaient de convoler. Onassis affirmerait le lendemain qu'elle avait simplement plaisanté.

Maria consacrait désormais toute son énergie et son affection à Onassis, à la façon d'une mère (et jadis la propre mère d'Aristo) pour son bambin. Selon un ingénieur du *Christina*, peu après leur retour à Monte-Carlo, Onassis, affligé d'un accès de fièvre, garda la chambre dans les appartements situés au-dessus de ses bureaux du Sporting Club donnant sur le port. Maria était restée à bord. « Les dix jours que dura la maladie, elle lui rendit visite quotidiennement, raconte l'ingénieur, en lui apportant des plats spécialement confectionnés à son intention par la voiture avec chauffeur qui venait la chercher. »

Panayiotis Zigomalas, capitaine du *Christina* pendant huit mois en 1964-1965 en remplacement du capitaine Kostas engagé ailleurs, me fit part également des attentions énamourées de Maria. Elle se comportait avec Aristo comme « une mère protectrice ». « Onassis allait et venait sur le bateau en short, torse nu, et, au moindre souffle de vent, [la Callas] se précipitait vers lui avec une chemise et un chandail. Elle veillait soigneusement à ce qu'il ne boive pas trop. »

Maria, qui appelait Ari « mon pacha », était la seule femme, si l'on excepte la propre mère d'Onassis et sa sœur Artémis, à le gâter et le servir comme une épouse grecque traditionnelle est censée le faire. Le capitaine Kostas se souvient qu'au moment des négociations avec le gouvernement grec au sujet d'Olympic Airways, qui s'éternisaient la nuit, la Callas faisait les cent pas en interrogeant nerveusement : « Vous êtes au courant de quelque chose ? Quand va-t-il revenir ? Que lui a-t-on préparé ? » Il lui arrivait souvent d'envoyer le cuisinier se coucher et de mitonner elle-même un plat de pâtes à l'homme de sa vie.

Le dévouement de Maria devait donner à Onassis le sentiment d'être de retour chez lui après toutes ces années d'indifférence de la part de son épouse américanisée, laquelle l'avait exclu de son existence et de ses centres d'intérêt. Il les retrouvait, ces attentions exclusives, ces preuves d'adoration qu'il tenait depuis son tout jeune âge pour un droit inaliénable et qui suscitaient chez lui une tendresse réciproque. Stelios Papadimitriou, l'avocat d'Onassis, m'a affirmé qu'Ari était plein de sollicitude pour Maria. Il demandait par exemple à tous ses employés d'ôter leurs chaussures et de ne pas utiliser l'ascenseur lorsqu'elle se reposait dans les appartements privés au-dessus des bureaux de Monte-Carlo.

Onassis s'est un jour expliqué à un ami sur son comportement d'Anatolien envers les femmes : « À mon avis, la femme, qui a toujours été regardée comme la reine du foyer et de la famille, perd de vieux privilèges en des domaines d'importance quand elle revendique des territoires qui, depuis la création du monde, sont l'apanage de l'homme. » Pour lui, entretenir le foyer n'était pas simplement la fonction sacrée de la femme, c'était la source de sa gloire. Mais, quand on en venait à la carrière de la Callas, son traditionalisme se heurtait à son instinct de gagneur. Mary Carter m'a affirmé, à l'encontre de tant d'autres, qu'Onassis ne voulait pas que Maria arrêtât de chanter : « C'était bien l'intention de la Callas, pas celle d'Onassis. "Mary, il faut que vous lui parliez, m'a-t-il dit. Tout le monde va l'oublier si elle arrête de chanter. Seulement, Dallas, Chicago, tout ça, c'est trop loin. Il faudrait qu'elle reste en Europe – à Milan, Paris, Monaco, Londres et, à l'occasion, à New York." » Il savait que, si elle cessait d'apparaître en public, ses admirateurs trouveraient rapidement une nouvelle *diva assoluta.*

Aristo ne faisait pas spécialement preuve de bienveillance éclairée envers Maria quand il l'encourageait à chanter. Il sacrifiait à son propre égocentrisme : il appréciait la célébrité de la diva à sa juste valeur et se sentait responsable de ses succès futurs depuis qu'il avait supplanté Meneghini. En dépit de ses préjugés sur le rôle de la femme, Onassis n'était pas un homme ordinaire. Le statut de sa compagne se devait de renforcer sa propre position. Il en allait de sa réputation. Comme il l'expliquerait à Anthony Montague Browne, qui considéra toujours la liaison avec Maria comme une erreur désastreuse : « Je suis quelqu'un, pour le meilleur comme pour le pire, de très connu. Il me fallait avoir pour compagne une personnalité hors du commun – quelqu'un qui ne devait son succès qu'à soi-même – et c'était le cas de Maria ».

En juillet 1960, sous l'insistance d'Aristo ou par remords de s'être abstenue de chanter si longtemps, Maria voulut faire un disque des airs de Verdi et de Rossini pour EMI. Elle se rendit à Londres pour les séances d'enregistrement sous la conduite d'Antonio Tonini. Cependant les mois sans vocalises quotidiennes prélevaient leur tribut. Toujours aussi perfectionniste, elle fut horrifiée à l'écoute des enregistrements et se refusa à les faire diffuser. Elle avait programmé un concert à Ostende, mais sa confiance en elle était ébranlée. Elle partit pour la Belgique, et se réveilla aphone au matin du récital, que l'on dut annuler. Au désespoir, elle se retira sur le *Christina* en appréhendant terriblement les deux représentations de *Norma* qu'elle avait acceptées pour le mois d'août en Grèce, en cédant aux instances d'Aristo. Elle se sentait désormais incapable de chanter quoi que ce fût en public.

Onassis avait organisé pour le même été une autre croisière en compagnie des Churchill, des Montague Browne, d'Artémis et de Théodore ; le *Christina*, partant de Venise, devait longer la côte dalmate (où il était prévu de prendre le thé avec le maréchal Tito) avant de faire cap vers la Grèce. Cette fois-ci, Onassis avait signifié à Maria qu'elle ne pourrait en faire partie. Les années suivantes, il y aurait trois autres croisières avec les Churchill, mais, à la suite du scandale de la précédente, Maria ne serait plus jamais conviée à voyager en compagnie du vieil homme d'État. Onassis savait que la présence de la célèbre « autre femme » ferait froncer les sourcils, en particulier ceux de Lady Churchill (qui ne jurait que par Tina), et il tenait avant tout à la bonne opinion des Churchill.

Aristo fit porter le chapeau à Montague Browne. Celui-ci raconte dans ses Mémoires comment, lors d'un dîner à Monte-Carlo avec Onassis et Maria, il avait été surpris de l'« extrême froideur » de la diva à son égard. De quoi s'était-il rendu coupable ? « Vous le savez parfaitement, avait-elle répliqué. Faites attention. Ce n'est pas pour rien que l'on m'appelle la tigresse ! » Il mit ensuite Ari à la question, lequel lui avoua, plutôt penaud, son stratagème.

Maria n'avait pas chanté en public depuis son *Médée* de novembre 1959 à Dallas, neuf mois auparavant. Lors de son premier retour en Grèce, en 1957, qui la vit confrontée à une cruelle campagne de dénigrement à la suite de l'annulation de son concert d'ouverture au théâtre de l'Odéon, elle s'était plainte auprès d'un journaliste grec : « J'ai passé sept ans de ma carrière en Grèce. Le sang qui coule dans mes veines est grec, comme mon caractère, comme mes pensées. » C'était alors Onassis qui avait tenu à ce qu'elle fît son apparition au théâtre antique d'Épidaure, à une centaine de kilomètres d'Athènes. Il ne s'agissait pas seulement de faire retrouver à la Callas sa notoriété internationale. Il tenait à ce qu'on le vît ramener triomphalement sa nouvelle compagne dans ce pays que tous deux considéraient comme leur patrie spirituelle.

À l'instar de la Callas, l'Anatolien Onassis revendiquait son profond hellénisme. De fait, il considérait les Grecs de la diaspora, tels que lui, comme plus grecs que les Grecs ayant vu le jour et grandi au pays. « Nous sommes comme ces orphelins qui ont toujours rêvé d'embrasser un jour leur mère véritable », déclara-t-il un jour. Ce marin, ce Grec errant, cet ancien réfugié, s'identifiait délibérément à Ulysse, le héros d'Homère. Sa propre odyssée, comme celle du personnage légendaire aux mille tours, aurait pu être interprétée comme une aspiration perpétuelle à retourner chez soi [1]. Il lui fallait devenir l'homme d'affaires le plus puissant de Grèce (et surpasser Niarchos, son rival). Il avait donc acheté la compagnie aérienne nationale qu'il rebaptisa crânement l'Olympic Airlines. C'était la première étape d'un projet consistant à transférer en Grèce les dif-

1. Le sujet de *L'Odyssée* est le retour d'Ulysse dans sa patrie (Ithaque) après la guerre de Troie. (*N.d.T.*)

férents sièges sociaux de l'ensemble de ses entreprises. Pour l'heure, il débarquait à bord de son yacht privé aux côtés de la diva la plus célèbre du monde, laquelle devait se produire sur la scène de l'antique théâtre où s'étaient joués les chefs-d'œuvre d'Eschyle, de Sophocle et d'Euripide.

Ce serait la première fois qu'on donnerait un opéra dans ce théâtre d'Épidaure datant du IVe siècle avant Jésus-Christ, dont l'acoustique n'a sans doute pas d'équivalent au monde. Maria avait pour l'occasion choisi d'interprété son rôle fétiche – Norma. Cela faisait longtemps qu'elle avait le sentiment que l'opéra de Bellini, avec son personnage centrale de prêtresse druide, convenait idéalement à son talent. Elle avait conscience de l'enjeu, immense : si elle ne parvenait pas à remporter un triomphe dans *Norma* dans sa patrie, l'humiliation retomberait également sur Onassis. Maria arriva à Épidaure pour les répétitions vers la fin juillet. Il n'existait pas d'hôtel dans les environs à l'époque et on lui aménagea ses quartiers dans le musée du site antique afin de lui éviter un long trajet quotidien en voiture.

Le soir de l'ouverture, le 22 août, le *Christina* mouilla dans la baie du vieil Épidaure pour signaler le retour triomphal des deux Grecs vivants les plus célèbres. Mais les dieux furent contrariants. Une pluie torrentielle s'abattit sur le théâtre en plein air. Il fallut annuler la représentation. Les vingt mille spectateurs déjà sur les lieux durent patauger dans la boue, puis patienter dans les embouteillages de l'autoroute pour retourner à Athènes. Certains murmuraient qu'il n'avait jamais plu ainsi en Grèce, en tout cas pas en août. Maria, naturellement, y vit un mauvais présage, et son anxiété atteignit de nouveaux sommets.

Le 24 août, au soir d'ouverture reprogrammé, le théâtre était de nouveau comble et les collines alentour tapissées de Grecs. Bon nombre de spectateurs n'avaient jamais assisté à un opéra. Maria fit son apparition sur le proscenium vêtue d'une longue tunique sombre à traîne. Le public en eut le souffle coupé. Quelqu'un, près de la scène, lâcha deux blanches colombes, et les vingt mille spectateurs se levèrent pour une ovation de bienvenue. Elle n'en avait jamais connu de pareille de toute sa carrière, sans même avoir émis une seule note.

La Callas entama les récitatifs en redoutant que sa voix ne la trahît une fois de plus. Depuis sa dernière prestation à Dallas, puis la naissance et la mort de son fils, elle savait qu'elle ne maîtrisait plus complètement son instrument naturel. Elle était ce soir-là si émue, qu'elle ne put contenir le vibrato des premières notes. Mais elle poursuivit. Elle leva les yeux vers la lune – la prêtresse invoquait les dieux lors d'une cérémonie dans un bois sacré de la Gaule pré-chrétienne – et, sous ce ciel grec, elle sembla s'imprégner des pouvoirs divins du site antique.

Il est possible que sa voix ait eu quelques faiblesses. Mais la magie de son jeu surclassait tout, de très loin. La Callas donna une interprétation bouleversante de la tragédie de cette prêtresse druide qui avait donné le jour en secret aux deux enfants du proconsul romain Pollion, pour apprendre aussitôt qu'il l'avait trompée en s'éprenant de la jeune vestale Adalgisa. Pour se venger, Norma décide d'assassiner les deux enfants dans leur sommeil mais y renonce en les voyant et offre le sacrifice de sa propre vie lors d'un terrible rituel expiatoire.

La *Norma* du 24 août 1960 au théâtre d'Épidaure est devenue l'une des représentations légendaires de la carrière de la Callas. Les critiques parlèrent de « miracle », et bon nombre d'entre eux décelèrent une nouvelle tendresse, « un véritable sentiment maternel » dans la façon dont la diva donnait la réplique aux enfants sur scène. Franco Zeffirelli ne fut pas le seul à noter que la Callas s'était identifiée à son héroïne : « D'une certaine façon, c'était sa propre histoire. Après tout, Maria n'est-elle pas une grande prêtresse – la grande prêtresse de son art ? Mais c'est aussi la plus vulnérable des femmes. » Il ne fut pas le seul non plus à saluer la sublimité, la transcendance de son interprétation : « Maria a créé le maximum de ce que l'opéra peut donner. En une vie, on peut voir beaucoup de chefs-d'œuvre à l'opéra. Mais voir Maria Callas dans *Norma*, c'est incomparable ! »

Amalia Caramanlis, l'épouse du Premier ministre grec, qui, l'année précédente, avait assisté au malheureux exploit de la fille de Churchill éclaboussant de vin l'ambassadeur britannique lors d'un dîner sur le *Christina*, faisait partie de la foule des spectateurs pétrifiés d'admiration.

Près de quarante ans plus tard, l'ex-Mme Caramanlis gardait toujours un vif souvenir de la représentation extraordinaire d'Épidaure. « Elle avait les bras serrés contre la poitrine, une main sur chaque épaule. Elle se mit à chanter, la voix rauque, pas préparée. À un moment donné, elle écarta les mains et brandit un bras vers le ciel. Je fis le signe de croix. Vous auriez juré qu'elle allait faire tomber une étoile de la voûte céleste à l'instant ».

Tout en racontant l'effet que la prestation de la Callas avait eu sur elle, l'ex-première dame de Grèce évoquait brièvement l'effet de catharsis que suscite tout grand art : « Les gens aiment les histoires d'amour. La vie est laide et vous avez besoin de vous identifier à quelque chose qui vous donne une sensation de beauté. Maria eut le don de me sortir de moi-même ce soir-là à Épidaure. Nous avons touché les étoiles ensemble. En pleurant l'amour perdu de Norma, elle me faisait pleurer mes propres amours perdues. »

À la fin de la soirée, sous ces mêmes étoiles qui avaient illuminé les représentations des tragédies antiques, la foule en délire gratifia Maria d'une couronne de laurier. C'était un triomphe inégalé. Son père, George Kalogeropoulos, était au premier rang. C'était à Épidaure qu'il avait fait la connaissance de l'amant de sa fille, Onassis, avec qui il avait assisté à la générale. Aristo avait trouvé une âme sœur en l'ancien pharmacien – un vrai Grec, comme lui, qui aimait les plaisirs simples de l'existence : la bonne chère, le vin et les femmes.

Malheureusement, l'opéra n'était pas précisément la passion d'Onassis, et ce n'était pas en ce domaine qu'il faisait preuve du plus grand discernement. L'amie de Maria, Giovanna Lomazzi, n'était pas la seule à faire remarquer qu'il « ne connaissait rien à l'opéra et à l'art lyrique ». Lors de la générale, elle était assise à côté d'Onassis : « Au début, Norma arrive, chante, sort, puis c'est la mezzo-soprano qui entre en scène. Onassis s'est tourné vers moi : "Est-ce encore Maria ?" » Onassis raillait lui-même son ignorance de l'opéra en affirmant : « J'ai toujours l'impression d'entendre des chefs cuisiniers se transmettant à tue-tête des recettes de risotto. » À Épidaure, il décida de sécher la soirée d'ouverture pour venir directement fêter l'événement sur le *Christina*.

Marina Karella, dix-sept ans, jeune artiste peintre qui assistait Yiannis Tsarouchis, le décorateur de *Norma*, faisait partie des invités de la fête qui devait se dérouler à bord à l'issue de la représentation. Elle est aujourd'hui l'épouse du prince Michel de Grèce. J'ai interviewé le couple à Paris en 1999. Elle se souvenait avoir perdu et ses chaussures et son chemin en voulant traverser la foule en délire pour rejoindre le *Christina*. « J'ai finalement réussi à atteindre le bateau. Je fus alors étonnée de voir qu'Onassis accueillait la Callas comme n'importe quel autre invité. Pas un mot sur son triomphe. Il se préoccupait avant tout de ses hôtes de marque. Il disait à Maria : "Veille à ce qu'on remplisse les coupes de champagne d'untel et untel." Le plus étrange, c'est qu'elle avait l'air de trouver cela parfaitement normal. Elle était ravie de jouer l'hôtesse, de s'affairer à accomplir ses devoirs de bonne épouse grecque. »

Quatre jours plus tard, Maria chantait à nouveau *Norma* au théâtre d'Épidaure, en dépit d'un accès de fièvre pour lequel les médecins lui avaient conseillé de rester alitée. La représentation fut un nouveau triomphe et, à la suggestion d'Onassis, elle consacra son cachet de dix mille dollars à une bourse Maria-Callas destinée aux jeunes artistes lyriques de Grèce.

Maria avait recouvré toute son assurance et se rétablit sur le *Christina* avant de s'envoler pour Milan afin d'enregistrer *Norma* pour EMI. Comparant ce dernier enregistrement à ses disques antérieurs, John Ardoin écrirait : « Cette *Norma* est plus prenante, plus humaine, plus complexe et subtile... On ressent certains signes de fatigue, mais surtout une grande intensité d'émotion comme une riche couleur vocale, très dense, qui fait de sa druidesse un personnage aussi noble que pitoyable. » On aurait dit que les bonheurs et les épreuves de l'année passée – son amour pour Onassis et la tragédie de l'enfant perdu – avaient ajouté ombres et profondeur au personnage, même si la voix avait désormais perdu de sa puissance.

Le peuple grec l'avait célébrée comme sa plus grande artiste vivante. Maria atteignait un niveau de félicité qu'elle n'avait jamais connu. Peu après sa triomphale soirée d'ouverture, elle pria Onassis de l'emmener à Tinos rendre hommage à l'icône miraculeuse de la Vierge Marie comme ils l'avaient fait l'année précédente, après leur première nuit d'amour. Maria voulait allumer des cierges et rendre grâces dans l'église de la Madone, sa sainte patronne. En sortant du lieu saint, toute de noir vêtue mais « rayonnante et souriante », Maria tomba sur Stelio Galatopoulos à qui elle confia ce qu'elle ressentait : « C'est merveilleux d'être heureuse, et de le savoir. »

Tout allait bien, sur tous les fronts. Son père avait arrangé une rencontre avec Jackie, sa sœur aînée, à qui Maria n'avait pas adressé la parole depuis dix ans. Après le voyage à Mexico, en 1950, lors de l'altercation rédhibitoire entre la Callas et sa mère, Jackie s'était attiré les foudres de Maria en prenant le parti d'Evangelia. George Kalogeropoulos était désormais résolu à réconcilier ses deux filles, et Maria accepta de déjeuner en compagnie de Jackie et de son père à Glyfada, où le *Christina* était à l'ancre. (La mère de la Callas vivait toujours à New York et s'efforçait, comme d'habitude, d'extorquer de l'argent à Maria en se plaignant à la presse et aux services sociaux.)

Jackie Kalogeropoulos est née en 1917, six ans avant Maria. Je l'ai rencontrée à plusieurs reprises chez elle, à Athènes. J'ai découvert une belle femme svelte de quatre-vingt-un ans, d'une invraisemblable fraîcheur. (Elle attribue sa mystérieuse juvénilité aux exercices quotidiens de gymnastique douce auxquels elle s'astreint depuis l'adolescence et à son heureux mariage avec le docteur Andreas Stathopoulos, de vingt-quatre ans son cadet, qui l'a épousée en 1983 – elle avait alors soixante-six ans.)

À l'époque, donc, Maria venait de tomber amoureuse d'un armateur qui ne devait jamais l'épouser. Jackie, pour sa part, arrivait au terme d'une liaison de plusieurs décennies avec un autre armateur, Miltos Embiricos, dont la famille s'était opposée à leur mariage. Miltos se mourait lentement d'un cancer au moment de la réconciliation des deux sœurs. Jackie le soignait. (Il finirait par mourir en 1963, après que ses frères firent annuler une ultime tentative de mariage sur son lit de mort. « J'avais quarante-six ans. Je lui avais consacré vingt-huit années de ma vie », dirait Jackie avec une certaine amertume.)

Le jeudi 29 septembre, Jackie Callas et son père, raconte-t-elle, prirent un car à Athènes pour Glyfada afin de prendre au passage certains des amis de jeunesse des deux sœurs, dont le médecin Ilias Papatestas, le premier amour de Maria. Ils s'installèrent à la terrasse d'un restaurant chic du bord de mer, le Psaropoulos, en attendant l'arrivée de la diva. À son apparition, Jackie eut le sentiment d'avoir affaire à une parfaite inconnue. « La Maria que j'avais vue pour la dernière fois, la Maria que je connaissais, était grosse, godiche, revêche et gloutonne ; j'avais devant moi l'incarnation de l'élégance la plus raffinée. »

« "Que Dieu veuille que nous soyons toujours aussi heureux qu'aujourd'hui" a-t-on entendu dire le père de la Callas. Quelqu'un d'autre, dont la voix n'était pas celle de la Maria, a ajouté : "Les rossignols sont enfin réunis" », rapportait le journal grec *Ethnos*.

Maria emmena ensuite son père, sa sœur et ses amis à bord du *Christina* pour prendre le thé, mais aussi, bien entendu, pour leur présenter le célèbre armateur et leur montrer le yacht luxueux. À son retour sur terre, George Kalogeropoulos déclara à la troupe des reporters : « Comme vous pouvez le constater, je suis le père de deux filles que j'adore. L'une vivra désormais à mes côtés et l'autre très loin de moi, car celle-ci appartient au monde entier qui la chérit comme moi-même. »

Maria reverrait Jackie, en particulier l'année suivante en revenant à Épidaure. Mais les retrouvailles souffriraient toujours d'une certaine tension : cela tenait à leur vieille rivalité enfantine et à la propension de la diva à vouloir impressionner sa sœur aînée de sa nouvelle gloire.

La Callas se sentait désormais le cœur de retourner à la Scala en dépit de la défection des admirateurs milanais et du contentieux qui l'avait éloignée de ce théâtre qu'elle avait toujours considéré comme son foyer lyrique. Le 7 décembre 1960, cinq jours après avoir célébré son trente-septième anniversaire, elle chantait Paolina dans *Polyeucte*, de Donizetti, devant un parterre particulièrement illustre. Onassis avait de quoi se lisser les plumes. Le nom de sa maîtresse faisait fureur : s'étaient déplacés le prince Rainier et la princesse Grace, la bégum Agha Khan, Gina Lollobrigida, Elizabeth Schwarzkopf et Elsa Maxwell, venue spécialement par avion des États-Unis. Le prince et la princesse devaient donner une réception exceptionnelle à la suite de la représentation. Le couturier Balmain avait fait don de seize mille roses rouges dont les guirlandes recouvraient les dorures des six balcons du théâtre. Dans sa chronique, Elsa Maxwell parlerait d'une vision des *Mille et Une Nuits*.

Moult problèmes avaient tendu l'atmosphère au cours de la réalisation. Le metteur en scène, Luchino Visconti, avait quitté les répétitions pour protester contre le gouvernement italien qui voulait censurer son film *Rocco et ses frères*. Il fallut le remplacer au moment où la Callas répétait son rôle. Elle avait choisi *Polyeucte*, entre autres parce que la partition n'exigeait pas des prouesses de virtuosité vocale qu'il lui était difficile désormais d'assurer à la demande. Mais le souvenir de sa dernière apparition à Milan et l'inconstance de sa voix la traumatisaient. Elle était morte de trac. Giulietta Simionato se souvient qu'il fallut appeler une infirmière pour une « injection de vitamines » afin de lui donner la force d'avancer sur scène. Elle entendit Maria murmurer dans les coulisses : « Si, ce soir, je ne suis pas à la hauteur, je me tue. »

Ce ne fut pas un désastre, même si les comptes-rendus furent mitigés. L'anxiété de Maria s'accrut au fil des cinq soirées. À l'approche des fêtes, les inconditionnels de la Callas durent se rendre à l'évidence que c'était la première fois depuis 1947 qu'elle n'avait donné que deux spectacles dans l'année – à Épidaure dans *Norma* et à la Scala dans *Polyeucte*. Elle ne fit guère plus en 1961, ne chantant pas en public avant le mois de mai. À l'issue de chacune de ses apparitions de plus en plus rares, elle se réfugiait aussitôt dans le sanctuaire du *Christina*, auprès de son pacha. À l'instar d'Onassis, c'était l'endroit au monde où elle se sentait le plus chez elle. À bord, elle ne s'exerçait pas, ne pensait même plus à l'art lyrique, ce qui, bien sûr, ne faisait qu'accélérer le déclin de sa voix.

Un jour, à l'issue d'une croisière de trois semaines sur le *Christina*, la princesse Grace lui reprocha de ne pas avoir travaillé une seule fois. Franco Zeffirelli se souvient également de lui avoir fait le même type de remontrance lors d'une visite à son appartement parisien du 44, avenue Foch qu'Onassis louait pour elle au bas de la même rue de sa propre résidence. Il était évident qu'elle n'avait pas touché le clavier d'un piano depuis des mois, lui avait-il dit. « "Comment le savez-vous ?" demanda Maria. "– Regardez la taille de vos ongles", ce à quoi, en un magnifique geste des mains comme l'aurait fait une petite fille, elle rétorqua : "Oui, c'est vrai, mais j'avais d'autres préoccupations... J'essaie de me réaliser en tant que femme." »

C'était la première fois que Maria se libérait ainsi, avec jubilation, des contraintes et des rigueurs du travail. Elle était ravie d'échapper aux répétitions exténuantes, aux nuits blanches à étudier les livrets d'opéra, aux vocalises quotidiennes, au trac épouvantable avant chaque représentation comme aux critiques impitoyables pour peu qu'elle eût manqué une seule note. La routine paresseuse du *Christina* lui convenait parfaitement. Nager, bavarder tard le soir, danser, boire : tout comme Ari, elle goûtait fort cette existence. À bord ou au night-club le Maona aménagé dans la coque renversée d'une péniche, ils étaient la coqueluche d'une bande d'amis comprenant les Rainier, Bette Davis, Greta Garbo, Margot Fonteyn, Elizabeth Taylor flanquée de Richard Burton et autres têtes illustres.

C'était la première fois que Maria avait l'impression d'être aimée pour elle-même, pas simplement en tant qu'attraction lyrique du dîner. Elle avait expliqué à Artémis, la sœur aînée d'Aristo, que l'on s'était toujours servi d'elle : « Aristo est la seule personne que j'ai rencontrée qui ne m'a pas exploitée. Au lieu de quoi, il m'offre tout. Tout ce que je pourrais jamais désirer. » En dépit de ce dithyrambe amoureux destiné à son frère, Artémis n'accepterait jamais Maria et n'apprendrait jamais à l'aimer. Elle restait fidèle à Tina et considérait que le milieu d'origine de Maria n'avait pas suffisamment de classe pour son frère adoré.

Le rejet d'Artémis s'alimentait également de la haine tenace qu'Alexandre vouait à la cantatrice. Les intimes du couple mettent le refus d'Onassis d'épouser Maria sur le compte de cette résistance familiale. Miltos Yiannakopoulos, qui supervisait les services de renseignements d'Onassis, m'a confié lors de son interview à Athènes, en 1998 : « Onassis avait tout essayé pour amadouer le gosse. Il m'avait même envoyé parler à Alexandre environ un an avant d'épouser Jackie. Le garçon n'en démordait pas : "S'il se marie avec cette pute, je ne lui adresserai plus jamais la parole", m'avait-il répliqué. Et il parlait sérieusement. (La malheureuse Maria n'était rien de la sorte, évidemment. Je ne crois pas qu'elle ait jamais regardé un autre homme au cours de sa liaison avec Onassis.) Mais le môme la méprisait et son hostilité entraînait celle d'Artémis. »

Les jeunes sœurs d'Onassis, Mérope et Kalliroé, manifestaient des sentiments plus amènes envers la diva, tout comme leurs époux, grands amateurs d'opéra qui avaient été des inconditionnels de la Callas depuis le début de sa carrière. Il arriva à Nikos Konialides, le mari de Mérope, de voler au secours de la chanteuse lors d'une conversation à bord du *Christina*. Une femme avait fait remarquer : « Quelle chance vous avez, Maria, qu'un homme d'une telle envergure tombe amoureux de vous ! Nous vous envions toutes ! »

Maria s'était contentée d'écouter, quelque peu pensive. C'est Konialides qui donna la réplique : « En l'occurrence, c'est Aristo qui a de la chance. Dans cinquante ans, personne ne se souviendra d'Onassis. Mais personne n'oubliera jamais le nom de Maria. Et, si une part de l'immortalité de celle-ci déteint alors sur lui, ce sera grâce à cette histoire d'amour. »

Maria réussit également à se trouver une alliée en la personne de Marinela Patronikola, la nièce d'Onassis et fille de Kalliroé et Gérasimos Patronikolas, laquelle avait seulement un an de plus qu'Alexandre. Celle-ci m'a accordé plusieurs entretiens à Athènes. Maria l'avait accueillie comme « la seule de la famille qui l'aimait bien », m'a-t-elle expliqué. Elle l'invitait souvent à monter à bord du *Christina*. La Callas faisait en particulier preuve de beaucoup de compréhension pour ses gaffes d'adolescente :« Un jour, j'ai déclenché toute une *fasaria* [une histoire] dans la famille, se rappelle Marinela. Mon père avait toujours été un coureur de jupons. Un jour que je dînais avec lui dans l'un de ses hôtels, le Miramar, à Rhodes, il m'annonça qu'il lui fallait inviter à danser la jeune blonde, là, parce que c'était la directrice d'une agence de tourisme et qu'elle pouvait amener beaucoup de clients à l'hôtel. Puis ils ont disparu tous les deux.

« Je savais dans quelle cabine de plage ils s'étaient réfugiés, poursuivit Marinela. J'y suis allée et les ai entendus. J'ai averti ma mère et le ciel m'est tombé sur la tête. Ma tante Artémis m'a appelée et s'est mise à crier : "Tu veux le malheur de ta mère?" Puis c'est l'oncle Aristo qui m'a passé un savon parce que je racontais des histoires. Mais Maria m'a prise à part. Elle m'a parlé tranquillement et m'a dit de ne pas me sentir coupable; les mariages ne sont pas toujours heureux et il vaut parfois mieux que les gens se séparent, plutôt que d'être malheureux ensemble en passant leur temps à se disputer. Je me suis sentie tout de suite beaucoup mieux. »

Marinela jouait souvent à bord du *Christina* avec les enfants d'Onassis. Elle conteste l'antienne selon laquelle son oncle Aristo n'aimait pas la musique et n'écoutait jamais Maria chanter. « Il était fier de son talent », m'a-t-elle affirmé. Un soir, au cours d'un dîner, il avait prié Maria de s'installer au piano et de chanter quelque chose pour les invités. « Elle se mit à jouer et à chanter l'air de Casta Diva de *Norma*, puis enchaîna sur l'"Ave Maria", se souvient Marinela. J'ai levé les yeux vers oncle Aristo : il pleurait. Nous pleurions tous, tant elle chantait magnifiquement. »

Selon Marinela, sa tante Artémis a toujours rendu Maria responsable de la rupture d'Onassis et de Tina, et c'était elle qui entretenait l'hostilité des enfants à l'encontre de la cantatrice. « Oncle Aristo avait souvent des explications orageuses avec Artémis, mais finissait par se laisser faire car ils avaient été très proches l'un de l'autre après la mort de leur mère. » En vérité, le seul accroc à la félicité de Maria, au cours de ces premières années sur le *Christina*, était le traitement que lui réservaient les enfants, en particulier Alexandre. Ils se saisissaient de la moindre occasion pour lui rendre la vie infernale chaque fois qu'ils se trouvaient à bord, l'été et pendant les vacances scolaires.

Après avoir obtenu le divorce et la garde d'Alexandre douze ans, et de Christina, neuf ans, Tina les inscrivit dans des écoles à Paris, les confia aux bons soins des domestiques et des tantes d'Onassis, et profita de sa liberté. Elle rejoignit des amis à Monte-Carlo, puis partit faire du ski à Saint-Moritz où, dévalant la piste baptisée « Niarchos », elle fit une chute de dix mètres et se cassa la jambe droite. Niarchos dépêcha son avion privé pour faire venir d'Angleterre un des plus grands orthopédistes auprès de sa belle-sœur. Le spécialiste conseilla de faire transférer Tina à Oxford où il pourrait superviser le traitement, mais l'avertit qu'il lui faudrait peut-être un an avant de pouvoir remarcher sans l'aide d'une canne.

Onassis se précipita en Angleterre au chevet de son ex-épouse – ce qui n'était pas pour rassurer sa maîtresse du moment –, mais les rumeurs de réconciliation étaient sans fondement. La convalescente – Tina s'ennuyait à mourir dans les jardins bucoliques d'Oxford – fut présentée (par Lady Clementine Churchill, dirait quelqu'un) à Sonny Blandford, le fils du dixième duc de Marlborough. Au moment où on lui enlevait son plâtre, elle avait accepté la main de cet aristocrate de trente-cinq ans. Les noces eurent lieu le 23 octobre 1961 à Paris. Christina, dix ans, portait une toque de fourrure que son père lui avait rapportée de Moscou. Elle expliquerait plus tard qu'elle l'avait mise « à titre de secrète allégeance à papa ».

Le mariage n'empêcha pas les enfants d'Onassis de toujours espérer que leurs parents se réconcilieraient un jour. Cet été-là, sur le *Christina*, comme tous ceux qui suivraient, ils continueraient d'afficher leur dédain envers Maria. « Alexandre n'est jamais venu à table avec nous quand Maria était à bord, se souvient Korinna Spanidou, la masseuse. Pas une fois. Il allait manger avec l'équipage. » Quand Maria voulait faire la sieste, l'après-midi, il se lançait dans une bruyante partie de ski nautique ou fonçait sur son hors-bord. Lorsqu'elle leur rapportait des présents soigneusement choisis de chez Harrod's, les enfants les abandonnaient ostensiblement sur le pont, sans prendre la peine d'ouvrir les paquets.

L'un des meilleurs amis d'Alexandre, le fils d'un autre armateur grec, m'a rapporté qu'en dépit des efforts de la Callas pour gagner leur sympathie, Alexandre et Christina l'appelaient « la mocheté » *(e Aschimi)* ou « la chanteuse » et déformaient son patronyme Callas en « *Kolou* », ce qui signifie « grosse idiote ».

Onassis était si enchanté de l'accueil fait par les Grecs à la représentation de *Norma*, qu'il persuada Maria de revenir à Épidaure en août 1961. Il devait s'agir d'une réalisation entièrement grecque, ce qui les comblait tous les deux. On donnerait *Médée*, dont l'action se situe à Corinthe, non loin d'Épidaure. Le metteur en scène en était Alexis Minotis, qui avait monté *Médée* avec Maria à Dallas et à Londres dans les années 50 avec un succès triomphal. C'était par ailleurs l'un des meilleurs amis d'Onassis depuis 1922 ; ils s'étaient rencontrés à l'époque où tous deux avaient débarqué à Athènes. Le créateur des costumes était le célèbre peintre grec Yiannis Tsarouchis. Le seul non-Grec de l'équipe était le chef d'orchestre, Nicola Rescigno, qui avait déjà dirigé des représentations de *Médée* avec Maria et Minotis ; il faisait quasiment partie de la famille.

La soirée d'ouverture était prévue pour le 6 août. Maria répéta sans relâche pendant quatre jours, exigeant même de dormir dans le musée exposé à tous vents, afin d'être aussi près de la scène que possible.

Toute la Grèce avait voulu se trouver dans le théâtre le soir où la Callas devait chanter *Médée*, et les amis de Maria vinrent l'entendre du monde entier. Parmi ces derniers, Mary Carter, dont l'arrivée de Dallas apportait son quota habituel de mésaventures. L'hôtel de Grande-Bretagne avait perdu sa réservation et elle contacta Maria à Épidaure. Mary insista, expliqua qu'il s'agissait d'une urgence, et l'on appela Maria en pleine répétition. « “Qu'est-ce que je dois faire ? lui ai-je demandé. – Achète des cigarettes, une bouteille de vodka, procure-toi une voiture et viens tout de suite”, me répondit-elle. Au moment où je mettais tout cela dans un taxi, la police a surgi et a arrêté le conducteur pour meurtre. Mais ils sont devenus charmants quand j'ai expliqué que j'allais rejoindre Maria. Ils m'ont appelé un autre taxi qui m'a conduite à Épidaure. »

Une fois à l'hôtel Xenia, elle retrouva Maria en train de dîner en compagnie, entre autres, de Larry Kelly, du directeur d'EMI, Walter Legge, du chef d'orchestre, Thomas Schippers, d'Elsa Maxwell, d'Alexis Minotis et de la baronne Maggie Van Zuylen, une amie parisienne de Maria. Les places étaient si convoitées, au Xenia, se souvient Mary que « Larry dut dormir sur le toit et moi-même dans le hall, près des toilettes. Maria était installée au-dessus du musée, dans une pièce sans eau chaude, mais elle ne se plaignait pas. Elle était si heureuse, à ce moment-là, que rien ne pouvait la contrarier ».

La générale de *Médée* fut donnée gratuitement devant une salle remplie des paysans grecs de la campagne environnante. Le jour de l'ouverture, on bloqua la circulation en direction de l'est sur la route principale menant d'Athènes à Épidaure, afin de faciliter le flot des véhicules se dirigeant vers le théâtre antique.

Maria ne déçut pas. Nicola Rescigno m'a raconté qu'elle avait fait preuve d'une énergie si phénoménale, ce soir-là, qu'« au moment où elle monta la rampe... elle y mit une telle furie qu'il ne fallut pas moins de cinq machinistes pour soutenir la cloison qui la soutenait, afin d'empêcher que tout ne s'effondre ».

Le Premier ministre grec, Caramanlis, était là avec son cabinet presque au complet. De même qu'Elsa Maxwell, le directeur de la Scala, Antonio Ghiringhelli, et Wally Toscanini qui pourtant n'était pas dans les meilleurs termes avec la Callas. Après avoir vu Maria dans le rôle de la magicienne qui assassine ses propres enfants,

Wally dirait à Gian Carlo Menotti : « Je me suis mise à pleurer. Je me devais de lui pardonner, car je savais ce qu'elle endurait. Elle était en train de perdre sa voix... et... *lui*, était là, parmi le public. Vous pouviez presque voir le sang couler de ses cordes vocales. Son interprétation était incandescente, toute de désespoir. Elle ne voulait qu'une chose : être aimée. »

En réalité, Onassis était l'un des visages connus brillant par son absence ce soir-là. Il voyageait à bord du *Christina* vers l'Égypte pour un contrat urgent et il manqua le plus grand triomphe grec de Maria, celui qui lui valut dix-sept rappels. Mais il serait là pour la seconde représentation, le 13 août, une semaine plus tard.

Au premier rang, aux côtés du père de Maria, sa sœur aînée, Jackie. C'était la première fois qu'elle assistait à une représentation de sa cadette depuis que Mary Kalogeropoulos était devenue Maria Callas. Dans son livre *Sisters*, Jackie évoquerait l'étrange tendresse qui les réunirait à l'issue du spectacle : « Je bégayais un hommage, trop maladroit pour ne pas paraître sincère : "Je ne m'étais pas rendu compte"..., dis-je sans finir ma phrase. Nous nous sommes étreintes. Nous nous comprenions... Je l'ai laissée à ses admirateurs. » Ce dont Jackie ne pouvait avoir conscience, en cet instant, c'était que sa célèbre sœur, avec qui elle venait de se réconcilier, avait changé. « Elle était fatiguée de se battre ; elle était lasse de tous ces efforts, si éprouvants pour les nerfs. Elle ne rêvait plus de rappels ni d'ovations. Elle avait eu pléthore de tout cela. Ce qu'elle voulait, désormais, c'était un enfant, ce qui m'avait été également refusé. »

Tout n'avait pas changé, pourtant. Elles se rencontrèrent à nouveau, le lendemain, lors d'un lunch à la villa d'Artémis et de Théodore Garofalidis, à Glyfada. Maria, d'humeur massacrante, surprit les propos de son hôte disant à Jackie qu'elle avait, à ce qu'on lui avait confié, une voix ravissante. Maria, raconte Jackie, redevenue la tigresse, lança rageusement : « Une voix ? Qui en a une, si ce n'est moi ? – Mais oui, Maria, nous savons tous que vous êtes une grande artiste. Mais là, nous parlions de votre sœur, répondit Garofalidis. » (Le fait est que Jackie avait jadis donné un récital en Grèce, mue par une velléité d'entreprendre une carrière lyrique.) Jackie m'a rapporté la fin de l'incident : « "Je suis une cantatrice et toi, tu n'es jamais qu'une *gria* [une vieille dame]. Tu as commencé à chanter trop tard". Nous étions en 1961. Si j'étais à l'époque une *gria*, qu'est-ce que ce doit être maintenant ? conclut Jackie en souriant. Je crois que Maria aurait pu s'exprimer avec plus de tact. »

Maria invita sa sœur une fois de plus à prendre le thé sur le *Christina* avant le départ de Glyfada. La diva la reçut dans sa luxueuse cabine où elle lui montra ses bijoux et ses vêtements haute couture qu'elle caressait de la main, en lui demandant ce qu'elle devait porter. Selon Jackie, Maria aurait fini par lui lancer : « J'ai entendu dire que tu étais jalouse de moi », ce à quoi elle lui répondit : « J'ai de la chance. Je ne suis pas quelqu'un de jaloux. Je plains les gens qui le sont, ce doit être affreux. » La Callas n'oublierait jamais tout à fait ces années qu'elle avait passées à traîner son obésité, son acné et sa myopie aux côtés de sa jolie blonde de sœur aînée. Elle laissa tomber le sujet de la jalousie et manifesta à Jackie un regain d'aménité en la raccompagnant vers le port. Il n'empêche. « Tu devrais pouvoir trouver un autobus pas loin d'ici », dit-elle à sa sœur alors même que la voiture avec chauffeur d'Onassis était garée tout près.

Malgré la tension persistante entre elles, Maria semblait heureuse de s'être réconciliée avec sa sœur aînée et elles restèrent en contact, du moins de façon sporadique. Jusqu'à la fin de sa vie, il arriverait à la Callas de téléphoner à Jackie à Athènes à l'improviste, généralement très tard le soir, pour un bref échange ou pour qu'elle lui envoie des médicaments qu'elle ne pouvait se procurer à Paris. Maria se lançait également parfois, toujours selon Jackie, dans de longs monologues décousus où elle égrenait ses rancœurs, ses espoirs et ses appréhensions.

Aristo et Maria quittèrent Épidaure à bord du *Christina*, qui laissait derrière lui le sillage de la gloire. Mais deux mois plus tard, à la Scala, que Maria considérait comme « son » opéra, sa voix chevrotait tellement dans *Médée*, que le public commença à siffler. Elle obtint le silence en transmuant la fureur de Médée contre Jason en celle de la Callas contre les spectateurs ; on la vit brandir le poing vers le poulailler en hurlant à ses détracteurs les paroles du livret : « homme cruel... je t'ai tout donné ».

Onassis comprit qu'il était au-dessus des forces de Maria de continuer sa carrière en dépit des défaillances de sa voix. Il réfléchit à d'autres moyens de pérenniser sa célébrité. Il l'encouragea à envisager une carrière au cinéma. Il avait prêté l'oreille au producteur Carl Foreman qui, en 1961, invité à bord du *Christina*, avait proposé à la Callas un rôle dans *Les Canons de Navarone*, aux côtés d'Anthony Quinn. Maria hésitait, mais Onassis était partant : « Mettez-la dix jours à l'essai et, si elle n'est pas bonne, d'accord, laissez tomber et trouvez quelqu'un d'autre – je paierai la facture. » Lorsque Foreman refit sa proposition, le courage de Maria lui fit défaut et elle refusa le rôle (qui finalement échut à l'actrice grecque Irène Papas). Aristo était furieux : « Chaque jour de mon existence, je me lève le matin pour gagner ! hurlait-il. Je me demande bien pourquoi tu persistes à te lever le matin ! »

La réponse de Maria ne faisait aucun doute. Sa raison de vivre, c'était Onassis. Il la voulait les cheveux courts ? Elle se les coupait. Il lui demandait de ne pas porter de lunettes ? Elle apprenait à porter des lentilles de contact. Pour peu qu'à la table du dîner, il lui laissât entendre qu'il n'aimait pas sa tenue, elle se levait au milieu du repas et allait se changer. Elle ne désirait qu'une chose : lui plaire. Et le plus souvent elle y parvenait.

Maria et Aristo se sentaient de plus en plus chez eux en Grèce plutôt qu'à Monte-Carlo ou à Paris. Ils préféraient boire de l'ouzo avec des pêcheurs dans une taverne du bord de mer que de siroter des Martinis en la compagnie prestigieuse de vedettes de cinéma, maharanis et autres oisifs titrés à laquelle ils étaient habitués. Dans le même temps que le prince Rainier projetait un coup financier où Onassis finirait par perdre ses privilèges fiscaux, étant contraint de vendre ses parts majoritaires de la Société des bains de mer – le groupe ayant pratiquement la haute main sur la minuscule principauté –, Onassis tentait de son côté d'étendre sa présence en Grèce. Il avait déjà fait ses preuves de formidable chevalier d'industrie en acquérant la compagnie aérienne nationale. Il visait désormais le statut de grand propriétaire foncier. Le fait que son rival Niarchos venait tout juste d'acquérir les cinq mille acres de Spetsopoula, tout proche de la trépidante île touristique de Spetsai, n'était pas étranger à ses nouvelles ambitions. Niarchos, qui avait la passion de la chasse, avait en tête de créer une réserve de loisirs pour aristocrates : il avait introduit du gibier sur l'île afin d'en faire un paradis cynégétique.

L'été 1963, Onassis fut enchanté d'apprendre que l'île déserte de Skorpios, en mer Ionienne, était à vendre. À l'origine, il avait eu des vues sur Ithaque, la patrie légendaire d'Ulysse, son idole. Mais il dut se rendre à l'évidence. Le projet n'était guère réaliste : il aurait été difficile de convaincre les cinquante-huit mille habitants de l'île de partir ailleurs. Du moins pouvait-il apercevoir Ithaque du point culminant de Skorpios, située à moins d'une quinzaine de kilomètres au nord. Il acheta également Spartes, une autre île déserte voisine, afin de s'assurer la pleine intimité de son domaine, puis entreprit de dessiner les plans devant métamorphoser sa nouvelle acquisition en domaine de ses rêves, digne non seulement du magnat qu'il était, mais d'un héros, voire d'un roi grec. (Au début, il parla même de faire reproduire au sommet de Skorpios le palais crétois de Minos, l'une des merveilles du monde antique.)

Skorpios, dont les contours, comme son nom l'indique, évoquent la forme du scorpion, faisait bien quatre cents acres, pour un prix raisonnable : cent dix mille dollars seulement. Il y avait quelques problèmes. En premier lieu, il n'y avait pas de source d'eau douce. C'était une étendue rocheuse et aride, sauf autour d'une demeure de stuc rose de style néoclassique, dénommée la Maison rose, et d'une minuscule chapelle de pierre édifiée vers 1891 par les frères Mavridi, les tout premiers propriétaires de l'île. Et puis, il y avait cette rumeur inquiétante qu'un précédent propriétaire – peut-être l'un des Mavridi – avait été mystérieusement tué lors d'un accident de chasse. Qu'à cela ne tienne. Onassis savait qu'avec suffisamment d'argent il pouvait obtenir le paradis auquel il avait toujours aspiré. Il ferait planter autour de la résidence principale et des maisons de ses hôtes des orchidées, de la végétation exotique, des bougainvilliers, du jasmin, des massifs de lauriers-roses. On aménagerait des routes et un port assez grand pour accueillir le *Christina*, et des criques privées où l'on pourrait nager à l'abri des regards indiscrets. (Il faudrait transporter des tonnes de sable blanc pour les plages.)

Il y aurait une ferme comprenant toutes sortes d'animaux domestiques avec un éleveur pour s'en occuper. (Une fois la ferme complètement installée, il paraît que sur la suggestion d'agronomes suisses, Onassis fit jouer de la musique classique au bétail pour le calmer et le rendre plus productif.) On ferait chaque jour venir l'eau de la ville voisine de Nidri, sur l'île de Lefkada, en attendant de construire une usine de dessalement. On acclimaterait toutes les plantes et tous les arbres bibliques poussant en Terre sainte dont sa grand-mère Gethsémane lui avait parlé : amandiers, oliviers, figuiers, pins, cyprès, palmiers, orangers et citronniers. Onassis aurait son propre jardin d'Éden.

Maria jouissait d'un bonheur absolu auprès d'Aristo, en ce début des années 60. Ce qui n'allait pas sans quelques procès. À Milan, Meneghini avait saisi le tribunal civil d'une requête en annulation de leur séparation par consentement mutuel pour lui substituer un jugement de séparation rendant Maria responsable de la rupture. Il ne parvint pas à ses fins.

En février 1962, Maria eut à subir sa première descente en flèche par la presse anglaise à la suite d'un concert au Royal Festival Hall de Londres. « Il est évident que, depuis un certain temps, sa voix dérape dans les aigus », écrivait un critique. « Sa voix est désormais franchement désagréable, sans compter qu'il lui arrive de chanter faux », affirmait un autre. L'armateur Panaghis Vergottis, ami d'Ari et de Maria, donna en son honneur une somptueuse réception après le concert. Mais Onassis, dans le feu d'une transaction dont il avait le secret, n'était pas là pour lui apporter le soutien moral dont elle avait tant besoin.

La Callas eut plus de succès, le 19 mai 1962, lors d'un récital de différents airs de *Carmen* à Madison Square Garden, à New York, en l'honneur du quarante-cinquième anniversaire du président John F. Kennedy. (Le rôle de la sensuelle bohémienne, écrit pour une mezzo-soprano, convenait désormais mieux à son registre vocal.) Mais la soirée légendaire appartiendrait pour toujours à Marilyn Monroe qui devait, dans son incroyable robe rose moulante brodée de perles, fredonner son époustouflant « *Happy birthday, Mister President* ». Jacqueline Kennedy n'était pas là.

Deux semaines après la soirée d'anniversaire de Kennedy, la mère de Maria fit une tentative de suicide en avalant des médicaments (comme trente ans auparavant lorsque son mari avait été contraint de vendre sa pharmacie). Evangelia avait laissé des messages destinés à Maria et à l'opinion publique près de son lit avant de prendre les comprimés. On l'amena d'urgence à l'hôpital Roosevelt où on lui fit subir un lavage d'estomac. L'un des médecins fit savoir à la Callas que le psychiatre qui avait examiné sa mère « pensait qu'en dépit de l'instabilité de sa personnalité elle pouvait raisonnablement regagner son environnement du moment ». Mais Maria fit appel à son parrain, le docteur Léonidas Lantzounis, pour l'aider à la placer dans une institution, « pourquoi pas en Europe où tout est moins cher ». À son arrivée à New York pour le récital, la Callas refusa de voir sa mère malgré la suggestion de Lantzounis.

À la suite du gala en l'honneur de Kennedy, Maria rentra immédiatement à Milan pour chanter *Médée* à la Scala. Atteinte d'une sévère sinusite, elle souffrit mille morts à tenir les notes les plus hautes. Ces « représentations désastreuses », comme dirait le critique Pierre-Jean Rémy, semblèrent sonner le glas de sa carrière de cantatrice. Maria fit son entrée dramatique sur la scène de la Scala le 3 juin, revêtue d'un long manteau noir, le visage dissimulé. Sa voix se cassa aux premières notes, aux premières paroles : « Je suis Médée ! » « C'était d'une tristesse insoutenable de la voir s'acharner à poursuivre la partition au moment où sa voix était sur le point de la lâcher, écrirait Rémy. À la suite du 3 juin 1962, une date dont il faut se souvenir, la Callas n'apparaîtrait jamais plus sur la scène de la Scala. Sa voix et ses forces la trahissant, elle ne retournerait pas non plus à Épidaure cette année-là... Elle était victime de sa seconde grande crise vocale. »

Fin 1962, une lettre arriva des services sociaux de la ville de New York mentionnant que sa mère avait fait une demande de secours et que Maria devait « contribuer à sa prise en charge dans la mesure de ses moyens ». Elle fit appel une fois de plus à Lantzounis, qui rédigea un contrat stipulant que Maria paierait deux cents dollars par mois si Evangelia s'engageait à s'abstenir de toute publicité sur elle-même et sa fille.

Au début de 1963, la vie de Maria ne se résumait plus qu'à sa liaison avec Aristo. Ils voyageaient ensemble sur le *Christina* et dînaient à Monte-Carlo en compagnie de ceux qu'on appelait à l'époque la jet-set. La brillante société comprenait désormais le prince et la princesse Radziwill – Stas et Lee. Lee, bien sûr, était l'ex-Lee Bouvier, la sœur de la première dame des États-Unis, Jacqueline Kennedy.

En 1963, Lee Radziwill était une très belle jeune femme de vingt-neuf ans. Mais c'était sans doute son lien de parenté par alliance avec le président américain qui fascinait le plus Onassis. Maria avait prévu une tournée de concerts en Europe pour la fin mai et le début juin 1963. Aristo mettait sur pied une nouvelle croisière avec les Churchill en y invitant les Radziwill. Parmi les autres invités, on comptait Randolph Churchill, le fils de Sir Winston, ainsi que le petit-fils de celui-ci, Winston Jr., puis Vivi Crespi, Jock et Meg Colville et les Anthony Montague Browne.

Anthony Montague Browne se souviendrait de ce périple (débutant le 8 juin) au travers des îles grecques, dont Skorpios, « comme de la dernière croisière, la moins heureuse ». Il arriva un soir à Randolph Churchill de boire trop au dîner et de se mettre en colère contre son père, suscitant une telle scène qu'Onassis dut ruser pour l'envoyer à terre le lendemain. (Randolph était journaliste, et Onassis lui ménagea une interview exceptionnelle de la famille royale de Grèce pour l'inciter à partir).

En l'absence de Maria (il ne fallait pas déplaire aux Churchill), Onassis poussa plus loin les liens d'amitié avec Lee Radziwill, laquelle, selon Anthony Montague Browne, « était pourvue de magnifiques pommettes saillantes, telle une belle Indienne, mais n'avait pas grand-chose à dire ». Stas (ou Stash, comme on l'appelait parfois) n'était apparemment pas du genre jaloux. « Il serait amené à réussir certaines opérations immobilières avec l'aide d'Ari », se rappelle Anthony.

Peu après cette croisière, on commença à parler d'une liaison entre Lee Radziwill et Onassis. Drew Pearson, du *Washington Post*, écrirait : « L'ambitieux homme d'affaires grec nourrit-il l'espoir de devenir le beau-frère du président américain ? » Meneghini, qui décidément ne pouvait se passer de convoquer la presse, annonça à Milan qu'Onassis avait quitté la Callas pour la princesse Radziwill, ajoutant : « J'ai toujours su que leur liaison se terminerait mal pour Maria. »

Maria elle-même ne fermait pas les yeux sur ce qui se passait. Elle connaissait trop bien la propension d'Ari à séduire les femmes en vue et il s'était sans doute vanté auprès d'elle de ses liaisons avec Eva Perón, Veronica Lake, Gloria Swanson, Greta Garbo, et même Jeanne-Marie Rhinelander. Mais tout cela, c'était de l'histoire ancienne. En revanche, elle voyait dans Lee Radziwill une menace imminente pour sa propre liaison avec Aristo, la seule chose qui lui restait désormais. Une fois la croisière des Churchill terminée, Maria revint à bord du *Christina* (Lee et Stas Radziwill avaient débarqué plus tôt en Italie). Elle fit de son mieux pour rester sereine et distraire son pacha de toutes les tentations de vacances.

Ed Klein, dans son livre *Just Jackie*, rapporte une conversation qui se serait déroulée sur la terrasse de la propriété de Bunny Mellon, à Half Moon Bay (Antigua), où Lee Radziwill annonçait à ses amis qu'elle allait épouser Onassis. Stas, son mari, l'aurait remise à sa place devant tout le monde : « Mais, ma chérie, qu'est-ce qui te rend si sûre qu'Ari veuille de toi comme épouse ? »

Quelles que fussent les intentions de Lee, il est peu vraisemblable qu'Onassis s'intéressât sérieusement à elle. Il la considérait avant tout comme une rampe d'accès au président et à la première dame des États-Unis. Quand la tragédie frappa les Kennedy, Onassis se saisit de l'occasion pour inviter Mme Kennedy à recouvrer la santé au cours d'une croisière.

Le 7 août 1963, Jacqueline Kennedy s'effondra de douleur. On l'amena d'urgence à l'hôpital où elle donna naissance, six semaines avant terme, à un fils de quatre livres que l'on baptisa Patrick Bouvier Kennedy. Comme le fils de Maria, il souffrait de graves difficultés respiratoires. Le 9 août, après quarante heures de lutte pour la vie, l'enfant perdit la bataille.

Lee Radziwill, alors à Athènes, s'envola pour Washington, puis alla directement chez Ari, lui confiant que sa sœur était en proie à une profonde dépression. Maria, manifestement présente lors de l'échange, dirait ensuite à Nadia Stancioff : « Je trouvais bizarre qu'elle ne soit pas restée auprès de sa sœur. Elle répétait à qui voulait l'entendre que Jackie ne se remettait pas de la mort de son bébé. Aristo et moi étions très embarrassés. Du coup, Ari lui a proposé ouvertement d'inviter le président et Mme Kennedy à se joindre à la croisière. »

Mais le 4 octobre 1963, à l'arrivée de Jacqueline Kennedy à Athènes pour embarquer sur le *Christina*, deux hôtes de marque manquaient à l'appel : le président des États-Unis et Maria Callas. Selon Nadia, Maria lui aurait confié par la suite : « J'étais à Paris. Aristo m'avait fichue dehors ! Il m'expliqua qu'il ne pouvait avoir sa “concubine” à bord en présence du président et de la première dame des États-Unis. Ce n'était jamais qu'un nouvel affront à la suite de la querelle que nous avions eue un mois auparavant quand j'étais tombée sur une boîte vide de chez Cartier contenant un mot d'amour d'Aristo à Lee. Deux jours plus tard, j'avais aperçu le bracelet à son poignet ! Comment pouvaient-ils ! Comment osaient-ils avoir une liaison juste sous mon nez ? Je ne parviens toujours pas à encaisser leur aplomb. J'ai des preuves. J'avais caché le mot et la boîte. Mais, franchement, dis-moi, comment avait-elle pu accepter ces saletés de diamants ? »

Mary Carter, à qui Maria ne dissimulait pas ses sentiments, se souvient que la Callas était désespérément jalouse de Lee Radziwill : « Quand, en 1963, elle apprit qu'il avait une liaison avec Lee Radziwill, raconte-t-elle, elle était si bouleversée qu'elle avala une overdose de médicaments et qu'il la retrouva par terre dans son appartement parisien. Il la fit marcher de force, lui fit ingurgiter du café et appela un médecin. En fait, je me demande si elle n'avait pas pris des dispositions, au cas où Onassis ne l'aurait pas trouvée, pour que Bruna ou Ferruccio arrive à la rescousse. Toujours est-il que c'est Onassis qui l'a découverte. »

John F. Kennedy se préoccupait de la campagne électorale de 1964 quand son épouse lui annonça, tout excitée, qu'elle partait en croisière sur le *Christina*. Comme quiconque lisait les journaux, Kennedy ne pouvait ignorer les récits, très exagérés, des divertissements dionysiaques à bord du yacht d'Onassis. Il appréciait déjà fort peu que sa belle-sœur eût une relation avec un personnage aussi controversé. « Par le Christ, Jackie ! s'exclama-t-il. Cet Onassis, c'est un pirate international ! »

Lee et Stas promirent de jouer les chaperons auprès de Jackie, ce qui n'empêcha pas le président de donner l'ordre à son sous-secrétaire au Commerce, Franklin D. Roosevelt Jr., et son épouse, Susan, de partir également : « Votre présence donnera un semblant de respectabilité à toute l'affaire. » JFK envoya également une consigne à son service de presse enjoignant, afin de dissocier la croisière de la personne même d'Onassis, de faire savoir que le prince Stanislas Radziwill avait « emprunté » le *Christina* à Onassis. « Si on pose la question, nous devons répondre qu'il n'a pas été prévu qu'Onassis participe à la croisière, du moins au début », écrivait Kennedy.

Onassis consentit de bon cœur à ne pas participer à la croisière afin d'apaiser les craintes du président, mais, pour Jackie, il n'en était pas question. Elle demanda à sa sœur de dire à Ari qu'elle « ne pouvait accepter sa généreuse hospitalité sans l'admettre à bord ».

Mme Kennedy s'envola pour Athènes le vendredi 2 octobre. Il y avait onze heures de vol et une escale à Rome, où elle demanda une bouteille d'oxygène tout en restant étendue sur le siège inclinable des premières classes. « Elle n'a pas été malade, écrivait le *New York Times*. Elle était juste très fatiguée et avait souffert de l'altitude. » Deux jours plus tard, le vendredi 4 octobre, après « une soirée à bord très gaie », le *Christina* quitta le port du Pirée pour appareiller vers Istanbul, puis l'île de Mytilène. Pas trace d'Onassis. Il ne se montra pas sur le pont avant la troisième escale, à l'approche de Smyrne, sa ville natale. La première dame dépêcha Franklin Roosevelt Jr. auprès d'Ari, dans sa cabine, pour le prier de bien vouloir leur faire visiter lui-même la ville. Onassis, bien sûr, fut plus qu'enchanté de leur montrer son vieux quartier et les repaires favoris de son enfance.

Les journaux du monde entier publièrent des photos d'Onassis guidant Jacqueline Kennedy par la main à travers la ville turque. Maria, tout en lisant les journaux, ferait remarquer à Panaghis Vergottis : « Il y a quatre ans, c'est moi qui, à ses côtés, me laissais subjuguer par le récit de sa vie... même si je suis persuadée qu'il réécrivait l'histoire. Les souvenirs, cela demande tant d'efforts... »

Le président vit les mêmes photos. Il appela son épouse sur le *Christina* en la priant de mettre un terme à la croisière, ce à quoi elle se refusa. Jackie avait toujours été fascinée par la littérature et l'histoire grecques, rêvant de pouvoir visiter ces sites prestigieux en compagnie d'un guide susceptible de lui en faire revivre les dieux et les mythes. Onassis était ce guide-là.

À la fin du voyage, Onassis offrit à son invitée d'honneur un présent d'adieu : un fantastique collier de diamants et de rubis, de cinquante mille dollars, paraît-il. Lee prit plutôt mal la façon dont on la remerciait d'avoir amené sa sœur à bord du *Christina* : « Je trouve un peu fort qu'Ari ait inondé Jackie de tant de cadeaux, écrivait-elle à John Kennedy. Tout ce que j'ai eu, c'est trois petits bracelets de rien du tout que Caroline ne voudrait même pas porter pour son goûter d'anniversaire. »

À son retour à Washington, encore sous le charme du voyage, Jackie Kennedy dut faire face à la réprobation de l'opinion publique. Se sentant coupable, elle accepta de suivre son époux au Texas le mois suivant afin d'engranger les voix de sa réélection.

Le 22 novembre 1963, la balle d'un tueur mit un terme à la vie de Kennedy à Dallas. Nombreux seraient ceux, partout dans le monde, qui verraient le cours de leur vie profondément affecté par le drame. Mais Maria Callas, en lisant les articles de la presse française sur le meurtre de Kennedy, ne pouvait imaginer que cet assassinat déclencherait toute une série d'événements qui compromettraient à jamais son avenir et la relation qui était devenue le centre de son existence.

16

Coup de froid sur l'Éden

Ce que l'on possède conserve rarement le charme de ce que l'on poursuit.

Pline le Jeune, *Lettres.*

Onassis était en Allemagne, à Hambourg. Il supervisait la construction de son tout dernier supertanker, l'*Olympic Chivalry*, quand il apprit la nouvelle de l'assassinat de John Kennedy. Il appela Lee Radziwill à Londres. La jeune femme, qui devait se rendre avec Stas à Washington pour les obsèques, le pria de les accompagner. Dès le lendemain, Onassis reçut une invitation officielle pour les funérailles, avec hébergement à la Maison-Blanche. Ils n'étaient qu'une demi-douzaine, hormis les membres de la famille, à jouir de ce privilège. Les amis de la princesse Radziwill sont partagés. Pour les uns, elle aurait invité Onassis uniquement parce qu'il avait consolé sa sœur Jackie après la mort de son bébé. Pour les autres, Lee espérait rallumer la flamme d'Ari en lui ouvrant les portes du cercle très fermé de la famille Kennedy.

Le dimanche 24 novembre 1963, il régnait une ambiance de veillée funéraire typiquement irlandaise à la Maison-Blanche, comme Onassis put s'en rendre compte dès son arrivée. Le magnat se surprit en train de plaisanter et de faire le pitre avec Bobby Kennedy, Ted Kennedy, Robert McNamara, Ken O'Donnell et Dave Powers, la famille et d'autres proches du président. Bobby le taquina sur sa fortune, puis exhiba un contrat bidon promettant la moitié de ses biens aux pauvres d'Amérique latine. Pince-sans-rire, Onassis joua le jeu et apposa sa signature en grec. Au cours du week-end, il trouva le temps de rester quelques minutes en tête à tête avec Jackie dans les appartements privés des Kennedy et lui dit quelques mots de consolation.

Une semaine plus tard, Onassis retrouva Maria à Paris, où ils allèrent fêter le quarantième anniversaire de la diva chez Maxim's. Le couple paraissait toujours aussi amoureux. Onassis ne parvenait pas à dissimuler les sentiments qui l'animaient. Il exultait d'avoir été admis dans le saint des saints à la Maison-Blanche. Si la Callas lui gardait rancune de l'avoir écartée de la croisière sur le *Christina* à laquelle il avait invité Jackie Kennedy, elle n'en montra rien. À ses yeux, sa rivale la plus dangereuse était toujours Lee Radziwill. Comme pour rappeler à son amant ce qu'il avait admiré en elle au début de leur relation, Maria se jeta corps et âme dans les répétitions de *Tosca*. La première de la superproduction devait avoir lieu en janvier 1964 à l'Opéra royal de Covent Garden, à Londres.

Maria avait pris contact avec Franco Zeffirelli. Elle lui avait annoncé qu'elle n'accepterait de chanter qu'à la condition expresse qu'il en assurerait la mise en scène. En seulement six semaines, ils mirent sur pied une *Tosca* insurpassable, diraient la plupart des critiques. Maria était si concentrée au cours des répétitions qu'un jour elle ne s'aperçut pas qu'une bougie avait embrasé sa perruque : elle continuait de chanter, la fumée s'échappant en volutes de sa coiffure. Une autre fois, le couteau truqué qui lui servait à poignarder le scélérat Scarpia ne se rétracta pas et elle manqua d'occire son cher Tito Gobbi, le baryton qui tenait le rôle du méchant chef de la police.

Le soir de la première arriva. Maria avait une bronchite et une fièvre de cheval. Elle refusa néanmoins que le public fût informé de son état de santé. La « catastrophe ambulante » – ce sont les mots de Zeffirelli – se tenait dans la coulisse. Complètement affolée, labourant la main du metteur en scène, elle « se signait à tour de bras à la manière orthodoxe ». Et puis le premier accord tomba, il dut s'arracher à elle. « J'ai regardé ma main, qui saignait là où ses ongles s'étaient enfoncés. J'ai chéri ces stigmates pendant des semaines. »

La production, les costumes, dont la longue étole brodée d'or de Maria, sont entrés dans la postérité. Zeffirelli a raconté la manière dont Maria s'emparait de l'étole qu'il lui avait apportée pour les répétitions : « Elle s'entraînait à un certain geste – elle tirait sur les bords et la faisait glisser sur ses bras – qui lui donnait une extraordinaire expressivité. » Dans une scène, Maria portait une paire de longs gants qu'elle déboutonnait lentement avant de les enlever.

« On avait l'impression qu'elle se déshabillait, se souvient Zeffirelli. Qu'elle s'exposait devant Scarpia pour le mettre au supplice. Maria était au meilleur de sa forme d'actrice. » C'est à l'occasion de *Tosca* que Zeffirelli et Maria ont imaginé la fameuse scène du viol, où Gobbi saisit les mains de la diva au moment où elle essaie de le frapper à la poitrine et les écarte à la façon d'une crucifixion. Le célèbre aria, « Vissi d'arte », donne un raccourci passionné de sa vie : « J'ai vécu pour l'art, j'ai vécu pour l'amour. »

Tragédienne douée d'une intuition unique, la Callas était inclassable, sans équivalent chez les grandes cantatrices qui l'ont précédée ou lui ont succédé. Comme l'écrivait le critique Harold Schonberg dans le *New York Times* après sa mort, « La Callas devait son triomphe à son intelligence et à son tempérament, plus qu'à la beauté intrinsèque de sa voix... Tout ce qu'elle faisait avait un intérêt dramatique et musical... Les autres chantaient. La Callas vivait ses rôles ».

Alexis Minotis, qui a dirigé Maria dans *La Traviata* et *Médée* après avoir été lui-même l'interprète inoubliable de héros tragiques de l'Antiquité grecque, la regardait comme l'une des plus grandes tragédiennes qu'il lui fût donné de voir. Il racontait souvent comment, Violetta sentant l'approche de la mort dans *La Traviata*, Maria la mimait avec une force qu'il n'avait rencontrée qu'une seule fois auparavant, chez un acteur japonais vénéré au pays du Soleil-Levant. John Ardoin m'a rapporté les propos de Minotis : « C'était dans le dernier acte de *La Traviata*. Comme l'acteur japonais, la Callas a expiré les yeux ouverts, on pouvait voir la lumière jaillir de ses yeux... Minotis disait que c'était le moment de vérité théâtrale le plus incroyable qu'il ait jamais vécu. »

La critique londonienne était à court de superlatifs pour saluer le come-back de Maria dans *Tosca*. Intimement convaincue qu'elle avait résolu ses problèmes de voix, elle accepta d'enregistrer une série de disques à Paris au printemps. La plupart ne devaient jamais sortir, en partie à cause d'un événement imprévu qui la surprit au milieu des séances d'enregistrement : elle reçut un télégramme lui annonçant que son père, à New York, était au plus mal et qu'il s'était remarié. Sa nouvelle épouse, Alexandra Papajohn, une amie de la famille depuis que Maria était enfant, vivait avec George Callas depuis plusieurs années.

Maria était outrée. Elle ne s'attendait pas au remariage de son père et ne le lui pardonna jamais vraiment. Elle rédigea une lettre à l'intention de son parrain : « Je ne veux pas avoir affaire aux médecins ou à sa nouvelle famille... Je t'autorise à prendre des dispositions en mon nom, comme si j'étais là... Sa femme n'a qu'à s'occuper de lui – il l'a choisie (à son âge !)... Qu'il vive sa vie et me fiche la paix... J'espère que la presse n'est pas au courant... Sinon, c'est à souhaiter de ne plus avoir de parents du tout... »

« Si son état empire, écrivait-elle dans une autre lettre, préviens-moi par câble ou par téléphone – et, quand ce sera la fin, veille à ce qu'il meure bien entouré, qu'on s'occupe de lui, tout ça, sinon, bien sûr, ce sera moi que l'on incriminera. Je t'envoie d'ores et déjà deux cents dollars à son intention. Mais souviens-toi que je n'entretiendrai aucune épouse. » Malgré son fiel, Maria régla toutes les factures liées à l'hospitalisation de son père. Le total s'élevait à plus de quatre mille dollars.

Au début du printemps 1964, elle commença les répétitions de *Norma* avec Zeffirelli. L'opéra fétiche de Maria serait à l'affiche à Paris le 22 mai. Le metteur en scène lui suggéra de ne prendre aucun risque et d'éviter les aigus.

– La grande majorité du public n'entendra pas la différence, lui dit-il. Et ceux qui la noteront s'en moquent.

– Vous avez peut-être raison, mais *moi* je le saurai. Et ça ne m'est *pas* égal, rétorqua Maria, refusant tout compromis.

Zeffirelli ne lésina pas. Il ne ménagea ni efforts ni dépenses pour faire de *Norma* une vitrine de la maturité sensuelle de Maria. « Norma jeune avait été une créature virginale, presque une *Casta Diva* [une déesse immaculée], écrivait-il. Entre-temps, elle est devenue un être plus romanesque, une femme qui a aimé, passionnément. Ce n'est plus une prêtresse intraitable. » Il avait imaginé un décor de forêt enchantée, dont les couleurs variaient au fil des saisons : « Le rideau se lève sur le printemps. Tout est vert. L'été caniculaire lui succède, et elle a fait dresser une tente pour avoir de l'ombre. À l'acte III, c'est l'automne en nuances rouges et jaunes. La tragédie commence. Le rideau tombe sur un sombre hiver. C'était exactement le décor qui lui convenait. Maria, à qui il avait été refusé d'avoir des enfants, pouvait laisser parler son cœur pour Norma et les enfants qu'on essayait de lui arracher. Maria montrait passionnément dans *Tosca* sa seconde nature. Elle n'aurait jamais pu jouer ainsi avant l'épisode Onassis. »

Zeffirelli évoque la façon dont Maria, dans *Norma*, travaillait avec les enfants acteurs : « Le soir de la première, Maria était très douce avec eux. Très tendre. Comme une mère. Mon Dieu, quel dommage qu'elle n'ait jamais eu d'enfant ! »

Maria fut une Norma imprévisible. Les critiques variaient au gré de la qualité de sa prestation de la veille. Zeffirelli ne devait jamais oublier l'appréhension qui lui vrillait les nerfs quand elle attaquait le premier acte : « Y arrivera-t-elle ou non ? Sa voix tiendra-t-elle le coup ? » L'émeute eut lieu le soir de la quatrième représentation de *Norma*. Onassis était dans le public, assis dans la loge d'honneur aux côtés de la princesse Grace et de la bégum Agha Khan. Disséminés dans le public, il y avait également Rudolph Bing, Charlie Chaplin, Yves Saint Laurent et des membres du gouvernement français.

Dès les premières notes, il fut manifeste que Maria avait des problèmes. Le critique Claude Samuel, comme beaucoup d'autres spectateurs, tressaillait à chaque fausse note. Consciente de la présence d'Aristo, elle était déterminée à dompter la voix, mais, dans la dernière scène, elle buta sur un contre-ut particulièrement périlleux.

Dans le public, les murmures, les huées, les sifflements s'amplifièrent. Redressant sa haute taille, Maria leva une main et interrompit l'orchestre, puis elle lui intima de reprendre le passage. Et, cette fois, elle tint la note à la perfection. Le public déchaîné se divisa en deux factions opposées, pour et contre la Callas. Au tomber du rideau, les tensions étaient à leur paroxysme. On en vint aux mains dans les élégants couloirs de la vénérable institution parisienne. Il fallut se résoudre à appeler la police pour étouffer l'émeute.

Bouleversée, Maria quitta l'Opéra dans la Rolls-Royce d'Aristo. Minée par la défaillance de sa voix et par les réactions exacerbées de ses admirateurs, elle avait désespérément besoin de réconfort. (Plus tard, elle demanderait à Zeffirelli : « Oh, pourquoi ne puis-je chanter *Norma* dans une forêt, seule avec la lune, au lieu d'avoir à supporter tout cela ? ») Heureusement, Onassis était là pour lui offrir un sanctuaire. Le couple rejoignit le *Christina* qui vogua vers Skorpios, où ils passèrent l'été.

Cette année-là, Onassis n'avait qu'une seule obsession : créer son Éden privé. À n'importe quel prix. Il voulait son Xanadu et il l'aurait. Charles Graves, un auteur britannique qu'il avait invité sur un coup de tête à venir admirer l'avancée des travaux, témoigna de l'envergure impressionnante de l'entreprise : « Amarré à un appontement, un énorme chaland déversait des tonnes de bitume que des douzaines d'ouvriers nus jusqu'à la taille réceptionnaient... Six kilomètres de route, sur les neuf prévus, sont déjà achevés... Les bulldozers déblaient trois hectares de pâturages... Chaque matin sauf le dimanche, bien avant mon petit déjeuner au lit, Onassis allait à terre discuter avec l'architecte ou le contremaître. Il rentrait [sur le *Christina*] pour le déjeuner, servi à quatorze heures, puis retournait à Skorpios. »

L'île, ainsi en avait décidé Onassis, devait être plantée de toutes les fleurs et de tous les arbres qui avaient enchanté son enfance à Smyrne. Il y aurait aussi des champs de tabac odorant. Il recevait peu de visiteurs, dont sa sœur Artémis. À cette époque, il était heureux, seul avec Maria sur le *Christina* mouillant dans le petit port. Il aimait travailler de ses mains, torse nu, vêtu d'un simple short, exhibant un physique d'athlète. Seule ombre au tableau : ses enfants, qui n'avaient toujours pas digéré la présence de Maria, ne daignaient pas venir admirer le chef-d'œuvre dont leur père était si fier.

Panayiotis Zigomalas fut le capitaine du *Christina* pendant huit mois en 1964-1965. Il m'a rapporté qu'Onassis lui avait proposé d'amener son épouse à Skorpios pour les fêtes de Noël, qu'il passerait seul avec Maria. Zigomalas l'interrogea sur la raison de l'absence de ses enfants. Onassis lui répondit que Christina était aux États-Unis et Alexandre à Athènes. « Vous savez, ils préfèrent être avec leurs amis. » Le capitaine se mit à la recherche d'Alexandre, qu'il convainquit de faire une surprise à son père. Il lui expliqua combien lui-même avait regretté de ne pas avoir consacré plus de temps à son père, qui venait de mourir. Alexandre accepta d'embarquer pour Skorpios sur l'avion de la compagnie. « Mais nous l'avons déposé à Lefkada. Il devait venir par ses propres moyens, sinon cela aurait ressemblé à un coup monté. Onassis était sur le pont quand il a aperçu le canot au loin, se dirigeant vers nous. Dès qu'il a compris qu'Alexandre était à bord, ses yeux se sont remplis de larmes. Il a étreint son fils comme s'il ne l'avait pas vu depuis vingt ans. »

À l'époque, Korinna Spanidou avait vingt-cinq ans. Elle travaillait comme kinésithérapeute à la clinique orthopédique du docteur Théodore Garofalidis à Athènes, jusqu'au jour du mois de juin précédent où elle avait été dépêchée sur le *Christina* pour soigner Onassis qui souffrait des cervicales. Peu après, elle fut engagée à titre permanent pour s'occuper d'Ari et de Maria. Elle leur faisait faire des exercices et les massait quotidiennement.

Korinna qui avait une conversation agréable et était une lectrice éclectique, allait piocher dans la bibliothèque du bateau. Elle était régulièrement conviée à dîner à la table d'Onassis quand aucun invité de marque n'était attendu. « Je crois que je dois beaucoup à Maria qui, contrairement à Onassis, était réticente à recevoir des gens sur le *Christina* », écrit Korinna dans son livre de souvenirs, *Onassis tel que je l'ai connu*, paru en grec. En tant qu'observatrice privilégiée de ces longues périodes d'intimité sur le bateau, elle est une des rares personnes à avoir bien connu le couple.

Onassis passait ses week-ends sur l'île. Les autres jours, il s'envolait pour Athènes de très bonne heure dans son Piaggio. En règle générale, il était de retour pour le déjeuner. « Nous passions à table vers quatorze heures. Puis il faisait la sieste et vers dix-sept heures lançait, avec entrain : "Où voulez-vous que je vous emmène, les filles ?" »

Quand ils ne naviguaient pas la soirée durant, Onassis emmenait les jeunes femmes en barque pique-niquer sur la plage, danser dans un night-club ou se détendre dans une taverne des îles voisines. Les paniers de pique-nique comprenaient des mets délicats, avec l'inévitable et délicieux pain noir fait maison qu'Artémis leur faisait parvenir chaque jour. Il y avait aussi les amuse-gueules préférés d'Aristo : des œufs d'oursin rouge brique que les marins allaient pêcher pour lui en plongeant par les nuits de pleine lune. Onassis faisait également venir d'un peu partout d'autres mets raffinés dont il raffolait : du caviar d'Iran, des huîtres du Pacifique, du saumon et des truites de Norvège et de Suède, et même de la viande de chameau marinée de Cappadoce. « Sans compter que le chef nous régalait de ses spécialités. C'était un vrai délice, car il avait été le chef cuisinier du shah d'Iran, se rappelle Korinna. Le rituel des amuse-gueules et des apéritifs pouvait durer deux ou trois heures... Puis Onassis faisait un clin d'œil et annonçait : "Nous allons nous contenter d'un simple steak et d'une salade." Mensonge : les mets les plus recherchés du monde nous attendaient sur la table. »

Dans ses souvenirs, Korinna décrit une soirée typique sur le *Christina* :

La brise apporte les chants des crickets et le puissant parfum des jasmins de Skorpios, mêlé à l'odeur salée de la mer. Dans l'obscurité, trois personnes, la Callas, Onassis et moi, écoutent la musique des vagues sous le scintillement des étoiles. Il est tard... Tout le monde dort sur le bateau. Onassis tient entre ses doigts un cigare dont la lueur vacille... Je sais que le silence va bientôt se muer en un murmure, presque un monologue... Jamais je ne l'ai vu aussi détendu, d'humeur aussi agréable et si insouciant que cet été-là. Se laissant aller aux souvenirs d'une existence remplie d'aventures extraordinaires, il avait envie de les partager et de les poser comme un livre ouvert aux pieds de sa Maria adorée. Pendant ces soirées, il mettait son âme à nu. La Callas lui prêtait une oreille attentive et le bombardait de questions... Elle se tournait vers moi et me disait avec enthousiasme : « Tu as entendu, Korinna ? Ce que tu nous racontes, Ari, est fascinant ! » Elle savait écouter, infatigable. Quant à lui, c'était un conteur incomparable.

Korinna massait Maria et Ari tous les jours, même si, « des deux, Maria était la plus assidue ». Maria avait conservé une certaine mollesse, rançon de sa perte de poids spectaculaire. Mais Korinna avait remarqué que deux endroits de son corps étaient extraordinairement musclés : « Les muscles de son cou et ses abdominaux étaient en métal. La première fois que je lui ai fait faire des exercices, l'orgueilleuse m'a défiée : "Frappe-moi dans l'estomac, de toutes tes forces !" C'était comme si ma main avait frappé une armure en acier. Grâce à son diaphragme et aux exercices respiratoires, elle avait réussi à se fabriquer des muscles abdominaux extrêmement puissants. » Il ne fait aucun doute que son diaphragme et ses abdominaux de cantatrice s'étant entraînée depuis l'enfance avaient aidé Maria à cacher sa grossesse quatre ans plus tôt.

Lorsque j'ai rencontré Korinna Spanidou, en juillet 1998, à l'hôtel de Grande-Bretagne d'Athènes, elle m'a raconté combien Maria était fière du corps qu'elle avait réussi à se sculpter. Elle travaillait dur pour l'entretenir. « Je me souviens du jour où nous avions rendez-vous pour un massage dans l'appartement qu'Onassis possédait à Monte-Carlo. Elle était allongée sur le lit, entièrement nue et couverte de bijoux comme pour aller dîner chez Maxim's. "Aristo m'aime ainsi", m'avait-elle expliqué. Elle était très belle, avec ses cheveux défaits, son joli cou et ses boucles d'oreilles. Elle se donnait entièrement à lui, sans condition. "Rien ne surpasse ce que j'éprouve pour cet homme", m'a-t-elle avoué un jour. »

Dès qu'elle pesait cinq cents grammes de trop, Maria avalait des diurétiques, mais « n'osait pas les prendre en la présence d'Onassis, parce qu'il se mettrait à crier que c'était mauvais pour son cœur ». D'ailleurs, Onassis ignorait le mot régime. Si Maria faisait mine de refuser les offrandes du chef cuisinier, aussitôt Aristo lui en faisait farouchement reproche. « "Le chef se tue au fourneau toute la journée pour nous satisfaire, clamait-il, tu ne peux pas lui infliger cet affront" », rapporte Korinna Spanidou.

Maria entretenait sa ligne, si chèrement acquise, en cachette. À coups de régimes et de médicaments. En revanche, elle se montrait moins assidue pour garder en forme son atout le plus précieux. « Sur le *Christina*, Maria travaillait rarement sa voix, rapporte Korinna. Elle avait laissé tomber ». « Pour la première fois de ma vie, je me sens profondément satisfaite, avait-elle dit à Korinna. Jusqu'à présent, j'ai vécu pour ma carrière. J'ai travaillé sans relâche, sans rien connaître d'autre de la vie. »

Tous ceux qui rendirent visite à Maria et à Onassis à Skorpios eurent cependant l'impression très nette que leur Éden commençait à se lézarder. Skorpios faisait la fierté d'Onassis, c'était sa chose et il n'acceptait aucune suggestion de la part de sa maîtresse. Korinna Spanidou se souvient qu'un jour Maria fit une remarque à propos des sommes astronomiques qu'il dépensait pour faire venir par bateau des cyprès adultes. Onassis la rembarra de manière cinglante :

– N'oublie jamais que tout ce qui touche à mon plaisir et à mes distractions doit être prêt à l'emploi. C'est la même chose avec mes maîtresses. Je m'assure qu'elles sont rodées avant de les prendre.

Pour Korinna, rien ne justifiait une telle méchanceté.

– Je ne comprends pas. Que veux-tu dire ? lui demanda alors Maria, vexée.

– Exactement ce que j'ai dit, fut sa seule réponse.

Selon leurs amis, lorsque Onassis agressait Maria, soit elle rendait coup pour coup en grec, soit elle fondait en larmes et se précipitait hors de la pièce. Sa colère ne durait jamais. Korinna raconte qu'un matin elle était entrée dans la cabine de Maria pour son massage quotidien. Elle avait trouvé « une Callas méconnaissable. Elle était blême, les yeux cernés, complètement désemparée ». Maria annonça à sa kiné : « Je rentre à Paris. Je rejoins Bruna... Aimerais-tu m'accompagner, Korinna ? » Le téléphone sonna avant que Korinna ait eu le temps de répondre.

« C'était la voix d'Onassis, "Maryo, viens avec Korinna, on va faire un tour en vedette. Il fait beau".

« Elle a sauté sur ses pieds comme un gamine tout excitée et a enfilé des vêtements. Elle avait tout oublié ! Onassis était comme ça. Sa colère retombait aussi vite qu'elle montait. »

La plupart du temps, les frictions survenaient quand la timidité maladive de Maria – son vrai moi derrière le masque de la diva impérieuse – était en butte à l'égocentrisme intéressé d'Onassis. Un jour, pendant l'été 1964, il tenta d'exploiter la célébrité de Maria pour se faire livrer de l'eau douce de l'île voisine, Lefkada. Onassis promit aux habitants que la Callas viendrait chanter dans leur jardin public s'ils acceptaient de l'approvisionner. Quand elle l'apprit, Maria s'exclama : « Tu es fou, Aristo ! C'est hors de question ! D'abord, j'ai laissé tomber les vocalises et ma voix ne m'obéit plus. Et puis, comment veux-tu que je chante en plein air, sans acoustique ni micro... Je me refuse absolument à me rendre ridicule. »

Toujours d'après Korinna, le moment venu, Onassis demanda à tout le monde de se préparer pour Lefkada. Maria, hors d'elle, déclara qu'elle n'irait pas. Onassis laissa éclater sa fureur : « "Tu iras, que tu le veuilles ou non." Peu après, nous vîmes Onassis traîner Maria, la faisant monter de force dans le bateau. Elle gardait le silence et faisait une mine de carême. Il s'est assis à côté d'elle, lui donna des coups de genoux et lui dit, sur un ton qui n'admettait aucune objection. "Tu entends ce que je te dis ? Tu chanteras, n'importe quoi !" »

Le maire de Lefkada la présenta sur la place du village. Elle se leva pour chanter « comme un automate ». Mais, très vite, sa voix ruissela sur la place, d'abord en une cascade de notes sourdes et veloutées, « puis sa voix s'amplifia, intense et passionnée quand elle entonna des airs de *Cavalleria rusticana* et d'autres morceaux que j'ai oubliés ». La population salua la prestation sous un tonnerre d'applaudissements. Le barbier de l'île lui rendit le plus émouvant des hommages. Il se précipita dans sa boutique et en ressortit avec la cage de son canari préféré, qu'il lui offrit. Maria devint folle de son canari. Quelque temps plus tard, Onassis, de plus en plus intolérant, ouvrit la cage de l'oiseau alors qu'ils prenaient le café sur le pont. « Il a prétendu qu'il n'aimait pas voir des oiseaux prisonniers », se souvient Korinna.

Toujours selon Korinna, les invités de marque se firent rares cet été-là. Outre Artémis et son mari, il y eut Panaghis Vergottis, soixante-dix ans, l'un des rares amis d'Onassis dans le milieu des armateurs. Maria avait fait sa connaissance en 1959, au cours du dîner somptueux qu'Onassis avait organisé en son honneur dans les salons de l'hôtel Dorchester de Londres, après sa représentation de *Médée*. Au fil du temps, elle en était venue à considérer le vieil homme comme un père et un mentor, surtout depuis qu'elle avait renié son géniteur, George Callas. Vergottis était aux petits soins pour Maria – d'aucuns prétendent qu'il était amoureux d'elle.

C'était un amateur d'opéra éclairé, le meilleur connaisseur parmi tous les amis d'Onassis. D'une élégance désuète, il savait apprécier le talent de Maria, ce qui lui assurait une place à part dans le cœur de la diva. Vergottis, qui vivait à l'année au Ritz de Londres, avait l'allure d'un gentleman anglais. Mais son cœur était resté grec et il tirait une fierté toute nationale du succès de Maria.

Aristo et Maria se chamaillaient-ils ? Vergottis se chargeait de jouer les diplomates entre les deux amants belliqueux. Il se montrait plus compréhensif qu'Onassis devant la crainte du lendemain et la parcimonie de la Callas. « Je fais toujours très attention, disait-elle souvent. J'ai toujours peur de finir indigente. » Après la débâcle de *Norma* à Paris, Maria savait qu'elle ne pouvait plus compter sur sa voix pour entretenir son train de vie dispendieux. Aristo lui conseilla une nouvelle fois de se tourner vers le cinéma. Mais Vergottis lui suggéra plus prosaïquement d'investir dans un navire, selon lui le moyen le plus sûr d'asseoir sa sécurité financière.

En septembre 1964, Vergottis entendit parler d'un navire en mal d'acquéreur sur un chantier naval espagnol. Le prix demandé était intéressant, car le commanditaire s'était rétracté. Vergottis en offrit trois millions six cent mille dollars, vingt-cinq pour cent cash, le solde payable par mensualités sur huit ans. Puis il s'envola pour la Grèce afin d'exposer son plan à Aristo et à Maria : la Callas achète vingt-cinq pour cent des parts de la compagnie, Vergottis est intéressé à hauteur de vingt-cinq pour cent et Ari acquiert les cinquante pour cent restants. Ensuite, Onassis transfère vingt-six pour cent de ses actions à Maria, en cadeau. Avec cinquante et un pour cent des parts, elle se retrouve actionnaire majoritaire du navire géré par Vergottis.

Vergottis acheta l'*Artémision II* pour seulement trois millions quatre cent mille dollars, soit un prix inférieur à son offre initiale car les prix avaient encore chuté. Fin octobre, le trio se retrouva chez Maxim's à Paris pour sceller leur partenariat tout neuf et fêter le marché conclu, qu'ils baptisèrent « Opération Prima Donna ». Maria, aux anges, avait rejoint les rangs des armateurs.

Durant l'hiver 1964, les amants partirent aux États-Unis. Onassis eut une entrevue avec Jacqueline Kennedy qui, selon Mary Carter, compromettrait sérieusement sa relation avec la Callas.

« Maria avait accompagné Ari à New York, où il téléphona à Jackie Kennedy pour prendre de ses nouvelles. Vous savez, depuis qu'elle avait emménagé à New York, Jackie organisait des brunches, tous les dimanches, dans son appartement. Elle a immédiatement invité Ari.

« – Tu sais, Jackie nous invite à un brunch dimanche.

« – Es-tu sûr que nous sommes conviés tous les deux ? rétorqua Maria.

« – Il demanda à quelqu'un de se renseigner, qui s'entendit répondre : "Malheureusement, il ne reste qu'une seule place et l'invitation ne concerne que M. Onassis." »

En arrivant dans le nouvel appartement de quinze pièces de Mme Kennedy, avec vue sur le Metropolitan Museum of Art, au 1040 de la Cinquième Avenue, Onassis comprit immédiatement la raison de cette invitation en solo. « Elle n'avait reçu que des hommes. La seule femme était Jackie. »

Onassis voyait clair dans le jeu de Jacqueline Kennedy : elle le considérait comme un soupirant potentiel. C'était sans équivoque. Jusqu'à présent, c'était sa sœur Lee qu'il avait fréquentée. Mais, ce jour-là, il se dit qu'il avait peut-être une chance de faire une conquête plus intéressante – en termes de prestige, la plus intéressante du monde. Et le joueur qu'il était ne pouvait résister à un tel défi. Comme toujours, il allait jouer pour gagner.

« Jackie a usé d'un stratagème classique, a poursuivi Mary Carter. Elle lui a tendu un piège et Onassis est tombé dedans. Financièrement, elle était aux abois depuis la mort de JFK et criblée de dettes. Au cours de la croisière à laquelle Ari l'a invitée, elle avait pu apprécier son train de vie et la manière dont il traitait sa sœur. Une jolie femme peut avoir n'importe quel homme si elle en fait le but de sa vie. »

Peu de temps après ce premier brunch, d'énormes bouquets de roses rouges furent livrés régulièrement à son appartement. Avec la carte d'Ari.

Les amis de Maria s'accordent à dire qu'elle ne s'est pas rendu compte immédiatement de l'intérêt qu'Onassis portait à la femme la plus célèbre du monde. C'est que la Callas connut une période particulièrement éprouvante après leur retour de New York. Les difficultés commencèrent dès les premières semaines de 1965, lorsque ses débuts dans le métier d'armateur tournèrent au vinaigre.

L'*Artémision II* eut des ennuis de moteur dès sa première sortie en mer. Vergottis, superstitieux comme la plupart des armateurs grecs, décréta que c'était « un bateau de malheur ». Il emmena Maria dîner chez Maxim's en janvier 1965 (Aristo était à Athènes).

Il la persuada de modifier les termes de leur partenariat et de convertir son investissement de cent soixante-huit mille dollars en un prêt classique à 6,8 p. 100. Maria fut alléchée par la perspective de toucher des intérêts, et il l'assura qu'elle pourrait toujours exercer une option sur les vingt-cinq pour cent qu'elle possédait dans la compagnie. Vergottis aurait ajouté : « Comme je vous aime beaucoup, je crois que c'est la meilleure chose à faire... Si, mais j'en doute, le navire ne remplit pas ses promesses, vous pourrez vous retirer à tout moment et vous toucherez les intérêts sur votre prêt. »

Le lendemain, elle appela Aristo à Athènes. Celui-ci avait transféré ses vingt-six parts peu de temps auparavant, comme Vergottis l'avait convaincu de le faire. Onassis lui dit qu'il ne voyait aucune raison de revenir sur les termes du partenariat. Maria répliqua : « Tant pis, ne blessons pas la sensibilité de M. Vergottis. Il ne veut que mon bien. »

D'autres problèmes préoccupaient Onassis à cette époque. Le prince Rainier s'apprêtait à lui ravir le contrôle de la Société des bains de mer, qui tenait Monte-Carlo. S'il y parvenait, Onassis serait peut-être contraint de vendre ses parts pour dix millions de dollars, alors que le magnat estimait qu'elles valaient au moins trois fois plus.

Maria, elle aussi, était préoccupée. Elle s'inquiétait pour sa voix tout en se préparant pour ses engagements de 1965 : huit concerts à l'Opéra de Paris en février, deux au Met de New York en mars, puis retour à Paris pour cinq représentations de *Norma*. La saison s'achèverait le 5 juillet à Covent Garden avec *Tosca*.

Les représentations de *Tosca* débutèrent le 19 février 1965 à Paris. La superproduction enthousiasma les Français, si bien que Maria accepta de donner une représentation exceptionnelle, la neuvième, qui devait avoir lieu le 13 mars. Elle s'envola pour New York dès le lendemain pour jouer dans une *Tosca* très différente. Elle n'avait jamais apprécié les mises en scène notoirement terrifiantes du Met, ses costumes mal faits, et, pis que tout, le calendrier aberrant des répétitions. Elle n'y avait pas chanté depuis sept ans, et on s'arracha les billets fort longtemps à l'avance. Certains amateurs d'opéra, réduits à quémander des places debout, campèrent des jours entiers devant le Met avant son arrivée, dormant à même le sol au-dessous d'une énorme banderole sur laquelle était écrit WELCOME HOME CALLAS [1].

1. Bienvenue chez toi, la Callas.

Le soir de la première, au lever de rideau, le premier mot de la Callas, « Mario », chanté des coulisses avant même qu'elle entre en scène, déclencha quatre minutes d'applaudissements, obligeant l'orchestre à s'interrompre. L'ovation surpassait celle de l'arrivée de Jacqueline Kennedy quelques minutes auparavant. Ce serait la seule fois que la jeune veuve serait éclipsée par la Divine.

Les tonnerres d'applaudissements interrompirent si souvent la représentation que le rideau tomba avec une heure de retard sur le programme. Tous les critiques jubilaient – la légende était de retour. Ils chantèrent les louanges de son jeu de tragédienne, sa voix, ses mains. Harold Schonberg, du *New York Times*, fut plus lucide : « Son jeu était sublime, inoubliable. Mais, du point de vue vocal, l'histoire est moins réjouissante. Miss Callas n'est plus que l'ombre de sa voix. »

Maria logeait dans l'appartement d'Onassis à la Pierre, mais son amant était absent de New York. Du moins Mary Carter avait-elle pris l'avion dans la matinée pour venir l'applaudir. Après un déjeuner en compagnie de Maggie Van Zuylen et Vergottis, Maria, Larry Kelly et Mary Carter firent les magasins, en quête de costumes de bain pour Onassis. Comme elles n'arrivaient pas à en trouver à sa taille – du 42 – Maria pria Mary de lui en acheter un chez Neiman Marcus à Dallas. (À la demande de l'amant adoré, Mary Carter dut en acquérir une douzaine de différentes couleurs.) Callas dénicha un chapeau de pluie jaune. « Il pleut tellement sur Skorpios et nous marchons beaucoup. » Elle acheta également un maillot de bain resserré à la taille et poussa Mary à prendre le même : « "J'ai la taille nettement plus fine que toi, mais il devrait t'aller aussi", me fit-elle avec sa franchise habituelle. En 1965, elle avait encore l'espoir de se marier avec Onassis. "Je crois que nous passerons beaucoup plus de temps à Skorpios", m'a-t-elle dit avec un large sourire. »

Maria avait fait un retour triomphal au Met. Le public américain était fou d'elle, y compris Jacqueline Kennedy. On s'attendait donc tout naturellement à ce qu'elle conquît Paris avec *Norma* dans une reprise de la production londonienne de Zeffirelli l'année précédente. *Norma* avait été le premier rôle de la cantatrice, un des plus difficiles aussi, et elle était terrifiée à l'idée de revivre le fiasco qui avait déclenché une émeute à l'Opéra de Paris en 1964. Déjà minée par la peur, elle fit une brusque chute de tension, et sa gorge se dessécha à cause d'une vague de chaleur inhabituelle pour la saison. Pour couronner le tout, elle apprit que Meneghini se démenait pour que la justice imputât à Maria toute la responsabilité de leur séparation. S'il obtenait gain de cause, il pourrait revendiquer une plus grande part sur ce qu'ils possédaient.

Le soir de la première, le 14 mai 1965, Maria avala un cocktail de tranquillisants et de vitamines. Avant d'ordonner le lever du rideau, le directeur annonça que la diva avait des problèmes de santé et déclara : « Néanmoins, Maria Callas chantera, mais elle demande votre indulgence. » Elle fut à la hauteur, cependant les dissensions au sein de la distribution ne firent qu'aggraver sa nervosité, et les tensions allèrent crescendo au fil des jours.

Le troisième soir, il fallut remplacer l'amie de Maria, Giulietta Simionato, dans le rôle d'Adalgisa. La remplaçante, Fiorenza Cossotto, avait décidé de faire de l'opéra un duel personnel. Les deux sopranos sont censées chanter ensemble, les mains enlacées. Dès que Maria arrêtait une note, Cossotto la tenait quelques secondes de plus, déclenchant la claque hystérique de ses propres fans. Inévitablement, Cossotto tenait les aigus au-delà des possibilités vocales de la Callas.

Soir après soir, les nerfs de Maria lâchèrent un peu plus. Le 29 mai, pour la dernière représentation, elle était au bord du désespoir. Son médecin lui conseilla vainement de se décommander. Au cours de cette représentation capitale, Cossotto manqua la faire tomber de la scène, et, à la fin de l'acte III, il ne fit plus aucun doute que Maria ne pouvait continuer ainsi. Le rideau fut baissé, et Maria s'évanouit sur la scène. On la transporta dans sa loge. Il n'y aurait pas de quatrième acte. En fait, Maria ne remonterait jamais sur la scène de l'Opéra de Paris. « On aurait dit une morte, raconta un de ses amis, présent dans les coulisses. Ce soir-là, elle a compris qu'elle ne pourrait plus jamais chanter *Norma*. Dès lors, elle a cessé d'être la Callas. »

Quatre autres représentations de *Tosca* attendaient Maria à Londres à la fin du mois de juin. Tout en sachant qu'elle ne pourrait pas s'y plier, elle refusa de les annuler. Elle était suffisamment en forme pour assister au bal des Rothschild à Paris, le vendredi avant le début des répétitions à Londres. Ensuite, elle disparut plusieurs jours, laissant la presse britannique spéculer sur la raison de son absence. L'administrateur général de Covent Garden, David Webster, prit l'avion pour Paris afin de convaincre Maria, mais il dut se résoudre à la remplacer pour les trois premières représentations. Il la persuada de venir pour la dernière de *Tosca* lors du gala royal en présence de la reine. Les Britanniques qui avaient acheté des billets pour les soirées précédentes étaient furieux. Le 5 juillet, pour la dernière, elle donna une représentation convenable devant un public peu enthousiaste.

Après avoir quitté la scène ce soir-là, Maria devait soupçonner la vérité – qu'elle ne serait jamais plus capable de chanter un opéra intégralement. En réalité, elle n'essaierait jamais plus de chanter en public pendant huit longues années.

Maria alla se terrer et panser ses blessures à Skorpios, mais l'insouciance qu'elle avait connue l'année précédente fut gâchée par les éclats de son amant qui la blessèrent plus profondément que les huées et les sifflets à Paris ou Milan. La plupart de ceux qui furent conviés sur le *Christina* au cours de l'été 1965 ont évoqué la manière dont Ari la raillait et la rabaissait en public à propos de sa voix défaillante quand l'envie lui prenait d'être cruel. « Qui es-tu ? Rien ! Tu n'as plus qu'un filet de voix ! »

Comme si cela ne suffisait pas, il jouait de plus en plus au monarque absolu sur son royaume privé, le *Christina* et Skorpios, rappelant constamment à Maria, dès qu'elle faisait mine d'apporter le moindre petit changement dans sa cabine : « N'oublie jamais, ma chère, que tu n'es pas la maîtresse de maison. Tu n'es qu'une invitée. »

Onassis savait que le meilleur moyen de blesser Maria, surtout en société, était de critiquer son physique. Comme toute femme qui avait été une enfant peu séduisante et mal aimée, elle doutait de sa beauté. « Son nez était trop long, ses yeux trop grands, pourtant au théâtre, de loin, elle était sensationnelle, m'a dit John Ardoin. C'était une belle femme étrange, mais je ne crois pas qu'elle l'ait jamais cru. Maria était farouchement jalouse de la Callas. Maria était grosse, dépourvue de charme, sa mère ne l'aimait pas et elle avait plein de problèmes... alors que la Callas était mince, élégante, le monde l'adulait. Elle voulait que Maria pût rivaliser avec la Callas, et Onassis lui en avait donné l'occasion. Jamais avant lui elle n'avait aimé Maria. »

Maria était toujours à l'affût de compliments. Zeffirelli se souvient de son refrain : « Franco, est-ce que tu ne me trouves pas jolie dans cette robe ? Que penses-tu de mon bronzage ? Tu sais, pendant des années, on a voulu que j'aie la peau laiteuse des camélias dans *La Traviata*, mais peut-on jouer Violetta toute sa vie ? »

Dès qu'elle tentait de jouer à ce jeu-là avec Onassis, celui-ci se faisait cruel et aiguisait ses sarcasmes. John Ardoin m'a raconté une anecdote qu'il tenait de Larry Kelly. Un soir, celle-ci était passée prendre Maria. « Elle était habillée, prête à partir. Et puis elle a décidé de changer de robe et a lancé : "De quoi ai-je l'air ?" D'évidence, M. Onassis devait se joindre à elles. Ils sont allés dîner et, pendant tout le repas, elle portait un petit chapeau – un truc rond avec une voilette. Elle prenait la pose, tentant d'attirer l'attention d'Onassis. Elle finit par lâcher "Ari, tu ne dis rien à propos de mon chapeau." Il l'a détaillée de haut en bas et lui a répondu : "De l'harmonie, mon amour, il faut de l'harmonie." Elle lui demanda : "Qu'entends-tu par là ?" et il rétorqua : "Soit tu achètes un chapeau plus grand, soit tu te fais raboter le nez." »

Toujours au cours de ce dîner, la Callas étendit ses jambes sur la chaise à côté d'elle, comme elle en avait l'habitude quand celles-ci la faisaient trop souffrir. Larry Kelly, qui était chauve, venait de subir une pénible série de greffes de cheveux. D'après Ardoin, « Onassis a interrogé Larry à ce sujet, tout en caressant les jambes de Maria. Il a glissé : "Pauvre Larry, il dépense tant d'argent pour récupérer ses poils sur la tête et Maria en dépense tant pour les ôter de ses jambes !" Il était comme ça, un amant d'une rare éloquence ! ».

Les escarmouches entre les deux amants se terminaient parfois en pugilat. Marinela Patronikola se rappelle comment, sur le yacht, à seize ans, elle essayait de protéger Christina, qui n'en avait que treize. Elle ne voulait pas qu'elle fût le témoin de leurs algarades. « Nous étions dans le grand salon, et Maria a annoncé qu'elle partirait le lendemain pour Milan ou Rome. Mon oncle lui a déclaré : "Tu ne peux pas partir. J'ai invité des gens importants..." Eh bien, elle partirait quand même. "Non, je ne t'y autorise pas !" Bon, elle se passerait de sa permission et elle partirait. Vlan ! Il l'a giflée. Elle a explosé et fondu sur lui pour le frapper violemment. Elle était plus grande que lui, et elle rendait coup pour coup. » Panaghis Vergottis était présent. Il essaya vainement de séparer les combattants. Marinela entendit Christina descendre dans le couloir. « Alors, je me suis précipitée pour l'empêcher d'entrer dans le salon. Je me souvenais d'une de mes amies qui était devenue muette après avoir vu son père battre sa mère. Je ne voulais pas que Christina soit traumatisée. »

C'est durant ce tumultueux été de 1965 qu'Onassis se mit en tête de négocier un projet qui avait été soumis à Maria : la version filmée de *Tosca*, de Puccini, réalisée par Zeffirelli, qui avait vu dans la Callas « la nouvelle Greta Garbo ».

Panaghis Vergottis était lui aussi emballé par le projet cinématographique, ainsi qu'il le lui dit lorsqu'elle vint le réconforter à

Londres après la mort de son frère. Maria avait exigé des sommes astronomiques (d'après Zeffirelli), sous la forme d'un fort pourcentage sur les ventes, assorti d'un cachet énorme. On tomba cependant d'accord et toutes les parties semblaient décidées à signer le contrat à Monte-Carlo. Mais Maria avait décrété qu'elle voulait d'abord le faire lire à Aristo. Deux semaines plus tard, son agent à Londres, Sander Gorlinsky, reçut un appel lui demandant de les rejoindre sur le yacht.

À peine était-elle sur place qu'Onassis discuta chaque point du contrat, soulevant objection sur objection. Maria posa une question – mal lui en prit. Il aboya : « Tais-toi ! Ne te mêle pas de ça, tu n'y connais rien. Tu n'es qu'une chanteuse de boîte de nuit. » Onassis offrit d'acheter les droits et de produire lui-même le film. Gorlinsky y vit une fourberie uniquement destinée à faire capoter le projet et à renforcer les craintes et les doutes de Maria.

Zeffirelli, convaincu que « la filmer dans *Tosca* serait à coup sûr un monument artistique de notre époque », avait une conception légèrement différente du fiasco. Pour lui, Onassis « désirait ardemment aider », il était prêt à accepter le soutien de Lord Brabourne et de Rony Havelock-Allan, de la British Home Entertainment, l'équivalent du centre national de la cinématographie.

Onassis invita Zeffirelli et les deux Britanniques sur le *Christina*. À l'arrivée du cinéaste, Onassis, tout sourire, insista pour l'emmener faire le tour de l'île en Chris-Craft, « juste nous deux ». Le soleil disparut à l'horizon, et Onassis déclama des vers de Dante en italien. Zeffirelli était stupéfait. Il écrivit dans son autobiographie : « Les avait-il appris par cœur pour m'impressionner ? Ou était-il un amoureux de poésie ? Je n'ai jamais pu cerner le personnage... Il n'était que contradictions – de là sa fascination étrange pour Maria. » (Feu le professeur Yiannis Giorgakis, qui fut le conseiller d'Onassis, m'a dit un jour qu'Ari l'appelait avant chaque rendez-vous important pour lui demander de lui préparer quelques bons mots ou citations littéraires adaptés à la situation.)

Zeffirelli décrit un dîner plutôt pénible sur le *Christina* à la suite du tour en bateau. « J'accepte uniquement parce que Ari insiste pour que je fasse du cinéma, ne cessait de répéter Maria. Tu sais, Franco, j'en ai bavé toute ma vie, j'ai travaillé comme une esclave et regarde où j'en suis – Meneghini m'a tout pris... Mais, si Ari insiste, je le ferai, même si je préférerais rester ici et me reposer. »

D'après Zeffirelli : « Notre gros problème était que Herbert von Karajan [le grand chef d'orchestre était alors le directeur artistique de l'Opéra national de Vienne] avait acheté les droits sur l'opéra et voulait impérativement le produire avec sa société. C'était incompatible avec la production de Covent Garden que nous souhaitions utiliser comme point de départ. Sans compter qu'une collaboration entre lui et Maria était plus qu'improbable. » Maria conforte ces dires : « Deux divas pour un spectacle, c'est une de trop. Si Karajan est impliqué, ça ne m'intéresse pas. »

Onassis suggéra alors de racheter les droits de Karajan. Alors que le réalisateur et les directeurs britanniques discutaient de cette tactique, « une querelle éclata, rapporte Zeffirelli. Maria et Onassis s'entretenaient en grec, comme souvent, et soudain il se mit à lui hurler quelque chose avec hargne. Nous nous tûmes et assistâmes, stupéfaits, à une bataille en règle à la grecque – avec cris et moulinets de bras – jusqu'à ce que Maria éclatât en sanglots et quittât précipitamment le pont ».

Zeffirelli poursuit qu'il laissa Onassis en compagnie d'une carafe de cognac et rejoignit Maria dans sa cabine. « Elle se jeta dans mes bras et vida son cœur en pleurant. Une fois calmée, elle commença à me parler d'Ari à travers ses larmes, comment il avait été le premier à révéler la femme en elle, le premier à lui faire vraiment l'amour, et combien elle avait peur de le perdre. »

(Stelio Galatopoulos écrit toutefois que la Callas lui avait raconté que la dispute était un coup monté. Un prétexte pour laisser le champ libre à Onassis dans les négociations.)

Le lendemain matin, toujours selon Zeffirelli, Onassis lui annonça qu'il lui remettrait dix mille dollars, pour les frais de développement du projet; plus tard à Rome, un assistant d'Onassis remit un sac en papier rempli d'argent au metteur en scène. Le projet échoua néanmoins, Karajan refusant catégoriquement de se défaire de ses droits sur *Tosca*.

Beaucoup ont insinué que c'est la tendance sadique d'Onassis à humilier Maria qui a fait capoter le projet, mais Zeffirelli en personne a admis que l'amant de la Callas n'était pas responsable. En réalité, Onassis avait proposé de financer le rachat des droits à Karajan, mais, comme en convient Zeffirelli, le chef d'orchestre n'ayant pas voulu les vendre, le projet ne pouvait pas aboutir. Une fois le projet définitivement avorté, Maria appela Zeffirelli pour réclamer le remboursement des dix mille dollars. Elle s'entendit répondre qu'il n'y avait plus d'argent. Qu'il avait été dépensé pour couvrir « les frais de développement ». En outre, Onassis n'était pas à quelques milliers de dollars près. D'après Zeffirelli, « Maria répliqua : "C'était mon argent. Il m'a obligée à les prélever sur mes maigres économies..." Ensuite elle s'est mise à hurler : "Rends-moi mon argent, rends-le-moi, tu entends ?" C'était l'autre Maria, la femme qui thésaurisait du temps de Meneghini, la Maria qui rechignait à se charger des frais d'hospitalisation de son père et qui aimait faire des emplettes chez Woolworth ».

La rage de Maria avait moins à voir avec sa pingrerie naturelle qu'avec sa volonté farouche de ne jamais donner l'impression qu'elle profitait de la fortune d'Onassis. La Callas tenait à payer de sa poche au point que certains, comme Amalia Caramanlis Megapanou, l'ex-première dame de Grèce, trouvaient cela gênant : « Un jour, nous dînions ensemble, Maria, Onassis et moi. Elle portait une ravissante broche de diamants – pas une grosse. Elle a insisté sur le fait qu'elle l'avait payée grâce à ses derniers droits d'auteur. Nous n'en doutions pas. Mais elle se sentit obligée d'ajouter, devant Onassis, qu'elle achetait toujours son billet quand elle voyageait seule sur Olympic. »

L'échec de l'adaptation de *Tosca* pour le cinéma provoqua une crise fatale dans l'amitié de Maria et Panaghis Vergottis. Le vieil armateur, apprenant qu'elle s'était retirée du projet, l'appela pour la morigéner. Il était capital pour elle, croyait-il, de tourner *Tosca.* Maria perdit son sang-froid et lui dit quelque chose – on ignore quoi exactement – qui blessa Vergottis si profondément qu'il ne devait jamais lui pardonner. La lettre de plates excuses qu'elle lui écrivit dès le lendemain n'y fit rien.

Consciente que toute réconciliation était désormais impossible, Maria envoya à Vergottis un télégramme dans lequel elle le priait de convertir le prêt qu'elle avait consenti en parts dans le navire qu'ils possédaient ensemble. Maintenant qu'ils étaient fâchés, il ne devait plus exercer seul le contrôle sur le navire. Il répondit d'un ton cassant que, contrairement à ce qu'il lui avait affirmé dans un premier temps, elle n'avait pas droit à cette option. Onassis s'en mêla et affronta son vieil ami à la demande de Maria. La rupture fut irrémédiable quand ils se rencontrèrent par hasard au Claridge à Londres. Vergottis s'empara d'une bouteille de whisky et menaça de la jeter à la tête d'Onassis. Plus tard, Ari menaça en retour de porter l'affaire de Maria et de ladite option devant les tribunaux. Vergottis l'avertit que si le couple le traînait en justice, leurs noms seraient éclaboussés par un scandale dans la presse.

Maria et Onassis portèrent plainte, et l'affaire suivit le cours de la justice britannique. Ce faisant, Maria mit son énergie à résoudre le problème numéro un de sa vie personnelle. Au printemps 1966, elle apprit qu'une loi grecque, adoptée trois ans avant son union avec Meneghini en 1949, stipulait que le mariage d'un citoyen grec était reconnu valide uniquement s'il était prononcé dans une église grecque orthodoxe. Elle et Meneghini s'étaient unis dans une église catholique de Vérone, qui plus est dans une sacristie poussiéreuse.

Puisque la loi italienne interdisait à la Callas de divorcer, elle réfléchit qu'une loi nationale grecque pourrait annuler son mariage. Alors, elle en était convaincue, Onassis officialiserait leur relation. Avant toute chose, elle devait renoncer à la nationalité américaine. Les documents du Département d'État que j'ai eus en main attestent qu'elle a déposé personnellement une requête en ce sens à l'ambassade américaine de Paris, le 18 mars 1966. Cette requête est signée du nom inscrit sur son acte de naissance : Sophie C. Kalos. Un de ces documents précise : « Madame Kalos, pour justifier sa volonté de renoncer à la nationalité américaine, a mentionné sa relation avec son époux étranger, dont elle ne peut pas obtenir le divorce en Italie... Madame Kalos déclare qu'à partir du moment où elle n'aura plus que la nationalité grecque, elle sera légalement libre de son mari et qu'il ne sera plus en droit d'exiger une part sur ses revenus ni de la harceler d'une quelconque manière. » D'autres documents découverts en Grèce attestent que « Maria Kalogeropoulos » avait demandé à être enregistrée sur les listes de la municipalité d'Athènes dès le 7 mars.

Début avril 1966, Maria annonça qu'elle avait renoncé à la nationalité américaine. Meneghini déclara à la presse : « Pour ce qui me concerne, Maria sera toujours ma femme. » Onassis, interrogé par des journalistes, refusa de prendre parti, comme d'habitude : « Nous avons toujours dit que nous étions des amis très proches. Ce récent événement ne change rien. Bien sûr, je me réjouis de cette issue heureuse après sept années de batailles. C'est merveilleux pour elle d'être de nouveau une signorina. »

Le sel de ces paroles enjouées aviva les plaies de Maria. Officiellement, elle ne voulait que se débarrasser de Meneghini, de ses prétentions financières, et obtenir qu'il cessât de la harceler. Mais, au fond d'elle-même, sa seule ambition était de voir son amour pour Onassis consacré par un mariage. « Maria avait une moralité profonde, religieuse, paysanne. Elle avait désespérément besoin d'un acte de mariage pour se sentir bien », m'a dit son amie milanaise, Giovanna Lomazzi. Elle multipliait les gestes et les engagements, tandis qu'Onassis, plus fuyant que jamais, continuait de se ménager des échappatoires.

Aristo finit par lui acheter l'appartement qu'il lui avait promis – pas la maison avec jardin qu'elle espérait. « Que veux-tu faire d'une maison ? Tu sais combien coûte l'entretien d'une maison ? Sans compter que tu serais incapable de la décorer », aurait-il dit, début 1966, à Maria, selon Mary Carter, lors d'un déjeuner au Ritz. « Il lui a offert l'appartement de l'avenue Georges-Mandel, mais elle rêvait vraiment d'une maison. »

L'appartement était situé au troisième étage d'un immeuble de six, à toit mansardé, au 36 de l'avenue Georges-Mandel, dans le très cossu 16e arrondissement, tout près de l'Arc de triomphe et à quelques maisons du domicile d'Onassis avenue Foch. Des grandes portes-fenêtres de son balcon à la balustre en fer forgé, Maria avait une vue sur le parc où les Parisiens nantis promenaient leurs chiens. Elle pouvait aussi voir le feuillage de « son » marronnier changer de couleur au fil des saisons. Les années passant, la Callas répugnerait de plus en plus à quitter le périmètre de son domicile, apparemment heureuse d'observer le monde derrière ses rideaux.

Dans sa villa de Milan, Maria avait opté pour un style grand bourgeois grotesque qu'elle et Meneghini affectionnaient. À Paris, elle choisit la simplicité et évita de réitérer les erreurs du passé en confiant la décoration intérieure à Georges Grandpierre, un de ses inconditionnels. Il décora les murs des grands salons de l'appartement, très hauts de plafond, de magnifiques tableaux primitifs et Renaissance, y ajouta des chandeliers dorés et choisit des luminaires qui n'auraient pas déparer à Versailles. La cheminée en marbre, arrondie et surmontée d'un miroir pris dans un cadre Empire en bois doré, était agrémentée de deux candélabres dorés et d'une horloge « au chinois » bronze et or, reposant sur les figures de deux Chinois agenouillés. Un jeune prince indien était juché sur l'horloge. Le salon rouge était meublé de ces chinoiseries dont Onassis raffolait : pagodes laquées, un couple de chiens en bronze et cloisonné, dont la langue bougeait – presque les jumeaux de ceux du *Christina* –, ainsi que deux brûle-parfums en bronze représentant des éléphants. Un visiteur aurait pu s'attendre à voir surgir Tosca ou Aïda, prête à entonner une aria. Comme l'a écrit la biographe Arianna Stassinopoulos : « C'était moins un chez-soi que le tombeau d'une légende. »

Tout obéissait à un ordre strict dans cet appartement dont les pièces de réception étaient dépourvues de la moindre touche personnelle. On retrouve un peu des goûts personnels de Maria dans sa chambre à coucher, où elle disposa des meubles datant de son mariage avec Battista : un ensemble consistant en un lit, un bureau et deux tables de chevet rococo. Les meubles laqués sont bombés, sculptés, d'un jaune jonquille et rehaussés de fleurs peintes. Elle avait accroché au-dessus du lit ouvragé et bien rembourré, légèrement décalée sur le côté, une peinture à l'huile de la Vierge à l'Enfant. L'ensemble ressemblait un peu à une chambre d'enfant, un gros koala en peluche posé sur le fauteuil près du lit. Mais, là aussi, tout était ordonné : Maria avait demandé à Bruna d'emballer et d'étiqueter chaque pièce de vêtement et accessoire – gants, sacs à main et chaussures –, de noter l'adresse où elle avait été achetée et en quelle occasion elle l'avait portée.

Faisant contraste avec les pièces de réception, vastes et impersonnelles, le petit cabinet de travail et la luxueuse salle de bains en marbre rose et blanc, aux murs couverts de miroirs : les petits sanctuaires de Maria. Dans la salle de bains, elle avait placé un canapé, un téléphone et un électrophone, des plantes vertes et des luminaires dorés (identiques à ceux de sa cabine sur le *Christina*).

Un instantané pris par un ami dans les années 70 la montre assise dans son petit cabinet de travail dont les murs disparaissent sous les récompenses, les caricatures et les piles de livres et livrets qu'elle avait bannis des autres pièces, plus soignées. Sur une photographie datant de la fin de sa vie, Maria, affublée de lunettes, est assise dans un fauteuil. Chaussée de pantoufles blanches et vêtue d'une robe bleue, la diva n'est pas maquillée et ne porte aucun bijou, à l'exception d'une croix suspendue à une chaîne. On la sent sereine et chez elle, comme elle ne le fut jamais dans les pièces de réception plus mondaines qu'elle avait créées pour mettre en scène la Callas.

Maria avait beau assurer à ses amis qu'elle avait acheté elle-même l'appartement de l'avenue Georges-Mandel, c'est bien Onassis qui l'avait payé. J'ai découvert des documents qui attestent que l'appartement appartenait à deux sociétés panaméennes : la Westchester Corporation Ltd. et la Trenton Inversion Company Inc. Ces deux sociétés, propriétés d'Onassis, avaient acquis l'appartement pour Maria. Elles ont continué de payer les charges mensuelles après la séparation du couple, y compris après la mort d'Aristo. Maria détenait des actions au porteur qui lui donnaient la propriété de l'appartement.

Sa carrière étant au point mort, et Onassis multipliant les voyages aux États-Unis, Maria prit le temps de décorer l'appartement avant d'emménager. En avril 1966, elle écrivait à son amie et ancien professeur Elvira de Hidalgo : « J'ai trouvé un appartement et je m'y consacre pour l'instant. De cette manière, je ne me tue pas à la tâche, en essayant de mener de front travail vocal et aménagement de la maison... J'ai besoin de te parler, mais j'ai tant à faire dans ce petit appartement... Je suis beaucoup plus apaisée maintenant, mais la sérénité n'a jamais été synonyme de bonheur. »

Maria avait été opérée d'une hernie peu de temps après s'être installée. Comme elle l'expliquerait des années plus tard à John Ardoin, Bruna resta auprès d'elle à la clinique, refusant aux infirmières le soin de s'occuper d'elle.

En avril 1967, Maria et Onassis furent convoqués à Londres, où le tribunal devait juger le litige qui les opposait à Vergottis. Au cours du procès, leur ancien ami mit sa menace à exécution. Il s'évertua à salir leurs noms et à rallumer le scandale de leur liaison dans les journaux. Après avoir répondu aux questions posées par les avocats de Vergottis, Maria affirma :

– Nous sommes ici à cause de vingt-cinq actions que j'ai payées, pas à cause de ma relation avec un autre homme.

– Vous considérez-vous comme célibataire ?

Elle réfléchit quelques instants avant de répondre :

– En Italie, non, ailleurs, oui.

Interrogé à son tour sur la qualité de leur relation, Onassis ne se départit pas de sa réserve.

– Considérez-vous qu'elle pourrait devenir votre femme si elle était libre ?

– Non. Si tel était le cas, je n'aurais aucun problème pour l'épouser. Pas plus qu'elle n'aurait de problème pour m'épouser.

L'avocat lui demanda :

– Jugez-vous que vous avez des obligations envers elle, autres que celles créées par une simple amitié ?

– En aucune manière.

Une réponse stratégiquement bien pesée qui dut piquer au vif l'associé d'hier et plaignant.

Après dix jours de débats, le tribunal prononça un jugement : il condamna Vergottis à céder vingt-cinq actions de la compagnie à Maria et le condamna aux dépens. Le juge déclara que l'affaire possédait « maints éléments d'une tragédie de Sophocle ». Vergottis fit appel.

Les disputes et les tensions entre Aristo et Maria se succédèrent durant tout l'été 1967. L'écrivain Willi Frischauer avait été convié à rejoindre le couple à Skorpios, où il était censé écrire la biographie d'Onassis. Jour après jour, le magnat s'ingéniait avec enthousiasme à donner une version héroïque de sa vie pour la postérité. Frischauer n'a pas oublié le mécontentement de Maria quand les deux hommes étaient en retard pour le déjeuner et le dîner. Elle s'inquiétait « comme une ménagère de banlieue irritée ».

Maria savait qu'Onassis faisait la cour à d'autres femmes. Elle a probablement appris l'identité de sa rivale un jour de l'automne 1967, après qu'Onassis eut organisé un mystérieux dîner pour une invitée spéciale à son domicile de l'avenue Foch. Il enjoignit aux domestiques, Eleni et George Siros, de rester chez eux toute la soirée : il servirait le dîner lui-même. L'invitée était Jacqueline Kennedy, évidemment. Et si Eleni Siros divulgua l'information, c'est sans doute à Bruna qui était son amie à Paris.

Maria croyait toujours en l'amour d'Aristo. Peut-être préférait-elle se faire des illusions quand les ardeurs de l'amant virèrent à la cruauté badine. Une nuit de novembre 1967, un journaliste surprit le couple sortant de chez Régine, à Paris, vers deux heures du matin. Interrogé sur les rumeurs d'un mariage imminent, Onassis arbora un large sourire et dit : « Vous êtes en retard. Nous sommes mariés depuis quinze jours. C'était merveilleux. » Blague sadique s'il en est. Le journaliste, le prenant au mot, rédigea un article exclusif pour l'édition du matin, notant que le couple avait l'air « particulièrement gai et enjoué ».

Une semaine plus tard environ, Maria était à l'hôtel Pierre de New York. Elle écrivit une lettre à Elvira de Hidalgo, qui révèle sa capacité à nier l'évidence : « Très chère Elvira, je te rends folle, n'est-ce pas ? Tu vois ce que fait l'amour... Aristo me traite si tendrement. Il t'envoie son affection et te remercie d'être si compréhensive et une amie si chère pour moi. Je t'en prie, excuse mes sottises, cela nous arrive à tous, n'est-ce pas ? Ne trouves-tu pas qu'Aristo a changé en mieux ? »

Les chroniqueurs mondains américains commencèrent à noter la fréquence à laquelle on voyait Onassis dîner en compagnie de Jacqueline Kennedy à Manhattan, au restaurant El Marocco, au « 21 » et dans des restaurants grecs comme le Dionysos et le Mykonos. Fait étonnant, ils n'en tirèrent aucune conclusion. Le couple était presque toujours accompagné d'autres personnes, et la presse avait décidé une fois pour toutes que le prétendant le plus sérieux de la veuve Kennedy était l'ancien ambassadeur britannique aux États-Unis, Lord David Harlech, un bel homme élégant, éminemment présentable. Rares étaient ceux qui envisageaient la possibilité que le gagnant soit le magnat grec râblé, basané, dont J. Edgar Hoover s'était longtemps méfié.

Le 20 janvier 1968, au début d'une année qui fut la plus mouvementée de sa vie, Maria écrivit à Elvira de Hidalgo. Dans sa lettre, elle parle avant tout de ses efforts pour retrouver sa voix. Elle avait mis au point une « nouvelle méthode », qui consistait à enregistrer sa voix pour pouvoir ensuite en étudier les problèmes. « C'est long, mais ma patience est infinie. J'y arriverai, comme dans le passé. Si ça marche, tant mieux. Sinon, je laisserai tomber. Et puis j'ai Aristo. Que pourrais-je désirer de plus ? »

Maria n'était pas sans avoir lu les journaux ni entendu les commérages sur les séjours d'Aristo à New York. Elle avait beau ne pas vouloir considérer cette éventualité, se refuser à l'admettre, la vérité s'imposait : Onassis lui échappait.

17

Vagabondages

Évitez ces lieux
Qui de votre amour furent
Les témoins silencieux.
Ils ne seront demain
Que des sources de chagrin.

Ovide, *Remedia Amoris.*

1968 fut une année charnière. Le statu quo mondial fut remis en question par des bouleversements inattendus – révolutions étudiantes, soulèvements, assassinats politiques. Le monde entier sembla au bord de l'effondrement collectif.

La tranquillité du début des années 60, inaugurées sous le signe apaisant du Verseau, fit place aux émeutes étudiantes aux États-Unis et à Paris, au matraquage des manifestants par la police lors de la Convention nationale du Parti démocrate à Chicago, aux ravages de l'offensive du Têt au Vietnam, à l'annonce par le président Lyndon Johnson qu'il ne se représenterait pas, enfin à l'assassinat, quatre jours plus tard, de Martin Luther King Jr. au balcon d'un motel d'Atlanta et aux violentes émeutes qui en découlèrent à travers les États-Unis. Quatre mille soldats furent dépêchés le lendemain pour restaurer le calme à Washington où la nouvelle de l'assassinat de King avait déclenché pillages et incendies. À New York, les étudiants occupèrent les bâtiments de l'université Columbia pendant une semaine jusqu'à ce qu'ils fussent délogés au petit matin par la police, avant leur arrestation. À Paris, une révolution étudiante plus violente encore paralysa l'ensemble du pays.

Le tremblement de terre social et politique allait perdurer toute l'année, laquelle s'acheva, le jour de Noël, par l'expédition autour de la Lune de trois astronautes américains citant la Genèse. L'année avait été le théâtre de changements fondamentaux dont on ressent toujours les effets.

1968 fut également une année cruciale pour les amours de Maria Callas et d'Aristote Onassis. On aurait pu penser que leur fortune ou leur renommée les auraient mis à l'abri, du moins au-dessus de la mêlée. Or les événements allaient affecter leur vie personnelle et modifier définitivement leurs rapports. Maria elle-même allait connaître une profonde dépression au cours d'un périple étrange et sans but à travers l'ouest des États-Unis, primitivement destiné à lui redonner la force de se ressaisir.

En mars et avril, la Callas et Onassis effectuèrent leur traditionnelle croisière annuelle dans les Caraïbes. La plupart de leurs biographes assurent que leur séparation était déjà été effective. Or deux lettres que Bruna, sa femme de chambre, m'a fait parvenir, montrent sans ambiguïté qu'elle croyait encore que tout allait pour le mieux entre elle et Aristo.

« Nous partons maintenant pour la Trinidad, puis retour en Guadeloupe, en passant peut-être aussi aux Bahamas (Jamaïque). Plein de choses merveilleuses ! » écrit Maria, le 19 mars, de Nassau. Puis, le 3 avril, de la Jamaïque : « Nous avons fait un voyage formidable... Je suis déjà bronzée sans avoir été au soleil – imagine ! Je me mets au régime... Je grossissais. Nous verrons si je peux m'y tenir. Je chante de temps à autre. Mais il y a ici beaucoup de monde et je n'ai guère l'humeur à cela... Le signore veut que nous allions à New York à la fin du mois. J'irai peut-être pour travailler avec les excellents pianistes du Metropolitan et de Dallas. Je n'ai pas encore décidé. Je t'écrirai quels vêtements me faire parvenir. » Elle ajoutait en post-scriptum : « Les deux chiens sont aux anges. Le bateau, ils adorent. Incroyable ! »

Le lendemain, le 4 avril, Martin Luther King Jr. était abattu à Atlanta. Les troubles qui s'ensuivirent aux États-Unis n'affectèrent guère l'humeur de Maria et d'Aristo, tout à leur croisière dans les eaux tranquilles de la Jamaïque. Mais, à l'issue du voyage, les événements de mai et des deux premières semaines de juin annonçaient un cataclysme qui toucherait Maria de beaucoup plus près et la conduirait au bord de la dépression. En juin, le ton de ses lettres étaient tout autre, comme ses perspectives.

Le 16 juin, elle écrivait de Paris à son ancien professeur, Elvira de Hidalgo :

Je vais assez bien, compte tenu des circonstances, mais j'ai le sentiment d'avoir reçu un terrible coup sur la tête et de n'avoir pas encore récupéré. J'ai reçu trois appels téléphoniques : je n'ai pas répondu au premier mais ai décroché aux deux autres. Et ç'a été pour moi la catastrophe.

Comme je vous l'ai dit, c'est un irresponsable. Il me dégoûte. Je suis à Paris et vais tenter de réordonner mes idées en dépit de mon immense chagrin. J'essaierai simplement de survivre durant ces prochains mois. Je ne fais pas beaucoup d'efforts, car la force mentale et psychologique me manque. Je ne sais où partir me reposer un peu. Je me sens tellement perdue, après tant d'années de travail et de sacrifices pour lui, que je ne sais même pas où aller. N'est-ce pas incroyable ? Si vous le voulez bien, écrivez-moi ici. Chez moi, du moins, je me sens bien. Je vous embrasse affectueusement. J'espère que vous ne vous inquiétez pas trop à mon sujet, vous, l'amie de toute ma vie.

Tout avait changé en quelques jours, avec Aristo. Rien ne serait plus comme avant. Le bonheur de Maria s'était écroulé comme il avait commencé : par une croisière soigneusement calculée à bord du *Christina*.

Cette année-là, Pâques tombait le 14 avril. Ari laissa Maria et se rendit à New York... « pour affaires ». En fait, il avait pris Jackie Kennedy à bord de son avion personnel pour l'emmener à Palm Beach passer les fêtes avec ses enfants. Par crainte des photographes, il n'avait pas quitté l'avion. Ayant déposé Jackie, il s'était envolé pour Nassau où sa fille l'attendait avant de retourner sur le *Christina* le 21 avril et passer les Pâques grecques orthodoxes en compagnie de Maria.

Onassis réussit à la convaincre de quitter le *Christina* le 18 mai et de rentrer à Paris, via New York. Le prétexte invoqué était que le yacht repartirait bientôt pour Skorpios : autant éviter le fastidieux voyage de retour de dix-sept jours. Puis, dans le plus grand secret, il entreprit d'aménager le navire pour un invité de marque. Il demanda à sa sœur Artémis, alors en Grèce, de le rejoindre. Il avait besoin d'elle sur cette croisière, sans autre explication.

Le 25 mai 1968, le *Christina* étant à l'ancre à Saint Thomas, il dépêcha le capitaine Kostas Anastasiades, le chef mécanicien, Stéfanos Darousos, et Artémis Garofalidis à l'aéroport pour quérir l'illustre invité, toujours anonyme. Ari, très nerveux, était resté à bord. Il avait ordonné d'enlever le portrait de Tina au-dessus de la cheminée (ce qu'il n'aurait jamais fait pour complaire à Maria) et suspendu à sa place celui qu'il avait fait faire de sa mère.

Selon le capitaine Kostas, Onassis avait fait venir Jacqueline Kennedy à Saint Thomas, possession américaine, pour éviter un contrôle de douane pouvant attirer l'attention sur elle. Accompagnée d'un seul agent des services secrets, vêtue d'un costume Valentino de couleur sombre, elle se présenta au salon de l'aéroport réservé aux personnalités de haut rang, à la surprise et au grand plaisir d'Artémis qui l'accueillit en l'embrassant chaleureusement.

Cela faisait à peine sept jours que Maria avait quitté le *Christina* pour New York et Paris, et voilà que Mme Kennedy montait à bord. Les spéculations allaient bon train parmi l'équipage. « Télis », comme l'appelait Jackie, attendait nerveusement son invitée. Mais, une fois les salutations faites, lui comme l'ex-première dame des États-Unis se détendirent. Les quatre jours qu'ils passèrent ensemble au large des îles Vierges furent paisibles et romantiques. D'après le mécanicien, Stéfanos Darousos, il ne faisait désormais aucun doute pour l'équipage que Mme Kennedy et le patron avaient entamé une liaison, bien que celui-ci évitât soigneusement toute marque d'affection en public. « Ils s'effleuraient souvent de la main, vous pouviez sentir le courant passer de l'un à l'autre. » Rien à voir avec leur comportement lors de leur première croisière commune, après que Jackie eut perdu son bébé. « Nous connaissions trop bien les façons de faire du patron quand il courtisait une femme. Il y avait quelque chose entre eux. C'était évident. »

La seule autre invitée, outre Jackie et Artémis, était Joan Thring, l'assistante personnelle de Rudolf Noureïev. Elle faisait partie de la croisière qui venait juste de se terminer, dont les membres avaient été priés de débarquer à Saint John, la veille de l'arrivée de Jackie. Ari avait expressément demandé à Joan de rester à bord. Il l'avait réquisitionnée afin de poser près de Jackie en présence des photographes. Il ne voulait pas qu'on pût prendre un cliché le montrant seul en compagnie de Mme Kennedy.

Selon Joan Thring, le thé de l'après-midi était l'occasion pour Onassis et Jackie de s'isoler à bavarder longuement. Certains de leurs biographes respectifs supposent que c'est au cours de ces tête-à-tête que le magnat aurait parlé mariage pour la première fois. Mais rien ne dit que ce ne fut pas Jacqueline qui aborda le sujet. Dorothy Schiff, l'ancienne éditrice du *New York Post*, à l'époque une intime de Mme Kennedy, a écrit dans *Men, Money et Magic* (« Les hommes et la magie de l'argent ») : « C'était Jackie qui tenait à épouser Onassis, plus que l'inverse. »

Jackie et Ari avaient beaucoup à débattre au cours de cette croisière caraïbe. Mais le mercredi 29 mai, lorsque Mme Kennedy débarqua à Saint Thomas, rien n'avait été décidé. Le couple avait bien des problèmes à résoudre avant d'envisager le mariage. Il y avait la différence de religion, aggravée par le divorce d'Onassis. Les enfants de Jackie étaient bien jeunes (Caroline avait onze ans, John Jr, huit ans). Accepteraient-ils un beau-père de soixante-quatre ans ? Plus important que tout, il y avait les questions d'argent. Enfin, le problème de Maria Callas.

La presse mondiale n'avait pas encore le moindre soupçon d'une liaison amoureuse entre M. Onassis et Mme Kennedy. Mais certains proches commençaient à subodorer l'idylle. On a su par la suite que Jackie était allée trouver son beau-frère, l'ancien attorney général Robert Kennedy, qui s'était institué son conseiller et son mentor depuis la mort de son mari, pour le mettre au courant. Bobby Kennedy fut consterné en apprenant qu'il était déjà question de mariage. Il considérait Onassis comme « un parfait gredin, à tous égards ». Cela dit, il n'était pas en son pouvoir de dicter la conduite de Jackie. Il lui demanda seulement de repousser la nouvelle après les élections. Bobby était candidat à la présidence et Jackie avait promis de l'aider dans sa campagne. Il lui était facile d'imaginer les répercussions sur l'électorat de l'annonce des amours de sa belle-sœur avec l'armateur. Elle se rendit à toutes ses conditions.

(Selon Peter Evans, le 17 mai, une semaine avant l'arrivée de la veuve de l'ex-président sur le *Christina*, le président alors en exercice, Lyndon Johnson, avait reçu la réponse de J. Edgar Hoover à une demande d'enquête sur Aristote Socrate Onassis. L'intérêt porté par LBJ à l'armateur n'était sans doute pas uniquement inspiré par la liaison de Jackie. Toujours selon Evans, un ami avait révélé dès le 3 avril au président qu'Onassis menait des pourparlers secrets avec les colonels qui détenaient le pouvoir en Grèce depuis le coup d'État de l'année précédente. L'accord, dont le nom de code était projet Oméga, portait sur la construction d'une raffinerie près d'Athènes, où Onassis prévoyait de traiter du pétrole acheté à l'Union soviétique. Le projet Oméga était la plus grosse affaire de toute la carrière d'Onassis. Ses liens de plus en plus étroits avec l'ex-première dame des États-Unis pouvaient lui faciliter énormément les choses.)

Le 5 juin 1968, Robert Kennedy était abattu par Sirhan Sirhan, un jeune Arabe palestinien mentalement instable, dans les cuisines de l'Ambassador Hotel de Los Angeles, quelques minutes après le discours célébrant sa victoire aux élections primaires de Californie. Il mourut vingt heures plus tard.

Son assassinat ne contribua pas seulement à libérer Jackie de sa promesse d'attendre les élections pour faire connaître son intention d'épouser Onassis. Le drame la précipita dans les bras de celui qui lui offrirait consolation et protection. Ceux qui l'approchèrent lors des obsèques de Robert Kennedy à la cathédrale St. Patrick de New York constatèrent avec inquiétude qu'elle ne montrait plus la force stoïque qui avait frappé le monde d'admiration lors des funérailles de son mari cinq ans auparavant. Lady Bird Johnson, l'épouse du président, rapportait qu'après la messe elle l'avait appelée par son nom en lui tendant la main. « Son regard était lointain, comme si j'étais une espèce d'apparition. »

Une sorte de veillée mortuaire itinérante à la manière irlandaise, abondamment arrosée d'alcool, se déroula dans le train qui acheminait le cercueil de Bobby et onze cents invités, de New York à Washington. Jackie demeura à l'écart, prostrée dans son wagon personnel. Ceux qui tentèrent de l'aborder notèrent qu'elle semblait au bord de l'incohérence, confondant les assassinats de Jack et de Robert, se croyant toujours la femme du président, ne sachant plus apparemment où elle était et qui venait de mourir.

Était-il bien sage de convoler avec Onassis ? La question était dépassée. Jackie était effondrée, désemparée. Ce deuxième assassinat d'un Kennedy lui faisait craindre pour elle-même comme pour ses enfants. Elle ne pouvait pas se permettre de vivre sans le cocon protecteur qu'un homme comme Onassis pouvait tisser autour d'elle. « S'ils tuent les Kennedy, cela veut dire que mes enfants sont des cibles. Je veux quitter ce pays », avait-elle affirmé à l'époque. La mort de Bobby la décida à tourner le dos à une nation qui l'adulait mais qui tuait ceux qu'elle aimait.

Onassis se trouvait à bord du *Christina* le jour de l'assassinat de Robert Kennedy, à mi-distance environ de Puerto Rico et de la Grèce. Il ne mit pied à terre qu'à Skorpios, le 16 juin. Mais où était Maria Callas pendant que Jackie voguait sur le *Christina* en compagnie d'Onassis, puis assistait en pleurs aux obsèques de Robert Kennedy ? La diva affirmerait plus tard aux journalistes qu'elle avait passé mai et juin à Milan pour éviter *les événements de*

Mai [1], le soulèvement étudiant à Paris qui transforma les rues en terrain d'affrontement entre les bandes rivales de la police anti-émeute et les jeunes. Pourtant, si l'on en croit la lettre désespérée du 16 juin destinée à Elvira de Hidalgo : « Je suis à Paris... J'essaierai simplement de survivre durant ces prochains mois... La force mentale et psychologique me manque. »

La Callas avait apparemment eu vent de la croisière caraïbe de Jackie et du sérieux des intentions d'Aristo au sujet de la veuve de Jack [2]. Cela dit, si l'on en juge d'après sa conduite passée, Onassis était tout à fait capable de laisser le plus longtemps possible sa maîtresse dans le noir. Dans la lettre écrite à Bruna, quelques semaines seulement avant la venue de Jackie à bord du *Christina*, la Callas semblait parfaitement heureuse. Et si l'on remonte à 1959, au début de la liaison d'Ari avec Maria, on se souvient qu'il espéra longtemps pouvoir garder femme et maîtresse. Au printemps 1968, il s'imaginait sans doute pouvoir maintenir ses relations avec Maria – dont le dévouement lui était acquis, pensait-il – tout en négociant la main de l'illustre veuve. En outre, certains de ses amis affirment qu'Onassis ne croyait pas vraiment au mariage avec Jackie, et certains doutent même qu'il en ait eu réellement envie. « Il voulait que le monde entier sache que la femme la plus célèbre du monde l'avait choisi, lui, mais jusqu'à la dernière minute il a pensé qu'il trouverait un moyen de s'en sortir », me confierait Alexis Minotis après la mort d'Onassis, dont il était l'un des intimes.

Il consacra beaucoup de temps cet été-là en manœuvres diplomatiques – mais le négociateur en chef fut sans doute Jacqueline Kennedy. Elle lança une campagne destinée à convaincre sa famille et ses amis qu'Onassis était un prétendant valable et à persuader l'Église catholique de ne pas la mettre au ban en cas de remariage.

Un week-end de juin, elle présenta « Télis » à sa mère et son beau-père dans leur propriété des Auchincloss, à Newport. Jackie ne s'était sans doute pas rendu compte que Janet Auchincloss considérait Onassis, forcément, comme d'un rang social inférieur. De plus, les circonstances dans lesquelles elle l'avait connu à Londres quelques années plus tôt lui avaient inspiré une forte inimitié. À la recherche de sa seconde fille, Lee, elle avait fait intrusion dans la suite d'Onassis au Claridge. Il l'avait reçue en robe de chambre et l'avait informée tout à trac que la princesse Radziwill venait juste de partir.

1. En français dans le texte.
2. John Kennedy, que ses proches appelaient Jack. (*N.d.T.*)

Jackie eut plus de chance en présentant Onassis à son ex-belle-mère, Rose Kennedy, à Hyannis Port. Rose raconte cette visite dans ses Mémoires *Times to Remember* (« Souvenirs d'une époque ») : « Je me souviens de lui, un jour d'été sur le seuil de la maison, assis ou plutôt affalé dans un de nos grands fauteuils d'osier blancs, avec un éventail... La peinture blanche commençait à s'écailler, comme toujours... Au courant de sa fortune fabuleuse et de son style de vie – ses îles, ses yachts, ses villas, son cortège de serviteurs... – je me demandais s'il ne lui paraissait pas étrange de se retrouver dans un environnement aussi peu formaliste que le nôtre. Si c'était le cas, il n'en donna aucun signe. C'était un homme de bonne compagnie, de conversation facile, intelligent, avec le sens de l'humour et tout un fonds d'anecdotes à raconter. Il m'a plu. Il était séduisant, intéressant et, pour utiliser un terme d'origine grecque, charismatique. »

À ce moment-là, toutefois, la femme que Jackie appelait affectueusement *belle-mère* [1] n'avait pas encore compris qu'Onassis se proposait de succéder à son fils auprès de la veuve de celui-ci. Quant au beau-père de Jackie, le patriarche du clan Kennedy, il était incapable de s'exprimer de façon intelligible depuis son attaque cérébrale de 1961. On ne sait trop si le vieil homme sut jamais que lui et Onassis avaient joui des faveurs de la même femme, Gloria Swanson, longtemps la maîtresse de Joe Kennedy et brève passade d'Ari.

Entre les longs week-ends passés à séduire la famille et les amis de Jackie (il se présentait chaque fois les bras chargés de cadeaux pour Caroline et John Jr.), Onassis sautait dans l'avion pour rejoindre Maria. Après la courte croisière avec Mme Kennedy, le *Christina* avait quitté Saint Thomas le 30 mai à midi dix, fait une brève escale à San Juan, dans l'île de Puerto Rico, pour se ravitailler, puis entrepris la traversée de l'Atlantique pour arriver à Skorpios le 16 juin à sept heures cinquante du matin, le jour même où Maria, le cœur brisé, écrivait sa lettre à Elvira de Hidalgo.

Toujours disposé à jouer double jeu – et fort doué en la matière –, Onassis réussit non seulement à se gagner les proches de Jackie mais également, à grand renfort sans doute de douces paroles, à persuader Maria de le rejoindre à bord du *Christina*, en Grèce, pour leur traditionnel séjour d'été à Skorpios. Et elle vint, en dépit de sa lettre de la semaine précédente où elle trouvait que c'était un « irresponsable », qu'il la « dégoûtait ». Elle a très bien pu se leur-

1. En français dans le texte.

rer elle-même. Mais il faut croire, Dieu sait avec quels arguments, qu'Aristo sut la convaincre que leur couple avait encore un avenir. Elle arriva le 23 juin et attendit son vieil ami Lawrence Kelly, qu'elle avait invité à les rejoindre sur le yacht.

Larry Kelly, le cofondateur du théâtre lyrique de Chicago et de l'opéra civique de Dallas, avait été l'un des premiers Américains à reconnaître le talent exceptionnel de la Callas. Il restait un de ses plus fidèles amis. En 1955, à l'issue d'une représentation de *Madame Butterfly* à Chicago, un shérif était arrivé dans la loge de Maria pour lui présenter la sommation d'un ancien imprésario qui lui intentait un procès. Maria, sous les flashes des photographes, encore maquillée et en kimono, les traits révulsés par la colère, s'en était prise violemment aux porteurs de la convocation. Kelly lui avait permis de s'esquiver du théâtre, l'avait cachée chez son frère et avait écouté patiemment plusieurs nuits d'affilée les rageuses rancœurs de la diva à l'encontre de ses ennemis. De petite taille mais fringant et bel homme, il était doté d'un grand charisme. Les tempes quelque peu dégarnies, il portait habituellement des costumes trois pièces de couleurs vives. Il était bisexuel, et tous ceux qui venaient à le connaître, hommes ou femmes, semblaient en tomber amoureux. Il fut à maintes reprises le dernier recours de Maria.

Cet été 1968, c'était précisément d'un tel ami dont elle avait besoin. C'est que, sans même qu'elle le sût, les négociations entre les Kennedy et Onassis entraient dans leur phase irréversible. Le 28 juillet, Rose Kennedy organisa une dîner de famille à Hyannis Port pour le trente-neuvième anniversaire de Jackie. Jackie avait déjà prévenu Teddy Kennedy, désormais le chef du clan, qu'elle avait l'intention d'épouser Onassis. À la fin juillet, Teddy appela Onassis pour une entrevue. Ari l'invita à venir à Skorpios avec Jackie.

Maria et Larry Kelly étaient installés sur le pont du *Christina* et admiraient le coucher du soleil derrière les cyprès des collines verdoyantes de l'île, quand Onassis fit irruption, se versa un scotch et signifia à Maria qu'elle devrait retourner à Paris début août et patienter là-bas. Il attendait des invités sur le *Christina* et sa présence n'était pas souhaitable.

Elle le regarda, sidérée. En août, il n'y a personne à Paris, en particulier aucun Parisien – et encore moins cet été-là, le pire de tous.

« Retourne à Paris et attends-moi, répéta Onassis. Je te rejoindrai en septembre. »

Il n'avait pas besoin de prononcer un nom pour qu'elle comprît qui arrivait à bord. Se faire évincer, et au profit de Jackie ! Comment le supporter ? Elle voyait bien qu'elle avait fait une erreur en acceptant de revenir auprès d'Aristo après ce qui s'était passé en mai. Mais comment se faire violence ? Son amour pour lui était trop intense. Son orgueil, son philotimo (son amour-propre) passaient après. Elle était à lui, tout bonnement. Tant pis pour les humiliations. Elle les acceptait.

Larry Kelly se rendait bien compte de la façon dont Onassis la traitait. Il déplorait que Maria eût abandonné la scène comme le travail vocal quotidien. Mais il était persuadé que sa carrière comme sa voix pourraient retrouver les niveaux atteints naguère. Pas question qu'elle se laissât faire par Onassis, lui jura-t-il.

John Ardoin, grand ami de Kelly avant de devenir celui de Maria, m'a raconté comment celui-ci la fit quitter le bateau en 1968 pour la ramener à Paris : « "Fais tes bagages. Tu vas en Amérique – tu as besoin de tes vieux amis. Je pars pour Rome voir Nicola Rescigno mais je serai vite de retour". Une semaine plus tard, revenu à Paris, il retrouvait Maria à l'Hôpital américain. Elle avait absorbé des barbituriques. C'était un accident, lui assura-t-elle, elle avait pris trop de comprimés par inadvertance. Peut-être. Mais comment faire la différence entre avaler une poignée de comprimés sans les compter et une tentative de suicide ? Il la sortit de l'hôpital et l'emmena aux États-Unis. »

Mary Carter m'a raconté la même histoire, avec un détail supplémentaire : « Maria quitta le yacht dans une telle précipitation qu'elle laissa la plupart des bijoux que lui avait offerts Onassis dans le coffre du navire. Naturellement, il en offrit certains par la suite à Jackie. »

Bien des amis et relations de la Callas pensent qu'elle a commis une fatale erreur tactique, en août 1968, en quittant le *Christina* sous le coup de la colère plutôt que de céder tranquillement la place. Selon Miltos Yiannakopoulos, ami et conseiller d'Ari, « Tout cela ne serait pas arrivé, en particulier le mariage avec Jackie, si Maria ne s'était pas fâchée et enfuie du *Christina* cet été 1968. Ce fut une erreur catastrophique qui a rendu Onassis furieux et laissé le champ complètement libre à Jackie. Ari était très lié à Maria. Certes, il ne lui déplaisait pas d'avoir une aventure quand l'occasion se présentait. Mais il n'aurait pas été capable de quitter la Callas pour Jackie si elle n'avait elle-même pris les devants. Elle a fait la même bourde que Tina en 1959. Maria a alors commis la plus grave erreur de son existence. »

Panayiotis Zigomalas, capitaine du *Christina* de la fin 1964 à 1965, est du même avis. « Onassis savait que personne ne l'aimait comme elle. Si elle avait été patiente en 1968 et n'avait pas pris la poudre d'escampette, il n'aurait jamais laissé Jackie s'installer et supplanter Maria. C'était une grosse erreur de partir. »

Larry Kelly pensa qu'un voyage serait le bienvenu après l'incident des barbituriques. Cela aiderait sans doute Maria à reprendre courage. Il fit appel à Mary Carter, l'amie de la diva. « J'arrive à New York avec Maria. Pouvons-nous nous voir ? » lui téléphona-t-il. Malheureusement, Mary était clouée à Dallas pour la rentrée scolaire de ses enfants. C'est donc plein d'appréhension que Kelly accompagna Maria à New York, première étape d'un voyage censé la sortir de son désespoir.

À son arrivée à Manhattan, Maria demeura quelques jours chez Costa Gratsos, un proche d'Ari chargé de la direction de ses affaires en Amérique, et son épouse Anastasia. Elle laissa éclater son chagrin « J'ai vécu auprès d'Aristo les plus belles années de ma vie et les pires de toutes. » Gratsos avait toujours beaucoup apprécié Maria et pensait que c'était elle qu'Onassis aurait dû épouser. La Callas espérait encore qu'Aristo regretterait sa conduite, lui téléphonerait, lui demanderait de revenir. Elle avertit Gratsos qu'elle l'appellerait chaque jour au cours de son voyage avec Larry Kelly, en lui communiquant le numéro de l'étape au cas où Aristo voudrait la joindre.

Maria et Larry téléphonèrent à Mary Carter de New York pour lui annoncer leur venue à Dallas. « Dallas en août, vous n'y pensez pas ! Les oiseaux eux-mêmes ne peuvent pas voler tant la chaleur est épouvantable », leur répondit-elle. Mais Maria était au désespoir. « Elle voulait aller quelque part, n'importe où. »

Larry Kelly s'adressa donc au riche industriel David Stickelbar, un de ses amis habitant Kansas City, la ville natale de Larry. Stickelbar était l'un des directeurs de la firme paternelle, Stickelbar and Sons, qui fabriquait des fours industriels. Il offrit de mettre sa spacieuse demeure à la disposition des voyageurs et demanda à une amie Sue Blair, de se joindre à eux en attendant Mary Carter. Kelly pensait sans doute que la Callas avait besoin d'une femme comme compagne de voyage. De toute façon, il fallait plus d'une personne pour maintenir le moral de la diva et prévenir une nouvelle tentative de suicide.

Mme Blair, un ex-mannequin ayant épousé le correspondant du *New York Times* William G. Blair, n'avait encore jamais rencontré

Maria avant le coup de fil de Stickelbar. « Maria est arrivée vers la fin juillet. Puis tous les quatre, David, Larry Kelly, elle et moi, avons pris l'avion de la firme de David pour Colorado Springs. Elle n'a dû rester, je crois, que trois jours à Kansas City. » (M. Stickelbar se souvient avoir « suggéré de partir pour Colorado Springs, car à la maison elle ne nous laissait pas une minute de répit. ») Selon Mme Blair, Maria avait tellement de bagages qu'ils n'entraient pas dans la soute de l'avion et qu'il fallut les entasser dans les toilettes. À Colorado Springs, ils s'installèrent au Garden of Gods Hotel (l'hôtel du Jardin des dieux).

Selon John Ardoin, Larry Kelly espérait non seulement aider Maria à surmonter le choc de la trahison d'Onassis, mais lui faire décrocher des engagements aux États-Unis afin de reprendre sa carrière. Au début de leur odyssée de six semaines à travers les États-Unis et le Mexique, il parlait avec optimisme de la future carrière de la Callas. Elle abondait dans son sens poliment, sans conviction. Partout où ils allaient, elle parlait vaguement de signer des contrats, puis changeait sans cesse d'avis. En fait, elle ne souhaitait pas vraiment reprendre le chant. Elle ne pensait qu'à une chose : qu'Onassis lui revînt. Et elle attendait chaque jour un appel de lui.

Après avoir passé trois jours au « Jardin des dieux », nos quatre pèlerins – Maria, Kelly, Stickelbar et Blair – partirent en automobile pour Santa Fe. Ils traversèrent la montagne, puis établirent leurs quartiers au Rancho Encantando, qui venait juste d'être rénové.

Mme Blair fut frappée par la différence entre la star volcanique à laquelle elle s'attendait et « l'extrême amabilité de cette femme à l'égard de tous ceux qu'elle croisait »... « Elle parlait d'une voix plate, pas du tout mélodieuse, continuait-elle. Elle aimait les choses simples, acheter des produits de maquillage au Prisunic, grignoter un épi de maïs. Elle ne parlait pas d'Onassis. J'avais l'impression qu'elle comptait toujours le retrouver. Elle parlait de ses bijoux, du fait que Meneghini avait gardé les plus beaux alors qu'il les avait achetés avec son argent à elle. Elle regrettait aussi de n'avoir pas eu d'enfant. “Comment pouvez-vous vous désoler de cela, quand vous avez tout ce que vous avez ? – lui avais-je dit. – Qu'y a-t-il de plus merveilleux qu'un enfant ?” avait-elle répondu. »

Maria fit preuve de la gentillesse qu'évoquait Mme Blair en acceptant d'aider un artiste du nom de Ford Ruthling qui s'occupait d'un musée d'art populaire dans les faubourgs de la ville. La Callas rendit une visite au musée afin de lui faire de la publicité et accepta de poser plusieurs heures pour les photographes. C'est au cours de cette visite au musée que Mme Blair tomba par hasard sur un ami,

John Ardoin, qui débutait alors comme critique musical à Dallas et était venu à Santa Fe pour une représentation du Dallas Civic Opera. Elle l'invita à déjeuner en compagnie de Maria et des autres. La Callas n'apprécia pas d'emblée de découvrir un inconnu, de surcroît journaliste, à sa table. Mais, d'après Mme Blair, elle n'en fut pas moins fort aimable.

Ardoin m'a lui-même rapporté que ce n'était en fait pas la première fois qu'il rencontrait la Callas, et que ce fut le début de leur véritable amitié. L'été n'était pas fini que la diva confiait son amertume et sa colère au magnétophone d'Ardoin, lui ouvrant son cœur comme elle ne l'avait jamais fait auparavant.

Mary Carter (devenue Mme Robert Mead) rejoignit le groupe à Santa Fe, ce qui permit à Sue Blair de rentrer à Kansas City. « Maria Seconda », l'amie intime, allait devenir la caisse de résonance du grand chagrin d'amour de la diva.

La Callas avait toujours été insomniaque (comme Onassis) ; mais désormais, selon Mary Carter, elle était totalement dépendante des somnifères. À Paris, son overdose ne tenait sans doute pas à une tentative de suicide, mais au nombre de comprimés qu'elle ingurgitait chaque jour au point de ne plus se rappeler combien elle en avait déjà pris. Elle serait piégée, ou bien près de l'être, dans la spirale de la dépendance pour le restant de ses jours, surtout dans les périodes de tension. Toujours dans l'attente d'un coup de fil d'Onassis, elle insista pour quitter le Rancho Encantando dont les chambres, en dépit des récents aménagements luxueux, ne disposaient pas de téléphone.

« Cela la rendait folle, se rappelle Mme Carter. Comment pourrait-il l'appeler si elle n'avait pas le téléphone ? » Le groupe décampa pour le La Fonda, en ville cette fois, mais il n'y avait pas de chambres disponibles. « Nous étions dans le hall, à la recherche d'une solution, quand Maria me dit : "Je ne suis jamais allée à Las Vegas. Allons à Las Vegas." J'ai donc appelé Moe Dalitz directement du hall du La Fonda, lequel réserva des suites pour Maria et Larry au Desert Inn [1]. » Moe Dalitz était une figure du milieu. Il supervisait les jeux à Las Vegas au profit des gangs juifs et des familles de la mafia de l'est des États-Unis. C'était Wilbur Clark, un tenancier de casino, qui avait commencé la construction du Desert Inn, dont il avait revendu soixante-quatorze pour cent des actions à Moe Dalitz et ses amis, lorsqu'il s'était retrouvé à court d'argent.)

1. « L'auberge du désert ».

Selon Mme Carter, le gérant de l'hôtel qui n'était autre que Wilbur Clark traita le groupe royalement. Il partit les accueillir personnellement à l'aéroport dans une grande limousine blanche et escorta lui-même Maria à certain des spectacles. « Elle me confierait plus tard qu'il ne cessait de lui répéter combien il était ému d'avoir quelqu'un de "réellement classe" dans son hôtel. » Maria se plaisait à Las Vegas. Mais au bout de trois jours, toujours sans nouvelles d'Onassis, elle déclara vouloir partir. Mme Carter prit des réservations au Bel Air Hotel de Los Angeles dont le propriétaire était Joe Drown. Kelly fit un saut à Dallas pour « souffler un peu ». Les deux femmes se retrouvèrent donc seules en Californie et attendirent le retour de Kelly pour reprendre leur périple.

Cet été 1968, à l'instar de Ken Kesey, ses *Merry Pranksters* et des milliers Américains, Maria Callas, Mary Carter et Larry Kelly errèrent au petit bonheur sur les routes de l'Ouest, sans autre destination que celle dictée par leur fantaisie. Ils ne savaient pas trop où ils allaient, mais Maria ne recherchait qu'un peu de sérénité – d'être délivrée de la colère et de l'angoisse qui hantaient ses nuits blanches. Partout, elle restait aux aguets au téléphone dans l'attente de la voix d'Aristo la suppliant de revenir. Mais les jours passaient. Elle devait se rendre à l'évidence. Il n'y aurait pas d'appel téléphonique.

Los Angeles fut le nadir de cette errance sinistre et grotesque. Tout allait de mal en pis. Son amour-propre et son courage l'abandonnèrent. Elle n'osait même plus quitter Larry Kelly, désormais sa seule boussole.

Un jour que Kelly n'était pas là, raconte Mme Carter, Joe Drown invita les deux femmes à dîner. « Le plateau de la table était de verre et Maria s'aperçut que Joe lui regardait les jambes à travers. Toute confuse, elle tentait de ramener ses jambes sous la chaise. » (Maria avait toujours eu honte de ses jambes – trop épaisses et enflées aux chevilles – que le moindre stress faisait encore gonfler de façon monstrueuse.) À la suite de ce repas plutôt malheureux, elle revint dans sa chambre pour découvrir qu'on l'avait volée. « On lui avait dérobé les bijoux qu'elle ne portait pas sur elle et elle découvrit une ceinture sur le lit, raconte Mary Carter. Les agents de la sécurité lui expliquèrent que le voleur l'avait apportée pour étrangler quiconque se serait interposé. » Cela rendit Maria si nerveuse qu'elle avala deux Nembutal (le barbiturique qu'elle prenait chaque nuit).

Il était étrange d'errer ainsi au hasard dans son propre pays. Son anglais était un peu bizarre car, au fil des ans, la Callas avait pris l'habitude de tout traduire mentalement de l'italien. Elle se sentait déplacée dans l'univers bagarreur de cet Ouest aux accents traînants dont la culture lui était inconnue. Ses amis s'efforçaient malgré tout de la distraire, et quelques rares instants de gaieté éclairèrent son humeur. Mary Carter m'a donné une photo de Maria posant avec le plus grand sérieux pour un caricaturiste ébahi de Disneyland. « Maria a adoré, affirme Mme Carter. Elle est passée par toutes les attractions. Elle s'amusait comme une enfant. »

Un peu plus tard, Bob Mead, l'époux du moment de Mary Carter, arriva à L.A. Ils furent dès lors conviés à des dîners en compagnie de célébrités telles que Baron et Marilyn Hilton, le réalisateur Mervyn Leroy et Meredith Wilson, l'auteur de *The Music Man*. La Callas faisait sensation, ce qui l'empêchait de trop songer à Onassis qui ne donnait toujours pas signe de vie. Mais cela ne durait pas. Durant les dix jours de son séjour à Los Angeles, elle n'a cessé de communiquer son numéro de téléphone à Costa Gratsos pour Ari.

L'étape suivante était San Francisco. Ils fréquentèrent les restaurants les plus réputés de la ville. « Mais elle ne voulait pas d'inconnus à sa table, se rappelle Mme Carter. Toujours pas un signe, toujours plus d'angoisse. » Mary abandonna Maria à Kelly pour retourner voir ses enfants à Dallas. Elle obtint d'une amie qu'elle les hébergeât quelque temps à Pebble Beach, laquelle pressentit une amie journaliste de San Francisco pour une interview : « J'ai appelé la Callas, qui accepta sous une condition – que l'article ne fît pas mention d'Onassis. La journaliste la rencontra et écrivit un papier qui commençait par ces mots : “Juste une chose : ne parlez pas de ce salaud”. »

L'article du *San Francisco Chronicle* est anodin et ne fait pas mention du sujet incriminé, sauf pour affirmer : « De toute évidence... l'idylle avec Aristote Onassis est terminée. » Il fait dire à Maria qu'elle a l'intention de revenir sur scène et note la présence de Lawrence Kelly dans son entourage. La journaliste, Frances Moffat, observait également :

Ces quelques années passées en compagnie d'Onassis au sein de la jet-set internationale lui ont donné pour la première fois l'occasion de relâcher la stricte discipline sans laquelle il n'y a pas de succès à l'opéra. À ce propos, M. Kelly faisait remarquer : « Toutes ces années, elle a enfin côtoyé des personnes de son âge. Je me souviens encore de l'époque où elle m'apparaissait comme une vieille dame de vingt-neuf ans. »

« Ne parlez pas de ce salaud » parut le mercredi 21 août. Le même jour, un titre barrait toute la première page du *New York Times* : LES RUSSES ET LES FORCES DE QUATRE AUTRES PAYS DU PACTE DE VARSOVIE ENVAHISSENT LA TCHÉCOSLOVAQUIE ; À PRAGUE, ON OUVRE LE FEU SUR LA FOULE. Le *Times* notait également que l'ex-président Dwight Eisenhower était à l'article de la mort et que le maire de Chicago avait rappelé 5 649 gardes nationaux de l'Illinois ayant pour mission, vingt-quatre heures sur vingt-quatre, d'écarter toute menace « d'agitation, d'émeute et de désordre dans la rue » au cours de la Convention nationale du Parti démocrate devant débuter le vendredi suivant. (Au début du mois, le 2 août, Nixon avait été élu candidat à la présidence au premier tour de scrutin de la Convention nationale du Parti républicain, ce que le *Times* qualifiait de « remarquable retour ».)

À la suite de l'article de Fances Moffat, Maria préféra quitter la ville. Mary Carter proposa d'aller visiter Cuernavaca, au Mexique, station balnéaire à la mode et vieille ville historique, où elle possédait une maison. La Callas trouva l'idée merveilleuse, mais se heurta à un problème qui faillit mettre un terme à leur odyssée.

Olympic Airways détenait son passeport grec et prétendait ne pas pouvoir lui obtenir un visa pour le Mexique. Costa Gratsos, qui savait que les négociations entre les Kennedy et Ari devenaient sérieuses et se sentait de plus en plus désolé pour Maria, appela à la rescousse Luis Echeverría, alors secrétaire de l'Intérieur du gouvernement mexicain – et futur président du Mexique. Le visa fut accordé, et le groupe séjourna deux semaines à Cuernavaca. Gratsos fit commander d'énormes bouquets de fleurs qui devaient accueillir Maria à Cuernavaca puis à Dallas. Elle prétendrait, du moins devant John Ardoin, que les fleurs venaient d'Onassis. Mais elle était désormais si déprimée qu'elle refusait de quitter la maison. « Elle avait perdu tout respect d'elle-même et s'étonnait franchement qu'on pût encore l'aimer, se préoccuper d'elle et l'admirer », me dirait Mary Carter.

À Cuernavaca, ses amis se dépensèrent sans compter pour la distraire. Mary Carter appela Canfield Hynes, membre richissime de la haute société de Caroline du Sud, pour lui demander d'inviter le groupe dans la propriété qu'il possédait non loin de là. Mais, quand parvint l'invitation, Maria refusa d'y d'aller. Ses amis menacèrent de s'y rendre sans elle. « Du coup, elle accepta immédiatement de les accompagner. Elle avait peur de rester seule à la maison. Elle s'amusa comme une folle. »

Bob Brady, le propriétaire d'une compagnie de transport du Midwest, les invita dans sa demeure (désormais transformée en musée). Le 2 septembre, Maria signa le livre d'or et fit la connaissance de Roscoe Holder, le frère de l'animateur Geoffrey Holder. Le groupe partit ensuite pour un cabaret du quartier chaud. « Maria était fascinée et n'arrêtait pas de regarder les petites alcôves où les prostituées essayaient d'attirer les clients, se souvient Mme Carter. Avant de nous rendre dans ce club, nous avions décidé de ne pas attirer l'attention et de porter des robes simples de chez Pucci. Mais, en entrant, nous nous aperçûmes que les lumières mettaient toutes les couleurs en valeur. Nous brillions comme des sapins de Noël. » J'ai trouvé à Cuernavaca une photo de Maria attablée à l'intérieur du clinquant cabaret El Bohemio : elle semble beaucoup s'amuser au sein d'un groupe comprenant Roscoe Holder et son épouse, Bob Brady, Mary Head, Larry Kelly et David Stickelbar.

Maria, à cette époque, en était venue à nier la réalité et à prétendre que tout allait pour le mieux, alors même qu'elle était au bord de l'effondrement. « Maria ne se séparait pas d'une radio qui déversait du jazz en continu, raconte Mary Carter. Quand on y diffusait de l'opéra, elle déclarait : "Changeons de station. Je veux écouter de la *bonne* musique. "»

Pour ne rien arranger, Maria glissa sur le sol de marbre de la demeure de Mary Carter et se brisa le cartilage des côtes, de sorte qu'on entendait une sorte de clic quand elle parlait ou riait. Ses amis la surnommèrent « Maria Click », mais sa douleur était telle que Larry Kelly décida de l'emmener à Dallas pour se faire soigner.

Là, le médecin de Mary Carter, Buck Shaw, déclara que le cartilage se remettrait de lui-même et lui prescrivit de la codéine contre la douleur, ce qui rendit Maria très malade. John Ardoin vint lui rendre visite ; il découvrit une chambre croulant sous les fleurs – qu'Onassis lui avait envoyées, disait-elle. Évidemment, c'était le sympathique Gratsos qui s'en était chargé, lequel, selon Mary Carter, disait à tous ceux qui voulaient l'entendre qu'Onassis était fou d'abandonner une femme comme Maria pour Jackie. C'est ce qu'il avait sans doute également déclaré au patron lui-même. « Mais Ari n'a pas appelé Maria une seule fois au cours de ce voyage, affirme Mme Carter. Et, même si son angoisse s'atténuait un peu avec le temps, il n'était toujours pas facile de lui tenir compagnie à cette période. »

Maria suivait donc aveuglément Larry Kelly de Kansas City à Santa Fe, de Las Vegas à Hollywood et de San Francisco au

Mexique. Onassis était lancé sur une trajectoire plus directe. Il multipliait les allers et retours entre Skorpios et New York pour des négociations de plus en plus fiévreuses avec la famille Kennedy.

Au début d'août, Jackie et Ted Kennedy vinrent à bord du *Christina* à Skorpios, pour la croisière dont Maria avait été exclue. Onassis accueillit le plus jeune frère du défunt président par une exubérante réception à la grecque avec bouzouki et bris de verres et d'assiettes. Il veilla également à ce que quelques charmantes blondes athéniennes fussent présentes pour le plus grand plaisir de Teddy, dont il connaissait les goûts très proches de ceux de Jack, son défunt frère aîné.

L'un des membres de l'orchestre bouzouki n'était autre que Nicos Mastorakis, reporter clandestin pour un tabloïd grec. Ledit Mastorakis avait un appareil photo caché sur lui et, quand un Teddy plutôt éméché entreprit une des blondes de fort près, il se mit à prendre des clichés. Une des personnes présentes surprit la manœuvre – d'aucuns disent qu'il s'agissait du regard perçant de Jackie elle-même – et l'on soulagea le reporter de son appareil et de ses bobines. Selon le magazine *Time*, « la police garda l'intrus toute la nuit jusqu'à ce qu'il s'engage à ne publier aucune des photos qu'il aurait pu sortir du navire en cachette ».

Voici quelques lignes extraites du reportage de Mastorakis :

La soirée musicale débute avec des pointes de poivrons, des tomates marinées, de la crème d'épinard, du caviar et des alcools. Teddy ne cesse de boire de l'ouzo. Jackie préfère commencer par la vodka... Elle est fascinée par un des chanteurs. De temps en temps, Onassis... lui susurre à l'oreille la traduction anglaise de la chanson et elle ouvre de grands yeux éblouis. Le bouzouki atteint son paroxysme et Teddy se lève pour esquisser quelques pas ... puis retourne à son ouzo. Onassis apprécie tout particulièrement l'un des chants :

Ce sont des étés bien amers
Que tu m'a appris à passer avec toi,
Quand, à l'aube, les nues s'emplissaient de mortes colombes.

Le visage souriant du Crésus grec encadré de ses cheveux gris cendrés s'assombrit en écoutant ces vers. Ses yeux dissimulés derrière des verres épais ne le trahissent pas facilement. Mais l'affaissement des commissures des lèvres montre bien que « les étés amers » lui rappellent beaucoup trop de choses.

À la suite de la scandaleuse réception, Teddy resta à Skorpios pour deux jours d'âpres marchandages avec Onassis. Jackie trouva plus convenable de ne pas assister à ces discussions mercenaires en accompagnant Artémis à Glyfada pour explorer les boutiques d'Athènes. Teddy commença par soulever les éventuelles objections de l'opinion publique et de la famille au sujet du mariage. Quand on en vint enfin à discuter dollars et gros sous, le sénateur expliqua, d'après les dires mêmes d'Onassis, qu'en épousant Ari, Jackie perdrait les cent cinquante mille dollars annuels qu'elle recevait du fonds Kennedy, de même que la pension de veuve que lui versait le gouvernement. Ari de son côté se disait prêt à se montrer généreux, sans pour autant réduire ou mettre en péril l'héritage de ses propres enfants.

Une fois que Teddy et Onassis eurent conclu une sorte d'accord global, on s'adressa à André Meyer, le président de la banque d'affaires Lazard frères à New York, pour les détails. Meyer, qui était de longue date le conseiller financier de Jackie, était totalement opposé au mariage. Il repoussa les termes du contrat tel qu'il avait été concocté. Il fit une contre-proposition qui consistait, entre autres, en un versement préalable de vingt millions de dollars. Frisant l'apoplexie, Onassis s'envola pour New York afin d'avoir une confrontation directe avec Meyer.

Onassis luttait bec et ongles avec les Kennedy et leurs conseillers. La Callas passait sa convalescence chez Mary Carter à Dallas. C'est au cours de ce séjour de dix jours que Maria annonça à la presse ses projets de retour à la scène. « Je chanterai à nouveau à l'opéra de Dallas la saison prochaine. Lawrence Kelly et Nicola Rescigno sont des amis de longue date. C'est avec eux que j'ai fait mes débuts en Amérique. C'est avec eux que j'aimerais revenir sur scène. » Malheureusement, les dates n'étaient pas précisées, et le retour à Dallas n'aurait jamais lieu.

Toujours à Dallas, Maria accepta d'enregistrer une interview pour son nouvel ami John Ardoin. Critique musical au *Dallas Morning News* depuis 1966, il animait également une émission radiophonique locale consacrée à la musique.

Après avoir enregistré l'interview chez lui, m'a confié Ardoin, Maria s'était soudain effondrée et mise à pleurer. Il tenta de la réconforter, mais elle était inconsolable. « J'étais très embarrassé et ne savais que faire. Elle s'excusa, se rendit à la salle de bains, se ressaisit et revint dans la pièce où je me trouvais. Elle me regarda droit dans les yeux et me demanda : “Avez-vous une autre cassette ? – Bien sûr. – Mettez-la en marche.” J’ignorais ce qui allait suivre. »

Ce fut le début d’une confession d’une heure, un lamento décousu sur les injustices du destin. « Ses parents ne voulaient pas d’elle, sa sœur... Puis elle s’étendit longuement sur Onassis – une envie de meurtre, rapporte Ardoin. Le lendemain, je me suis adressé à Larry Kelly. “Qu’est-ce que je vais bien pouvoir faire de ça ? – Elle sait ce qui l’attend, m’a-t-il répondu. Elle a besoin que quelqu’un l’écoute.” Je l’ai donc appelée et lui ai demandé : “Qu’est-ce que je fais ? Voulez-vous que je le publie ? – Non, gardez-le sous le coude, pour vos archives.” »

John Ardoin m’a remis une transcription intégrale de l’interview, qu’il avait gardée secrète jusqu’à la mort de Maria, citant seulement les passages les moins personnels dans les livres qu’il écrivit sur la cantatrice. Ce monologue décousu est un document unique. Maria n’avait jamais livré aussi franchement ses sentiments les plus intimes et ne le referait plus jamais. Lors de toutes les autres conférences de presse et interviews qu’elle donna dans sa vie, c’était la Callas qui parlait, en perpétuelle représentation. Là, c’était Maria qui déversait son amertume. À aucun moment elle ne nomme directement Onassis. Elle ne l’évoque que par « on », « ils » ou « il ». Mais la douleur de la trahison, de l’abandon, le sentiment d’irrémédiable suintent à chaque phrase.

Voici quelques extraits de cet enregistrement (dans l’anglais très particulier de Maria, précise l’auteur à propos de la transcription originale) :

Tous les gens, qu’ils soient honnêtes ou pas, doivent savoir que, quoi que vous fassiez, vous en paierez le prix... Je suis une femme et... je suis sans défense. Je l’ai été toute ma vie... Le monde est plein d’injustices... Vous devez garder votre dignité. Seulement, la dignité peut être prise pour du snobisme ou de la suffisance... Personne ne se demande quand on me met en pièces : « Que ressent-elle ? Comment peut-elle prendre ça ? Y a-t-il quelqu’un pour lui tenir la main ? Ce doit être l’enfer. » Hé oui, évidemment c’est l’enfer, et vous devez continuer à chanter...

La gloire me fait peur parce qu’on n’est franchement pas à l’aise, tout là-haut. Mais pour les autres, autour de vous... ils s’en enivrent. C’est un vin qui leur monte à la tête... J’ai été seule toute ma vie. Seule. Ce serait si bon de rentrer à la maison et d’avoir une épaule où appuyer doucement la tête... Si vous ne pouvez avoir confiance en votre mari ni en votre mère, en qui pouvez-vous ?... Le monde semble avoir perdu la tête... En musique il y a un critère, c'est la parfaite maestria... C'est la même chose en amour... Vous aimez, puis vous adorez, puis vous respectez. Vous ne mentez jamais, vous faites de votre mieux pour ne pas trahir cette personne... Tout le monde devrait être fier de moi. Ma mère ! Mon Dieu, quelle mère n'aurait pas adoré avoir un enfant comme moi ? Non. Et je reste seule... Aujourd'hui, c'est la révolution à Paris. Pensez-vous que mes parents aient appelé, ma sœur ? Pas une fois... Je n'ai jamais eu le soutien de ceux qui me sont le plus chers...

Il y a des gens nés pour le bonheur et d'autres pour le malheur. Je n'ai simplement pas de chance. On se demande souvent : « Pourquoi tout ça ? Ai-je tort ? Suis-je mauvaise ? »

Alors que ma seule ambition est d'être honnête avec les gens. Qu'y a-t-il de mal à ça ? Serait-ce un peccato *inexpiable, un péché mortel ? C'est ce que je me suis demandé ces derniers temps...*

Je n'avais pas besoin de ce gâchis. Je n'avais pas besoin de recevoir de nouveaux coups de pied. J'en ai trop reçu dans ma vie. J'ai compris que j'avais un maquereau pour mari [allusion aux marchandages de Meneghini à son sujet dans les milieux de la musique]... *J'ai compris ça. On* [Onassis] *m'a ouvert les yeux sur tout ça. Et pour aboutir à quoi ? À quoi ? À ça. À rien. Pas même une vraie amitié... Après neuf ans d'une vie clandestine et humiliante, avec quelqu'un comme moi. Cela vous démolit et il ne suffit pas de deux mois pour s'en remettre.*

C'est ce qui m'inquiète. Je n'ai pas beaucoup de temps pour me remettre sur pied, parce que, l'année prochaine, je dois chanter... C'est tout ça que je rumine... La peur, vous savez, l'effroi... Je ne suis pas sûre qu'il ne le fasse pas exprès. Personne ne peut être aussi cruel... Le mal est fait et je n'arrive pas à m'en débarrasser. J'ai sacrifié neuf années. J'ai laissé tomber une carrière formidable... pour rien.

Cela prend du temps... Quand des gens sérieux et courageux promettent ou garantissent un peu de bonheur, alors ils doivent s'y tenir. C'est trop facile de dire : « Bon, tu sais... c'est-à-dire... nous avons fait de notre mieux pour être heureux. » Merci bien... neuf ans ! « Voyons, c'était tout de même chouette », comme ils disent vulgairement. Qu'est-ce que ça me laisse ? Une amitié ? Même pas. Avec la façon dont ça s'est passé, nous ne pouvons être amis. Comment pourrait-il être mon ami ? En m'humiliant de cette manière... ma mère, et maintenant ça.

Je dois rester dans mon coin, serrer les dents et ne rien dire, car, quoi que je dise, ce sera à mon désavantage. Quoi que je dise, ce sera moi qui perdrai ma dignité, pas eux... Ainsi, je n'ai même pas un ami. Pourquoi ? Après neuf ans, pas d'enfant, pas de famille, pas d'ami. C'est peu, vous savez. Et on se dit « Mon Dieu, pourquoi ? Pourquoi de telles choses arrivent-elles ?... »

Je suis fière. Je n'aime pas étaler mes sentiments... Je ne demande jamais rien de peur qu'on ne me le refuse... Franchement, j'ai très peur de rentrer chez moi. C'est comme au début d'une représentation... Si je pouvais avoir un médicament qui me donne la force mentale et physique... Je ne pense pas que ma santé... me permettra de supporter une telle tension. Je serais comblée si j'avais une année, une bonne année, qui me ramène à ce que j'étais en 1958...

Je me demande si je serai jamais heureuse, ou s'il va falloir que je passe ma vie à lutter pour survivre, même si je survis en beauté. Ne nous plaignons pas. Je préférerais me préparer pour le pire et avoir le meilleur. Franchement, pendant neuf ans je pensais que je l'aurais, le meilleur, et voilà ce que j'ai finalement... Comment un homme peut-il être aussi malhonnête ? Aussi... – je ne trouve pas le mot – aussi dingue ? Pauvre homme !

À cet instant, on entend John Ardoin glisser une remarque : « Mais histoire de parler mariage, vous êtes encore jeune. » Et Maria de répliquer :

Oh non, j'en ai assez des hauts et des bas. J'ai touché le fond, je préfère y rester... Au diable tout ça, qu'est-ce qu'on fait ? Rester entre quatre murs ?... Le jour, c'est facile. Mais le soir ? Quand vous refermez la porte de votre chambre et que vous êtes seule... La plupart du temps, je ne peux pas dormir... La nuit, beaucoup de drôles d'idées vous trottent dans la tête, des idées noires. J'aimerais les chasser. Comment faire une promenade, se servir vraiment de ses jambes, se fatiguer, faire quelque chose ? Ce n'est pas possible pour une femme... Que peut faire une femme ?

Pour Maria, cette explosion de larmes, d'amertume, d'orgueil et de colère dut faire fonction de catharsis. Mais cela épuisa la patience de Mary Carter. Afin de se soustraire, du moins quelque temps, à l'exténuant problème de Maria, Mme Carter invoqua un déplacement sur la côte est pour les études de Leanie, sa fille de quatorze ans.

Maria répondit aussitôt, au découragement de Mary Carter : « Bien sûr. Quand partons-nous ? » Elles s'envolèrent donc avec Leanie pour New York. Mary installa Maria au Sherry-Netherland, où des amis disposaient d'un appartement. La mère et la fille y séjournèrent également, dans la suite d'une tante de Mary. La souffrance de Maria faisait peine à voir, même aux yeux d'une très jeune fille. Leanie confierait à sa mère : « La voir dans un tel état m'est insupportable. J'espère bien que jamais, jamais je n'aimerai quelqu'un à ce point. »

Ce fut toutefois au cours de ce séjour à New York que la Callas se réconcilia avec sa plus célèbre rivale, Renata Tebaldi, qui interprétait *Adrienne Lecouvreur* pour l'ouverture de la saison du Metropolitan, le 16 septembre. Selon Mary Carter, « John Coveney, directeur des Angel Records (une firme de disques qui devait par la suite fusionner avec Capitol) et grand ami de Maria, nous invita à dîner. Il nous proposa d'aller ensemble à l'ouverture du Met, et Maria, voulant prouver, contre toute évidence, que la défection d'Onassis la laissait de marbre, s'empressa d'accepter ».

La Callas tenait à faire une entrée remarquée afin d'obtenir une couverture de presse à son avantage. Selon John Ardoin, elle appela Harry Winston pour lui emprunter des bijoux de valeur. Il lui proposa volontiers de magnifiques boucles d'oreilles – deux larmes d'émeraude serties de diamants – ainsi qu'une bague et un bracelet assortis pour mettre en valeur sa robe de velours vert.

À l'issue de la représentation, se souvient John Ardoin, « M. Bing l'emmena dans les coulisses. C'était la première fois qu'elle rencontrait la Tebaldi et le lendemain toute la presse publiait des photos de Maria portant les boucles d'oreilles, qu'elle fit ensuite retourner à M. Winston. Un an plus tard, M. Onassis se rendait chez Winston pour un présent à Mme Kennedy. Devinez ce qu'il acheta ? Les fameuses boucles d'oreilles ! Un magazine publia côte à côte les photos de Maria et de Jackie arborant les mêmes boucles, avec pour légende : "Les achèterait-il à la douzaine ?" »

Un cliché diffusé par l'Associated Press montre l'arrivée de Maria à l'opéra ce soir-là. Les pendants d'oreilles ont la taille d'un œuf de pigeon ; elle sourit aux applaudissements de la foule, la main gauche sur le cœur, et tout un chacun peut voir les énormes émeraudes et diamants de la bague et du bracelet assortis. Rayonnante sous l'ovation, Mary Carter et John Coveney dans son sillage, Maria semble parfaitement heureuse, bien déterminée à ne rien laisser paraître de ses affres intérieures.

Une fois le rideau tombé, donc, la Callas se rendit dans les coulisses où les deux sopranos naguère ennemies tombèrent dans les bras l'une de l'autre. La plupart des journalistes écrivirent que Maria avait les larmes aux yeux, mais les photos suggèrent que la Callas avait soigneusement préparé son apparition médiatique. Du moins restait-elle une formidable bête de scène. Selon Mary Carter, leur petit groupe avait assisté à la représentation dans la loge réservée à George Moore, le président de l'Association du Metropolitan Opera. Le public se déchaîna lorsque Maria apparut, lui scanda de revenir à la scène. « Renata Tebaldi était totalement éclipsée. Elle était furieuse ! Après le spectacle nous allâmes dans sa loge, elle sourit, embrassa Maria, se montra parfaite, mais ses collègues nous affirmèrent plus tard qu'elle était hors d'elle. »

Dans les jours qui suivirent, Maria apprit qu'Onassis était à New York, servant partout d'escorte à Jackie Kennedy. Dès qu'elle sut qu'Onassis séjournait dans sa suite du Pierre, se souvient Mme Carter, elle voulut l'appeler. Mais Mary comme Anastasia Gratsos l'en dissuadèrent fortement. « Un beau soir, c'était couru – nous n'étions ni l'une ni l'autre avec elle –, elle ne put s'empêcher de lui téléphoner. Il ne fut guère chaleureux durant l'entretien. Maria en sortit accablée. Elle dut se rendre à l'évidence : il ne lui demanderait pas de revenir... D'une certaine manière, elle était peut-être soulagée. Il n'y avait plus d'équivoque, c'était fini. » Maria réserva sans plus attendre un vol pour Paris.

25 septembre. Aristote Onassis et André Meyer ont rendez-vous dans la suite luxueuse du banquier au Carlyle Hotel afin de régler le contrat de mariage. La rencontre fut longue et houleuse. Onassis rentra fort tard au 647 de la Cinquième Avenue, où se trouvait le bureau de Costa Gratsos qu'il mettait à la disposition du patron quand celui-ci venait à New York. Lynn Alpha Smith, la secrétaire de Gratsos, était encore là. Ari lui demanda brusquement d'aller chercher une bouteille de Johnnie Walker black label de la réserve et se versa un double scotch.

Puis il lui dicta un mémorandum résumant ce qu'il était finalement convenu avec André Meyer qu'elle alla porter elle-même au Carlyle. Ledit mémorandum ne cite nulle part le nom de Mme Kennedy mais mentionne seulement « la personne en question ». Coup de patte contre Meyer, qui avait exigé le versement d'une avance importante, Onassis fit inscrire la clause suivante : « Mis à part qu'il ne resterait pas grand-chose, vu les taxes diverses, en particulier sur les dons ou le revenu, de la somme de vingt [millions] demandée au cours de la réunion, mis à part que cela serait préjudiciable aux sentiments des deux parties, la revendication d'un tel capital pourrait facilement laisser penser qu'il s'agit d'un achat et non d'un mariage ».

Dans ce contrat, Onassis obtenait que Jackie renonçât aux *nomimos mira*, c'est-à-dire aux droits relevant de la législation grecque selon lesquels Onassis était tenu de laisser un minimum de 12,5 % de ses biens immobiliers à sa femme et 37,5 % à ses propres enfants. En échange, il garantissait qu'à sa mort Jackie recevrait trois millions de dollars pour elle-même et un million pour chacun de ses enfants. Il devait répondre des dépenses de sa femme aussi longtemps que le mariage durerait, et, après sa mort, elle recevrait une rente à vie de 150 000 dollars – exactement ce qu'elle aurait touché du fonds Kennedy si elle ne s'était pas remariée. « Ses avocats américains poussèrent à l'accord, sans savoir qu'il n'avait pas valeur légale en Grèce », affirme Stelios Papadimitriou, qui était alors l'un des conseillers juridiques du magnat et dirige aujourd'hui la Fondation Alexandre S. Onassis.

Toujours est-il qu'une fois le papier signé le projet de mariage, qui, en mai, n'était qu'un sujet de conversation, allait irrésistiblement vers sa concrétisation.

L'écrivain Doris Lilly avait été sifflée, huée et bousculée par les fans de Jackie quand, à la mi-août, elle avait prédit dans l'émission « *Mery Griffin Show* » que l'ex-première dame des États-Unis allait épouser Onassis. En septembre, histoire de faire taire les rumeurs, Onassis accorda, dans les locaux du El Morocco, une interview exclusive à Earl Wilson, le chroniqueur mondain du *New York Post*, pour « mettre les choses au clair ». Le 20 septembre, Wilson écrivait : « Nous pensons pouvoir affirmer, sans trop de risque de nous tromper, qu'Aristote Onassis n'envisage pas d'épouser Jackie Kennedy ou qui que ce soit d'autre... Hier même, "Aris" a pris un ou deux verres avec Maria [Callas] juste avant le départ de celle-ci pour Paris... Avant-hier, il dînait avec Jackie... Il ne se sent "digne d'aucune des deux". Ses amis s'offusquent un peu que les journalistes ne cessent de vouloir transformer son amitié avec Jackie en relation amoureuse ; l'amitié entre leurs familles remonte à plusieurs années. En outre, Onassis répète à ses proches qu'il n'envisage pas de se marier pour une raison amplement suffisante : il l'a déjà été. »

La tentative pour retenir l'avalanche était louable, mais cela n'a pas marché. Trop de personnes étaient déjà au courant. Quant à l'histoire du verre pris avec Maria avant son départ pour Paris, Mary Carter pense que c'est pure invention. Leur seul contact, à l'époque, fut l'appel téléphonique pathétique de Maria qui ne récolta que la froideur accablante d'Aristo. Certes, Maria aurait pu rencontrer Aristo sans mettre ses amis au courant. Mais il est plus probable qu'Onassis ait inventé la rencontre pour renforcer l'image qu'il voulait vendre à Earl Wilson, celle d'un homme poursuivi par les assiduités de deux femmes célèbres et désirables, un homme qui n'avait l'intention d'épouser ni l'une ni l'autre et qui, en toute modestie, affirmait qu'il « n'était digne d'aucune des deux ».

À l'automne, avant que la nouvelle du mariage imminent fît la une de la presse mondiale, John Ardoin reçut une lettre de Maria. Elle les remerciait de Paris, lui et les autres membres du petit groupe, pour leur sollicitude au cours de cet été de vagabondage dans l'Ouest. Elle était datée du 27 septembre 1968 et disait notamment :

Je suis rentrée complètement épuisée – trop d'émotions, j'imagine –, je suis si fragile en dépit des apparences de maîtrise de soi.

Je voudrais tant être digne de vous tous, et bien sûr de moi-même.

J'ai encore une longue vie devant moi et me dois d'être à la hauteur de ce qu'on attend de ma part.

Affectueusement, votre Maria Click.

Entre-temps, Jackie Kennedy avait été reçue, à sa demande, par le cardinal Richard Cushing de Boston qui se mourait d'une longue maladie. Elle aimait beaucoup le prélat, qui avait officié à son mariage avec Jack comme aux funérailles de son tout jeune fils. L'audience dura deux heures. Elle promit à Cushing que ses enfants garderaient la religion catholique, leur nom de famille et leurs liens étroits avec les Kennedy. Le cardinal, sur lequel la famille Kennedy avait fait pression pour décourager le projet d'union, l'assura qu'il se garderait personnellement de la dissuader et de critiquer sa décision, même s'il ne pouvait s'engager pour le Vatican.

Six jours plus tard, Maria écrivit à Elvira de Hidalgo une lettre lui relatant sa douloureuse dépression au cours de son odyssée américaine. Sa lettre avait le même ton stoïque :

Je vais beaucoup mieux et suis dans d'excellentes dispositions. Je viens de me libérer d'un cauchemar qu'on appelle l'amour, quelque chose de complètement destructeur.

Mais, plus Jackie pressait le mouvement, moins Onassis était convaincu. Une amie d'Onassis, Lilly Lawrence, fille du docteur Reza Fallah, directeur du Consortium iranien du pétrole, était dans le secret des tortueux marchandages nuptiaux. « Ari m'a confié qu'il commençait à changer d'avis, affirmerait-elle par la suite. Il voulait reconsidérer l'affaire. Il lui fallait plus de temps. Jackie, elle, ne pouvait se permettre de le laisser échapper. Un retournement de la part d'Aristote aurait à jamais terni sa propre réputation. Elle avait vu le cardinal Cushing, la nouvelle avait filtré dans la presse... Elle insistait pour qu'il aille jusqu'au bout ».

En dépit de ses hésitations de dernière minute, Onassis ne pouvait guère remettre tout en cause lorsqu'il apprit, à la mi-octobre, que le *Boston Herald Traveler* se préparait à révéler l'affaire à la une. Le 17 octobre, en effet, le journal, citant une « source absolument digne de foi », annonçait que le mariage pourrait avoir lieu avant la fin du mois, « en tout cas avant Noël ». Cela fit l'effet d'une bombe dans l'opinion publique. En fait, Onassis était retourné en Grèce débattre du projet Oméga avec la dictature en place avant même la parution de l'article. Ce fut Jackie qui l'appela pour l'informer que leur secret était éventé, ajoutant qu'à son avis ils devaient se marier le plus vite possible.

(Selon Mary Carter, la famille Kennedy serait à l'origine de la fuite au *Boston Herald Traveler*, dans le but de forcer la main à Ari. « Le bruit a couru par la suite que Teddy Kennedy avait contacté Onassis pour le prévenir que le *Herald Traveler* allait révéler qu'Onassis et Jackie vivaient pratiquement ensemble et qu'il ne leur restait plus qu'à annoncer leur mariage. Bien sûr, c'était un piège. Le *Boston Herald* doublant les Kennedy [1] ? Laissez-moi rire ! »)

Le train s'était ébranlé, et Onassis était dedans. « Si je me défile maintenant, cela fera un scandale terrible, confia-t-il à des intimes tels que Yiannis Giorgakis, président de l'Olympic Airways à Athènes, et Costa Gratsos. Je ne peux pas faire ça à Jackie. Elle est mère de deux enfants. »

« Ses deux enfants, ferait remarquer Giorgakis, avaient tant souffert du scandale lorsqu'il avait abandonné sa femme pour Maria qu'il ne voulait pas que cela se produise une seconde fois. »

Après avoir découvert que la nouvelle allait être publiée, Onassis convoqua Giorgakis à Glyfada. Il lui demanda de trouver un prêtre

1. La richissime famille des Kennedy était de Boston. Joe Kennedy, le patriarche, y avait fait fortune sous la prohibition. (*N.d.T.*)

susceptible de diriger la cérémonie à Skorpios, « qui parle anglais et n'ait pas des airs de Raspoutine », pour ne pas effrayer les enfants de Mme Kennedy. Onassis fit venir ses propres enfants chez lui, à Glyfada. Au dîner, aux côtés d'Artémis (que le mariage mettait aux anges), il leur déclara qu'il allait épouser Jacqueline Kennedy. Christina, dix-sept ans, éclata en sanglots. Alexandre quitta la table hors de lui et se rua hors de la maison. Il passa le reste de la nuit à tourner sans but dans Athènes à bord de son Alpha Roméo. Dès que le *Boston Herald Traveler* eut publié la nouvelle, la presse mondiale fut prise de frénésie. Le *New York Times* pista le cardinal Cushing jusqu'à Sioux Falls, dans le Dakota du Sud, où il consacrait un nouveau prêtre. « Rien à déclarer. J'ai un sceau sur les lèvres. Absolument rien à déclarer », leur dit le prélat tout en prophétisant dans la foulée, toujours selon le *Times*, qu'« une annonce officielle du mariage pourrait intervenir ce soir – ce soir ou demain ».

Il avait vu juste. À trois heures trente de l'après-midi du 17, la secrétaire de Jackie Kennedy à New York, Nancy Tuckerman, publia le communiqué suivant : « Mme Hugh D. Auchincloss m'a priée de vous annoncer que sa fille, Mme John F. Kennedy, projette d'épouser Aristote Onassis la semaine prochaine. Ni le lieu ni la date n'ont encore été fixés pour le moment. » Sous le feu des questions des journalistes déchaînés, elle affirma ne rien savoir : « Je n'étais même pas au courant il y a seulement une demi-heure. »

Le même jour, Onassis dut faire face à la meute des journalistes qui l'avaient trouvé prenant un verre avec un ami dans les salons de l'hôtel de Grande-Bretagne, au centre d'Athènes. « Elle vient d'accéder à ma demande au téléphone, leur répondit-il. J'ai récemment passé un check-up et mon docteur m'assure que je suis en parfaite santé. Oui, c'est vrai, je me marie demain ou dans trois jours, au plus tard... J'ai beaucoup de problèmes familiaux à résoudre, alors, s'il vous plaît, laissez-moi maintenant, et accordez-moi votre bénédiction. » Il quitta l'hôtel par la porte de service et prit la limousine pour Glyfada. Un peu plus tard dans l'après-midi, Artémis y annonça que le mariage aurait lieu à Skorpios et que toute la famille était « enchantée de cette union ».

Au moment où la secrétaire de Jackie lisait son communiqué, le pilote de l'Olympic qui se préparait pour le vol de vingt heures trente de New York à Athènes fut avisé que le vol était annulé, et les quatre vingt-treize passagers du 707 furent débarqués. On lui demanda de se tenir prêt à décoller plus tôt, à dix-huit heures trente, pour Andravida, une base militaire grecque du Péloponnèse à deux cent trente kilomètres d'Athènes et cent vingt-cinq de Skorpios. Le pilote découvrit bientôt l'identité de ses onze passagers : Jackie Kennedy, ses deux enfants, leur nounou et des agents des services secrets; sa mère et son beau-père, ses belles-sœurs Jean Smith et Pat Lawford. Le 707 arriva à Andravida le lendemain matin aux environs de dix heures et demie, heure d'Athènes. Les journalistes avaient été confinés dans la salle d'attente. Onassis reçut Jackie avec un baiser sur la joue, puis l'emmena avec ses enfants dans son DC-6 personnel à Aktion, sur la côte ouest de la Grèce, où un hélicoptère devait les emmener à Skorpios.

Le vendredi 18 octobre, la troupe des Kennedy installait ses quartiers sur le *Christina* mouillant dans le port de Skorpios. Onassis passa un coup de fil à Paris. « Deux jours avant d'épouser Jackie, rapporterait Ferruccio Mezzadri, le majordome de la Callas, Onassis avait appelé Madame depuis la Grèce. C'est moi qui ai répondu au téléphone. Il lui demandait de venir à Athènes pour le tirer d'affaire. »

Quand j'ai demandé à Ferruccio comment Maria aurait bien pu le « tirer d'affaire », il m'a répondu : « Onassis lui a expliqué que, si elle venait à Athènes, Mme Kennedy serait furieuse et repartirait illico pour l'Amérique. Madame lui a alors répliqué : "Tu t'es mis dans le pétrin, c'est à toi de t'en sortir." »

Le *New York Times* publia la nouvelle des projets de mariage de Jackie en première page, précisant : « Hier au soir, à Paris, Mlle Callas a refusé de commenter la nouvelle de ce mariage. » Le *Times* réussit toutefois à obtenir un commentaire de l'ex-secrétaire adjoint à la Défense, Roswell L. Gilpatric, un avocat new-yorkais marié, dont l'amitié intime avec Jackie avait fait parler d'une liaison amoureuse. « Non, je n'étais pas au courant, déclara Gilpatric au *Times*. Je leur souhaite beaucoup de bonheur. Elle m'a dit une fois qu'elle avait le sentiment de pouvoir compter sur lui [Onassis]. C'est ce qu'elle recherchait chez tous ses amis. Avoir une vie personnelle, ne pas être constamment exposée aux regards de l'opinion publique, voilà ce qu'elle veut pour elle et ses enfants – et c'est ce que la protection d'Onassis peut lui apporter. »

Le même jour, l'acteur Richard Burton, au Plaza Athénée à Paris, appela Rex Harrison et le pria d'inviter la Callas à la réception prévue ce soir-là pour la première parisienne du film de Harrison, *A Flea in Her Ear* (*La Puce à l'oreille*, d'après Feydeau). Burton, qui avait été amené à bien connaître Maria lors d'une croisière avec Liz Taylor sur le *Christina*, lui expliqua : « Je crois qu'elle a besoin de se changer les idées ».

18

Jackie la Guigne

Il ne faut jamais attacher
un bateau à une seule ancre,
Ni sa vie à un seul espoir.

Épictète, *Discours.*

Le dimanche 20 octobre à dix-sept heures quinze, il crachinait sur Skorpios. L'archimandrite Polykarpos Athanassiou (sa barbe en broussaille, au grand dam de l'Église, le faisait ressembler à Raspoutine) entonna le chant rituel du mariage dans la petite chapelle blanche de la Vierge Marie : « Aristote, serviteur de Dieu, et Jacqueline, servante de Dieu, je vous déclare unis par les liens du mariage, au nom du Père, du Fils et du Saint-Esprit. » Les Grecs ont beau dire « mariage pluvieux, mariage heureux », Artémis ne voulait prendre aucun risque. Elle se rendit dans la chambre nuptiale du *Christina* et glissa une amulette sous le matelas.

Artémis avait été sollicitée pour être la marraine de la cérémonie, la *koumbara.* À ce titre, elle avait échangé par trois fois les couronnes de fleurs des mariés, puis les avait suivis pour la « danse d'Isaïe », qui consiste à faire trois fois le tour de l'autel, tandis que les invités lancent des pétales de fleurs. Caroline et John Kennedy Jr. participèrent eux aussi à la danse, portant des cierges allumés. Ils avaient l'air perplexe. Dans un coin, les enfants d'Onassis, Alexandre et Christina, lançaient des regards noirs et échangeaient des propos à voix basse. Après la cérémonie, Alexandre résuma ainsi l'événement : « Ils sont parfaitement assortis. Mon père aime son nom, et Jackie aime son argent. »

Tandis que les quelque vingt-cinq invités entraient dans la chapelle, une armée de journalistes prenait la mer pour une traversée de neuf kilomètres. Cela donnait une armada hétéroclite de bateaux loués, achetés et réquisitionnés pour l'occasion. La veille, Mme Kennedy avait fait la déclaration suivante : « Vous comprendrez, nous n'en doutons pas, que le fait d'être célèbre ne nous empêche pas d'éprouver dans notre cœur les mêmes émotions que les gens simples dans les moments les plus importants de la vie ici-bas – naissance, mariage et décès. Nous souhaitons que notre mariage soit célébré dans l'intimité de la petite chapelle au milieu des cyprès de Skorpios. N'y seront présents que nos proches, dont cinq jeunes enfants. Si vous acceptez de nous laisser ces instants, c'est avec joie que nous coopérerons afin que vous puissiez prendre toutes les photos dont vous avez besoin. »

Voilà qui est touchant et joliment dit. Mais cela n'empêcha pas un bataillon de plus de trente journalistes d'envahir l'île avant la cérémonie. Ils furent reconduits à terre manu militari par les employés d'Onassis, aidés de la marine grecque. Il fallut trouver un arrangement : un petit groupe de journalistes assisterait à la cérémonie ; à eux de la faire vivre à leurs collègues moins chanceux.

Mario Modiano, le correspondant à Athènes du *Times* de Londres, eut le privilège d'être aux premières loges. Voici un extrait de son récit :

Au milieu des bougainvilliers et des jasmins, les familles des deux mariés se pressaient dans la petite chapelle de Panayitsa (« Petite Vierge »). Jackie avait l'air crispé et préoccupé... Elle ne cessait de lancer des regards anxieux à Caroline. Les enfants Onassis avaient une mine lugubre... Il n'y eut ni serrements de mains ni baisers lorsque tout fut fini. Si Jackie n'avait pas l'air de prêter attention à son second mari, elle paraissait terriblement sensible à la présence de Caroline. Plus tard, sur le Christina, *sa seule marque d'affection fut de lui prendre le bras. À aucun moment les mains des épousés ne se sont touchées. « On dirait une transaction commerciale », ferait remarquer quelqu'un.*

La cérémonie fut suivie d'une fête sur le *Christina*. Le festin et les danses grecques durèrent jusqu'à l'aube. Jackie arborait un énorme rubis en forme de cœur serti de diamants (et les boucles d'oreilles assorties). Elle alla montrer sa nouvelle bague à sa mère, Janet Auchincloss, et la petite Caroline Kennedy en profita pour s'en emparer et s'amuser à la lancer en l'air. Selon Kiki Féroudi Moutsatsos, une secrétaire d'Onassis, chargée de payer la facture, la bague aurait coûté un million deux cent cinquante mille dollars. Deux semaines après le mariage, Jackie s'aperçut de la disparition de son caillou. Elle ordonna une fouille en règle du *Christina* et de l'île. Au bout de deux heures, une bonne le découvrit sous un tapis.

Ari, Jackie et leurs invités dansaient le sirtaki sur le yacht. Maria était à Paris. Au soir du vendredi 18 octobre, soit vingt-quatre heures après avoir lancé un « pas de commentaire » au journaliste du *New York Times*, elle fit une apparition très remarquée à la première de *La Puce à l'oreille,* de Georges Feydeau, puis se rendit chez Maxim's, pour le soixante-quinzième anniversaire du restaurant. Elle avait sorti le grand jeu : éblouissante dans une robe imprimée, parure de diamants et sourire radieux aux lèvres.

Un journaliste italien écrivit :

Maria Callas a profité d'un événement mondain pour afficher son élégance époustouflante aux yeux d'un Tout-Paris qui, à n'en pas douter, s'apprêtait à se répandre en commérages sur son absence. Pour montrer au monde qu'elle avait gardé bon moral après la nouvelle du mariage Kennedy-Onassis, elle a choisi de se rendre à la première du film La Puce à l'oreille... *projeté au théâtre Marigny lors d'une soirée de gala. Non contente d'avoir stupéfié toutes les personnes présentes en faisant son entrée dans le foyer vivement éclairé, la Callas a dépassé leurs espérances en se rendant ensuite au dîner offert chez Maxim's pour célébrer le soixante-quinzième anniversaire de l'établissement. Sa présence éclipsa presque celle de Liz Taylor.*

Le journaliste ne laisse planer aucun doute et cite Maria : « J'étais au courant depuis un certain temps. Onassis m'a tout dit dans le moindre détail », ou encore : « Pour ma part, je suis heureuse; je n'y peux rien si je me réjouis du bonheur des autres. » Mais, comme Alexandre Onassis, elle avait une réponse toute prête à la question fatidique que les journalistes ne manquèrent pas de lui poser : « Mme Kennedy a raison de donner un grand-père à ses enfants. » Et d'enfoncer le clou : « Onassis est beau comme Crésus. »

C'était un morceau de bravoure – de la grande Callas. Comme disent les Italiens, elle faisait une *bella figura*, bonne figure. Nadia Stancioff, qui se lia d'amitié avec la diva peu après le mariage d'Onassis et de Jackie Kennedy, écrit qu'il leur arrivait de bavarder tard dans la nuit. Maria laissait alors souvent éclater sa colère : « Il a menti. Tu comprends ? Il m'a dupée. Ce que je ne lui pardonnerai jamais, c'est d'avoir tout nié en bloc deux jours avant ! Comment a-t-elle pu épouser un homme qui a eu une liaison avec sa sœur ? »

« Il a tout nié en bloc deux jours avant » – ces propos font sans aucun doute allusion à une conversation qu'elle avait eue deux jours plus tôt au téléphone, ainsi que me l'a révélé Ferruccio, son majordome. Onassis avait appelé Maria à Paris, la suppliant de le suivre à Athènes pour « le tirer d'affaire ». Il est possible que son empressement à dénigrer son propre mariage ait convaincu Maria qu'il ne mettrait pas le projet à exécution. Elle a été d'autant plus choquée en lisant les détails de la cérémonie dans la presse parisienne. Jusqu'à la dernière minute, elle a cru qu'Onassis n'avait pas réellement l'intention d'épouser Jackie, comme il ressort d'une interview qu'elle a accordée en novembre 1970 à Judy Klemsrud, du *New York Times*. « Sincèrement, j'ignorais tout de ce mariage, affirme-t-elle, et sincèrement, je pense que *lui aussi* ignorait tout de ce mariage. Posez-lui la question, à elle... »

Neuf jours après la cérémonie, elle écrivit à Elvira de Hidalgo. Dans sa lettre, elle ne cache pas les sentiments qui l'animent réellement. On est loin de la sérénité affichée en public :

Chère Elvira,

Ta lettre m'a réconfortée, je t'en remercie. C'est cruel, n'est-ce pas, mais ils paieront, tous les deux, je peux te l'assurer. Le pire, c'est qu'il ne m'a jamais dit qu'il avait l'intention de se marier, pas un mot. À mon avis, il y était obligé au bout de neuf ans, mais au moins je n'aurais pas dû l'apprendre par les journaux. Je pense qu'il est fou et, à ce titre, je veux le chasser de mon esprit. [...]

Je vais bien compte tenu des circonstances, je te remercie de ta sollicitude à mon égard.

Cette lettre révèle que Maria se cramponnait à sa confiance en Dieu. Il continuerait de veiller sur elle. Justice serait rendue. Un tel fatalisme est courant chez les Grecs, dont on trouve l'expression dans des notions préchrétiennes : la *moira*, c'est-à-dire le destin, punit le péché d'orgueil – cette vanité qui peut avoir des conséquences fatales.

Tous les Grecs qui connaissaient Onassis – à l'exception de ses sœurs peut-être – se sont mis à parler de son mariage en termes de moira et d'orgueil. Tous n'aimaient pas Maria, mais l'équipage du *Christina* et les employés d'Onassis, notamment, estimaient qu'il aurait dû l'épouser, elle, car c'était la seule qui lui convenait – il avait contrecarré son destin. Quand leur patron, connu pour sa bonne fortune, son habileté et son flair commercial, commença à subir une série de revers accablants affectant ses affaires, sa famille puis sa santé, ceux qui étaient à son service échangèrent des regards entendus. Peu de temps seulement après qu'Ari eut convolé avec l'ancienne première dame des États-Unis, on jasa dans les bureaux d'Olympic Airways et les quartiers de l'équipage du *Christina*. Les médisances avaient pour objet celle qui serait bientôt appelée « Jackie la guigne ».

Dans la plupart des ouvrages, on lit qu'immédiatement après la cérémonie, Ari et Jackie sont montés à bord d'un avion d'Olympic Airways, aménagé en vaste suite nuptiale, vers une destination exotique pour leur lune de miel. Les récits fourmillent de détails à propos des draps de satin et de ce steward embarrassé qui aurait écarté un rideau par mégarde. Il aurait, à sa grande confusion, surpris les ébats du couple dans le plus simple appareil.

La vérité est nettement moins romantique. Jackie était restée à Skorpios, après avoir renvoyé ses enfants et les membres de sa famille en Amérique, tandis qu'Onassis s'envolait pour Athènes où il devait passer le premier jour du voyage de noces en compagnie du colonel Georgios Papadopoulos, le chef de la junte militaire qui s'était emparée du pouvoir un an auparavant. Le monde pouvait se délecter des moindres détails du mariage. Ce faisant, Ari était impliqué dans une transaction bien plus importante : la naissance du projet Oméga, après un an d'efforts pour amadouer les colonels. (Certains de ses associés feraient remarquer qu'Onassis était le seul homme capable de vivre deux lunes de miel en même temps.)

Onassis fit encore un saut à Athènes, quatre jours plus tard, pour mettre au point les derniers détails. Il quitta l'aéroport, assis au côté du colonel Georgios à l'arrière d'une Mercedes-Benz blindée, escortée par trois cent cinquante policiers armés. Les deux hommes se rendirent au domicile du dictateur, dans un faubourg d'Athènes.

La maîtresse du colonel leur servit un cognac grec, conservé dans une bouteille Thermos spéciale anti-attentat. Onassis et le dictateur rédigèrent ensemble une déclaration annonçant le lancement du projet Oméga. Onassis affirmerait plus tard qu'il s'agissait de « la transaction la plus énorme de l'histoire grecque ». Le programme d'investissement, lourd de quatre cents millions de dollars (l'équivalent de quatre milliards de dollars actuels), prévoyait la construction d'une troisième raffinerie de pétrole en Grèce, d'une raffinerie d'alumine, d'un haut-fourneau d'aluminium, d'une centrale électrique, de chantiers navals et d'un nouveau terminal. La raffinerie de pétrole fournirait la flotte de tankers d'Onassis, à une époque où la plupart des autres armateurs voyaient leur activité stagner. Le magnat gérerait la production de A à Z. Onassis imaginait pouvoir traiter avec une compagnie américaine, Reynolds ou Alcoa, comme pour son usine d'alumine. Le clou, c'est qu'il avait élaboré un plan de financement de tout le projet avec l'*argent des autres*, le *modus operandi* préféré du magnat.

Une conférence de presse eut lieu le 1er novembre. En termes de relations publiques, l'annonce du projet dans la foulée de son mariage avec Jackie Onassis était un coup de maître. Beaucoup d'observateurs, de journalistes et de patriotes grecs reprochèrent à Onassis de coucher avec les colonels du diable en même temps qu'avec une sainte, ex-première dame des États-Unis. Mais Onassis avait un orgueil démesuré, ou du moins était-il grisé par sa marche triomphale : il venait de passer la bague au doigt de la femme la plus célèbre de la planète et de conclure un marché d'une portée sans précédent dans l'histoire de son pays. Sans compter qu'il faisait mordre la poussière à son rival Stavros Niarchos. « Ce jour-là, déclarerait l'un de ses associés, Onassis était le Roi-Soleil. Il avait tout. »

« Après son mariage, commentera pour sa part un directeur d'Alcoa, il a perdu le sens de la mesure. Sa mentalité de gagneur a basculé dans la pure mégalomanie. Il ne posait pas de conditions, il donnait des ordres... Il avait l'air de penser que nous dirions amen uniquement pour avoir l'honneur de dîner en sa compagnie et celle de Jackie sur le *Christina*. À l'évidence, il considérait son mariage comme un tremplin pour ses affaires. » On est loin de la flatterie.

Les colonels, surtout Papadopoulos, étaient moins blasés. Pour amadouer le dictateur, Onassis mit à sa disposition son appartement de Lagonissi, offrit une nouvelle garde-robe à sa femme, d'un montant de quarante mille dollars, et la convia à dîner à Glyfada aux côtés de Jacqueline Kennedy. Pour l'officier de carrière qui avait grandi dans un pauvre village du Péloponnèse, l'invitation était le plus mirifique des cadeaux. Jackie parut au dîner vêtue d'une robe de soirée noire, une rivière de diamants autour du cou. « Je suis si heureuse d'aider Aristo dans ses affaires », glissa-t-elle à sa belle-sœur Artémis avant l'arrivée des invités.

Onassis voyait s'accomplir d'un coup ses ambitions les plus folles. Comment aurait-il pu imaginer un seul instant que la chance allait bientôt l'abandonner et le précipiter dans un déclin tel que, cinq ans plus tard, il ne serait plus que l'ombre de lui-même et aurait perdu le goût de vivre ?

Pour l'heure, toutefois, il avait le sentiment que rien ne pourrait lui résister. D'après Ferruccio Mezzadri, le majordome de Maria, il essaya de faire revenir sa maîtresse dans sa vie, avant même l'annonce officielle du projet Oméga et le dîner de Jackie avec le dictateur. « Une semaine après son mariage, me raconta Ferruccio, il était devant la porte de l'avenue Georges-Mandel. Il criait et suppliait Madame de le laisser entrer. Il a téléphoné du coin de la rue, et je lui ai parlé, une semaine exactement après la cérémonie. Il s'était marié le dimanche et, le dimanche suivant, il était à Paris dans l'espoir de voir Madame. Elle a refusé de le recevoir, puis elle a cédé. À partir de ce jour, il a multiplié les voyages à Paris. Tous les quatre ou cinq jours. Il partageait tout avec elle. Même quand Mme Kennedy était à Paris, il rendait visite à Madame, pour prendre un verre et discuter avant d'aller dîner avec son épouse. »

Bruna Lupoli, la bonne de Maria, a confirmé l'arrivée soudaine d'Onassis sous les fenêtres de Maria peu de temps après son mariage, mais, selon elle, c'était plus ou moins huit jours après son mariage, « sans aucun doute une ou deux semaines après ».

Maria n'était pas d'humeur à accueillir Onassis quand il refit surface. Comme elle refusait de le laisser entrer, il l'appela du bistrot le plus proche et menaça de défoncer le portail avec sa voiture. Comme elle l'avait écrit à la Hidalgo, elle voulait qu'il sorte de sa vie. (Elle écrivit par la suite à son amie Dorle Soria : « Pour ce qui est de Daddy O, quand c'est fini, c'est fini. »)

On vit pourtant Maria dîner en compagnie d'Onassis chez Maxim's en novembre. Pour fêter leur victoire en appel contre Vergottis paraît-il. (Le jugement avait été prononcé le 31 octobre 1968, soit onze jours après le mariage.) On la vit une nouvelle fois en sa compagnie à un dîner parisien, organisé par Maggie Van Zuylen fin décembre, juste après le premier Noël d'Onassis avec Jackie sur le *Christina*. Maria attendit cependant plusieurs mois avant de l'admettre chez elle ou d'accepter de le rencontrer seule. Elle n'était pas prête à pardonner à Onassis ce qu'il lui avait fait subir. Elle se montrait irritée, distante, renfrognée. Elle était déterminée à relancer sa carrière et à le chasser de son esprit. Son philotimo lui commandait de le voir juste assez pour lui faire comprendre qu'elle n'avait pas besoin de lui.

Dès l'annonce du mariage d'Onassis, réalisateurs, producteurs et imprésarios avaient assailli Maria. Elle avait caressé l'idée de participer à une nouvelle production de *La Traviata* à l'Opéra de Paris, dans une mise en scène de Visconti, mais, au dernier moment, elle s'était affolée à l'idée de remonter sur scène, qui plus est dans un rôle aussi exigeant. Elle demanda un nombre exorbitant de répétitions avec l'orchestre et le chœur, en sachant pertinemment que l'Opéra ne serait jamais d'accord. Le projet tomba à l'eau.

Aristo lui avait dit un jour que, pour rester au faîte de sa gloire, elle devait faire du cinéma. Maria n'avait pas oublié le conseil. La proposition qui retint le plus son attention était une version filmée de *Médée* produite par Franco Rossellini et réalisée par Pier Paolo Pasolini. Le cinéaste avait déclaré que Maria était la seule femme capable d'incarner sa Médée, car elle était « la plus moderne des femmes, tout en portant en elle une femme d'un autre temps – étrange, mystérieuse, magique, déchirée par de terribles conflits intérieurs ». Il savait qu'on établirait un parallèle entre la passion meurtrière de Médée pour Jason, qui l'a abandonnée pour épouser la fille d'un roi, et la liaison malheureuse de Maria et Onassis.

En mai 1969, la Callas prit l'avion pour Rome, où elle devait discuter des costumes de *Médée* et de son contrat. Rosselini l'attendait à l'arrivée. Il était avec une femme moitié américaine moitié bulgare du nom de Nadia Stancioff, que le producteur avait engagée pour servir d'assistante personnelle à Maria. Nadia est l'auteur de *Maria Callas Remembered*, une chronique au jour le jour des émotions de la diva, de ses paroles et de son comportement durant cette période difficile.

En juin, Nadia accompagna Maria en Turquie, pour ce qui se révélerait un autre voyage picaresque. Elles partirent de Rome et se rendirent à Ankara puis à Göreme, en Cappadoce – une région rocheuse surréaliste, où le film fut tourné sous un soleil de plomb. Fin juillet, l'équipe du film s'installa au nord de l'Italie pour un mois avant de rentrer à Rome. Maria mit autant d'énergie à devenir actrice de cinéma qu'elle en avait mis à devenir cantatrice. Pasolini et l'équipe de tournage étaient ébahis. Une ou deux prises suffisaient, et la scène était dans la boîte.

Tout le monde s'attendait à ce qu'il y eût des frictions entre le frêle réalisateur au beau visage marqué et la diva imposante, fougueuse. Ce fut tout le contraire. Pasolini lui dédia des poèmes, dessina son portrait et la courtisa comme un soupirant. À la fin du tournage, il lui offrit une pièce de monnaie turque ancienne montée en bague. Maria la montra à son assistante Nadia, avec l'excitation d'une gamine. « Crois-tu que ce soit un message d'amour ? lui demanda-t-elle. L'autre jour, il m'a dit qu'à part sa mère, je suis la seule femme qu'il ait jamais aimée. Il m'a même dit que, s'il pouvait désirer une femme, ce serait moi. » Le réalisateur marxiste et iconoclaste n'a jamais caché son homosexualité. Il avait emmené son amant italien en Turquie et, d'après Nadia, Pasolini invitait souvent des serveurs et des paysans italiens dans sa chambre.

Comme Larry Kelly, Pasolini comblait le besoin impérieux de Maria d'être admirée par un homme. Depuis la rupture avec Onassis, elle doutait de son pouvoir de séduction au point de ne pouvoir se passer de regards masculins énamourés et des compliments de son entourage.

La nouvelle carrière de Maria et la distance ne découragèrent pas Onassis, qui multipliait les efforts pour dégeler leur relation. D'après Nadia Stancioff, il la harcela de coups de fil pendant tout le tournage de *Médée*. Mais Maria ne décolérait pas. Le 4 juin, la veille du premier tour de manivelle, Nadia était dans la chambre de Maria lorsque le téléphone sonna. « Un appel des États-Unis, de M. Lupoli », fit l'opératrice. Nadia tendit le combiné à Bruna, dont elle connaissait le nom de famille. Maria avait compris qu'Onassis était au bout du fil, car il se servait souvent de ce pseudonyme. Elle murmura, sans desserrer les dents : « Non ! Je ne prends pas l'appel. Nadia, dis à M. Lupoli que Mme Callas refuse de lui parler. »

Onassis rappela et fut une nouvelle fois éconduit. Nadia raconte que Maria sortit de ses gonds : « Pourquoi ce vieillard ne me laisse-t-il pas seule ? Il a eu ce qu'il voulait. Il a le statut social dont il rêvait. Que souhaite-t-il de plus ? Il n'est pas heureux ? On s'ennuie avec la première dame ? Comme c'est dommage ! On finit toujours par payer dans la vie. Les dieux veilleront à ce qu'il paie. » La Callas ne se calmait pas ni n'acceptait qu'on la laissât seule. Il fallut lui administrer des somnifères.

Le séjour de quatre semaines en Cappadoce, un peu comme l'errance de Maria l'été précédent dans l'ouest des États-Unis, fut ponctué d'étranges mésaventures. Elle logeait au Club Méditerranée flambant neuf creusé à même la roche. La seule eau courante dont elle disposait dans sa chambre était celle qui dégoulinait des parois. Dans la salle de bains, en revanche, du sable sortait des robinets. Maria, bonne fille, s'en accommoda. Elle régalait régulièrement l'équipe de récitals, accompagnée de ses caniches, auxquels elle avait appris à japper sur des airs d'opéra. À propos de ces « spectacles plutôt déprimants », Nadia écrit que « cela faisait bizarre de voir "la voix du siècle" prendre part à ce singulier numéro de cirque ».

La Callas envoyait chaque jour Nadia acheter des journaux anglais ou italiens, qu'elle se contentait de feuilleter. Dès qu'elle avait lu son horoscope, elle les jetait. Elle était toujours aussi superstitieuse. Un jour qu'elle ne tournait pas, Maria et Nadia allèrent visiter un bazar dans un village reculé. Une Gitane s'empara de la main de la Callas pour lui dire la bonne aventure. Maria demanda au chauffeur de traduire les paroles de la Gitane, mais celui-ci commença par se dérober.

« Maria insista tant et tant, écrit Nadia, que le chauffeur a fini par bégayer : "Elle dit que vous mourrez jeune, madame. Mais que vous ne souffrirez pas."

« Maria est devenue livide. Elle est restée adossée à la boutique de confiseries. Ce soir-là, au dîner, elle n'a cessé de parler des forces occultes. Elle était distante, préoccupée. »

Décrocher un rôle dans *Médée* avait donné une nouvelle raison d'être à Maria. Elle qui était incapable de se lever avant midi était debout à six heures, prête à aller sur le plateau. Elle tenait absolument à assister au tournage de toutes les scènes, qu'elle jouât ou non, étudiait les rushs à la loupe. « Je lui disais, raconte Rossellini : "Maria, viens, on va dîner, ou allons nous coucher", mais elle refusait obstinément. À un journaliste qui lui demandait si ce n'était pas épuisant de tourner la même scène plusieurs fois, elle a répondu : "Non, c'est la vanité qui m'épuise, pas le travail... Il y aura un grand vide quand ce sera fini." »

Début juillet, toute l'équipe de tournage retourna dans le nord de l'Italie. La chaleur y était plus caniculaire encore qu'en Cappadoce et la région était infestée de moustiques. Les derniers jours du tournage, Maria souffrit le martyre à cause de ses problèmes d'hypotension chronique. Dans une scène, elle devait aller et venir en courant, sous le soleil au zénith, dans le lit d'une rivière asséchée, vêtue d'un lourd costume. Elle perdit connaissance. Après être revenue à elle, elle se répandit en excuses, car elle avait interrompu le tournage. Malgré tout, le calendrier fut respecté et l'équipe partit pour Cinecittà, à Rome, où il était prévu de tourner les dernières scènes en studio.

Nadia raconte qu'« elle expliquait à tout le monde qu'elle adorait sa nouvelle carrière, qu'elle voulait faire d'autres films et détestait l'idée que le tournage de *Médée* s'achève ». Elle croyait avoir réussi à ressusciter la Callas de la légende après ses terrifiants échecs sur scène.

Les chemins de Mary Carter et de Maria se croisèrent à nouveau cette année-là. Mary et son mari, Bob Mead, avaient passé leurs vacances dans le sud de l'Europe. À l'aéroport, ils tombèrent sur Maria, qui s'empressa de relater à son amie la comédie que lui avait faite Onassis devant son appartement parisien. « Elle se tenait au pied de l'Escalator, telle Médée. Elle m'a rapporté comment, quelques jours après avoir épousé Jackie, Onassis l'avait appelée à Paris, était venu rôder près de son appartement et avait commencé à fredonner la complainte des marins. Puis il était allé au bistrot du coin et l'avait rappelée. Elle refusait toujours de le voir, mais, chaque fois qu'il se rendait à Paris, il l'appelait, et elle avait fini pas accepter de dîner avec lui. Comme elle ne voulait pas le laisser entrer chez elle, ils sont allés chez Maxim's. Il lui a dit combien elle lui manquait et voulait qu'ils restent amis. “Tu es la seule femme que j'aie jamais aimée”, lui a-t-il dit. Elle a ri et lui a répondu qu'il avait une manière très originale de le montrer. Elle m'a avoué avoir aimé cette scène, mais elle refusait de redevenir sa maîtresse. Elle m'a assuré ne plus jamais avoir fait l'amour avec lui après avoir quitté le *Christina*, et je la crois. D'autres prétendent que si, mais elle me l'aurait dit. Elle me disait tout. »

En juillet, Maria était repartie en tournage en Turquie et en Italie. Onassis eut le temps de méditer l'adage : « marie-toi à la hâte, repens-toi à loisir ». Quatre semaines après être devenue sa femme, l'ex-Mme Kennedy avait rejoint ses enfants à New York. Elle passerait d'ailleurs le plus clair de son temps dans la métropole américaine, chez sa sœur Lee à Londres, ou chez des amis à Palm Beach, en Floride – bien qu'elle eût affirmé, après les funérailles de Bobby Kennedy : « Je dois quitter ce pays. » Jackie et Ari passèrent Noël sur le *Christina*, à Skorpios. (Caroline et sa mère assistèrent à l'office orthodoxe dans la petite église de la Vierge Marie à Nidri, la ville la plus proche sur l'île de Lefkas.) En avril, le couple leva l'ancre pour la croisière annuelle dans les Caraïbes, voguant des îles Canaries à la Trinidad. Un an plus tôt exactement, le *Christina* était à la Jamaïque, et la femme qui se dorait au soleil aux côtés d'Onassis était Maria Callas.

La première année de son mariage, Onassis accompagna souvent Jackie à New York pour de brefs séjours. Ces déplacements étaient dûment commentés dans la presse – il l'avait escortée chez P.J. Clarke et chez Elaine, à un dîner donné par David Rockefeller en l'honneur des jeunes mariés. Le couple paraissait heureux, disait-on. Ils avaient leurs petits codes : ainsi Ari arrachait-il le paquet de cigarettes des mains de Jackie dès que celle-ci faisait mine d'en prendre une.

Ils fêtèrent le quarantième anniversaire de Jackie, le 28 juillet, à Skorpios. Ari lui offrit un cadeau qu'il avait lui-même dessiné, une paire de boucles d'oreilles commémorant l'alunissage d'Apollo 11 huit jours auparavant, le 20 juillet 1969. Chacune des boucles représentait la Lune et la Terre – deux sphères en or vingt-deux carats incrustées de rubis, saphirs et diamants – reliées par une chaînette constituée de navettes spatiales. Jackie ne portera les lourdes et tapageuses breloques qu'une seule fois. Elle dirait, en grec, à l'actrice Katina Paxinou : « Ari trouve que ce sont des babioles. Mais il a promis que, si je suis sage, l'année prochaine il m'offrira la lune. »

(D'après le *New York Times*, il lui fit la promesse, pour son quarante et unième anniversaire, de commander au Japon un nouveau yacht grandiose, « le plus beau du monde, qui sera prêt dans un an jour pour jour ». Il devait être baptisé *Jacqueline*, mais, apparemment, Ari estima qu'elle n'avait pas été assez sage et ne le méritait pas, car il ne fut jamais construit.)

Korinna Spanidou passa l'été 1969 à Skorpios. Cinq ans auparavant, elle y avait accompagné Onassis et Maria. Elle eut le privilège, unique, de comparer le comportement d'Onassis envers les deux femmes.

« Il se montrait plus prévenant avec Jackie qu'il ne l'avait été avec Maria, me dit-elle, mais je l'ai vu aussi se mettre en colère contre Jackie. Il n'a jamais été aussi chaleureux, détendu et passionné avec elle qu'avec Maria. Il s'accroupissait en face d'elle [la Callas] et lui parlait de sa vie à Smyrne et en Argentine pendant des heures et des heures. Il était si vivant, si content. Il était radicalement différent avec Jackie, sans comparaison possible. Et il en allait de même avec quiconque. »

Les enfants de Jackie étaient là, eux aussi. Leur beau-père savait qu'il devait gagner leur confiance. Décidé à faire d'eux des alliés, Onassis offrit à Caroline un voilier de six mètres, avec son nom peint dessus. Pour ne pas faire de jaloux, il offrit à son petit frère de huit ans un hors-bord rouge, avec JOHN peint sur la proue. Un chroniqueur dressa la liste de ses largesses, écrivant qu'il peupla également l'île de poneys Shetland et rapportait régulièrement de New York des hot dogs de Coney Island dont les enfants raffolaient. Il alla même jusqu'à faire traverser l'Atlantique au lapin favori de John, sous les yeux du pilote « très nerveux » d'Olympic Airways.

Niki Goulandris, qui fit la croisière avec Jackie et Ari, raconte qu'Onassis prenait John Jr. sur ses genoux et lui racontait les mythes grecs. Jackie immortalisa ces moments dans un album de photos qu'elle avait prises de lui à Skorpios et l'offrit à son nouvel époux. Il posait comme son héros, Ulysse, et elle avait reporté des extraits de *L'Odyssée*, d'Homère, traduits en anglais sur les pages de garde. De son côté, Onassis s'arrangea pour offrir à son épouse une visite guidée personnelle d'Ithaque, la patrie d'Ulysse, et des fouilles archéologiques de Heinrich Schliemann.

Au bout de deux étés, Jackie trouva les longs séjours à Skorpios ennuyeux. Elle invita des amis et des parents, notamment sa sœur Lee. Lee Radziwill n'avait jamais fait de commentaires sur le mariage de sa sœur, pas plus que sur sa propre liaison avec le magnat. Certains de ses amis disent qu'elle en a longtemps voulu au couple, bien qu'elle continuât à le fréquenter et qu'elle passât souvent l'été à Skorpios. Peter Beard, photographe et défenseur de l'environnement, était un ami de Lee et de Jackie. Lui aussi passa plus d'un été à Skorpios.

« Lee admirait Onassis pour sa réussite et la manière dont il vivait pleinement sa vie. Onassis était intelligent et puissant, primitif aussi, et c'est ce mélange qui la séduisait. Je me souviens des remarques crues de Lee sur ses prouesses sexuelles et ses goûts orientaux en ce domaine.

« Lee et Jackie avaient souvent des rapports tendus, poursuit Beard. Jackie jouait à fond les grandes sœurs, ce qui déplaisait à Lee. Il y avait un ressentiment latent du côté de Lee, et je crois qu'Onassis en était l'une des causes. Naturellement, c'était Lee qui avait connu Onassis la première, et elle n'avait pas apprécié que Jackie le lui ravît. Elle en voulait aussi à Onassis. Je pense qu'elle était convaincue qu'il s'était servi d'elle pour avoir Jackie. Mais, quand j'étais à Skorpios, ils s'entendaient bien. Il n'y avait pas véritablement d'hostilité. »

C'est plutôt entre Onassis et Jackie que l'hostilité était tangible, selon Beard. « Je serais incapable de vous dire le nombre de repas auxquels j'ai assisté et où Ari s'emportait contre elle. Il se laissait aller à des comparaisons insultantes entre Jackie et la Callas et les lui jetait à la figure. Il disait que Jackie était superficielle et la Callas une “vraie artiste”. Jackie prenait sur elle. Ari était plus gentil à Londres et à New York, mais, en Grèce, le macho revenait au galop. Dès qu'il piquait une colère, tout le monde courait se mettre à l'abri. Un jour, je m'en souviens, John Jr. et moi sommes allés nous cacher dans une douche. »

L'une des raisons de ces éclats était le gouffre financier creusé par Jackie. Au tout début de leur mariage, Onassis avait donné carte blanche à son épouse pour décorer la Maison rose néoclassique de Skorpios. Jackie s'était mise à l'œuvre avec passion et avait fait venir en Grèce son ami et décorateur Billy Baldwin pour l'aider. Comme d'habitude, il leur était formellement interdit de toucher à l'aménagement intérieur du *Christina*, le royaume d'Onassis en son propre royaume. Baldwin trouvait la décoration épouvantable. (Son jugement esthétique sans appel épargnait toutefois le bureau d'Ari, dont il aimait le style masculin, allant jusqu'à dire qu'il « compensait presque... le reste du bateau ».)

Baldwin travailla sans répit, et la Maison rose fut prête pour Noël. J'ai visité l'île en 1998 et, à cette occasion, le capitaine Kostas Anastasiades m'a appris qu'Onassis avait rapidement éliminé la coûteuse débauche de chintz fleuri de Baldwin et avait redonné à la villa un décor plus spartiate, qui convenait mieux à l'esprit des îles grecques.

La nouvelle Mme Onassis jeta également un œil critique sur les jardins de Skorpios dans l'intention de les réaménager. Elle déplorait l'allure artificielle des plantes qu'Onassis et la Callas avaient rapportées de leurs croisières dans les Caraïbes. Elle fit remarquer à un visiteur : « Regardez toutes ces gueules-de-loup. Elles n'ont pas leur place dans l'île. On se croirait dans un catalogue Vilmorin. »

Si les changements apportés à Skorpios pouvaient paraître dispendieux, ce n'était rien en comparaison des dépenses records de Jackie dans les boutiques de mode de Manhattan. La première année de son mariage, elle renouvela sa garde-robe pour un montant estimé à un million deux cent cinquante mille dollars. En 1969, un magazine, le *Women's Wear Daily*, la sacra d'ailleurs « meilleure amie des couturiers » : « Jackie O s'ingénie à remplir ses penderies des Danaïdes, sans fond. » L'article s'émerveille : « La facture de Daddy O sera plus lourde que jamais à la suite de ses dernières folies. Elle achète par voitures entières. »

En société, Onassis adoptait un air détaché. « Dieu sait qu'elle a des années de chagrin derrière elle, aurait-il dit. Si cela lui fait plaisir, qu'elle dépense tout son soûl. » Mais, en privé, il se mettait en rogne, surtout après avoir découvert que ses achats étaient surtout une ruse pour se faire de l'argent de poche supplémentaire. Il lui versait chaque mois trente mille dollars hors taxe, sans compter une allocation pour sa garde-robe. Les trente mille dollars étaient remis le 1er du mois à l'assistante de Jackie, Nancy Tuckerman (également salariée par Olympic), par Creon Broun, du bureau newyorkais d'Onassis. Autour du 15, son compte était à sec, et Jackie envoyait Miss Tuckerman réclamer plus d'argent.

Au début, Broun, compatissant, obtempéra, jusqu'au jour où Ari décida de mettre le holà. Jackie se vit alors contrainte de revenir au système de blanchiment d'argent qu'elle avait mis au point pendant son mariage avec Jack Kennedy. Elle portait ses nouvelles toilettes une ou deux fois, voire pas du tout, puis allait les mettre en vente dans des boutiques haut de gamme spécialisées. Sa préférée était Encore, au 1132 Madison Avenue, idéalement située à trois pâtés de maisons de son appartement. Il lui arrivait d'exiger une certaine somme pour une robe griffée Yves Saint Laurent ou Valentino ; d'autres fois, elle acceptait ce qu'on lui donnait.

Le produit de la vente était remis à une des employées, qui lui versait la somme en espèces. Sa comptable, Mary Gallagher, a raconté au chroniqueur Jack Anderson : « Du temps où elle était la *First Lady*, Jackie a revendu [des vêtements] en empruntant mon nom et mon adresse... Le chèque de la boutique Encore était libellé à mon nom. J'allais le déposer sur mon compte et remplissais aussitôt un chèque d'un montant équivalent déposé sur le compte de Jackie. » Selon Anderson, Jackie étendit son activité après avoir épousé Télis. Elle se mit à vendre aux enchères de vieux bibelots sans valeur, des cadres ou des objets de la chambre d'enfant de John Jr.. Elle recourait aux services de deux salles de vente newyorkaises, William Doyle Galleries et Sotheby's Parke Bernet, qui furent d'ailleurs chargées de la vente de ses biens en 1996, après sa mort.

Ari commençait à se rendre compte des sommes astronomiques dépensées par Jackie en toilettes. Le jour où il reçut une facture de neuf mille dollars de chez Valentino, il explosa : « Que fait-elle de tous ces vêtements ? Je la vois toujours en jeans ! » Quelques années plus tard, n'écoutant pas les conseils de son mari, elle perdit trois cent mille dollars en Bourse sur la somme totale qu'il lui avait versée avant leur mariage. Onassis en eut alors assez et, selon Anderson, réduisit sa pension à vingt mille dollars par mois. Son bureau de Monte-Carlo fut chargé d'administrer ses avoirs. Il pouvait ainsi garder un œil sur ses comptes.

Onassis, tandis qu'il s'attachait à gérer les frais déguisés de son mariage, subit une série de revers sans précédent dans ses affaires. Les autres armateurs avaient toujours considéré qu'il avait une chance inouïe, car il n'avait perdu qu'un seul tanker en plus de trente ans. Dans l'année qui suivit les épousailles, quatre de ses navires connurent de sérieuses mésaventures. Dans le même temps, son cher projet Oméga fut mis à mal, et sa jolie épouse était rarement là pour le consoler.

Stavros Niarchos n'avait pas l'intention de laisser Onassis remporter le plus gros marché de l'histoire de la Grèce sans réagir. En mars 1969, il soumit une contre-proposition aux colonels sous la forme d'un investissement global de cinq cents millions, dont un prêt de cent cinquante millions à faible taux d'intérêt.

Les colonels ne lâchèrent pas Onassis, mais à la signature du contrat, au printemps 1971, le projet n'avait plus la même envergure, et les conditions étaient nettement plus avantageuses que celles qu'il avait proposées. Niarchos fut apaisé par une provision qui lui permettrait d'étendre ses raffineries et ses chantiers navals. Les prix du pétrole chutèrent l'été suivant. Le projet Oméga capota. Conformément à l'accord passé avec le régime des colonels, Onassis ne pouvait pas augmenter le prix du pétrole brut vendu à l'État, et les pertes menaçaient de le ruiner. Il fut contraint de jeter les armes à l'automne 1971. Pour recouvrer sa garantie de sept millions de dollars, Onassis dut s'engager à ne pas déposer un recours en dommages-intérêts.

Un ancien coordinateur du projet Oméga à Athènes dirait par la suite, au sujet d'Onassis : « En le regardant faire son numéro, gardant des traces de tout dans son petit carnet de notes, c'était plutôt triste. C'était un dinosaure. Il était fini. Tout le monde a commencé à se convaincre, y compris Papadopoulos, que tout ce qu'Ari touchait tournait au gâchis, au désastre. »

Jusqu'à son courage légendaire qui ne lui était plus d'aucun secours. Le 22 juillet 1970, lorsque quatre Palestiniens armés détournèrent un avion d'Olympic Airways de Beyrouth, Onassis se rendit lui-même à l'aéroport d'Athènes et s'offrit en otage à la place des quatre-vingts passagers et de l'équipage. Il avait beau être marié à l'ex-première dame des États-Unis et représenter à lui seul un enjeu plus important que l'ensemble des passagers, rien n'y fit. Les terroristes ne cédèrent pas. Il dut se résoudre à capituler et demander à la junte au pouvoir en Grèce de céder à leurs exigences (l'élargissement de quatre Palestiniens des prisons grecques) pour obtenir la libération des otages.

Les personnes les plus proches d'Onassis, notamment ses amis intimes et les directeurs, murmuraient que le vieil homme avait perdu son flair.

19

Retrouvailles

Nous pardonnons dans la même mesure que nous aimons.

La Rochefoucauld, « Maxime 330 ».

Les premières années, ce n'était pas des ratés du projet Oméga dont se plaignait Onassis auprès de ses collaborateurs, mais de ce que sa nouvelle épouse passait si peu de temps auprès de lui quand il était contraint de rester en Grèce pour affaires. Les amis de Jackie vivaient à New York, ses enfants y étaient scolarisés et elle-même se sentait mieux chez elle. Mais, chaque fois qu'elle s'envolait de Skorpios ou d'Athènes pour l'Amérique, Onassis se sentait abandonné. Au premier anniversaire de leur mariage, le 20 octobre 1969, quelqu'un fit le calcul : ils étaient restés ensemble deux cent vingt-cinq jours, et chacun de leur côté cent quarante. Ce serait pis l'année suivante.

Trois jours après cet anniversaire, Jackie Onassis parut à la première de *Giselle*, donnée au profit d'œuvres de bienfaisance, au Lincoln Center de New York. Oliver Smith, le codirecteur de l'American Ballet Theater, était avec elle. Son mari, qui ne partageait guère ses goûts artistiques, n'était pas là. Huit jours auparavant, il l'avait accompagnée avec ses enfants au match d'ouverture des championnats de base-ball des World Series, mais s'était éclipsé rapidement, laissant Jackie, Caroline et John Jr. assister seuls aux derniers tours de batte.

Le 23 octobre, donc, Jackie faisait son entrée au Lincoln Center en fendant la foule, tel « Moïse traversant la mer Rouge », écrirait le *New York Times*. Onassis s'envolait vers Paris. En ce premier anniversaire, Ari fit sans doute le bilan de tout ce à quoi il avait consenti pour épouser Mme Kennedy. Conscient de l'extravagance dépensière quasi pathologique de son épouse, il ressentait mal le peu de gratitude que sa générosité, en particulier ses innombrables et somptueux cadeaux, lui avait valu au cours de l'année passée. Toujours est-il que, quelques jours après l'anniversaire de leur première année de mariage, il décrocha le téléphone pour demander un rendez-vous à Maria.

Dès qu'elle eut reposé le combiné, Maria pria Nadia Stancioff, de passage à Paris, de la suivre à Rome : « Il me faut quitter cette ville pour un lieu où il ne pourra me joindre. » Dans l'après-midi, Maria rappela Nadia pour l'informer qu'Onassis était déjà en chemin : « Il affirme qu'il me trouvera où que j'aille et me harcèlera jusqu'à ce que j'accepte... »

Nadia lui conseilla de le recevoir chez elle, en compagnie de quelques intimes : « Il te faut l'ambiance protectrice de tes amis, que tu sois à l'aise. Ne va pas chez Maxim's ! Ils veulent se faire de la publicité et se débrouilleront pour que le monde entier sache qu'il t'a reconquise. » Maria en convint et convia chez elle une poignée d'amis du temps du couple Onassis-Callas : Helen Rochas, des parfums du même nom ; Francesco Chiarini, un vieil ami italien ; François Valéry, ambassadeur auprès de l'Unesco, accompagné d'un proche ; Maggie Van Zuylen, une figure de la haute société parisienne très liée à Maria ; enfin Nadia, la seule à ne pas connaître Onassis. Nadia remarqua qu'à l'approche de l'heure du dîner Maria, en cafetan blanc et or, devint tellement nerveuse qu'« elle ne pouvait rester en place. Elle touchait à tout, défaisait les bouquets sous prétexte de les arranger, caressait les chiens et parlait sans pouvoir s'arrêter ».

L'angoisse de la Callas commençait à déteindre sur les autres lorsque la sonnette retentit. Ferruccio en livrée et gants blancs introduisit Onassis. Le magnat embrassa Maria, laquelle recula vivement et annonça à la cantonade, avec un brin d'hypocrisie : « Aristo arrive juste de New York. »

Nadia découvrit « l'opposé de ce qu'on appelle un bel homme », mais convint vite de « sa séduction tout en comprenant la fascination qu'il exerçait sur la Callas »... « Ce soir-là, il se comporta comme s'il dînait chez lui. Il était totalement à l'aise, ce qui ne manqua pas d'interloquer ses amis qui s'attendaient à ce qu'il montrât quelques signes de repentir. Nous nous tenions un peu raides dans nos habits de soirée. Quant à lui, il se débarrassa de sa veste et défit à moitié le nœud de sa cravate rouge sans demander la permission de l'hôtesse. »

Maria se mettait en quatre pour prévenir le moindre désir d'Aristo, me raconta François Valéry. La diva lui montra des piles de photos d'elle-même en compagnie de Pasolini ou de l'autre vedette du film, son beau partenaire masculin, prises lors du tournage de *Médée*. Elle demanda à Nadia de conter toutes les aventures des derniers mois. Onassis, assis sur le canapé près de Maria, laissait tomber quelques monosyllabes de temps à autre dans un nuage de fumée de cigare. « Nous pouvions tous constater que Maria était toujours suspendue à la moindre de ses paroles », se souvient Nadia, et de poursuivre :

Il posa la main sur le genou de Maria et la laissa sur sa cuisse. Puis, retirant un instant son cigare de sa bouche, il s'exclama : « Ah, que c'est bon ! C'est formidable de sentir à nouveau les bonnes grosses cuisses de Maria. Cela me manquait. Jackie n'est qu'un sac d'os. »

Maria prit un air confus et ravi. Le reste d'entre nous évitaient de se regarder et feignaient l'amusement.

Quand nous quittâmes l'appartement de Maria, il y avait déjà une petite foule devant le 36, avenue Georges-Mandel. Les journalistes avaient suivi Onassis depuis l'aéroport, et la nouvelle s'était répandue. Onassis et la Callas sont à nouveau ensemble.

En décembre 1969, Maria retourna à Rome pour visionner les premiers rushs du film de Pasolini avant d'aller, en compagnie du réalisateur, présenter *Médée* au festival de Mar del Plata, en Argentine. Elle attendait beaucoup du film. Elle espérait qu'il lui permettrait d'entreprendre une nouvelle carrière, prospère et lucrative.

Le 28 janvier 1970, *Médée* fut projetée en avant-première lors d'un gala à l'Opéra de Paris, en présence de Mme Pompidou. Étaient également présents l'Agha Khan, Maurice Chevalier, Mme Sergent Shriver (épouse de l'ambassadeur américain en France et sœur de John F. Kennedy), plusieurs membres de la famille Rothschild et les ambassadeurs de onze pays. Onassis avait réservé une loge pour quatre, mais annula au dernier moment, en invoquant que Mme Onassis ne pouvait arriver à temps à Paris.

(Un journal anglais rapporterait qu'Onassis s'était tenu à l'écart pour ne pas mettre Maria dans l'embarras, mais qu'il était « resté au domicile de Mlle Callas en compagnie du réalisateur Pier Paolo Pasolini jusqu'au départ de celle-ci pour la première... Il avait également retenu trois places sur un vol pour New York le soir même, lesquelles sont restées vides. En revanche, il a participé au dîner à l'issue de la représentation au domicile du baron et de la baronne Van Zuylen, avenue Foch, en l'honneur de Mlle Callas... Quant au film, une projection privée avait été spécialement prévue pour M. Onassis trois jours avant la première ».)

Les critiques du film furent bonnes, mais le public resta froid. Janet Flanner, dans le *New Yorker*, estima que *Médée* représentait, somme toute, « l'apogée de la carrière d'actrice de la Callas ». Le film se révéla un *succès d'estime* [1], mais ne fit pas d'argent ni ne permit de lancer Maria au firmament des vedettes de cinéma.

En février 1970, un mois après l'accueil plutôt décevant que le public réserva au film, les failles du couple Kennedy-Onassis devinrent de notoriété publique. Ce fut la publication des lettres écrites par Jackie à l'un de ses anciens prétendants, Roswell Gilpatric, l'ancien secrétaire adjoint à la Défense du gouvernement Kennedy, qui mit le feu aux poudres. La missive qui attira plus particulièrement l'attention, et spécialement celle d'Onassis, avait été envoyée du *Christina* durant leur lune de miel.

Très cher Ros,

J'aurais voulu te le dire avant de partir, mais les choses se sont passées bien plus vite que je ne l'avais prévu. J'ai lu quelque part ce que tu as dit et cela m'a touchée. Cher Ros, j'espère que tu sais tout ce que tu as été et ce que tu es à jamais pour moi. Avec toute mon affection,

Jackie.

Ce billet – comme les autres – avait, paraît-il, été jeté à la poubelle par Gilpatric. Un employé de son cabinet d'avocats l'aurait découvert et vendu au marchand d'autographes de Manhattan, Charles Hamilton. Ce n'est certainement pas le plus compromettant des billets doux des grands de ce monde, mais son ton affectueux suffisait à créer la suspicion. Et, quand Mme Gilpatric intenta une action en séparation le jour qui suivit sa publication, l'affaire sembla encore plus ambiguë. Pour Onassis, l'archétype du machisme méditerranéen, cette lettre fut un coup terrible.

« Mon Dieu, quel crétin ridicule j'ai pu faire ! » confia-t-il à Costa Gratsos. Il craignait que l'opinion publique ne pût penser qu'il avait été cocufié. De toute manière, que la veuve de Jack Ken-

1. En français dans le texte.

nedy, pût écrire des lettres d'amour à un ancien béguin, quelques jours seulement après son mariage, ne portait pas seulement atteinte à sa fierté. Onassis pensait que sa fortune et ses succès financiers dépendaient de son image personnelle et du mythe de sa toute-puissance. Le rôle du mari trahi ne se contentait pas de réduire en miettes son ego, mais anéantissait sa réputation d'invincibilité – d'homme imbattable aussi bien en amour qu'en affaires.

Ari se devait de tenter de réparer les dégâts. En premier lieu, trouver auprès de Maria une oreille compatissante pour se plaindre des habitudes dispendieuses de Jackie, de sa froideur, de sa frivolité et de son manque de compréhension. Ses amis expliqueraient qu'au moment où il s'était senti abandonné et trahi par sa nouvelle épouse Ari en était venu à se persuader que trois femmes seulement l'avaient vraiment aimé : sa mère Pénélope (depuis longtemps disparue); sa sœur Artémis (qui restait toujours sourde à la moindre critique à l'encontre de Jackie) et Maria Callas, qui écoutait pendant des heures le récit de ses malheurs au téléphone.

Chaque fois qu'Onassis venait à Paris, il demandait à son ami et conseiller Miltos Yiannakopoulos de lui ménager des rendez-vous avec Maria. (La plupart des employés d'Onassis redoutaient Yiannakopoulos qui lui servait également d'espion et se chargeait des écoutes téléphoniques comme du recrutement des détectives privés.) En 1998, Yiannakopoulos m'assura que c'était Maria qui avait fait le bonheur d'Ari, pas Jackie. « Au bout de quelques mois de vie conjugale [avec Jackie], il ne se souciait plus de son existence. Il se saisissait de la moindre occasion pour la rencontrer [Maria Callas], et cela dès les premières semaines de son mariage... Il me demandait de la rechercher et d'organiser les rencontres. Il lui suffisait de parler à Maria au téléphone pour rayonner. »

Selon Ferruccio Mezzadri, elle resta profondément attachée à Onassis en dépit de sa colère après la trahison : « Elle a rempli sa vie comme personne, me confia-t-il. Madame l'adorait, c'est certain, et lui aussi était très attaché à elle. On pouvait le voir à la façon dont il se comportait avec elle, il riait, la taquinait, plaisantait. Même quand il s'emportait contre elle, il y mettait de la passion. »

En avril 1970, le *Christina* entama sa traditionnelle croisière de Pâques dans les Caraïbes. À bord, un couple d'invités, Andrew et Géraldine Spreckles Fuller. (Ari avait eu une liaison avec Géraldine Spreckles au début des années 40.) Jackie les rejoignit à Puerto Rico et sembla tout aussi stupéfaite que les autres en constatant que le bateau tournait autour d'Haïti sans aller plus avant. Bien après, Géraldine raconterait au biographe d'Onassis, Peter Evans, les étranges relations dont elle avait été témoin entre l'armateur et son épouse. Ari apparaissait à la fois furieux contre Jackie et pourtant très désireux de lui plaire. Du côté de Jackie, les sarcasmes faisaient vite place à la volonté de séduire et aux coquetteries; en témoigne cette saillie : « Chéri, je me suis parfumée partout, selon les recommandations de M. Lanvin. Mais là-haut je t'ai attendu en vain. Pourtant, je m'étais bien parfumée *partout*. »

Selon Géraldine, Ari lui aurait finalement avoué qu'ils traînaient autour d'Haïti parce qu'il tentait de persuader Jackie de faire une brève visite à Port-au-Prince pour un divorce éclair, avec l'idée qu'ils se remarieraient le lendemain. L'objectif supposé de la manœuvre était de faire cesser les rumeurs au sujet de leurs problèmes de couple et de démontrer qu'ils s'aimaient vraiment. Géraldine fit observer, non sans raison, que la proposition n'était guère convaincante : « Ari, ne sois pas stupide, elle n'avalera jamais une chose pareille. Jamais. »

Ari l'admit en riant : « C'est vrai, mais j'espérais quand même. » Il lui confia également qu'il avait offert une très grosse somme à Jackie pour mettre un terme à leur mariage. (Après la mort d'Onassis, le *New York Times* du 12 avril 1975 écrirait : « Les rumeurs de divorce entre M. et Mme Onassis remontent à 1970, bien qu'ils les aient toujours réfutées. Pourtant, dès 1970, Mme Onassis laissait entendre à ses amis et à sa famille que M. Onassis avait l'intention de demander bientôt le divorce. »

En mai 1970, à Paris, Onassis se mit ostensiblement à faire la cour à Maria. Un reporter français, Henri Pessar, qui suivait ses faits et gestes, rapportait que le magnat avait, quatre nuits de suite, quitté l'appartement de l'avenue Georges-Mandel entre minuit et demi et une heure du matin, après qu'on les avait vus dîner ensemble chaque fois, bien que pas toujours en tête à tête. Quelqu'un fit savoir à la presse que le couple serait chez Maxim's le 21 mai, et ils furent photographiés à une table privée (en compagnie de la baronne Maggie Van Zuylen, qui avait servi d'intermédiaire et de confidente aux amants depuis le début de leur liaison). Le lendemain, une Jackie furieuse s'envolait de New York pour Paris et se retrouvait le soir à cette même table de chez Maxim's en compagnie d'Onassis. Ils traînèrent ensuite chez Régine jusqu'à deux heures et demie du matin, heure à laquelle le *jet-lag* devait avoir eu raison de Mme Onassis.

Il ne déplaisait peut-être pas à Ari d'avoir été le point de mire, mais le petit duel entre les deux femmes faillit avoir de fatales conséquences pour Maria. Il est impossible de savoir ce qu'Aristo lui avait dit au cours des quatre nuits qu'ils avaient passées ensemble, pourtant il avait dû montrer sa colère et son ressentiment envers Jackie et fait part de son intention d'obtenir le divorce. Et Maria, toujours désespérément amoureuse de lui, avait sans doute cru que ledit mariage arrivait à son terme. Mais, quand elle vit dans les journaux français les photographies d'Ari et Jackie à la table même où elle était assise avec lui la veille – dans le restaurant qui avait toujours été « le leur » –, Maria se sentit à nouveau piégée par le cycle redoutable de l'euphorie et de la désillusion. Elle se mit à craindre qu'Aristo ne rompît jamais avec sa célèbre épouse – pour se contenter de lui mentir.

Trois jours plus tard, le lundi 25 mai, Maria invita chez elle le chef d'orchestre Carlo Maria Giulini et sa femme, Marcella. Ce soir-là ils constatèrent, inquiets, qu'elle était de plus en plus angoissée et déprimée. Quand ils se levèrent pour prendre congé, Maria les supplia : « Ne me laissez pas seule. Restez, s'il vous plaît. » Le lendemain matin, Mme Giulini téléphona pour s'enquérir de la santé de Maria. Elle apprit que celle-ci avait été emmenée à l'Hôpital américain de Neuilly à sept heures. Le matin même, Radio-Luxembourg diffusa la nouvelle que « Maria Callas avait tenté de se suicider en prenant une overdose de barbituriques ».

(Ce même 26 mai, selon le *New York Times*, Mme Aristote S. Onassis a refusé de répondre aux rumeurs de crise conjugale : « Mon Dieu ! Que vont-ils inventer la prochaine fois ? » Dans le même article, on pouvait lire : « Elle est arrivée à Athènes en compagnie de M. Onassis il y a deux jours pour recevoir leurs prochains invités, trois astronautes américains, leurs familles et autres éminentes personnalités, avec qui ils ont prévu une croisière d'une semaine le long des îles grecques à bord de leur yacht le *Christina*. Ils ont quitté Paris dimanche, à la suite d'articles parus dans les journaux britanniques évoquant... la réapparition publique, dans la capitale française, du millionnaire au côté de la prima donna Maria Callas, ce qui aurait précipité le retour de New York de son épouse, la veuve du président John F. Kennedy, et suscité quelques chaudes explications. »

Un peu plus tard, Maria publia un communiqué affirmant qu'elle ne s'était rendue à l'hôpital que pour un check-up de routine. Un tabloïd français ayant repris la thèse du suicide, elle avait demandé à son avocat d'entamer une procédure à la fois contre le journal et Radio-Luxembourg. (Elle obtiendrait finalement vingt mille francs de dommages-intérêts.)

« La presse a concocté une histoire à dormir debout sur une prétendue tentative de suicide, dirait la Callas à Nadia Stancioff. Quelle absurdité !... J'admets que j'étais déprimée, mais tu sais aussi bien que moi que je n'aurais jamais fait une chose aussi stupide. » Il est probable que Maria ait seulement mal calculé les doses de somnifères et de tranquillisants. Ce n'était pas le premier incident de ce genre et ce ne serait pas le dernier.

Quelques semaines auparavant, une autre femme qu'Onassis connaissait bien avait avalé vingt-cinq comprimés de Seconal et s'était tuée. Dans la soirée du 3 mai 1970, Eugenia Livanos Niarchos, sœur aînée de Tina Onassis et épouse de Stavros Niarchos, était morte sur l'île de Spetsopoula, propriété personnelle de son mari, en lui laissant un message de suicide incohérent. Eugenia s'était affolée après avoir surpris une conversation téléphonique de Niarchos. (Les rumeurs sont contradictoires sur la nature de cette conversation et l'identité du correspondant de Niarchos.) Le médecin qu'on avait appelé, à minuit passé, avait découvert Eugenia le corps couvert de bleus et de contusions multiples avec hémorragie interne. Niarchos avait affirmé que les blessures pouvaient résulter de ses efforts désespérés pour ranimer sa femme. Certains, y compris Onassis, posèrent la question de savoir pourquoi Niarchos avait fait venir d'Athènes son propre médecin par hélicoptère, ce qui avait demandé quatre-vingt-dix minutes, alors qu'il y avait un médecin à Spetses, à trois minutes seulement.

Toute sa vie, Onassis avait détesté Niarchos avec lequel il était une fois de plus en compétition pour le contrôle du projet Oméga. Mais en la circonstance, explique Miltos Yiannakopoulos, le conseiller et informateur d'Ari, il décida d'apporter son appui à son grand rival. « À la suite de la mort d'Eugenia, m'a raconté Yiannakopoulos, le juge d'instruction avait conclu à la culpabilité de Niarchos. Mais la mère d'Eugenia, Arietta, vint elle-même à sa rescousse. Elle craignait que, si Niarchos finissait en prison, son empire financier ne s'écroulât et que ses petits-enfants n'en fussent les victimes. Elle fit donc tout son possible pour sauver Niarchos, jusqu'à demander à Onassis d'user de son influence. Aristo me demanda mon soutien. Il se trouvait que je connaissais certains des responsables dc l'enquête, à qui j'ai pu parler. Niarchos a distribué de gros paquets d'argent et, bien sûr, ça a aidé. Des hélicoptères Apache ont même été achetés pour l'armée grecque. Onassis avait alors l'occasion de se débarrasser de Niarchos, mais il ne l'a pas fait, parce qu'il savait les répercussions que cela aurait eu pour Tina, sa mère et les enfants de Niarchos. »

J'ai interrogé George Livanos, le frère d'Eugenia et de Tina, sur la mort de sa sœur aînée. Il m'a rétorqué : « On s'est beaucoup répandu sur sa responsabilité [celle de Niarchos], sinon physique, du moins psychologique. Mais c'est un tissu d'âneries... Quand quelqu'un est malheureux au point de vouloir se suicider, on peut toujours dire que c'est l'autre qui l'a poussé... Nous avons tous, ma sœur, ma mère et moi, été appelés à témoigner et aucun d'entre nous n'a mis en cause la responsabilité de Niarchos. »

Onassis se démenait à Athènes pour sauver son beau-frère et néanmoins ennemi des accusations qui pesaient sur lui. Dans le même temps, Maria prenait des vacances en compagnie de Nadia Stancioff non loin de là, à Tragonisi, l'île privée de l'armateur Perry Embiricos. Celui-ci, qui ne s'était jamais marié, était un grand admirateur de la Callas. Il aimait écouter ses plus beaux enregistrements le soir, sur sa terrasse, après le coucher du soleil. Nadia se rappelle qu'un jour Maria fut visiblement émue par sa propre voix et fit remarquer, en soupirant : « *Brava* ! La Callas ne chantera plus jamais comme ça. »

Pier Paolo Pasolini, toujours entiché de Maria, les rejoignit et passa son temps à faire le portrait de la cantatrice, incorporant des fleurs réelles et de l'eau de mer à ses tableaux. Maria Callas se saisit de l'occasion pour aller à Méligala, dans le Péloponnèse, où son père était né. Les villageois lui embrassèrent les mains en pleurant d'émotion. Elle gagna également en hélicoptère l'île de Skiathos pour rendre visite à Mérope Konialdis, la demi-sœur d'Onassis.

Nadia retourna à Rome, laissant Maria jouir du soleil et de la mer, et songer à la merveilleuse musique qui n'était plus en son pouvoir. Maria nageait avec l'aisance d'une sirène et passait des heures dans l'eau, à plonger à la recherche de coquillages, ou prenait des bains de soleil, comme elle l'avait fait pendant des années à bord du *Christina*.

Le 15 août, jour de la Vierge Marie, Maria reposait sur une chaise longue à l'abri d'un grand parasol, sur la plage d'Embiricos. Elle était bronzée, sans maquillage, ses longs cheveux noués en queue de cheval. Il y eut un ronronnement qu'on ne distingua pas tout de suite des stridulations des cigales. Puis le bruit s'amplifia, et une grande ombre se projeta sur le sable. Le ronflement du moteur devint assourdissant, les hélices firent voler le sable. L'hélicoptère se posa sur la plage comme une immense libellule.

Maria se protégea les yeux de la main et vit la porte de l'appareil s'ouvrir. Elle ne se leva pas et laissa Onassis s'avancer vers elle. C'était le jour de sa fête, celui de Marie, qu'ils avaient toujours célébrée ensemble. Elle n'espérait pas Onassis, mais elle n'était pas surprise.

Un photographe caché dans un petit bateau au large prit des clichés d'Onassis au téléobjectif : on le voyait s'avancer vers Maria, se pencher sur elle, l'embrasser passionnément. Elle accepta le baiser avec naturel, comme si le couple ne s'était séparé que quelques heures. Onassis sortit une petite boîte de sa poche, qu'il tendit à Maria. Aristo attendit qu'elle ait découvert le présent – une paire de boucles d'oreilles anciennes –, puis embrassa le caniche Djedda (qu'il lui avait offert).

Maria finit par se lever, puis le couple, main dans la main, suivi du caniche, marcha sur la plage, tout à sa conversation intime. À leur retour, Onassis salua les compagnons de Maria, Anastasia et Costa Gratsos, les témoins de leurs tendres retrouvailles.

Onassis s'installa et bavarda avec Maria plus d'une heure. Puis il lui donna un baiser, rejoignit l'hélicoptère et s'envola aussi soudainement qu'il était arrivé. La Callas retourna à sa chaise longue, triste et gaie, laissant les autres méditer sur le spectacle de cet Ulysse contemporain tombant du ciel pour embrasser sa fidèle Pénélope et lui souhaiter sa fête et *chronia polla* – longue vie ! – avant de reprendre son errance.

Cette scène intime fut pain bénit pour les journaux et les magazines du monde entier. Elle provoqua une réaction immédiate de Jackie. Le *Time Magazine* racontait l'épisode à sa manière : « La rumeur d'une rupture est-elle à peine apaisée qu'Onassis en allume une autre. Jackie était à New York, Ari à Athènes et son vieux béguin Maria Callas en vacances sur l'île voisine de Tragonisi. Un jour, Maria décide d'organiser une partie de plage. Ari arrive par hélicoptère, gratifie Maria d'un baiser et passe quelques heures merveilleuses à pique-niquer avec elle et deux autres invités. Tel un dalmatien au premier son de la sirène des pompiers [1], Jackie fonce immédiatement rejoindre Onassis en Grèce afin d'étouffer les ragots. »

Dans le même temps, la Callas livrait aux journalistes son commentaire habituel et parfaitement neutre : « J'ai la plus grande estime pour Aristote et il est normal que nous nous rencontrions ici, puisque M. Embiricos est un ami commun. » Mais, en novembre, elle ferait preuve de plus de franchise (et d'une bonne dose de rosserie) auprès de Judy Klemsrud, du *New York Times* : « Il [Onassis] est mon meilleur ami. Il l'est, le fut et le sera toujours... Quand

1. Les dalmatiens, aux États-Unis, servent de chiens de pompiers dans certaines casernes. (*N.d.T.*)

deux personnes ont vécu ensemble comme nous, elles ont beaucoup de liens entre elles. Il sait qu'il trouvera toujours chez moi réconfort, amitié et loyauté. Le scandale vient de ce que son épouse et moi n'avons jamais fait connaissance. Mais l'autre partie ne le souhaite pas. »

Maria fêta le Nouvel An à Paris en se rendant à une réception donnée par un collaborateur de Pierre Cardin (Ari était à New York avec Jackie). En février, elle alla à Philadelphie où elle avait accepté de donner deux semaines de *master class*. Elle constata que les dix-huit étudiants qui l'attendaient étaient dans un tel état d'impréparation qu'elle annula son engagement et revint à New York pour voir des amis. Profitant de son séjour dans la ville, Anastasia Gratsos l'emmena consulter un ophtalmologiste, qui diagnostiqua le début d'un glaucome. La myopie de Maria, déjà très sévère, empirait. Le médecin lui expliqua qu'elle était condamnée pour le restant de sa vie à se mettre des gouttes dans les yeux toutes les deux heures sous peine de devenir aveugle.

Peu de temps après, deux événements d'ordre personnel déclenchèrent chez Onassis une sainte colère, toujours prête à s'enflammer. On était en juillet. Il fêtait à Skorpios le quarante-deuxième anniversaire de Jackie, quand il apprit que sa fille Christina avait épousé, à Las Vegas, un promoteur immobilier californien de quarante-huit ans, Joe Bolker, qu'elle avait rencontré à la piscine de l'Hôtel de Paris à Monte-Carlo.

Furieux, il passa des heures à téléphoner partout dans le monde pour poser la même question : « Qui est-ce, ce Joe Bolker ? » (Christina avait décrit son mari à une amie comme « un gentil millionnaire de l'immobilier ».) Puis il coupa les vivres à Christina, annonçant que sa fille ne recevrait plus un sou tant qu'elle ne divorcerait pas. Il fit même placer le téléphone de Bolker sur écoute et envoya Costa Gratsos en Californie pour couler le promoteur. Bolker fut complètement déconcerté par la traque lancée par son beau-père. Huit mois plus tard, lui et Christina ayant entamé une procédure de divorce, il eut ce mot : « Quand vous avez affaire à la pression d'un milliard de dollars, vous le sentez. »

Onassis accusa Tina, son ex-femme, d'avoir donné libre cours au mariage sans l'avertir. Elle résidait à Londres et était elle-même absorbée par son propre procès en divorce d'avec le marquis de Blandford (« Sonny »), tout en devant s'occuper des enfants de Niarchos, orphelins de sa sœur Eugenia.

Le 22 octobre, dix-huit mois seulement après le suicide d'Eugenia, Tina épousait secrètement son ex-beau-frère, qui avait été soupçonné d'être responsable de la mort de sa sœur. Sa mère, Arietta, fut la seule invitée à la cérémonie qui eut lieu à Paris. L'idylle de Tina avec Sonny Blandford avait vite tourné à l'aigre. Selon des membres de la famille, elle aurait même sondé Onassis, avant qu'il n'épousât Jackie, sur la perspective de refaire leur vie ensemble. Il s'était esquivé. Elle s'était alors tournée vers Niarchos qui avait toujours eu un faible pour elle. Selon plusieurs membres de la famille que j'ai pu interviewer, c'était Arietta, la mère d'Eugenia et de Tina, qui avait inspiré les premières approches en direction d'Onassis, tout comme l'union avec Niarchos. Il faut dire qu'Arietta, femme de fort tempérament, avait une seule idée en tête : garder les différentes fortunes familiales intactes pour ses petits-enfants. (Reinaldo Herrera m'expliquerait qu'il avait reçu trois lettres de Tina après leur ultime séparation. Dans l'une d'elles, elle lui annonçait qu'elle avait épousé Niarchos – qu'elle avait jusque-là toujours tourné en dérision – car « elle avait vu sa sœur Eugenia en rêve qui lui avait demandé de l'épouser pour s'occuper des enfants ».)

Le mariage précipité de sa fille avait déjà soulevé l'ire d'Onassis. Celui de son ex-épouse avec un rival qu'il méprisait le rendit complètement fou. Sentant, pour la première fois peut-être, qu'il n'avait plus la maîtrise des différents aspects de son existence – son mariage, ses enfants, ses affaires et même son ex-femme –, il était résolu à trouver un bouc émissaire. Il n'était pas dans ses habitudes de s'en prendre au ciel ni aux dieux – il lui fallait s'inventer un ennemi humain, qu'il pourrait défier et vaincre. En vrai Grec, Onassis voyait des complots et des conspirations partout. Un coupable ? Il n'avait qu'à se tourner du côté de Stavros Niarchos. Après avoir accusé Tina, désormais sous le charme de ce démon, d'avoir favorisé la mésalliance de sa fille pour détourner l'attention de ses propres projets matrimoniaux, il en vint à soupçonner Niarchos d'avoir payé Bolker pour épouser Christina. (Tina avait donné deux cent mille dollars à Christina quand son père lui avait coupé les vivres.)

Le fils d'Ari, qui avait alors vingt-trois ans, prit le remariage de sa mère avec Niarchos encore plus mal que son père. Ari et Alexandre avaient toujours eu des relations difficiles. Le père n'était jamais satisfait du garçon qu'il avait désigné comme son « alpha et oméga » ; le jeune homme, hypersensible, acceptait mal les critiques de son coureur de jupons de père. Alexandre avait toujours gardé l'espoir que ses parents se réconcilieraient. Il avait rendu Maria Callas, puis Jacqueline Onassis responsables de la frustration de ses rêves.

Ce faisant, Alexandre admirait l'œuvre de son père et avait hérité de celui-ci sa haine pour Niarchos. Lui aussi estima que sa mère, en épousant le pire ennemi de son père, avait commis l'ultime trahison. Le jeune homme perdit dix kilos dans les semaines qui suivirent la réception de la lettre recommandée qui l'informait du remariage de sa mère. Il n'adressa plus jamais la parole à Tina et repoussa toutes les tentatives de celle-ci pour communiquer avec lui.

Christina, alors à Los Angeles avec Bolker, réagit au mariage de sa mère avec Niarchos comme elle le faisait toujours devant une très mauvaise nouvelle : elle prit une overdose de médicaments. Convaincue que Niarchos était le meurtrier de sa tante Eugenia, elle craignait désormais pour la vie de sa mère.

Ce même automne, Maria était à New York, préparant les master classes qu'elle avait accepté de donner à Juilliard, lesquelles devaient débuter le 11 octobre. L'idée avait germé en 1970, alors qu'elle était à Moscou avec Vasso Devetzi pour présider le jury du concours Tchaïkovski. Maria avait fait la connaissance de Devetzi en 1957, lors de la première représentation qu'elle avait donnée à Athènes. Elles étaient devenues amies à Paris où Vasso s'était installée.

Durant leur séjour à Moscou, la ministre russe de la Culture avait proposé à la Callas de diriger un cours de maître pour les jeunes chanteurs d'opéra russes. Dans l'avion qui les ramenait de Moscou, la Callas avait déclaré à Vasso : « C'est une très bonne idée de donner des master classes. Mais pourquoi ne le ferais-je pas plutôt pour mon pays ? » Bien qu'elle ait renoncé à la citoyenneté américaine, elle considérait toujours les États-Unis comme sa patrie. Durant le même vol, elle discuta avec Vasso de la création d'une fondation destinée à aider les jeunes chanteurs. « Vous croyez qu'Aristo nous aiderait ? » lui avait-elle demandé.

À l'automne 1971, à New York, Maria put trouver de jeunes chanteurs assez talentueux pour profiter de son enseignement. Elle en sélectionna vingt-six parmi les trois cent cinquante qu'elle auditionna. Ses cours étaient publics, et de nombreuses célébrités y assistèrent. (C'est le sujet de *Master Class*, de Terence McNally, mais, contrairement à la version romanesque de la pièce, la Callas n'a jamais interrompu ses séances d'enseignement pour se lancer dans des monologues sur sa vie et ses amours.) Selon Larry Kelly :

« Ces cours furent pour Maria une façon de rencontrer un véritable public pour la première fois depuis six ou sept ans. Elle avait besoin des réactions du public. »

Le rôle de professeur plut beaucoup à Maria. Là aussi, contrairement au portrait que la pièce donne d'elle, elle s'efforça d'être davantage une aide qu'un censeur à l'égard des futures stars de l'opéra. À un élève qui lui demandait : « Quelle est la meilleure manière d'interpréter un morceau de musique ? », elle répondit : « En l'aimant. »

Les vingt-deux cours s'étalèrent du 11 octobre 1971 au 16 mars 1972. Dans le même temps, la Callas travaillait tous les matins avec un professeur du Metropolitan Opera pour améliorer sa propre voix. Son succès auprès des étudiants, même si elle ne chantait que de brefs passages pour illustrer un propos, renforça en elle le sentiment qu'elle pouvait à nouveau revenir sur scène.

Mary lui rendit visite en compagnie d'une cousine : « Nous nous rendîmes toutes trois chez Trader Vic. Maria m'annonça qu'Onassis était à New York pour la voir. Il aurait aimé qu'elle lui revînt. » « Quand tu te seras débarrassé de ta femme, nous en reparlerons », lui aurait rétorqué Maria. Mme Carter pense qu'Onassis essayait alors d'imposer le divorce à Jackie en faisant circuler des bruits à ce propos dans l'espoir qu'elle le quitterait. En fait, certaines de ces rumeurs étaient lancées par Costa Gratsos. Mais, selon Mary, il agissait sur instructions d'Onassis. « Ari voulait hâter les choses. Il était terriblement pressé de se débarrasser de Jackie. Maria m'a dit à l'époque. “Il me parle maintenant de divorce de la même façon qu'il me parlait jadis de mariage.” »

Tout en lui accordant toute l'attention et toute l'affection voulues, Maria se refusa à partager sa couche tant qu'il était marié à Jackie. C'est du moins ce qu'elle soutint à Mary Carter comme à d'autres proches, dont Miltos Yiannakopoulos, qui continuait de servir d'intermédiaire entre elle et Onassis à Paris : « Pris de curiosité, je lui ai un jour demandé si elle couchait avec lui. Elle m'a répondu abruptement “*Poté*” (Jamais !) »

Kostas Pylarinos, un homme politique grec qui fut de ses familiers durant la dictature des colonels et avait choisi l'exil volontaire à Paris, m'a également assuré qu'à la suite du mariage d'Onassis et de Jackie « lui et Maria restèrent très liés. Mais ce n'était pas une relation d'ordre sexuel. Elle ne l'aurait pas permis après qu'il l'avait abandonnée pour Jackie ».

Elle s'essaya à d'autres amours. Elle le regretta. À New York, durant les master classes, Maria eut une brève liaison avec Peter

Mennin, le directeur de la Juilliard School. C'était un homme marié. « Je m'en veux de... ce qui est arrivé », écrirait-elle à son parrain. John Ardoin, qui lui rendit visite à l'époque à New York, m'a affirmé : « La situation devint délicate, car Mennin, réellement amoureux d'elle, voulait quitter sa femme. Or Maria ne tenait surtout pas à être mêlée à une histoire de ce genre. »

Aux alentours de Noël 1971, Maria reçut une douzaine de roses au Plaza Hotel, où elle séjournait durant les master classes. Elles provenaient de Giuseppe Di Stefano, le ténor sicilien avec qui elle avait eu une relation professionnelle orageuse dans les années 50. Elle fut touchée de l'attention et l'invita à prendre un verre.

« Je me suis rendu au Plaza. Nous commencions à peine à bavarder que le téléphone se mit à sonner, me raconterait-il lors d'un entretien chez lui, près du lac de Côme. C'était un appel d'Onassis. Elle quitta la pièce pour lui parler et, à son retour, je lui demandai : "Pourquoi sortir ? Vous savez, je ne comprends pas le grec..." Puis Sander Gorlinsky apprit que nous nous fréquentions. C'était un imprésario et, naturellement, lui vint l'idée de nous proposer une tournée commune. »

Maria se mit donc aux répétitions pour cette tournée avec Di Stefano qui se révélerait malheureuse. Onassis, de son côté, cherchait toujours le moyen de sortir de ce satané mariage. Passé des plus folles espérances à une désillusion totale, il n'attendait plus rien de cette union. Il avait toujours su qu'il ne serait pas le centre de la vie de Jacqueline comme il l'avait été pour la Callas. Mais, au début, il pensait que le bénéfice qu'il tirerait d'avoir épousé la première surpasserait les avantages que lui procurait la seconde. Dans un premier temps, il avait même imaginé pouvoir conserver les deux – jonglant avec elles comme il avait espéré jongler avec Maria et Tina. « Onassis, étant Onassis, croyait qu'il pourrait avoir Jackie et garder Maria », m'affirmerait, en 1993, Yiannis Giorgakis, l'un de ses proches.

Finalement, il dut se rendre à l'évidence que Maria ne se donnerait plus à lui tant qu'il serait marié à Jackie. Initialement, elle ne voulait même pas répondre à ses appels. Au bout d'un an, ayant retrouvé sa confiance en elle après avoir été la vedette du film *Médée*, elle accepta de dîner avec lui, de lui parler, de prêter l'oreille à ses problèmes, de compatir. Mais la Grecque orgueilleuse, croyante, bourgeoise, n'allait tout de même pas se laisser aller à coucher avec son ancien amant après qu'il eut épousé, à l'Église grecque, la veuve la plus célèbre au monde.

De son côté, Jackie aimait bien Onassis et essayait de faire son possible pour lui plaire durant les rares moments où ils étaient ensemble – surtout au début –, mais elle était d'abord attachée à ses enfants, ce qui l'amenait sans arrêt à séjourner à New York. « C'est ainsi, expliquerait Miltos Yiannakopoulos, qu'au lieu d'avoir deux femmes à la fois il finit par n'avoir ni l'une ni l'autre, du moins comme il l'entendait. »

Les absences de Jackie se firent de plus en plus longues. La résolution de Maria ne montrait aucun signe de fléchissement. Onassis finit par se dire qu'il devait faire un choix. Il commença par envisager la solution d'un divorce à l'amiable qui éviterait à tous deux de perdre la face – pari difficile si l'on considère que chaque détail de leur vie de couple avait jusqu'ici retenu l'attention de l'opinion publique mondiale.

À Athènes, les avocats d'Onassis n'étaient guère encourageants : « À cette époque, la loi grecque ne permettait pas d'obtenir un divorce par consentement mutuel, rappelle Stelios Papadimitriou. J'ai rédigé plusieurs demandes de divorce en son nom en lui demandant chaque fois : “Quels sont vos griefs ? Profère-t-elle des insultes à votre égard ? Vous porte-t-elle préjudice ? Vous trompe-t-elle ? – Non, répondait-il. – Alors quoi ? – Elle ne vit pas avec moi. – Enfin, vous saviez que sa vie était aux États-Unis. Vous saviez qu'elle avait des enfants dont le père a été un président martyr, qui seraient donc élevés aux États-Unis. Si elle se présente devant les juges en disant : Oui, je ne passe pas autant de temps avec mon mari que je le voudrais parce que je me dois à mes enfants, quel tribunal grec pourrait bien lui enjoindre d'abandonner ses enfants pour rejoindre son mari ?” »

M. Papadimitriou souriait et hochait la tête en évoquant la façon dont il avait discuté avec Onassis des difficultés de divorcer de l'ex-première dame des États-Unis. « Le problème, avec lui, c'est qu'il voulait que j'obtienne le divorce sans dire de mal de Jackie. Or, à cette époque, cela ne pouvait tout simplement pas se faire en Grèce, même pour un homme comme Onassis. »

Ari savait que, s'il essayait de dénigrer Jackie, l'opinion publique, surtout aux États-Unis, se retournerait violemment contre lui. Il ne pouvait pas prendre ce risque au début des années 70. Il envisageait plusieurs très gros investissements et il avait besoin de toutes les bonnes volontés qui se présenteraient.

Mais il était désormais convaincu que le prix de la femme la plus admirée au monde était trop élevé, même pour lui. Il lui fallait retrouver ce qu'il avait perdu – la seule femme qui l'aimât sans réserve.

20

La chute d'Icare

Ce tombeau abrite les espoirs d'un père.

Callimaque, *Hymnes épigrammes.*

Le 4 janvier 1973, Aristote Onassis et son fils de vingt-quatre ans dînèrent en tête à tête à Paris. À la fin de la soirée, Alexandre avait toutes les raisons d'être joyeux et optimiste. Ari lui avait annoncé son intention de consulter des avocats new-yorkais qui trouveraient un moyen de casser son mariage, malgré les difficultés d'obtenir un divorce en Grèce. Il ferait appel à un ténor du barreau, Roy Cohn, et avait même discuté avec son fils du genre d'arrangement qu'il proposerait à Jackie ! Le père et le fils parlèrent de leur entretien à des associés en qui ils avaient confiance.

Onassis fit également part à son fils d'une autre décision qui réjouit Alexandre : il allait vendre le Piaggio, l'avion amphibie du *Christina*, et le remplacerait par un hélicoptère. Le garçon se plaignait depuis longtemps de cet « appareil suicidaire » à bout de soufflc. Onassis l'avait fait réviser et profiterait de sa croisière d'hiver annuelle pour conduire l'avion à Miami, où il le vendrait. Il venait d'ailleurs d'engager un nouveau pilote pour manœuvrer le vieux Piaggio et le nouvel hélicoptère.

Après le dîner, Alexandre appela sa maîtresse de toujours, la baronne Fiona von Thyssen, en vacances au Mexique avec ses deux enfants. « Le vieux est revenu à la raison, lui annonça-t-il d'une voix triomphante. Il va divorcer de la Veuve et vendre l'Albatros. »

Avec les années, les rapports houleux entre Onassis et son fils s'étaient calmés. Tous ceux qui connaissaient Alexandre en convenaient : le gosse gâté qui prenait un malin plaisir à effrayer les gens aux commandes de ses véhicules à moteur s'était métamorphosé en un jeune homme sensible, qui ne vivait que pour la voltige aérienne. Tout le monde appréciait la gentillesse et la délicatesse du jeune homme, surtout les employés de son père avec lesquels il travaillait.

Onassis lui avait confié la direction d'Olympic Aviation. La compagnie d'avions-taxis et d'affrètement local gérait une flotte qui desservait les petites îles grecques. Le jeune homme avait su la faire prospérer avec un certain succès. Affligé d'une vue médiocre, Alexandre avait dû renoncer à son rêve : devenir pilote de ligne. Cela ne l'empêcha pas de décrocher, à dix-huit ans, une licence de pilote professionnel. Par mauvais temps, alors que tous les pilotes d'Olympic refusaient de décoller pour aller chercher un villageois malade dans un endroit isolé du pays, Alexandre n'hésitait jamais : il sautait dans un petit avion, se rendait sur place et transportait le malade jusqu'à l'unité de soins la plus proche.

Un jour, m'a raconté Maria Baroumi, qui fut l'une de ses collaboratrices chez Olympic Aviation, Alexandre interrompit une réunion d'affaires pour voler au secours du fils d'un pêcheur qui s'était fait arracher les mains en pêchant à la dynamite. Le garçon se vidait de son sang. Il raconterait à Mme Baroumi comment le père du jeune homme avait tenu à le dédommager. Alexandre avait accepté le billet de cent drachmes (environ trente cents) qu'il lui tendait pour ne pas l'offenser.

Le fils était tout le contraire du père. Ari avait toujours été extraverti, volubile, capable de s'amuser partout et avec tout le monde. Il aimait parler et appréciait la compagnie des jolies femmes. Alexandre était réservé et avait beaucoup de mal à s'exprimer – sauf s'il était question d'avions. En dépit des efforts de son père pour en faire un play-boy, il était monogame, fidèle à Fiona, rencontrée en 1967. À l'époque, il avait dix-neuf ans, elle trente-cinq.

Alexandre avait été renvoyé du lycée français à l'âge de seize ans. Ce jour-là, Ari avait décidé de le sortir du système scolaire. Il le fit entrer dans son bureau de Monte-Carlo et s'ingénia, de gré ou de force, à en faire un hommes d'affaires de choc. Alexandre fit ce qu'il put pour lui plairc, mais Ari n'était jamais satisfait de ses performances et ne cessait de lui faire des remontrances et des critiques. Alexandre finit par enregistrer leurs conversations téléphoniques pour prouver à Fiona qu'il n'exagérait pas. Son père était vraiment un homme impossible. Stelios Papadimitriou, qui partageait le bureau de Monte-Carlo avec Alexandre et Onassis, m'a rapporté une anecdote qui éclaire la nature de leurs rapports :

« Un jour, raconte Papadimitriou, Alexandre est entré et a dit à son père : "C'est fini avec Fiona. Il n'y a plus rien entre nous".

« – Ah bon, répondit le vieux renard anatolien. Bien, bien. Dis-moi une chose, tu as des problèmes physiques ? Tu ne bandes plus ?

« – Non, je n'ai aucun problème, répondit Alexandre, embarrassé.

« – Ah, alors tu t'es trouvé une autre copine ?

« – Non, je n'ai pas d'autre copine. J'ai simplement rompu avec Fiona.

« – Allons, sors d'ici ! beugla Onassis. Si ta bite fonctionne et que tu n'aies pas d'autre copine, tu te remettras avec elle dans deux ou trois jours. »

« Évidemment, le lendemain, ils étaient réconciliés. Pas moyen de baratiner le vieux », conclut Papadimitriou.

Malgré leurs antagonismes, leur relation évolua vers un profond respect mutuel au fur et à mesure qu'Alexandre prit de l'assurance et qu'Ari reconnut les qualités du jeune homme. « C'était un garçon très, très intelligent, m'a dit son oncle George Livanos. Il avait pris le meilleur de son père – la volonté, l'intelligence, la *poniria* [l'astuce], tout. »

Onassis était fier des talents de pilote de son fils. En 1972, les deux hommes se rendirent ensemble aux États-Unis pour voir les nouveaux DC-10 commandés pour Olympic Airways. Alexandre en pilota un à travers le pays avec l'aisance d'un pilote aguerri. Sur une photo, on voit Onassis descendre l'échelle de coupée, rayonnant et pavoisant, tandis qu'Alexandre discute avec le commandant. « Sur ce cliché, Onassis vit le plus beau jour de sa vie, commente Nicholas Papanikolaou, qui travaillait au siège de New York. Il était si fier de son fils et de l'homme qu'il était devenu. »

Le lundi 22 janvier, moins de trois semaines après le tête-à-tête à Paris avec son père, Alexandre assura un vol Monte-Carlo-Athènes. Il avait prévu de rejoindre Fiona et les enfants à Londres le lendemain, car ils devaient se rendre à un mariage. Avant de partir, il devait encore effectuer une tâche de routine pour Olympic – tester Donald McCusker, le nouveau pilote de son père, et le familiariser avec les commandes du Piaggio. L'autre pilote, Donald McGregor, aurait normalement dû se charger de ce travail avant de prendre sa retraite, mais il venait d'être opéré des yeux et n'était pas encore tout à fait rétabli. Il était convenu qu'il s'installerait à l'arrière, sur le siège passager, tandis que McCusker ferait connaissance avec l'appareil.

Stelios Papadimitriou affirme qu'il tenta de dissuader Alexandre de faire ce voyage à Athènes : « Laisse quelqu'un d'autre s'occuper du nouveau pilote, lui ai-je dit. Ton rôle n'est pas de tester des pilotes ou des avions, mais d'apprendre la navigation. – Non, je dois y aller, a-t-il répliqué. Je le dois à mon père. »

Depuis que sa mère avait épousé Niarchos, Alexandre refusait de lui parler au téléphone. Ce matin-là, avant le décollage à Monte-Carlo, se souvient Papadimitriou, « sa mère a appelé... et m'a demandé de lui passer Alexandre. Il a secoué la tête, alors j'ai prétendu qu'il n'était pas là. "Je vous en prie, dites-lui de me rappeler, a-t-elle supplié. Il est capital que je lui parle." Il avait tout entendu, mais il ne l'a jamais rappelée. »

Peu après quinze heures, dans l'après-midi du 22 janvier 1973, Alexandre, McGregor et McCusker montèrent dans le Piaggio sur la piste de l'aéroport d'Athènes. Ils avaient prévu de faire quelques atterrissages et décollages en mer entre Ægine et Poros, deux îles proches d'Athènes. Alexandre prit place sur le siège passager, à droite, McCusker s'installa au poste de pilotage et le vieux pilote McGregor alla s'asseoir à l'arrière. Ils s'aperçurent à la dernière minute qu'ils avaient oublié la check-list d'avant le décollage. Alexandre, qui avait si souvent piloté le Piaggio, la connaissait par cœur et procéda à tous les contrôles habituels.

Alexandre donna l'ordre au pilote de mettre les gaz. Un Boeing 727 d'Air France venait de décoller. Le contrôleur aérien l'avertit de virer sur l'aile gauche juste après le décollage pour éviter l'appel d'air créé par le Boeing. En deux secondes, alors que le Piaggio n'était qu'à trente mètres d'altitude, l'appareil vira à droite au lieu de virer à gauche. Un flotteur heurta le sol, puis l'avion bascula sur l'aile et fit des tonneaux. Les sauveteurs accourus sur les lieux du drame sortirent les deux pilotes des débris. Ils étaient blessés, mais pas mortellement. Alexandre fut identifié uniquement grâce au monogramme brodé sur sa pochette. Le lobe temporal gauche de son cerveau avait été broyé dans le crash et il était couvert de sang. On le transporta à l'hôpital, où il fut admis en salle d'opération. Les chirurgiens ôtèrent les caillots de sang qui obstruaient le cerveau, puis le mirent sous assistance respiratoire.

Au moment du crash, Ari et Jackie étaient à New York, Tina et Niarchos à Saint-Moritz. Christina apprit la nouvelle au Brésil en écoutant la radio dans une voiture. Onassis dépêcha immédiatement des avions à Londres, à Boston et au Texas pour faire venir les plus grands neurochirurgiens du monde. Désespéré, il appela l'archevêque d'Athènes, Iéronimus, originaire de Tinos, et obtint du prélat de faire venir à Athènes l'icône miraculeuse de la Vierge conservée sur une île où les invalides affluent chaque jour dans l'espoir d'une intercession divine.

Le lendemain matin, des membres de la famille et des amis étaient réunis au chevet d'Alexandre, maintenu en vie grâce à un respirateur artificiel. Les médecins étaient parvenus à la conclusion qu'Alexandre souffrait de « lésions cérébrales irréversibles ». Onassis informa ses sœurs qu'il attendrait Christina avant de prendre une décision.

Il avait accumulé argent, marchés, yachts, villas et navires. Il avait bâti un empire. Uniquement pour son fils. Onassis morigénait Alexandre, lui reprochait de perdre son temps avec les avions : « Si les avions sont les feuilles de l'arbre, les bateaux en sont les racines – l'argent se trouve dans la navigation maritime », disait-il.

L'argent avait permis à Onassis de résoudre quasiment tous les problèmes qu'il avait rencontrés dans la vie. L'argent avait fait sortir son père d'une prison turque de Smyrne. L'argent encore avait fait du réfugié inculte un bon vivant qui appréciait la compagnie d'amis célèbres et des plus belles femmes du monde. Dans l'esprit d'Ari, il était inconcevable que l'argent ne pût sauver son fils. Alexandre était entre la vie et la mort. Onassis appela un neurochirurgien : « Si je vous donne toute ma fortune, pourrez-vous sauver la vie de mon fils ? » Le médecin lui dit la triste vérité.

À l'arrivée de Christina, son père la pria d'aller dire au revoir à son frère, avant d'ajouter : « Cessons de le torturer. » Quand Christina sortit de la chambre en sanglots, Onassis ordonna aux médecins de débrancher le respirateur artificiel.

Christina se dirigea vers Tina, débout à côté de son mari, Stavros Niarchos. Comme son frère, la jeune femme tenait rigueur à sa mère d'avoir épousé le concurrent de son père, mais ne refusait pas de lui parler. Cette fois, dans l'attente du dernier soupir de leur fils et frère, la mère et la fille s'enlacèrent en larmes, rapporte la nièce d'Onassis Marinela Patronikola, qui assista à la scène : « Christina s'est ensuite dirigée vers Niarchos "J'aimerais rester avec ma mère cette nuit. Êtes-vous d'accord ?" Niarchos ne daigna pas lui répondre, tourna les talons et partit. Évidemment, elle n'est pas restée avec sa mère ce soir-là. »

Onassis fit une ultime tentative pour garder son fils défunt près de lui. Il demanda à l'un de ses assistants à New York de prendre contact avec la Life Extension Society à Washington. Il devait se renseigner sur la possibilité de conserver la dépouille d'Alexandre par cryogénisation jusqu'à ce que la médecine découvre comment reconstituer son cerveau. Son ami Yiannis Giorgakis réussit à convaincre Onassis qu'il ne fallait pas « entraver le voyage de l'âme d'Alexandre ». (Dans la religion orthodoxe, un certain nombre de rituels sont destinés à aider l'âme du défunt à rejoindre le paradis. Le voyage dure quarante jours. Une âme que l'on empêche de quitter la terre devient une *vrykolakas* – une sorte de vampire – condamnée à gémir sur son sort et à hanter les vivants jusqu'à ce qu'elle trouve la paix.)

Le lendemain de la mort d'Alexandre, Onassis tint une conférence de presse dans son bureau athénien. Son assistante chargée des relations publiques, Hélène Spéronis, m'a affirmé avoir été surprise de son désir de s'adresser aux journalistes. Elle suivit néanmoins ses instructions et convoqua la presse au sixième étage d'Olympic Airlines, avenue Syngrou : « Il est entré ; sa secrétaire Amalia et moi avons fondu en larmes. Il nous a embrassées, puis s'est assis et a évoqué la mémoire d'Alexandre. Il était dix-neuf heures en ce 24 janvier. Il était mort depuis vingt-quatre heures exactement. »

Onassis expliqua aux journalistes : « Alexandre aimait pardessus tout le ciel et piloter. En trois ou quatre ans, il était devenu un pilote émérite. Jamais je n'ai rencontré un pilote plus attentif, plus scrupuleux. Il mettait également ses compétences au service des bonnes causes et a effectué un grand nombre de missions d'urgence humanitaire. En tant que père, je ne l'ai jamais découragé. C'était un bon garçon, un garçon plein d'avenir. »

Le vieil armateur parlait. Des larmes roulaient sur son visage. À un moment donné, la secrétaire fit signe aux hommes de la sécurité que la conférence était terminée et leur demanda de faire sortir les journalistes.

À la demande d'Onassis, un chirurgien plastique suisse répara le visage d'Alexandre. Son corps fut exposé pendant trois jours dans un cercueil doré, dans la chapelle du cimetière d'Athènes. Des milliers de Grecs vinrent lui rendre hommage, dont le Premier ministre grec et chef de la junte militaire, Georgios Papadopoulos. Le président américain Nixon, Georges Pompidou, la reine Élisabeth et le roi grec en exil, Constantin, envoyèrent des messages de condoléances.

Le troisième jour, après avoir contemplé une dernière fois le visage de son fils, Aristote Onassis sortit de la chapelle avec Christina, laquelle était en larmes. Il s'avança dans la lumière aveuglante du cimetière d'Athènes. Une foule immense l'attendait. Onassis, accablé de douleur, trébucha et Christina le retint. À ce moment, une voix s'éleva dans la foule : « Courage ! Redresse-toi, patron ! » Onassis regarda l'homme, un marin grisonnant au visage buriné, se redressa, leva le menton et reprit sa marche.

Onassis affichait un courage stoïque en public, mais, dans l'intimité, il laissait libre cours à son chagrin. « "Pourquoi ne suis-je pas mort à sa place ?" m'a-t-il dit, se souvient Lilika Papanikolaou. Tout ce pour quoi il s'était battu, tout ce qu'il avait accompli dans sa vie, il l'avait fait pour que son fils perpétuât le nom et la fortune de la famille. Alexandre était "l'alpha et l'oméga". »

Certains de ses amis, dont Lilika, l'avaient averti de ne pas focaliser ses espoirs sur Alexandre : « "Es-tu devenu fou ? lui ai-je dit un jour. C'est Jésus-Christ, l'alpha et l'oméga. Ce n'est pas bien de parler ainsi de ton fils". J'ai connu un autre père comme lui. C'était un lord anglais. Lui aussi a perdu son fils. »

« En réalité, Christina ressemblait beaucoup plus à son père qu'Alexandre, rappelle Stelios Papadimitriou. Mais le patron ne le voyait pas. La mort de son fils l'avait anéanti, bien qu'il essayât d'aller de l'avant. »

Le lendemain des funérailles, Onassis convoqua une réunion à l'Olympic à Athènes. Le capitaine Kostas Anastasiades vint présenter ses condoléances au boss. Onassis quitta la réunion pour lui parler. Après qu'il lui eut fait part de sa tristesse en apprenant la mort d'Alexandre, qu'il connaissait depuis l'enfance, le capitaine demanda :

– Que souhaitez-vous que je fasse du *Christina* ?

– Continuez comme prévu, lui répondit Onassis. Conduisez le yacht jusqu'à Dakar. Je vous y rejoindrai et nous naviguerons jusqu'aux Antilles. Rien n'a changé.

Pourtant, tout avait changé. Onassis avait perdu sa raison de vivre. Quelques jours après la mort de son fils, il s'envola pour Paris où il se fit conduire au 36, avenue Georges-Mandel. Il franchit le portail de fer forgé de l'immeuble, traversa l'entrée lambrissée décorée de tapisseries et de bustes de monarques français. Il grimpa lentement les marches de l'escalier en spirale à balustrade sculptée, passa devant les vitraux ornés de lis stylisés. Au palier du troisième étage, il s'arrêta et frappa à la lourde porte en bois. Bruna lui ouvrit. Il s'avança dans le grand salon où Maria l'attendait. Aristo l'étreignit. Ils mêlèrent leurs larmes : « Mon garçon est parti.

Je n'ai plus rien. » Elle pleurait, bouleversée : « Si seulement notre fils avait vécu ! »

Bruna rapporta la scène à un proche, la même personne qui lui soumit mes questions sur la naissance et la mort du bébé baptisé Omero. Maria elle-même l'évoquerait devant Kostas Pylarinos : « Quand Aristo est venu me voir après la mort d'Alexandre, il avait vieilli de dix ans. » « Il est obsédé par la mort d'Alexandre, confierait-il à Nadia Stancioff. Il parle tout le temps de retrouver la trace de ceux qui l'ont tué, alors que je suis convaincue que c'était un accident. Aristo a changé, Nadia, c'est vraiment un vieillard maintenant. »

La presse se livra à toutes sortes de spéculations sur le lieu d'inhumation d'Alexandre. Finalement, sa dépouille fut transportée sur l'île de Skorpios et placée dans la chapelle en attendant de construire une aile qui servirait de caveau. Six jours plus tard, le vendredi 2 février, Yiannis Giorgakis faisait diffuser une déclaration d'Onassis : « Les rumeurs à propos d'un désaccord entre le père et la mère d'Alexandre, Tina Niarchos, sur le lieu de son inhumation sont pure invention. Le cercueil d'Alexandre repose dans une église de l'île de Skorpios, où il sera inhumé. » Il démentit également les bruits selon lesquels Alexandre avait épousé Fiona en secret et contracté une forte assurance. « Ce fils qui a si souvent volé au secours des autres au péril de sa vie n'était pas assuré, pas même pour un centime », déclara Giorgakis.

Le 20 février, un mois presque jour pour jour après le crash qui coûta la vie à Alexandre, le corps de celui-ci fut déposé dans la petite chapelle blanche de la Vierge où Jackie et Ari s'étaient unis quatre ans auparavant. N'étaient présents que sa mère, de proches parents et Fiona von Thyssen. Son cercueil fut placé dans un sarcophage de marbre à l'extérieur de la chapelle. Seuls les saints peuvent être inhumés dans une chapelle.

L'analyse des débris du Piaggio démontra que les câbles qui commandaient les ailerons gauche et droit avaient été inversés lors du remplacement du manche à balai, juste avant le vol test de l'avion. Il virait à gauche quand le pilote actionnait le manche à gauche. Si celui-ci tentait de corriger l'erreur, cela ne faisait qu'empirer les choses. Onassis suspecta immédiatement un complot et offrit une récompense d'un million de dollars à quiconque l'aiderait à mettre la main sur l'assassin (cinq cent mille dollars pour celui qui dénoncerait le coupable et cinq cent mille pour une œuvre de charité de son choix).

En haut de la liste des suspects, Ari avait inscrit le nom de Stavros Niarchos. Venait ensuite celui du chef de la junte militaire, le colonel Georgios Papadopoulos, aidé par la CIA. « C'est une vengeance pour avoir foutu la merde dans le projet Oméga », assura-t-il à des amis.

L'armée de l'air grecque, Olympic Airways et enfin un détective anglais spécialisé dans les catastrophes aériennes furent incapables de réunir la moindre preuve d'un éventuel attentat. Alexandre ayant décidé à la dernière minute de piloter l'avion à la place du pilote habituel, l'individu qui aurait eu l'intention de le tuer n'aurait pas eu le temps d'inverser les câbles de commande. Onassis refusa de fermer le dossier. Il espérait que son offre d'un million de dollars permettrait de dénicher un tueur. Comme à son habitude, il avait désespérément besoin de croire que son fils avait été tué par un ennemi à visage humain. Il ne pouvait pas avoir été la victime d'une erreur mécanique ou de la fatalité.

(Dans cette saga, l'ironie du sort a voulu que, vingt-six ans plus tard, l'avion personnel du fils de Jackie, John Kennedy Jr. qui n'avait que douze ans au moment des faits et passait son temps à piloter la vedette offerte par Onassis, s'écrasât en mer pour une raison inexpliquée. Comme Alexandre, John Jr. aurait dû assister à un mariage le lendemain du crash.)

Après la disparition d'Alexandre, Jackie s'efforça de se rapprocher de son mari, de le consoler et de se réconcilier avec sa famille. Elle jeta son dévolu sur Marinela Patronikola, la nièce favorite d'Onassis. Marinela avait toujours préféré Maria à Jackie, malgré les efforts obstinés de cette dernière depuis son mariage en 1968 pour se faire de la jeune femme une alliée : « Elle m'appelait tout le temps, m'écrivait des lettres. Elle a même rendu visite à mon père au Memorial Hospital de New York et lui a apporté une soupe », m'a expliqué Marinela, précisant que Jackie avait raconté aux infirmières qu'elle avait préparé la soupe elle-même. « Elle offrait des cadeaux à mes enfants et ne savait quoi inventer pour gagner mes faveurs. Mais je continuais de penser qu'elle avait une idée derrière la tête. J'ai fini par comprendre qu'elle agissait ainsi parce qu'elle savait qu'oncle Ari m'aimait bien. Elle voulait que je lui dise combien elle était gentille. Je le sais, car, dès que le mariage a mal tourné, elle ne m'a plus jamais contactée. »

Deux jours après la mort d'Alexandre, le 25 janvier, Jackie écrivit la lettre suivante, sur du papier à en-tête de la villa de Glyfada :

Chère Marinela – excuse-moi d'écrire à l'encre rouge – c'est le seul stylo que j'ai pu trouver dans la maison. Ta lettre est arrivée ce soir – je suis si touchée que tu m'aies écrit. De tout mon cœur je m'efforcerai de consoler ton oncle Ari – je me demande si c'est possible de consoler qui que ce soit d'une telle perte – mais j'essaierai.

Sais-tu ce que je ne cesse de lui répéter ? (Cela fait l'objet de quelques disputes – comme tu peux l'imaginer !) Je lui dis que tu es l'exemple même de la jeune femme idéale – que j'aimerais que Christina te ressemble – que je souhaiterais que sa vie n'ait pas été si confuse – pour que Christina puisse te ressembler plus. Même si je n'étais pas devenue ta parente par alliance, je le penserais. Nous ne nous voyons pas souvent (avec la vie transatlantique que me fait vivre ton oncle Ari) mais j'espère que tu te rendras toujours compte de l'admiration et du respect que j'ai pour toi. Et tu es nettement plus jeune que moi – dire cela à une jeune personne est la preuve que je sens que tu es exceptionnelle – car tu l'es...

Sois heureuse avec Panos et tes enfants – J'espère – les années passant – que nous apprendrons à nous connaître vraiment. Merci, chère Marinela, pour toute ton affection pendant ces années, et surtout maintenant.

Affectueusement,

Jackie.

Le *Christina* avait levé l'ancre le 11 février 1973 à Dakar et voguait vers les Antilles. Jackie déploya des trésors d'imagination pour distraire Onassis de son chagrin. Elle invita Pierre Salinger, l'ancien porte-parole de la Maison-Blanche du temps de JFK, et son épouse. Onassis paraissait avoir repris le dessus. Il passait des heures à discuter politique, journalisme et philosophie avec Salinger. Pourtant, une fois que tout le monde avait regagné sa cabine, il déambulait sur les ponts inférieurs, ne retournant dans la suite qu'il partageait avec Jackie sur le pont supérieur, qu'aux aurores.

Confiant dans la reprise de l'activité pétrolière au cours de l'été 1973, Ari commanda quatre nouveaux supertankers au Japon et deux superpétroliers en France. Son cousin germain et bras droit Kostas Konialides (le frère de Nikos) le félicita. Quelle ne fut pas sa surprise en entendant la réponse d'Onassis : « Je n'éprouve aucun enthousiasme, Kostas. Peut-être que je suis blasé. Peut-être que je n'en ai pas autant besoin que je le croyais. »

Tina était encore plus abattue qu'Ari. Elle appelait Alexandre son « chéri », son « ange ». Le fait qu'il ait refusé de lui adresser la parole dans les dernières années de sa vie n'y changeait rien. Après sa mort, Tina se mit à boire plus que de raison et à abuser de médicaments. Elle paraissait beaucoup plus vieille que ses trente-quatre ans. « Tina a vraiment mal supporté la mort d'Alexandre, m'a dit George Livanos. Très, très mal. Elle s'est mise à boire, et sa santé s'est rapidement détériorée. La mort du garçon l'a frappée durement. Comme Onassis. »

Cet été-là, Onassis retourna à Skorpios pour la première fois depuis l'inhumation d'Alexandre. Il se comportait de manière étrange. Jackie était déconcertée, comme tous ceux qui se trouvaient là. Presque chaque soir, il arpentait l'île, accompagné d'un chien bâtard, Vana, qui s'était attaché à ses pas. Des employés le virent marcher en parlant au chien, qui semblait l'écouter. La promenade s'achevait systématiquement près de la tombe d'Alexandre.

Onassis s'asseyait dans l'herbe et tirait une bouteille d'ouzo et deux verres de ses poches. Il restait assis là pendant des heures, buvant et parlant à son fils défunt. Les employés prirent l'habitude de laisser une couverture sur l'herbe chaque soir, pour que le patron ne prît pas froid. Il lui arrivait d'apporter de la nourriture et une assiette pour Alexandre. Il disait qu'il entendait souvent la voix de son fils. « Finalement, Artémis demanda à l'évêque de Lefkada [l'île importante la plus proche] de lui parler. De lui expliquer que ce n'était pas bien de déranger un mort et qu'Alexandre devait poursuivre son voyage en paix », me raconta le capitaine Kostas.

Onassis avait invité Tina et son mari à venir à Skorpios, sur la tombe d'Alexandre. Jackie fut à la fois surprise et consternée. Avant l'arrivée du yacht des Niarchos, il remit le portrait de Tina à sa place d'honneur, dans son cabinet de travail. Les deux yachts se retrouvèrent en mer et rejoignirent Skorpios. Onassis conduisit son ex-femme sur la tombe de leur fils. Tina s'effondra en sanglots.

Ce même été, Maria se préparait à donner une série de concerts avec Giuseppe Di Stefano, le fringant Italien qui était venu la voir à New York au moment de ses master classes.

Dans les années 50, Di Stefano était considéré comme l'un des meilleurs ténors du monde. Mais il chantait avec une telle intensité animale qu'il épuisa rapidement sa voix. À l'époque de leur gloire,

Di Stefano et Maria avaient chanté ensemble et leurs querelles faisaient souvent le régal de la presse. Aujourd'hui, ils représentaient l'un pour l'autre une réminiscence des triomphes passés, ainsi qu'une sorte d'impulsion vitale dans une période difficile. Comme Maria, Di Stefano avait épuisé son talent et sa célébrité, et avait désespérément besoin de relancer sa carrière. Un duo avec son ancienne partenaire serait parfait. Il la convainquit de remonter sur scène, et ils décidèrent de partir ensemble en tournée mondiale fin 1973, début 1974.

Les amis et admirateurs de Maria avaient le sentiment qu'avec Di Stefano elle courait au désastre, tant sur un plan professionnel que personnel. Surtout qu'il était marié à une femme, Maria, que la Callas connaissait et appréciait. Le couple avait une fille de dix-neuf ans atteinte d'un cancer. Mais sa liaison avec le ténor offrait à la Callas l'occasion de montrer au monde (et surtout à Onassis) qu'elle était encore capable de fasciner un homme beau et talentueux, de raviver l'admiration et l'amour de son public.

John Ardoin m'a parlé de l'idylle entre le beau Di Stefano, macho, égocentrique, et une Callas névrosée et en manque d'affection : « C'est vraiment bizarre qu'ils aient eu une relation sur le tard, me dit-il. C'est d'autant plus étrange que Maria était une femme d'une moralité extrême, paysanne. Ils sont partis en tournée, en amants, et la femme de Di Stefano voyageait souvent avec eux. Cela ressemblait si peu à Maria. Cela montre combien elle désespérait de retrouver une identité après qu'Onassis l'eut laissé tomber. Sa seule identité était le chant. »

Kostas Pylarinos, qui a bien connu Maria à cette époque, y a vu une relation symbiotique nettement moins romantique : « Il [Di Stefano] multipliait les aventures. Et sa femme était toujours au courant. Il avait un intérêt financier dans sa liaison avec elle [la Callas], et Maria avait besoin de compagnie. Chacun d'eux avait ses raisons. Elle avait besoin de quelqu'un, il avait besoin d'argent. Sa femme le comprenait. Maria était une proie facile. »

Inutile de dire que Di Stefano porte un autre regard sur leur liaison. Je l'ai rencontré dans sa maison, sur les hauteurs du lac de Côme. J'ai découvert un homme charmant ct drôlc, volubile et un brin fanfaron.

« J'ai fait la connaissance de Maria [en 1951] à Rio de Janeiro, à un moment très dur de sa carrière, m'expliqua-t-il. Elle s'était querellée avec le directeur de l'opéra. Elle s'est emparée d'un énorme encrier pour le frapper à la tête. Un collègue a arrêté son bras, sinon elle l'aurait tué. Plutôt éloquent, non ?

« Nous nous sommes retrouvés en 1972. J'avais besoin de chanter. Cette année-là, ma fille était gravement malade. Maria avait ses soucis avec Onassis. Nous avons eu une liaison et tenté d'oublier la réalité. Il vaut toujours mieux être occupé dans ces cas-là. Gorlinsky [l'imprésario] le savait. Nous avions de bonnes raisons d'essayer de nous évader de nos existences, de nos chagrins. »

Di Stefano a poursuivi son récit, m'expliquant que lors des répétitions, à Paris, Onassis venait souvent dans l'appartement de la Callas : « Un soir, nous avons dîné ensemble chez elle. Onassis voulait tout savoir de moi. En me voyant, il m'a dit : "Vous êtes jeune et fort. – Et beau, il ne faut pas l'oublier !" ai-je ajouté. Il était certainement jaloux, mais très *simpatico*. Je l'aimais beaucoup. Nous avons beaucoup ri. Il y avait des huîtres au dîner. "Mangez-les. Moi, je n'en ai plus besoin", a-t-il dit. »

Il va sans dire que Maria était ravie d'avoir à ses côtés Onassis, badinant avec son jeune amant. Mais, avant de partir en tournée avec Di Stefano – ce serait un fiasco monumental –, elle traversa une période très difficile, au cours de laquelle elle perdit des êtres chers.

En décembre 1972, Maria et Di Stefano étaient à Londres où ils enregistraient dans le plus grand secret avec l'Orchestre symphonique de la capitale. Les répétitions se passaient mal, mais les deux étoiles sur le déclin étaient d'un optimisme à toute épreuve. Au milieu des répétitions, Maria apprit que son père était mort à l'âge de quatre-vingt-six ans le 4 décembre en Grèce, soit deux jours après son quarante-neuvième anniversaire. Elle fut anéantie, bien qu'elle ne lui eût jamais pardonné ni adressé la parole depuis l'annonce de son mariage avec une amie de la famille, en 1965. Sa sœur la supplia de venir à l'enterrement, en Grèce, mais Maria – qui avait les enterrements en horreur – prétendit : « Je ne peux pas venir maintenant, je travaille – j'enregistre. Je ne peux pas m'interrompre. Tu comprends. Peux-tu l'expliquer aux autres ? » La même année, Maria avait déjà perdu sa grande amie, la baronne Maggie Van Zuylen.

Une fois les séances d'enregistrement terminées, Maria décida qu'ils n'étaient pas assez bons pour être diffusés. Son perfectionnisme, sinon sa voix, était intact.

En avril 1973, Maria fut engagée pour mettre en scène *Les Vêpres siciliennes*, de Verdi. Le spectacle devait inaugurer le nouveau Teatro Regio de Turin. Elle exigea que Di Stefano fût nommé codirecteur. Maria, si elle était capable de chanter un opéra avec un brio inégalable, n'avait aucune idée de la mise en scène. La production fut un désastre. Di Stefano et la Callas ne s'étaient jamais souciés des décors, des costumes, d'un orchestre ou d'un chœur. Les chanteurs étaient livrés à eux-mêmes. La soprano Raina Kabaivanskas, qui tenait le rôle-titre, confia à Nadia Stancioff : « Elle l'a fait pour Di Stefano... Ce n'est pas à moi de juger. On ne saura jamais à quel point il l'aimait vraiment, mais son charme était très convaincant. Il lui a donné le courage d'affronter une nouvelle étape de sa carrière. »

Les critiques, au lendemain de la représentation du 10 avril, furent féroces. Maria resta attachée à Di Stefano et accepta de partir avec lui pour une tournée exténuante – huit pays en sept mois. Elle était terrifiée à l'idée de rechanter en public. Onassis la supplia de renoncer, dit-elle à des amis. Il voulait qu'elle restât auprès de lui, se doutant que cette tournée ternirait sa réputation plus qu'elle ne la sauverait. Il assura Maria qu'il allait divorcer de Jackie; qu'ils seraient bientôt de nouveau ensemble à Skorpios, comme avant. La blessure de Maria n'était pas encore refermée. Elle refusa. « Il me parle de divorce comme il me parlait de mariage, dirait-elle à Mary Carter. Je serais folle de le croire avant d'avoir le jugement signé en main. »

Pour Mary Carter, c'est parce que son amie refusait de croire qu'Ari était vraiment déterminé et sincèrement repentant que leur relation a tourné à la tragédie grecque. « Aristo l'a suppliée de l'épouser, revenant sans cesse à la charge. Il était sérieux cette fois. Il était prêt à divorcer, mais Maria voulait une preuve noir sur blanc. Elle n'était pas femme à oublier ni pardonner facilement, Alors elle est partie avec cet affreux bonhomme, Giuseppe Di Stefano. Elle pensait que la tournée serait son salut, en tant qu'artiste, en tant que femme. »

En mai, un mois après la catastrophe de Turin, Maria et Di Stefano s'envolèrent pour le Japon où ils devaient diriger une master class. En juin, ils rentrèrent pour préparer leur tournée mondiale, qui devait débuter en septembre. Ils répétèrent tout l'été à Paris et Milan. Gorlinsky leur annonça que, dans toutes les grandes villes, les gens se précipitaient pour acheter des billets – à Londres, trente mille admirateurs se disputaient trois mille places. La nervosité de Maria grandit.

La Callas n'avait pas chanté en public depuis huit ans. « J'ai une peur bleue, écrivit-elle à son parrain. Mais j'espère que je serai calme et en forme pour mon premier concert, le 22 de ce mois, car le public attend beaucoup de moi et je ne suis plus celle que j'étais à trente-cinq ans – espérons que tout ira pour le mieux. »

Trois jours avant le concert d'ouverture à Londres, Maria souffrit de douleurs oculaires qui devinrent vite intolérables. Elle devait se mettre des gouttes dans les yeux toutes les quelques minutes. Sur les conseils de son ophtalmologiste, elle annula le concert. Di Stefano mit un mois à lui redonner le courage de remonter sur scène. Le soir de leur premier récital, le 25 octobre à Hambourg, en Allemagne, ils interprétèrent six duos et une aria chacun. La Callas apparut sur scène, et le public lui offrit une ovation de cinq minutes. Au tomber du rideau, la critique fut moins tendre. Un mois plus tard, un critique compara sa voix à « une reproduction monochrome d'un tableau à l'huile ».

Dans le même temps, Onassis assistait, incrédule, au premier choc pétrolier. En octobre, l'Égypte et la Syrie attaquèrent Israël pendant Yom Kippour, et la guerre embrasa une nouvelle fois le Proche-Orient. Les Arabes, rendus furieux par l'aide des Occidentaux à Israël, cessèrent de les approvisionner en pétrole. La flotte de tankers d'Onassis fut désarmée, et le magnat se vit dans l'obligation d'annuler la commande française de deux superpétroliers. Il accusa une perte de douze millions et demi de dollars. Il chercha un moyen de se refaire, ordonnant à Costa Gratsos, le directeur de sa filiale new-yorkaise, de chercher aux États-Unis un site sur lequel il pourrait construire une raffinerie de pétrole. Il pourrait ainsi profiter de l'énorme besoin de gaz des Américains, sans subir les caprices du Proche-Orient. Le projet capota.

La formule « Jackie la guigne » faisait florès non seulement parmi les salariés d'Onassis, mais chez le Grec de la rue, qui l'avait lue dans des tabloïds. Jamais Onassis n'avait subi une telle série noire. Christina avait toujours eu le sentiment que Jackie avait apporté la malédiction sur sa famille. Là, elle en était certaine et le dirait ouvertement à son père. Même Artémis, pourtant superstitieuse en diable et que l'on ne pouvait taxer de parti pris pour sa belle-sœur, se sentit obligée de rassurer un invité assis à sa table : « C'est le destin. Jackie n'est pas responsable. »

Onassis lui-même n'en était pas si sûr. Il lui fallait un bouc émissaire. Or tout ce que Jackie faisait l'agaçait : ses dépenses inconsidérées, ses retards chroniques aux rendez-vous, son habitude de se coucher tôt et de se lever à l'aube, tandis que lui restait éveillé toute la nuit et dormait jusqu'à midi, le fait qu'à Skorpios elle allât lire ou dessiner, ignorant les amis et les associés de son mari. Surtout, il lui en voulait de son absence aux heures les plus sombres de sa vie.

« Onassis a regretté d'avoir épousé Jackie presque depuis le début, m'a confié Yiannis Giorgakis deux ans après la mort d'Ari. Il lui a fallu du temps pour envisager de la quitter, car l'expérience du divorce d'avec Tina lui avait été très pénible. Et il savait que le divorce ne serait pas simple en Grèce... Par-dessus le marché, Maria fréquentait ce ténor, alors il lui semblait plus simple de laisser aller les choses. Mais plus il était seul, plus les choses empiraient, et plus il était déterminé à se débarrasser de Jackie, quel qu'en fût le prix. »

Onassis, pour la première fois de sa vie, n'avait plus la maîtrise de son existence. La mort de son fils compromettait l'avenir de son empire. Il s'efforçait de se libérer d'une union qui lui était devenue pénible et qui l'éloignait de la famme dont il avait besoin. Il était résolu à reprendre en main sa destinée, mais cet homme de défi n'imaginait pas toutes les forces qui se liguaient contre lui.

21

Oméga

Même au loin
Je te poursuivrai de mes sombres ardeurs
Et quand la mort glacée
Séparera mon âme de mon corps
Où que tu puisses être
À tes côtés sera mon esprit.

Virgile, *L'Énéide*, livre IV.

Fin 1973, Costa Gratsos dénichait un site pour la raffinerie qu'Onassis se proposait de construire aux États-Unis – près de Durham, dans le New Hampshire –, mais les écologistes régionaux et la presse locale lancèrent une violente campagne contre son implantation.

En décembre, Onassis décida de se rendre lui-même dans le New Hampshire afin d'améliorer la communication de l'entreprise auprès de la population locale. De l'avion qui l'amenait à Durham, il aperçut l'énorme inscription que les habitants avaient tracée dans la neige recouvrant les champs : ARI, TU AS PERDU ! Lors de la conférence de presse qui suivit, son charisme légendaire semblait en effet avoir pris congé de lui. Ses mauvaises plaisanteries tombèrent à plat, sans parler de sa déclaration liminaire : « Je ne viens pas en Grec chargé de cadeaux. » Quand on lui demanda pourquoi ses hommes de paille achetaient les terrains en secret, il brandit une bouteille de la production locale et répondit : « Franchement, nous ne sommes pas venus vous annoncer que nous allons construire une distillerie de sirop d'érable. » Des observateurs remarquèrent qu'il traînait sur les mots et avait l'air « curieusement avachi ».

Il passa la période précédant les fêtes de la Noël 1973 à New York. Il s'y trouvait bien seul. Il avait demandé à plusieurs reprises à Nicholas Papanikolaou, le fils de Lilika de vingt-deux ans qu'il avait embauché l'année précédente à sa sortie de la Columbia Business School, de venir lui tenir compagne après le travail. De toute évidence, Onassis trouvait quelque consolation à se confier au jeune homme, à peu près du même âge que son fils défunt.

« Le soir, il répugnait à quitter le bureau, sans doute parce que la perspective de rentrer chez lui ne l'enchantait guère. Je me souviens de l'une de nos conversations. C'était la veille de Noël, à huit heures du soir :

« – Ça va maintenant, rentre chez toi.

« – Qu'allez-vous faire, monsieur Onassis ?

« – J'irai probablement à El Morocco.

« – Mais c'est presque Noël. Vous ne rentrez pas à la maison ? (Je voulais dire auprès de Jackie.)

« – Non. (La réponse était sèche.)

« – Vous n'allez pas voir Christina ?

« – Non... Qu'est-ce que tu peux bien faire quand ta fille est dingue et que ta femme ne pense qu'à te dépouiller ?

« Plus le temps passait, plus il évitait Jackie. Il cherchait des prétextes pour ne pas la voir. La mort de son fils l'avait brisé. Jusque-là il y avait, je dirais, un semblant de couple avec Jackie. Mais, désormais, tout l'exaspérait chez elle et il ne parlait plus que de Maria. »

Début 1974, la bataille de la raffinerie du New Hampshire et les problèmes incessants suscités par l'embargo du pétrole arabe semblaient l'avoir vidé de son énergie. Il se plaignait constamment d'être fatigué, et l'un de ses employés ferait remarquer qu'il avait l'air « malade comme un chien ». En espérant qu'un peu de repos lui ferait du bien, il partit en vacances avec Jackie à Acapulco. Elle y avait passé sa lune de miel avec John Kennedy. Elle désirait y acheter une villa et entraîna Ari dans une tournée de toutes les propriétés disponibles. Mais c'était le dernier endroit où il avait envie de vivre, et son empire était attaqué sur plusieurs fronts. Il n'était pas d'humeur à la laisser dépenser sans compter.

Durant ces vacances, la tension au sein du couple dégénéra vite en querelles. Ils se disputaient encore le 3 janvier 1974 en montant à bord de leur Learjet privé pour regagner New York. Ari s'était isolé dans un coin de l'avion avec un stylo et un bloc de papier. Il ne cessa d'écrire durant les six heures de vol. Il mettait ses dernières volontés par écrit. (En Grèce, un testament doit être rédigé de la main même du testateur afin d'éviter les recours en incapacité ou sénilité.)

Le document était adressé « À ma chère fille ». Ari garantissait à Jackie un revenu à vie de deux cent cinquante mille dollars par an. Il notait que, selon l'accord qu'ils avaient passé avant leur mariage, sa femme avait abandonné les droits sur les douze et demi pour cent de ses biens prévus ordinairement par la législation grecque. Il stipulait ensuite qu'au cas où elle voudrait revenir sur cette clause ses exécuteurs testamentaires devraient arrêter immédiatement de lui verser lesdites annuités et s'opposer à sa tentative « par tous les moyens légaux possibles ».

Onassis traçait les grandes lignes d'une fondation qu'il voulait établir à la mémoire d'Alexandre, lequel aurait géré et contrôlé le gros des biens de son père s'il avait vécu. Sa dotation serait utilisée pour promouvoir des activités sociales, religieuses, artistiques et culturelles, principalement en Grèce, et distribuer chaque année des prix dans ces différents secteurs. La moitié des actifs de l'empire commercial d'Onassis financerait la Alexander S. Onassis Public Benefit Foundation et l'autre moitié irait à Christina. Un conseil d'administration formé des plus proches conseillers d'Ari avec à leur tête son cousin Kostas Konialides serait chargé de gérer la fondation comme la part d'héritage revenant à Christina.

Une clause du testament instituait une annuité de soixante mille dollars, indexée sur l'inflation, pour chacune des sœurs d'Ari et pour Kostas Konialides. Nicholas Cokkinis, un autre cousin et collaborateur, ainsi que Costa Gratsos et Stelios Papadimitriou recevraient chacun trente mille dollars par an, et vingt mille dollars étaient alloués à d'autres cadres supérieurs, dont Costa Vlasopoulos, son directeur des affrètements à Monte-Carlo. Des sommes plus petites étaient léguées à ses chauffeurs, femmes de chambre, femmes de ménage et le reste du personnel.

Maria n'était pas mentionnée dans le testament. Cela faisait longtemps qu'Onassis avait pris des dispositions pour que les charges de l'appartement qu'il lui avait acheté à Paris fussent payées. De toute façon, elle serait suffisamment pourvue grâce aux investissements qu'il lui avait conseillés (ses parts dans le navire *Artémision II*, par exemple) et aux royalties tirées de la vente de ses disques. « Il savait que Maria était la seule femme de sa vie n'ayant jamais voulu ni eu besoin de son argent, m'a expliqué son collaborateur Miltos Yiannakopoulos. La coucher sur son testament aurait suscité toutes sortes de ragots et spéculations qu'il ne voulait pas lui infliger. »

Quand le jet atterrit à Palm Beach pour refaire le plein avant de poursuivre sa route sur New York, Onassis posa bloc et stylo et acheta des sandwiches au bacon et crudités pour lui et Jackie. Il voulut payer l'essence avec une carte de crédit de la Shell. Avec beaucoup de tact, le directeur de l'aéroport lui fit observer qu'elle était expirée.

Le vol reprit, et Onassis acheva son interminable document. Il laissait son yacht à sa femme et à sa fille. Au cas où elles n'auraient pas souhaité s'acquitter des cinq cent mille dollars par an de maintenance, il enjoignait de faire don du *Christina* au chef de l'État grec. Pour finir, sans doute pour décocher la flèche du Parthe à Jackie, Onassis faisait de « Athina née Livanos, épouse Onassis-Blandford-Niarchos, la mère de mon fils Alexandre », son exécuteur testamentaire. (Curieusement, il oubliait de créditer Athina de lui avoir également donné Christina.)

Il est clair toutefois, d'après une lettre qu'il écrivit à Christina onze jours plus tard – une lettre manuscrite en anglais et jamais encore publiée – qu'il comptait sur sa fille pour diriger ses affaires et que c'était avant tout à elle qu'il pensait en prenant ses dispositions pour après sa mort.

Christina, ma fille chérie,

Voici mes instructions en ce qui concerne mes biens. Je veux que mes affaires aillent pour un petit peu plus de la moitié à une fondation à la mémoire d'Alexandre. Je les ai couchées par écrit sous la forme d'un « TESTAMENT », en grec « DIATHIKI ». Si pour des raisons légales, fiscales ou autres il vaut mieux ne pas divulguer que j'ai fait un TESTAMENT, alors tout simplement tu ne le divulgues pas et tu veilles à ce que les instructions soient remplies parfaitement. D'un autre côté, ce n'est peut-être pas mauvais, et même avantageux, de DÉCLARER LE « TESTAMENT ». M. Papadimitriou sait parfaitement ce qu'il convient de faire. Après délibération entre maman – ta mère –, Cokkinis, Papadimitriou, Kosta Konialides, Vlasopoulos, GRATSOS et toi, vous déciderez si le mieux est de LE DIVULGUER OU NON, puis vous ferez exécuter les instructions.

Un dernier baiser,

Papa,
Le 14 janvier 1974.

Cette lettre est un document exceptionnel, non seulement par la tendresse qu'elle exprime, mais par sa simple existence. Onassis craignait les écrits comme la peste et n'a pratiquement jamais rien consigné sur le papier. Selon Stelios Papadimitriou, le patron lui avait enjoint, lorsqu'il l'avait embauché en 1954 : « Si vous me voyez en train d'écrire quoi que ce soit, demandez-moi immédiatement d'arrêter. Si je ne le fais pas, je vous donne la permission de m'arracher le stylo et, si je persiste malgré tout, vous avez mon ordre formel de me mordre la main. »

À la fin mars 1974, deux mois après son retour d'Acapulco, la chambre des représentants du New Hampshire rejeta finalement ses propositions pour la raffinerie et le contraignit à annuler le projet. Onassis avait pourtant mis des centaines de milliers de dollars dans les seules activités de lobbying ou de relations publiques. Il n'était pas homme à abandonner facilement et tout le monde s'attendait à ce qu'il tentât de renverser la décision par tous les moyens possibles. Mais il n'avait plus le cœur à continuer et demanda à ses collaborateurs de laisser tomber. Il se focalisa sur ses problèmes de santé, de plus en plus sérieux. On lui fit passer des examens à l'Hôpital de New York pour élucider la cause de la fatigue, des étourdissements et de ses difficultés à garder les yeux ouverts. Une série de tests révéla une *myasthenia gravis* [1]. Il fut soulagé d'apprendre qu'il s'agissait d'une maladie du système immunitaire non mortelle et qu'il existait des médicaments permettant de la contrôler.

Onassis avait toujours craint de mourir jeune d'une crise cardiaque, comme son père et son oncle Omeros. Depuis 1970, il consultait régulièrement l'éminent cardiologue new-yorkais Isadore Rosenfeld. Le docteur Rosenfeld, que j'ai interviewé en 1999, m'a confirmé qu'Onassis souffrait d'arythmie : « Ses problèmes cardiaques ne mettaient pas sa vie en danger, mais il avait des palpitations qui ont empiré à la suite de la mort de son fils. Il s'est alors effondré. À mon avis, il a perdu le goût de vivre. »

C'est le chagrin qui contribua avant tout au déclin rapide de son état de santé, pense le docteur Rosenfeld : « Vous n'attrapez pas la myasthénie sans raison. Il s'agit d'une maladie auto-immune de

1. Maladie due à un trouble de la transmission de l'influx nerveux du nerf au muscle, au niveau de la plaque motrice. Survient en premier lieu l'atteinte de la musculature oculaire (chute des paupières), puis apparaissent les troubles des muscles de la face, des membres, et éventuellement des muscles respiratoires. (*N.d.T.*)

l'organisme vieillissant, succédant très souvent à une grave crise affective. Ce fut le cas d'Onassis après la mort de son fils. Aux premiers symptômes, je l'ai fait admettre à l'Hôpital de New York sous un pseudonyme. On l'a traité aux stéroïdes et cela a marché ; la *myasthenia gravis* avait considérablement régressé. »

Selon le docteur Rosenfeld, c'est Onassis lui-même, sans le savoir, qui a saboté le traitement. Il était retourné en Grèce et avait commencé de prendre un médicament prescrit par Ana Aslan, un médecin roumain qui traitait de riches Européens voulant repousser les atteintes de la vieillesse. « Elle lui prescrivit de la procaïne [1], laquelle, selon elle, permettait de tout améliorer – la mémoire, les capacités sexuelles et l'énergie. La procaïne est illégale aux États-Unis, sauf dans un seul État. C'est cette substance qui a complètement annihilé les résultats positifs du traitement aux stéroïdes ; la myasthénie a fait un retour en force. De retour à New York, Onassis m'a dit qu'il avait pris de la procaïne, ce que je lui ai fait arrêter immédiatement, mais le mal était fait. Il n'a plus réagi aux stéroïdes comme la première fois. »

Nicholas Papanikolaou rendit visite au patron au moment de ses premiers tests à l'Hôpital de New York. Il se souvient d'Onassis assis dans un fauteuil, surveillant les appareils qu'on lui avait attachés sur la poitrine. Jackie était paresseusement étendue sur le lit. Il n'échappa pas au jeune employé – et certainement pas à Onassis lui-même – qu'une épouse grecque, loin de cette attitude, aurait été aux petits soins pour son mari, veillant à ce qu'il fût le mieux installé possible. « Dès qu'il me vit, il me fit signe d'entrer puis se tourna vers Jackie : "Et si tu rentrais à la maison ?" Il n'attendait qu'un prétexte pour se débarrasser d'elle. »

Le docteur Rosenfeld se rappelle Onassis avec affection : « Je l'aimais bien. Il était ouvert, très direct, sans prétention. » Il m'a rapporté qu'au cours des jours de solitude qu'Onassis passa à New York, à la suite de sa seconde hospitalisation, ils dînaient ensemble plusieurs fois par semaine. Se fondant sur leurs entretiens de l'époque, le docteur Rosenfeld m'a confirmé qu'Onassis projetait bien de divorcer : « En fait, quand il est tombé malade, lui et Jackie avaient pris langue avec des avocats experts en divorce. Lui s'était

1. Un succédané de la cocaïne (moins cher, moins toxique et non stupéfiant) qu'on utilise comme anesthésique local (par injections en chirurgie et chirurgie dentaire). Certains la prescrivent en comprimés contre la sénescence, mais elle peut provoquer des réactions allergiques (d'où les retombées néfastes en cas de maladie auto-immune). (*N.d.T.*)

adressé à Roy Cohn et elle à Louis Nizer, il me semble. On n'en était plus au temps où il reprochait à son épouse de ne pas passer assez de temps avec lui. Au début, cela lui pesait. Mais, à la fin, il n'avait plus envie de la voir, même quand ils étaient tous deux à New York. Il logeait dans son appartement du Pierre. Il n'était pas heureux avec elle et était résolu à la rupture. » Et le docteur Rosenfeld de penser qu'Onassis aurait divorcé si sa santé ne l'avait pas trahi.

Onassis bataillait contre la myasthénie dont les symptômes s'aggravaient. Dans le même temps, Maria s'efforçait de faire honneur à la tournée internationale de huit mois que Giuseppe Di Stefano avait concoctée pour eux deux. En octobre 1973, ils chantèrent à Hambourg, puis à Berlin, Düsseldorf, Munich, Francfort, Mannheim, Madrid, Londres et Paris, pour finir l'année, le 11 décembre, à Amsterdam.

Maria avait parfaitement conscience de leurs insuffisances vocales respectives, mais elle affirmait à la presse et à Di Stefano que tout allait bien. Peter Diamand, l'ancien directeur du Festival des Pays-Bas et d'Édimbourg, alla lui rendre visite dans sa loge à Londres. « Ne me dites rien, lui lança-t-elle. Je *sais*. Allez voir Pippo (le surnom qu'elle avait donné à Di Stefano). Dites-lui quelque chose, n'importe quoi, qui lui remonte le moral. Faites-le pour moi... » Ses inquiétudes au sujet de Di Stefano n'empêchaient pas la tension de monter entre eux.

Le 20 janvier 1974, la tournée les amena à Milan, où ils donnèrent une représentation privée pour les patients de l'hôpital où la sœur de Di Stefano était soignée pour un cancer. Puis Maria chanta seule à Stuttgart. Di Stefano souffrait d'une « indisposition soudaine » – ce qui allait se réitérer de plus en plus souvent au fur et à mesure que leurs relations s'envenimaient. Le ténor, sur des coups de colère, annulerait des représentations programmées, laissant la Callas pallier sa défection comme elle le pouvait.

« Au cours de la tournée, Onassis appelait Maria presque tous les soirs et lui parlait en grec pendant des heures, raconte Di Stefano. Elle dépendait toujours de lui et de ses gens, de bien des façons. Ils retenaient l'hôtel, réservaient le vol, renouvelaient sa carte de crédit, veillaient sur elle partout où elle allait. »

Le début de l'étape américaine de la tournée était prévue au Carnegie Hall de New York pour février. Ils devaient se produire ensuite à Philadelphie, Toronto, Washington, Boston, Chicago,

New York, Detroit, Dallas, Miami Beach, Columbus, dans l'Ohio, et Brooksville, à Long Island, avant de retourner au Carnegie Hall le 15 avril. Mais leur premier concert américain de février, organisé par le célèbre imprésario Sol Hurok, dut être annulé. Maria, une fois de plus, avait avalé une overdose de comprimés. L'incident faisait suite à une querelle avec Di Stefano qui menaçait de mettre fin à toute la tournée.

Di Stefano m'a raconté que Maria avait laissé entendre dans des interviews données à Milan et à New York qu'elle entretenait une relation amoureuse avec lui. Cela suscita la colère de la famille de l'épouse du ténor, dont certains membres résidaient à New York :

« Je fus immédiatement submergé de coups de téléphone. Qu'est-ce qu'il y avait entre la Callas et moi ? Je n'ai pas du tout aimé. Je suis sicilien. J'ai donc appelé ma femme en Italie et lui ai dit : "Viens à New York, il faut absolument calmer les choses. Nous avons un concert dimanche." Je savais que tous les paparazzi nous guetteraient. Maria a pris cela très mal. Cela ne lui a franchement pas plu que je fasse venir ma femme.

« Elle prenait des médicaments – du Mandrax. Vous commencez par un comprimé, puis vous en prenez deux, trois. Puis vous oubliez et vous en prenez trois autres. Au début de la tournée, elle n'en prenait pas. »

Le médecin qui annonça l'annulation de la représentation parla d'« une inflammation aiguë de la trachée supérieure », mais il exerçait en psychiatrie. Le public mondain de Carnegie Hall fut pris d'une telle fureur à la nouvelle qu'on dut faire appel à la police montée pour le calmer.

L'imprudence de Maria eut également de fâcheuses conséquences pour Di Stefano. « Après la colère des New-Yorkais, ce fut à mon tour de piquer une crise, et, dans ces cas-là, je m'enrhume, me dit-il avec un sourire désabusé. Je ne suis donc pas allé à Boston. » Maria réussit à convaincre Vasso Devetzi de venir à Boston pour l'accompagner au piano et lui remit le cachet que Di Stefano était censé toucher, ce qui exaspéra celui-ci de plus belle.

Sol Hurok reprogramma le concert de Carnegie Hall pour le 5 mars, deux semaines plus tard. Ce jour-là, alors que Carnegie Hall était submergé d'appels pour s'enquérir si Maria chanterait bien cette fois, Sol Hurok mourut d'une crise cardiaque en se rendant à un rendez-vous. Dans un premier temps, on pensa qu'il valait mieux n'informer la Callas qu'à l'issue de la représentation, mais trop de monde était au courant. Elle apprit donc la nouvelle juste avant d'entrer en scène.

Hurok avait quatre-vingt-six ans. Mais Maria comme Di Stefano étaient persuadés que leurs frasques et annulations avaient contribué à la mort du vieil homme. Ce fut Dario Soria, l'ex-producteur de disques de Maria, qui présenta ce soir-là les deux chanteurs à Carnegie Hall. Il dédia le concert à Hurok. Maria elle-même, d'une voix presque inaudible, demanda l'indulgence du public. Les deux chanteurs, sous le coup de l'émotion, sortaient de scène entre chaque morceau pour prendre sur eux. Les spectateurs – « un public fait de célébrités comme on en avait rarement vu ici », selon le *New York Times* – applaudirent à tout rompre à leur acharnement professionnel.

À la fin, la Callas reprit la parole. Elle était cette fois non seulement inaudible mais incohérente et semblait faire une crise de nerfs sur scène. Elle divaguait, se plaignait de la façon dont on montait les opéras à New York et attaquait amèrement le Met. Elle insistait sur la difficulté de chanter sans orchestre, costumes et décors, comme elle venait de le faire. Enfin, elle éclata en sanglots. Le public réagit par un nouveau tonnerre d'applaudissements.

La critique de Harold Schonberg descendit en flèche la prestation de Di Stefano, « incroyablement grossière, complaisante et vulgaire... Il s'est adonné à toutes sortes de douteux pianissimos et d'effets de chanteur de charme, et, artistiquement parlant, a massacré tout ce qu'il a touché ». Au sujet de la Callas, il écrivait toutefois :

Il serait stupide de prétendre qu'il reste beaucoup de voix à Mlle Callas. Mais, contrairement au ténor, elle demeure une artiste. Elle donne le meilleur d'elle-même et, de temps à autre, nous avons pu entendre l'ancienne Callas... Pour le public, rien ne pouvait aller mal. C'est compréhensible. Les spectateurs ne voyaient que la cantatrice d'hier, pas celle d'aujourd'hui. Et Mlle Callas a été capable, même avec ses ressources limitées, de donner une idée du tempérament de tragédienne et de l'intelligence musicale qui ne l'ont jamais quittée. Elle n'a pas paru avoir vieilli d'un seul jour depuis sa dernière apparition en ces lieux, il y a presque dix ans, et elle a été noyée sous un océan d'amour. Pour elle, du moins, l'hommage était mérité.

Les jours et les villes se suivaient. Maria prenait toujours plus de comprimés. Il lui arrivait d'oublier les paroles de ce qu'elle chantait. Mais partout, dès qu'elle apparaissait sur scène, ses fans, qui ne l'avaient pas entendue depuis si longtemps, l'applaudissaient, l'acclamaient, la submergeaient de leur adoration. Partout également, les critiques relevaient sa voix ravagée mais parlaient surtout de la dévotion dont elle était l'objet, laquelle se suffisait à elle-même. L'un d'eux, qui avait assisté au concert de Boston, écrivait : « La Callas a longtemps retenu notre attention, notre respect, notre gratitude, notre étonnement. Désormais, dans une lutte épuisante, elle demande et obtient, à son corps défendant comme au nôtre, ce dont elle semblait jadis n'avoir jamais eu besoin. Notre amour. »

Maria passait beaucoup de temps au téléphone à se plaindre auprès de Gorlinsky. « Pippo », comme elle appelait Di Stefano, fut à nouveau indisposé à Dallas et à Detroit. Elle insistait pour que la femme de Di Stefano fût renvoyée en Italie. Sur la côte ouest, elle hurlerait au téléphone : « Je ne peux plus travailler avec cet homme. »

Di Stefano m'a raconté l'incident : « "Pour qui te prends-tu ? lui ai-je dit. Tu donnes l'ordre de renvoyer ma femme ? C'est *à moi* qu'il faut le demander." C'est là que la tournée a déraillé. Puis elle s'est remise à prendre des comprimés. Un soir, à Seattle, je suis allé lui souhaiter bonne nuit et ne l'ai pas trouvée. Elle était tombée de l'autre côté du lit et gisait par terre, inconsciente. »

Ils s'étaient violemment querellés, à Seattle. « Elle avait appelé le directeur de la tournée, raconte-t-il. Elle était au lit avec trois ou quatre téléphones. Elle appelait Gorlinsky. Elle appelait partout. "Quand tu auras décidé, fais-moi signe", lui ai-je dit. Bref, elle avait choisi de continuer la tournée à condition que je quitte l'hôtel et ne lui parle que par l'intermédiaire de la pianiste. Mais je ne suis pas allé dans un autre hôtel. Je suis parti pour Las Vegas. J'y ai passé trois jours. Puis je suis revenu. J'étais désormais l'employé. Elle était la star. Elle voulait me remettre à ma place. »

Le soir où ils interprétèrent des extraits de *Carmen* pour un concert qui, d'un commun accord, devait être leur dernier ensemble, faisant fi du livret ils se mirent à se chanter des insultes en français devant un public de la côte ouest qui n'y vit que du feu. L'échange leur parut si drôle qu'oubliant leur colère mutuelle ils se rabibochèrent et décidèrent de poursuivre la tournée américaine jusqu'à son terme, le 13 mai à Montréal. Di Stefano, une fois de plus, fit venir sa femme. Au premier rang. « Façon de signifier à la Callas que, pour ce qui était de ma vie, ce n'était pas la patronne, vous comprenez. Alors réapparut la Grecque. Une véritable tragédie grecque ! Je me suis enfui avec ma femme et ne l'ai plus revue jusqu'à ce qu'elle m'appelle chez moi, à San Remo [l'été de cette année-là], pour me proposer de faire la paix. »

Maria rentra à Paris au printemps 1974, où Mary Carter la vit souvent au cours de l'été. « Elle recevait constamment des coups de fil d'Onassis, raconte-t-elle. Maria lui montra une montre qu'il lui avait offerte pour Noël : « Elle ne valait pas très cher. La sorte de montre que vous donnez à une jeune fille qui entre à l'université, mais, pour elle, la montre signifiait de toute évidence beaucoup. »

Maria appelait aussi fréquemment Nadia Stancioff à Rome. « Elle parlait surtout d'Onassis, écrit Nadia dans ses Mémoires. "Il baisse, me disait-elle, et il a de sérieux ennuis d'affaires. Elle dépense sans doute beaucoup trop. Tout ce qu'elle sait faire, c'est dépenser, dépenser, dépenser ! Vêtements, meubles, bijoux, de tout" Ce *elle* anonyme auquel Maria avait recours pour parler de Jackie m'a toujours amusée. »

Malgré l'expérience peu concluante et les résultats mitigés de cette première tournée, Di Stefano persuada Maria de l'accompagner en Corée et au Japon l'automne suivant. Ils y donnèrent à partir d'octobre neuf concerts. Durant la tournée, Maria souffrit d'une hernie avec un début d'hémorragie interne. Elle tint bon, en dépit de la souffrance qui perdura jusqu'à son retour à Paris, et honora le dernier concert japonais du 11 novembre 1974 à Sapporo. Ce serait la dernière fois qu'elle chanterait sur scène.

La Callas était très malade en rentrant à Paris. Elle semblait même souffrir de pertes de mémoire. Mais elle commença à recouvrer lentement la santé grâce à « un neurologue, un type merveilleux », écrivait-elle à son parrain. « Son traitement m'a rendue beaucoup plus calme. Ma mémoire est revenue. Je dors bien avec ce qu'il me prescrit – des comprimés bien sûr, mais des bons, pas qui assomment », affirmait-elle avec une candeur inquiétante.

À l'automne 1974, Onassis voyait sa maladie gagner du terrain. Il faisait payer à Jackie sa souffrance et ses revers commerciaux. Il la réprimandait sans cesse – sur ses goûts artistiques, ses amis, ses retards aux repas, ses absences prolongées. Selon leurs proches, Jackie se gardait de riposter. Elle se contentait de quitter la pièce ou la maison, parfois en larmes.

Cette façon de réagir devait sans doute exaspérer Onassis un peu plus. Comme Maria l'avait compris, quand il se conduisait en brute, il valait mieux répondre par des insultes, des jurons, voire en venir aux mains. Miltos Yiannakopoulos me disait : « Maria fut la seule à lui tenir tête. Quand il hurlait après elle, elle hurlait dix fois plus fort. Cela le rendait fou sur le moment, mais il aimait se frotter à elle. Un jour, à Monte-Carlo, Onassis explosa. “Pour qui te prends-tu, bon Dieu ? Tu n’es qu’un sifflet qui ne sait pas chanter, une putain dont personne ne veut !” [Onassis était coutumier de l’insulte qu’il lui lança plus d’une fois en public.] Maria fit donner immédiatement l’artillerie lourde : “Si je suis ce que tu dis, qui es-tu donc, et qu’est-ce que je fiche avec toi, espèce de petit *Tourkosporos* ventripotent ?” la seule insulte qui ait jamais touché Ari à vif. Il éclata de rire et lui serra la cuisse : “Quelle femme !” Il riait et l’on voyait à quel point il se sentait bien avec elle. »

L’été 1974, Ari revint à Skorpios en compagnie de Jackie, laquelle savait qu’il préparait les papiers du divorce. Stelios Papadimitriou se rappelle un séjour dans l’île au cours duquel Jackie avait déclaré à Ari : « Je ne veux pas divorcer, mais, si c’est ton dernier mot, je l’accepte avec tristesse. Je n’oublierai jamais les bons moments que nous avons passés ensemble. » Mais Onassis avait déjà un pied dans la tombe, et la corde sentimentale ne jouait plus. Ce même été, Hélène Gaillet, une amie du couple, vint à Skorpios où elle trouva Ari livré à lui-même. Il l’emmena voir la tombe de son fils : « Pour moi, Alexandre est aussi vivant que toi, telle que je te vois. Il vient souvent à moi. Je ne peux malheureusement pas aller à lui tant que je ne serai pas mort. »

Depuis la mort d’Alexandre, Onassis avait entrepris de former Christina pour lui laisser la responsabilité de son empire. Elle passa la majeure partie de l’été à New York sous la tutelle de Costa Gratsos et paraissait travailler dur afin de maîtriser la complexité des affaires de la famille. Mais en août 1974, le mois qu’elle consacrait d’habitude à se reposer à Skorpios, elle disparut pour réapparaître dans le service de réanimation d’un hôpital londonien à la suite d’une énorme overdose de somnifères. Sa mère accourut du sud de la France. Après deux jours de coma, on la jugea hors de danger et elle put disposer de sa propre chambre.

Tina avait alors épuisé ses réserves d’énergie. Sa dépendance à l’alcool et aux médicaments inquiétait tous ses proches. Au point qu’Onassis demanda à plusieurs amis de son ex-femme de faire le voyage d’Athènes à Paris afin de lui rendre compte de son état de santé.

« J’ai vu Tina peu avant sa mort et elle semblait dans un piètre état, se souvient son amie Vivi Crespi. Son visage était tellement enflé et elle semblait si faible. “Je suis au bout du rouleau”, m’a-t-elle confié. La mort de son fils l’avait anéantie, évidemment, mais sa vie avec Niarchos également. Lorsqu'elle m'avait annoncé qu'elle allait l'épouser, je lui avais demandé comment elle le pouvait, vu la manière dont il avait traité sa sœur. Je suis plus coriace qu'Eugenie, avait-elle répondu. Mais c'est Stavros qui s'est révélé plus coriace qu'elle ne l'avait prévu. Lorsque je l'ai vue, après son mariage, elle semblait en avoir peur. »

Brisée par la perte d'Alexandre et la façon dont lui et Christina avaient réagi à son remariage, Tina ne pouvait pas s'en tirer. « Je ne crois pas en la responsabilité de Stavros, m'a affirmé Herrera, son ancien amant. Il l'a toujours adorée. Mais, Alexandre disparu, elle n'avait plus envie de vivre. Elle s'est mise à boire et à prendre des cachets, ce qu'elle n'avait jamais fait quand nous étions ensemble. Tout a mal tourné pour elle. Ce fut infiniment triste. »

Le 10 octobre 1974, la femme de chambre de Tina la trouva morte dans sa chambre de l'hôtel particulier parisien de Niarchos. Elle avait quarante-cinq ans. La cause du décès aurait été « une crise cardiaque ou un œdème pulmonaire », ce qui signifiait, dans ce dernier cas, un excès de fluide dans les tissus. Christina soupçonna immédiatement Niarchos. Elle accourut de New York à Paris et obtint qu'on procédât à une autopsie officielle. Dans le même temps, les journaux soulignaient les étranges similarités entre les destins des deux sœurs, toutes deux mariées au même homme au moment de leur mort prématurée.

Dans l'intérêt des enfants et pour la mémoire de Tina, les éternels ennemis, Onassis et Niarchos, s'unirent une dernière fois. Ils publièrent une déclaration commune notifiant que les deux familles « non seulement ne s'opposaient pas [à l'autopsie] mais étaient au contraire favorables à cette décision ». Les deux médecins désignés par le procureur conclurent en effet que Tina était morte d'un œdème aigu du poumon.

Il y eut très peu de monde aux obsèques de Tina. Ari lui-même n'y était pas. Niarchos avait donné l'instruction que seuls soient admis les membres de la famille immédiate. Vivi Crespi, qui connaissait Tina depuis qu'elles avaient fréquenté la même école, insista pour venir. « Ses funérailles furent très tristes, m'a-t-elle dit. Il y avait à peine une douzaine de personnes. Outre sa mère, son frère et sa fille, seuls quelques amis assistèrent au service funèbre dans l'église grecque de Lausanne : Gloria Guinness, Eugénie Carras et moi. » Christina s'effondra au bord de la tombe de sa mère. Le second mari de Tina, Sonny Blandford, devenu duc de Marlborough, la réconforta. On l'entendit murmurer, en larmes dans les bras de son ex-beau-père : « Ma tante, mon frère, maintenant ma mère – que nous arrive-t-il ? »

Niarchos, qui ne décolérait pas à la suite des insinuations de Christina sur son rôle présumé dans la mort de Tina, publia son propre communiqué impliquant la responsabilité de la fille. Il révélait la récente tentative de suicide de Christina à Londres, ajoutant qu'elle était survenue « au moment où sa mère portait encore le deuil de son fils. Tina ne s'était jamais remise de la dépression provoquée par ces différents traumatismes ».

À Paris, Maria Callas pleurait la mort de son cher ami Larry Kelly, l'homme qui s'était instauré son protecteur durant l'été 1968, l'avait convaincue de quitter le *Christina* et l'avait accompagnée dans son périple à travers les États-Unis. Mary Carter, au cours des dernières semaines d'agonie de Larry (qui souffrait d'un cancer), avait téléphoné à plusieurs reprise à la Callas de Kansas City pour lui demander de venir : « Elle invoquait toute sortes de prétextes pour ne pas faire le voyage, m'a rapporté Mme Carter. Mais je savais qu'en fait elle était incapable d'affronter le mort. » Kelly mourut le 16 septembre 1974. Une fois plus, la Callas ne put se faire à l'idée d'assister aux obsèques d'un être cher.

Après le choc du décès de Tina, Ari et sa fille retournèrent à New York. Il se fit lui-même admettre à l'Hôpital de New York, encore une fois sous un pseudonyme, pour poursuivre le traitement de la myasthénie. Les muscles faciaux étaient si faibles qu'il devait maintenir ses paupières à l'aide de ruban adhésif. Il tentait de dissimuler ce bricolage pathétique derrière des verres spéciaux encore plus sombres que ceux qu'il portait habituellement. On le traitait essentiellement par des injections douloureuses de cortisone qui non seulement lui faisaient enfler la face mais aggravaient son humeur déjà versatile. Il ne faut donc pas s'étonner de l'hésitation de ses employés à lui révéler les affres de sa danseuse préférée, l'Olympic Airways, à son retour au bureau. « Le transport maritime est ma femme et l'aviation ma maîtresse », disait-il volontiers.

Sa vie affective se résumait alors pour l'essentiel à son ressentiment à l'encontre de Jackie. Leurs rapports se réduisaient désormais à la « présentation mensuelle de ses factures », se plaignait-il auprès de Roy Cohn, à qui il demanda de mettre par écrit les grandes lignes de sa demande de divorce. Il engagea des détectives chargés de recueillir des preuves de mauvaise conduite et entama une campagne visant à saper l'image de Jackie auprès de l'opinion publique.

Onassis invita le journaliste d'investigation Jack Anderson, lauréat du prix Pulitzer, qui tenait une chronique dans un journal de Washington, à un déjeuner au « 21 ». Après s'être vaguement plaint des dépenses de toilettes extravagantes de son épouse, Ari conduisit Anderson à ses bureaux et l'abandonna à ses collaborateurs sous prétexte d'un autre rendez-vous. On lui montra des documents, l'abreuva d'anecdotes sur les dépenses inconsidérées de Jackie, puis on l'informa d'une procédure de divorce imminente.

Gratsos et les autres donnèrent ces informations « à titre indicatif », c'est-à-dire confidentiellement, et l'assistant d'Anderson prit des notes. Les griefs d'Onassis ne tenaient pas seulement à l'incapacité de sa femme à se tenir dans les limites budgétaires assignées, mais « à la totale incompatibilité entre Jackie, ses amis homosexuels et Ari », écrirait-il. Ari était « très malheureux » en ménage avec, pour « facteur aggravant, les “étranges personnes” de l'entourage de Jackie ». On avait également décrit en détail à Anderson le système de blanchiment d'argent que Jackie avait mis au point en achetant et revendant des toilettes haute couture, ce que le journaliste corroborerait par la suite, après interviews des vendeurs et du personnel de Mme Onassis.

Les articles d'Anderson, publiés en avril 1975, décrivaient par le menu les motifs d'Onassis :

« Onassis, à l'évidence, se souciait avant tout des conséquences financières. Car par ailleurs, selon nos sources, il était convaincu que l'Église grecque orthodoxe accepterait la dissolution de son mariage pour simple raison d'incompatibilité.

« Apparemment, Jackie avait bien reçu le message, poursuit Anderson. Elle prenait des vacances avec des amis à Antigua, dans les Antilles britanniques, quand sa collaboratrice Nancy Tuckerman a appelé Onassis pour le tenir au courant, comme d'habitude, des occupations de Jackie et lui demander combien de temps celle-ci pouvait rester. Selon des témoins directs de l'échange, Onassis aurait rétorqué : “Dites-lui qu'elle peut rester indéfiniment...” Un intime résumait les rapports entre Jackie et Ari, au bout de six ans et demi de vie conjugale, en deux mots : “incompatibilité totale”. »

Onassis rassemblait ses forces déclinantes en vue de la procédure du divorce. Survint alors la nouvelle de la faillite imminente d'Olympic Airways. L'embargo pétrolier arabe avait durement frappé la compagnie. Kostas Konialides, le président d'Olympic et cousin germain d'Onassis, prit son courage à deux mains pour avouer au patron, à sa sortie d'hôpital, l'étendue des dégâts. Les avions de la compagnie allaient être cloués au sol. La nouvelle atteignit Onassis au moment même où il s'apprêtait à baptiser les Olympic Towers, un gratte-ciel de verre de cinquante et un étages, sur la Cinquième Avenue, doté d'un système de sécurité ultramoderne, dont le luxe était destiné à attirer de richissimes occupants. Ayant sur les bras cette affaire à haut risque, alors même qu'une récession à l'échelle de tout le pays se dessinait, Onassis ne pouvait se permettre une faillite retentissante dans un secteur quelconque.

En dépit de l'opposition des médecins, il s'envola pour Athènes en décembre 1974, persuadé que son vieil ami Constantin Caramanlis, dont le parti venait juste de prendre le pouvoir, le tirerait d'affaire grâce à une perfusion massive de subventions gouvernementales. Mais le Premier ministre refusa de l'aider. Les anciens copains d'Onassis, les colonels à la tête de la junte militaire qui s'était emparée du pouvoir en 1967, moisissaient désormais en prison. Voler au secours de quelqu'un ayant entretenu d'étroites relations avec eux aurait entraîné de fâcheuses retombées politiques. Caramanlis ne pouvait prendre un tel risque.

Au bord de l'épuisement, Ari resta sur le pied de guerre vingt-quatre heures sur vingt-quatre plusieurs jours d'affilée à négocier avec le gouvernement grec et à ergoter sur chaque détail. La veille du 1er de l'an, blanc comme un linge, suant abondamment – sans doute un effet de la cortisone – et par moments incompréhensible, il tint les négociateurs en haleine jusqu'à près de minuit.

Son époux traversait ce que certains de ses collaborateurs appelleraient « les pires semaines de toute sa vie ». Jackie, quant à elle, passait les fêtes à New York pour partir ensuite faire du ski en Suisse. Della Garoufalia Rounick, l'épouse d'un des colonels emprisonnés, m'a raconté qu'en arrivant à la villa d'Onassis à Glyfada, pour le prier de venir en aide à son mari, elle fut étonnée de le trouver complètement seul pour les fêtes, sans le moindre projet de distraction.

Le 15 janvier 1975, malgré tous ses efforts pour améliorer les termes du contrat, Onassis dut accepter de rétrocéder Olympic Airways au gouvernement grec pour trente-cinq millions de dollars, une fraction seulement de sa valeur estimée. Certes, en 1957, il avait acquis la compagnie nationale grecque TAE pour seulement deux millions de dollars. Mais elle était déficitaire et ne possédait alors en tout et pour tout que douze DC-3 et un DC-4. À la suite de l'accord, même en tenant compte des dettes d'Olympic, le magazine *Fortune* estimait que « trente-cinq millions de dollars, ce n'est tout de même pas cher payé pour tout l'argent et les efforts qu'il a mis dans cette affaire ».

Onassis débuta l'année nouvelle seul à Glyfada, privé de sa compagnie fétiche et affligé d'une mauvaise grippe. Il avait également des difficultés à mâcher et à parler clairement au point de devoir bientôt se tenir le menton avec les mains pour s'acquitter de l'une et de l'autre chose. En dépit des supplications d'Artémis, il refusait de manger et de prendre les médicaments contre la myasthénie. Il dépérissait à vue d'œil et perdit vingt kilos en deux mois. Dans un effort désespéré pour consolider les restes de sa fortune en faveur de sa fille, il arracha à Christina la promesse d'épouser Peter Goulandris, l'héritier de la quatrième dynastie mondiale d'armement maritime.

Ari fêta son soixante et onzième anniversaire le 20 janvier. Parmi les cadeaux, une couverture de cashmere rouge de chez Hermès que Maria lui envoyait de Paris (que Bruna me décrirait comme une petite courtepointe).

Le dimanche 2 février, Onassis appela sa femme à New York et se plaignit amèrement d'être malade, de souffrir et d'être seul. Le lendemain, il s'effondra, atteint de fortes douleurs abdominales. Artémis en transe téléphona à Jackie, laquelle loua immédiatement un avion pour la Grèce avec à bord le cardiologue d'Ari, le docteur Rosenfeld. Christina était déjà à Glyfada aux côtés de son père quand Jackie et le docteur arrivèrent. Toutes les sœurs d'Onassis attendaient au rez-de-chaussée et un gastro-entérologue, le professeur Jean Caroli, que Christina avait fait venir de Paris, était à son chevet.

« Christina m'avait dit au téléphone qu'il avait une pneumonie, m'a rapporté le docteur Rosenfeld. Mais, quand je l'ai examiné, j'ai vu qu'il ne s'agissait pas de cela. Il avait développé un calcul dans le canal qui évacue la bile de la vésicule vers l'intestin. La famille avait appelé un médecin français, Jean Caroli, qui avait conseillé de faire transporter Onassis à l'Hôpital américain de Paris pour qu'on lui enlève la vésicule biliaire. Je l'estimais trop faible pour résister à une telle opération et ai conseillé de le transporter à New York où un traitement plus localisé aurait pu permettre d'extraire le calcul et de le faire évacuer par un drain. C'est la procédure recommandée en cas de patient faible et âgé, pour qui l'opération chirurgicale est à haut risque. »

Mais Onassis ne voulait pas aller à New York. « Un 707 de l'Olympic attendait pour l'emmener, poursuit le docteur Rosenfeld, mais il ne voulait pas mourir à New York, sans doute pour des raisons fiscales, il me semble. »

Christina tenait à ce que son père aille à Paris ; elle croyait toujours qu'il pouvait être sauvé. Ari lui-même n'avait plus d'illusions mais accéda aux prières de sa fille. Après avoir arraché à Stelios Papadimitriou la promesse qu'il veillerait toujours sur elle, il se laissa emmener en France le jeudi 6 février. Mais il répéta à plusieurs de ses collaborateurs qu'il mourrait là-bas. Il est possible, comme le pensait le docteur Rosenfeld, qu'il refusait de mourir à New York pour des raisons en rapport avec le fisc. À moins que ce ne fût la présence de Maria à Paris qui l'ait décidé.

Onassis emporta avec lui le plaid rouge de chez Hermès, le dernier cadeau de Maria, puis joua une ultime fois les fiers machos : il traversa sans aide ni protection le groupe des journalistes à l'affût avec la prestance d'un *palikari* – d'un guerrier –, comme dirait Papadimitriou

Dans l'avion, Onassis déclara au médecin français, le professeur Caroli : « Comprenez-vous, docteur, le sens du mot grec *thanatos* – la mort ? Eh bien, je compte sur vous pour bénéficier de *thanatos*. »

À l'atterrissage à Orly, une limousine achemina Onassis vers le 88, avenue Foch. Il rassembla de nouveau toutes ses forces pour traverser seul la foule des reporters et photographes devant chez lui – une véritable armada, cette fois, dont cinq équipes de télévision. Selon le *New York Times,* « M. Onassis dit bonsoir aux journalistes agglutinés autour des grilles, traversa le jardin et pénétra dans l'immeuble sans assistance, les mains dans les poches de son pardessus bleu. Mme Onassis et la fille d'Aristote, Christina, arrivèrent environ une demi-heure plus tard ».

Une fois chez lui, Aristo s'empressa de donner un coup de fil subreptice à la Callas dont l'appartement était tout proche ; elle se saisit du combiné que lui tendait Ferruccio d'une main tremblante. Ari lui expliqua rapidement qu'il se faisait hospitaliser le lendemain, que « la Veuve » était avec lui mais qu'il s'arrangerait pour que Maria pût venir le voir.

À l'arrivée de Jackie et de Christina, Ari s'étendit et s'endormit pour plusieurs heures, puis absorba un stimulant afin de pouvoir discuter des dernières dispositions commerciales avec ses collaborateurs pendant la nuit. Son conseiller en relations publiques,

Johnny Meyer, raconte le choc qu'il a éprouvé en voyant son patron et vieil ami si émacié. Ce fut Ari lui-même qui rompit le silence : « Tu sais, Johnny, je vais bientôt rejoindre Alexandre à Skorpios. »

Le vendredi 7 février 1975, par une de ces magnifiques journées hivernales qui donnent à Paris l'éclat de la jeunesse, une voiture conduisit Aristote Onassis à l'Hôpital américain de Neuilly, où il pénétra en catimini par une porte latérale donnant sur la chapelle et la morgue. Jackie et Christina, arrivant par la porte principale, avaient détourné l'attention des reporters et photographes.

Onassis disposait de pratiquement tout un couloir, m'expliquerait son collaborateur Nicholas Papanikolaou, débarqué de New York le jour même de l'hospitalisation de son patron à la demande expresse de Christina. On avait réservé les chambres attenantes à celle d'Onassis afin qu'il ne fût pas dérangé.

Une fois son père à l'hôpital, Christina partit de l'appartement de l'avenue Foch pour l'hôtel Plaza Athénée, car, selon Papanikolaou, elle ne voulait pas rester seule avec sa belle-mère. « Christina et moi étions les seuls à venir chaque jour à l'hôpital, me dirait-il. Nous y restions trois ou quatre heures le matin, retournions à l'hôtel nous reposer, puis retournions à l'hôpital trois ou quatre autres heures dans l'après-midi. Ses sœurs, des amis et autres parents passaient de temps en temps, mais pas Jackie. Elle était venue les quatre premiers jours, puis était repartie à New York. »

Onassis souffrait d'une sévère hépatite, et le médecin français répétait qu'il ne survivrait pas sans ablation de la vésicule. Selon Papanikolaou, « ils lui ont donné des papiers à signer pour l'opération et il a mis tout le monde dehors en déclarant qu'il se fichait pas mal de vivre ou de mourir. Ils se sont alors tournés vers Christina en lui demandant de signer l'autorisation : il mourrait dans les trois ou quatre jours si on ne l'opérait pas, et il avait une chance sur deux de survivre à l'intervention, lui expliqua-t-on. Christina était affolée : “Qu'est-ce que je vais faire? me demanda-t-elle. Comment puis-je prendre une telle décision?” Dans la mesure où elle était sûre qu'il mourrait si on ne l'opérait pas, je lui ai conseillé de donner son autorisation en dépit du risque. C'est ce qu'elle a fait ».

Selon Isadore Rosenfeld, « on n'aurait jamais dû l'opérer ». Il n'avait pas changé d'avis depuis qu'il avait examiné Onassis en Grèce au début février, en compagnie de Jackie. Il avait insisté pour qu'on fît venir Onassis à New York pour une intervention localisée visant à extraire le calcul, sans ablation de la vésicule, en l'évacuant à l'aide d'un cathéter. Mais à la suite de la décision d'Onassis d'aller à Paris, le docteur Rosenfeld avait dépêché à Paris un collègue, le docteur Louis Weinstein, aujourd'hui décédé, lequel exerçait à Boston. « Lou Weinstein était le meilleur spécialiste de la vésicule biliaire du pays, m'expliquerait le docteur Rosenfeld. Seulement, Onassis avait développé une grave infection qui ne réagissait plus aux antibiotiques, face à laquelle Weinstein ne pouvait rien faire. Je persiste à croire que si Onassis avait choisi de venir à New York, et non à Paris, en évitant l'ablation de la vésicule, on aurait pu le sauver. »

Le dimanche 9 février, à l'issue de l'opération, Jackie, Christina et Artémis étaient au chevet d'Aristote. Un porte-parole de la famille annonça qu'il « se sentait beaucoup mieux ».

Après la nouvelle d'une « amélioration lente mais progressive » de l'état de son mari, Jackie repartit pour New York où elle allait s'informer chaque jour de son état par téléphone. « Elle ne voulait pas rester à l'hôpital plus de temps que nécessaire, mais tenait à être là lors de ses derniers instants afin de ne pas s'attirer des critiques », me dirait Papanikolaou.

Jackie retournerait à Paris au chevet de son mari les semaines suivantes. Elle trouverait également le temps de visiter le Louvre, d'aller au cinéma et de dîner avec des amis pratiquement chaque soir. Elle regagna New York fin février pour regarder un documentaire télévisé sur lequel sa fille Caroline avait travaillé. On la revit à Paris le 7 mars, dînant dans un élégant restaurant de la place de la Madeleine en compagnie du président d'Air France. Trois jours plus tard, elle s'envolait pour New York, bien que deux médecins lui eussent signifié que l'état d'Ari se détériorait rapidement.

On installa Ari, au plus mal, dans la dernière chambre du couloir. Christina loua une suite juste en face. « C'est là que nous avons pris nos quartiers tant que nous sommes restés à l'hôpital, faisant sans cesse des allées et venues entre nos chambres et la sienne », rapporte Papanikolaou, qui fait remarquer également qu'Onassis se souciait peu d'aller mieux. « Laisse-moi mourir », supplia-t-il Christina à plusieurs reprises.

Maria, désespérément en mal de nouvelles, téléphonait à l'hôpital tous les jours. Elle appela également Costa Gratsos en lui demandant de trouver le moyen de lui donner accès à la chambre d'Aristo. Mais, selon Papanikolaou, Christina refusa de donner son autorisation : « Elle continuait de rendre responsable Maria de la rupture entre ses parents. »

Cela dit, Maria s'arrangea pour se tenir au courant de l'état d'Onassis. La mère de Vasso Devetzi, qui souffrait d'un cancer, était par hasard dans le même service hospitalier. Vasso, en venant la voir chaque jour, demandait des nouvelles d'Onassis aux infirmières et aux parents de l'armateur, puis les transmettait à la Callas. Vicky Anthopoulou, la nièce de Vasso, me confierait : « Ma tante avait rencontré Jackie à l'hôpital, et une sorte de camaraderie s'était instituée entre elles deux. C'était des fumeuses invétérées et elles se retrouvaient dans le hall pour allumer une cigarette. Jackie conseillait à Vasso d'arrêter, ce dont elle était elle-même incapable. »

Autre source d'information, Eleni Siros, amie intime de Bruna, qui servait de gouvernante à Onassis lorsqu'il résidait dans l'appartement de l'avenue Foch (proche de celui de la Callas) et deviendrait la servante et dame de compagnie de Christina Onassis. « Même après le mariage avec Jackie Kennedy en 1968, Eleni Siros continuait de venir chez Maria pour lui apporter les petits pâtés au fromage dont elle raffolait, me raconterait Vicky Anthpoulou. Je sais qu'elle ne se serait jamais permis une chose pareille si Onassis lui-même ne lui en avait donné l'autorisation. »

On lui refusait l'accès à sa chambre. Mais Maria s'entretenait avec lui au téléphone aussi longtemps qu'il était en mesure de parler. Puis, quand il se mit à décliner, elle se renseigna auprès de ses amies sur son état. La plupart de ses amis croyaient qu'elle avait réussi à venir le voir une dernière fois, en échappant à la vigilance des journalistes, chez elle comme à l'hôpital. Mais les deux personnes les plus proches d'elle, les témoins de ses moindres faits et gestes, démentent cette assertion. Bruna et Ferruccio disent l'une et l'autre que la Callas et Onassis se sont effectivement parlé bien souvent au téléphone – Maria s'inquiétant toujours plus d'entendre faiblir la voix d'Ari à chaque appel –, mais qu'elle ne s'est jamais rendue à la chambre d'hôpital.

Cela dit, c'est la Callas elle-même qui affirmerait à plusieurs personnes, après la mort d'Onassis, qu'elle avait réussi à se faufiler dans sa chambre lorsque Jackie n'était pas à Paris et lors d'une absence de Christina. Mme Biki, sa modiste et amie, me répéterait cette version à Milan, ainsi que son assistante, Nadia Stancioff et le critique musical Stelios Galatopoulos.

« Maria s'arrangea pour s'introduire à l'hôpital une seule fois, quelques semaines avant la mort d'Onassis, pour une courte visite à l'insu de la presse », écrirait Nadia dans ses Mémoires sur la Callas.

Mme Biki Bouyeure, lors de l'interview qu'elle m'a accordée chez elle, à Milan, peu avant sa mort, en 1998, m'a répété ce que la diva lui avait dit lors d'un séjour chez son amie. Maria lui avait raconté comment elle était entrée dans la chambre, l'avait découvert étendu dans son lit, pâle, décharné, mais la regardant s'approcher avec le même regard intense dont elle se souvenait si bien. Elle avait dissimulé le désarroi que lui inspirait son aspect et lui avait pris la main, exsangue et froide, reposant sur la courtepointe.

La Callas ajoutait que les médecins l'avaient priée de ne pas s'attarder et de ne pas le perturber. Quand, au moment de partir, elle s'était penchée pour l'embrasser, Aristo réussit à lui murmurer qu'il l'aimait et à prononcer l'adieu qu'il avait préparé en attendant sa visite. En quittant la pièce, dirait-elle par la suite, elle savait qu'elle ne le reverrait jamais plus. Il attendait impatiemment la venue de Thanatos, et Maria, qui n'avait jamais réussi à regarder la mort en face, voulut quitter Paris. Ils y avaient passé ensemble des jours merveilleux, mais la ville lui rappellerait toujours les derniers instants douloureux de son amant.

Dans ses écrits, le critique musical Stelios Galatopoulos cite la Callas et les dernières paroles qu'Onassis lui a adressées :

Ari était calme et, je crois, en paix avec lui-même, lorsque je l'ai vu sur son lit de mort à l'hôpital. Il était très malade et savait que la fin était proche, mais il s'efforçait de ne pas en tenir compte. Nous n'avons pas évoqué le passé, ni rien d'autre, en fait. Nous communiquions surtout en silence. Quand je fus sur le point de partir, il a fait un effort particulier pour me déclarer : « Je t'ai aimée, pas toujours bien, mais autant et du mieux que je suis capable. J'ai essayé. »

Parmi les personnes toujours en vie, rares sont celles qui pourraient dire si cet adieu émouvant eut vraiment lieu, ou si Maria l'a inventé à l'intention de ses amis, pour des raisons impénétrables. Afin d'avoir une confirmation, j'ai recherché le seul survivant des principaux médecins d'Onassis de l'époque, le docteur Maurice Mercadier, dont le *New York Times* du 16 mars 1975 avait cité le communiqué comme quoi l'armateur avait succombé à une pneumonie bronchitique ayant « résisté à tous les antibiotiques ».

Par l'intermédiaire de son fils, un avocat parisien du nom de Robert Mercadier, j'avais sollicité une interview de ce médecin, qui l'avait déclinée en invoquant le secret professionnel. Puis j'ai demandé s'il pouvait simplement me dire s'il avait jamais vu Maria Callas à l'hôpital pour une visite à Onassis – ce qui aurait répondu à la question que je me posais sans révéler d'information confidentielle sur son patient. Le médecin refusa même de nier avoir vu la Callas, ce qui m'incita à penser qu'elle avait pu effectivement arranger une visite.

Cinq jours après l'opération de la vésicule, Onassis ne pouvait plus du tout parler. Selon le *New York Times*, « six médecins-chefs et six consultants de l'Hôpital américain ont déclaré dans un communiqué qu'il avait été nécessaire de mettre M. Onassis sous respirateur artificiel... Ils ont ajouté qu'il n'avait pas subi de transfusion sanguine ni souffert de défaillance cardiaque en dépit du fait que... l'état de santé du patient était “compromis” par une *myastenia gravis* et le traitement à la cortisone, une fibrillation cardiaque, une pneumonie et une grave infection de la vésicule biliaire avec hépatite ». Selon Stelios Papadimitriou, ce fut après qu'on l'eut mis sous rein artificiel et qu'on lui eut introduit un cathéter dans la gorge l'empêchant de parler, qu'il s'était saisi d'un stylo pour écrire le message suivant à sa fille : « S'IL TE PLAÎT, laisse-moi mourir ! »

Pressé d'arriver au terme de l'odyssée qui devait le ramener chez lui près de son fils, à Skorpios, Onassis supplia ses médecins et ses sœurs de le débrancher des appareils de survie, ce à quoi tout le monde se refusa.

Quelque temps auparavant, Christina était venue au chevet de son père avec Peter Goulandris – le jeune héritier de la famille d'armateurs qu'Onassis voulait comme gendre. Ils échangèrent leurs alliances en sa présence et obtinrent sa bénédiction. Une ultime tentative pour lui donner une raison vivre, ou du moins pour l'apaiser au moment où il gagnait l'autre monde. Le geste se révélerait totalement factice, le couple rompant son engagement peu après la mort du père de Christina.

Les averses glaciales de mars arrivaient sur Paris. Jackie Onassis était à New York. Maria savait qu'elle ne pourrait plus bavarder avec Aristo et qu'on ne l'autoriserait même pas à le voir, vivant ou mort. Sur les conseils d'amis de Palm Beach, elle partit pour la Floride où on lui avait loué une maison qu'elle pourrait acheter si elle lui plaisait. Elle emmena Bruna, Ferruccio, sa cuisinière, Consuela, et les chiens en adressant une lettre à son parrain en date du 7 mars 1975. Elle le priait de venir la voir à Palm Beach, ayant plus besoin que jamais des rares personnes dont elle se sentait proche. Elle terminait sa lettre par ces mots : « Avec toute mon affection, cher Léonidas. J'espère te voir bientôt, très bientôt. »

Le 15 mars, il pleuvait désespérément sur Paris. Aristote Onassis parvenait au terme de son voyage. Endormi sous morphine, hérissé de tubes, il atteignait enfin la rive de son Ithaque à lui.

Artémis réveilla Jackie à New York pour lui annoncer la mort de son mari. « Christina était à son chevet quand il nous a quittés », ajouta-t-elle.

Maria apprit la nouvelle dans le décor paradisiaque de Palm Beach. Mary Carter l'appela de Dallas. La Callas répondit à ses paroles de réconfort en égrenant lentement, pesamment, ces quelques mots : « Ah, Mary, c'est fini. Tout est fini désormais. »

Nadia Stancioff l'appela de Rome. « Rien n'a plus vraiment d'importance, car, sans lui, rien ne sera plus comme avant », lui répondit Maria.

John Coveney, directeur de la branche musique classique chez Angel Records, vint peu après voir la Callas en Floride, le jour même où elle recevait un paquets de lettres et de télégrammes de condoléances qu'on lui avait fait suivre. Elle se mit à lui montrer les lettres, puis lui fit remarquer : « Je suis la veuve, tout d'un coup ! » La femme que le monde n'avait jamais considérée comme l'épouse, dont on n'avait même pas su qu'elle était mère de son enfant défunt, faisait preuve d'une ironie bien amère.

Le parrain de Maria, Léonidas Lantzounis, écrivit quelques lignes de son écriture tremblée de vieil homme au bas de la lettre de la Callas du 7 mars : qu'elle lui avait téléphoné de Palm Beach le 11 mars, le jour même de son arrivée, puis retéléphoné le 15 mars, le jour de la mort d'Onassis. Il n'indiquait rien sur ce qu'elle lui avait dit, mais notait un autre appel, une semaine plus tard, lui demandant de venir auprès d'elle. Autre précision, il indiquait que, le 22 mars, il lui avait promis de venir.

« Officiellement, bien sûr, c'était Jackie la veuve, m'expliquerait le capitaine Kostas. Mais ceux qui, comme nous, côtoyaient le patron depuis longtemps éprouvaient surtout du chagrin pour Maria. C'était celle qui l'avait le plus aimé et avec qui il semblait être le plus heureux. »

Parmi tous les amis célèbres d'Onassis, c'est le prince Rainier de Monaco qui fut le plus cité par la presse, lui qui jadis avait accueilli l'homme d'affaires en sauveur de Monte-Carlo pour finalement le contraindre à vendre les titres qu'il détenait sur la principauté.

« Il n'existe plus d'hommes de cette stature, dirait-il. La mort nous prive d'un homme bon et sans prétention, d'une intelligence remarquable. C'était également un ami aussi discret que fidèle. Il avait construit son empire économique grâce à ses seules qualités d'esprit et sa compétence. »

Aristote Onassis fut certainement un homme favorisé par la fortune. Mais Solon d'Athènes, s'il avait appris la façon dont il est mort, n'aurait peut-être pas dit de lui que c'était un homme heureux.

22

Mort à Paris [1]

Vissi d'arte
Vissi d'amore.
(J'ai vécu pour l'art
J'ai vécu pour l'amour.)

Giacomo Puccini, *Tosca.*

Le lendemain de la mort d'Onassis, sa veuve devant la loi, Jacqueline Kennedy Onassis, débarqua à l'aéroport d'Orly, à Paris. Elle était vêtue de noir : robe griffée Valentino et veste de cuir. Elle lança un sourire éclatant, aussi incongru que machinal, à la foule des photographes et lut une déclaration de son cru, rédigée pendant le vol : « Aristote Onassis m'a secourue à une époque très sombre de ma vie. Il signifiait beaucoup pour moi. Il m'a ouvert un monde de bonheur et d'amour. Nous avons vécu ensemble des moments inoubliables. Je lui en serai éternellement reconnaissante. »

Jackie se rendit ensuite dans la chapelle de l'hôpital où la dépouille d'Ari était exposée. Un crucifix grec orthodoxe était posé sur sa poitrine. Elle se recueillit sept minutes. Elle aurait ensuite exprimé son désir de parler aux membres de la famille Onassis, sans succès. Christina, sous sédatifs, était incapable de prononcer la moindre parole.

Le 18 mars, un 727 d'Olympic Airways se posa sur la piste de l'aéroport d'Actium, en Grèce (le port de la baie d'Ambracie où Antoine et Cléopâtre furent défaits par Octave, avant de s'enfuir pour mourir en Égypte). L'avion transportait le cercueil d'Ari dans la soute. Trente-quatre membres de la famille et amis l'accompa-

1. Le film de Visconti, *Mort à Venise*, était paru sur les écrans en 1971. (*N.d.T.*)

gnaient pour son ultime voyage. À l'atterrissage, Jackie dut soutenir Christina, toujours sous calmants. Le groupe fut reçu par les flashes et les cris des photographes. Une nouvelle fois, la Veuve arbora son sourire machinal. Christina présentait le masque de la tragédie grecque antique.

Le cortège funèbre, traversant un paysage de cerisiers en fleur, peuplé de troupeaux de chèvres et de moutons, roula en direction de Nidri, sur la côte, le village de pêcheurs le plus proche de Skorpios. Jackie, Christina et Ted Kennedy avaient pris place dans la première limousine, derrière le fourgon mortuaire. Les sœurs d'Onassis les suivaient dans la seconde limousine. Au bout de quelques minutes, expliquerait Christina à ses proches, Ted Kennedy se serait penché vers elle pour lui dire : « Il faut s'occuper de Jackie, maintenant ». « Arrêtez la voiture ! » intima Christina au chauffeur. À la surprise de tous, le cortège s'immobilisa. Christina jaillit de la limousine et alla rejoindre ses tantes.

Deux canots transportèrent le cercueil et la famille immédiate à Skorpios. Les autres prirent le ferry. Sur le continent, des villageoises à fichu noir portant des bouquets de fleurs sauvages, se signaient au passage du fourgon funéraire. À Skorpios, le personnel d'Onassis (plusieurs dizaines de personnes) et les membres de l'équipage du *Christina*, en tenue de travail, cierge à la main, formaient une haie d'honneur le long du chemin sinueux qui conduisait à la chapelle. Six hommes portaient le simple cercueil en noyer aux quatre poignées en argent. Ils le déposèrent dans un sarcophage en béton à côté de la chapelle, face au caveau où reposait Alexandre, le fils d'Onassis. Vingt-cinq mois plus tôt, sa dépouille avait suivi le même sentier.

Onassis avait signifié à ses sœurs qu'il désirait être enterré dans la simplicité. Il avait choisi l'endroit exact où il voulait reposer – à l'ombre du grand cyprès à côté de la chapelle. On reconnaît de loin les cimetières grecs à la haute silhouette droite de ces conifères toujours verts, symboles de la résurrection. Onassis adorait ces arbres qui veillaient sur la tombe de sa mère à Smyrne. Se sachant condamné, il avait fait édifier une seconde chambre funéraire autour de sa propre tombe, comme celle qu'on avait construite pour Alexandre de l'autre côté de la chapelle. Il avait demandé aux architectes de ne pas abîmer le cyprès qui l'avait réconforté lorsqu'il venait sur la tombe de son fils.

(Lorsque j'ai visité le site, en juin 1998, le cyprès avait grandi et traversé le toit de la structure blanche constituée de la petite chapelle initiale et des deux chambres funéraires. L'aile gauche de la chapelle, vue de face, abrite les sarcophages de marbre d'Aristote Onassis et de sa sœur Artémis ; celle de droite, les deux tombes identiques de ses deux enfants. Les noms des défunts, dates de naissance et de décès, sont gravés en lettres grecques à même le marbre des tombes, chacune surmontée d'une croix de marbre et d'un vase en marbre blanc dont le personnel de l'île renouvelle systématiquement les fleurs. Les blanches parois des chambres funéraires sont ornées d'icônes dont les dorures accrochent la lumière des lampes à huile suspendues aux lustres en argent.)

La procession gravit la route de Skorpios. Les amis du défunt suivaient le corbillard en direction de la chapelle. Jackie continuait de sourire nerveusement aux photographes. Selon des témoins, les sœurs d'Onassis s'étaient regroupées en se tenant par le bras pour repousser la veuve et son fils de quatorze ans en fin de cortège. Christina Onassis pleurait, inconsolable, soutenue par ses tantes, quand le prêtre du village, le père Apostolos Zavitzsianos, prononça le service funèbre :

Les choses mortelles ne sont que vanité, puisqu'elles n'existent pas dans la mort. Ni la fortune ni la gloire ne nous y accompagnent. La mort nous prend sans prévenir et les biens terrestres disparaissent à jamais... Où sont la convoitise, le faste, l'or et l'argent, l'empressement des serviteurs ? Tout est poussière, cendre, ombre... Embrassons une dernière fois celui qui n'est plus ; il a quitté les siens et se hâte dans la tombe, ne se souciant plus des futilités de ce monde ni de ses souffrances.

Après l'oraison funèbre, les fidèles s'avancèrent un par un pour embrasser l'icône posée sur le cercueil. Puis ils redescendirent en une lente procession vers le port. Quelques gouttes de pluie éclaboussèrent le cercueil de noyer et les centaines de lis blancs qui embaumaient la cour de la chapelle. Dans la baie, le *Christina*, à l'ancre, se balançait. Son pavillon flottait, à mi-hauteur du mât.

Après la mort d'Onassis, Maria se sentit à la dérive, sans but. Elle hésitait : devait-elle acheter la maison de Palm Beach ? Par deux fois elle donna son accord, par deux fois elle se rétracta. Elle revint à Paris en avril, sans trop savoir que faire. Elle n'avait même plus envie de quitter son appartement. On l'aperçut souvent derrière les portes-fenêtres, jetant un regard circonspect sur le monde, scrutant *son* châtaignier et le petit parc.

Maria s'efforça de se concentrer sur sa carrière, acceptant un projet après l'autre, qu'elle annulait chaque fois sous différents prétextes du style « je veux un rôle plus prestigieux ». Elle essaya de trouver un réconfort auprès de Di Stefano, mais, comme en témoignent les lettres à son parrain datées de cette époque, la relation se révéla aussi vaine que ses velléités de remonter sur scène :

26 juin 1975

Je travaille dur car il me faut être excellente ou rien, cette année... Je suis toujours avec Pippo. Je ne trouve personne de mieux.

18 juillet 1975

J'ai pris une grande décision. J'arrête le chant. J'en ai assez... Mes nerfs ne supportent plus le stress. Bien sûr, je dois trouver une autre occupation – pour rester active. Je ne sais pas quoi ! Pour l'instant, je me repose à Paris.

22 août 1975

J'ai pris du poids et n'ai plus le courage de faire un régime – n'est-ce pas terrible ?... Je suis en paix, sans grand amour. Je crois que je préfère la vie ainsi. Pippo est amoureux, bien sûr, et moi aussi jusqu'à un certain point, par habitude sans doute, ou parce qu'il n'y a pas d'autres tentations. Les hommes, les vrais, sont rares.

29 octobre 1975

Je sais que je devrais travailler, mais quoi faire ? Me remettre aux exercices et faire mes propres enregistrements peut-être... Di Stefano est profondément amoureux de moi, mais je ne suis guère enthousiaste car – eh bien – qui sait, j'ai sans doute envie de le ménager, qu'il comprenne petit à petit. La mort de sa fille a été un coup terrible. Il sait déjà que je ne suis plus la même avec lui.

Manifestement, Maria avait du mal à rompre définitivement avec le ténor. Di Stefano m'a raconté un incident qui eut lieu en 1976. Maria l'avait appelé à Rome. Elle désirait le voir. Il prit un vol pour Paris et lui téléphona de l'aéroport.

« C'était le soir. Bruna a décroché : "Oh oui, venez. J'ai préparé votre lit dans le studio." Quand Maria répétait, je dormais dans le studio. Je me suis donc rendu avenue Georges-Mandel. J'ai sonné. "Je suis désolée, monsieur Di Stefano, Madame ne peut pas vous recevoir, m'a déclaré Bruna. Elle dort." Je suis retourné à l'aéroport et ai repris l'avion pour Milan. Maria n'a rien dit.

Selon des proches de Maria, elle aurait enjoint aux serviteurs de ne pas laisser entrer Di Stefano. Ce serait lui qui l'aurait appelée et aurait insisté pour la voir. Kostas Pylarinos, l'homme politique grec qui vivait à Paris à cette époque, m'affirmerait : « Elle voulait rompre avec Di Stefano. Un jour, elle m'a demandé de venir chez elle car elle avait peur de lui. L'après-midi, il l'avait menacée et elle craignait qu'il ne pénétrât chez elle de force. »

1976 vit la fin de leur liaison. Maria écrivit à son parrain : « J'ai définitivement rompu. Tout ce qu'il me reste à faire, c'est de récupérer chez lui, à San Remo, les rares objets qui m'appartiennent – mais je ne veux même pas le faire. » Le motif réel de cette liaison avait disparu. « Onassis était toute sa vie, m'expliquerait John Ardoin. Après sa mort, elle a compris que cela ne rimait à rien de continuer – de vouloir prouver à Ari quoi que ce fût. Les concerts devaient lui montrer qu'elle pouvait encore chanter; sa liaison avec Di Stefano, que les hommes la trouvaient encore désirable. »

L'année qui suivit la mort d'Onassis, Maria fut anéantie par la disparition de trois autres personnes très chères : la fille de Di Stefano, Luisa, pour qui elle avait une grande affection; son mentor et ami, le metteur en scène de théâtre et de cinéma Luchino Visconti; et celui qui l'avait dirigée dans *Médée*, Pier Paolo Pasolini, sauvagement assassiné en novembre 1975. Ce dernier avait levé une petite frappe sur une plage près de Rome. À la fin de la soirée, le garçon passa Pasolini à tabac avant de monter dans la voiture du réalisateur et de lui passer sur le corps. Maria fut particulièrement bouleversée par la fin absurde et cruelle de cet ami qui lui dédiait des poèmes et des dessins : « Je n'ai connu qu'un seul Pasolini, dirait-elle. Si sensible, si soucieux des autres... Ses idées sur l'art, la vie, étaient si fortes et originales qu'on ne pouvait rester indifférent. »

La Callas hésitait de plus en plus à quitter le cocon sécurisant de son appartement. Elle restait assise devant la télévision, allumée en permanence, regardant surtout des westerns. Ses visiteurs étaient souvent froissés que Maria allumât et éteignît le poste en leur présence. (« La télévision était allumée, se souvient Dorle Soria. Nous avons proposé de l'éteindre. "Non, je ne la ferme jamais, fit-elle sèchement. Vous, si ?" ») Le monde rassurant, simple, des films de cow-boys lui offrait quelque réconfort. La justice triomphe et les méchants sont toujours punis. Nadia Stancioff raconte sa propre confusion, le soir qu'elles étaient allées voir *Midnight Cowboy*. Choquée et déconcertée, Maria, qui s'attendait à un classique du genre, posa des questions à voix haute pendant tout le film, au grand dam des autres spectateurs.

Les amis de Maria ne la délaissaient pas vraiment, mais elle avait découragé nombre d'entre eux à force de les promener avec des projets qu'elle annulait au dernier moment sous les prétextes les plus fallacieux. Gaby Van Zuylen, la bru de la vieille amie de Maria, Maggie Van Zuylen, s'en plaignit : « Elle appelait : "Gaby, on se retrouve demain pour aller faire du shopping ?" Puis elle rappelait : "Et si on allait plutôt au cinéma ?" Et, le lendemain, elle téléphonait pour tout annuler. Il fallait être constamment à sa disposition. »

François Valéry, l'ambassadeur de l'Unesco en France, l'un des rares à faire montre d'une indulgence sans limites, accompagnait Maria au cinéma. Elle lui confia ses pensées les plus intimes sur Onassis, y compris le plaisir qu'il avait su lui donner. « Il m'aimait vraiment, lui avait-elle confié. Au lit, on ne peut pas mentir. »

Maria ne se remettait pas de la mort d'Onassis. Le prince Michel de Grèce se souvient d'avoir surpris une conversation entre Margot Fonteyn et Maria, lors d'un dîner à Paris. L'ancienne danseuse se plaignait de ce qu'elle devait s'occuper de son mari, paralysé par une balle criminelle. Maria la regarda avec compassion et lui dit : « Je vous envie vos misères. »

Maria demandait souvent à Ferruccio et à Bruna de lui tenir compagnie tard le soir et de jouer aux cartes avec elle. Elle avait de plus en plus de mal à dormir, malgré les somnifères. Le dimanche, jour de repos de ses serviteurs, elle inventait des prétextes pour les empêcher de sortir. Si des amis lui rendaient visite, elle s'accrochait à eux, les suppliant de ne pas l'abandonner. Souvent, elle leur téléphonait tard le soir, et tenait des propos décousus et interminables. Jamais elle ne les priait de l'excuser de les déranger à une heure aussi indue. C'est à cette époque qu'elle se mit à téléphoner à sa sœur Jackie, à Athènes, et à lui envoyer des petits chèques, des « cadeaux », disait-elle.

Jackie Callas fut étonnée la première fois que Maria l'appela après la mort d'Onassis. Après avoir annoncé à Jackie qu'elle lui avait envoyé un « cadeau », Maria avait ajouté : « Tu peux faire quelque chose pour moi... Je n'arrive pas à dormir si je ne prends pas du Mandrax, mais on n'en trouve plus ici. Envoie-moi une boîte si tu peux. »

Le Mandrax (ou méthaqualone) était le médicament préféré de Maria, une substance interdite dans bon nombre de pays, mais pas en Grèce. Jackie n'avait aucune difficulté à s'en procurer à Athènes, chez « Bekas », la pharmacie de son quartier.

Jackie obtempéra et continua de recevoir des coups de fil de sa sœur : « Il n'y avait pas de règle. Je ne savais jamais quand elle allait téléphoner, écrivait-elle dans ses Mémoires. Parfois, c'était très bref, comme si elle voulait seulement s'assurer que j'étais là, disponible au bout du fil. Il lui arrivait de m'appeler uniquement pour réclamer du Mandrax... D'autres fois, elle m'appelait très tard, divaguant à l'infini sur sa solitude, la défection de tout ce en quoi elle avait cru, la perte d'Onassis. »

Il ne fait guère de doute qu'à la suite de la mort d'Onassis sa dépendance aux somnifères s'aggrava dangereusement. Après la disparition de la Callas, Ferruccio raconterait à la sœur de celle-ci avec beaucoup de tristesse : « Madame était fatiguée. Elle ne sortait qu'en de rares occasions et souffrait d'insomnie. Alors elle prenait des comprimés. Ce sont les comprimés qui l'ont affaiblie. Elle en prenait tellement et ils étaient si forts. Elle se les faisait envoyer par beaucoup de gens. J'en ai parlé une fois à Mme Devetzi, laquelle a haussé les épaules : "Si elle en veut, qu'elle les prenne", m'a-t-elle répondu. Que pouvais-je faire ? » En l'écoutant, Jackie s'était dit : « Je pensais à Bekas qui me tendait les boîtes de Mandrax, et je me demandais qui d'autre avait contribué à tisser cet étrange réseau mortel. » Ce n'est que plus tard qu'elle découvrirait que Maria « prenait des pilules pour dormir et d'autres pour se tenir éveillée le lendemain »...

Dans leur livre intitulé *Callas by Callas*, un florilège de citations de Maria, Renzo Allegri et son fils Robert parlent d'un « journal » qu'elle tenait dans les derniers mois de sa vie confirmant qu'elle-même avait conscience de la gravité du problème. D'après les auteurs, le journal regroupe quelque cent cinquante pages (du papier à lettres à en-tête imprimé avec son adresse parisienne) sur lesquelles Maria griffonnait en français les pensées, émotions et événements qui la touchaient.

« À sa mort, écrivent les Allegri, le journal entra en possession d'un ami de la Callas, un avoué qui gérait ses affaires et avait déclaré : "Tant que je vivrai, ce journal ne sera pas publié." Les feuillets ont changé plusieurs fois de propriétaire et sont actuellement entre les mains d'un Italien, le docteur Ivano Signorini, qui à son tour a décidé de les garder secrets après les avoir lus... Nous avons pu lire des photocopies de quelques-uns de ces feuillets. »

Selon Renzo et Robert Allegri, le journal « contient des messages d'un désespoir terrible. Des phrases courtes, concises, sombres, griffonnées d'une main ferme, avec seulement un ou deux commentaires sur chaque page... un appel au secours ». Ils en citent quelques-unes : « Je ne connais ni affection ni estime : je suis infiniment seule. [...] La Callas : mais Maria? [...] Je n'ai jamais dépendu de personne dans ma vie : aujourd'hui, je suis l'esclave d'une boîte de pilules. [...] Je pense que ce sera pour moi une joie d'en finir avec cette vie : je n'ai ni bonheur, ni amis, je n'ai que mes médicaments. » Il lui arrive parfois de se plaindre du retard de la personne qui lui apporte les comprimés, notent-ils.

Un soir de l'été 1976, après que Maria eut passé la journée à évoquer Aristo disparu un an plus tôt, Vasso appela en Grèce leur ami commun, Kostas Pylarinos. Il fallait quelque chose pour la dérider. Elle avait grand besoin de repos. Pylarinos organisa des vacances pour les deux femmes. Elles passeraient deux semaines en août au Palais de l'Aigle, un hôtel situé près d'Ouranoupoli (la « Cité du paradis ») sur la péninsule de Chalkidhiki près de Thessalonique, où il était préfet. Vasso aurait dit à ce dernier que Maria était si déprimée qu'elle devait la porter sur son dos tous les jours.

Même aux pires heures de sa vie, Maria ne sortait jamais sans maquillage. Là, elle prit conscience qu'elle avait grossi depuis quelques mois. Elle vit dans ce voyage estival l'occasion de nager, de perdre du poids et d'oublier ses soucis. D'après Pylarinos, « au bord de la mer, Maria redevint joyeuse. Elle se promenait, riait, se reposait. Elle nageait comme une jeune fille, équipée de palmes et d'un masque spécialement conçu pour elle, lui permettant d'explorer les fonds marins en dépit de sa myopie. Elle prenait des bains de soleil flanquée de ses deux caniches, Djedda et Pixie. Elle célébra sa fête, le 15 août ».

La première semaine, Maria vécut des journées de vrai bonheur. Puis la presse apprit qu'elle se trouvait à Chalkidhiki, et la petite ville fut aussitôt envahie par les paparazzi. Maria s'enferma dans sa chambre d'hôtel, ferma les volets et, suffoquant de chaleur, elle se consola avec du chocolat et ce que les Grecs appellent des « sous-marins » *(ipovrihio)* – de la crème à la vanille et des glaçons. Elle contemplait la plage et la mer derrière sa fenêtre, mais redoutait d'être photographiée en maillot de bain et de nuire à l'aura de la Callas.

Maria rentra à Paris, déçue et en colère, et trouva refuge dans son appartement. Les amis qui lui rendirent visite au cours de la dernière année de sa vie pensent qu'elle souffrait d'accès d'agoraphobie. En décembre 1976, Maria se plaignit dans une lettre à son parrain : « Je suis ici, à Paris, à ne rien faire, sereine. Je n'ai même pas envie de chanter pour l'instant. Je crois que j'ai assez chanté dans ma vie. Peut-être que la nouvelle année sera plus intéressante... Pars-tu en vacances pour Noël ? Je reste ici, je suis bien chez moi. »

La veille du Nouvel An, Nadia Stancioff l'appela de New York et, à sa grande surprise, la Callas décrocha elle-même le téléphone. Comment se faisait-il que Maria fût seule ? « Personne n'ose me proposer de sortir la veille du Nouvel An. J'imagine qu'ils ont peur d'être obligés de m'accompagner à un de ces bals chics. Les imbéciles. Tout ce que je veux, c'est quelqu'un qui m'accompagne au cinéma. Cela ne fait rien, j'ai Pixie et Djedda, et puis il y a la télévision. »

Dans une lettre à son parrain, datée de février 1977, Maria évoque sa santé défaillante et ses problèmes de tension, dangereusement basse. « Cher Léo, écrivait Maria, j'ai reçu ta lettre voici quelques semaines – mais je ne t'ai pas répondu plus tôt car je ne me sentais pas bien – je souffre d'hypotension (ma tension oscille entre 8 et 5). On me fait des piqûres, etc. Je me sens cafardeuse, je n'ai envie de rien – d'ici une semaine, tout devrait revenir à la normale... »

Maria n'est jamais revenue à la « normale », mais a tenté une dernière fois de chanter à nouveau. Un ami avait mis à sa disposition le théâtre des Champs-Élysées pour qu'elle pût répéter, mais un journaliste de *France Dimanche* avait réussi à s'introduire dans le théâtre pendant qu'elle travaillait. Il prit des photos et rédigea d'une plume cruelle un article sur la voix défaillante de la Callas.

Elle traîna le journal en justice et gagna– mais à titre posthume. L'incident priva Maria de sa dernière once de confiance en elle et de son ultime espoir de remonter sur scène. Elle accepta toutefois de considérer la proposition de John Tooley, un impresario, de chanter dans *Cavalleria rusticana* avec Placido Domingo. Franco Zeffirelli lui suggéra *La Veuve joyeuse*, mais Maria jugea la proposition « trop indigne » (« La Callas dans une comédie musicale ? Moi dans une opérette ! » s'exclama-t-elle.) Le seul projet qui faillit aboutir était une production de *La Traviata* de Zeffirelli, mais le metteur en scène rapporterait plus tard que la Callas avait refusé que le premier acte fût modifié pour pallier la faiblesse de son registre.

Zeffirelli évoque ses visites à Maria dans son autobiographie :

J'avais remarqué la transparence de ses mains, qu'elle avait si belles autrefois ; on pouvait voir les veines sous la peau diaphane. Puis, sur le trajet qui la ramenait chez elle, après le déjeuner, je me suis rendu compte avec consternation qu'elle avait peur. Elle se collait à moi, terrifiée à l'idée d'effleurer un passant. Elle hésitait à traverser la rue, jetait des regards fous autour d'elle jusqu'à ce que je l'aide d'une main ferme. Cela tenait en partie à ce qu'elle ne voyait quasiment rien sans lunettes, mais il n'y avait pas que cela. Elle ne cessait de répéter que le monde était devenu dangereux, que les terroristes étaient partout et qu'elle ne remettrait jamais les pieds en Italie, à cause des kidnappings. De temps en temps, elle tressaillait. Cela dépassait toute détresse normale envers le monde actuel, c'était de la paranoïa.

Tout en étudiant *La Traviata*, Maria lut *La Dame aux camélias*, d'Alexandre Dumas fils, qui avait inspiré l'opéra de Verdi. (Le formidable roman du jeune Dumas raconte la vie d'une belle courtisane qui meurt de phtisie et s'appuie sur l'histoire vraie d'une Parisienne, Marie Plessis, qu'il avait connue avant qu'elle ne mourût à vingt-deux ans.) Dans une scène épouvantable, le bien-aimé inconsolable, Armand Duval, exhume le corps de la courtisane défunte, Marguerite, de sa tombe provisoire du cimetière de Montmartre et va l'enterrer dans une concession perpétuelle qu'il a acquise pour elle. Dumas décrit par le menu les restes macabres de sa beauté ravagée par la mort. Il s'attarde sur les orbites vides, les dents blanches dépourvues de lèvres, les longs cheveux noirs, secs, rassemblés sur le front, les trous verdâtres des joues... Ce qui n'empêche pas le jeune homme d'y reconnaître le visage rose et blanc si souvent contemplé.

Maria fut traumatisée à la lecture de la description. Elle marqua le passage et le montra à Vasso Devetzi en lui disant : « Je ne veux pas être enterrée et mangée par les vers ! Je ne supporte pas l'idée que cela m'arrive. Je veux être incinérée. »

Début 1977, Maria semblait préoccupée par la mort, comme le suggère son échange avec Devetzi. Certains biographes affirment que, cet été-là, elle se rendit sur la tombe d'Onassis à Skorpios. Kiki Féroudi Moutsatsos, une secrétaire d'Onassis, prétend, dans son livre intitulé *Onassis Women*, qu'elle a personnellement arrangé sa visite sans consulter la famille Onassis. Elle fut cependant incapable de me fournir la moindre preuve de ce qu'elle avançait. Tous ceux qui veillaient sur Skorpios, dont le capitaine Kostas Anastasiades, m'ont certifié qu'il lui aurait été impossible de se rendre à Skorpios à leur insu. Bruna et Ferruccio sont en outre formels : Maria n'a pas quitté Paris cet été-là. « Impossible, m'a dit Ferruccio. Nous étions tout le temps avec elle. Elle ne sortait que quelques heures, pour aller au restaurant ou faire des courses. Cela n'a pas pu arriver. »

Avant de mourir, Vasso Devetzi, qui accompagna Maria les derniers mois de sa vie, avait annoté à l'encre rouge et en quatre langues une copie de la biographie de la Callas écrite par Arianna Stassinopoulos. Dans la marge, à côté de la phrase « Son dernier pèlerinage la conduisit à Skorpios ; elle resta des heures agenouillée devant la tombe d'Aristo, pour prier », Vasso a écrit : « *pas possible !!!* » Kostas Pylarinos, qui a épousé la nièce de Devetzi en 1993, m'a également affirmé que « Maria voulait aller en Grèce en 1977. Vasso se produisait alors au théâtre de l'Odéon. Mais la Callas n'est pas venue. La dernière fois qu'elle est allée en Grèce, c'était en 1976, à Chalkidhiki ».

Mary Carter s'entretint avec Maria pour la dernière fois à l'automne 1977. Elle lui avait téléphoné d'Italie, vers le 1er septembre : « Nous avons parlé pendant des heures. Maria souhaitait que je passe à Paris. » Mais Mme Carter voyageait avec Richard Hubert, le responsable de la formation continue au Hunter College de New York, qui la persuada de rentrer au plus tôt pour y donner un cours intitulé « Dernier chic ». Mary Carter, qui plus tard ne se le pardonnerait pas, annonça à Maria qu'elle n'aurait pas le temps de venir la voir.

« Je lui ai parlé du cours que j'allais donner, ce qui l'a fait beaucoup rire, se souvient-elle. Je l'ai invitée à y venir prendre la parole, à New York. Elle a accepté en déclarant qu'il lui fallait d'abord perdre quelques kilos, car elle s'était un peu enrobée. Elle avait l'air d'aller bien, trouvait mon job amusant, mais il était évident qu'elle n'avait pas fait le deuil d'Onassis. "On fait ce qu'on peut, Mary. On avance, et on fait de son mieux." »

Seuls quelques fidèles continuaient de venir la voir. La Divine avait disparu sans laisser de traces, disait-on, et Maria restait esseulée. En juillet 1977, le critique d'art lyrique Alan Sievewright vint à Paris pour la convaincre d'assister à une soirée débat à Covent Garden, où elle évoquerait sa carrière. Maria secoua la tête : « Tout ce qu'ils veulent savoir est dans la musique... La Callas est morte. »

« Maria avait son petit caniche blanc sur les genoux et le caressait, raconte Sievewright : "Elle se fait vieille, vous savez, m'a-t-elle dit. Je les remplace toujours quand ils meurent. J'ai toujours été d'avis que nous devrions faire la même chose avec les êtres humains, mais j'ai compris que c'était impossible." »

Au cours de mes recherches sur les dernières journées de Maria, j'ai récolté des informations qui jettent un éclairage nouveau sur la cause probable de sa mort. Plusieurs proches, dont Mary Carter, mentionnent que Maria tenait à tout prix à perdre les kilos qu'elle avait pris. Kostas Pylarinos fait allusion en passant à un échange téléphonique entre Maria et Yiannis Devetzi, le frère de Vasso, vivant à Athènes, la veille de la mort de la cantatrice.

« Maria a appelé le frère de Vasso dans la nuit du 16 septembre 1977, quelques heures avant sa mort. Elle lui disait, entre autres choses : "Tu n'imagines pas combien j'ai maigri ! C'est un miracle ! – Pourquoi restes-tu à Paris, alors ? répondit-il. Viens nous montrer ta taille mannequin. Vasso a fini son récital et va passer quelques jours de vacances à Chypre. Tu viendras ?" Elle a accepté. »

J'ai moi-même téléphoné à Yiannis Devetzi, qui m'a confirmé l'entretien : « Bien sûr, tout cela remonte à loin. Mais je peux vous assurer que les articles sur son prétendu suicide sont faux. Elle avait un moral d'acier, était pleine de projets et vraiment heureuse d'avoir maigri. Nous avons parlé d'aller à Chypre où ma femme a de la famille, et elle s'est dit ravie de venir. Cela faisait des années qu'elle n'avait pas été aussi bien. »

Début septembre, Maria se plaint auprès de Mary Carter qu'elle doit perdre du poids avant de se montrer en public, puis, moins de deux semaines plus tard, elle parle à Yiannis Devetzi d'un « miracle » après un amaigrissement spectaculaire. Il est permis de penser qu'elle a pris des coupe-faim en même temps que du Mandrax, et que son cœur, fragile, n'a pas supporté le mélange.

(La Callas et la fille d'Onassis, Christina, prenaient des diurétiques pour maigrir, à l'insu d'Aristo, d'après la kiné Korinna Spanidou et d'autres proches. Les deux femmes sont mortes prématurément après un régime amaigrissant drastique. Christina n'avait que trente-sept ans quand elle fut retrouvée sans vie dans sa baignoire. La cause de sa mort n'a jamais été élucidée.)

Après avoir appelé Yiannis Devetzi à Athènes, Maria feuilleta un magazine de télévision français. Aucun programme ne retint son attention. Elle lut un court reportage sur Gina Lollobrigida où l'actrice déclarait en avoir terminé avec le cinéma et qu'elle se consacrait à son nouveau métier de reporter-photographe. L'article expliquait : « *Elle estimait qu'une actrice devrait terminer sa carrière au sommet de sa gloire* [1]. » Maria reposa *Télé Sept Jours* et s'empara de *Counter Spy*, l'autobiographie de Dusko Popov, « l'un des esprits les plus brillants de la Seconde Guerre mondiale », publiée en Angleterre par Weidenfeld & Nicolson. Elle s'arrêta à la page 90, y glissa un signet en argent et referma le livre sur le passage narrant une rixe dans un night-club. Puis elle éteignit la lumière.

Maria mourut dans la matinée du 16 septembre 1977. Selon Bruna, elle se réveilla tard, se fit servir son petit déjeuner au lit, puis se leva et fit quelques pas en direction de la salle de bains. Elle s'écroula et heurta le bureau. Bruna et Ferruccio se précipitèrent et l'aidèrent à regagner son lit. Ses lèvres étaient bleues. Bruna tenta de la ranimer en lui faisant boire trois cuillerées de café. Ferruccio tentait désespérément d'avoir le médecin de Maria au téléphone, mais la ligne était occupée. Il composa le numéro des urgences de l'Hôpital américain, également occupé. Ferruccio en fut réduit à appeler son médecin personnel, qui accourut. À son arrivée, Maria était morte. La diseuse de bonne aventure turque lui avait prédit qu'elle mourrait jeune, mais qu'elle ne souffrirait pas. Elle avait cinquante-trois ans.

Dans l'éloge qu'il fit d'elle après sa mort, le critique musical du *New York Times*, Harold C. Schonberg, écrivait : « Sa carrière fut brève et, vers la fin, elle n'était plus que l'ombre de sa voix... Mais, durant les quinze ans qui suivirent l'année 1947, elle fut le symbole qui enflamma l'âme des amateurs d'opéra... Elle électrisait son public ; elle possédait un pouvoir de transmission que de rares musiciens ont approché... La Callas, disparue à cinquante-trois ans, a brillé de mille feux et s'est éteinte beaucoup trop tôt. Mais quelles années ne nous a-t-elle pas données ! »

Maria Callas a sacrifié sa vie à l'art et à l'amour, comme elle le chantait dans *Tosca*. Elle l'a fait avec une telle intensité que cela l'a consumée et l'a fait périr trop tôt.

---

1. En français dans le texte.

23

Epitaphios

La mort n'est pas la fin de tout.

Properce, *Élégies*, Livre IV.

« Imagine un peu mon enterrement ! fit Maria à Nadia Stancioff, un jour de 1970 en vacances sur une île grecque. Des centaines de gens se poussent, se bousculent, prétendent qu'ils m'ont aimée et que nous étions les meilleurs amis du monde... Je me demande combien d'entre eux m'aiment vraiment. Quatre ? Cinq ? De toute façon je vais bien m'amuser. Je me cacherai derrière une colonne pour ne rien manquer du spectacle. »

Si la vie de Maria fut à la hauteur d'un livret d'opéra, passant parfois des sommets de la tragédie à l'opéra bouffe, sa mort et ses suites feraient honneur au conte gothique. Tout y est : rumeurs de suicide ou de meurtre, profanation de tombe, voire cannibalisme. Maria, qui croyait fermement en la réincarnation, n'a sans doute pas manqué, comme elle l'avait prédit, d'être le témoin attentif des étranges péripéties ayant suivi sa mort. Qu'elle l'ait ou non apprécié, ce fut vraiment du grand spectacle.

Vasso Devetzi se préparait pour un concert au théâtre de l'Odéon à Athènes quand elle reçut le message désespéré de Bruna « Madame est morte [1] ». Elle prit néanmoins toutes les dispositions nécessaires et donna des instructions détaillées par téléphone. Elle appela également Jean Roire, responsable parisien de la grande maison de disques française Chant du Monde, afin qu'il veille au bon ordonnancement des funérailles jusqu'au retour de Vasso.

---

1 En français dans le texte.

On vint du monde entier pour rendre un dernier hommage à la diva dont la dépouille était exposée au 36, avenue Georges-Mandel. Les journalistes et photographes qui se bousculaient devant l'immeuble offrirent des sommes considérables pour avoir le privilège de photographier la Divine sur son lit de mort. Bruna, pourtant terrassée par le chagrin, sut faire preuve de vigilance et sélectionner ceux qui étaient autorisés à venir se recueillir près du corps.

Peter Andry, directeur du département classique des disques EMI, faisait partie des élus. Il décrirait la Callas, le jour des funérailles, reposant sur son lit dans une longue robe grise, une croix et une rose sur la poitrine, son visage blanc encadré de ses longs cheveux châtains étalés sur l'oreiller : « Sa chevelure était luxuriante, pleine de vie. Je frémis à l'idée que dans quelques heures elle ne serait plus que cendres. J'éprouvais une folle envie de la toucher, de sauver une boucle... J'aurais aimé l'avoir fait. »

Franco Zeffirelli ainsi que Jackie Callas écriraient tous deux qu'en voyant la dépouille de Maria ils avaient pensé à l'héroïne sublime de *La Traviata*, morte si tragiquement de consomption. Zeffirelli dresserait un portrait saisissant de la Callas défunte.

Ce cadavre glacé étendu sur le lit avait été deux personnes : Maria, la femme qui voulait être aimée, et la Callas, la diva, la vestale enchaînée à l'autel de son art. Les deux s'étaient livré bataille, les deux avaient perdu ; il n'en était resté, ces dernières années, guère plus que l'enveloppe, cette dépouille qui reposait dans la pénombre. Sa femme de chambre, Bruna, s'affairait de façon obsessionnelle auprès du cadavre de sa maîtresse : elle peignait tendrement ses longs cheveux, défroissait les dentelles de sa précieuse chemise de nuit, enlevait un grain de poussière imaginaire, s'arrêtait un instant pour prier, puis recommençait à la peigner, interminablement. Une sublime image de la mort de Violetta.

La scène décrite par Zeffirelli était digne d'un livret d'opéra : la maîtresse, belle et tragique dans la mort, et sa fidèle servante, en pleurs, ne se lassant pas d'apprêter le cadavre. Mais Franco Rossellini, le producteur de *Médée*, affirmerait par la suite que Bruna avait refusé de laisser entrer Zeffirelli quand il s'était présenté. « La Signora se retournerait dans sa tombe s'il mettait les pieds dans cette maison », se souvient Rossellini. Bruna elle-même, à qui j'ai posé la question, me l'a confirmé : « Je suis catégorique. Non. Zeffirelli n'est pas venu à la maison après sa mort. Cela n'allait pas très fort entre eux ».

Jackie Callas apprit la nouvelle de la mort de sa sœur par un appel de Jean Roire. Elle n'avait aucune idée de qui il était, pas plus de qui était Vasso Devetzi, n'ayant pas vu sa sœur depuis seize ans, même si elle lui parlait souvent au téléphone et lui fournissait régulièrement du Mandrax. Jean Roire prit ses dispositions pour que Jackie Callas vînt immédiatement à Paris (où elle n'était jamais allée) afin de représenter la famille aux obsèques. La mère de Maria, Evangelia, qui vivait désormais avec Jackie à Athènes, souffrait de diabète et était trop malade pour faire le voyage.

Les funérailles eurent lieu le mardi 20 septembre en l'église grecque orthodoxe Saint-Étienne de la rue Georges-Bizet. (Des amis de la Callas organisèrent des services funèbres le même jour à Milan, Rome, New York et Londres.) À quatre heures et demie de l'après-midi, quand le prêtre entama les psaumes, plus de deux mille personnes essayèrent de pénétrer dans l'église Saint-Étienne. Journalistes, photographes et équipes de télévision se bousculaient pour le meilleur angle sur l'illustre assistance et le catafalque.

L'hystérie des représentants des médias ne permit pas d'entendre les paroles du prêtre. Jouant des coudes au milieu des amis et de la famille, ils finirent par pousser la bière de côté afin de photographier la princesse Grace et sa fille Caroline à leur sortie de l'église. Le désordre et le manque de dignité régnant à l'intérieur furent compensés par l'attitude de la foule à l'extérieur. Beaucoup pleuraient en criant « Brava Maria, Brava Callas » au passage du cercueil.

Le cortège funèbre laissa la foule derrière lui pour se diriger vers le cimetière du Père-Lachaise. Vasso Devetzi avait informé les prélats grecs, y compris le métropolite Mélétios, à la tête de l'Église grecque de France, du désir de Maria d'être incinérée. Les prêtres lui rappelèrent que l'Église orthodoxe interdit cette pratique. Il n'existe d'ailleurs pas de crématorium en Grèce. L'incinération est toutefois parfois admise en terre étrangère s'il s'agit d'un souhait explicite du défunt.

Kostas Pylarinos, qui faisait partie de la poignée d'amis accompagnant la dépouille, demanda au métropolite de présider la cérémonie au cimetière. Ce dernier refusa en invoquant les préceptes de l'Église. Selon Pylarinos, le prélat, après « que j'eus un peu insisté », finit par accepter de venir jusqu'au cimetière tout en « se refusant à assister à l'incinération ».

Dans ses mémoires, Jackie Callas rapporte son sentiment d'horreur à l'idée que Maria serait incinérée, mais reconnaît avoir été trop effrayée pour protester. Elle décrit l'attente dans « un lugubre édifice de pierre » pendant l'incinération.

Je ne me souviens pas avoir jamais eu si froid : on se serait dit dans une tombe. Il y avait une affreuse ironie à ce qu'on brûlât ma sœur tout près, quand je gelais à attendre dans cette antichambre désolée... Les portes s'ouvrirent en grinçant et un fonctionnaire vint nous apporter une simple boîte de métal. Une si petite boîte, alors que Maria était si grande. Dire que cela contenait tout ce qui restait d'elle... Je n'avais jamais assisté à une crémation auparavant et l'objet que j'avais devant moi avait l'air d'une vulgaire tirelire métallique, sans poignées ni inscriptions, complètement anonyme. L'idée même de la crémation me donnait la nausée, mais la réalité était dix fois pire. Je faillis m'évanouir. Pylarinos et Roire surgirent à mes côtés. « Prenez les cendres me dit [Vasso], au nom de la famille. »

Bien des mécontents, dont Meneghini, ont critiqué cette hâte à procéder à l'incinération en soulignant qu'en France on attend ordinairement vingt-quatre heures. Cette méthode peu orthodoxe de disposer des restes a permis d'insinuer que Devetzi et d'autres auraient essayé de dissimuler les causes de la mort de Maria en rendant impossible une autopsie. Le certificat de décès délivré par le premier médecin arrivé sur les lieux parlait de « crise cardiaque ». « Les obsèques furent organisées dans une telle précipitation et entourées d'un tel mystère que cela a étonné tout le monde, écrit Meneghini. J'ai appris ensuite du directeur du crématorium que l'incinération n'avait pas eu lieu, comme d'habitude, le lendemain de l'arrivée du corps, mais immédiatement. Trente minutes après l'arrivée de la bière au cimetière, le corps était incinéré. Pourquoi une telle hâte ? »

Meneghini finit par esquisser dans son livre sa propre thèse : Maria s'était suicidée. Il se fondait sur un vieux bout de papier bleu à en-tête de l'Hôtel Savoy de Londres retrouvé dans un livre de prières à côté du lit de Maria, sur lequel elle avait griffonné les premiers mots d'une aria de la *Gioconda* qui commence en effet par le mot « *Suicidio* ! ». Battista pensait que l'inscription était un dernier message que Maria lui avait destiné, parce qu'elle portait dans un coin les lettres « *a T* », ce qui selon lui signifiait « à Titta » – le surnom qu'elle lui avait donné.

Stelios Galatopoulos s'inscrit en faux, soulignant que si la note est bien de la main de Maria, « le papier à en-tête datait de plusieurs années (d'avant le changement de code des numéros de téléphone londoniens) et que les caractères de la date, comme des mots "*a T*" ("à Titta"), sont légèrement plus petits que ceux du reste de l'inscription manuscrite. Autrement dit, ils ont pu être contrefaits, tout l'affaire pouvant se résumer à une nouvelle tentative de Meneghini de se convaincre lui-même et démontrer au monde que le dernier message de Maria avait été pour lui ».

Presque tous ceux qui ont connu Maria écartent l'idée qu'elle aurait pu se tuer délibérément. Kostas Pylarinos m'a affirmé : « Je suis sûr que les médicaments qu'elle prenait depuis des années ont contribué à sa mort. Mais elle ne s'est pas suicidée, c'est impossible. Elle avait trop peur de la mort. Au point de n'avoir jamais voulu en parler. » Par ailleurs, Yiannis Devetzis qui l'avait eue au téléphone le soir de sa mort, l'avait trouvée « ragaillardie parce qu'elle avait perdu des kilos » et « pleine de projets ». Lui non plus ne croit pas au suicide.

Pas plus que John Ardoin : « Je ne le pense pas une seconde, parce qu'à mon avis pour rien au monde elle n'aurait voulu que quelque chose pût revenir à sa famille ou à Meneghini. Si elle avait planifié sa mort elle l'aurait mieux préparée. En revanche, je pense qu'elle n'avait plus le goût de vivre, et que cela a contribué à sa fin. Seul Onassis comptait dans sa vie. Une fois celui-ci mort, elle n'avait plus de raison de s'accrocher. »

Aucun testament n'ayant été trouvé dans ses effets (bien que nombre de ses amis affirment qu'elle leur avait parlé de prendre soin de Bruna et Ferruccio et d'établir une fondation pour aider les jeunes chanteurs), on considéra que la Callas était morte intestat. Ses seuls héritiers étaient donc sa mère et sa sœur. Mais, le 18 octobre 1977, avant même la fin de la période de quarante jours qui, selon l'Église orthodoxe, permet à l'âme de parvenir au paradis, Battista Meneghini se présenta à Paris accompagné d'un avocat. Il avait en main un testament écrit et signé de Maria en 1954 par lequel elle laissait tout à son mari. (Dans *Maria Callas, ma femme*, il décrit la série de coïncidences quasi surnaturelles qui l'ont amené à retrouver cette feuille de papier dans les dossiers d'un avocat décédé – à commencer, paraît-il, par un rêve où Maria lui aurait dit par trois fois : « Battista, souviens-toi du testament ».)

Meneghini, qui n'avait jamais abandonné l'espoir de voir revenir Maria, avait été victime d'une grave crise cardiaque le 1er mai 1977. Quatre mois plus tard, il était encore en convalescence à Sirmione quand sa gouvernante, Emma Brutti Roverselli, fit venir le médecin pour l'informer de la mort de Maria. Le praticien ne lui donna pas la permission de faire le voyage pour assister aux funérailles. Meneghini proposa d'envoyer Emma afin de le représenter, mais au téléphone Bruna demanda à celle-ci de ne pas venir : « Ce n'est pas possible de voir le corps. Essaie de te souvenir d'elle quand elle était en vie. » Un mois plus tard, Battista retrouvait ce testament vieux de vingt-trois ans et persuadait le médecin que son état lui permettait de faire le voyage à Paris.

Les tribunaux italiens ne reconnaissant pas le divorce, Meneghini se présenta comme le seul héritier. Les autorités françaises mirent les scellés sur l'appartement, ce qui signifiait que Bruna et Ferrucio étaient confinés dans les seules pièces de service. Nadia Stancioff, qui leur rendit visite à ce moment-là, raconte une scène poignante : « Bruna apparaissait vieillie et complètement abattue. Elle tenait dans les bras un Pixie tout tremblant, dont les yeux voilés par la cataracte cherchaient à reconnaître mon visage... Nous parlions dans l'entrée, dépourvue du moindre meuble. Au bout de quelques minutes, Bruna s'assit sur le sol de marbre blanc et noir et me fit signe d'en faire autant : "Je suis désolée de ne pouvoir vous offrir un siège, dit-elle, mais je n'ai pas le droit de vous faire entrer." »

À la suite de l'arrivée de Meneghini, Vasso Devetzi convoqua immédiatement Jackie Callas à Paris. Jackie et sa mère signèrent à Vasso une procuration lui donnant le contrôle des droits sur les œuvres de Maria, y compris les enregistrements, ainsi que sur le « droit moral » – lequel, selon le code Napoléon, permet de protéger la réputation de l'individu et se transmet, après sa mort, à son plus proche parent.

Meneghini capitula peu après et accepta de rencontrer les autres héritiers pour discuter d'un arrangement. On demanda une fois de plus à Jackie de venir à Paris. Lors de cette visite elle apprit, à son grand étonnement, « que Bruna et Ferruccio n'avaient jamais touché de revenus réguliers. Maria les nourrissait et les logeait, envoyait de petites sommes à leurs familles en Italie, leur faisait des cadeaux de temps à autre, et c'était tout... Les placards débordaient de soieries, de fourrures, et à côté, Bruna ne possédait que les seuls vêtements qu'elle avait sur le dos. Aussi surprenant que cela pût paraître elle ne semblait pas y prêter attention ».

Au bout du compte, Meneghini d'un côté, la mère et la sœur de Maria de l'autre, tombèrent d'accord pour se partager l'héritage (la moitié de part et d'autre) estimé à huit millions de dollars, avec un don de 500 000 dollars chacun à Bruna et Ferruccio. Jackie accepta également la suggestion de Vasso de créer une fondation pour aider les jeunes chanteurs. Vasso Devetzi en assumerait la direction.

Jackie revint à Paris le 6 janvier 1978, pour partager le mobilier de l'appartement de Maria. Les objets les plus encombrants – meubles, tableaux, tapisseries, cadeaux, etc. – seraient par la suite mis aux enchères, et le produit de la vente partagé comme le reste de l'héritage.

« Nous nous sommes réunis dans l'appartement, écrit Jackie, Vasso et moi-même d'un côté, Meneghini de l'autre, bien que tout se soit alors déroulé à l'amiable. Meneghini avait amené la Signora Roverselli, la femme de chambre que j'avais rencontrée lorsque j'étais venue le voir près du Lac de Garde, et son notaire. » (La Signora Roverselli prit soin de Meneghini jusqu'à la mort de celui-ci en janvier 1981. Elle hériterait de lui et deviendrait du même coup propriétaire de la moitié des royalties et de l'héritage de Maria.)

Dans son livre *Sisters*, Jackie raconte l'étrange façon dont furent partagés les effets de Maria. « Nous fouillions à la façon de méchants garnements dans la chambre de leurs parents... Nous ouvrions les placards et les tiroirs, fascinés par la quantité de trésors qu'ils contenaient, souvent encore emballés comme au jour de leur achat... Finalement Vasso vint me dire que (...) les bijoux acquis au cours de la période Meneghini reviendraient à celui-ci, ceux de la période Onassis à ma mère et moi. Tout le reste serait simplement partagé en deux et empaqueté... Inexplicablement, tout semblait aller par deux cent – deux cents corsages, deux cents paires de chaussures, deux cents chemises de nuit en soie. »

Selon Jackie, on se retrouvait au bout du compte face « à un énorme entassement de cent quatre-vingt-quatorze paquets – quatre-vingt-dix-sept pour Meneghini et quatre-vingt-dix-sept pour la famille. Vasso déclara qu'elle mettrait notre part en sûreté dans son appartement et que l'on ferait remettre les bijoux dans les coffres de l'Union des banques suisses à Genève ». Quelque temps plus tard, écrit Jackie, elle revint à Paris avec sa mère pour demander leurs paquets. Vasso ne leur en remit que sept. Interrogée sur le sort des quatre-vingt-dix autres elle prétendit que Meneghini avait dû les emporter.

Il n'empêche qu'en juin 1978, Jackie Callas transféra 300 000 dollars à Vasso pour mettre sur pied la Fondation Maria Callas. Au total, toujours selon ses dires, il lui fallut débourser environ 1 250 000 dollars.

(La Fondation fut formellement déclarée en 1980, avec Vasso comme présidente. Depuis la mort de cette dernière en 1987, elle est dirigée par l'éditeur grec Christos Lambrakis. Le but de la Fondation, selon Kostas Pylarinos, son vice-président, est de promouvoir la mémoire de Maria, de distribuer des bourses à de jeunes musiciens de talent avec un fonds établi au nom de Maria et de faire connaître de nouveaux chanteurs d'opéra par les prix Maria Callas institués en 1986. Parmi les jeunes lauréats on compte les sopranos Aprile Millo et Anne-Sophie von Otter ainsi que les barytons Thomas Hampson et Paata Burchuladzé. La Fondation a également organisé en Europe des cérémonies en l'honneur du soixantième et soixante-dixième anniversaire de la naissance de Maria, et à Athènes pour le dixième et vingtième anniversaire de sa mort.)

À la suggestion de Vasso, Jackie a également racheté pour 420 000 dollars la demi-part de Meneghini de l'appartement parisien puis a confié à Devetzi la gestion de l'ensemble des actions au porteur. Beaucoup plus tard, toujours selon Jackie, Vasso lui aurait envoyé un chèque de 80 000 dollars, en prétendant que le reste avait été englouti dans les taxes foncières.

Autre incident macabre, l'urne contenant les cendres de Maria disparut mystérieusement des caveaux du cimetière du Père-Lachaise au lendemain du jour de Noël 1978. Vasso Devetzi apparut sur les écrans de télévision en suppliant qu'on les restituât. On retrouva l'urne le lendemain dans un coin du cimetière, et Devetzi décida qu'elle serait plus en sûreté dans le coffre d'une banque.

La plupart des effets de Maria furent dispersés le mercredi 14 juin 1978. Ce jour-là, les meubles, statues, tableaux, jusqu'au piano Steinway de son appartement furent vendus aux enchères à Paris, à l'Hôtel George V. Une bonne partie du public eut la nette impression de la présence de la Callas dans l'hôtel. Selon John Ardoin, bien qu'en ce jour d'été il n'y eût pas le moindre souffle d'air, deux grandes portes qui donnaient sur le hall s'ouvrirent brusquement, brisant une commode et projetant un tableau à terre. Puis, comme les enchères commençaient, un des assistants souleva un plateau de verre qui se brisa sans raison en mille morceaux avec le bruit d'un coup de fusil. Ces biens auxquels elle tenait tant étaient livrés aux plus offrants. On ne pouvait s'empêcher d'imaginer que Maria montrait son déplaisir.

Ardoin était sur les rangs des acquéreurs de tous ces trésors : ses tableaux italiens du XVIIe ou XVIIIe siècle, ses vases chinois anciens, les meubles vénitiens rococo de son boudoir. Battista Meneghini également. Enchérissant frénétiquement, il avait déclaré à la presse : « Je suis venu ici pour sauver mes souvenirs. » Entre autres acquisitions, il obtint le lit nuptial du XVIIIe siècle sur lequel Maria était morte. « Il a acheté pour plus de deux cent mille dollars d'objets, m'affirmerait Ardoin, et a prétendu qu'il avait l'intention de créer un musée consacré à la vie de la Callas à Sirmione, ce que bien sûr il n'a jamais fait. Je n'ai moi-même rien acheté ».

La scène finale grand-guignolesque eut lieu un an plus tard, le 3 juin 1979. Vasso Devetzi avait retiré les cendres de la Callas du coffre de la banque pour emporter l'urne en Grèce. Elle avait réussi à obtenir du gouvernement grec la permission d'organiser une cérémonie sous les auspices du ministère de la Culture, durant laquelle les cendres devaient être dispersées dans la mer Égée du haut d'un destroyer de la marine.

C'est à Jackie Callas, qui représentait encore une fois la famille, que l'on doit le meilleur compte rendu de la scène : « Je ne savais trop que penser. Tout cela semblait bien loin des aspirations de Maria, tout comme l'incinération... Si on avait pu lui demander, je suis certaine qu'elle aurait souhaité être enterrée aux côtés d'Ari, mais la famille de celui-ci n'y aurait sans doute pas consenti. »

La dispersion des cendres, telle que la relate Jackie, n'eut rien à envier aux épisodes les plus théâtraux de la vie de Maria :

Le navire de guerre était secoué par la houle de la mer Égée démontée et le vent hurlait dans la tourelle. Il me paraissait évident que Maria n'aurait pu consentir à ce cirque... Vasso portait l'urne, la même boîte sinistre qui m'avait tellement consternée dans le caveau glacé...Elle la tendit au ministre [de la Culture, Dimitris Nanias] et ils eurent pendant quelques instants des difficultés à l'ouvrir. Le prêtre entonna une prière, puis le ministre s'approcha du bastingage pour en déverser le contenu. C'est précisément en cet instant que survint la pire rafale de vent de la journée. Les cendres de Maria, à peine sorties de leur réceptacle, furent instantanément rabattues sur nous. Vasso reçut le gros de la fine poudre en plein visage, et comme elle avait la bouche grande ouverte pour reprendre son souffle au milieu des embruns, une bonne part lui entra dans la gorge. Elle se mit à cracher avec des haut-le-cœur. En fait, nous avons tous reçu de la cendre sur le visage et dans la bouche, et nous nous efforcions de la recracher en toussant. Le vent continuait à hululer dans la tourelle. On avait fait donner la corne de brume du navire, en hommage posthume, mais cela faisait surtout penser à la plainte d'un esprit inquiet. Tout en m'essuyant les lèvres à l'aide d'un mouchoir, je me mis à observer le groupe des personnalités qui m'entourait et pris conscience que nous étions tous en train d'avaler les restes de Maria. Nous mangions ma sœur, c'était plus fort que nous. La plus grande diva du siècle était consommée par ceux qui avaient voulu se concilier son âme.

Au début de sa carrière, Maria se plaisait à dire qu'elle avait de la chance, qu'elle bénéficiait des faveurs de Dieu. Mais près de sa fin elle avait confié à John Ardoin : « Il y a des gens nés pour le bonheur et d'autres pour le malheur. Je n'ai simplement pas de chance. » Si elle n'aurait guère apprécié la mise aux enchères de ses biens, elle aurait enragé de voir à qui échouait son héritage comme les bénéfices de ses enregistrements et de son image posthume. Comme John Ardoin me l'expliquait : « L'héritage fut partagé entre sa mère, sa sœur et son ex-mari Meneghini. Celui-ci, à sa mort, avait légué sa part à sa gouvernante, laquelle la laissa à son tour à son neveu. La fortune de Maria se trouve donc aujourd'hui entre les mains de sa sœur, ce qu'elle aurait détesté, et dans celles du neveu de la gouvernante de son ex-mari, ce qu'elle aurait encore moins apprécié. Quant à ses cendres elles tourbillonnent quelque part en mer Égée. »

Battista Meneghini est mort en janvier 1981. Evangelia, la mère de Maria, le 20 août 1982, à l'âge de quatre-vingt-trois ans. La sœur de Maria, Jackie, a épousé le docteur Andreas Stathopoulos, de vingt-quatre ans son cadet, le 16 décembre 1983, et ils résident actuellement à Athènes dans un appartement rempli de souvenirs de la Callas. Vasso Devetzi est morte en 1987 à soixante-deux ans d'une crise cardiaque.

Contrairement à Maria, Onassis avait pris soin de rédiger un testament détaillé, mais une partie de son héritage fut finalement répartie d'une manière ne correspondant pas du tout à ses vœux. Il avait passé sa vie et mis toute son énergie à édifier la plus grosse fortune de l'armement maritime mondial avec l'espoir de la léguer à son fils. Après la mort d'Alexandre, Ari tenta de préserver l'empire familial au bénéfice de sa fille Christina, en s'assurant dans son testament que Jackie Kennedy Onassis n'hériterait que de ce qui avait été stipulé dans le contrat prénuptial.

Selon ses ex-collaborateurs, Onassis laissait à sa mort des actifs évalués à plus d'un milliard de dollars, dont 426 millions en liquide ou titres divers, cinquante-sept navires, la propriété de la moitié de l'Olympic Tower de New York, cinq autres immeubles du même bloc, y compris celui qui abrite Cartier; une banque de dépôt en Suisse et autres holdings dans une demi-douzaine de pays; enfin, l'île de Skorpios. Ses dettes, il est vrai, atteignaient un impressionnant total de presque 421 millions de dollars, essentiellement en emprunts gagés sur la flotte. Cela laissait toutefois, selon Stelios Papadimitriou chargé de la direction de la Fondation Onassis établie à la mémoire d'Alexandre, un héritage d'une valeur nette de plus de 500 millions de dollars au prix du marché 1975 pour les navires et les immeubles.

L'héritage fut alors divisé en deux parts égales, A et B, et Christina, le seul enfant survivant d'Onassis, fut invitée à choisir celle qu'elle désirait, toujours d'après Papadimitriou. Elle choisit le lot B. Le lot A fut attribué à l'Alexander S. Onassis Public Benefit Foundation.

Dans son testament, Onassis, n'ayant sans doute guère confiance dans les qualités d'administrateur de sa fille, remettait la gestion des deux lots aux dirigeants de la Fondation. Mais Christina, démontrant qu'elle était bien la fille de son père, s'empressa de prendre immédiatement le contrôle de sa part, et les tribunaux grecs finirent par lui donner raison.

L'attention de Christina se reporta alors sur la veuve de son père. Un mois après la mort d'Onassis, le 18 avril 1975, le *New York Times* rapportait qu'Onassis avait l'intention de divorcer et avait pris Roy Cohn comme avocat. Jackie téléphona immédiatement à Christina à Monte-Carlo et, quatre jours plus tard le *Times* publiait un nouvel article sous le titre : MADEMOISELLE ONASSIS DÉMENT QUE SON PÈRE AIT EU L'INTENTION DE DIVORCER.

Quelques jours plus tard, Christina et Jackie se rendaient chacune de leur côté à Skorpios pour la cérémonie grecque orthodoxe donnée au quarantième jour qui suit la mort, quand l'âme est censée arriver au paradis. Jackie se saisit de cette occasion pour reprendre les effets personnels qu'elle avait laissés dans l'île, mais également pour mettre la main sur un bouddha de jade d'une valeur inestimable appartenant au yacht; Christina la laissa faire à contrecœur.

Trois mois plus tard, histoire d'afficher sa solidarité familiale, Jackie assistait au mariage de Christina à Glyfada en déclarant aux journalistes : « J'aime beaucoup cette enfant. Je vois enfin que le bonheur l'attend ».

Mis à part ces efforts de relations publiques, Jackie et Christina s'évitèrent soigneusement pendant que leurs avocats respectifs tentaient de régler les problèmes de la succession. Onassis avait bien spécifié que sa veuve devait recevoir 200 000 dollars par an jusqu'à sa mort. Mais Christina craignait que sa belle-mère ne revînt sur cette clause et n'entamât un procès en vue d'obtenir les 12,5 % de l'héritage auxquels la loi grecque lui donnait droit, en tant qu'épouse survivante, en dépit du fait qu'elle y eût officiellement renoncé. Christina demanda à Papadimitriou d'entamer les négociations avec Simon Rifkind, l'avocat de Jackie, et ils finirent par s'entendre sur une somme de 26 millions de dollars. (J'ai révélé cet arrangement dans un article du *New York Times* du 20 septembre 1977, mon premier article pour ce journal en tant que correspondant à Athènes pour la Méditerranée orientale.) L'accord surprit les collaborateurs d'Onassis : Jackie aurait pu obtenir deux fois plus si elle s'était adressée aux tribunaux grecs.

Après la mort d'Onassis, sa veuve s'installa définitivement à New York et devint éditrice à Doubleday. Elle se mit à fréquenter Maurice Tempelsman, un riche diamantaire, marié, qui l'aida à investir l'argent de l'héritage d'Onassis. En dépit des négociations difficiles avec Christina, Jackie resta amie avec Artémis, la sœur d'Onassis, qui mourut en 1984. Il lui arrivait de rendre visite à son ex-belle-sœur à Glyfada durant ses voyages en Grèce. Mais elle déclina l'invitation à se joindre au conseil d'administration de l'Alexander S. Onassis Foundation, expliquerait Stelios Papadimitriou, le président de l'institution.

Jackie est morte d'un cancer le 19 mai 1994, à l'âge de soixante-quatre ans. Elle laissait un héritage estimé à plus de 200 millions de dollars. (Deux ans après, 1195 lots ayant appartenu à Jacqueline Kennedy Onassis, dont de nombreux présents offerts par Onassis, comme les boucles d'oreille « de l'alunissage », furent mis aux enchères chez Sotheby's. La vente apporta 34 461 495 de dollars supplémentaires à ses deux enfants.)

À la suite de l'arrangement inédit passé avec Jackie, Christina s'attaqua à l'ennemi de toujours de son père, Stavros Niarchos, avec une véhémence faisant honneur à son nom. Niarchos prétendait que, dans la mesure où Tina n'avait pas laissé de testament, il avait droit, en tant que dernier mari, à 75 % de son héritage, alors estimé à 77 millions de dollars. Mais Christina fit opposition et, selon les anciens collaborateurs de celle-ci, il dut se contenter de 17,5 %. « Onassis avait toujours vu Alexandre à son image et l'avait investi de la direction de son empire après sa propre mort. Mais pour ce qui est des affaires, c'était Christina qui tenait de son père », m'affirmerait Stelios Papadimitriou.

« Dès lors qu'elle trouvait une certaine stabilité dans sa vie personnelle, elle pouvait être redoutable en affaires, commentait Nicholas Papanikolaou, qui avait travaillé en étroite collaboration avec elle à New York. Mais dès que les choses se gâtaient du côté de sa vie privée, il était bien difficile de capter son attention. »

Malheureusement, elle montrait moins de perspicacité dans ses affaires de cœur, ce qui non seulement l'empêchait de diriger vraiment l'empire familial, mais la laissait à la merci des coureurs de dot que son père avait toujours redoutés en ce qui la concernait. Christina se sépara de Peter Goulandris, l'homme qui avait reçu la bénédiction de son père mourant, l'héritier d'une grande famille d'armateurs, pour se jeter à la tête du rejeton d'une famille de banquiers grecs, Alexandre Andreadis. Elle convola bien imprudemment quatre semaines seulement après leur première rencontre et trois mois après la mort de son père. Quinze mois plus tard, le mariage était rompu et Christina fréquentait l'homme qui allait devenir son deuxième époux, un bureaucrate russe (un officier du KGB, disait la rumeur) du nom de Sergei Kausov. Elle l'épousa au « palais des mariages » de Moscou le 1er août 1978, mais ne put supporter la capitale de l'Union soviétique et fut bientôt de retour à Skorpios. Elle offrit un pétrolier à Kausov en échange du divorce. En mars 1983 elle épousait Thierry Roussel, l'héritier d'une fortune française de l'industrie pharmaceutique. Ils se marièrent à l'Hôtel-de-Ville de Paris et la cérémonie fut suivie d'un dîner de cent vingt-cinq couverts chez Maxim's.

Roussel, qui avait subi de lourdes pertes en tentant de lancer sa proprc entreprise, est le père du seul enfant de Christina, donc de la petite-fille unique d'Onassis. Athina (prénommée d'après sa grand-mère maternelle) est née le 28 janvier 1985 à l'Hôpital américain de Paris où son grand-père était mort dix ans auparavant. Mais Christina devait vite apprendre que son mari avait également engrossé sa maîtresse, un top model suédois du nom de Gaby Landhage. L'enfant – le second qu'il avait d'elle – était né peu de temps après Athina. Roussel et Christina divorcèrent en mai 1987.

Christina Onassis mourut en novembre 1988 à Buenos Aires à l'âge de trente-huit ans, « d'un œdème aigu des poumons ayant entraîné un arrêt cardiaque ». L'œdème est souvent provoqué par une overdose de barbituriques. On avait porté le même diagnostic à la suite du décès de sa mère. Les amis de Christina savaient fort bien qu'elle consommait depuis toujours barbituriques et amphétamines, avec des fluctuations énormes de son poids. Mais on n'a jamais déterminé la cause exacte de l'œdème. Après la mort de Christina, sa fille de trois ans, Athina, dernière descendante directe d'Aristote Onassis, devint également la seule héritière de sa fortune.

Roussel a repris l'enfant avec lui, laquelle vit désormais en Suisse aux côtés de Gaby et les (désormais) trois enfants qu'il a eus de celle-ci. Ils ont engagé une bataille légale auprès des tribunaux grecs et suisses pour dessaisir les dirigeants de l'Alexander S. Onassis Foundation de la gestion de la fortune de Christina. Les juges suisses ont décidé d'en confier la gérance à une compagnie fiduciaire suisse, KGM Fides à Lucerne, et la fondation s'est inclinée. Le contrôle direct de l'héritage, de quelque 800 millions de dollars actuellement, doit revenir à Athina le jour de ses dix-huit ans, le 28 janvier 2003.

Une partie au moins des dernières volontés d'Onassis a été réalisée – depuis sa création à la mémoire de son fils, l'Alexander S. Onassis Public Benefit Foundation a déboursé 250 millions de dollars. Une partie de ces fonds (80 millions de dollars) a été consacrée à la construction à Athènes d'un hôpital de pointe spécialisé dans les maladies cardiaques. Le reste a été destiné à l'attribution de plus de deux mille bourses universitaires au profit d'étudiants grecs poursuivant leurs études à l'étranger ou d'étudiants étrangers faisant leurs études en Grèce ; au financement de chaires de grec moderne en Europe et aux États-Unis, des communautés grecques de l'Europe de l'Est, d'un concours artistique international se tenant tous les quatre ans, de prix de 250 000 dollars récompensant des vocations à caractère culturel, écologique ou social de personnes originaires du monde entier.

L'autre moitié de l'empire d'Onassis reviendra toutefois à sa petite-fille unique, Athina, dès lors, probablement, l'adolescente la plus riche au monde. Celle-ci, à vingt et un ans, tentera sans doute de prendre la tête de la fondation que sa mère dirigeait avant de mourir. Le conseil d'administration s'y opposera certainement puisque, contrairement à la volonté de Christina, la jeune fille n'a pas appris le grec, n'a pas été élevée dans la religion grecque orthodoxe et n'a jamais vécu seule au sein de sa famille grecque.

Récemment, Roussel s'est efforcé d'améliorer les relations avec les parents grecs d'Athina. Ces deux dernières années, il a envoyé sa fille Athina à différentes réunions de famille des Onassis. Cela a été le cas pour le mariage de George Drakos, un cousin d'Athina, le 3 août 1999, auquel j'ai également assisté à l'invitation de la famille du fiancé. (Drakos est le fils de Marinela Patronikola, la fille de Kalliroe, elle-même sœur d'Onassis.) On m'a présenté, en cette occasion, à la svelte et jolie jeune fille de quatorze ans, d'une grande timidité. J'ai pu l'observer bavarder en français avec les deux demi-sœurs de son grand-père et la plupart de ses cousins. On la voit rarement en public sans son père derrière lequel elle se réfugie craintivement.

Tout est prévu à Skorpios pour recevoir Athina, pour peu qu'elle ait envie de venir se recueillir sur les tombes de sa mère, son oncle Alexandre, sa grand-tante Artémis et son grand-père Aristote. Cela dit, la jeune fille n'est venue qu'à deux reprises visiter son petit royaume ces quatre dernières années. Au cours de l'une de ces visites, plusieurs employés de l'île vinrent la saluer avec chaleur en l'appelant *koukla* (en grec, « poupée »), affectueux hommage à sa beauté. Lors de son départ, son père a signifié à l'un des contremaîtres qu'il n'était plus question que quiconque adresse de telles paroles de tendresse en grec à sa fille.

« La seule descendante directe d'Aristote Onassis est éduquée dans l'ignorance totale de la langue, de l'histoire et de la culture si chères à Onassis, pour la promotion desquelles il a légué la moitié de sa fortune », déplore Stelios Papadimitriou, toujours à la tête du conseil d'administration de la Fondation.

Les enregistrements de Maria bénéficient désormais à la sœur et aux neveux de la gouvernante de son ex-époux, et l'île paradisiaque qu'Onassis a tant aimée attend en permanence une petite fille qui n'y vient pratiquement jamais. Il n'est plus d'enfant qui puisse allumer un cierge à la mémoire d'Onassis ou de la Callas. Jackie Callas termine son livre sur Maria par ces mots : « Elle me disait toujours qu'elle aurait voulu avoir des enfants. » Ce fut la tragédie partagée d'Aristo et de Maria que le seul fruit de leur amour mourût le jour de sa naissance. Leur histoire aurait-elle été le sujet d'un roman qu'on aurait accusé l'écrivain d'en faire un peu trop.

Presque tous ceux qui les ont connus en conviennent : Onassis et la Callas étaient faits l'un pour l'autre. Chacun fut le grand amour de la vie de l'autre. Maria le savait depuis le début. Onassis ne le comprendrait que trop tard. Comme l'expliquerait Papadimitriou, « la Callas était follement amoureuse d'Onassis et s'est donnée totalement à lui. Onassis l'a aimée mais ne se donnait pas totalement, ni à elle ni à quiconque. Onassis aimait mais ne tombait jamais amoureux. Il considérait, en Oriental qu'il était, que l'homme véritable ne doit pas se laisser subjuguer par l'amour. Maria, quant à elle, inondait Onassis de son amour et s'abandonna complètement, même après qu'il l'eut délaissée pour Jackie ».

À la suite de son mariage avec Jacqueline Kennedy, les déconvenues successives persuadèrent Onassis qu'il ne pourrait trouver le bonheur qu'avec Maria. Mais le destin et sa mauvaise santé en décidèrent autrement. Il ne put passer ses dernières années auprès d'elle. Comme dans la tragédie antique, notre héros moderne ne comprend qu'à la fin que son aveuglement fatal a attiré sur lui la vengeance inexorable du destin.

Dès lors qu'Onassis eut décidé que les dieux étaient contre lui, il perdit toute combativité. À sa mort, Maria perdit également sa raison de vivre, se replia sur elle-même et se laissa aller. Ce fut la tragédie de leur liaison : Onassis ne sut pas reconnaître à temps qu'ils étaient faits l'un pour l'autre, comme les deux moitiés de la même âme, telles qu'en parlait Aristophane dans le *Symposium* de Platon. « Que deux se fondent en un seul, voilà la véritable expression d'un très vieux besoin, écrivait Platon. Cela tient à ce que la nature humaine était à l'origine unique, que nous sommes un tout, et que l'aspiration incoercible à ce tout s'appelle l'amour. »

Ce bonheur a fini par échapper à Onassis et la Callas. Mais il suffit de se laisser porter par l'imagination : qui sait si les courants de la mer Égée n'ont pas fait dériver les cendres de la Callas vers le sud, autour du cap Sounion, au pied de la falaise couronnée du temple de Poséidon, puis par le canal de Corinthe tant de fois traversé par le *Christina* jusqu'au golfe de Corinthe et la mer Ionienne. Dans cet univers où vents et marées reconduisirent Ulysse à Ithaque au bout de dix années d'errance, pourquoi les dernières reliques de Maria Callas n'iraient-elles pas reposer sur les verts rivages de Skorpios perpétuellement fleuris des lauriers-roses et des jasmins que les amants avaient rapportés des Caraïbes ? Dans la patrie des mythes, des légendes et des mystères, pourquoi ne pas supposer que ses cendres ont été déposées sur le sable de leur crique privée, au pied de la chapelle blanche dédiée à la Vierge où repose Onassis ? Sur une terre où l'amour est immortel quand le corps ne l'est pas, autant s'imaginer que Maria et Aristote ont achevé le voyage qu'ils avaient commencé en 1959 et se sont enfin retrouvés, apaisés, sur leur île.

Garde toujours Ithaque à l'esprit,
C'est vers elle que tu vas...
Même si elle te paraît pauvre, Ithaque ne t'a pas trompé :
Maintenant que te voilà sage, fort de tant d'expérience,
Tu auras compris ce que les Ithaques veulent dire.

ANNEXES

Bibliographie

Ouvrages en langue française :

ALLEGRI Renzo et ALLEGRI Roberto : *La Véritable Histoire de Maria Callas*, éd. Belfond, 1992

ANDERSON Christopher : *Jackie après John : une héroïne américaine*, éd. J'ai Lu, 2000

CAFARAKIS Christian : *Le Fabuleux Onassis*, éd. de l'Homme, 1971

CSAMPAI Attila : *Callas*, éd. Schirmer-Mosel, 1993

EVANS Peter : *Ari, la vie et le monde d'Aristote Onassis*, éd. Presses de la Renaissance, 1987

FRASER Nicholas, JACOBSON Philip, OTTAWAY Mark : *Onassis le grand*, éd. Robert Laffont, 1978

KLEIN Edward : *Jackie, la vérité sur sa vie privée*, éd. Presses de la Cité, 1999

MCNALLY, Terence : *Master Class*, adaptation de Pierre Laville, Actes Sud, « Papers », p. 54

MENEGHINI Giovanni Battista : *Maria Callas, ma femme*, éd. Flammarion, 1983

MOUTSATSOS Kiki Féroudi, en collaboration avec KARAS Phyllis : *Les Femmes d'Onassis*, éd. Plon, 2000

RÉMY Pierre-Jean : *Maria Callas, une vie*, éd. Albin Michel, 1997

STASSINOPOULOS Arianna : *Maria Callas par-delà la légende*, éd. Fayard, 1981

WRIGHT William : *La Tragique Vie de Christina Onassis*, éd. Presses de la Cité, 1991

ZEFFIRELLI Franco, *Portrait d'un homme du siècle*, éd. Belfond, 1989

Ouvrages en langue anglaise :

ARDOIN, John, *The Callas Legacy*, London, Duckworth, 1977

ARDOIN, John, and FITZGERALD Gerald, *Callas*, New York, Holt, Rinehart & Winston, 1974

BING, Rudolf, *A Knight at the Opera*, New York, G.P. Putnam's Sons, 1981

BRADY, Frank, *Onassis, An Extravagant Life*, Englewood Cliffs, N.J., Prentice-Hall, 1977

CALLAS, Evangelia, with BLOCHMAR Lawrence G., *My Daughter Maria Callas*, New York, Fleet, 1960

CALLAS, Jackie, *Sisters : A Revealing Portrait of the World's Most Famous Diva*, New York, St. Martin's Press, 1989

DAVIS, L.J., *Onassis : Aristote and Christina*, New York, St. Martin's 1986

DEDICHEN, Ingeborg, *Onassis mon amour... Mémoires recueillis par Henry Pessar*, Paris, Pygmalion, 1975

DEMPSTER, Nigel, *Heiress, The Story of Christina Onassis*, London, Weidenfeld & Nicolson, 1989

DOBKIN, Marjorie Housepian, *Smyrna 1922 : The Destruction of a City*, Kent, Ohio, Kent State University Press, 1966

FRISCHAUER, Willi, *Onassis : A Report Without an End*, London, Mayflower, 1968

GALATOPOULOS, Stelios, *Callas : La Divina – Art That Conceals Art.* London, J.M. Dent, 1963

– *Maria Callas : Sacred Monster*, London, Fourth Estate, 1998

GOBBI, Tito, *My Life*, London, Hamish Hamilton, 1984

HAREWOOD, George Henry Hubert Lascelles, *The Tongs and the Bones : The Memoirs of Lord Harewood*, London, Weidenfeld & Nicolson, 1981

HEMINGWAY, Ernest, *The Short Stories of Ernest Hemingway*, New York, Charles Scribner's Sons, 1938

HEYMANN, C. David, *A Woman Named Jackie*, New York, Lyle Stuart, 1989

JELLINEK, George, *Callas : Portrait of a Prima Donna*, New York, Dover, 1986. This is a slightly corrected republication of the work originally published by the Ziff-Davis Publishing Company, New York, in 1960, with a new preface and epilogue added and the discography omitted

JOESTEN, Joachim, *Onassis : A Biography*, New York, Abelard-Schuman, 1963

KENNEDY, Rose Fitzgerald, *Times to Remember*, Garden City, N.Y., Doubleday, 1974

LILLY, Doris, *Those Fabulous Greeks : Onassis, Niarchos and Livanos* New York, Cowles, 1970

LIMBEROPOULOS, Dimitris, *I Dynasteia Onassi* (The Onassis Dynasty), Athens, Vasdekis, 1989

LINAKIS, Steven, *Diva : The Life and Death of Maria Callas*, Englewood Cliffs, N.J., Prentice-Hall, 1980
LOWE, David A., ed. *Callas As They Saw Her*, New York : Ungar, 1986
MARCHAND, Polyvios, *Maria Callas*, Athens : Gnosi, 1983
MAXWELL, Elsa, *The Celebrity Circus*, New York, Appleton-Century, 1963
MAXWELL, Elsa, *R.S.V.P.* Boston, Little Brown, 1954
MONTAGUE BROWNE, Anthony. *Long Sunset : Memoirs of Winston Churchill's Last Private Secretary*, London, Cassell, 1995
MORAN, Charles, *Churchill : Taken from the Diaries of Lord Moran*, Boston, Houghton Mifflin, 1966
PEARSON, John, *The Private Lives of Winston Churchill*, New York, Simon & Schuster, 1991
PETSALIS-DIOMIDIS, Nikos, *I Agnosti Kallas* (The Unknown Callas), Athens, Ekdoksis Kastanioti, 1998
RASPONI, Lanfranco, *The Last Prima Donnas*, New York, Alfred A. Knopf, 1982
SCOTT, Michael, *Maria Meneghini Callas*, Boston, Northeastern University Press, 1991
SMITH Michael Llewellyn, *Ionian Vision . Greece in Asia Minor, 1919-1922,* London : Hurst and Company, 1998
SPANIDOU, Korinna, *O Onasis, Opos Ton Ezisa* (Onassis As I Knew Him), Athens, Estia, 1996
SPOTO, Donald, *Jacqueline Bouvier Kennedy Onassis : A Life*, New York, St. Martin's Press, 2000
STANCIOFF, Nadia, *Maria Callas Remembered*, New York, E.P. Dutton, 1987
VASILIKOS, Vasilis, *To Sfrato* (The Eviction), Athens : Gnosi, 1987
VERGA, Carla, *Vita di Maria Callas*, Lucca, Lim, 1995

Notes

Mes sources d'information, pour la plupart, sont mentionnées dans le texte lui-même. Les notes qui suivent signalent des informations que je n'ai pu inclure au cours du texte principal. Pour les sources qui ont fait l'objet de travaux publiés, se référer à la bibliographie.

Avant-propos

p. 12. « Lors de ses dix années de règne incontesté... » : Attila Campasi, *Callas*.

p. 15. « Seuls mes chiens ne me trahiront jamais » : cité par Arianna Stassinopoulos dans sa biographie de la Callas, *Maria Callas par-delà la légende*, corroboré par John Ardoin, critique musical et ami de la Callas.

p. 18. Anthony Montague Browne raconte la disparition de la perruche en 1960 dans ses mémoires, *Long Sunset* (p. 312). Churchill disputait une partie de bésigue avec l'auteur et Toby jacassait, en liberté dans la pièce, quand tout à coup l'oiseau s'est envolé par une fenêtre ouverte. Churchill et Onassis offrirent une grosse récompense à quiconque le rapporterait, mais l'oiseau ne reparut jamais. Deux ans plus tard, en juin 1962, dans la même suite, Churchill fit une chute et se cassa le col du fémur; il ne devait jamais s'en remettre. Il arracha à Anthony Montague Browne la promesse suivante : « Je veux mourir en Angleterre. Promettez-moi de faire en sorte que ce soit le cas. » Sur le voyage du retour, Churchill, malgré les sédatifs, eut cette remarque : « Je ne pense pas que je reverrai cet endroit. C'est dommage, d'abord Toby et maintenant ça. »

p. 20. La révélation sur la naissance du fils de Maria en 1960 repose sur des documents provenant des papiers personnels de la Callas et de dossiers conservés dans les archives de Milan, ainsi que d'interviews de personnes qui étaient au courant, dont sa femme de chambre, Bruna.

1. Le dernier contrat

p. 23. Les détails du dernier voyage d'Aristote Onassis à Paris sont extraits d'interviews de son avocat Stelios Papadimitriou, son médecin Isadore Rosenfeld, son majordome Panayiotis Konidiaris, son associé Nicholas Papanikolaou et le majordome de Maria Ferruccio Mezzadri, ainsi que d'articles parus dans la presse grecque, française et américaine.

2. Une rencontre à Venise

p. 31. Les informations sur Elsa Maxwell sont extraites de son autobiographie, *R.S.V.P.* et de sa chronique mondaine dans le *New York Times*.

p. 34. Les détails du bal à Venise de 1957 se fondent sur la chronique d'Elsa Maxwell dans le *New York Journal-American* et d'autres articles de la presse italienne et américaine.

p. 35. Onassis a raconté à des amis, dont Yiannis Giorgakis et Alexis Minotis, sa rencontre avec Maria, qui elle-même relata l'histoire à différents amis, dont Mary Carter.

3. La règle du jeu

p. 39. Le contexte du mariage de Tina et d'Aristote se fonde sur les interviews de leurs différents amis et parents, dont les demi-sœurs d'Onassis, Mérope Konialides et Kalliroe Patronikolas ; son conseiller juridique Stelios Papadrimitriou ; George Livanos, le frère de Tina et le premier amant de Tina, Reinaldo Herrera.

p. 44. « Pour ce qui est du business, nous sommes prêts à nous trancher mutuellement la gorge » : Joachim Joesten, *Onassis : A Biography*.

p. 48. Onassis a souvent raconté son rendez-vous avec Eva Perón. On retrouve l'anecdote dans différents livres sur lui, dont *Ari*, de Peter Evans.

4. Au firmament

p. 50. Mon récit de la première visite de Maria à Dallas repose sur des interviews de Mary Carter et des articles de presse.

p. 53. La passion d'Elsa Maxwell pour Maria est décrite dans ses lettres à la cantatrice, dont j'ai obtenu copie.

p. 55. Les soucis professionnels de Maria en 1957 et 1958 sont relatés dans des journaux et des magazines de l'époque, dans les mémoires de Meneghini, *Maria Callas, ma femme* ou m'ont été rapportés lors d'interviews, notamment par Giulietta Simionato, et d'entretiens avec des critiques musicaux et des spécialistes de l'opéra tels que John Ardoin.

p. 62. « Je suis une artiste et une femme de passion » : Renzo et Alberto Allegri, *Callas by Callas*.

p. 71. Ce sont les amies de Maria, Giovanna Lomazzi, Mary Carter et Biki Bouyeure, qui m'ont rapporté que Maria avait perdu ses illusions sur son mari.

5. Lever d'ancre

p. 78. On trouve le récit de la première rencontre entre Onassis et Churchill dans différents livres, dont *Long Sunset* de Montague Browne, et deux biographies d'Onassis : *Ari : The Life and Times of Aristotle Onassis*, de Peter Evans, et *Onassis : A Report Without an End*, by Willi Frischauer.

p. 79. La reconstitution de la liste des invités de la croisière de 1959 se fonde sur les souvenirs de différents participants, dont Nonie (aujourd'hui Lady Sargant), Anthony Montague Browne et Celia Sandys, ainsi que les membres de l'équipage dont le capitaine Kostas Anastasiades et l'ingénieur en chef Stefanos Darousos.

p. 81. Je tiens la description et l'histoire du *Christina* de son capitaine, Kostas Anastasiades, et de plusieurs visites sur le yacht que j'ai faites au moment de sa restauration dans les chantiers navals grecs en 1999.

6. Là-haut sur la colline

p. 87. Le récit des activités pendant la croisière et la promenade dans Portofino s'appuient sur des interviews de passagers et de membres de l'équipage survivants, dont Nonie Montague Browne (aujourd'hui Lady Sargant), Celia Sandys, Anthony Montague Browne, Kostas Anastasiades et Stefanos Darousos.

p. 89. Giulietta Simionato, amie intime de Maria, et Jackie Callas ont confirmé que sa perte subite de poids était due à un ver solitaire qu'elle avait volontairement ingéré.

p. 95. « À Monte-Carlo, au départ de la croisière, j'ai été subjuguée par son charme (...) le style d'ami que je n'avais jamais eu et dont j'avais si grand besoin à cette époque. » : Stelios Galatopoulos, *Maria Callas : Sacred Monster*.

7. Delphes

p. 105. Je tiens les détails de l'enfance de Maria à New York et de sa jeunesse à Athènes des souvenirs que la Callas elle-même a confiés lors de différentes interviews à des journaux et magazines; des interviews de sa sœur Jackie; des récits de ses amis, parents et voisins à Athènes recueillis par l'universitaire Nicholas Petsalis-Diomidis.

p. 116. Petsalis, cinquante-six ans, historien et marchand de tableaux, réside dans une villa de style néoclassique de Kifissia, dans la banlieue d'Athènes. Petsalis a vendu sa galerie de peinture en 1990 pour se consacrer entièrement à la recherche des détails de la vie de Maria Callas lors des années qu'elle a passées en Grèce. (Par une de ces coïncidences qu'aucune œuvre de fiction ne s'autoriserait, son épouse, née en Argentine Lydia Onassis, avait pour grand-père Alexandre Onassis, l'oncle préféré d'Aristote, pendu par les Turcs en 1922.) La résidence et les jardins de Petsalis arborent de multiples tableaux et statues de la Callas, le sous-sol figurant un véritable musée en puissance à sa mémoire : y sont exposés et archivés ses vêtements, chaussures, manteaux, fourrures, robes, pièces de lingerie, photographies, notes manuscrites et partitions, sans oublier de volumineuses piles de documents la concernant. Petsalis possède même un bocal contenant une grande mèche de cheveux de Maria qu'elle s'était coupés à l'époque où Onassis l'avait convaincue que les cheveux courts lui iraient mieux. De tous les admirateurs de la Callas en Grèce, Petsalis est sans doute le plus érudit. Il relate de façon exhaustive les années que Maria a passées à Athènes avant de partir pour les États-Unis en 1945, à vingt et un ans, dans son livre *I Agnosti Kallas (La Callas inconnue)* dont la publication est prévue pour le printemps 2001 par Amadeus Press.

p. 122. Je dois la description du dîner en l'honneur du Premier ministre grec à Anavisos à son ex-femme, Amalia Caramanlis Megapanou, ainsi qu'à Anthony Montague Browne et l'ex-Mme Montague Browne.

p. 125. « En Grèce, ne vous fiez jamais aux apparences (...) L'homme y est le pacha » : cité par Nadia Stancioff dans *Maria Callas Remembered*.

8. Un dîner pour deux

p. 128. « Si je ne peux compter sur mon mari et ma mère, vers qui puis-je me tourner... » : extrait d'une interview accordée par Maria à John Ardoin.

p. 129. Les récits des différentes escales du *Christina* dans les Cyclades s'appuient sur des souvenirs des passagers et des membres de l'équipage survivant cités.

p. 132. L'information relative à Artemis Garofalidis m'a été donnée par sa demi-sœur, Mérope Konialides, et sa nièce, Marinela Patronikola.

p. 137. L'histoire de Stavros Livanos m'a été racontée par son fils George et par des armateurs grecs qui l'ont connu.

p. 137. « Dans mille mois, cela fera mille livres... pense à tout ce que tu pourras faire avec mille livres ! » : cité par Nicholas Fraser, Philip Jacobson, Mark Ottaway et Lewis Chester du *London Sunday Times*, dans leur livre *Onassis*.

9. Smyrne : réminiscences

p. 142. Entre autres sources sur les tribulations de la famille Onassis au cours du génocide de Smyrne : les demi-sœurs d'Ari, Mérope et Kalliroe, sa nièce Marinela Patronikola ; sa petite-nièce Monica Onassis de Arizu ; son camarade de classe George Katramopoulos ainsi que les interviews publiées d'Onassis lui-même. Dans la mesure où Onassis brodait beaucoup sur les détails, je ne me suis servi que des informations que j'ai pu vérifier indépendamment.

p. 153. « Vous m'avez dit, Sir Winston, que votre père est mort alors que vous étiez très jeune... » : conversation rapportée dans les extraits publiés du journal de Charles Moran, *Churchill : Taken from the Diaries of Lord Moran*.

p. 154. « Mademoiselle, votre tenue est indécente (...). Ce fut ma première maîtresse » : cité par Galatopoulos dans *Maria Callas : Sacred Monster*.

10. À la croisée des chemins

p. 160. Les événements d'Istanbul ont été rapportés par des passagers et des membres de l'équipage survivants qui y ont assisté. Leurs noms ont été cités plus haut et dans des articles parus dans des journaux turcs, notamment *Hurriyet*.

p. 161. Outre Mary Carter et Nadia Stancioff, des amis de la Callas, dont Giovanna Lomazzi et Vasso Devetzi, m'ont parlé de la visite à Istanbul.

p. 163. « Meneghini rapporterait plus tard qu'Onassis et sa femme donnaient l'impression qu'un "feu intérieur les dévorait" » : Arianna Stassinopoulos, *Maria Callas derrière la légende*.

11. La fin du voyage

p. 177. Les difficultés rencontrées par Onassis à son arrivée à Athènes et son voyage à Constantinople en vue de libérer son père m'ont été relatés par sa sœur Mérope, sa nièce Marinela Patronikola et différents amis de cette époque, dont l'acteur et réalisateur Alexis Minotis. J'ai conduit plusieurs interviews de ce dernier au cours des années 1970 pour le *New York Times*, à l'époque où il dirigeait le Théâtre national grec.

p. 180. « Vous savez comment va la vie, les gens oublient vite (...) Je lui avais sauvé la vie, et lui comptait ses sous. » : cité dans *Ari*, de Evans.

12. Pas de quatre

p. 191. Ce chapitre s'appuie principalement : sur le journal intime de Giovanni Battista Meneghini ; ses mémoires *Maria Callas, ma femme*, et des lettres de Meneghini et de la Callas que je me suis procurées ; des journaux italiens, monégasques et américains ; ainsi que des interviews de Reinaldo Herrera et Peggy Curtis, qui assistèrent à la plupart des événements décrits.

p. 199. « Auriez-vous oublié de nourrir votre chien ? » : cette saillie m'a été rapportée par Reinaldo Herrera et confirmée par Peggy Curtis.

13. En public

p. 214. « À la grande déception du public espagnol... elle a à peine réussi à s'élever au-dessus de l'*ut* supérieur du registre normal » : *Time Magazine*, 21 septembre 1959.

p. 214. Les informations sur la brouille de Maria avec sa mère proviennent de la sœur de Maria, Jackie Callas Stathopoulos ; sa collègue et amie Giulietta Simionato ; ainsi que des lettres qu'elle a écrites à son parrain, le docteur Leonidas Lantzounis.

p. 217. Le récit de l'audience de séparation à Brescia provient des journaux italiens de l'époque et du livre de Nadia Stancioff, *Maria Callas Remembered.*

14. Le fils secret

p. 227. Ce chapitre s'appuie sur des documents provenant des papiers personnels de Maria que j'ai pu obtenir. L'authenticité de ces documents a été confirmée par des personnes qui les ont vus peu après la mort de Maria, le 16 septembre.

p. 228. *J'ai une grande nouvelle, Ari... Je vais l'avoir, ton enfant* : extrait de *Master Class*, Terence McNally, acte II scène 1.

p. 229. « J'ai d'abord cru qu'il n'était pas sérieux » : Stancioff, *Maria Callas, Remembered.*

p. 230. *Meneghini, incapable de refouler ses larmes...* : Galatopoulos, *Maria Callas : Sacred Monster.*

p. 237. « Vasso estima de son devoir de livrer ses souvenirs de Maria... Ce serait "le livre des souvenirs"... » : Vassilis Vasilikos, *To Sfrato*. Les extraits cités dans la version américaine ont été traduits du grec en anglais par l'auteur.

15. Les bonnes années

p. 244. Les premières années de la liaison de Maria et d'Ari proviennent des souvenirs de témoins oculaires, dont leurs parents, amis et employés respectifs. Entre autres, les demi-sœurs d'Onassis, Mérope Konialides et Kalliroe Patronikolas ; la sœur de Maria, Jackie Callas ; la nièce d'Onassis, Marinela Patronikola ; les capitaine et ingénieur en chef du *Christina*, Kostas Anastasiades et Stefanos Darousos ; la kinésithérapeute de Maria et d'Ari, Korinna Spanidou ; enfin leurs amis Yiannis Giorgakis, Alexis Minotis et Costa Gratsos, avec qui je me suis souvent entretenu d'Onassis et de la Callas avant leur mort.

p. 255. « En l'occurrence, c'est Aristo qui a de la chance. Dans cinquante ans, personne ne se souviendra d'Onassis. Mais personne n'oubliera jamais le nom de Maria... » La réplique est citée dans *O Onassis, Opos Ton Eziza (Onassis tel que je l'ai connu)* de Korinna Spanidou, qui toutefois dans son livre se contente de dire, sans autre précision, qu'il s'agit d'un invité d'Onassis. Je l'ai interviewée en 1998 et elle m'a alors révélé qu'il s'agissait de son cousin et beau-frère, Nikos Konialides.

p. 257. À la suite de sa deuxième apparition à Épidaure, Maria ferait don une fois de plus de son cachet à la Fondation Maria Callas qui depuis a toujours aidé les jeunes musiciens grecs.

p. 257. « ... en dépit des efforts de la Callas pour gagner leur sympathie, Alexandre et Christina l'appelaient "la mocheté"... » : commentaire de Nikos Vernikos (que j'ai interviewé), un ami d'Alexandre qui vivait près de chez Onassis à Glyfada.

16. Coup de froid sur l'Éden

p. 269. Le déroulement de la vie sur Skorpios tel que décrit dans ce chapitre m'a été raconté par des invités et des employés d'Onassis qui y ont en partie vécu les premières années qui ont suivi l'acquisition de l'île. En particulier. Korinna Spanidou, la kinésithérapeute qui a passé l'été 1964 sur l'île ; le capitaine Kostas Anastasiades du *Christina* ; le capitaine Panayiotis Zigomalis qui l'a remplacé pendant huit mois à la fin de l'année 1964 pendant qu'il effectuait une autre mission pour Onassis ; Marinela Patronikola, la nièce d'Ari ; et d'autres amis du magnat et de Maria.

p. 284. « Franco, est-ce que tu ne me trouves pas jolie... » : Franco Zeffirelli : *Zeffirelli : Autobiographie*.

p. 289. Le renoncement de Maria à la nationalité américaine et sa demande de citoyenneté grecque sont attestés par des documents officiels signés par la Callas, retrouvés dans ses papiers personnels après sa mort. J'ai obtenu des copies de ces documents des personnes qui les ont aujourd'hui en leur possession.

p. 290. La description de l'appartement de Maria s'appuie sur des photographies trouvées dans ses papiers personnels, dont certaines sont parvenues jusqu'à moi. Des documents prouvant que deux sociétés d'Onassis possédaient des parts dans l'appartement ont également été trouvés dans ses papiers. Le mari de sa sœur, le docteur Andreas Stathopoulos, m'en a remis des copies.

p. 292. La bataille juridique avec Panaghis Vergottis est inspirée des articles de presse de l'époque et des documents du tribunal.

17. Vagabondages

p. 297. La croisière caraïbe de Jackie Kennedy sur le *Christina* en mai 1968 m'a été décrite par deux ou trois personnes qui l'ont rencontrée à St. Thomas : en particulier le capitaine Kostas Anastasiades et l'ingénieur en chef Stefanos Darousos.

p. 302. Je dois le récit de la décision de Maria de rompre avec Onassis en 1968 à Mary Carter et John Ardoin, qui tiennent leurs renseignements de l'homme qui l'avait persuadée de quitter le *Christina* – Larry Kelly. Celui-ci est mort à quarante-six ans, le 16 septembre 1973, trois ans exactement avant la mort de la Callas.

p. 308. L'odyssée de Maria à travers l'ouest des États-Unis à l'été 1968 m'a été racontée par différentes personnes l'ayant rejointe en différents points du parcours, dont Sue Blair, David Stickelbar, John Ardoin et surtout Mary Carter. À l'époque, Mary Carter vivait elle-même une crise affective. Fille d'un riche marchand de meubles de Dallas, elle était amoureuse de Larry Kelly mais était mariée à un homme d'affaires de Dallas, Robert Mead. Elle s'était entichée de Kelly en 1957 lorsque celui-ci était venu monter la première compagnie d'opéra à Dallas ; à l'époque elle était mariée à William Reed, son premier mari, dont elle divorça en 1960. Elle divorcerait de Robert Mead en 1973, pour se remarier un an plus tard et divorcer à nouveau au bout de trois mois. Elle épouserait l'officier de renseignements à la retraite Rudolph « Foxy » Carter en 1981 dont elle serait la veuve en 1994. Elle vit la plupart du temps à Manhattan mais fait également des séjours à Newport et Cuernavaca, au Mexique, où elle avait souvent distrait la Callas. Elle a deux enfants, Lainie et Max, de son premier mariage.

p. 314. Les confidences intempestives de Maria à John Ardoin seraient enregistrées par lui avec sa permission, et je lui suis très reconnaissant d'avoir bien voulu me fournir l'enregistrement comme sa transcription.

p. 321. Pratiquement tous les livres qui citent l'article du *Boston Herald Traveler* (annonçant le mariage de Jackie et d'Onassis) parlent du 15 octobre, mais l'examen de la première page montre que l'article est paru deux jours plus tard.

18. Jackie la Guigne

p. 326. *Maria Callas a profité d'un événement mondain pour afficher son élégance époustouflante...* : magazine *Gente* du 30 octobre 1968.

p. 327. Ferruccio Mezzadri, le majordome de Maria, m'a révélé l'appel d'Onassis lors d'une interview en italien. Était présent un ami milanais, banquier international de son état, Fabrizio Cerina, qui m'a gentiment servi d'interprète et m'a aidé dans mes recherches.

p. 328. Pour le *Wall Street Journal*, j'ai interviewé Onassis à propos du projet Oméga au cours de l'automne 1968, dans les locaux d'Olympic Airways à Athènes. Le projet prévoyait la construction d'une troisième raffinerie de pétrole près d'Athènes ; je lui avais demandé pourquoi il ne la construisait pas hors de la capitale, congestionnée et polluée, et lui avais suggéré le nord-ouest de la Grèce, puisqu'il existait déjà une raffinerie dans le nord-est du pays (près de Thessalonique). « Le marché se trouve principalement dans la région d'Athènes, m'expliqua-t-il. Si nous la construisions dans le nord, les coûts de transport du pétrole raffiné à Athènes seraient majorés d'un dollar la tonne. – Mais les prix du gaz sont fixés par le gouvernement, et votre entreprise fait des bénéfices, alors qu'est-ce qu'un dollar de moins pour un homme prospère tel que vous ? le pressai-je. – Je suis un homme d'affaires, me répondit-il avec franchise. Je suis là pour faire le moindre dollar. N'oubliez pas que le prix du brut à la tonne sur lequel je me suis mis d'accord avec le gouvernement est de trois dollars inférieur à celui de la raffinerie de Salonique [Esso Papas] et de trois dollars inférieur à celui payé à la raffinerie nationale quand Niarchos la dirigeait. Ils touchent dix-sept dollars la tonne, moi, quatorze. »

Ce qui m'a le plus impressionné chez Onassis, c'est sa capacité à se souvenir du moindre détail concernant la transaction – prix, coût. Il n'avait besoin ni de notes ni de mémos.

Je l'ai rencontré dans une pièce vide, à l'exception de deux chaises. L'interview avait à peine commencé quand son attachée de presse, Helen Speronis, est entrée dans la pièce. Avant que je n'esquisse le moindre geste, il s'est levé pour lui offrir galamment sa chaise. Comme si un hôte de marque nous avait rejoints, et non une de ses employées. Malgré un physique et une apparence anodine, j'ai rapidement compris pourquoi les femmes le trouvaient séduisant, même à soixante-cinq ans.

p. 335. Les boucles d'oreilles d'Apollo II faisaient partie des effets personnels de Jackie Kennedy Onassis vendus aux enchères par Sotheby's à New York dans la semaine du 19 avril 1996 à la demande de ses enfants. Estimées entre 1 000 et 1 200 dollars, elles furent adjugées à 112 500 dollars.

19. Retrouvailles

p. 344. Les lettres à *Très cher Ros*, ont été mises en vente par un ancien employé du cabinet d'avocats de Roswell Gilpatric, qui disait les avoir trouvées dans une corbeille à papiers des bureaux. M. Gilpatric a porté plainte auprès du procureur de Manhattan, et les lettres lui ont été retournées.

p. 350. « [Onassis] est mon meilleur ami. Il l'est, le fut et le sera toujours... » : *New York Times* du 30 novembre 1970.

p. 355. Yiannis Giorgakis, qui est mort en 1994, parlait souvent d'Onassis au cours des dizaines de déjeuners et dîners que nous avons pris en commun lors de mes séjours à Athènes ou de ses voyages à New York.

20. La chute d'Icare

p. 357. Les derniers jours d'Alexandre Onassis m'ont été racontés par son mentor, Stelios Papadimitriou, et son ami, Constantin « Totis » Vernikos.

p. 357. La baronne von Thyssen m'a rapporté la conversion qu'elle avait eue avec Alexandre au téléphone.

p. 361. Mon récit des réactions d'Onassis face aux lésions et à la mort de son fils s'appuie sur les témoignages de ses demi-sœurs Mérope Konialides et Kalliroe Patronikolas; sa nièce Marinela Patronikola; son ex-beau-frère George Livanos; le capitaine du *Christina* Kostas Anastasiades, et son conseil juridique Stelios Papadimitriou.

p. 362. L'attachée de presse d'Onassis, Hélène Spéronis, m'a renseigné sur la conférence de presse donnée par le magnat au lendemain de la mort de son fils.

p. 363. La visite d'Onassis à Maria, à Paris, après la disparition d'Alexandre, m'a été rapportée par le majordome et la bonne de Maria, Ferruccio Mezzadri et Bruna Lupoli, ainsi que par son ami Kostas Pylarinos, avec qui Maria a passé son dernier été en Grèce.

p. 365. Jacqueline Kennedy Onassis a écrit plusieurs lettres à Marinela Patronikola, qui m'a aimablement autorisé à les lire et à les copier.

p. 368. La liaison de Maria avec Giuseppe Di Stefano m'a été racontée par Di Stefano et plusieurs amis de Maria, dont Mary Carter.

21. Oméga

p. 373. La vaine tentative d'Onassis de construire une raffinerie dans le New Hampshire m'a été relatée par l'homme chargé de superviser le projet, Nicholas Papanikolaou ; plusieurs autres collaborateurs d'Onassis à New York ; enfin, par les hommes politiques du New Hampshire qui se sont opposés au projet, dont Chris Spyrou.

p. 374. M'ont rapporté la détérioration des rapports avec Jackie et les projets de divorce d'Onassis : son collaborateur Nicholas Papanikolaou ; son médecin Isadore Rosenfeld ; ses amis Costa Gratsos et Yiannis Giorgakis, aujourd'hui défunts ; enfin Tom Dolan, un associé de Roy Cohn, l'avocat new-yorkais qu'il avait engagé pour mener à bien le divorce.

p. 379. Le récit de la tournée de concerts de Maria et de Di Stefano se fonde sur des interviews du ténor et de la collègue de Maria, Giulietta Simionato, ainsi que sur les articles des journaux des villes où ils se sont produits.

p. 385. Ce sont George Livanos, le frère de Tina Livanos, et l'amie de celle-ci, Vivi Crespi, qui m'ont décrit le déclin de Tina et sa mort.

p. 386. Il y a eu polémique sur la question de savoir si les informations malveillantes sur Jackie que Costa Gratsos a données à Jack Anderson tiennent à sa propre inimitié envers Jackie et à son désir de voir Ari retourner auprès de Maria, ou aux instructions d'Onassis. Stelios Papadimitriou, le conseiller juridique d'Onassis (aujourd'hui président de la Fondation Onassis), affirme vigoureusement que Gratsos a agi de son propre chef. Mais l'immense majorité des collaborateurs et amis de Gratsos affirment de leur côté que Gratsos n'aurait jamais pris une telle initiative sans qu'Onassis le lui eût demandé, un point de vue également partagé par les amis d'Onassis. Il est d'ailleurs significatif qu'Onassis ait été présent au début de la première réunion avec Anderson puis qu'il ait ensuite laissé Gratsos exposer seuls les griefs de son patron à l'encontre de Jackie.

p. 388. Parmi les sources qui décrivent la progression de la maladie d'Onassis : ses demi-sœurs Mérope et Kalliroe ; sa nièce Marinela Patronikola ; son médecin Isadore Rosenfeld ; son majordome Panayiotis Konidiaris ainsi que les rapports de presse sur son hospitalisation.

p. 396. La description des funérailles d'Onassis se fonde sur les souvenirs des membres de la famille et des amis présents et sur les articles de presse de l'époque.

22. *Mort à Paris*

p. 400. Les réactions de Maria à la mort d'Onassis m'ont été rapportées par ses amis, par ses serviteurs, Ferruccio et Bruna, par Mary Carter, Kostas Pylarinos, Nadia Stancioff, François Valéry et le prince Michel de Grèce.

p. 404. Les ouvrages médicaux présentent le Mandrax comme un barbiturique contre l'insomnie, l'anxiété, la tension, l'hypotension et les convulsions, créant une dépendance. À court terme, le Mandrax ralentit l'activité du système nerveux central. Administré à faibles doses, il réduit la tension, mais, pris en quantités importantes, il provoque divers troubles : vue brouillée, pensée incohérente, élocution difficile, perception faussée du temps et de l'espace, réflexes et respiration ralentis, moindre sensibilité à la douleur. Une surdose provoque une perte de conscience et un coma. Une consommation régulière entraîne une accoutumance, le patient doit alors augmenter les doses. L'accoutumance augmentant, la marge entre une dose efficace et la dose mortelle devient de plus en plus étroite.

p. 405. Kostas Pylarinos a accueilli Maria pendant ses vacances en 1976 sur la péninsule de Chalkidhiki. Aucune preuve n'étaye les allégations de Kiki Féroudi Moutsatsos, la secrétaire d'Onassis, qui affirme que Maria est allée se recueillir sur la tombe d'Onassis au cours de l'été 1977. La servante de Maria, Bruna Lupoli, son majordome, Ferruccio Mezzadri, et ses proches sont unanimes : elle n'a pas quitté Paris cet été-là. Lorsque j'ai interrogé Mme Moutsatsos à propos de cette visite qu'elle prétend avoir organisée personnellement, elle a affirmé dans un premier temps que Maria avait fait le trajet entre Athènes et l'aéroport le plus proche de Skorpios sur un Learjet d'Onassis. Je lui ai alors demandé de me donner le nom du pilote. Elle s'est rétractée et a affirmé que Maria avait pris un vol régulier d'Olympic mais qu'elle avait oublié lequel. Aucun de ceux qui étaient à Scorpios cet été-là ne se souvient avoir vu Maria. Et le personnel dit qu'elle n'aurait pas pu s'y rendre à leur insu.

p. 410. Le récit des activités de Maria la veille de sa mort s'appuie sur les ouvrages trouvés sur sa table de chevet auxquels j'ai eu accès.

p. 410. Le récit de la mort de Maria repose sur les informations fournies par sa bonne, Bruna Lupoli, et son majordome, Ferruccio Madrazzi, qui étaient présents.

23. *Epitaphios*

p. 410. Jean Roire est toujours vivant. Il vit à Paris, mais refuse toute interview. Certains amis parisiens de Vasso Devetzi pensent qu'à sa mort elle lui aurait laissé tous les papiers et effets de Maria dont elle disposait.

p. 412. La description des funérailles de Maria se fonde sur les témoignages des participants dont, entre autres, sa sœur Jackie, son ami Kostas Pylarinos et sur les articles de presse de l'époque.

p. 414. « le papier à en-tête datait de plusieurs années... » : Galatopoulos, *Maria Callas : Sacred Monster.*

p. 415. Les détails financiers de l'héritage de Maria m'ont été fournis par sa sœur et bénéficiaire, Jackie, et le mari de Jackie, le docteur Andreas Stathopoulos. Pour les détails de l'héritage d'Onassis, la source principale en est Stelios Papadimitriou, le président de la Fondation Onassis.

p. 417. Lorsque Jackie Callas s'est mariée avec le docteur Andreas Stathopoulos, en 1983, celui-ci a mis en cause l'usage que Vasso Devetzi avait fait de l'argent que Jackie lui avait remis pour mettre sur pied la Fondation Maria Callas, puis a convaincu Jackie de la dessaisir de sa procuration comme de son « droit moral ». Il accuserait par la suite Vasso d'avoir dilapidé l'argent que Jackie lui avait remis pour la Fondation, laquelle n'aurait pas fourni le type de bourse et de programmes que Maria avait prévus. Les dirigeants de la Fondation ont démenti les accusations en se fondant sur les programmes en cours pour démontrer qu'elles étaient sans fondements.

p. 418. La dispersion des cendres de Maria dans la mer Egée m'a été décrite par des témoins oculaires, dont sa sœur Jackie, son ami Kostas Pylarinos et le ministre grec de la Culture de l'époque, Dimitrios Nanias.

Index

Remerciements

J'ai écrit l'histoire de Maria Callas et d'Aristote Onassis avec l'aide et dans une certaine mesure la collaboration littéraire de mon épouse, Joan Paulson Gage, dont la perspicacité, le jugement critique et le réconfort m'ont beaucoup apporté. Je lui dois beaucoup. Je ne saurais trop remercier également mon éditeur, George Andréou et mon agent littéraire, Joni Evans, pour leur aide et leurs encouragements.

Je tiens à exprimer ma gratitude auprès des parents, amis et associés tant d'Aristote Onassis que de Maria Callas qui ont bien voulu m'accorder des entretiens (bien souvent pour la première fois) pour ce livre. Parmi eux il faut citer les sœurs d'Onassis, Mérope Konialides et Kalliroe Patronikolas ; sa nièce Marinela Patronikola ; son ex-beau-frère George S. Livanos ; son ex-beau-fils, Alexander Andreadis ; son conseiller juridique et dernier gestionnaire de ses affaires maritimes, Stelios Papadimitriou, aujourd'hui président de l'Alexander S. Onassis Public Benefit Foundation ; son assistant personnel et détective en chef, Miltos Yiannakopoulos ; son médecin, le docteur Isadore Rosenfeld ; le capitaine du *Christina*, Kostas Anastasiades et son épouse Geneviève, qui se sont occupés des enfants d'Onassis ; l'ingénieur en chef du *Christina*, Stefanos Darousos ; le capitaine remplaçant du yacht, Panayiotis Zigomalas ; le camarade de classe à Smyrne d'Onassis, George Katramopoulos ; son intendant, Panayiotis Konidiaris ; l'amie d'Onassis Lilika Papanikolaou et le fils de celle-ci, Nicholas, lequel exerça la fonction de cadre dans ses bureaux new-yorkais ; sa kinésithérapeute et celle de la Callas, Korinna Spanidou ; son attachée de presse pour l'Olympic Airways, Helen Spéronis ; les amis de son épouse, Reinaldo Herrera, Peggy Scott Duff Curtis et Vivi Crespi ; les amis de son fils Constantin et Nikos Vernikos ; sans oublier ses invités lors de la croisière de 1959 au cours de laquelle lui et Maria tombèrent amoureux l'un de l'autre : Anthony Montague Browne, Lady Sargant (l'ex-Nonie Montague Browne) et la petite-fille de Winston Churchill, Celia Sandys Perkins.

Je suis également redevable envers les trois amis d'Onassis qui ne sont plus parmi nous : Costa Gratsos, le directeur des affaires commerciales d'Onassis aux États-Unis et son confident des premiers jours en Argentine, que je suis venu voir régulièrement au début des années 1970 à son bureau new-yorkais des Olympic Towers pour siroter un ouzo en l'écoutant relater ses aventures hautes en couleur et souvent grivoises en compagnie d'Onassis ; l'ami athénien et conseiller d'Onassis, Yiannis Giorgakis, avec qui je déjeunais au moins une fois par semaine au cours des années que j'ai passées à Athènes comme correspondant du *New York Times*, puis chaque fois que je venais en Grèce, jusqu'à sa mort en 1994 ; le grand acteur et réalisateur grec Alexis Minotis, l'un des compagnons favoris d'Onassis lors de ses visites tardives au *bouzoukia*, avec qui je me suis lié d'amitié après l'avoir interviewé pour le *Times* en 1976. En tant que journaliste d'origine grecque, on m'a souvent demandé d'écrire des articles sur Onassis, ce qui m'a amené à transcrire sur mes carnets de notes tout ce que ses amis disaient de lui à la suite de nos entretiens. Leurs souvenirs et leurs commentaires se sont révélés particulièrement précieux au cours de la rédaction de ce livre et je regrette profondément de ne plus pouvoir leur exprimer ma gratitude. *Eonia tous e mnimin.*

Du côté de Maria Callas, je ne saurais trop remercier son amie intime Mary Reed Mead Carter, qui m'a consacré de longues heures à New York, Newport et Cuernavaca à me relater ses voyages, aventures et conversations avec Maria ; la remarquable mezzo-soprano Giulietta Simionato, collègue et confidente de la Callas, qui m'a suffisamment fait confiance pour me révéler d'importants secrets sur la vie personnelle de la Callas ; Kostas Pylarinos, le conseiller, ami et hôte de Maria lors de son dernier été en Grèce ; son épouse, Vicky, qui m'a rapporté les souvenirs de sa tante, l'amie intime de Maria, Vasso Devetzi ; le critique John Ardoin, l'ami de Maria des bons et mauvais jours, dont les travaux publiés et l'aide personnelle qu'il m'a accordée, ont été pour moi inestimables ; le chef d'orchestre Nicola Rescigno, qui a dirigé certaines des représentations les plus remarquables de Maria ; Sue Blair et David Stickelbar, les compagnons de Maria au cours de la première partie de son odyssée de 1968 à travers l'ouest des États-Unis ; Yiannis Devetzis, qui lui a parlé la veille de sa mort ; son fidèle ami parisien, le diplomate François Valéry ; ses amies d'Italie, Biki Bouyeure, Carla Verga et Giovanna Lomazzi ; enfin ses amis grecs, Amalia Karamanlis Megapanou, le prince Michel de Grèce et Marina Karella.

Je tiens également à remercier un homme qui a beaucoup compté pour elle, le ténor Giuseppe Di Stefano, qui a consacré plusieurs heures à me relater avec franchise ses rapports tant personnels que professionnels avec Maria ; sa sœur Jackie Callas Stathopoulos, qui m'a parlé de la jeunesse de Maria à New York et à Athènes au cours de plusieurs interviews ; le mari de Jackie, le docteur Andreas Stathopoulos, qui m'a autorisé à lire et copier des documents importants qui se sont retrouvés en leur possession à la suite de la mort de Maria ; enfin, Nikos Petsalis-Diomidis, qui m'a généreusement fait part des informations qu'il avait recueillies sur les débuts de la carrière de Maria en Grèce pour un livre à paraître, *The Unknown Callas* (« La Callas inconnue »).

Je remercie tout particulièrement les serviteurs fidèles de Maria, Bruna Lupoli et Ferrucio Mezzadri, qui ont rompu leur silence pour la première fois en voulant bien répondre à mes questions (par le biais d'un intermédiaire dans le cas de Bruna) sur leur célèbre patronne et amie, qu'ils ont connue et observée de si près.

Enfin, je voudrais remercier mes amis Fabrizio Cerina, Sylvie Rais et Susan Williams qui m'ont servi de guides, de chercheurs, de traducteurs et de conseillers avisés respectivement à Milan, Paris et Rome, ainsi qu'Andreas Fryganas, le consul de Grèce à Smyrne (aujourd'hui Izmir), où Onassis est né, pour m'avoir aidé dans mes investigations sur la jeunesse de l'armateur.

La plupart des personnes que je viens de citer – dont Mary Carter, les Montaguc Browne, Celia Sandys Perkins, le Capitaine Kostas, Marinela Patronikola, la sœur de Maria, Jackie, et son mari Andreas, Stelios Papadimitriou, Reinaldo Herrera, John Ardoin et tous ceux qui ne veulent pas que je les mentionne – m'ont généreusement consacré leur temps, leurs souvenirs, leurs préoccupations personnelles, jusqu'à rechercher dans leurs journaux intimes, lettres et carnets de bord les détails de l'histoire de la Callas et d'Onassis. Leur aide a été pour moi un don du ciel. Sans eux, je n'aurais jamais pu reconstituer les faits révélés dans ce livre, qui les montre en tant qu'êtres humains, avec leurs faiblesses mais aussi leur extraordinaire envergure.

Table

Cet ouvrage a été réalisé par la
SOCIÉTÉ NOUVELLE FIRMIN-DIDOT
Mesnil-sur-l'Estrée
pour le compte des Éditions Robert Laffont
24, avenue Marceau, 75008 Paris
en septembre 2000

Imprimé en France
Dépôt légal : septembre 2000
N° d'édition : 41035/01 – N° d'impression : 52463